NOUVEAU
DICTIONNAIRE

PRATIQUE ET ETYMOLOGIQUE

DU

DIALECTE DE LÉON

AVEC LES VARIANTES DIVERSES, DANS LES DIALECTES DE VANNES,

TRÉGUIER ET CORNOUAILLES

Par **H. DU RUSQUEC**

Chevalier du Mérite agricole

PARIS

ERNEST LEROUX, ÉDITEUR

28, RUE BONAPARTE, 28

—

1895

NOUVEAU
DICTIONNAIRE

PRATIQUE ET ETYMOLOGIQUE

Du Dialecte de Léon

NOUVEAU
DICTIONNAIRE

PRATIQUE ET ETYMOLOGIQUE

DU

DIALECTE DE LÉON

AVEC LES VARIANTES DIVERSES, DANS LES DIALECTES DE VANNES,
TRÉGUIER ET CORNOUAILLES

Par H. DU RUSQUEC

Chevalier du Mérite agricole

PARIS

ERNEST LEROUX, ÉDITEUR

28, RUE BONAPARTE, 28

—

1895

PRÉFACE

Je disais en plaisantant, il y a quelques années, à une dame de mes amies, qui feuilletait un dictionnaire, qu'il était dangereux de lire dans ces sortes de livres ; en effet, ces compilations, par le fait même de leur usage et de leur but, renferment la nomenclature générale de tous les mots connus d'un même idiome, et donnent, sans en rien dissimuler, le sens et la signification ; une telle œuvre a néanmoins trouvé grâce près du public, et personne n'hésite à la mettre entre les mains de nos femmes et de nos enfants ; il est vrai que la lecture en est tellement aride, qu'elle ne tente guère les lecteurs que pour y puiser des renseignements utiles. En entreprenant cette tâche qui m'a demandé quelques années d'un travail fréquemment interrompu, je n'ai pas eu l'intention de faire une œuvre de grand mérite, je m'estimerai fort heureux, si ce document peut être utile aux générations qui vont nous succéder.

Rien n'est stable en ce monde, les langues ont un passé dont il importe de se souvenir, un présent qu'il faut constater, et un avenir que l'on doit prévoir. L'idiome breton a un passé qui se perd dans la nuit des temps, puisque, d'après le dire de tous nos savants, il a une origine celtique; nous trouvons, en effet, répandus sur la surface presque générale de l'Europe, même en Asie et en Afrique, des mots qui ont des rapports singuliers avec la langue bretonne, que nous parlons encore dans la presqu'île armoricaine. Je ne veux en citer que quelques exemples. Déjà notre savant compatriote, M. Th. Hersart de la Villemarqué, en a reproduit dans ses Essais sur l'Histoire de la langue bretonne, une nomenclature assez considérable, indiquant les rapports des mots gaulois anciens, avec ceux actuels du gaël écossais, de l'irlandais, du breton du pays de Galles, et enfin du bas-breton ; nous trouvons, en effet, dans les noms des rivières, des montagnes d'une grande partie de l'Europe, une signification galloise ou bretonne, par exemple les Alpes pennines, gallois alb blanc, breton penn tête ; parcourant les montagnes de la Savoie, je demandai le nom d'une commune, voisine du lac du Bourget, c'est un terrain sablonneux d'une longueur de trois kilomètres sur un de large, quelle fût ma surprise, quand j'appris que cette commune s'appelait *Tresserve*, où je retrouvai facilement les mots bretons trez sable, éro, erv, sillon ; les sommets du Cantal, ne viennent-ils pas des mots bretons, kan blanc, tal front; dans les noms de fleuve, l'Adour, l'Estramadure, le Douro, nous trouvons le mot breton dour eau. Le mot breton goaz cours d'eau, se rencontre dans la Guadiana, le Guadalquivir ; Paris, Lutetia, la ville marécageuse, de louc'h marais. Nous avons encore une preuve de cette généralisation du celte, dans les mots français douaire, douairière ; comparez le breton douar terre ; nous rencontrons la même expression dans le douar des Arabes. Les dieux sont aussi représentés dans cette nomenclature, pour Morphée, le ministre du sommeil, nous retrouvons dans le breton, le verbe morfila endormir, *divorfila* réveiller; *Titan* le surnom du soleil, où nous trouvons les mots bretons, ti maison, tan feu. Il semblerait que notre idiome breton soit appelé à disparaître, la langue française se répandant de plus en plus dans nos campagnes, il n'en est rien cependant; depuis plusieurs siècles, il est resté stationnaire, comme l'indique l'étymologie d'un nom de village situé dans les environs de Saint-Brieuc. Ce village s'appelle *Kertugall*, il est placé sur le versant d'un vallon ; à l'ouest de ce mouvement de terrain, le breton se parle encore, à l'est on parle français, or ker en breton veut dire village, tu côté, gall France.

Nous devons aussi constater de nos jours, une certaine amélioration dans l'usage du breton, depuis une vingtaine d'années. Le clergé, en chaire, s'étudie davantage à le parler avec plus de pureté, sans se servir des locutions anciennes, aujourd'hui hors d'usage, il évite, autant que possible, néanmoins, d'employer les moyens dont usaient les anciens membres du clergé, qui se disposaient, par l'emploi de barbarismes franco-bretons, à transformer notre langue en véritable patois. Qui l'aurait cru, le suffrage universel, aussi, a contribué à vulgariser notre langue, des journaux sont imprimés et lus par une masse considérable des habitants des campagnes, à l'approche des élections, les professions de foi des candidats sont traduites en breton ; en effet, il existe encore beaucoup de personnes de notre génération actuelle, qui ne savent que lire le breton et qui sentent la nécessité d'être éclairées par des traductions pour se rendre bien compte de la situation et voter avec connaissance de cause.

L'instruction va se répandre de plus en plus dans les masses populaires, et l'on aurait grand tort de s'en plaindre. Mais faut-il en conclure, que par ce fait, la langue bretonne va disparaître? qui nous dit qu'il ne se présentera pas quelque fait nouveau, qui fera encore ressentir la nécessité d'en conserver l'usage? Quoi qu'il advienne, cette langue sera toujours, pour les savants, d'une utilité incontestable pour recueillir des documents, qu'ils n'obtiendraient pas sans son concours. D'après les renseignements historiques que nous possédons, l'on doit conclure, en retrouvant des origines celtiques à un nombre considérable de noms de notre vieille Europe, qu'à une certaine époque, deux courants humains, sortis des sommets de l'Himalaya, se sont répandus sur notre globe terrestre, les uns se dirigeant vers l'est, parlant le sanscrit, et les autres vers l'ouest, parlant le celte. En 1833, des hommes convaincus de cette vérité et aimant passionnément leur pays, ont fait revivre nos souvenirs bretons, ils ont fait parler les anciens Bardes, recueilli les chansons populaires, et ont appelé, en un mot, l'attention générale sur notre sol de granite, recouvert de chênes. La Bretagne devint à la mode ; ces hommes, qui rendaient un si grand service à leur pays, s'appelaient La Villemarqué, Courcy, Brizeux, Emile Souvestre, Luzel, Ropartz, Renan, et tant d'autres qui vivent encore. Maintenant que leur voix a été entendue, que des chaires de langue celtique existent à Paris, Londres, Berlin et autres lieux, on leur répète qu'ils ont fait fausse route, en attribuant à notre langue une origine exclusivement celtique, mais nous autres bretons, nous devons nous rappeler qu'ils ont réveillé nos instincts de nationalité, qu'ils ont attiré l'attention sur des faits généralement ignorés, et d'une importance scientifique incontestable, et si ces hommes se sont trompés, s'ils ont fait notre Bretagne trop belle, s'ils n'ont point vu ses rides, est-ce que l'on voit jamais les rides de sa mère, non, non, on les embrasse.

La tâche du lexicographe consiste à recueillir tous les mots employés dans une langue, et à les rassembler dans un même vocabulaire. J'insiste plus que mes prédécesseurs sur les étymologies, il n'y a rien d'infaillible dans cette manière de procéder, et je dois m'attendre à bien des critiques ; néanmoins, grâce aux documents scientifiques récents, cette étude n'est pas aussi hypothétique que jadis, les travaux de Zeuss, Ebel, d'Arbois de Jubainville et Loth, ont facilité cette tâche, ainsi que les ouvrages plus anciens de Le Gonidec, de La Villemarqué, et Troude ; un simple recueil de mots, est peu instructif, il nous était nécessaire de donner en même temps les sens différents dans lesquels ils sont employés. Les progrès incessants des sciences et des arts, nous ont obligé à accepter dans cette étude, bien des mots d'origine française. Si la langue bretonne a la prétention, bien fondée à notre sens, d'être ancienne, elle ne peut échapper aux transformations qui se font, par le fait de la diffusion des idiomes ; en ce qui concerne l'orthographe et les règles grammaticales, j'ai dû me conformer aux préceptes de Le Gonidec et La Villemarqué. Quoique leur K soit déjà moins employé qu'autrefois, plusieurs modifications ont eu lieu suivant les époques, à ce sujet, ainsi les écritures de 1500 portent quer au lieu de ker, depuis la lettre Q a été abandonnée et remplacée par le K. Tout incomplet qu'il peut être, car un dictionnaire n'est jamais fini, notre livre appartient désormais à la critique. En accomplissant cette œuvre, nous avons voulu démontrer l'importance que nous devons avoir à conserver notre langue et à ne pas répudier l'héritage qui nous a été légué par nos ancêtres bretons.

DICTIONNAIRE BRETON-FRANÇAIS

A

A, première lettre de l'alphabet; A, comme en français.

A, *prép.* Par, de, dès.

A, particule. De.

A, Ha, *interj.* Ah, représentant o en latin, ohé, ah.

A, monosyllabe. Pour mab, fils.

Aba, *prép.* Depuis que.

Abad, Abat, *sm.* Abbé ; *plur.* ébéet ; latin ababs.

Abaden, *sf.* Travail, affaire ; *pl.* nou.

Abaden, *sf.* Réjouissance, danse; *pl.* nou.

Abadennad, *sm.* Aubaine; *pl.* ou.

Abaden-noz, *sf.* Sérénade, abaden, concert; noz, nuit.

Abadez, *sf.* Abbesse, *pl.* ed; abad, abbé.

Abadoren, *sf.* Dorade, poisson, *pl.* ed ; Voyez aoureden.

Abaf, *adj.* Niais, étourdi, même sens que le français abasourdi.

Abafder, *sm.* Indolence, hébètement ; abaf, hébété.

Abafet, *adj.* Niais, hébété.

Abafi, *va.* et *n.* Hébéter, rendre stupide ; part. et.

Abalamour, *conj.* Parce que, à cause de ; Zeuss tire ce mot du vieux français palamour; latin propter.

Abandoun, *sm.* Abandon, origine française.

Abandouni, *va.* Abandonner ; part. et.

Abaoué, *prép.* Depuis ; a, de, pa, quand, oué, serait.

Abastardi, *va.* Devenir bâtard, dégénérer, part. et. Bastard, batard.

Abarch. *prép.* Avant. Voyez abarz, ébarz. Latin intra.

Abardaez, *sm.* Crépuscule ; *pl.* abardaésiou, par abréviation pardaéz ; Zeuss cite abretdahez, latin sero, abred, de bonne heure, aez, ahez tard. La Villemarqué le tire de : a, de, par, pour peur, complément, et daez pour deiz, jour ; nous proposons : a, de, parz, partie, aez, tardif, haut.

Abardaezi, *vn.* Se faire tard ; part. et.

Abardaez-noz, *sm.* Crépuscule. Voyez abardaez, crépuscule ; noz, nuit.

Abardaezvez, *sf.* Soirée ; *pl.* abardaésveziou.

Abardé. Voyez abardaez.

Abars. Voyez abarz.

Abarz, *prép.* Voyez abarch ; latin a parté.

Abask. Voyez habask.

Abaster, *sm.* Interruption, accalmie ; habask, tranquille.

Abasteri, *vn.* Prendre son temps ; part. et. Voy. abaster.

Abat, *sm.* Abbé. Voy. abad.

Abatti. *sm.* Abbaye ; *pl.* abattiou ; abat, abbé, ti, maison.

Abbaden, *sf.* Durée ; *pl.* abbadennou ; comparez le français aubade.

A-b-c, *sm.* Abécédaire.

Abé, *prép.* Depuis. Voyez abaoué.

Abed, particule. Aucun. Voyez ébed.

Abeg, *sm.* Cause ; *pl.* ou. Voyez abek.

Abek, *sm.* Cause, motif; *pl.* abegou. Latin défectus.

Abeki, *va.* Voyez abegi.

Abéleach, *adv.* D'où ; a, de, pé, quel, léach, lieu.

A-bell, *adv.* et *prép.* De loin ; a, de, pell, loin.

A-benn, *prép.* Dans, au bout de ; a, de, penn, tête.

A-bennadou, *adv.* Par moments, particule a, et pennadou *pl.* de pennad. Voyez ce mot.

A-benn kaér, *adv.* Rapidement, particule a, penn, tête, kaér, beau.

Aber, *sf.* Hâvre ; *pl.* Loth cite aior ancre, gallois heor, irlandais ingar. Comparez l'allemand hafen, le français havre.

A-berz, *prép.* De la part de, se prononce aussi a beurz; a, de, perz, peurz, part.

Abevlech, *sm.* Abreuvoir ; *pl.* iou ; monosyllabe ab, éva, boire, léach, lieu.

A-bez, *adv.* En totalité ; particule a, pez, pièce.

Abienner, *sm.* Saisisseur ; *pl.* ien ; particule ab, et ien, coin.

Abiet, *adj.* Aviné ; Voyez avinet.

Abim, *sm.* Abime, *pl.* ou.

Abim, *sm.* Abomination.

Ab.ma, *va.* Part. abimet, abîmer.

A-biou, *adv.* et *prép.* A côté de ; particule a, piou, lequel.

A-BLAS, adv. et prép. En place ; particule a, plas, place.
A-BLÉAN, adv. et prép. Uniformément ; particule a, pléan, uni.
A-BLOCH, adj. En tout.
A-BLOUM, adv. et prép. D'aplomb ; particule a, ploum, plomb.
A-BOAN, adv. et prép. A peine, particule a, poan, peine.
ABOMINASION, sm. Abomination pl. ou.
ABOMINABL, adj. Abominable, latin abominabilis.
ABON, sm. Voyez aboun.
ABORDACH, sm. Abordage ; pl. ou.
ABORDI, va. Aborder ; part. et.
ABOSTOL, sm. Apôtre ; pl. ébestel, latin apostolus.
ABOSTOLACH, sm. Apostolat.
ABOSTOLER, sm. Sous-diacre ; pl. ien.
ABOSTOLEREZ, sf. Diaconesse ; pl. ed.
ABOSTOLEREZ, sm. Action de prêcher.
ABOSTOLI, vn. Prendre le sous-diaconat ; part. et.
ABOSTOLIK, adj. Qui vient des apôtres.
A-BOUEZ, conj. Moyennant ; particule a, pouez, poids.
A-BOUEZ-PENN, adv. et prép. A pleine tête ; particule a, pouez, poids, penn, tête.
ABOUN, sm. Crottin de cheval, pl. iou, Loth cite admosoi aura souillé.
ABOUNA, va. Faire des crottins, ramasser du crottin ; part. et.
ABOUNDANS, sf. Abondance ; pl. ou.
ABRANT, sf. Sourcil ; pl. ou. De Jubainville cite a-Truventa sanscrit Bhruva, Lithuanien Bruvis, grec ὀ-φρῦς. Breton particule ab, ranna, partager.
A-BRED, adv. et prép. De bonne heure ; particule a, pred, temps.
A-BREDIK, adv. Très bonne heure ; voyez a-bred.
ABRÉJÉ, sm. Abrégé.
ABRÉJI, va. Abréger ; part. et.
ABRÉMAN, adv. A présent ; particule a, Breman, présentement.
ABRET, adj. et adv. Voyez abred.
A-BRÉTA, adv. Le plus tôt.
ABRÉTAAT, v. réfl. Avancer l'heure ; part. ab rétéat.
ABRETDAHEZ. Voyez abardaez.
ABRI, sm. Abri ; pl. abriou.
ABRIA, vn. Se mettre à l'abri ; part. abriet.
ABRIKOSEN, sf. Plante, fruit de l'abricot ; pl. nou.
ABSANT, adj. Absent.
ABSANTI, vn. S'absenter ; part. et.
ABSOLU, adj. Le même que le français.
ABSOLUAMANT, adv. Absolument, terminaison française.
ABSOLVEN, sf. Absolution ; latin absolutio.

ABSOLVER, sm. Celui qui absout ; pl. ien.
ABSOLVI, va. Absoudre ; part. absolvet ; latin absolvare.
ABUS, sm. Abus ; pl. abujou, origine française.
ABUSI, va. Passer son temps ; part. et, du français abuser ou amuser.
ABUZOUR, sm. Séducteur ; pl. abuzerien. Voyez abus.
ACH, sm. Légume, céleri ; dérivé de ach, achmen ; latin generatio, cités par Zeuss. Comparez le français mâche.
AC'H, pron. pers. Vous ; pour da ac'h, Tréguier, déoc'h Léon.
AC'H, sf. pl. ob. Race ; irlandais, aicme.
AC'H, prép. Fi, de, Zeuss le rapporte au heu, éheu des Latins.
AC'H, prép. De.
AC'HA, interj. Hé bien !
AC'HA où AC'H, prép. Auprès, de.
AC'HALEN, adv. De ce lieu ; prép. ac'h, de, ann le, leac'h lieu.
AC'HANN, adv. D'ici ; prép. ac'h, et de ann le.
AC'HANNDI, exclamation. D'ici là.
AC'HANO, adv. De là ; prép. ac'h, éno là. Jubainville tire ce mot de ac'hando article ann, prép. ac'h de.
AC'HANOC'H, pron. pers. De vous ; prép. ac'ha, ach, vous.
AC'HANOD, pron. pers. Toi, de toi.
AC'HANOMP, pron. pers. De nous.
AC'HANOUD, pron. pers. Toi.
AC'HANOUN, pron. pers. Moi ; prép. ac'ha, oun je, moi.
AC'HANTA, interj. Eh bien ; prép. ac'ha, ta donc.
AC'HANTA, va. Ensorceler ; part. et.
AC'HANTATA, interj. Eh bien donc.
AC'HANTER, sm. Sorcier pl. ; fem. ac'hantourez ; pl. ed.
AC'HAOLIAD, adv. A califourchon, de a, de gaol, enfourchure.
AC'HÉ, prép. La ; de la particule a et de zé, là.
AC'HÉNOU, adv. Verbalement ; de a, de, genou, bouche.
AC'HÉVRED, adv. De l'orient ; de a et de gévred, orient.
AC'HIN, adv. A reculons ; de a et de gin, contraire.
AC'HOUDÉVEZ, adv. Depuis ; de a, goudé, après, Béza, être.
AC'HOUDÉZÉ, adv. Et après ; de a, goudé, après, zé, cela.
AC'HOUEN, adv. A la renverse ; de a et de C'houén, envers.
AC'HOUÉZ, adv. Publiquement ; de a, gouez ou guez, vois, ou mouéz, voix. Au XVe siècle, agoez irl, fis, finis, vid-tis,

action de voir, fiad, devant. De Jubainville.

AC'HUP, *adj.* Grossesse ; on dit aussi éeup ; Loth cite la glose bretonne achmonou, parties génitales, pluriel d'achmon ; gallois achfen, irlandais aicme, race, breton ac'h, race.

AC'HUBI, *vn.* part. et. Être enceinte ; breton ac'h, race.

ACSIDANT, *sm.* Accident ; *pl.* acsidanchou. Voyez aksidant.

AD, particule indiquant le redoublement.

ADADA, *sm.* Terme enfantin, signifiant au revoir.

ADAILL, *adv.* Comme il faut.

ADAL, *adv.* De front ; de a et de tal, front.

ADALEK ou ADALEG, *prép.* Depuis ; de a, tal, front, léach, lieu.

ADAM, *sm.* Le premier homme, Adam.

ADAN, *sm.* Oiseau de nuit. Loth cite atanocion, pluriel d'atanoc ou attanoc, atar, oiseaux, gallois, etn, irlandais, breton, ezn, evn, oiseau de nuit, evn noz.

ADAN, *prép.* Dessous. Voyez dindan.

ADAN-BAILL, *sm.* Voyez eostek-baill.

ADAN-VOR, *sm.* Oiseau de mer, nom d'un saint breton ; éden, *pl.* éden.

A-DAOL, *adv.* Parfois ; a, par, taol, coup.

A-DAOLADOU, *adv.* Parfois.

ADAOZA, *va.* Refaire ; part. et ; particule ad, aoza, faire.

ADAOZIDEGEZ, *st.* Façon ; *pl.* iou.

ADAR, *sm.* Oiseau. Voyez adan.

ADARRÉ, *adv.* Encore.

A-DARZ, *adv.* D'aplomb.

A-DÉOC'H. Locution signifiant bonjour ; particule a, déoc'h, vous.

ADIEU. Locution pour prendre congé, en français adieu.

ADIEU-VAD. Locution des marins pour virer de bord ; adieu, mad, bon.

ADISIOUN, *sm.* Addition ; *pl.* ou.

ADISIOUNI, *va.* Additionner ; part. et.

ADJOUENT, *sm.* Adjoint ; latin adjunctus ; *pl.* ou.

ADJUDANT, *sm.* Adjudant.

ADJUDIKASION, *sm.* Ajudication ; *pl.* ou.

ADJUGI, *va.* Adjuger ; part. et.

ADMINISTRASION, *sm.* Administration ; *pl.* ou.

ADMIRA, *va.* Admirer ; part. et.

ADMIRABL, *adj.* Admirable.

ADMIRASION, *sm.* Admiration ; *pl.* ou.

ADMISSION, *sm.* Admission ; *pl.* ou.

ADDOED, *sm.* Froid.

ADDOER. Voyez addoed.

ADOBER, *va.* Refaire ; ad, particule, ober faire, part. adgréat.

ADORABL, *adj.* Adorable.

ADORASION, *sm.* Adoration ; *pl.* ou.

ADORI, *va.* Adorer ; part. et.

A-DOST, *adv.* De près ; a, de, tost, près.

ADOUG, *prép.* Durant, pendant.

ADOUNA. *va.* Labourer profondément. Voy. andouni ; part. et.

ADPIGNAL, *vn.* Remonter ; part. adpignet ; particule ad, pignal. monter.

ADRÉ, *adv.* et *prép.* Arrière.

ADRED, *adv.* Adroit.

ADREFF, *adv.* Derrière.

ADRÉMANS, *sm.* Façon, manière ; *pl.* ou.

ADREN, *adv.* Voyez adré.

ADRÉON, *adv.* Arrière.

ADRESS, *sf.* Adresse ; *pl.* ou.

ADRESSI, *va.* Adresser ; part. et.

ADRESSI (ENN, EM). V. *refl.* S'adresser ; part. et.

A-DREUZ, *adv.* et *prép.* De travers ; a, de, treuz, travers.

A-DREUZ-PENN, *prép.* A travers ; a, de, treuz, travers, penn, tête.

A-DREZ. Voyez a-dreuz.

A-DROC'HAMANT, *adv.* Aussitôt, de suite.

A-DROC'H-TRANCH, *adv.* Sans délai.

ADTUEMM, *adj.* Réchauffé ; ad, et, tuemm, tomm, chaud.

A-DU, *prép.* Du bon côté ; a, de, tu, côté.

ADVERB, *sm.* Adverbe ; *pl.* ou.

ADVERN, *sm.* Collation, goûter ; *pl.* iou ; particule ad, mern, goûter.

ADVERSITÉ, *sf.* Adversité, malheur ; *pl.* ou.

Aé, *sm.* Repos du bétail ; gallois aaf, aéz, je vais, j'irai.

AÉA, *va.* Reposer le bétail ; part. aéet. On dit aussi mézza, échoaza.

AÉDLEN, *sf.*, *pl.* aédlenou, edlenou, sapin. Zeuss cite aridlen, adlen.

A ÉEUN ou A ÉEUNN, *adv.* et *prép.* Directement ; de a, et de éeun, droit.

AÉL, *sm.* Essieu ; *pl.* aélou ; anglais axle, latin axis.

AÉLA, *va.* Mettre en essieu ; part. aélet.

AÉLAN, *vn.* Pouliner ; part. et. Voyez Ala.

AÉLEREZ, *sm.* Mise en essieu.

A-ENEP, *prép.* Contre, du mauvais côté ; a, de, enep, contraire.

AER, *sf.*, Couleuvre ; *pl.* aéred. D'Arbois de Jubainville cite le gallois, natr, en vieux breton axr.

AÉROUANT, *sf.*, *pl.* aérevent. Démon ; de aér, serpent, roué, roi, ou de aggr, akr, méchant, roué, roi, arouéz, marque.

AÉR-VIBER, *sf.* Vipère ; *pl.* aéred-viber, latin vipera.

Aéz, *adj.* Haut ; latin altus.

AÉZEN ou ÉZEN, *sf.* Atmosphère ; de aéz, haut.

AÉZENNA, *vn.* part. et. Exhaler, produire des vapeurs.

AÉZENNUZ ou ÉZENNUZ, adj. Vaporeux.
AF, particule négative. Sans.
AF, sm. Baiser; pl. ou, af, dézaf, lui.
AFA, vn. Embrasser; part. afet.
AFÉDEN, sf. Brisure; pl. nou.
AFES, sm. Oiseau ; latin avis.
A-FEUR, conj. A proportion ; particule a, feur, marché.
AFFAL, sm., pl. ou ; de af et de fal, mauvais.
AFFALA, vn. Retomber; part. et.
AFFER, sf. affaire ; pl. iou.
AFFERMI, va. Affermer ; part. et.
AFFICH, sm. Affiche ; pl. affichou.
AFFICHA, va. Afficher ; part. et.
AFFILIA, va. Affilier; part. et.
AFFIRMA, va. Affirmer, certifier; part. et.
AFFLAVAR, adj. Sans parole ; particule aff, lavar, parole.
AFFLEKSION, sm. Affliction ; pl. ou.
AFFLET, adj. Volage ; aff, baiser.
AFFLIGET, adj. affligé.
AFFO, adv. Vivement.
AFRONEN, sf. Aurone, plante; latin abrotonum.
AFROUNT, sm. affront ; pl. ou.
AFROUNTET, adj. effronté.
AFROUNTI, va. Affronter; part. afrountet.
AFU, sm. Voyez avu.
A-GALOUN-VAD, adv. Littéralement, de bon cœur.
AGAS, sm. Oiseau, pie; pl. ed.
AGASI, va. Agacer; part. et.
A-GENTAOU, adv. Tantôt.
AGÉNTEU, adv. Tantôt.
AGÉTAOU, adv. Voyez aketaou.
A-GIL, adv. A reculons ; particule a, kil, arrière.
A-GLE, adv. A gauche.
A-GLEIZ, adv. A gauche ; particule a, kleiz, gauche.
AGOEZ. Voyez ac'houez.
A-GORN, adv. Du coin de l'œil ; particule a, korn, coin.
A-GOUR, adv. Lentement ; particule a, gour, particule diminutive.
A-GOURSADOU, adv. Par intervalles ; particule a, kourz, kerz, course.
AGRÉABL, adj. Agréable.
AGRÉABLA. Le plus agréable.
AGRÉABLOC'H. Plus agréable.
A-GREIZ, adv. Au milieu ; particule a, kréiz, milieu.
A-GRÉIZ-KALOUN, adv. Littéralement. Du milieu du cœur.
A-GRENN. adv. Tout court; particule a, krenn, court.
AGRIKULTUR, sm. Agriculture.
A-GROAZ, adv. En croix; particule a, kroaz, croix.

AGROAZEN, sf. Églantier; pl. nou; particule a, kroaz, croix.
A-HARZ, prép. Près de ; particule a, harz, proche.
A-HED, prép. Pendant ; particule a, hed, longueur.
A-HEND-ALL. adv. D'ailleurs ; particule a, hent, chemin, all, autre.
AHEURTET, adj. Opiniâtre.
AHEURTI, vn. S'obstiner, part. aheurtet ; comparez le breton heurta, pousser, le français aheurter.
AHI, interj. Voyez ai.
AHONT, adv. Là-bas.
AHU, sm. Foie d'un animal. Voyez éeu.
AHU. Cri des charretiers pour faire avancer les chevaux.
AHUEL, sf. Voyez avel.
AI, interj. Cri de douleur ; pl. aiou.
A-IÉBOU, adj. et prép. de travers, disloqué.
AIOU. Même signification, indiquant le pluriel.
AIENEN, sf. Source. pl. nou, grec αιορειν, j'élève, glose bretonne aior, ancre. Voyez érienen.
AIÉNENNA, va. Jaillir; part. et.
AINEZ, ÉNEZ, sf. Limande ; pl. ed. Loth cite ainamou.
A-IOUL, adv. En colère ; a, de, ioul, colère.
A-IS ou A-IZ, prép. Au-dessous ; a, de, iz, dessous.
A-ISPILL, adv. En suspens ; a, de, ispill, suspendu.
A-ISTRIBILL, adv. En suspens ; a, de, istribill, suspendu.
AJIL, adj. agile, vif.
AJILITÉ, sf. Agilité.
AJOURNI, va. Ajourner ; part. et.
AJOUTI, va. Ajouter ; part. ajoutet.
AJUSTI, vn.; part. et. Ajuster.
AJUSTI (ENN EM), v. réfl. ; part. enn em ajustet. S'ajuster.
AKADEMI, sf. ; pl. ou. Académie.
AKAJOU, sm. Acajou, bois.
AKARIOT, sm.; polisson.
AKASIA, sf. Arbre, acacia.
AKEBUTEN, sf. Arquebuse ; pl. akebut.
AKET ou AKED, sm. ; pl. aketou. Assiduité ; latin actio.
AKETAOU, ARGENTAOU ou ERGENTAOU, adv. Tantôt ; de er, dans, kenta, premier; ou de aket, soin.
AKETI, vn. ; part. et. Être assidu.
AKETUZ, adj. Assidu, soigneux.
AKIPA, va. Équiper ; part. et.
AKISITA, va. ; part. et. Acquérir.
AKLOUETEN, sf.Fer d'aiguillette; pl. ou.
AKOMOD, adj. Commode.
AKOMODANS, sm. Commodité ; pl. akomodansou.

AKORD, sm. ; pl. ou. Accord.
AKORDI, vn. ; part, et. Accorder.
AKOUTR, sm. Manières, façon ; pl. akoutrou. Comparez le français accoutrer, accoutrement.
AKR, adj. Aigre.
AKR ou HAKR, adj. Vilain, méchant.
AKRAAT, vn. Devenir vilain ; part. éat.
AKRDED, sm. Malpropreté, âcreté.
AKSANT, sm. ; pl. ou. Accent.
AKSIDANT,sm. Accident, épilepsie; pl. ou.
AKT, sm. ; pl. ou. Acte.
AKTIOUN, sf. ; pl. ou. Action.
AKTOR, sm. ; pl. ed. Acteur.
AKTOREZ, sf. ; pl. ed. Actrice.
AKTUEL, adj. Actuel ; pétra éo ar pec'hed aktuel, qu'est-ce que le péché actuel.
AKUITA, va. Acquitter ; part. et.
AKUITER, sm. Celui qui acquitte ; pl. ien ; akuiter figure parmi les noms de famille.
AKUSTUMI, v. réfl. S'accoutumer ; part. et ; kustum, coutume.
AL, Particule.
AL, où ALL, article défini. Le, la, les.
AL, ou ALL, pronom. Autre ; latin alius.
ALA, va. Mettre bas ; part, alot.
ALABASTR, sm. Albatre.
ALABASTR, sm. Hallebarde.
ALABASTRER, sm. Hallebardier ; pl. ien.
ALABISTR, adv. Tant bien que mal.
ALABISTRA, vn. Travailler sans soin ; part. et.
A LA BONEUR, locution française, à la bonne heure.
ALAM, sm. alun. Voyez élam.
ALAMANDÉZEN, sf. pl. Alamandéz, amande ; latin amygdala.
ALAN, sm. Prénom. Alain, rivière de Bretagne Aulne αλαυνος, peuple πλαυνοι, ville αλαυνα.
ALAN ou HALAN. sm. Haleine ; pl. ou, vieux Breton anazl, anatlon, grec αλεξω, Chasse.
ALANAD où HALANAD, sm. Soupir prolongé ; pl. ou.
ALANAT ou HALANAT, vn. Respirer ; part. et.
ALANIK, sm. Prénom. Diminutif d'alan.
ALANJK sm. Nom donné par les chasseurs au renard ; alan, en vieux français, veut dire gros dogue.
ALAOURER, sm. Doreur ; pl. ien.
ALAOURI, vn. Dorer ; part. et. De aour or ; latin aurum.
ALAR, sm. pl. Eler, le mot primitif devant être arar la glose est arrater, cathol arazr ; latin aratrum.
ALARC'H, sm. Oiseau, cygne ; pl. élerc'h ; latin olor, Breton el, aile, arc'h, arche, ou erc h, neige.
ALARM, sm. pl. Au. Signe de détresse,
klevet o peuz cloc'h ann alarm. Avez-vous entendu le tocsin.
ALARMI, vn. part. et. Donner l'alarme.
ALAZIK, sm. Terme caressant, frôler en caressant.
ALBABAN, sm. Espèce d'ivraie ; pl. ou ; latin alba, blanc. Breton bann, qui remue.
ALC'HOUEDER, sm. pl. Alc'houéderien, ak'houéderi, alouette, alc'houez, clé, éar, air, Zeuss le fait venir d'Elhvidt.
ALC'HOUEZ, sf. pl. Alc'houésiou. Clef cambrique allwyd, cité par Zeuss.
ALC'HOUÉZA, va. Fermer à clef ; part. et. Alc'houézit ann or, fermez la porte.
ALC'HOUÉZEN, sf. pl. ou. Plante, moutarde blanche, de al'chouez clef.
ALC'HOUÉZER, sm. ; pl. ien. Serrurier, marchand de clefs. d'Arbois de Jubainville, le fait dériver d'alcavida clef ; latin, clavis.
ALC'HOUEZEREZ. sf. pl. Ou. Serrurerie.
ALC'HOUÉZERI, sf. pl. Ou. Fabrique de serrures.
ALC'HUE, sm. Clef.
ALCHUEIEN, va. Fermer à clef.
ALCHUEJUR, sm. Serrurier.
ALEGEN, sf. Voyez halegen.
A-LEIZ, adv. Un grand nombre, beaucoup.
ALEK, sf. Saule. Voyez halek.
ALESSÉ, adv. De la, a, de, Léac'h, lieu, sé,cé.
ALEUREIN, va. Dorer. Voyez alaouri.
ALEUROUR, sm. Doreur. Voy alaourer.
ALEZON, sf. Aumône. Voy aluzen.
ALF, sm. Point de départ.
ALFABET, sm. Alphabet.
ALFAND, adj. Vif ; pressé. comparez le grec αλφα première lettre de l'alphabet.
ALFÉ, sm. Clef.
ALFÉA, vn. Fermer à clef. Part. et.
ALFO, sm. Délire ; Fo, chaleur.
ALFOI, vn. Avoir le délire ; part. et.
ALGEN, sf. Barbe d'un coiffe. pl. nou.
ALI, sm. pl. Ou. Glose bretonne alo, commettre.
ALIA va. Part. et. Donner avis.
ALIA. adv. Non, certes.
ALIER, sm. Conseiller ; pl. ien.
ALIEREZ. sf. Conseillère ; pl. ed.
ALIEZ, adv. Souvent, bien des fois, de la particule a. et de liez plusieurs. Cambrique, lyles, plusieurs.
ALIGATIK, adv. A l'envi.
ALIGNAMANT, sm. Alignement, pl. chou.
ALIZON, sf. Voy aluzen.
ALKAN, sm. Métal, laiton.
ALKANJEZ, sm. Coqueret. plante.
ALL, pron. indéf. Autre ; latin alius.
ALLAZ, interj. Hélas. On écrit aussi allas.

ALLELUIA, *sm.* Mot Hébreu, alleluia.
ALLEZ, *sf. pl.* Allésiou. Allée.
ALMANACK, *sm. pl.* iou, almanach, mot tiré, du moine Quinklan, du 3ᵉ siècle, éditeur d'almanachs all le manac'h moine, grec αλμευναχα.
ALMAND, *sm.* Nom d'un peuple, allemand ; *pl.* allmanted.
ALOUBER, *sm.* Usurpateur; *pl.* ien, de la particule a et de la glose louber, lumière, citée par loth.
ALOUBEREZ, *sm.* Usurpation.
ALOUBEREZ, *sf. pl.* ed. Usurpatrice.
ALOUBI, *va.* Part. et. Usurper, empiéter.
ALOUEN, *sf.* Plante. Voyez alc'houézen
ALOUZ, *sm.* Poisson, alose ; *pl.* ed.
ALPHABET, *sm. pl.* ou. Alphabet, tiré du grec αλφα et βητα.
ALS ou AL, *sm.* Sel, rivage, émanation salée.
ALTER, *sf.* Délire, de all et de ter, vif.
ALTÉRI, *vn.* être en délire ; part. et.
ALUMEN, *sf.* Omelette; *pl.* ou, alo, produire, men, abrev. de melen, jaune.
ALUMI, *vn.* Allumer. Voyez élumi ; part. et.
ALUZEN, *sf.* Aumône ; *pl.* nou ; latin. elemosina.
ALVEN, *sf.* Raifort. Voyez alouen et alven.
ALVEN, *sf.* Jantille de moulin; *pl.* nou.
ALVOKAD, *sm.* Avocat, *pl.* ed.
ALZOURN, *sm.* Voyez arzourn.
AM. Particule précédant des mots composés, comme amliou, amézek pour amnesek, ampréfan etc. Gaulois ambi.
AMAN, ou AMA, *adj.* Ici.
AMAND, *sf. pl.* amandchou, Amende.
AMANEN, *sf. pl.* nou. Beurre.
AMANENNA, *va.* Étendre le beurre *pl.* et.
AMANENNER, *sm. pl.* ien. Beurrier, marchand de beurre.
AMANENNÉREZ, *sf. pl.* ed. Beurrière.
AMANN, *sm. pl.* nennou. Beurre, glose emmeni, gallois ymenyn ; corn emenin, Babtuta, Butyrum, vannetais amonen grec αμαλος mou.
AMBARAS, *sm.* Embarras, forfanterie ; *pl.* ou.
AMBARASSER, *sm.* Vantard ; *pl.* ien.
AMBARASSI, *va.* Embarrasser, occuper ; part. et.
AMBARKAMANT, *sm.* Embarquement ; *pl.* ambarkamanchou.
AMBARKI, *va.* Embarquer ; part. et.
AMBIL, *adj.* Qui est à la tête, qui va l'amble ; provençal amblar ; latin ambulare.
AMBISIOUN, *sm. pl* ou. Ambition.
AMBISIUZ, *adj.* Ambitieux.
AMBLEUDEREZ, *sf. pl.* ed. Nettoyage du blé noir.

AMBLEUDI, *va.* et *n.* Fouler le blé noir ; part. et, de la participe am et de bleud, farine.
AMBLIC. Voyez gamlid, Kamlid.
AMBLORI, *sf.* Douleur morale.
AMBOULC'HEN, *sf.* Baisure du pain ; de la particule am et de Boulc'h, entamure.
AMBRÉGA, *va.* Dresser, diriger ; part. et.
AMBREGER, *sm.* Dresseur ; *pl.* ien.
AMBREN, *sf.* Transport ; de la particule am et de brenin roi, breni proue.
AMBRENNA, *va.* Délirer ; part. et, vannet, ambrennein.
AMBRIDA, *v. réfl.* Se rengorger ; part. et ; particule am, brida, brider.
AMBROUG, *sm.* Action de conduire ; grec αμπροτειν, errer, gallois hebrwng, action de conduire.
AMBROUGA, *va.* Conduire ; part. ambrouget.
AMBROUGER, *sm.* Conducteur ; *pl.* ien.
AMBROUGEREZ, *sf.* Conductrice ; *pl.* ed.
AMBROUGÉRI, *sf.* Action de conduire.
AMC'HOULOU, *sm.* Obscurité ; particule am, goulou, lumière.
AMDOR, *sm.* Abri ; part. am ; torr brisure ; *pl.* iou.
AMEN, *sm.* Mot latin, ainsi soit-il.
AMEN, *sm.* Commodité, facilité.
AMENI, *va.* Emmener ; part. et.
AMERC'H, *sm.* Economie. Zeuss cite amarec'h ; latin contenyste.
AMERC'HA, *va.* Economiser ; part. vannet amerc'hein.
AMERC'HEIN. Voyez amerc'ha.
AMERDI, *va.* Couvrir d'immondices ; part. et.
AMEZEK, *sm.* et *adj.* Pour amnések. Voisin ; particule amnès, proche ; *pl.* amezéin, amézéien.
AMEZEGEZ, *sf.* Voisine ; *pl.* ed.
AMEZEGEZ, *sm.* Voisinage, vannet amezigez.
AMEZEGI, *vn.* Voisiner ; part. et.
AMÉZÉIA, *vn.* Voisiner ; part. et.
AMÉZIGIACH, *sm.* Voisinage ; *pl.* ou.
AMEZIGEZ, *sm.* Voyez amezegez.
AMGRAVUZ, *adj.* Affable, Loth cite amgnaubot conscience Zeuss, rappelle, is am rauth. C'est la sagesse.
AMGRISTEN, *sm.* Qui n'est pas chrétien; particule am, Kristen chrétien.
AMGROAZ, *sf.* Fruit de l'églantier ; particule am, kroaz, croix.
AMHÉOL, *sm.* Pointe du jour ; particule am, héol soleil.
AMID, *sm.* Vêtement du prêtre, amict ; *pl.* ou. latin amictus.
AMIÉGEZ, *sf.* Sage-femme. Zeuss cite mammorth nourrice, Troude cite mammdiégez, venant de mamm mère, tiégez ménage.

AMITIÉ, *sf*. Amitié.
AMJEST, *adj*. Difficile.
AMJESTR, *adj*. Revêche.
AMJUST, *adj*. Voyez amjest.
AMONEIN, *va*. Beurrer ;part.et.
AMONEN, *sm*. Beurre.
AMOUGA, *va*. Etouffer ; part. et, particule am, mouga, étouffer.
AMOUROUSTED, *sm*. Amour.
AMOUROUZ, *adj*. Amoureux.
AMPARFAL, *adj*. Lourd, maladroit, Loth cite ampar, qui n'a pas de signification d'après cet auteur, nous avons cependant ampart, vif. L'étymologie d'amparfal, pourrait donc venir de ampart vif, fall mauvais.
AMPART, *adj*. Impair particule am, par pair.
AMPART, *adj*. Vif, agile.
AMPÊCHAMANT, *sm*. Empêchement ; pl. chou.
AMPÈCHET, *adj*. et *part*. Estropié, paralysé.
AMPÈCHI, *va*. et *n*. Empêcher ; part. et.
AMPEZ. Voyez empez.
AMPÈZA, *va*. Empeser ; part. et. Voyez empeza.
AMPLASAMANT, *sm*. Emplacement, origine française.
AMPOÈNT, *sm*. Moment ; particule am, poent point.
AMPOÉZOUN, *sm*. Poison ; particule am, poezoun poison.
AMPOEZOUNI, *va*. Empoisonner ; part,et.
AMPOUAILL, *sm*. Polisson ; *pl*. ou.
AMPRÉON, *sm*. Insecte ; *pl*. amprenved, am et préon ver.
AMPREST, *sm*. Emprunt, prêt ; *pl*. ou, particule am, prést, prêt.
AMPRESTI, *va*. Emprunter, prêter,part. et.
AMPREVAL, *sm*. Insecte, ver ; *pl*. ed.
AMPREVAN, *sm*. Ver ; *pl*. ed,
AMUIN, *va*. Prêter secours ; part. et.
AMUSI, *vn*. S'amuser ; part. et.
AMVAB, *sf*. Stérile ; de am et de mab, fils. Zeuss cite anuabat.
AMVABAD, *sf*. Stérilité. Même étymologie que ci-dessus.
AMZAÔ, *adj*. Facile ; de am et de saô, levée.
AMZENT, *adj*. Désobéissant ; du privatif am et de senti, obéir.
AMZENTIDIGEZ, *sf*. Désobéissance ; de am et de sentidigez, obéissance.
AMZENTUZ, *adj*. Désobéissant ; le même que amzent.
AMZER, *sf*. Temps ; *pl*. amzeriou, vannetais amzir, irlandais aimsir, aim-ser thème anserà, sanscrit amasa.
AMZÉRÉ ou AMZÉRÉAD, *adj*. Inconvenant ; de am et de déré, devoir.

AMZÉRÉADEGEZ, *sf*. Inconvenance ; de am et de déréadegez, convenance.
AMZÉRÉOUT, *v. impers*. N'être pas convenable ; du privatif am, et de déréout, convenir.
AMZÉRI, *vn*. ; part. et. Temporiser : venant d'amzer.
AMZERIÈR, *sm*. Celui qui temporise ; *pl*. ien.
AMZERIOU, *sfp*. Monstrues des femmes.
AN, particule négative.
AN ou ANN, article le, vieux breton an si, am devant les labiales.
ANA, *sf*. Mère.
ANAD. Voyez anat.
ANADUREZ, *sf*. Évidence, notoriété ; de anat avec terminaison durez.
ANAF. Voyez hanaf.
ANAF, *adj*. Reconnaissable. Loth cite la glose anu, nom.
ANAFOUT. Voyez anaout.
ANALOUÉDEN, *sf*. Plante ravenelle ; anaf, calice, louéd, gris. moisi.
ANAOUDEK, *adj*. Connaisseur ; *pl*. anaoudeien, de anaout.
ANAOUDEGEZ, *sf*. Reconnaissance ; de anaout, avec terminaison égez.
ANAOUÉ, *sm*.; *pl*. ou. Anathème. Loth cite la glose anamou, taches.
ANAOUÉA, *va*. Anathématiser ; de nam, taches, dinam, sans taches.
ANAOUED, *sm*. Froid. Voyez anoued.
ANAOUEIN. *va*. Connaître ; part. anaouet.
ANAOUN, *splm*. Les trépassés. Au XVe siècle, anavon. Comparez le latin anima.
ANAOUT, *va*. Connaître ; part. anavezet.
ANAP. Voyez hanap.
ANAT, *adj*. Certain, sûr.
ANATAAT, *vn*. Devenir évident ; part. anatéat.
ANAVÉAN, *va*. Connaître ; part. anavéét.
ANAVEZOUT, *va*. Connaître ; part. anavezet.
ANAOUT, *va*. Reconnaître.
ANCHOU, pluriel de ant, sillon.
ANCHOU-DOURA, *splm*. Rigoles d'arrosement.
AND, *sm*. Sillon. Voyez ant.
ANDAVREK, *sf*. Tas de fumier ; ant, sillon, avrék, guéret.
ANDELEDEN; *sf*. Tussilage, plante.
ANDEN, *sf*. Raie, cannelure.
ANDENNEIN, *va*. Rayer, canneler ; part.et.
ANDENNET, *adj*. et *part*. Rayé, cannelé.
ANDERU, *sm*. Partie de la soirée.
ANDERV. Voyez anderu.
ANDEU, *splm*. De ant, sillon.
ANDEVREK, *sm*. Fumier. Voyez andavrek.
ANDOR, *sm*. Abri ; particule an, torr, brisure.

ANDOU, *splm.* Sources d'une rivière.
ANDOUNI, *va.* Labourer profondément ; part. et.
ANDRA, *conj.* Tandis que ; article an, enn, le, tra, chose.
ANDRED, *sm.* Endroit ; *pl.* andréjou.
ANDUILL, *smpl.* Andouilles.
ANDUILLEN, *sf.* Andouille ; *pl.* anduill ou anduillennou.
ANEBEUD, *adv.* Peu à peu ; a, par, nebeud, peu.
ANEBEUDOU, *adv.* Petit à petit.
ANEBEUT. Voyez anebeud ; particule a, nebeud, peu.
ANEHÉ, *pron. pers.* Eux, elles.
ANEHI, *pron. pers.* Elle.
ANEHON, *pron. pers.* Lui.
ANHÉOUET, *sm.* et *adj.* Pris par le froid.
ANER, *sm.* Prestation en nature ; *pl.* iou. latin angaria.
ANER, *sm.* Corvée. De Jubainville tire ce mot du latin angaria. Zeuss cite anner, dimidium, hanther.
ANERI, *vn.* Faire des corvées ; part. et.
ANÉRIA, *vn.* Faire des corvées ; part. aneriet.
ANÉS, *sm.* Malaise ; an, privatif, éaz, aise.
ANÉS, *conj.* Sinon. Voyez anez.
ANES, *sm.* Malaise ; an, part. priv., eaz, aise.
ANEU, *sm.* Enclume. Voyez anneu.
ANEU, *adj.* Mure ; de anv, été.
ANEUBEUD, *adv.* Peu à peu. Voyez a nebeut.
ANEUDEIN, *vn.* Mûrir ; part. et.
ANEUZE, *adv.* Alors, dès lors ; a, des,
ANEVAL, *sm.* Animal ; *pl.* ed, latin animal.
ANEVAL-MUD, *sm.* Bête féroce ; *pl.* anevaled-mud.
ANEZ, *conj.* Sinon.
ANEZ, *adv.* Sans cela ; de la particule a, et de la négation ne. Loth cite la glose anit, est-ce que.
ANEZ, *sf.* Malaise ; le même que diez. Voyez anés.
ANEZAN, *pron. pers.* Lui, de lui.
ANEZHAN, *pron. pers.* Lui, le, de lui ; de ann, le, et de ezhan, lui ; sanscrit ana ; latin alius.
ANEZHAN, Voyez anezan.
ANEZHI, *pron. pers.* Elle, d'elle.
ANEZHI, *pron. pers.* Elle, d'elle ; de ann, et de ezhi, elle.
ANEZHO, *pron. pers.* Eux, d'eux ; de ann et de ezho, eux.
ANGAJAMANT, *sm.* Engagement ; *pl.* angajamanchou.
ANGAJI, *va.* Engager : part. et.
ANGÉVIR, *sm.* Trompeur. Troude cite an privatif, kévir, vrai.

ANGLI, *vn.* Se rendre ; part. anglet. Voyez englena, enk, étroit.
ANGROZ, *sm.* Foule ; particule am ou an, kroz, bruit.
ANHUN, *sm.* Insomnie ; an priv. hun, sommeil.
ANIJEZ, *sm.* Plante, glécome.
ANJANDRI, *va.* Engendrer ; part. et.
ANK, *sm.* Coin, angle. Loth cite anguo, inégalité au privat. et quo irland fo, égal.
ANKAOU, *splm.* Les morts. Voyez ankou.
ANKAOUI, *va.* Mourir ; part. et
ANKELC'HER, *sm.* Latin an et kelch, cercle.
ANKELLER. Voyez ankelc'her.
ANKEN, *sf.* Souffrance morale ; *pl.* iou. Cornique, ancres, irland. ancride ; de an et de cridian. grec Καρδια, cœur, breton ank, coin, enk. étroit.
ANKENIA, *va.* Inquiéter ; part. et.
ANKÉNIUZ, *adj.* Inquiétant.
ANKET, *sm.* Enquête.
ANKEU, *sm.* Revenant. Voy. Ankou.
ANKIN, *sf.* Affliction. Voy. anken.
ANKINEIN, *va.* Affliger ; part. et.
ANKOU, *sm.* Mort ; gallois angeu vannetais anceu, ancon. Loth rappelle l'irlandais ec ; le latin nex, le grec νεκυς.
ANKOUAT, *va.* Oublier ; part. et. Voyez ankounac'haat.
ANKOUÉ, *sm. pl.* Au. Luettes ; glose anguo, breton enk.
ANKOUI, *vn.* Mourir ; part. ankouet ; n'est pas très employé.
ANKOUNAC'H, *sm.* Oubli. De la Ville marqué le tire de koun, mémoire.
ANKOUNAC'HAAT, *vn,* oublier ; part. eat. D'Arbois de Jubanville cite ankounac'h, pour an-co man-acta, composé de an, de co, avec, de man racine du latin memini et du suffixe acta.
ANKOUNAC'HAUZ, *adj.* Qui oublie facilement.
ANKOURAGI, *va.* Encourager ; part. et.
ANN, AN, Article, le, la, les.
ANN, HANN, *adv.* Ici ; latin hic.
ANN-DRA-SÉ, *sf.* Littéralement, cette chose là.
ANNE, *sf.* Enclume. Voyez anneu, grec αυνευ. Loth cite, ennian, enclume, irlandais ingeoin, ennion, latin commissura.
ANNÉ, *sm.* Ennui.
ANNEAN, *sf.* Enclume.
ANNEC'H, *sm.* Œuf gâté.
ANNÉEIN, *va.* et *n.* Ennuyer ; part. annect.
ANNED, *sm.* Ennui. Voy. anné.
ANNER, *sf.* Genisse ; *pl.* annerezed. Anner figure parmi les noms de famille.

ANNERS, *adj*. Sans force, débile, an nég, nerz, force.
ANNEU, *sf*. Enclume. Voy. anné.
ANNEUEIN, *va*. Tramer de la toile ; part. et.
ANNEUEN, *sf*. Trame d'un tisserand.
ANNEUI, *va*. Tramer, ourdir ; part. et.
ANNEUNI, Voy. Anneui.
ANNEUZ, *adj*. Ennuyeuse. Voy. inouuz.
ANNEZ, *splm*. Les meubles ; *pl*. iou, Zeuss cite le cambrique aggnhalyaf garder ; breton anaout, connaître.
ANNEZA, *va*. Meubler ; part. et.
ANNEZER, *sm*. Marchand de meubles ; *pl*. ien.
ANNEZET, *adj*. Meublé ; part, et.
ANNOER, *sf*. Genisse. Voyez ounner, anner.
ANNOG, *va*. Exhorter ; part. et.
ANNUER, *sf*. Genisse. Voyez ounner.
ANNULI, *va*. Annuler ; part. et.
ANO,HANO. Nom. *pl*. iou ; latin nomen.
ANOUED, *sm*. Froid. Zeuss cite anaihm, gelé.
ANOUEDEIN, *va* et *n*. Prendre froid.
ANOUEDEZ, *adj*. Qui se refroidit.
ANOUEDI, *va* et *n*. Devenir froid.
ANOUEDIK, *adj*. Frileux.
ANQUET, *sm*. Froid, rhume.
ANOUNS, *sm*. Annonce;*pl*. ou.
ANOUNSI, *va*. Aunoncer ; part. et.
A-NOZEC'H, *adv*. De nuit, noz. nuit.
ANROD, *sm*. Ornière, ant, sillon, rod, roue ; *pl*. anrodou.
ANSAÔ, *sm*. Aveu.
ANSAÔ, *va*. avouer ; part. ansavet.
ANSAVOUT, *va*. Avouer ; part. et.
ANSEL, *sm*. Espèce de Rabot ; *pl*. lou ; particule an, ysgeth répulsion. Loth cite anseth, dans le français nous trouvons anse, anselme.
ANSIEN, *adj*. Ancien.
ANT, *sm*. Sillon, fosse ; *pl*. Anchou; cambrique nant, vallon.
ANTEK, *sm*. Crime ; *pl*. antegiou. Loth cite anutonou,parjures.
ANTEKRIST, *sm*. Antéchrist.
ANTELL, *sf*. Lacet, piège.
ANTELLA, *va*. Tendre des pièges ; part. et. Ce mot est sans doute l'opposé de postella.
ANTOUNI, *va*. Donner le ton ; part. et, de toun ton.
ANTRÉ, *sf*. Entrée; *pl*. ou. Vient du français.
ANTRÉ, *sf*. Bois de charpente; *pl*. ou.
ANTRÉAL, *vn*. Entrer: part. antréet.
ANTRÉPRENOUR, *sm*. Entrepreneur; *pl*. ien.
ANTREPRIS, *sf*. Entrepris.
ANTREPRENOUT, *vn*. Entreprendre ; part. entreprenet.

ANTRETIEN, *sm*.; *pl*. ou, entretien.
ANTRONOZ, *sm*. Le lendemain ; ann,le, tro, tour, noz, nuit.
ANV, *sm*. Petite couleuvre; nader, aér. Cambrique neidr, irlandais nathir. Voyez Aér.
ANVAD, *adj*. Mauvais.
ANVELOP, *sm*. Enveloppe;*pl*. anvelopchou, origine française.
ANVEZ. Voyez annez.
ANOEZ, *sm*. Purin. Voyez hanvouez.
ANZAFOUT, *va*. Avouer. Voyez ansavout.
AO, HAO, *interj*. hé, hola.
AOCHOU, Rivages. *pl*. de aot.
AOLED, *sf*. Foyer; *pl*. ou. De Jubainville cite agileta, gallois aelwyd, vannetais oeled, euled.
AOLIER, *sm*. Entonnoir, ivrogne ; *pl*. ien.
AON, *sf*. Peur. Voyez aoun.
AOT ou AOD, *sm*. Rivage de la mer; *pl*. aochou, cambrique alls al cité par Zeuss.
AOTEN, *sf*. Rasoir ; *pl*. nou;de Jubainville cite alten, gallois ellyn-artena, du gaulois arto, pierre.
AOTER, *sf*. Autel ; *pl*. iou.
AOTRAMANT, *sm*. Concession, de aotréa et terminaison française ; *pl*. ou.
AOTRAMANT, *adv*. Autrement ; vient du français.
AOTRÉ, *sm*. Concession; *pl*. ou ; de Jubainville tire ce mot du français archaïque autrei, aujourd'hui octroi.
AOTRÉA, ou AOTREI, *va*. Accorder ; part. et. Breton possible, aot, grève, réi, donner.
AOTRÉADUR, *sm*. Concession, approbation ; *pl*. iou.
AOTREN, *va*. Concéder, consentir.
AOTROU, *pl*. ien, ou nez. Seigneur ; de Jubainville cite altravon, cornique altrou, gallois altraw ; de la racine al, nourrir ; comparez le breton aotréa, concéder.
AOTROUNIA, *va*. Maîtriser ; part. et.
AOTROUNIEZ, *sf*. Seigneurie, juridiction.
AOU-AOU, *interj*. Ouf.
AOUÉD ou AOUED, *sm*. Enflure. Paraît avoir la même étymologie que le précédent.
AOUEL, *sm*. Vent. Voy. avel.
AOUELI, *va*. Faire du vent, aérer ; part. et.
AOUEN, *sf*. Inspiration poétique, gallois awen,breton aven,cambrique atwaen, nouvelle.
AOUN, *sf*. Peur. De Jubainville le fait venir du gaulois omnos, th celtique obna-, omna.
AOUNIK, *adj*. Peureux.
AOUR, *sm*. Or ; du latin aurum.

AOURÉDAL, *sm*. Seneçon ; de aour hé, son ou il, et tal, front, ou de aour, or, é, il, dal, vaut. Néanmoins le Père Grégoire le fait venir du français orvault, orvale.

AOURÉDEN, *sf*. Dorade ; *pl*. ned, de aour, or.

AOUR-PIMAND, *sm*. Arsenic ; de aour et de pimand, piment ; en tréguier aourliou.

AOZ, *sf*. Façon ; latin actus.

AOZ, *sf*. Canal ; cambrique allt.

AOZA, *va*. Façonner ; part. et, latin agere.

AOZIDIGEZ, *sf*. Action de façonner.

AOZIL, *sm*. Osier, un seul brin aozilen fem.

APARAILLI, *va*. Appareiller ; part. et.

APARANS, *sm*. Apparence ; *pl*. ou, terminaison française.

APARANSI, *va*. Paraître ; part. et.

APARCHANTOUT, *vn*. Appartenir ; part. et.

APARISSA, *va*. Se montrer ; part. et.

APERT, *adj*. Adroit.

APERSEVOUT, *vn*. Apercevoir ; part. apersevet.

APITIT, *sm*. Appétit.

APLIK, *adj*. Capable, appliqué.

APOSTOLIK, *adj*. Apostolique.

APOTIKER, *sm*. Apothicaire ; *pl*. ien.

APOINTAMANT, *sm*. Appoint, condition ; *pl*. ou.

APOTUM, *sm*. Bile ; du français apostumer.

APOTUMI, *vn*. ; part. et. Apostumer.

APOUÉ, *sm*. Soutien.

APOUEL, *sm*. Abri ; *pl*. ou. On dit aussi arpouél ; de harp, qui arrête, avel, le vent.

APREK, *sm*. Contrition ; grec απυω, se lamente.

APRÉKA, *vn*. ; part. et. Être contrit.

APRÉSANSION, *sf*. ; *pl*. ou. Crainte, appréhension.

APROPRIA, *va*. S'approprier ; part. et.

APROUI, *va*. Essayer, approuver ; part. et.

APUT, *sm*. ; *pl*. ou. But ; latin apud, vers, français abuter, but.

AR, *article*, le, la, les.

AR, *prép.*, dessus, pour war. Voyez ce mot.

ARABAD, *adj*. Il ne faut pas. Zeuss cite l'irlandais ararograd, il est défendu.

ARABADIEZ, *sf*. Inutilité. La Villemarqué compare ce mot à mibiliez.

ARABADUZ, *adj*. Inutile. Comparé par La Villemarqué à mibiliez.

A RABINADOU, *adv*. par intervalles.

ARACH, *sm*. Fureur, rage.

ARACHI, *va*. Enrager ; part. et. Ce mot vient du français.

ARADEK, *sm*. Travail à la charrue ; de arat, charruer.

ARADUREZ, *sf*. Façon à la charrue.

ARAK, *sm*. Détritus de lin, de chanvre ; de araok, devant.

ARAOGER, *sm*. Devancier ; *pl*. ien ; de araok, devant.

ARAOK, *adv*. Devant ; de la particule a et de rak, avant.

ARAOUZ, *adj*. Taquin ; grec αραιος, maudit.

ARAR. Voyez alar.

ARASKL, *adj*. Qui n'est pas mur. Loth cite la glose arecer, petitio nova, renouvellement.

ARAT, *va*. et *n*. ; part. aret. Travailler avec la charrue ; grec αροω, laboure les champs.

A-RATOZ, *adv*. Avec intention ; de la particule a et de ratoz, réflexion.

ARBEL, *sf*. Armoire. Voyez Armel.

ARBENN, *adv*. Rencontré ; de ar et de penn, tête.

ARBOELL, *sm*. Sagesse ; *pl*. ou. Composé de la particule ar et de poëll, raison.

ARBOÉLLA, *va*. et *n*. ; part. et. Ménager.

ARBOÉLLER, *sm*. ; *pl*. ien. Econome.

ARBOUILLEIN, *va*. Economiser ; part. et.

ARC'H, *sf*. ; *pl*. arc'hiou ou irc'hier. Huche. Comparez le latin arca.

ARC'H, *prép*. Indiquant un signe supérieur.

ARC'HAD, *sm*. ; *pl*. ou. Huche pleine.

ARC'HANT, *sm*. ; *pl*. ou. Argent. Jubainville cite argenton, latin argentum.

ARC'HANTA, *va*. ; part. et. Argenter, arc'hant, argent.

ARC'HANTEK, *adj*. Qui a la couleur, le son de l'argent.

ARC'HANTEL, *part. pas*. d'argenter.

ARC'HANTI, *sm*. Maison de banque ; de arc'hant et de ti, maison.

ARC'HANTIEK, *sm*. ; *pl*. ou. Banquier.

ARC'HANTIRI, *sf*. ; *pl*. ou. Argenterie.

ARC'HÉAL, *sm. pl*. arc'hèlez, archange, de arc'h indiquant le superlatif et eal, ange.

ARCHED, *sm*. ; *pl*. ou. Bière, cercueil ; latin arca.

ARC'HEN, *sf. pl*. nou ; chaussure, Loth cite la glose arc'hénatou calcei.

ARC'HENNA, *va*. Mettre des souliers ; part. et.

ARC'HENNAD, *sm. pl*. ou ; droit de chaussure.

ARCHER, *sm*. ; *pl*. ien. Gendarme. Voir le français archer.

ARC'HESKOP, *sm. pl*. Arc'hescep, archevêque de arc'h, et de eskop évêque.

ARC'HESKOPTED, *sm pl*. ou ; Archevêché.

ARC'HESKOPTI, *sm. pl*. iou ; Archevêché.

ARC'HEUST. *sm.* Veillée d'un mort.
ARC'HIER, *sm. pl.* ien ; faiseur de caisses de arc'h huche.
ARC'HIK, *sf. pl.* arc'higou. Petite huche.
ARCHITEK, *sm.* Architecte.
ARC'HOUÈRÈ, *sm.* Mauvais esprit, Loth. cite la glose aruuoart, irl ad-ob-ra-gart, vous a fasciné. De arc'h superlatif, gwéret terre.
ARC'HVEST, *sm.* Veillée d'un mort. Voyez arvest.
ARC'H-WÈLÈ, *sf.* Bois de lit, arc'h, coffre, gwelè lit.
ARDAMEZ, *sf. pl.* marque, Ardamésiou, Loth cite la glose ardomaul, en face de la ligne.
ARDAMEZI, *va.* part. et. Marquer quelque chose.
ARDANT, *adj.* Ardent ; gwin ardant, eau-de-vie.
ARDOU, *sm. pl.* Farces ; ne s'emploie pas au singulier.
ARELACH, *sm.* Arrérages ; *pl.* ou. de a et de rélac'h, forière.
ARER, *sm. pl.* ien. Laboureur, glose bret arater.
ARESTASIOUN, *sf. pl.* ou ; Arrestation.
ARÈT, *sm.* Action d'arrêter.
ARETI, *va.* Arrêter ; part. et.
ARFLEU, *sm.* Emportement.
ARGAD, *sm. pl.* ou, combat, le thème reacatu ad Pugnam cité par Jubainville, de la particule ar et de kad combat.
ARGADEN, *sf. pl.* nou, irruption.
ARGADER. *sm. pl.* ien, agresseur.
ARGADI, *va.* et *n.* part. et ; agacer, irriter.
ARGARZI, *va.* part. et ; détester, thème aré-catu.
ARGARZIDIGEZ, *sf. pl.* argarzidigésiou. Horreur.
ARGARZUZ, *adj.* Affreux, abominable.
ARGIL, *sm. pl.* ou ; Recul, de ar et de kil, arrière.
ARGILA, *va.* Reculer; part. et.
ARGILER, *sm.* ; *pl.* ien. Celui qui recule.
ARGILUZ, *adj.* Qui recule.
ARGLOUEZ, *sm.* Seigneur.
ARGOAD. ou ARGOAT, *sm.* L'intérieur desterres, de ar, et de koat ou koad, bois; *pl.* argoajou.
ARGOADEK, *adj.* Boisé, de koad bois.
ARGOADER, *sm.* ; *pl.* ien. Forestier.
ARGOADÉREZ, *sf.* ; *pl.* ed. Forestière.
ARGOULAOU, *sm.* Dot d'une fille. Voyez argourou.
ARGOULAOUI, *va.* Part. et. Doter ; se dit aussi argouraoui, ergoulaoui, grec αργλυρόω, argenter, arévoproves, gallois argenfreu.
ARGOURED, *sm.* Espèce de vrille ; glose bretonne arstud, pointe, cité par Loth, Zeuss cite agori, ouvrir.
ARGOUROU, ou ARGOULOU, *sm.* Dot ; vannetais argoufreu ; *pl.* argouraou.
ARGUD, ou DARGUD, *sm.* Demi-sommeil ; *pl.* ou; grec δαρθανω, sommeiller.
ARGUDI, *vn.* Sommeiller ; part. et.
ARGUDUZ, *adj.* Qui assoupit.
ARGUI. *vn.* Contester, arguer; part. et. du français arguer.
ARGUZ. *sm.* Dispute ; *pl.* iou, grec αρεικος. martial.
ARLIKON, *sm.* Rouget, *pl.* ed., français arlequin.
ARLUI, *va.* Bannir, entraver ; part. et. Voyez harlu, harlui.
ARM, *sm.* ; *pl.* ou. Arme ; glose bret arm ; latin arma. Loth.
ARM, *sm.* Airain ; gallois airm, glose bret, air. carnage.
ARMA, *va.* part et. Armer ; gallois armaich, armaim.
ARMÉ, *sf.* Armée ; *pl.* ou ; irlandais arm.
ARMÉ, ou ARC'HMÉ, plante, grec αραιος. tendre.
ARMEL, *sm.* ; *pl.* iou. Armoire, Loth cite la glose armell, du latin armella. Voyez arbel.
ARMOR, *sm.* Pays voisin de la mer ; *pl.* arvoriou.
ARMOR, *sm.* plante maritime, armerier.
ARNÉ, ou ARNEU, *sm.* ; *pl.* arnéviou. orage, glose bretonne air carnage.
ARNEUET, *adj* échauffé, gâté.
ARNÉUZ, *adj.* Orageux.
ARNÉVUZ, *adj.* Orageux.
ARNÉVI, *va.* Part. arnévet. Consommer, faire de l'orage.
ARNOD, *sm.* ; *pl.* ou. Essai, épreuve.
ARNODI, *va* et *n.* Essayer ; part. et. grec αρνυμαι.
ARONDISSAMANT, *sm.* Arrondissement ; *pl.* ou.
AROS, *sm.* L'arrière d'un vaisseau ; *pl.* arosiou, grec αρασσω, couper, fendre.
AROUND, *adv.* En rond.
AROSI. *va.* Arroser ; part. et, français arroser.
AROSOUER, *sm.* arrosoir ; *pl.* ou, français arrosoir.
AROUAD, *sm.* Plante, tanaisie. voy. orwad.
AROUDEN, *sf.* Trait, marque ; *pl.* nou. Voyez rouden.
AROUDENNA, *va.* Marquer d'un trait; part. et.
AROUDENNER, *sm.* Marqueur ; *pl.* ien, fém. aroudennerez.
AROUDENNEREZ, *sm.* Action de marquer.

AROUDENNEREZ, adj. Qui est marqué de traits.
AROUEZ, sf. ; pl. arouésiou. Signe, de la particule ar latin ad, wez, ouez, il sait.
AROUÉZI, va. Marquer, part. et.
AROUÉZIUZ, adj. Qui marque.
AROUEZ-WEN, sm. Blanc seing.
ARRÉ, adv. Encore, arré, item, adarré, itérum, Zeuss.
ARRÉBEURI, sf. Meuble ; pl. ou. Glose bret, arber, il sert. cité par Loth, gall, arfer, usage, pour tout.
AR-RÉMAN, pronom démonstratif, ceux-ci, celles-ci.
ARRÉVAL, sm. ; pl. ou. Mouture, de arre, encore, et de mala, moudre.
ARREZ OU ERREZ, arrhes ; grec αοραβσν.
AR-RÉ-ZÉ, pron. démonst. Ceux-là celles-là.
ARREZI, OU ERREZI, va. Donner des arrhes ; part. et.
ARRIAGON, sm. ; pl. ed. archidiacre, pour arc'hdiagon ; latin diaconus.
ARROUD, sm. Trace ; pl. arroudou. Voyez rouden.
ARRU OU ERRU. sm. Arrivage ; latin eruere.
ARRUOUT OU ERRUOUT, vn. Arriver ; part. érruet.
ARSAL OU ARSAILL, sm. ; pl. ou. Assaut. La Villemarqué cite ar le, sal saut.
ARSAILLA, vn. Part. et. Assaillir.
ARSAILLOUR, sm. ; pl. ien. Assaillant.
ARSANAL. sm. ; pl. iou, Arsenal.
ARSAÔ, sm. Relâche, de ar, sur, saô levée.
ARTISAN, sm. Homme de métier ; pl. ed.
ARVAR, sm. Doute; pl. iou, de war, sur, et de mar, doute.
ARVARA, sm. Débris de pain ; pl. arvaraou, de ar pour war et Bara, pain.
ARVARI, va. et n. Douter ; part. et.
ARVARUZ, adj. Douteux.
ARVEST, sm. ; pl. ou. Attention, grimace. Comparez le gallois arwest.
ARVEST OU ARC'HED. sm. Veillée d'un mort, arc'h, diminut. d'arched, ged, attente ou fest fête.
ARVESTI, va. part. et. Observer.
ARVESTIAD, sm. pl. avestidi. Observateur.
ARVESTOU, sm. pl. Jeux publics.
ARVEZ, sm. Même air ; pl. iou.
ARVOR, sm. ; pl. iou. Terre du littoral, de ar pour war. dessus, mor mer.
ARVOREK, adj Maritime.
ARVORIAD, sm. ; pl. arvorist. Homme du littoral.
ARVORIADEZ, sf. Femme du littoral ; pl. ed.

ARWAD, sm. Plante, de ar, et de gwad, sang.
ARWAREK OU ARVAREK, adj. Fainéant, de ar, et de gorek lent.
ARWAREGE'CH, sf. Oisiveté, de ar sur, gorrégez, lenteur.
ARWÉZENTI, sf. Signe, indice.
ARZ, sm. Arrêt ; pl. ou. Voyez harz.
ARZAO-VRÉZEL OU ARSAO-BRÉZEL. Trève, relâche de guerre.
ARZAOI OU ARSAVI, vn. part. et. Reposer.
ARZEL, sm. ; pl. iou. Jarret ; du latin articulus.
ARZOURN, sm. Poignet, de ar sur, dourn, main.
AS, particule qui sert à doubler l'action.
AS, pronom. Ton, tien.
ASA OU ASSA, interjection, ça.
ASBLÉO, sm. Duvet, de as, et de bléo, cheveux.
ASBLÉVEK, adj. Qui a du duvet.
ASDIBR, sm. Coussinet d'une selle ; pl. ou, de la particule, as et de dibr, selle.
ASDIBRA, va. ; part. et. Mettre un coussinet à une selle.
ASDIMIZI, sm. Second mariage. pl. asdimiziou, de la particule as, et de dimizi mariage.
ASDIMIZI, vn. ; part. asdimezet. Se remarier.
ASDO, sm. Œuf couvé, de as, et de dozvi, pondre.
ASDOEN OU ARDOEN, sf. ; pl. nou. Couverture d'un toit, de as et de toën, toiture.
ASDRÉZEN, sf. Petite crémaillère ; pl. nou, de as, et de drèzen, crémaillère.
ASDUAAT, va. et n. ; part. asduet. Brunir, de la particule as, et de dua, noircir.
ASK, sm. ; pl. ou. Entaille, anglais, jagg.
ASKA, va. part. et. Faire une entaille.
ASKEL, sf. ; pl. askellou. Aile, de ask entaille, et de el, aile.
ASKEL-GROC'HEN, sf. ; pl. eskel-groc'hen. Chauve-souris, de askel, aile, et de kroc'hen, peau.
ASKELLA, va. part. et. Voler, diou-askella, voler des deux ailes.
ASKELLEK, adj. Qui a des ailes.
ASKÉMÉROUT, va. part. askémeret. Reprendre.
ASKLEUDEN, sf. Copeau ; pl. ou.
ASKOAN, sf. ; pl. askoaniou. Réveillon, de la particule as, et de koan, souper.
ASKOANIA, vn. Faire réveillon ; part. askoaniet.
ASKOL, sm. ; pl. enrou. Chardon, de as, et de kaol chou.
ASKOL-BRIZ, sm, Chardon panaché.

Askolek, sf. Chardonnière ; pl. askolégou.
Askol-Koad, sm. Chardon de forêt, houx,
Askol-Lézek, sm. Plante, moutarde blanche.
Askol-moc'h, sm. Chardon rude.
Askorn, sm. Os. Voyez askourn.
Askonch, sm. Doctrine.
Askouez, sm. Rechute ; pl. askouésiou, de la particule as, et de kouéz, chute.
Askoueza, vn. Retomber ; part. et.
Askourn, sm. ; pl. eskern. Os, Loth cite la glose ascorinol osseuse, dérivé d'ascorin, gall. asewrn.
Askourna, va. et n. Ossifier ; part. askournet.
Askournegez, sf. Celle qui a de gros os.
Askournek, adj. Qui a de forts os.
Askournuz, adj. Osseux.
Askré, sm. Sein ; grec ἀσκίον, petite outre.
Askréad, sm. Plénitude du sein ; pl. askréadou.
Askrek, sm. Qui a le sein fort ; pl. askréien.
Askriva, va. Répondre à une lettre ; part. askrived.
A-skuill, adv. A torrents ; part. a et skuilla, verser.
Aslavarout, va. Redire ; part. aslavaret, de la particule as et de lavar, parole.
Asloden, sf. ; pl. nou. Subdivision ; de as et de loden. part.
Aslodenna, va. Subdiviser : part. et.
Asnoazout, vn. ; part. et. Offenser.
Asosia, vn. S'associer ; part. et.
A-soun, adj. D'aplomb ; particule a, et soun, droit.
Asperjés, sf. Légume, asperge.
Asperjés, sm. Versement d'eau bénite ; du latin.
Aspled, sm. ; pl. ou. Hauteur d'appui.
Asrann, sf. ; pl. ou. Subdivision ; de as et de rann, partage.
Asranna, va., part. et. Subdiviser ; de as et de ranna, partager.
Asrec'h, sm. Chagrin ; pl. ou ; de as et de rec'h, tristesse.
Asrec'hi, va. Affliger ; part. et.
Asrec'huz. adj. Triste, chagrinant.
Asréi, va. ; part. asroet. Redonner ; de as, et de rei, donner.
Assagn, sm. Enseigne ; pl. assagnou, latin insignia ;
Assamblé, sf. ; pl. ou. Assemblée.
Assamblés, adv. Ensemble.
Assambli, va. ; part. et. Assembler.
Assambli (enn, em), v. réfl. Se rassembler.

Assével, va. Relever ; part. assavet ; de as et de sével, lever.
Assidu, adj. Exact, assidu.
Assiduamant, adv. Assidument.
Assotaat, vn. Rendre bête ; part et ; de as, et de sotaat, devenir bête.
Assoupi ou Assoupli, va. ; part. assoupet. Faire un faux pas.
Assur, adv. Assurément.
Assuranz, sf. ; pl. ou. Assurance.
Assuri, va. ; part. et. Assurer.
Astach, sm. Etage ; pl. ou, origine française.
Astal, sm. Temps d'arrêt. Loth cite attal. équivalence.
Astaol, sm. ; pl. iou. Contre-coup ; de as et de taol, coup.
Astel, sf. Mesure pour les grains ; pl. astellou.
Astellad, sm. ; pl. ou. Le contenu d'un demi-boisseau ; plusieurs prononcent rastellad, ce qui indiquerait le contenu d'un rateau.
Astenn, sm. ; pl. nou. Allonge.
Astenna, va. et part. et. Étendre ; de la particule as et de tenna, tirer, latin extendere.
Astennadur, sm. Action d'allonger.
Asteuzi, va. Fondre tout à fait ; part. et ; de as et de teuzi, fondre.
Astinva, vn. ; part. et. Répandre. Loth cite la glose tinsot, il répandit, irland. tionsanaim, je verse ; de la particule as, et de tinva, propager.
Astiza, aa. ; part. et. Exciter, attiser ; latin atticinari ; de ad et de titio, tison ; le breton s'explique par la particule as et tiz, force.
Astomm, adj. Réchauffé ; de as, et de tomm, chaud.
Astomma, va. ; part. et. Réchauffer ; de as et tomma, chauffer.
Astr, sm. Astre ; pl. astrou.
Astroad, sm. Nu-pieds ; part. as, troad, pied.
A-strolladou, adv. En masse ; part. a, strollad, foule.
A-stropadou, adv. Par paquets ; partic. a, stropad, paquet.
Astud ou Astut, adj. Méprisable. Loth cite la glose arstud, pointe ; le breton as, particule et tud, gens ; littéralement, pauvres gens.
Astudder, sm. Usure, mépris.
Astuz, sm. Privations, défaut de soins ; part. a, tud, monde.
Astuz, sm. Vermine ; glose arstud, pointe.
Astuzi, va. et n. Couvrir de vermine ; part. et.
Astuzuz, adv. Qui a de la vermine.
Asvent, sm. L'avent ; latin adventum.

ASVERK, sm.; pl. ou. Contre-marque ; composé de as, et de merk, marque.
ASVERKA, va.; part. et. Contre-marquer; composé de as, et de merka, marquer.
AS-VOGER, sf. Contre-fort ; part. as et moger, mur.
ASVOGÉRIA, va. Contre-murer, part. asvogeriet; de la particule as,et de mogéria, murer.
AT, part. reduplicative. Réprésentant le redoublement.
ATAK, sm.; pl. ou. Attaque ; en vannetais atahin.
ATAKI, va. Attaquer ; part. et.
ATANSION, sm. Attention ; pl. ou.
ATANSIOUN, sm. Attention ; pl. ou.
ATANT, sm. Ferme, position ; du français attente.
ATANTI, vn. préparer; part. et.
ATAO, adv. Toujours ; cambriq. etwa, gallois ettò.
ATÉRZ, sm. Enquête : pl. ou ; part. at, et kerz, course.
ATESTI, va. Attester, part. et ; test, témoin.
ATIL, sm. Terre en rapport, cambriq. atail. Le mot atil se rapporte généralement aux champs entourés d'ormes, d'où had, semence, til, orme.
ATIZ, sm. Instigation, pl. ou.
ATIZA, va. Persuader, part. et; le même que astiza.
ATIZER, sm.; pl. ien. Exciteur.
ATOUD, sm. Atout ; terme de jeu de cartes.
ATRED, sm.; pl. ou. Débris de carrière ; latin ad et trahere, tirer ; le plur. se dit aussi atréjou.
ATRÉDI, vn. Combler ; part. et.
AUDIANS, sf. Audience ; pl. ou.
AUGLEN, sf. Lavoir ; pl. ou ; éok, mûr ; chaud, lenn, étang. Voyez éogen.
A-UNAN, adv. Être du même avis ; a, partic représentant de, et unan, un.
AUTER. Voyez Aoter.
A-UZ, prép. Au-dessus.
A-VAD, adv. Tout de bon ; part. a, mad, bon.
AVAL, sm. Fruit; pl. avalou, glose bret ; abal, pomme; aballos, aballen, ouallen, nom propre avallguid. Zeuss.
AVAL-DÉRO, sm. Pomme de chêne; pl. avalou-déro.
AVAL-DOUAR, sm. Pomme de terre ; pl. avalou-douar.
AVALEN, sf. Pommier; pl. avalennou.
AVALENNEK, sf. Verger ; pl. avalennégou.
AVALOUER, sm. Hérisson ; pl. ien ; aval, pomme.
AVALOUER, sm. Reculement; pl. ien; origine française.

AVAL-TANN, sm. Pomme de chêne ; pl. avalou-tann.
AVANK, sm. Castor ; pl. avanked. De Jubainville transforme ank en enkos, breton aven, rivière.
AVANS, sm. Avance ; pl. ou.
AVANS, vn. Avancer ; part. et.
AVANS (ENN), prép. En avant.
AVANSAMANT, sm.; pl. ou. Avancement.
AVANSI, va.; part. et. Avancer.
AVANTACH, sm. Avantage ; pl. ou ; origine française.
AVANTAJI, va. Avantager ; part. et.
AVANTAJUZ, adj. Avantageux.
AVANTRAIN, sm. Avant-train.
AVANTUR, sm. Aventure.
AVANTUR (ENN), adv. A l'aventure ; pl. nou.
AVANTURADEN, sf. Risque pl. nou.
AVANTURI, va. Aventurer ; part. et.
AVANTURUZ, adj. avantureux.
AVARI, sm. Avarie, pl. ou.
AVARIA, va. Avarier ; part. avariet.
AVARIS, sf. Avarice.
AVARISIUZ, adj. Avare.
AVE, sm. Attelage ; pl. iou.
AVELACH, sm. Du vent en général; pl. ou.
AVEL-DOMM, sf. Vent chaud ; avel, vent, tomm, chaud.
AVEL-DRENK, sf. Vent froid; avel, vent; trenk, aigre.
AVEL-DREUZ, sf. Vent de côté; avel, vent, treuz, travers.
AVEL-DRO, sf. Vent en tourbillon ; avel, vent, tro, tour.
AVELEK, sf. Vent ; pl. ou ; grec αελλα.
AVELEK, adj. Venteux, évaporé; avel, vent.
AVELEN, sf. ; pl. nou. Hernie ; pl. nou.
AVELENNEK, adj. Qui a une hernie.
AVELET, adj. Ecervelé.
AVÉLET, adj. Eventé.
AVEL-FÉTIZ, sf. Vent puant, aval, fétiz, grossier.
AVEL-GORNAOUEK, sf. Vent d'ouest.
AVEL-HUEL, sf. Vent haut, vent d'est.
AVELI, va. part. et, Eventer.
AVEL-IND, sf. Vent traître, vent coulis.
AVEL-IZEL, sf. Vent bas, vent d'ouest.
AVEL-LAÉR, sf. vent coulis, avel, vent, et laér, voleur.
AVELOUER, sm. éventail, avel vent.
AVEL-RED, sf. Courant d'air, avel, el red course, qui court.
AVELUZ, adj. Plein de vent.
AVEL-VIZ, sf. Vent du nord-est, avel, vent et biz nord-est.
AVE-MARIA, sf. Salutation angélique, du latin ave maria.

AVEN, *sf. pl.* avennou. Rivière,Jubainville cite le cornique avòn, abona.
AVEN, *sf.* Mâchoire ; *pl.* avenou.
AVENAD, *sm. pl.* ou. Coup sur la joue.
AVENEGEZ, *sf.* Celle qui a la mâchoire forte ; *pl.* ed.
AVENEK, *sm.* et *adj.* Celui qui a la mâchoire forte.
AVERTISSA, *va.* Avertir part. et.
AVERTISSAMANT, *sm.* avertissement ;*pl.* ou.
AVES, *sm.* Oiseau ; *pl.* ed, latin avis.
AVETÉPANS, *adv.* Exprès.
AVEU, *sm. pl.* aveuiou. Titre, aveu.
AVI, *sf.* Envie ; latin invidia.
AVIEL, *sm.* Evangile ; *pl*,ou,latin évangelium,
AVIELA, *vn.* part. et. Catéchiser.
AVIELER, *sm.* Diacre ; *pl.* ien.
AVINA, *va.* Aviner ; part. avinet.
AVIEZ, *sf.* Avives ; latin vivulx.
A-VIHANNIK, *adv.* Dès l'enfance ; particule a. Bihannik tout petit.
A-VIHANNOC'H, *adv.* A moins.
AVINET, *adj.* Aviné, se dit aussi abiel, de gwin vin.
AVIUZ, *adj.* Envieux.
AVIS, *sm.* Avis ; *pl.* ou, origine française.
AVISA ou AVISOUT, *va.* et *n.* Examiner; part. et.
AVISKOAZ, *adv.* A jamais ; particule a, et biskoaz jamais.
AVISOUT, *va.* et *n.* Voyez avisa.
AVOLÉVANN, *adv*, A la volée; particule a, bolé volée, banna, lancer avec violence.
AVON, *sm.* Rivière ; voy. aven.
AVOUÉ, *sm.* Avoué ; *pl.* ed.
AVOUI, *va.* Avouer ; part. et.
AVOULTREZ, *sf. pl.* Avoultrezed ; adultère.
AVRAZ, *adv.* En gros, à En,Braz grand.
AVRÉ, *adv.* Aujourd'hui.
AVREGA, *va* Préparer la terre pour semer ; part. et.
AVREK, *sm.* Terre nouvellement préparée ; *pl.* avrégou.
AVRÊMAN, *adv.* Dès à présent, à, dès, brema ou breman maintenant.
AVU, *sm.* Foie, on dit aussi éeu, éhu ; cambr. afu.
AVULTR ou AVOULTR, *sm. pl.* ien.Adultère ; latin adulter.
AVULTRIEZ, *sm.* Crime d'adultère, on dit aussi avultriach.
AWALC'H, *adv.* Assez, La Villemarqué le fait venir de a de, et gwalc'h, satiété.
AWÉCHOU, *adv.* Parfois ; à, par, gwéchou ; *pl.* de gwéach fois.
AZ, *pron. posses.* Toi, te, ton, ta.
AZ, Particule annonçant le redoublement.
AZA, *adj.* Debout, de a, et de sa, pour saô, levée.
AZAOUEZ, *sf.* Prévenance, considération.
AZÉ, *adv.* La, de a, de, zé, cela.
AZEN, *sm. pl.* Ezen, ane, latin asinus.
AZENER, *sm.* ; *pl.* ien. Conducteur d'ânes.
AZENEZ, *sf.*; *pl*, ed. Anesse, Bourrique.
AZENIK, *sm.* Anon ; *pl.* azenedigou.
AZENNÉREZ, *sf.* Anerie, ignorance.
AZEULER, *sm.*; *pl.* ien. Adorateur.
AZEULI, *va.*; part. et. Adorer, de la particule az, et de meuli, louer.
AZEULIDIGEZ, *sf.* Adoration, sacrifice.
AZEULUZ, *adj.* Adorable, de az, et de meuluz louable.
AZÉZA, *vn.* S'asseoir, part. azezet, grec εσωμαι, le breton azé, là.
AZEZ, *sf.* ; *pl.* Azezou, assemblée délibérante.
AZÉOU, *adv.* A droite.
AZÉVRI, *adv.* Avec promptitude ; particule à, dévri, hâte.
AZFOAR, Voyez asfoar.
AZKOAN, Voyez askoan.
AZGAS, *adj.* Étrange.
AZIABARZ, *adv.* Du dedans, de la particule a, et de diabarz dedans.
AZIABELL, *adv.* De loin. a, de, diabell, éloigné.
AZIADRÉ, *adv.* Par derrière, a,par, diadré, derrière.
AZIARBENN, *adv.* Au devant de, a diarbenna devant de.
AZIAVÉAZ, *adv.* Du dehors, de la particule a et de diavéaz, dehors.
AZIAVÉAZ-BRO, *adv.* A l'étranger, aziaveaz, de dehors bro, pays.
AZINDAN. *adv.* Du dedans, de a, et de dindan, dedans.
AZIOUC'H, *adv.* au dessus, de a et de diouc'h ; se dit aussi a zioc'h, a ziout.
A-ZISPILL, *adv.* accroché. Voy. a-ispill.
A-ZISTRIBILL, *adv.* Voy. a-istribill.
A-ZOARÉ, *adv.* D'une bonne manière, a, de, doaré, façon.
A-ZOUG, *adv.* En portant, a, a, doug portée.
AZVANN, *sm.* Remuement ; de la part, a, et de banna, remuer.

B

B, lettre consonne, 2º de l'alphabet.B.
BABIK, sm. Petit enfant; anglais, baby.
BABOREZ, sf. Femme prétentieuse ; pl. ed.
BABOUINA, va., part. et. Salir, couvrir d'ordures.
BABOURZ, sm. Terme de marine, babord ; pl. baboursiou.
BABOUZ, sm. Bave, ordure.
BABOUZA, va., part. et. Baver, bavarder.
BABOUZEK, adj. Baveur ; pl. babouzéien.
BABOUZÉGEZ, sf. Bavarde, baveuse ; pl. ed.
BABOUZEGEZ, sm. Action de baver, de bavarder.
BABU, sm. Guigne ; pl. babu.
BABUEN, sf. Arbre de cerises douces ; pl. babuennou, ou babu.
BABUEK, adj. Champ de guignes.
BABYLON, sm. Nom d'une ville, Babylone.
BAC'H. sf ; pl. iou. Croc, Loth cite la glose bahell, Bicellus.
BAC'H, sm. et adj. Lieu renfermé ; pl. iou.
BAC'HA, va. part. et. Renfermer ; grec βάθος creux.
BAC'HADUR, sm. Action de renfermer.
BAC'HÉREZ, sm. Incarcération.
BAC'HET, ad. Et. part. Renfermé.
BAC'HIK sf. Crochet ; pl. bac'hiouigou.
BAC'HINODA, va. Badiner ; part. et.
BAC'HOL, sm. Ganache de cheval ; pl. ou.
BAC'HOULEN, sf. Battant d'une cloche. Voyez Bazoulen.
BAC'HOULEN, sf. Tige de plante ; pl. nou.
BAC'H-TILLAT, ou BAC'H-DILLAT, sf. Battoir de blanchisseuse, Bac'h, croc, baton, dillat hardes.
BAD, sm. Action d'étourdir, on dit aussi badérez.
BADA, ou BADAOUI, vn. Etre étourdi ; part. Badet, Badaouet, du bas latin Badare.
BADALA, vn. Bailler ; part. et. Forme allongée du latin Badare, glose bret. Bat, stupeur.
BADALEN, sf. Poignard ; pl. Badalennou.
BADALÉREZ, sm. Baillement.
BADANÉ, sf. Plante, pas d'âne. Voy. padané, paô marc'h.

BADAOUER, sm ; pl. ien. Flaneur, badaud.
BADAOUÉREZ, sf. Femme étourdie ; pl. ed.
BADEZ, sf. Baptême. Jubainville cite le gallois beb-ydd-bat-idios, grec βάπτω plonge. celtiq, badd, bain.
BADÉZI, va. et n. Plonger dans l'eau, baptiser ; part. et.
BADÉZOUR, adj. et sm. Baptiseur, sant Ian vadézour, St-Jean-Baptiste.
BADINA, va. Badiner ; part. et.
BADINELLA, va. Étourdir ; part. et.
BADINERCZ, sm. Farce, plaisanterie. Badinage.
BADISIANT, sf. Baptême ; pl. badisiantou.
BAÉ, sf.; pl. ou, Baie ; latin bacca, celtique badh.
BAÉN, sm ; pl. Baéniou, Baéiou. Bain.
BAG, sf. Bateau ; pl. Bagou, ou bigi.
BAGA, va. Embarquer ; part. et.
BAGAD, sf. La charge d'un bateau ; pl. ou.
BAGÉA ou BAGÉAL, vn. Conduire un bateau, part. bagéet.
BAG-ÉAR, sf. Ballon ; pl. Bagou-éar ou Bigi-éar, de Bag Bateau, et de éar air.
BAGÉER, sm. Batelier ; pl. bagéerien.
BAGÉÉREZ, sf. Batelière ; pl. bagerezed.
BAGÉEREZ, sm. Action d'aller en bateau, de le conduire.
BAGIK, sf. Petit bateau; pl. bagouigou.
BAGOL, ou BAGOUL, Vigoureux; bazoulen, tige droite.
BAHED, sm. Sanglier ; pl. ou, Zeuss cite le cambrique Baedd éoedd.
BAHEDI, va. Donner des coups de boutoir, part. Bahedet, gallois Baeddi.
BAIAN, adj. et sm. Alezan; latin Badius.
BAIÉTEN, sf. Baguette ; pl. nou.
BAILL, voyez BAL. Marque en tête.
BAILLA, va. Marquer en tête; part. et.
BAILLAD, sm. Le plein d'un baquet; pl. ou.
BAILLEZ, sf. Macreuse ; pl. ed.
BAIZIK, adj. Jaloux. On emploie aussi les mots marc'h rouz, cheval roux, pour jaloux.
BAL, sm. Bal, bal kerné, danse de Cornouaille.
BAL ou BAILL. Marque en tête; pl. baillou.

BAL ou BAILL, *sm.* Baquet; *pl.* bai!lou, ou ballou.

BALAD ou BAILLAD, *sm.* Le plein d'un baquet; *pl.* bailladou, ou baillajou.

BALAÉN, *sf.* Balai; *pl.* Balaennou, de balan genêt.

BALAFEN, *sf.* Papillon; *pl.* ed. On dit aussi malafen, grec hakos tendre παλαμη pomme.

BALAMOUR, voyez ABALAMOUR.

BALAN, *sm.* Genêt; *pl.* ou; de Jubainville cite banal, par métathèse balan au XV° siècle balazn-banatlon-genatlon. Zeuss cite banathel, genista.

BALANEK, *sf.* et *adj.* Lieu planté de genêts; *pl.* Balancier.

BALANEN, *sf.* Un seul pied de genêt; *pl.* nou.

BALANJÉNOK, *adj.* Lourdaud.

BALANS, *sf.* Balance; *pl.* balansou.

BALAN-TO, *sm.* Genêt, to, couverture.

BALBÉA, *va.* Altérer, part. et. Latin balneare.

BALBEZEK, *adj.* Qui est altéré, qui a soif.

BALBOUZA, *va.* et *n.* Bredouiller, part. et.

BALBOUZER, *sm.* Bredouilleur; *pl.* ien.

BALBOUZEREZ, *sf.* Bredouilleuse; *pl.* ed.

BALBOUZÈREZ, *sm.* Bredouillement, latin balbus, bègue.

BALC'H, *adj.* Arrogant, effronté.

BALÉ, *sm.* Marche; latin ambulatio.

BALE ou BALÉA, *vn.* Marcher; part. Baléet, latin ambulare.

BALÉADEN, *sf.* Promenade; *pl.* nou.

BALED, *sm.* Auvent. Zeuss cite Bahell secarès.

BALÉDER, *sm.* Arrogance.

BALÉÉR, *sm.* Marcheur; *pl.* ien.

BALÉÉREZ, *sf.* Marcheuse; *pl.* ed.

BALEG, *sm.* Saillie d'un édifice; *pl.* ou.

BALÉGA, *vn.* S'avancer au dehors; part. et.

BALÉGI, *va.* Avoir de la répugnance; part. et.

BALÉGUZ, *adj.* Qui sort en saillie.

BALÉHAAT, *va* et *n.* Devenir arrogant, part. Baléhéat.

BALÉH, *adj.* et *sm.* Hautain, arrogant; latin altus.

BALÉHEZ, *sf.* Femme arrogante; *pl.* baléhezed.

BALEK, *sm.* Dégoût d'une chose.

BALEZ, *sf.* Oiseau de mer; de bal ou baill, tâche.

BALI, *sf.* Allée plantée; *pl.* baliou.

BALIÉREN, *sf.* Barrière; *pl.* baliérennou.

BALIR, *sm.* Saillie, le même que Baleg.

BALIRA, *vn.* Saillir, s'avancer en dehors; part. et.

BALIRUZ, *adj.* Qui avance, qui fait saillie.

BALISEN, *sf.* Valise; *pl.* balissennou.

BALLIZ, *sf.* Danse de théâtre; *pl.* iou.

BALLIN, *sf.* Couverture de lit; *pl.* Ballinou, latin palium.

BALLOUN, *sm.* Ballon; *pl.* iou.

BALOK, *sm.* Cuvier; *pl.* balogou, de bal ou baill.

BALTAM ou BALTAM, *sf.* Fronde; *pl.* ou, latin bellatulla.

BALTAMA, *vn.* Lancer avec la fronde; part. et; grec. βάλλειν, lancer.

BALTAMAD, *sf.* Coup de fronde.

BALTAMER, *sm.* Celui qui se sert de la fronde; *pl.* ien.

BALUM, *sf.* Baleine : *pl.* ed.

BALUSTR, *sm.* Balustrade; *pl.* ou.

BALZAM, *sm.* Baume; *pl.* ou.

BALZAMI, *va.* Embaumer; part. et.

BAMBOCHER, *sm.* Ivrogne, libertin; *pl.* ien; bambo enfant; français bamboche.

BAMÉA, *va.* Ensorceler; part. baméét. Loth cite bar, barcot, sorcier.

BAMÉREZ, *sm.* Enchantement; Loth cite aussi brat, fourberie.

BAMOUR, *sm.* Sorcier, *pl.* ien.

BAMOUREZ, *sf.* Sorcière; *pl.* ed.

BAND, *sm.* Enchère; Lakaad è band, mettre aux enchères.

BANDEN, *sf.* Bande; *pl.* bandennou.

BANDENNAD, *sf.* Troupe en bande; *pl.* bandennadou.

BANDOULIÈREN, *sf.* Bandoulière; *pl.* Bandoulièrennou.

BANEL, *sf.* Venelle; *pl.* banellou, du français venelle.

BANGOUNEL, *sf.*; *pl.* ou. Pompe, grec βαπτω eau tire, breton banna lancer.

BANGOUNELLA, *va* et *n.* Pomper; part. et.

BANGOUNELLER, *sm.* Celui qui pompe; *pl.* ien.

BANIEL, *sf.* Bannière; *pl.* ou, On écrit aussi branniel, latin bandum, breton banna lancer.

BANIÉLA, *va.* Lever la bannière; part. banielet.

BANIÉLOUR, *sm.* Celui qui porte la bannière; *pl.* ien.

BANK, *sm.* Banc; *pl.* bankeier.

BANK, *sf.* Banque; *pl.* bankou.

BANKER, *sm.* Banquier; *pl.* bankerien.

BANKET, *sm.* Banquet; *pl.* bankédou.

BANKROUT ou BANKAROUT, *sm.* Banqueroute; *pl.* iou.

BANN, *sm.* Pousse, jetée, aile de moulin, de machine; *pl.* Bannou.

BANN, *sm.* Ressort d'une juridiction; *pl.* ou.

BANN-HEOL, *sm.* Rayon de soleil; *pl.* bannou-héol.

BANN-ED, *sm.* Airée de blé; *pl.* bannou-ed.

BANN-NEUD, *sm.* Echeveau de fil; *pl.* bannou-neud.

2

BANNA, va et n. Lancer avec violence ; part. et ou ed. Tous les mots qui précèdent viennent du radical ban, qui flotte, par opposition au radical man qui reste, que nous retrouvons dans le latin manere, rester.
BANNAC'H ou BANNÉ, sm. De la boisson ; pl. ou, au XV° siècle Banhech, Jubainville.
BANNÉ, sm. Taie sur l'œil ; pl. ou.
BANNER, sm. Celui qui lance ; pl. ien.
BANNÈREZ, sm. Action de lancer, rejet.
BANNIEL, sm. Bannière ; pl. ou.
BANO, sf. Truie suitée. Zeuss cite baneu, bann, cornique ; pl. banved, binvi.
BANVEZ, sm. Festin ; pl. banvésiou, de bank, banc.
BANVEZA, vn. Faire festin ; part. banvezet.
BAO, sm. Engourdissement. Loth cite bat, engourdissement.
BAO, sm. Voyez Boa.
BAOT, sm. Tortue ; pl. ed.
BAOTA, va. et n. Arquer, marcher mal; part. et.
BAOTEK, sm. et adj. Courbé, qui marche mal ; pl. ed.
BAOUDRÉ, sm. guêtre ; pl. ou.
BAOUDRÉ, sm. Seneçon ; latin, batteres, anglais, bett.
BAOUIK, sm. Piège pour les poissons ; pl. baouigou ; latin, boja ; français, bouée.
BAOUR, adj. Bavard ; pl. ed.
BAOZ, sf. Litière ; pl. baosiou ; grec, βαθοσ,creux.
BAR, sm. diminutif de bara. Epi, grain, ed fall en hé var, du blé mauvais dans son épi.
BAR, sm. Faîte ; pl. barrou, glose, bret, barr, cité par Loth.
BAR, adj. Plein, comble.
BARA, sm. Pain ; pl. baraou. Jubainville cite baragos, l'irlandais, bairgen, même sens bar-agina.
BARAA, va. et n. Boulanger, faire du pain ; part. baraet.
BARAA, sm. Distribution aux indigents pour le carnaval.
BARA-ANN EVN, sm. Pourprier, plante; littéralement pain de l'oiseau.
BARA-ANN HOUC'H, sm. Couleuvrée, plante; littéralement pain du pourceau.
BARA-BRAZED, sm. Fine fleur de froment.
BARA-DEC'HOIL, sm. Pain sans levain.
BARADOZ, sm. Paradis ; pl. baradosiou ; vannetais, baradouez; au quinzième siècle paradoues ; latin, paradesus ; breton, par égal, doué dieu.
BARA-DU, sm. Du pain noir.
BARA-GWEN, sm. Du pain blanc.
BARA-KAN, sm. Du paint chant.

BARA-KOUKOU, sm. Plante alléluia, à la lettre, pain de coucou.
BARA-KOUN, sm. Pain grossier, à la lettre, pain de chiens.
BARA-KRAZ, sm. Pain rôti, de bara pain et de kraz sec.
BARA-MOUCHEN, sf. Pain en flûte, à la lettre ; bara boug-wenn, pain mou blanc.
BAR-AMZER, sm. Coup de temps; pl. barou-amzer.
BAR-ANNTI ou BAR-TI, sm. Enseigne ; pl. barrou-ti.
BARAD, sm. Perfide, glose, barcot, imposteurs, Loth
BARAD. sm. Ondée ; pl. ou.
BARADOUR, sm. Perfide ; anglais,barratry, chicane.
BARAÉR, sm. Boulanger, celui qui fait le pain ; pl. baraérien.
BARAÉREZ, sf. Boulangerie ; pl. ou.
BARAÉREZ, sf. Boulangère ; pl. ed;
BAR-ARNÉ, sm. Tempête; pl. Barrouarné.
BARA-TORZ, sm. Du pain noir ; à la lettre, pain de la tourte.
BAR-AVEL, sm. Coup de vent ; pl. Barrou-avel.
BARAZ, sf. Baquet à anses ; pl. barazou, de bar, plein.
BARAZAD, sf. Le plein d'un baquet ; pl. barazadou.
BARAZER, sm. Faiseur de barattes ; pl. ien.
BARBAOU, sm. Espèce de croquemitaine ; comparez le français barbon.
BARBAR, adj. Barbare, surprenant ; latin barbarus.
BARBED, sm. Un chien barbet ; italien barbino.
BARBUSTEL, sf. moustache ; pl. ou.
BARDEL ou FARDEL, sf. Barricade ; pl. lou ; comparez le français mardelle, margelle.
BARDELLA, va. Barricader ; part. et.
BARDOUNIEZ, sf. Poésie ; pl. ed, gallois barddoniaéth.
BAR-DOUR, sm. Ondée ; pl. barioudour.
BARE, sm. Le même que Baoudre,seneçon, glose baranres rangées, citée par Loth.
BARGED, sm. Oiseau de proie, buse ; pl. bargeded ; comparez le français barge.
BARGÉDEN, sf. Nuage épais ; pl. nou, rappelons la glose baranres.
BARGÉDER, sm. Flaneur ; pl. ien.
BARGÉDEREZ, sm. Action de flaner.
BARGÉDEREZ, sf. Flaneuse, niaise ; pl. ed.
BARGEDI, vn. Flaner ; part. et.
BARGEN, sm. Taureau de 2 ans ; pl. Bargened. La Villemarqué cite le celtique bac'hgen, employé dans le pays de Galles,

ce mot peut aussi venir du breton bar, plein, éjen, bœuf.
BAR-GLAO, sm. Pluie ; pl. Barrou-glaô.
BAR-KLENVED, sm. Quinte, accès ; pl. barrou-klenved.
BAR-KOUNNAR, sm. Accès de colère ; pl. barrou kounnar.
BARIKEN, sf. Barrique ; pl. Barrikennou.
BARIL, sm. Baril ; pl. Barillou.
BARK, sm. Barque ; pl. Barkou.
BARKA, va. Surprendre, part. Barket.
BARKED, voy. Barged.
BARLEN, sf. Giron ; pl. nou, irlandais bar, ventre, Breton, leun, plein ; ein lenn manteau, nous avons aussi le français barlong, carré irrégulier.
BARLENNA, vn. Dorloter, bêcher ; part. et.
BARLENNAD, sm. Le plein du Giron ; pl. ou.
BAR-LÉVÉNEZ, sm. Joie extrême ; pl. barrou-lévénez.
BARLOCHOU, sm. pl. Aller en se traînant, de war, dessus, loc'h qui remue ; l'indication du ch français pourrait faire penser à barlong, carré mal fait.
BARN, sf. Jugement ; pl. barniou, glose bar, citée par Loth.
BARNA, va. Juger ; part. barnet.
BARNÉDIGEZ, sf. L'action de juger ; pl. barnédigesiou.
BARNER, sm. Juge ; pl. ien gallois barnour, bar sage, sorcier.
BARNER-BRAZ, sm. Juge souverain.
BARN-LÉO, sf. Banlieue. Barn juridiction, léo, lieue.
BARO, sm. Barbe ; pl. barvou, latin barba.
BARODUZ, adj. Rêveur.
BARO GWEZ, sm. Mousse des arbres.
BAROMETR, sm. Baromètre ; pl. ou.
BAROUN, sm. Baron ; pl. Barouned.
BAROUNEZ, sf. Baronne ; pl. ed.
BAROUNIEZ, sf. Baronnie ; pl. ed.
BAROUSKEN, sf. Perruque ; pl. ou.
BARR, sm. Accès.
BARR, adj. plein.
BARRA, va. Remplir à pleins bords ; part. et ; de bar, plein.
BARRAD, sm. Tourmente ; pl. ou.
BARRAD, sm. Finesse, ruse ; pl. ou.
BARRAD-AMZER, sm. Coup de mauvais temps.
BARRAD-ARNÉ, sm. Orage.
BARRAD-AVEL, sm. Coup de vent.
BARRAD-GLAO, sm. Ondée de pluie.
BARRODIEZ, adj. Astucieuse, rusé.
BARRAS, sm. Torchis ; pl. ou.
BARRAS, sm. Cloison de mortier; pl. ou.
BARR-BOUTOU, sm. Décrottoir.
BARREK, adj. Plein, de Bar, plein.

BARREN, sf. Barre ; pl. Barrennou ou barinier.
BARRENN, sf. Petite barre ; pl. Barrennouigou.
BARRENNA, va. Mettre une barre ; part. et.
BARREZ, sf. Farce ; pl. iou.
BARR-GWÉNAN, sm. Essaim d'abeilles.
BARR-KOUNNAR, sm. Accès de rage.
BAR-SKUBER, sm. Espèce de brosse ; pl. Barrou-Skuber.
BARR-TI, sm. Enseigne de cabaret.
BARV, sm. Barbe. Voyez baro.
BARVEGEZ, sf. Femme à barbe ; pl. ed.
BARVEK, sm. Homme barbu ; pl. Barvéien.
BARVER, sm. Barbier ; pl. ien.
BARZ, sm. Poète. Barde ; pl. ed. Loth cite la glose Bardouel, dérivé de Bard, nom propre, Barz.
BARZ, prép. Dans, voy. abarz, ébarz.
BARZ, Prép., dans ; voy. abarz ébarz.
BARZENNEN, sf. Targette ; pl. Barzennennou
BARZENNEN-SPAGN., sf. Espagnolette ; pl. Barzennennou spagn, à la lettre, fermeture d'Espagne.
BARZEZ, sf. Femme poète ; pl. ed.
BARZONEK, sm. Poésie ; pl. Barzonegou, français Bardit chant de guerre.
BAS, sm. Bât ; pl. Bassou, grec βαϐταϐειν porter.
BAS, sm. Pâte alimentaire.
BASA, vie. Bâter ; part. et.
BASA, vie. Faire une pâte ; part. et.
BASER, sm. Batier ; pl. ien.
BASER, sm. Bassinoire ; pl. ou.
BASIN, sf. Bassin ; pl. ou. Celtique, bac creux, cavité, Littré.
BASINOUÉR, sm. Bassinoire ; pl. ou. Zeuss cite l'irlandais, bastai, bastu, latin letales, letali.
BASTA, vn. Pouvoir ; on dit aussi bas-tout ; part. bastet.
BASTARD, sm. Bâtard ; pl. ed, on a proposé bas bas, tarz origine.
BASTARDEZ, sf. Bâtarde ; pl. ed.
BASTARDIEZ, où. Bastardiach, Batardix.
BASTARDISA, va. Abâtardir ; part. et.
BASTER, sm. Fournisseur ; pl. ien, grec βαϐταϐω, porte.
BASTÉREZ, sf. Pourvoyeuse; pl. ed.
BASTIDIGEZ, sf. Suffisance; bitu, bouéd, nourriture.
BASTROULA, va. Gâter ; part. et.
BASTROULER, sm. Barbouilleur; pl. ien.
BATALL, sf. Bataille ; pl. ou ; anglais battle.
BATALLOUN, sm. Bataillon ; pl. ou ; anglais battalion.
BATARAZ, sf. Fort bâton, massue ; pl. ed ; de baz, bâton.

BATIMANT, sm. Vaisseau, bâtiment ; pl. batimanchou.
BATIS, sf. Bâtisse; pl. sou. Savet ar vatis, la bâtisse est terminée.
BATISSA, va. Bâtir ; part. batisset.
BAVI, va. et n. Engourdir ; part. et.
BAVEDIK, adj. Engourdi. Loth cite bat, engourdissement.
BAZ, sf. Bâton ; pl. bisier ; Jubainville cite le gallois bath, coin; pl. ba-thau; comparez le latin battuere, de la racine ba, frapper ; latin classique batuere, supposant un thème ; ba-tu.
BAZ, adj. Qui n'est pas profond. Irland. bass, latin bassu. Littré.
BAZAD, sf. Coup de bâton ; pl. ou; de baz, bâton.
BAZATA, va. Donner des coup de bâton; part. bazateat de baz, bâton.
BAZATAER, sm. Celui qui donne des coups de bâton; pl. bazataérien.
BAZ-DOTU, sf. Bâton crochu ; pl. bisier dotu. A la lettre, bâton à votre côté.
BAZ-IÉO, sf. Joug de bœufs ; baz bâton ; iéo joug.
BAZIEOÉT, adj. Mis au joug, voy. bazieo.
BAZ-IOD, sf. Bâton pour faire la bouillie ; pl. bisier-iod ; de baz, bâton ; iod bouillie.
BAZ-KANNA, sf. Battoir ; pl. bisier-kanna, de baz bâton et de kanna, battre.
BAZ-KANNEREZ, sf. Battoir de blanchisseuse ; baz, bâton ; kannerez, laveuse.
BAZK'ANV ou BAZKAÓN, sf. Tréteau pour les morts ; de baz, bâton et de kanv ou kañ, deuil.
BAZ-KLÉZÉ, sf. Canne à épée ; pl. bisier-klézé ; baz, bâton ; klézé, épée.
BAZ-LOAEK, sf. Béquille ; pl. bisier-loaek ; baz, bâton ; loa, cuiller.
BAZOULEN, sf. Battant, tige ; pl. nou, on dit aussi bazoul ; m. pl. ou.
BAZOUR ou PAZOUR, sm. Banquier, payeur; pl. ien. Banker est plus employé. La Villemarqué tire pazour, de baz ou paz monnaie, et de our pour gour, homme.
BAZ-PENNEK sf. Massue ; pl. bisier-pennek, baz, bâton, pennek, qui a une forte tête.
BAZ-VALAN, sf. et m. Entremetteur; pl. bisier-balan, de baz, bâton, et de balan, genêt.
BAZVALANI, vn. Faire l'entremetteur ; part. et, voy baz-valan.
BÉ, sm. Bêlement des moutons ; pl. beiou.
BÉAC'H, sf. Fardeau ; pl. iou ; grec βια, force, βαρος poids.
BEACH sm. Voyage ; pl. béachou, du français voyage.
BÉAC'H-A-VÉAC'H, adv. A grande peine, difficilement.

BÉACHER, sm. Voyageur ; pl. béacherien.
BÉA'CHI, va. Voyager ; part. et.
BÉBICH ou BELBICH, adj. Myope. Voyez bibich.
BEC'HEN sf. Coiffe ; pl. bec'hennou.
BEC'HIA, va et n. Charger; part. bec'hiet.
BEC'HIUZ, adj. Lourd. pesant.
BEAC'H-PENN, sm. Tourment, de Bach, fardeau, et de penn, tête.
BÉC'HIN, sm. Goémon. Voyez Bézin.
BED, sm. L'univers, th. gaulois. Bita, de Jubainville, irland Bith, glose Bid, monde, Loth.
BÉDEL, sm. jatte ; pl. iou.
BEDELIAD, sm. Une jatte pleine ; pl. ou.
BEDEL, sm. Bedeau ; pl. ed.
BEDIZ, smpl Les gens du monde.
BEG ou BEK, sm. Le bec ; pl. begou ; gaulois becco, gaél. beic, angl. beak.
BEG-ANN-EVN, sm. Plante, à la lettre bec du poulet.
BEGA, va. Faire une pointe ; part. et; de beg, bec.
BEGAD, sm. Becquée, pl. ou.
BÉGADI, va Donner la becquée; part. et.
BÉGAR, sm. Plante, mélisse ; nom d'un bourg, Bégard.
BEGATA, va. Tailler en pointe; part. bégatéat.
BEG-DOUAR, sm. Pointe de terre; pl. begou-douar.
BEGEK, adj. Qui a un long bec, niais.
BEGEL, sm. Nombril, hernie ; pl. iou.
BEGELIA, va. et n. Avoir une hernie ; part. et.
BEGELIAD, sm. Gros ventre; pl. ou.
BEGELIAT, va. Parler comme un enfant; part. et; de bugel, enfant.
BEGELIEK, adj. Ventru.
BÉGIA, vn. Bêler ; part. et.
BEGIÉREZ, sm. Action de bêler.
BEGIN, sm. Coiffe de deuil ; pl. ed.
BÉGIN, sf. Soufflet de forge ; pl. ou. Zeuss cite becel, latin bulla.
BEGINA, va. Souffler; part. béginet.
BEKARD, sm. Saumon coureur; pl. ed.
BEKAT, vn. Se donner des coups de bec.
BEKED, sm. Brochet ; pl. bekeded.
BEK-DOUAR, sm. Promontoire ; bek, bec, douar, terre.
BEK-LEMM, sm. Bout pointu ; bek, bec, lemm, aiguisé.
BEK-LEUE, sm. Flâneur ; bek et leué, veau.
BEK-MELEN, sm. Blanc-bec ; bek et melen, jaune.
BEKA, va. et n. Becqueter ; part. et.
BÉJAN, adv. Méchant.
BEL, sf. Combat ; pl. ou, latin bellum.
BELA, va. Combattre ; part. et ; gallois bela.

BELC'H ou BOLC'H, sm. Bale de lin ; comparez le français bogue.
BELC'HEN ou BOLC'HEN, sf. Enveloppe de la graisse de lin.
BELC'HLORÉ, sm. Baccalauréat ; composé de belc'h, baie et de loré, laurier.
BELC'HLORÉOUR, sm. Bachelier ; pl. ien.
BÉLÉ, sf. Puissance ; comparez le breton bélek, le français bailli.
BÉLÉGI, va. et n. Donner la prêtrise ; part. et.
BÉLEGIEZ ou BELEGIACH. Prêtrise.
BELEK, sm. Prêtre ; pl. beleien, gallois baelok, baglog, irland. bachlach ; dérivé de bachal, bâton. Citation de Jubainville.
BELEK, sm. Petit poisson, oiseau ; pl. ien.
BELER, sm. Cresson. Zeuss cite le cambrique berwr, berw, berwy.
BELK, sm. Bout de chevron ; pl. ou.
BELL, sm. Jeu de balles ; une seule balle bellen.
BELOST ou BILOST. Croupion ; de lost, queue.
BELOUR, sm. Combattant ; pl. ien ; nom propre commun en Bretagne.
BÉLUZ, adj. Qui aime les batailles ; du latin bellum, guerre.
BEMDEZ, adv., adj. et sm. Chaque jour ; composé de peb, chaque et de déiz, jour.
BEMNOZ, adv., adj. et sm. Chaque nuit ; composé de peb, chaque, et de noz, nuit. Jubainville cite le gaulois pâpon-dijes.
BÉN, sm. Pierre de taille. Jubainville le fait dériver du grec φόνος.
BÉNA, va. Tailler des pierres ; cathol. benaff, grec φόνος, pour bhonos.
BENAC'H, sm. Nom de ville, Belle Ile-en-terre.
BENAZEZ, sm. Architecture ; de ben, pierre et de azez, assise.
BENAZEZER, sm. Architecte ; pl. ien.
BENDEL, sm. Moyeu ; pl. iou, latin vitellus.
BENDEM, sf. Vendange. Jubainville le tire du latin vindemia.
BÉNÉDISITÉ, sf. Benedicité, mot latin, oraison avant le repas.
BÉNÉDIKSIOUN, sf. Bénédiction ; pl. ou.
BENER, sm. Tailleur de pierres, de ben, pierre de taille.
BÉNEREZ, sm. Sculpture, pierre taillée.
BENÉZER, sm. Sculpteur ; pl. ien.
BENI, sf. Canelle de tisserand ; pl. ou ; comparez biniou.
BENI ou BINI, sf. Bobine ; singulier de biniou, cornemuse.
BENIAD, sf. Bobine garnie ; pl. ou.
BENNAG ou BENNAK, pronom indéterminé. Quelque ; gallois pinnac.
BENNASTOUÉ. Le même que bennoz-doué. Voy. ce mot.

BENNAZ, sf. Voy. bennoz.
BENNIGA, va. Bénir ; part. binniget.
BENNIGET ou BINNIGET, adj. et part. Béni.
BENNIJEN ou BINNIZIEN, sf. Bénédiction ; pl. nou.
BENNOZ ou BENNAZ, sf. Bénédiction ; pl. iou.
BENNOZ-DOUÉ, sf. Merci ; à la lettre, bennoz, bénédiction, doué, Dieu.
BENS ou BES, sf. Plante ; latin vitia.
BENT ou MENT, sf. Plante aromatique. Zeuss cite mente, mentenn, cathol., cambr mintys, irland. miontas, gaél. meannt, gaulois menta.
BENT-KI ou MENT-KI, sf. Menthe sauvage, à la lettre, menthe de chien.
BENTONIK, sf. Plante, betoine ; du latin betonica. Zeuss cite lesdushoc.
BENVEK ou PENVEK, sm. Outil ; pl. binviou ou pinviou ; grec πενομαι, agit, βαναυ-6ος, artisan, breton penn, tête et bek, bout.
BÉO, adj. Vivant ; du latin vivus, racine gvig, grec βιος.
BÉO, sm. et adj. Vif, alerte ; la partie vive.
BÉO-BUÉZEK, adj. Plein de vie.
BÉODER, sm. Vivacité, ardeur ; de béo, vif.
BÉOL ou BRÉOL, sf. Cuve ; autrefois brec'hol ; de breac'h, bras.
BÉOLIA, va. Mettre en cuve ; part. et ; on dit aussi bréolia.
BÉOLIAD, sf. Cuvée ; pl. ou ; se dit aussi bréoliad.
BÉOLIK, sf. Petite cuve ; pl. béoligou ou bréoligou.
BÉON, sm. Petite faucille ; béna, couper ; nom propre commun en Bretagne.
BÉOTEZ, sf. Plante. poirée, une seule plante ; béotezen, pl. béotezennou ou béotez, de béo, vif.
BEP-MARÉ, adv. A chaque instant ; bep, chaque, maré, époque.
BÉPRÉD, adj. Sans cesse ; peb ou pep, chacun ; irland. cach, gallois paup et pred, temps.
BER, sm. Broche ; pl. iou. Comparez béra, couler, allemand schewrt, latin veru.
BÉRA, vn. Couler : pari, beret.
BÉRAD, sm. Goutte ; pl. béradou.
BÉRADEN, sf. Goutte ; pl. nou.
BÉRADUR, sm. Action de couler ; deber.
BERBOÉLL, sm. Légèreté ; de berr, court et de poéll, raison.
BERBOÉLLIK, adj. et sm. Étourdi, léger.
BERDED, sm. Légèreté ; de berr, court.
BÉRED ou GWÉRED, sf. ; pl. ou. Cimetière ; de bez, tombe. Zeuss cite gueret, terre.

BERGEN, *sm.* Taureau de deux ans ; *pl.* ned. La Villemarqué cite le celtique bach'hgen et le breton bargain, jeunet, bar, plein, éjen, bœuf.

BERIA, *vn.* Avoir des pointes de côté ; part. et.

BÉRIA, *va.* et *n.* Embrocher ; part. et.

BÉRIAD, *sm.* Brochée ; *pl.* ou ; de ber, broche.

BÉRIDIGEZ, *sf.* Le même que béradur, avec terminaison au féminin.

BERIOU, *smpl.* Point de côté.

BERJEZ ou GWERJEZ, *sm.* Verger ; glose bret. guercland, gallois berlann, français verger.

BERLIM, Voyez bréolim.

BERLINEN, *sf.* ; *pl.* nou. Voiture inventée à Berlin.

BERN, *sm.* Tas, monceau ; *pl.* iou. Jubainville cite le gallois bry-n, *pl.* bry-niau, thème briga-ni, gaulois briga.

BERNADUR, *sm.* Action d'entasser ; de bern, tas.

BERNIA, *va.* Entasser ; part. Berniet.

BERNIDIGEZ, *sf.* Le même que bernadur.

BERNOUT, *v. impers.* Importer.

BERÔ, *sm.* Bouillonnement. Zeuss cite parod, parusy en cambrique, latin coquere.

BERR, *adj.* Court. Jubainville cite byr en gallois, béarr en irlandais, thème birra, birgra. Comparez le latin brevis.

BERRAAT, *va.* et *n.* Raccourcir ; part. berréat.

BERRADUR, *sm.* Raccourcissement ; *pl.* iou.

BERR-BADUZ, *adj.* De peu de durée ; de berr, court et de paduz, durable.

BERREK, *adj.* Court ; de berr, court et terminaison en ek.

BERRENTEZ, *sf.* Défaut d'argent.

BERR-HALAN, *sf.* Courte haleine.

BER-HALANEK, *adj.* et *sm.* Celui qui a l'haleine courte ; de berr, court et halan, haleine.

BERR-HALANI, *va.* et *n.* Respirer difficilement ; part. berr-halanet.

BERRIDIGEZ, *sf.* Briéveté.

BERR-KEBR, *sm.* Court chevron ; *pl.* berr-kebriou ; de berr, court et de kebr, chevron, latin capistrum.

BERR-LOST, *sm.* Courte queue ; *pl.* berr-lostou ; de berr, court, et de lost, queue.

BERR-LOSTEK, *adj.* Qui a la queue courte.

BERRUZ, *adj.* Qui raccourcit.

BERRUZ, *adj.* Coulant.

BERR-WELL, *adj.* et *sm.* Qui a la vue courte ; de berr, court et de wél, vu.

BERR-WELED, *sm.* Vue courte ; berr, court, gwelet, voir.

BERR-WELOUT, *vn.* Regarder de près ; part. berr-welet.

BERTH, *adj.* Beau ; nom de famille, Berthou.

BERTOUR, *sm* Plaideur ; *pl.* ien.

BÉRU, BERÔ, BERV, *adj.* Bouilli.

BÉRUEIN, *vn.* Bouillir ; part. beruet.

BERV. Voyez béru.

BERVADEN, *sf.* Cuisson ; *pl.* bervadennou.

BERVADUR, *sm.* Action de bouillir ; *pl.* iou.

BERVEIN, *vn.* Bouillir ; part. beruet, bervet.

BERVEK, *adj.* Tête folle.

BERVENN, *sf.* Mousse de la bière.

BERVI. *vn.* Bouillir ; part. bervet.

BERVIDIK, *adj.* Bouillant.

BERZ ou BEURZ, *sm.* Défense, ordre, part. latin pars.

BERZA ou BEURZA, *va.* Défendre, commander ; part. et. Loth cite aperth, victime, de la particule ad et du grec φερω, porter.

BERZUD, BURC'HUD. *sm.* Miracle ; *pl.* ou.

BES, Voyez bens, vesce.

BESIAD, *sm.* Le contenu d'une tombe.

BESIER, *sm.* Celui qui creuse les tombes ; *pl.* ien. Loth cite beb, tombeau.

BESK, *adj.* Sans queue ; composé beskorn, biskorn, sans corne. Zeuss cite bith unquam, que nous retrouvons dans bizkoaz.

BESKA ou BESKI. Couper la queue ; part. et.

BESKEL, *sf.* Ligne oblique ; *pl.* beskellou, latin bicellus.

BESKELLA, *va.* et *n.* Rendre oblique ; part. et.

BESKELLEK, *adj.* De travers ; qui a des sillons courts.

BESKEN, *sf.* Dé à coudre ; *pl.* beskennou ; de bez, doigt. Comparez le latin vagina ou de besk, écourté.

BESKENNA, *va.* Mettre une bague ; part. et ; besken, bague.

BESKORN ou BISKORN, *adj.* Sans cornes ; de besk, écourté, korn, corne.

BESKORNIA. *va.* Couper les cornes ; part. et.

BESKOUL ou BISKOUL, *sf.* Chenille ; *pl.* ed.

BESKOUL, *sf.* Espèce de panaris ; latin vésicula.

BESKOUNT, *sm.* Vicomte ; *pl.* ed ; latin vicecomes.

BESKOUNTEZ, *sf.* Vicomtesse ; *pl.* ed.

BESKOUNTÉLEZ, *sf.* Vicomté. La Villemarqué le tire de besk, écourté et de kountélez, comté ; latin vicecomitatus ; nom de famille commun en Bretagne, Beskount.

BESTÉOD ou BISTÉOD, adj. et sm. Qui bégaye; pl. bisteoded ou besteoded; de bis ou de besk et de téod, langue.
BESTEODEZ ou BISTEODEZ, sf. Femme qui bégaye; pl. ed.
BESTÉODÉREZ, sf. Bégaiement; on dit aussi bistéodérez
BESTEODI ou BISTEODI, vn. Bégayer; part. et.
BESTL, sf. Fiel; pl. ou. Zeuss cite bistel, glose bret. betel, bouillonnement. Citée par Loth.
BÈT, adj. Sot, bête.
BETANIK, sm. Germandrée, plante.
BÉTÉ, sm. Eau-de-vie de betterave.
BÈTIS, sf. Bêtise ; pl. ou.
BÉTÉ ou BÉTEG, prép. Jusque. Bété avant les consonnes, betek ou béteg avant les voyelles; glose bret. bet, jusqu'à contraction, pour behet, pehit, pahit, pyt. Loth.
BÉTÉRABÉZEN, sf. Betterave ; pl. bétérabéz ; de bété et de rabez. rave.
BÉTOUN, sm. Béton ; espèce de mortier.
BEUF, sm. Bouvreuil; pl. ed ; du français bœuf.
BEUFIK, sm. Petit bouvreuil ; pl. beufiged.
BEULKÉ, adj. et sm. Hébété ; pl. beulkeien. Loth cite bicoled, démence.
BEULKÉA, va. Hébéter; part. beulkéét.
BEULKÉÉREZ, sm. Action d'hébéter.
BEURÉ, sm. Matin; gallois boré. Jubainville cite Barach en irlandais, pour marach, allemand morgen.
BEURÉUZ, adj. Matinal ; de beuré, matin.
BEURÉVEZ, sf. Matinée; pl. Beurévésiou.
BEUZ, sm. Arbuste, buis; du latin buxus. Zeuss cite box, cambrique bocus.
BEUZ ou BEUZIK, sm. Mauvais élève des basses classes; pl. beuzed ou beuzédigou.
BEUZADEN, sf. Action de se noyer; pl. beuzadennou.
BEUZEK, adj. Sujet aux inondations.
BEUZEL, sm. Bouse de vache ou de bœuf; glose bretonne betel, breton pezel, mou, pourri.
BEUZEN, sf. Un seul pied de buis ; pl. beuzennou.
BEUZENNEK, adj. Lieu, plante de buis.
BEUZI, va. et n. Noyer. Jubainville cite le gallois boddi-badimin.
BEUZID, sf. Endroit planté de buis, ou endroit noyé.
BEUZIK, sm. Voyez Beuz.
BÉVA, vn. Vivre ; part. bevet. Jubainville cite le thème bévama, en latin vivere pour gveives.
BÉVANS, sm. Ce qui concerne la nourriture.
BÉVEN, sf. Bord; pl. bevennou, grec βεβαιος, fixe, stable.

BÉVENNA, va. Borner, border; part. bevennet.
BÉVENNÉREZ, sm. Délimitation ; de béven, beté, beteg, jusque, penn, tête.
BÉVENNUZ, adj. Qui forme la limite.
BÉVÉREZ, sf. Vive, poisson ; pl. ed; de béo, vif.
BÉVÉREZ, sf. Plante vivace ; pl. ed.
BÉVEZ, sf. Bienfait; pl. ed.
BÉVÉZER, sm. Dissipateur, viveur.
BEVEZI, va. et n. Dissiper ; part. bevezet.
BÉVIN, sm. Chair de bœuf; latin bovinus, breton béo, vif.
BÉZ, sm. Fosse, tombeau ; pl. bésiou ; glose bret. beb, tombe, grec βωμος. Citation de Loth.
BÉZA ou BÉZOUT, vn. Être, exister; part. bet, bed.
BÉZAND, adj. et sm. Présent; de béza, être.
BÉZANS, sm. Présence ; de béza avec terminaison française.
BEZIK, sf. Petit tombeau; pl. bézouigou.
BÉZIN ou BIZIN, sm. Varech, goémon; pl. nou ; une seule plante, bezinen, pl. bézinennou ; de biz, doigt, vannet, Bec'hin.
BÉZINA, vn. Cueillir du goémon ; part. et.
BEZIN-AVEL, sm. goémon d'épave; pl. bezinou-avel ; bezin, goémon, avel, vent.
BEZINEK, adj. Rempli de goémon.
BEZINER, sm. Celui qui recueille du goémon, pl. ien.
BEZINÉREZ, sm. L'action de cueillir du goémon.
BEZIN-GWASLÉ, sm. Goémon de roche.
BEZIN-GWENN, sm. Goémon blanc.
BEZIN-FILI, sm. Goémon de rivière.
BEZIN-KALKUD, sm. Gros goémon.
BEZIN-TONN, sm. Goémon de flot.
BEZIN-TROUC'H. sm. Goémon de coupe.
BEZÔ, sm. Bouleau, Zeuss cite le cambrique bedwen, bedw, venant de behuenn, tréguier beouenn, allemand Birke.
BÉZO. Affirmation, si fait, à la lettre, il sera.
BEZOUT, vn. Être, part. bed.
BEZ-SKRID, sm. Inscription sur un tombeau ; pl. bez-skridou ou bez-skrijou ; littéralement, béz tombe, skrid écrit.
BEZVEN, sm. Le même que bezo, bouleau.
BEZVOUD, sm. Liseron, se dit aussi gwezvoud, de gwez, arbres, et de boud, renaissance.
BIAN ou BIHAN, adj. Petit. Jubainville cite biccanos, dérivé de beccos, petit; en irlandais becc. Zeuss cite boghan cambrique bychan; gallois bichan.
BIANA ou BIHANA, adj. Le plus petit.
BIANAAT ou BIHANAAT, va et n. Rapetisser ; part. bihan'eat.

BIANDER ou BIHANDER, sm. Petitesse.
BIANIK ou BIHANIK, adj. Très petit.
BIANOC'H ou BIHANOC'H, adj. Plus petit.
BIBICH ou BIBIIK, adj. et sm. Myope, bicleur.
BIBL, sm. La bible, le livre saint, grec βιβλός livre ; pl. biblou.
BIBLIAN, sf. Bibliothèque ; pl. ou.
BIBLIANOUV, sm. Bibliothécaire ; pl. ien.
BIBLIOGRAFIA'EZ, sm. Bibliographie, du grec βιβλός livre, et de γραφω écrire.
BIBLIOTEK, sm. Bibliothèque, voyez biblian.
BIBLOK, sm. Bilboquet, plur. biblogou.
BIBLOTEK sm. Bibliothèque.
BID, sm. As, on dit Bided.
BIDED, sm. Cheval, bidet; pl. ou ; Bided, marc'h rouz, jaloux.
BIDEL, sf. Jatte ; pl. ou.
BIDELIAD, sm. Une pleine jatte ; pl. ou.
BIDEN, sf. Verge, membre viril ; pl. bidennou, on dit aussi piden, Loth cite pipenn, tuyau, conduit ; bitat, tailler.
BIDÉÔ sm. Espèce de gaffe ; pl. bideviou, nom de famille assez commun.
BIDÉO, sm. Collecteur ; pl. ed, pipenn, conduit.
BIDÉVIA, va. Prendre avec une gaffe, part. et.
BIEL, sf. Vielle ; pl. biellou, doit venir du français vielle.
BIELLA, va. Jouer de la vielle ; part. et.
BIELLER, sm. Joueur de vielle ; pl. ien.
BIEUZR, sm. Bièvre, castor ; pl. ed.
BIGELL, sf. Houe ; pl. ou, latin bicellus, voy. pigell.
BIGELLA, va. Travailler à la houe ; part. et. Voy pigella.
BIGNEZEN, sf. Beignet ; pl. bignez.
BIGOFEK, adj. et sm. Celui qui a du ventre; pl. bigofeien de bis et de kof, ventre.
BIGOFÉGEZ, sf. Femme qui a un gros ventre ; pl. bigoféged.
BIGORN, sm. Pénitent, dernier de sa classe.
BIGOUROUNEN, sf. Bigorneau ; pl. bigourouned.
BIGOUROUNEN, sf. Coquillage de mer ; pl. bigourouned, latin biscorna, breton bis et gourenna, renfermer.
BIGOUROUNETA, va. Chercher des bigorneaux ; part. et.
BIGRIA, vn. Braconner ; part. et, du français bigre, chasseur d'abeilles.
BIGRIER, sm. Celui qui chasse furtivement ; pl. ien.
BIHAN ou BIAN, ad. et sm. Petit. Voyez bian, smicc-anos, grec 6μιx-ρος ; latin smacer thème (s) macho, de Jubainville.
BIHANAAT, sm. Devenir très petit ; part. bihanéat.

BIKBLOCH, sm. Bilboquet ; pl. bikblogou, de pik, à pic ; ploka, frapper.
BIKENN, adv. Jamais, Zeuss cite Bythgueth. Byth wheth, unquam.
BILAN, adj. et sm. Roturier, du français vilain.
BILI, sm. Pierre ronde ; pl. bili, français bille ; latin bulla.
BILIBAN, sm. Jeu du gallet, composé de bili, gallet et de bann, jet.
BILIEN, sf. Galet; pl. nou, ou bili.
BILL, sm. Bille, pièce de bois; pl. gwilou.
BILLARD, sm. Billard; pl. billardou ; du français bille.
BILLED, sm. Billet; pl. billéjou, billigi, origine française.
BILLÉTÉS, sf. Billette ; pl. billétésennou ou simplement billetés.
BILOST, sm. et adj. Courte queue ; de bi bis ou byth, d'aucune façon, et de lost, queue.
BINDED, sm. Balance ; pl. ou. Loth cite etbinam, je partage.
BINI ou BÉNI, sm. Biniou ; pl. biniou, Zeuss cite beny, benny.
BINI-AOUA, vn. Jouer de la musette; part. Biniaouet.
BINIAOUER, sm. Joueur de biniou ; pl. ien.
BINIDÉREZ, sf. Balancier ; pl. ou.
BINIFIS, sf. Bénéfice ; pl. ou.
BINIFICIA, va. Bénéficier ; part. et.
BINIM ou BILIM, sm. Venin; latin venenum, français venin, venimeux.
BININIA ou BILIMA, va. Envenimer ; part. et.
BINIOU, sm. ; pl. de beni ou beni. Le français biniou vient du breton.
BINNIGA ou BENN'IGA, va. Bénir ; part. et, se dit aussi beniga, latin benedicere.
BINNISIEN ou BINNIJEN, sf. Bénédiction, binnisien ann iliz, bénédiction de l'église.
BINNISIEN-PENN, sf. Cérémonie de l'église après les couches ; de binnisien, bénédiction et de penn tête ; pl. bennisiennou-penn.
BINS, sm. pl. ou. Escalier tournant.
BINVIACHOU, sm. pl. Outils, pl. de benvik.
BIOC'H ou BUOC'H, sf. Vache, Zeuss cite b'uch en cambrique. Loth cite la glose bretonne, bues, étable, gallois buches, et la glose buorth, étable à bœufs, Buorz nom de famille, très commun en Bretagne.
BIOC'H-DÉRO, sf. Hanneton ; bioc'h, vache ; déro, chêne.
BIONEN, sf. Caisse d'épargne, tire-lire; pl. nou ; grec, βίος vie.
BIOUIL, sm. Morceau de levain ; grec, βιότευμα, substance.

Biourc'h, *sm.* Petite bière, anglo-saxon béor ; scandinave, bior.

Bir, *sf.* Flèche ; *pl.* birou, nom de famille, piriou ; grec, πειρα pointe aiguë, πειρω transpercer.

Birc'houidik, *sm.* Maladie des oiseaux, la pépie.

Birvi ou Bervi, *vn.* Bouillir ; part. bervet, berô, bouillon.

Birvidik ou Bervidek, *adj.* Qui bout.

Birvidigez, *sf.* Bouillonnement, de birvi bouillir.

Birvikenn, *adv.* Jamais ; Zeuss cite bizhuyquen, in perpetuum, corn, bys vycken.

Biskellek, *adj.* De travers, voyez beskellek.

Biskoul, *sf.* Voyez Beskoul.

Bissa'ch, *sm.* Bissac ; *pl.* bissac'hou.

Bistort, *adj.* et *sm.* Bossu par devant et par derrière, de tort, bossu.

Bistrakik, *sm.* Petite grive ; *pl.* bistrakigou.

Bisvikenn, *adv.* Le même que birvikenn, à la lettre béza bikenn.

Bitouzen, *sf.* Membre viril, le même que biden ou piden, gallois bid haie, breton, tout ras.

Bitrak ou Bistrak, *sm.* Espèce de grive ; de bis et de draskl grive ; *pl.* bistraked.

Bivik-doué, *sm.* Coléoptère, vache du bon Dieu.

Bividik, *adj.* Qui vivifie, de béva, vivre.

Bividigez, *sf.* Subsistance ; *pl.* bividigésiou.

Bividigéza, *va.* Faire entrer des vivres dans la place ; part. et.

Biz, *sm.* Doigt ; *pl.* bizied ; gallois, bis moyen breton bez.

Biz, *sm.* Vent de nord-est, avel-viz.

Bizad, *sm.* Mal au doigt ; *pl.* bizadou.

bijik-ha-Bijik, *adv.* A la lettre, petit doigt à petit doigt, but à but.

Bizin. Voyez bézin.

Bizou, *sm.* Bague ; *pl.* bizeier, de biz, doigt.

Bizourc'h, *sf.* Femelle du chevreuil ; de bis et de iourc'h, chevreuil.

Blank, *sm.* Sou, monnaie ; *pl.* blankou, ancien français, blanc.

Blank, *adj.* Faible, débile ; Loth cite blin, mou.

Blakder, *sm.* Faiblesse ; Loth cite blinder, mollesse.

Blasfem, *sm.* Blasphème ; *pl.* mou, Βλασφεμειν.

Blasfematour, *sm.* Celui qui blasphème ; *pl.* ien.

Blasfemmer, *sm.* Blasphémateur ; *pl.* ien.

Blasfemmi, *vn.* Blasphémer ; part. et.

Blaz, *sf.* Goût ; *pl.* blasiou ; comparez le français blasé.

Blaza, *va.* Goûter ; part. blazet.

Blazc'koarzin, *vn.* Sourire ; part. et on dit aussi, Brusc'hoarzin, mouc'hoarzin.

Blazèrez, *sm.* Saveur, savourement.

Blé, *adj.* Faible ; Loth cite la glose blin, mou.

Blein, *sm.* Bout, extrémité.

Blein, *adj.* Cheval qui dirige l'attelage.

Bleina, *va.* Conduire, guider ; part. bléinet.

Bleiner, *sm.* Conducteur ; *pl.* ien.

Bléiz. *sm.* Loup ; *pl.* bléizi ; Jubainville cite l'irlandais bledd ; Zeuss bleit pour bleid, bled ; cambriq, blaided, gal. blaiz.

Bléiza, *vn.* Mettre bas en parlant de la louve ; part. et.

Bléiz-broc'h, *sm.* Myène ; *pl.* bléizibroc'h, *féminin*, bléizez-vroc'h.

Bléizez, *sf.* Louve ; *pl.* bléizézed.

Bleiz-garô, *sm.* Loup-garou ; *pl.* bleizi garo, de bleiz, loup et garô, rude.

Bléizik, *sm.* Jeune loup ; *pl.* bléizigou.

Bléiz-vor, *sm.* Chien de mer ; *pl.* bleizimor, de bléiz loup, et de mor mer.

Bléja ou Bléjal, *va.* Mugir, beugler ; part. et ; grec βληχομα bêlement.

Blejaden, *sf.* Beuglement ; *pl.* bléjadennou.

Bléjérez, *sm.* Action de beugler.

Blénadur ou Bléinadur, *sm.* Action de conduire.

Blenchen, *sf.* Extrémité des branches ; *pl.* nou, voyez blinchen.

Blenchou, *sm.* ; *pl.* Extrémités des branches ; Loth cite blin, mou.

Blénen, *sf.* Ame, principe. Zeuss cite blayn, principe.

Blener ou Bleiner *sm.* Conducteur ; *pl.* ein.

Blener ou Bleiner, *sm.* Conducteur ; Bleiner falz kréden, hérésiarque ; *pl.* Bleinerien falz kréden.

Blenerez ou Bléinerez, pareille à Bleinadur.

Blenia ou Bléina, *va.* Conduire, guider ; part. bléniet ou bleinet ; Zeuss cite blain, blaen, blayn, principe.

Bléô, *sm.* Cheveu ; Jubainville cite Blavis, comparé à l'allemand brawa, sourcil ; Zeuss cite bleu.

Bléoata, *va.* Prendre aux cheveux ; part. éat ; de bléô, cheveux.

Bléoik, *sm.* petit cheveu, duvet ; *pl.* bléoigou.

Bléouach, *sm.* Frisson, horripilation, de bléô, cheveux.

Blérim, *sf.* Meule à aiguiser ; *pl.* ou ;

de bréou, moulin à bras et de lemma, aiguiser.

BLÉRIMADUR, sm. Remoulage, action d'aiguiser.

BLESS, sf. Blessure; pl. bléssou.

BLESSET, part. pas. Blessé.

BLEUD, sm. Farine ; pl. ou. Jubainville cite la glose blawd, fleur et farine ; l'irlandais blath ; fleur, Zeuss cite blot; Loth cite unblot, même farine.

BLEUDA, va. Réduire en farine ; part. bleudet.

BLEUD ANN ÉAR, sf. Atomes, farines de l'air.

BLEUDEK, adj. Qui est farineux.

BLEUDER, sm. Marchand de farine ; pl. ien.

BLEUD-HESKEN, sm. Sciure de bois ; bleud ; farine ; hesken, scie.

BLEUD-KOUEZ, sm. Poudre de tan, bleud et kouez, tan.

BLEUD-LIM, sm. Parcelles de métal ; à la lettre, farine de lime.

BLEUN, sm. Fleur ; pl. Bleuniou ; gall. bland ; irland. blath.

BLEUN, adj. Couleur bleue.

BLEUN-NEVEZ, sm. Primevère ; pl. Bleuennou névez.

BLEUNEK, adj. Fleuri.

BLEUNEN, sf. Fleur ; pl. bleuennou.

BLEUNI, vn. Fleurir ; part. bleuniet.

BLEUVEK, adj. Chevelu. Loth cite bleoc. chevelu, bleocion.

BLÉVEN, sf. Cheveu ; pl. blevennou ; Loth cite bleuou, cheveux.

BLÉM, adj. Dispos, grec βλέτερος, meilleur.

BLIN, sm. Extrémité. Loth cite blein, mou ; grec βλεννος, lâche.

BLINCHEN, sf. Le même que blenchen ; pl. blinchennou.

BLINGA, vn. Cligner ; part. et ; de blin extrémité.

BLINGADEL, sm. Action de cligner ; pl. ou ; de blinga, cligner.

BLIOUZ, sm. Ecorce de blé, grec βλίττω, βλυω, faire sortir ; français bluter, bluterie.

BLIZEN, sf. Année ; pl. nou. Zeuss cite le cambrique blipen, blysen blethen, le même que Bloaz.

BLÉZIK, adj. Difficile, grec βλαξ, sans cœur.

BLOASIAD, adj et sm. Antennais ; pl. bloazidi, de bloaz. an.

BLOAVEZ ou BLAVEZ, sm. Année ; pl. bloavesiou où blavesiou; irlandais bliadan, cité par Jubainville.

BLOAZ, sm. An ; bloasiou ; irlandais Bliadan.

BLOAZIEK, adj. Annuel, qui dure un an ; de bloaz, année.

BLOC'H, adj. Tout entier.

BLOC'HIK, sm. Nom donné aux vannetais ; pl. Bloc'higed.

BLOD, adj. Mou. Loth cite blot, farine.

BLODA, va. et n. Rendre tendre ; part. blodet.

BLODADUR, sm. Action d'amollir ; pl. iou.

BLODDER, sm. Mollesse, de blod, mou.

BLODÉREZ, sf. Ramolissement.

BLOK, sm. pl. Ou ; allemand, block, français bloc.

BLOKA, va. et n. Presser, terrer ; part. et.

BLOKACH, sm. Blocage, menus moellons.

BLOKAD, sm. grappe, groupe ; pl. blokadou.

BLOKER, sm. Homme trapu ; pl. ien.

BLONEGEN, sf. Graisse de porc ; on dit aussi bronegen, bronnegen ; de bronn, sein.

BLONEK, sm. Graisse ; Loth cite la glose bronnced, cambrique, blonég.

BLONÉK-VOR, sm. Poisson de mer, de blonck. graisse et de mor, mer.

BLONEK-ZÉRO, sm. Aubier du chêne ; de blonek, et de déro, chêne.

BLONSA ou BLOUNSA, va. Meurtrir ; part. blounset, ou blouset.

BLONSADUR, sm. Meurtrissure ; pl. iou, ou simplement blouns.

BLONTEK ou BLOUNTEK. Loche de mer ; pl. ed ; se dit aussi lontek, Loth cite la gloselon, graisse, irlandais loon.

BLOSAAT, va. et n. Briser des mottes ; part. éat.

BLOUC'H. adj. Sans barbe. Loth cite blenou, cheveux. louc'h marais.

BLOUÉ ou PLOUÉ, sm. Peloton ; pl. ou ; grec πλεκειν enlacer.

BLOUÉA. ou PLOUÉA, va. Mettre en peloton ; part. blouéét ou plouéét.

BLOUGORN, sm. Jeune bœuf ; pl. ed, anglais, bullock.

BLOUI, va. Reprocher ; part. et ; grec βλαψις lésion.

BLOUK, sm. Boucle ; pl. ou ; wallon, blouke, dict. Littré.

BLOUKA, va. et n. Boucler ; part. blouket.

BLOUMM, adv. d'aplomb; voyez ploumm.

BLOUND, adj. Blond.

BLOUNDIN, adj. Blondin, qui est blond, bland.

BLOUNDINA, va. Devenir blond ; part. et.

BLOUNDINEN, sf. Femme blonde, jeune garçon blond ; pl. nou.

BOA, sf. Bouée ; pl. boaiou ; latin boja.

BOAZ, sm. Habitude ; Jubainville cite l'irlandais béssu.

BOAZ, adj. Habitué.

BOAZA, va et n. S'habituer ; part. boazet.
BOAZAMANT, sm. Habitude, le même que boaz, avec terminaison française.
BOC'H, sf. joue ; pl. iou; latin bucca.
BOC'H-KAMM, sm. Courbe de charrue, boc'h, joue ; kamm, courbe.
BOCH-RUZIK, sf. Rouge-gorge ; pl. boc'h-ruzédigou, de boch et de ruz, rouge.
BOC'H-SIVIEN, sf. Espèce de dorade ; pl. boc'h-siviennou, de boc'h, et de zivien, fraise.
BOC'HAD, sf. Tape sur la joue, pl. boc'hadou, de boc'h joue.
BOC'HATA, va. Souffleter, part. boc'hatéat, de boc'h joue.
BOC'HEK, adj. et sm. Joufflu ; pl. boc heien.
BOCHIK, sf. Petite joue ; pl. boc'higedou; nom de famille Boc'hik.
BOD, sm. Buisson ; pl. bodou ; Loth cite bodin, troupe.
BODA, va. Grouper ; part. bodet.
BODAD, sm. Touffe ; pl. bodadou.
BODAD-GLAO, sm. Ondée ; pl. bodadou glao, bodad touffe, glaô pluie.
BODADIK-TIEZ, sm. Hameau ; bodadik, petit groupe ; tiez, maisons.
BODEK, adj. Touffu ; de bod, touffe.
BODENNA, av. Se grouper ; part. et.
BODENNEK, adj. Qui se trouve en groupe.
BODEN-VERRIEN, sf. Fourmilière ; boden, touffe ; merrien ou mérien. fourmis.
BODEN-VLÉO, sf. Touffe de cheveux ; boden, touffe; bléo, cheveux.
BODIK, sm. Petite touffe ; pl. Bodouigou.
BODIK-BLÉO, sm. Toupet ; bodik, petite touffe ; bléo, cheveux.
BODIK-MAÉ, sm. Branche de mai ; de bod, touffe et de maé, mai.
BOD-KÉLEN, sm. Branche de houx, de bod, touffe et de kélen, houx.
BODRÉ, sm. Guêtre ; pl. ou. Voy. Bodréou.
BODRÉA, va. Mettre des guêtres; part. et.
BODRÉOU, sm. pl. Guêtres ; anglais baldrick ; latin, batteus, dict. Littré.
BOD-SPERN, sm. Buisson d'épines ; pl. bodou-spern.
BODVÉLEN, sm. Maladie du bétail de bod, et de mélen, jaune.
BOÉSOUN, sm. Boisson ; pl. iou. Liquide pour boire.
BOKED, sm. Bouquet ; pl. bokedou ou bokigi.
BOÉZEL, sf. Mesure, boisseau ; pl. ou.
BOÉZELLAD, sm. Le plein d'un boisseau ; pl. ou.
BOÉSTL, sm. Boîte ; pl. ou.
BOÉSTLA, va. Mettre en boîte; part. et.

BOESTLER, sm. Celui qui met en boîte; pl. ien.
BOKED-LÉAZ, sm. Primevère ; bokedouléaz, de boked et de léaz, tout.
BOKU, sm. Oiseau de mer ; pl. bokued.
BOLC'H, sf. pl. Voyez bolc'hen.
BOLC'HEN, sf. Enveloppe de la graine de lin ; pl. ou.
BOLÉ, sf. Volée des cloches ; pl. ou.
BOLÉA, va. Sonner les cloches, part. boléét.
BOLÉADEN, sf. Une volée de cloches ; pl. nou.
BOLÉER, sm. Carillonneur ; pl. ien.
BOLÉVIA, va. Ramer à la godille; part. et.
BOLEVIER, sm. Rameur à la godille ; pl. ien.
BOLODEN, sf. Pelotte ; pl. nou, ou bolod.
BOLOSEN, sf. Prune sauvage ; pl. nou, ou bolos.
BOLS-KAON, sf. Catafalque ; pl. bolsoukaon. Bolz, voûte ; kaon, deuil.
BOLZ, sf. Voûte ; pl. Bolziou ou bolsiou ; du latin volta, voute.
BOLZA, va. et n. voûter ; part. Bolzet.
BOLZ-A HENOR, sf. Arc de triomphe bolz, voûte, a ; de, hénor. honneur.
BOLZEK, adj. Voûté, à demi écroulé.
BOLZEN, sf. Lézarde ; pl. bolzennou.
BOLZENNI, va. Lézarder, crevasser ; part. et.
BONDIL, sm. Espèce de peuplier ; pl. ed; de boum, battement, et de till, tilleul.
BONDRASK, sm. Espèce de grive ; de boum et de drask, grive ; pl. boum, driskli.
BONHEUR, sm. Bonheur ; pl. iou.
BONJOUR, sm. Le même que le français bonjour.
BONN, sm. Borne ; Bonniou, nom de famille assez commun.
BONN, adj. ou inter. Bien, bon.
BONNED, sm. Bonnet; pl. ou.
BONNÉDA, va. Mettre un bonnet; part. bonnédet.
BONNIA, va. et n. Borner, limiter ; part. et.
BORD, sm. Bord; pl. bardou.
BORDA, va. et n. Border ; part. et.
BORDACH, sm. Planche épaisse; pl. bordachou.
BORDÉAD, sm. Bordée ; pl. ou.
BORDEUR, sm. Bordure; pl. iou, prononcez bord-é-ur.
BORDEL, sm. Lieu de prostitution; pl. ou.
BORDELLA, va. et n. Courir les bordels; part. et.
BORN, sm. Borgne ; pl. ed.
BORNIA, va. et n. Eborgner ; part. et; de born.

BORNIEZ, sf. Femme borgne; pl. ed.
BOROD, sm. Rêverie; pl. borodou; comparez le français bourde.
BORODER, sm. Rêveur; pl. ien; comparez le français, bourdeur, brodeur.
BORODI, vn. Rêver; part. et. Comparez le français, bourder, broder.
BOSARD, sm. Pièce courbe de l'avant p'un navire; pl. ou; de boz, poign.
BOSEN ou BOSSEN, sf. Peste; pl. ou; comparez le français bosse.
BOSENNEN, sf. Stérile, qui n'a pas d'enfants.
BOSENNI, va. Avoir la peste; part. et.
BOSENNUZ, adj. Contagieux, qui donne la peste.
BOSILLA, va. Préparer des ardoises; part. et.
BOSKARD, sm. Insecte louvette; pl. ed.
BOSKOUN, sm. Criblure, râclure.
BOSS, sm. Bosse; pl. ou.
BOSS, sm. et adj. Faire la noce.
BOSSA, va. Bossuer; part. et.
BOSSIK, sm. Petite bosse; pl. bossigou.
BOT, sm. Elévation, différence de niveau, grec βοθρος trou, fosse.
BOTEZ, sf. Chaussure; pl. boutou, bouteier, bas-latin botta; angl. boot.
BOTEZ-KOAT, sf. Sabot; pl. boutou-koat; voyez ce mot.
BOTEZ-PRENN, sf. Sabot; pl. boutou prenn; voyez ce mot.
BOTINEZER, sm. Faiseur de bottes, pl. ien.
BOTINÉZOU, sf. pl. Brosse; le singulier n'est pas employé.
BOUCH, sm. Bouc; pl. ed. Zeuss cite le cambrique bwch.
BOUC'H, sm. Touffe, aigrette; pl. bouchon.
BOUCH, sm. Manière d'appeler les poulains; pl. ou.
BOUCHAD, sm. Grosse touffe; pl. bouchadou.
BOUCH'AL, sf. Hache; pl. bouchili; Lotq cite bahel, bigellus.
BOUC'HALA, va. équarrir; part. Bouchalet.
BOUC'HAL-ARM, sf. Francisque; pl. Bouc'hili-arm.
BOUC'HALER, sm. Ouvrier qui équarrit; pl. ien; fém. Bouc'halérez.
BOUC'HALÉREZ, sm. Equarrissage; de bouc'hal, de boc'h, joue.
BOUCHEK, adj. Touffu, barbu.
BOUCHIK, sm. Jeune poulain; pl. bouchouigou.
BOUCHIK-GAOR, sm. Plante à la lettre, barbe de chèvre.
BOUCHOUN, sm. Bouchon; pl. bouchounou; vient du français.
BOUCHOUN, sm. Bouchon; pl. Bouchon; pl. ou. Eunn taol bouchoun, un coup de bouchon.
BOUCHOUNA, va. Bouchonner; part. et.
BOUD, sm. Bourdonnement, ronflement, sorcellerie.
BOUDAL, vn. Ronfler; part. boudet.
BOUDÉDÉO, sm. Le juif errant; de Boud, sorcellerie; doué, dieu.
BOUDER, sm. Celui qui bourdonne, sorcier; pl. ien.
BOUDÉREZ, sf. Celle qui bourdonne; pl. ed.
BOUDÉREZ, sm. Ronflement, sortilège.
BOUDIK, sf. Fée, sorcière; pl. Boudiged.
BOUDINEL, sf. Bourdonnement; pl. lou.
BOUDINELLA, vn. Tenter; part. et.
BOUDINELLER, sm. Celui qui tinte.
BOUED, sm. Nourriture. Jubainville le tire de béo, vivant, de la racine gvigr, qui donne; latin victus, vivus et le grec βιοσ.
BOUÉDEK, adj. Nourrissant; de Boued, nouriture.
BOUÉDEN, sf. Substance molle des fruits, moelle.
BOUÉBEN-BENN, sf. Matière cérébrale; de boueden, et de penn, tête.
BOUÉDEN-VI, sf. Le germe de l'œuf; pl. Bouédennou-vi.
BOUED-HOUIDI, sm. Herbe aux canards. Ce mot est composée de boued, nourriture et de houidi pl. de houad, canard.
BOUÉD-KOUNFIZET, sm. Confiture; gallois kofiz-boued cité par la Villemarqué.
BOUED-RABEZEN, sf. Betteraves; pl. bouéd-rabez; de bouéd, nourriture et de rabézen, rave.
BOUÉMA, va. Attirer, charmer; part. et, grec ποτμος, sort.
BOUÉMER, sm. Celui qui jette un sort; pl. ien.
BOUÉMEREZ, sf. Charmeuse; pl. ed.
BOUÉMÉREZ, sm. Charme, sort jeté.
BOUÉSTL, sm. Boîte; pl. bouestlou; se dit aussi boéstl, bas-latin buscida.
BOUESTLAD ou BOUESTAD, sm. Le contenu d'une boîte; pl. ou.
BOUÉTA, va. Nourrir; part. bouétéat. de bouéd.
BOUÉTEL ou BOÉTEL, sf. Botte; pl. bouétillou ou boétillou,
BOUÉTELLA ou BOÉTILLA, botteler; part. et.
BOUÉTELLER, sm. Botteleur; pl. ien.
BOUEZEL, sm. Boisseau; pl. lou; latin bustellus, angl. bushel.
BOUÉZELLAD, sm. Boisselée, pl. ou.
BOUILLAD, sm. Ondée; pl. ou; on dit aussi bouillard.
BOUILLARD, sm. Ondée; pl. ou; voyez bouillad.

BOUILLAS, *sm.* Bourgeon ; *pl.* ou ; on dit aussi bouillas, voyez boulas.
BOUILLASA, *va.* Bourgeonner ; part. et ; on dit aussi brouillasa,
BOUILLEN, *sf.* Boue, crotte ; *pl.* nou.
BOUILLEN-DRO, *sf.* Fondrière ; bouillennou-tro.
BOUILLENEK, *adj.* Boueux.
BOUILLOUNS, *sm.* Bouillon, potage ; *pl.* ou.
BOUJ, *sf.* Faucille pour élaguer ; *pl.* ou, Loth cite bitat, tailler.
BOUJANT, *adj.* Est employé dans certaines contrées, avec la signification de bien portant. Loth cite badloun, de bonne volonté ; badlouer, content ; néanmoins boujant paraît venir du français bouger.
BOUJIEN, *sf.* Bougie ; *pl.* nou. Ce mot vient évidemment du français.
BOUK, *adj.* Mou, violet.
BOUKAAT, *va.* et *n.* Amollir ; part. boukéat.
BOUKDER, *sm.* Mollesse.
BOUK-TRÉAZ, *sm.* Sable mouvant. Bouk, mou, tréaz, sable.
BOUL, *sf.* Corps sphérique ; *pl,* ou ; latin bulla.
BOUL, *adj.* Corps usé ; boul éo ar rod, la roue est usée.
BOULAS, *sf.* Bourgeon ; plusieurs prononcent broulas, broullas.
BOULASA, *vn.* Se couvrir de bourgeons ; part. et.
BOULC'H, *sm.* Entamure, *pl.* iou, du latin volta.
BOULC'H, *sm.* Bec de lièvre, on dit aussi boulc'het.
BOULC'HA, *va.* Entamer ; part. Boulc'het.
BOULED, *sm.* Boulet ; *pl.* bouledou, ou bouliji.
BOULED, *sm.* Boulet du cheval ; *pl.* boulejou.
BOULIEN, *sf.* Mouche de cheval, cambrique cylionen, breton kélien, grec βομβυλιος, qui bourdonne.
BOULIGERNA, *va.* et *n.* Détruire, abîmer ; part. et ; les uns disent fouligerna ; comparez le français bouleverser.
BOULJ, *sm.* Mouvement ; comparez le français bouger.
BOULJA, *va.* et *n.* Mouvoir ; part. et.
BOUL-KAO, *sm.* Plante, espèce de sureau ; de boull, clair ; et skao, sureau.
BOULL, *adj.* Transparent, clair semé, grec πολλοςτος, latin perlucidus,
BOULLAAT, *va.* et *n.* Rendre transparent ; part. boulléat.
BOULLEA, *sf.* Boue ; *pl.* nou.
BOULLEN, *sf.* Prostituée ; *pl.* ned.
BOULONJER, *sm.* Boulanger ; *pl.* ien.
BOULONJÉREZ, *sf.* Boulangerie ;

BOULOUARD, *sm.* Boulevard ; *pl.* ou ; de l'allemand bollverk.
BOULOUN, *sm.* Boulon ; *pl.* iou.
BOULVERS, *sm* Bouleversement ; *pl.* ou.
BOULVERSI, *va.* Bouleverser ; part. et.
BOUM, *sm.* Levée de terre ; *pl.* iou ; comparez le français bombe.
BOUMB, *sm.* Bombe ; *pl.* boumbiou ; latin bombus.
BOUMBARD, *sf.* Hautbois ; *pl.* ou ; français bombarde, jeu d'orgue.
BOUMBARDER, *sm.* Joueur de hautbois ; *pl.* ien.
BOUMBARDADUR, *sm.* Bombardement ; *pl.* iou.
BOUMBARDI, *va.* Bombarder ; part. boumbardet.
BOUMBÉZEN, *sf.* Le même que boumb ; *pl.* boumbez.
BOUM NICH, *sm.* Battement d'ailes ; *pl.* boumiou-nich.
BOUNGORS, *sf.* Oiseau de proie ; *pl.* ed ; lourdaud, mal éduqué.
BOUNT, *sm.* Bonde, bouchon ; *pl.* bountou.
BOUNTA, *va.* Boucher ; part. bountet.
BOUNTÉREZ, *sf.* Action de boucher.
BOUR, *sm.* Bourre de fusil ; *pl.* ou ;
BOURRA, *va* Bourrer ; part. et.
BOURAS ou BOURLAS, *sm.* Cartilage ; de bourr, plein ; et de élaz, estomac.
BOURASUZ ou BOURLASUZ, *adj.* Qui tient du cartilage.
BOURBELL, *sm.* Gros yeux ; *pl.* ou ; de bourr et de gwel, vue.
BOURBELLEK, *adj.* Qui a les yeux à fleur de tête.
BOURBOULLA, *vn.* Fouiller la terre ; part. et ; de bourr, plein ; et de poull, mare.
BOURBOUNEN, *sf.* Tumeur de la peau ; *pl.* nou ; français bourbe ; breton bérô, bouillant.
BOURBOUNENNA, *vn.* Être en ébullition ; part. et.
BOURBOUTEN, *sf.* Espèce de blaireau, ou marmotte ; *pl.* ned.
BOURC'H, *sf.* Bourg ; *pl.* iou ; celtique borg.
BOURC'HADEN, *sf.* Agglomération de maisons ; *pl.* nou.
BOURC'HIZ, *sm.* Bourgeois ; *pl.* bourc'hisien.
BOURC'HIZIÉGEZ, *sf.* Droit du bourgeois.
BOURC'KIZEZ, *sf.* Bourgeoise ; *pl.* ed.
BOURD, *sm.* Tromperie ; *pl,* ou ; comparez le français bourde.
BOURDA, *vn.* Tromper ; part. bourdet.
BOURDOUN, *sm.* Bâton noueux, excroissance ; *pl.* ou ; bas-latin, bordonus ; français bourdon.

BOURDUZ, adj. Trompeur.
BOUREL, sm. Bourre; pl. ou ; nom de famille assez commun.
BOUREL, sm. Collier rembourré; pl. ou.
BOURELLA, va. Rembourrer; part. et.
BOURELLER, sm. Bourrelier; pl. ien.
BOURJOUN, sm. Lait tourné,
BOURLAS, sm. Cartillage; pl. ou.
BOURLASUZ, adj. Cartilagineux ;
BOURLED, sm. Bourrelet; pl. ou.
BOURLIK HA BOURLOK, adv. A la légère.
BOUROUÉL, adj. Ennuyeux.
BOUROUN, sm. Espèce de froment.
BOUROUNA, va. Dépérir en parlant des vaches: part. et ; Bour, plein ; ounner, genisse.
BOURR, adj. Plein, qui dépasse.
BOURR, adj. Qui n'est pas assez cuit.
BOURRA, vn. Bourrer; part. et.
BOURRA, vn. S'habituer ; part. et.
BOURRÉÔ, sm. Bourreau ; pl. bourrévien.
BOURRÉVEZ, sf. Femme du bourreau ; pl. ed.
BOURRÉSIA, va. Torturer; part. et.
BOURS, sm. Bourse; pl. ou.
BOURSIKOT, sm. Bourse bien garnie; pl. ou ; français boursicaut, petites économies.
BOUSELLEK, adj. Ventru ; de bouzel, boyau.
BOUTA, va. Devenir rance; part. et.
BOUTA, va. Pousser ; part. et.
BOUTADUR, sm. Corruption, pousse.
BOUTAILL, sf. Bouteille ; pl. ou.
BOUTAILLAD, sf. Le plein d'une bouteille ; pl. ou.
BOUTAILLER, sm. Échanson ; pl. ien.
BOUTAOUER, sm. Sabotier ; pl. Boutaouérien, de botez, sabot.
BOUTAOUI, va. Chausser ; part. et.
BOUTÉUR, sm. Bouture ; pl. iou.
BOUTÉGAD, sm. Le plein d'un panier ; pl. ou.
BOUTÉGER, sm. Celui qui fait des paniers ; pl. ien.
BOUTÉGEREZ, sf. Celle qui fait des hottes ; pl. ed.
BOUTEK, sm. Panier ; pl. boutégou, ou boutigi, de bouta pousser.
BOUTET, adj. et part. Corrompu, poussé.
BOUTIN, adj. en commun. Loth cite bodin troupe.
BOUTOU, plur. De botez chaussure ; Voyez ce mot.
BOUTOU-BERR, s. pl. Jaloux ; boutou, chaussures ; berr, courtes.
BOUTOU-KOAT, sf. pl. Sabots, boutou et koat, bois.

BOUTOUN ou BOUNTOUN, Bouton ; pl. ou ; bouta, pousser.
BOUTOUNA ou BOUNTOUNA, va. Boutonner ; part. et.
BOUTOU-PRENN, plur. de botez prenn. Sabot, botez ; chaussure ; prenn, bois.
BOUVED, sm. Bouvet ; rabot double.
BOUZAR, adj. et sm. Sourd ; Jubainville cite budaros sanscrit, badhiras.
BOUZARA, va. Rendre sourd ; part. bouzaret.
BOUZARAAT, vn. Devenir sourd ; part. bouzaréat.
BOUZARDER, sm. Surdité; on dit aussi bouzarded.
BOUZAREZ, sf. Femme sourde ; pl. ed.
BOUZELLEN, sf. Boyau ; pl. Bouzellou; latin botellus.
BOUZELLEN-DALL, sf. Cœcum ; pl. bouzellou-dall ; bouzellen, boyau ; dall, aveugle.
BOVELEN, sf. musaraigne ; pl. ed. grec βωλινος, fait des mottes.
BOZ, sf. Le creux de la main ; pl. iou ; Zeuss cite bessu, étym. de biz, doigt.
BOZEK, adj. Qui a de forts poings, Bozec est un nom de famille très répandu.
BOZEN, sf. Plante à fleurs jaunes.
BRABANS. sm. Forfanterie ; pl. ou ; comparez le nom d'un pays, Brabant.
BRABANSAL, vn. Faire le fanfaron.
BRABANSER, sm. Fanfaron ; pl. ien.
BRABANSÉREZ, sm. Fanfaronade.
BRABRAO, sm. Joujou; de Braðjoli, deux fois répété.
BRAÉ, sf. Instrument pour broyer ; pl. braéou ; Jubainville, cite la racine brag, et le latin, frangere.
BRAÉA, va. Broyer ; part. braéet.
BRAÉADUR, sm. L'action de broyer ; on dit aussi braéerez.
BRAÉÉR, sm. Broyeur ; pl. ien.
BRAÉEREZ, sf. Broyeuse ; pl. ed.
BRAGAL, vn. S'amuser ; part. braget; de brat, fourberie.
BRAGAOUA, va. mettre la première culotte ; part. et.
BRAGEÉR, sm. Celui qui aime le plaisir; pl. ien.
BRAGÉÉREZ, sm. Action de s'amuser ; pl. ou.
BRAGÉÉREZ, sf. Femme qui aime le plaisir ; pl. ed.
BRAGEZ, sm. Culotte, braie; Jubainville cite bracisso, et le gaulois braca ; pl. bragezeier, bragou.
BRAGEZ, sm. Germe ; pl. ou.
BRAGEZA, va. Mettre une culotte ; part. et ; germer.
BRAGEZEREZ, sm. Action de germer.
BRAGEZI, vn. Germer ; part. bragezet.

BRAGOU, *plur.* de bragez, culotte.
BRALL, *sm.* Branle. Voy. brallérez.
BRALLA, *vn.* Mettre en branle; part. et.
BRALLER, *sm.* Celui qui met en branle ; *pl.* ien.
BRALLEREZ, *sm.* Action de mettre en branle.
BRALL-KAMM, *sm.* Espèce de danse.
BRAMM *sm.* Pet, gaz qui sort par derrière ; de la racine bram, murmurer, corn bremmyn, de Jubainville.
BRAMMA, BRAMMOUT, *vn.* Péter ; part. brammet.
BRAMMER, *sm.* Celui qui pète ; *pl.* ien.
BRAMMEREZ, *sm.* Action de lâcher des vents.
BRAMMEREZ, *sf.* Celle qui pète ; *pl.* ed.
BRAN, *sf.* Corbeau ; *pl.* brini, vieux slave vranu, vranas, lithuanien varnas, noir de corbeau, d'une racine svar, qui donne l'allemand schwartz et le latin sordere, citation de d'Arbois de Jubainville.
BRANN-AOT, *sf.* Corbeau gris ; *pl.* Brini-aot.
BRANEL, *sf.* Béquille ; *pl.* branellou.
BRANELLEK, *adj.* et *sm.* Celui qui se sert de béquilles, nom de famille très commun.
BRANEL-TRÉID, *sf.* Échasse ; *pl.* branellou-tréid, branel béquille, tréid pieds.
BRAN-GWIN, *sm.* Espèce d'eau-de-vie.
BRAN-LOUET. *sf.* Corbeau de mer, de bran corbeau et louet gris.
BRANK, *sm.* Branche ; *pl.* ou.
BANKEK, *adj.* Qui a des branches.
BRANSIGEL, *sf.* Berceau suspendu, balançoire ; *pl.* lou.
BRANSIGELLA, *va.* et *n.* Faire balancer ; part. et ; du français balancer, brancer.
BRANSKEL, *sf.* Balancoire ; *pl.* branskellou.
BRANSKELLA, *va.* et *n.* Balancer ; part. branskellet.
BRANSKELLADUR, *sm.* Action de balancer.
BRAO, *adj.* Beau, joli ; comparez le français brave.
BRAO-BRAZ, *adv.* Parfaitement ; de brao, joli ; braz, grand.
BRAOUERI, *sf.* Beauté, gentillesse ; de braô.
BRAOIK, *sm.* Jouet d'enfants ; *pl.* braoigou.
BRAOK *sm.* Bar, poisson de mer ; *pl.* braoged.
BRAOUED, *sm.* Breuvage ; *pl.* ou, de bérô, berv bouillant. Comparez le français brouet.
BRASDER, *sm.* Grandeur ; *pl.* Brasdériou.

BRASSA. Superlatif de braz, le plus grand.
BRASSAAT, *va.* et *n.* Grandir ; part. brasséat.
BRASSOC'H, plus grand ; de braz, grand.
BRATELLA, *va.* Trahir ; part. et. Loth cite brat, fourberie.
BRAVA, Superlatif de braô, le plus joli.
BRAVAAT, *va.* et *n.* Devenir beau ; part. bravéat.
BRAVENTEZ, *sf.* Beauté ; *pl.* braventésiou.
BRAVOC'H, Plus beau, plus joli.
BRAZ, *adj.* Grand ; anciennement bras.
BRAZA, *va.* Mélanger ; part. Brazet, brat, fourberie, français barat, angl. baratry.
BRAZED, *sm.* Blé mélangé. La Villemarqué le tire de braz grand ; ed, blé.
BRAZEZ, *sf.* Femme enceinte ; *pl.* ed, de braz, grand.
BRAZEZDED, *sm.* Grossesse ; de brazez.
BRAZEZI, *va.* Rendre enceinte ; part. brazezet.
BRAZOUÉR, *sm.* Réchaud ; *pl.* o.u Comparez le français brasier.
BRAZOUNNIEZ, *sf.* Grandeur.
BRÉ, *sm.* Difficulté ; *pl.* bréou. Jubainville cite bravu ; sanscrit grava thème gravan.
BRÉ, *sm.* Montagne, meule de moulin ; *pl.* ou.
BRÉAC'H, *sm.* Bras ; les deux bras, ann divréac'h ; du latin brachium.
BRÉAC'H, *sm.* Petite vérole ; de bréac'h, bras.
BREAC'H, *sf.* Vaccin.
BRÉACHIDIGEZ, *sf.* Vaccination.
BRÉACH-VOR. *sf.* Bras de mer ; *pl.* bréc'hiou-mor.
BRECH'AD, *sf.* Mal au bras ; bréc'hadou.
BREC'HAN, *adj.* Stérile ; comparez le français brehaigne ; de bré, haut ; gan, naissance.
BRECHANDER, *sm.* État stérile, stérilité.
BRÉCHAT, *sf.* Brassée. Voyez Bréc'had.
BRÉC'HATA, *va.* Embrasser ; part. éat, de bréac'h, bras.
BRÉCHEN ou BROCHEN, *sf.* Brin de bois; *pl.* bréchin, breton briénen brin, bruzun.
BRÉC'HEN-VOR, *sf.* Bras de mer ; *pl.* bréc'hennou-mor.
BREGAS ou BREUGEUD, *sm.* Renvoi, rot.
BRÉGASA ou BREUGEUDI, *vn.* Rôter ; part. et. de bré haut et de kas envoyer pour brégas, et de bré haut, heuji dégouter, pour breugeud; latin éructare.
BRÉIN, *adj.* Pourri ; Loth cite arcibrenou pourris, gallois, braen.

BRÉINA va. et n. Pourrir ; part bréinet.
BRÉINADUR ou BREINADUREZ, sf. Pourri; de brein, pourri.
BREIN-KRIN, sm. Gangrène ; de bréin, pourri, et de krin, sec, qui ronge.
BREIN-PEZEL, adj. Pourri, qui s'écrase.
BREIN-TUF, adj. Entièrement pourri ; de bréin et de tuf, pierre désagrégée ; français, tuf, tufeau ; latin tophas ; dict. Littré.
BREIZ, sf. Bretagne ; Lavillemarqué donne l'étymologie de briz, moucheté ; Loth n'accepte pas que britto ait le sens de tatoué ; comparez bré, montagne ; iz, dessous.
BRÉIZAD, sm. Breton ; pl. bréizidi.
BREIZADEZ, sf. Bretonne ; pl. breizadézed.
BREIZ-ARVORIK, sf. L'Armorique.
BREIZ-HUEL, sf. La Haute Bretagne.
BRÉIZIAD. Le même que bréizad.
BREIZ-IZEL, sf. La Basse-Bretagne.
BREIZ-VEUR, sf. La Grande-Bretagne.
BREIZ-VIHAN, sf. La Bretagne française.
BRÉLANK, sm. Jeu de cartes ; allemand bretling.
BRÉLL, adj. et sm. Brouillon ; pl. brelleien.
BRÉLL, sm. Perche, poisson de rivière ; allemand brudeln, bouillonner ; français breuil.
BRELLA, va. Brouiller ; part. brellet.
BRELLANK, sm. Jeu de cartes, brelan.
BRELLEZ, sf. Brouillonne ; pl. brellézed.
BLÉMAIK, adv. Bientôt ; de bréman.
BRÉMAN, adv. A présent ; pour pret man, hoc tempore ; cité par Zeuss.
BRÉNIN, sm. Prince ; pl. ed ; nom d'homme, brennus ; bré, bry, haut.
BRENK, sm. Nageoire de poisson ; pl. ou ; comparez le français branchie.
BRENN, sm. Son, résidu de farine ; pl. ou ; de brinen, brienen, débris.
BRENN, sm. Roi ; pl. ou ; Zeuss cite brenniat, proréta, brennus.
BRENNEK, adj. Qui donne beaucoup de son.
BRENNEK, adj. Merdeux.
BRENN-HESKEN, Sciure de bois ; de brenn, son, et de hesken, scie.
BRENNID, sm. Poitrine découverte.
BRENNIDA, vn. Se battre comme des coqs ; part. et.
BRENNIDAD, sm. Une pleine poitrine ; pl. ou.
BRENNIGA ou BRINNIGA, vn. Détacher des coquillages ; part. et.
BRENNIGER ou BRINNIGER, sm. Pêcheur de coquillages ; pl. ein.
BIRENNIK ou BRENNIK, sm. Coquillage ;

de brenn, son ; ou de bronnik, petite mamelle, dont la coquille a la forme.
BRÉO, adj. Bredouilleur.
BRÉO ou BRÉOU, sf. Meule de moulin ; Jubainville cite bravu ; sanscrit grava ; thème gravan ; breton bréac'h, bras.
BREOL, sm. Croc d'un essieu ; pl. iou ; jadis bréc'hol.
BRÉOL, sm. Cuve ; pl. bréoliou ; de bréva. broyer.
BRÉOL, sm. Garniture ; pl. iou ; eur vréoi véan, un talus en pierre.
BRÉOLIAD, sm. Une cuvée ; pl. ou.
BRÉOLIM, ou BLERIM, sf. pl. ou ; de bréol, roue, et de lemma, aiguiser.
BRÉOLIMA, va. Aiguiser ; pl bréolimet ou blérimet.
BRÉOLIMER, sm. Remouleur ; on dit aussi blérimer ; pl. ien.
BREOU, sm. pl. Magie ; Loth cite braut, jugement.
BRÉOU, sf. Machine de moulin ; pl. bréier.
BRÉPENN, sm. Bâton de bouillie ; de bré, meule, pilon, et de penn, tête.
BRÉSA, va. Piler ; part. bréset ; de bré, pilon.
BRÉSADUREZ, sf. Action de piler ; on emploie aussi brésadur, masculin.
BRÉSET, adj. Pétri.
BRÉSK, adj. Cassant ; de brévi, brised ; comparez le latin frangere.
BRÉSKADUREZ, sf. Fragilité ; de bresk, cassant.
BRÉSKINA, BRESKENNA ou BRÉSKIGNA, vn. Gambader sans but, mugir ; grec βρυχαομαι rugir ; βρυω pousse.
BRÉTELLEN, sf. Bretelle ; pl. nou.
BRETOUN, sm. Habitant de la Bretagne ; pl. bretouned ; Loth cite le gallois brythol, impétueux ; brython, breton ; brythoneg, la langue bretonne ; brythaint, tumulte,
BRETOUNEZ, sf. Femme bretonne ; pl. ed.
BREUD, sm. Plaidoyer ; voyez breut.
BREUDEUR, sm. pl. Frères ; voyez breur.
BREUDEURIEZ, sf. Fraternité ; pl. ou ; du pluriel breudeur, frères.
BREUGÉREZ, sm. Action de braire ; de breugi.
BREUGEUD, sm. Rot qui vient de l'estomac ; pl. ou.
BREUGEUDI, vn. Roter ; part. et ; de breugeud, de bré, haut et d'heugi, dégoûter ; latin eructare.
BREUGI, vn. Braire, part. et ; bas latin brugire ; grec βρυω pousse.
BREUNEN, sf. Filasse ; pl. nou.
BREUN-JUDAS, sm. Taches de rousseur.
BREUR, sm. Frère ; pl. breudeur ; Jubainville cite bratir, sanscrit bhrata, slavon bratru, demi-frère, hanter-vreur,

beau-frère, breur kaér, léaz vreur, frère de lait, breur gével, frère jumeau, breur mager, frère en nourrice, breur lik, frère convers.

BREURIEZ, *sf.* Confrérie ; on dit aussi breuriach.

BREURIK, *sm.* Petit frère ; *pl.* breurigou.

BREUR-SKOLIER, *sm.* Frère instituteur ; *pl.* breudeur skoliéren, ou breudeur skolaérien ; de breur, frère ; skolier ou skolaer, professeur.

BREUT ou BREUD. Action de plaider ; *pl.* ou ; Loth cite braud, jugement ; gallois, brawd.

BREUTAAT, *vn.* Plaider ; part. breutéat.

BREUTAER, *sm.* Plaideur ; *pl.* ien ; Jubainville cite bratu-atir.

BREUTAEREZ, *sm.* Plaidoirie ; de breut ;
BREUTAÉREZ, *sf.* Femme qui plaide ; *pl.* ed.

BREUTAUZ, *adj.* Qui est contesté.

BREVA ou BREVI, Briser ; part. et ; racine bhrag.

BREVADUR, *sm.* Action de briser.

BREVED, *sm.* Brevet ; *pl.* ou.

BRÉVIEL, *sm.* Bréviaire ; *pl.* ou ; du latin breviarium ; de brevis, court.

BRÉZEL, *sm.* Guerre ; *pl,* iou ; Zeuss cite Brésell, Brésel ; noms propres anciens, brésel wobri ; bresel marc'hoc.

BREZEL, *sm.* Poisson, maquereau ; *pl.* brézili ; Jubainville cite la cornique brithil gallois brith yll ; comparez le breton briz, tacheté.

BRÉZEL-BRO, *sm.* Guerre civile ; *pl.* brézéliou-bro ; de brezel, guerre et de bro, pays.

BRÉZÉLÉKAAT, *vn.* Faire la guerre ; part. brezelékeat ; de brezel, guerre.

BRÉZELÉKAER, *sm.* Guerrier ; *pl.* ien ; le même que brézéliad.

BRÉZÉLIAD, *sm.* Homme de guerre ; *pl.* brézélidi.

BRÉZÉLIEK, *adj.* Propre à la guerre ;
BRÉZÉLIUZ, *adj.* Qui appartient à la guerre.

BREZEL-SANTEL, *sm.* Croisade ; *pl.* brezeliou-santet ; de brezel, guerre et de santet, saint.

BREZOUNEK, ou BREC'HOUNEK. La langue bretonne ; Jubainville cite brittonâcos.

BREZOUNEKAAT, *vn.* Parler breton ; part. brézounékéat.

BRIAD, *sf.* Brassée ; *pl.* briajou ; comparez le latin brachium orgya, bras, brasse ; Zeuss cite brianten, briansen, gorge. Loth cite orgiat, qui tue.

BRIATA, *va.* Embrasser ; part. briatéat, embrasser.

BRIATÉREZ, *sm.* Action de s'embrasser.

BRID, *sm.* Bride ; *pl.* ou ; brijou.

BRIDA, *va.* Brider ; part. bridet.

BRIDOL, *sf.* Fraude ; *pl.* iou.

BRIDOUN, *sm.* Bridon ; *pl.* iou.

BRIEN, *sf.* Tache de rousseur ; *pl.* nou.

BRIÉNEN, *sf.* Petit morceau ; Loth cite bréthinnou, langes.

BRIFA, *vn.* Manger beaucoup ; part. et.

BRIFAOT ou BRIFAOD. Grand mangeur ; comparez les mots français, brif, brifer, brifeur, brifaut, brifauder ; *pl.* brifaoded.

BRIGANT, *sm.* Brigand ; *pl.* ed ; gallois brig, sommet ; latin briga, rixe ; brigant, montagnard ; français brigade.

BRIGANTAÉZ, *sm.* Brigandage.

BRIGANTEZ, *sf.* Femme de brigand ; *pl.* ed.

BRIGNEN, *sm.* Gruau. pour briénen.

BRIGNEN-LOGOD, *sf.* Plante, joubarbe.

BRIK, *sm.* Mesure de grains ; *pl.* ou.

BRIK, *sm.* Navire ; *pl.* ou ; anglais brig.

BRIKAD, *sm.* Le contenu d'une mesure de grains ; *pl.* ou.

BRIKEN, *sf.* Brique ; *pl.* brikennou ; anglais brice ; breton brienen, fragment.

BRIKENNER, *sm.* Celui qui fait des briques ; *pl.* ien.

BRIKENNÉREZ, *sf.* Fabrique de briques ; *pl.* ou.

BRIKENNEREZ, *sf.* Femme de briquetier ; *pl.* ed.

BRIKET, *adj.* Tatoué.

BRIKEZEN, *sf.* Abricot ; *pl.* brikez, brikezennou,

BRIKOL, *sm.* Ruse ; *pl.* iou.

BRINBALA, *va.* Faire sonner les cloches ; part. et ; comparez le français brimbaler.

BRINBALÉREZ, *sm.* Carillon, bruit des cloches.

BRINEN ou BRIGNEN, *sm.* Avoine moulue ; comparez le breton brienen, fragment.

BRINEN ou BRIGNEN LOGOD. Espèce de joubarbe, plante ; de brinen, gruau, et de logod, souris.

BRINNIGA. Voyez brenniga.

BRINNIK. Voyez brennik.

BRINSAD, *sm.* Débris de bois.

BRIZ ou BREZ, Bataille ; *pl.* ou ; bréz est plus souvent employé ; comparez brésa, piler.

BRIZ, *adj.* Qui a des taches ; Jubainville cite l'irlandais mrecht ; on en a rapproché britto, brittania ; Loth cite brythol, impétueux.

BRIZ, *adj.* A moitié fou, toqué, faux.

BRIZA, *va.* Bigarrer, marbrer ; part. et.

BRIZADUR, *sm.* Action de moucheter ; *pl.* iou.

BRIZ-DAOLEN, *sf.* Caricature ; *pl.* brizdaolennou.
BRIZEN, *sf.* Tache de rousseur ; *pl.* brizennou.
BRIZENNUZ, *adj.* Qui a des taches.
BRIZÉREZ, *sm.* Folie, bêtise.
BRIZI, *sm.* Tan pilé ; on dit aussi, brése; comparez le verbe brésa, fouler.
BRIZILLOUN, *sm.* Petite cloche ; *pl.* ou.
BRIZ-KELENNA, *va.* Donner de mauvais conseils ; part. briz, kelennet.
BRIZ - KELENNADUREZ, *sf.* Fausse morale.
BRIZ-KLAN. *adj.* Indisposé,
BRIZ-KLENVED, *sm.* Indisposition.
BRIZ-LABOUR, *sm.* Mauvais travail.
BRIZ-SKED, *sm.* Clinquant.
BRIZ-SKÉDUZ, *adj.* Qui a du clinquant.
BRIZ-SKRIVANIER, *sm.* Mauvais écrivain ; *pl.* ien.
BRO, *sf.* Le pays; *pl.* Broiou. Jubainville cite le gaulois brogi et le vieil irlandais mrug ; Loth cite broolion du pays, gaulois brogæ, combrog un gallois ; *pl.* cymri, combro, compatriote.
BROAD, *sm.* Peuplade ; *pl.* Broidi ; de bro, pays.
BROADEK, *adj.* National.
BROC'H, *sm.* Blaireau ; *pl.* ed ; irland. brocc, de bro pays et ouc'h porc; Loth cite brothrac, vêtement brodé, nous avons en effet, broz, robe en breton, et le même auteur mentionne taxam, bourse, se rapprochant de taxus, blaireau.
BRO-CHALL, *sf.* La France ; de bro, et de gall, gaulois.
BROCHAT, *va.* Tricoter ; part. brochet.
BROCHEN, *sf.* Broche ; *pl.* Bréchin, ou brochou.
BRODIA, *va* et *n.* Broder ; part. et. Ce mot doit venir de braoud aiguillon, brouda piquer, comme l'affirme La Villemarqué.
BRODIAÉZ, *sf.* Broderie.
BRODIOUR, *sm.* Brodeur ; *pl.* ien.
BRODIOUREZ, *sf.* Broderie ; *pl.* ed.
BROENN, *sm. plur.* Voyez brouann.
BROEO, *sf.* Charette étroite, comparez le latin birotum, et le français brouette.
BROÉZ, *sf.* Léger emportement ; *pl.* ou, pour baroéz de barr coup, comparez le français brouée.
BROÉZA, *vn.* S'emporter ; part. et.
BROÉZEK, *adj.* Colère, emporté ; on dit aussi brouézek.
BROG ou BROK, *sm.* Broc, pot ; *pl.* ou.
BROGONA, *v. impers.* Eclairer ; grec βροντάος tonnant.
BROGONEN, *sf.* Eclair ; *pl.* nou ; grec βροχις, lacet, βρυω, rejaillit.
BROGOUNEM, *sf.* Epars, éclair sans bruit ; *pl.* nou.

BROIDIGEZ, *sf.* Colonisation, de bro pays.
BROIZ, *sm. pl.* Paysans, de bro, pays.
BROKOLI, *sf.* Choux brocoli ; *pl.* ou.
BROKUZ, *adj.* Qui ne regarde pas, généreux.
BRON ou BRONN, *sm.* Saignée du porc ; grec βρυω rejaillit.
BRONDU, *sm.* Contusion, de bron et de du où, duff noir, briansen gorge, brennid sein cité par Zeuss
BRONDUA, *va.* Meurtrir ; part. bronduet.
BRONDUADUR, *sm.* Meurtrissure ; *pl.* iou.
BRONN, *sf.* Mamelle ; *pl.* ou ; Loth cite les gloses bronnced, voile pour la poitrine et bronnbreithet, au sein tâcheté.
BRONNA, *va.* Donner le sein, part. bronnet.
BRONNEK, *adj.* Qui a de fortes mamelles.
BRONÉGEZ, *sf.* Femme qui a de grosses mamelles.
BRONS ou BROUNS, *sm.* Bourgeon ; *pl.* brounsennou ou bronsennou, comparez le breton broud, aiguillon, l'allemand broz, le français brout.
BRONSA ou BROUNSA, *vn.* Bourgeonner, part. bronset où brounset.
BRONSADUR ou BROUNSADUR, *sm.* Action de bourgeonner.
BROS, *sm.* Brosse ; *pl.* ou.
BRO-SAOZ, *sf.* L'Angleterre ; de bro, et de saoz saxon.
BROSARD, *sm.* Brion, terme de marine.
BRO-SPAN ou BRO-SPAGN. L'Espagne, de bro, et de Span Espagne.
BROSSA, *va.* Brosser ; part. brosset.
BROUANN, *sm.* Jonc ; grec βρυω, rejaillit ; glose bret bricer touffe.
BROUANNEK, *adj.* Plein de joncs.
BROUANNEN, *sf.* Une touffe de jonc ; *pl.* nou.
BROUANNÉNNA, *va.* Se couvrir de joncs ; part. et.
BROUD, *sm.* Aiguillon ; *pl.* ou, vieil irlandais Brot.
BROUD, *adj.* Ardent. Loth cite brot chaleur, gallois brwt, irlandais bruth, racine bhru.
BROUDA, *va.* piquer ; part. broudet.
BROUDER, *sm.* Celui qui pique ; *pl.* ien.
BROUDEREZ, *sm.* Action de piquer.
BROUDEREZ, *sf.* Celle qui pique, brodeuse.
BROUD-KENTR, *sm.* Molette de l'éperon ; *pl.* Brodou-kentr.
BROUDOU, *sm* ; *pl.* Regrets, remords.
BROUD-TAN, *sm.* Etincelle ; *pl.* Broudou-tan.

BROUDUZ, *adj*. Qui pique, de broud aiguillon.
BROUED, *sm*. Lissoir ; *pl*. ou, de broz robe.
BROUEST, *sm*. Brouette.
BROUILLAS, *sm*. pousse, rejeton ; *pl*. ou.
BROUILLASI, *va*. Pousser des rejetons ; part. et.
BROUNS, *sm*. Brousse ; *pl*. ou.
BROUSGWEZEN, *sf*. Arbrisseau ; *pl*. brousgwezennou ; de brouns bourgeon, et de gwézen arbre.
BROUSGWEZEN-JAPOUN, *sf*. Hortensia, arbrisseau du Japon.
BROUSKAOL, *sm*. Rejeton de chou ; de brouns bourgeon et de kaol chou.
BROUSKOAD ou BROUSKOAT, *sm*. Petit bois ; de brouns et de koad bois.
BROUSKOUN, *sm*. Gros navet ; de brouns et de koun pluriel de ki chien.
BROUSKOUNEN, *sf*. La chair du navet ; *pl*. Brouskounennou.
BROUST, *sm*. Hallier ; *pl*. ou ; comparez le français brousse et le breton brouns.
BROUSTA, *va*. Brouter ; part. et. Comparez le français brouter.
BROUSTAL ou BROUSTAIL, de Brouns et de taill, coupe.
BROUSTEK, *adj*. Plein de buissons ; *pl* broustéjer.
BROUTACH, *sm*. Chaleur accablante ; brot chaleur.
BROUTACHA, *vn*. Fermenter ; part. et.
BROUTACHET, *adj*. Fermenté, aigri.
BROUTACHUZ, *adj*. Qui fermente, qui aigrit.
BROZ, *sf*. Jupe, robe ; *pl*. Brosiou ; Loth cite brothrac, grec βρόχωτος, fait de mailles.
BRUCHED, *sf*. Le devant de la poitrine. Loth cite bronced, voile pour la poitrine ; *pl*. bruchedou.
BRUCHÉDAD, *sf*. Plein le jabot ; *pl*. ou.
BRUC'HELLA, *vn*. Rugir ; part. et. On dit aussi buc'hella de buc'h, bioc'h, vache, comparez le grec βρυχω, rugit.
BRUC'HELLEREZ ou BUC'HELLÉREZ, rugissement.
BRUCHETA, *vn*. Se battre comme les coqs ; part. et ; de bruched.
BRUD, *sf*. Réputation. Loth cite braut jugement, nom gallois, vergo-brétus.
BRUDA, *vn*. Rendre public ; part. et.
BRUDET, *adj*. Bien connu, renommé.
BRUG ou BRUK, *sm*. Bruyère, comparez le grec βρυον, herbe.
BRUGEK, *adj*. Couvert de bruyère.
BRUGEN, *sf*. Un plant de bruyère ; *pl*. brugennou.
BRUL ou BRUIL, *sm*. flot liquide ; *pl*. ou, grec βρυω, jette, rejaillit.

BRULA ou BRULLA, *vn*. Rejeter ; part. brulet ou brullet.
BRULÉREZ ou BRULEREZ, *sm*. Action de vomir.
BRULU, *sm*. Plante, digitale ; Zeuss cite breilu, breila, breilw.
BRULUEN, *sf*. Digitale ; *pl*. bruluennou.
BRUM, *sm*. Brume ; *pl*. ou.
BRUMEN, *sf*. Brume ; *pl*. nou, latin bruma, brevissima ; grec βρεκω, mouille, βροκη, pluie.
BRUMENNADUR, *sm*. Éblouissement ; *pl*. iou.
BRUMENNADUREZ, *sf*. Effets de lumière.
BRUMENNI, *vn*. Éblouir, fasciner ; part. et.
BRUMENNI, *vn*. Faire de la brume ; part. et.
BRUN, *adj*. Blond hasardé ; français brun, anglais brown.
BRUN, *adj*. Couleur de cheval, alezan.
BRUSK, *adj*. Qui se brise.
BRUSGWEZEN. Voyez brousgwézen.
BRUSKEN, *sf*. Croûte fendue ; *pl*. nou, de brusk, qui se brise.
BRUSKOAD. Voyez Brouskoad.
BRUZUN, *sm*. Débris ; *pl*. ou, de la racine bhrag, vannetais brec'hon ; brienen.
BRUZUNA, *va*. Réduire en miettes ; part bruzunet.
BRUZUNUZ, *adj*. Friable, réduit en miettes.
BU, *sf*. Vache, se dit aussi buc'h, buc'h, bioch ; Loth cite les gloses bues étable buorth, Buorz nom commun en Bretagne.
BUAL, *sm*. Buffle ; *pl*. ed ; Latin bubalus, grec βοοβαλος.
BUAN ou BUEN, Vif, prompt ; Loth cite buenion prompts ; *pl*. de buen ou buan.
BUAN, *sm*. Belette ; *pl*. ed.
BUANAAT, *vn*. Se presser ; part. buanéat.
BUANDER, *sm*. Promptitude ; de buan prompt.
BUANÉGEZ, *sf*. Promptitude.
BUANEK, *adj*. Vif, emporté.
BUANÉKAAT, *vn*. S'emporter ; part. buanékéat.
BUAREN, *sf*. Nuage chassé par le vent ; comparez koabrenn, huibren.
BUEGEZ, *sf*. Animation ; de buez, vie.
BUEZ, *sf*. Vie, histoire ; latin vita.
BUEZEK, *adj*. Vivant, beo buezok plein de vie.
BUÉZÉGEZ, *sf*. La vie, la subsistance.
BUG, *sm*. Petit houx, le même que bugélen. Voyez buk.

Bug ou Buk, sm. Petit houx, cambriq. box, bocys.
Buga, va. Fouler, presser ; part. et. grec βυω.
Bugad, sm. Vanterie, lessive ; pl. Bugadou.
Bugadi, vn. Faire la lessive, se vanter; part. et.
Bugaléach, sf. Puérilité ; de bugel, avec terminaison française.
Bugalérez, sm. Enfance.
Bugel, sm. Enfant ; pl. bugalé ; Jubainville cite le thème celtique boucali vieil irlandais bochail, le grec βουκολος, le 1er terme bou en sanscrit gau, bugel, littéralement veut dire conducteur de bœufs.
Bugélen, sf. Petit houx, de bug, et de kélen, houx.
Bugélennek, adj. Plein de petit houx.
Bugélez. sf. Bergère ; pl. ed ; de bugel enfant.
Bugel-noz, sm. Fantôme ; pl. Bugelien-noz ; de bugel enfant, et de noz, nuit.
Bugenn, sm. Cuir de vache ou de bœuf; La Villemarqué le tire de bu vache et de kenn peau, cuir.
Bugérez, sm. Action de serrer, grec βυω.
Buhez-skrivad ou Buez-skrivad, sf. Biographie ; de buez vie, et de skrivad écrit.
Buhez-skrivanier ou Buez-skrivanier, sm. Biographie ; de buez vie, et de skrivanier, écrivain.
Buken, sf. Cuir, peau de vache, buch vache, kenn peau.
Bul, sm. Bulle ; pl. iou ; latin bulla.
Bulzun, sf. Navette ; pl. iou ; latin bulla.
Bulzun, sf. Navette ; pl. iou ; grec βυσσινος, fait de lin. Loth cite gruiam je couds ; on dit aussi gurzun, burzun.
Bun, sm. But ; pl. nou.
Buns, sm. Mesure de liquide ; grec βυω, emplit ; pl. bunsou.

Bunsad, sm. Plein un muid ; pl. ou.
Bunta, va. Pousser ; part. buntet.
Burbuen, sf. Apostème ; pl. nou ; Breton berô.
Burel, sf. Bure, gros draps, nom de famille Burel.
Bureten, sf. Burette ; pl. burétennou; français, buire, burette.
Burevia, va. Enregistrer ; part. bureviet.
Burévier, sm. Celui qui marque ; pl. burévierien.
Burô, sm. Bureau ; pl. buréviou ; latin burellum.
Burtugen, sf. Amas d'ordures ; pl. nou ; grec βροτοω, souiller, glose bretonne brethinnou langes, citée par Loth.
Burtul ou Vultur, sm. Vautour ; pl. ed ; latin vultur.
Burutel, sf. Blutoir ; pl. Burutellou ; du français buretel, bluteau, bluterie; breton bleud, farine.
Burutella, va. Bluter ; part. burutellet.
Burutellad, sm. Le plein d'un bluteau ; pl. ou.
Burutellerez, sf. Bluterie ; pl. ed.
Burzud, sm. Merveille. Jubainville le tire du latin virtutis ; pl. Burzudou.
Burzuduz, adj. Merveilleux, inoui.
Busella, vn. Mugir, beugler, de buc'h vache.
Buselladen, sf. Beuglement ; pl. nou.
Busellérez, sm. Action de mugir.
Butum ou Butun, sm. Tabac; pl. ou ; du vieux français pétun, petunia, plante; mots venant de la langue brésilienne.
Butumer où Butuner, sm. Celui qui prend du tabac ; pl. ien.
Butumérez, sf. Femme qui prend du tabac ; pl. ed.
Butumi, vn. Prendre du tabac ; part. et.
Buzugen, sf. Ver de terre ; pl. Buzug, grec βυθιζω, enfoncer.

C

C ou Ch. 3e et 4e Lettre de l'alphabet c ou ch.

Cabanen, sf. Cabane; pl. nou. Littré tire ce mot du celtique caban, de cab hutte, ou de cab tête ; Latin caput.

Cabal, sm. Cabale ; pl. ou.

Cabala, va. Cabaler, se presser ; part. et.

Cabaler, sm. Qui fait la cabale ; pl. ien.

Cabined, sm. Cabinet ; pl. ou ; français cabine.

Cabiten, sm. Capitaine ; pl. ed ; latin capitaneus.

Cached, sm. Cachet ; pl. ou.

Cachédi, va. Cacheter; part. et.

Cadenad, sm. Cadenas.

Cadastr, sm. Cadastre ; pl. cadastrou ; latin capistratum.

Cado, sm. Cadeau ; pl. cadoiou, du français cadeau, latin catellus.

Cadran, sm. Cadran ; pl. iou ; latin quadrans.

Café, sf. Café ; pl. caféiou, indiquant une maison où l'on sert du café.

Café, sf. Plante de café ; caféiou, une seule plante caféen ; pl. caféennou ; arabe kahouet, anglais coffee.

Caillos ou Kaillos, sm. Caillou; pl. ou; celtiq, cal dur.

Caillosa, va. Macadamiser ; part et. ; de cal dur.

Caillosek, ad. Caillouteux.

Caiss, sm. Caisse ; pl. caissou.

Caissoun, sm. Caisson ; pl. iou.

Calaféta, va. Donner des claques ; part. et.

Calcul, sm. Calcul pl. ou ; latin calculus, celte, cal, dur.

Calculi, va. et n. Calculer ; part. calculet.

Caléchen, sf. Calèche; pl. nou; italien calesso.

Calif, sm. Calibre ; pl. ou ; Littré le tire de l'arabe kalab, moule.

Califa, va. Calibrer ; part. califet.

Calmi, va. Calmer ; part. et.

Calar ou Caleur, sm. Calice ; pl. caluriou ou caleuriou.

Camioun, sm. Camion; pl. ou ; peut venir de cam ou kamm courbe et de iéo joug.

Camisolen, sf. Camisole ; pl. nou ; espagnol camisola, français camisole.

Campagn, sm. Progrès ; pl. ou ; du français campagne.

Campagni, va. et n. Progresser ; part. et.

Cantoun, sm. Canton ; pl. iou; celtique cant rebord.

Caos, sf. Cause ; pl. iou ; voyez kaos.

Caoter, sf. Chaudière ; pl. iou ; latin caldaria, Jubainville.

Cap, sm. Promotoire ; pl. capiou ; de cab tête ; latin capud, paotret ar c'hab, les gens du cap.

Capab, adj. Capable.

Capiten, sm. Capitaine ; pl. ed, latin capitanéus.

Capital, sm. Capital ; dilézel a ran ar c'habital, j'abandonne le capital.

Capot, adj. Capable.

Capoten, sf. Capote; pl. nou.

Capoun, sm. Capon ; pl. capouned, comparez chapon.

Capsulen, sf. Capsule ; pl. capsulennou.

Capusin, sm. Capucin ; pl. cabusined.

Carabinen, sf. Carabine ; pl. nou.

Caracter, sm. Caractère ; pl. caractériou.

Carafen, sf. Carafe ; pl. nou.

Cardinal, sm. Cardinal ; pl. cardinaled.

Cardinalach, sm. Cardinalat ; pl. ou.

Cargaisoun, sm. Cargaison ; pl. iou ; de karga, charger.

Carn, sm. Cairn, monticule élevé par les celtes, de carn, tas de pierres, d'autres proposent le latin carnis, chair.

Carnach, sm. Tapage ; pl. carnachou.

Carnacha, va. Faire du tapage ; part. et.

Carnacher, sm. Tapageur ; pl. ien.

Carnachuz, adj. Qui fait grand bruit.

Carozen, sf. Carreau; pl. carogennou.

Carten, sf. Carte ; pl. cartennou ou cartou.

Cartouchen, sf. Cartouche ; pl. nou.

Cartoun, sm. Carton ; pl. iou.

Cartouna, va. Cartonner ; part. et.

Cartouner, sm. Celui qui fait du carton ; pl. ien.

Cas, sm. Cas ; pl. iou.

Cased, sm. Cassette ; pl. ou.

Casédik, sm. Petite caisse ; pl. casédouigou.

Casi, sm. Cassis, des buissons de cassis; bodou casi.

Castoloren, sf. Casserole ; pl. nou ;

Casketen, sf. Casquette ; pl. nou.

Catalog, sm. Liste, catalogue ; pl. iou.

Catédral, sf. Cathédrale ; pl. iou.

Catolik, adj. et sm. Catholique ; pl. ed.

Causé, sf, Conversation ; pl. ou.
Causéal, sm. Causer ; part. causéet.
Causérez, sf. Propos, causerie.
Caution, sm. Caution ; pl. ou.
Cautioni, va et n. Cautionner ; part. et.
Cavalier, sm. Cavalier ; pl. ou.
Cenakl, sm. Cénacle ; pl. ou.
Cérémoni, sf. Cérémonie ; pl. ou.
Chabist, sm. Chapitre ; pl. ou, du latin capistrum.
Chabistra, va. Mettre en chapitre part. et.
Chabous, sm. Querelle, nom de village assez commun.
Chach, sm. Tirage ; pl. ou.
Chacha, va. Tirer ; part. chachet.
Chacher, sm. Tireur ; pl. chachérien.
Chachérez, sf. Tirage, action de tirer.
Chaden, sf. Chaîne; pl. ou; latin catena.
Chadénna, va. Enchaîner ; part. et.
Chadénnadur, sm. Enchaînement, pl. iou.
Chaden-c'hroumm, sf. Gourmette ; pl. chadennou-groumm.
Chadennik, sf. Clarinette ; pl. chadennouigou.
Chaéncha ou Chaénch, va. Changer ; part. chaénchet.
Chaénchamant, sm. Changement ; pl. chaénchamanchou.
Chaéncher, sm. Changeur ; pl. chaenchérien.
Chafod, sm. Echafaud ; pl. chafotou; anglais scaffold.
Chafodi, va. Echafauder ; part. et.
Chafoti, va. Echafauder ; part. et.
Chag, sm. Encombrement ; pl. ou, de sac'h sac.
Chaga, vn. Encombrer, s'arrêter;part.et.
Chagel, sf. Mâchoire; pl. lou, de chaok mach.
Chagéllad, sf. Coup sur la figure ; pl. ou, de chaok, ou, de jod joue.
Chagrin, sf. Chagrin ; pl. chagrinou.
Chagrina, va. Chagriner ; part. et.
Chagrina (enn em), v. ref. Se chagriner ; part. enn em chargrinet.
Chagud, sm. Ciguë, plante.
Chaguz, adj. Encombrant, pour sac'huz.
Chakod, sm. Bourse ; pl. ou ; comparez god, godel poche.
Chaval, sm. Javart ; eun' trouc'h, chaval, une coupure de javart.
Chaviad, sm. Bourse ; pl. ou. Comparez god, gadet.
Chal ou sal, sm. Le mouvement de flux ou flot de la mer ; sal ou chal, flot; disal ou dichal, mer qui baisse.
Chal, sf. Vêtement de femme ; pl. chaliou, arabe shâl.
Chal, sm. Impatience ; pl. ou. Comparez l'anglais shal.

Chal, sm. Sans nécessité, némoun ket hé chal, je ne me soucie pas.
Chala, va. et n. Chagriner ; part. et.
Chalabaï, sm. Vacarme ; pl. ou. Comparer le français chamailler, chamaillis.
Chalm, sm. Charme ; pl. ou.
Chalmet, adj. et part. Charmé.
Chalmi, va. et n. Charmer ; part. chalmet.
Chaloni, sm. Chanoine; pl. ad; latin canonicus.
Chaloniad, sm. Canonicat.
Chaloniez, sf. Chanoinesse ; pl. ed.
Chalotezen, sf. Echalotte ; pl. chalotez, latin ascalonia, du nom d'Ascalo ville de Phénicie, dict. Littré.
Chalpiz, sm. Charpie.
Chaluz, adj. Chagriné, peiné.
Champal, vn. S'impatienter ; part. champet ; locutions françaises, aller au champ, être au champ. Voyez jampal.
Champérez. sf. Regret, trépignement.
Champignoun sm. Champignon ; pl. ou.
Chana, va. Embourber ; part. chanet; de ehana, arrêter.
Chandélour, sm. La fête de la Purification, la Chandeleur.
Chanker, sm. Ulcère, chancre ; pl. ou.
Chans. sf. Chance ; pl. ou. Ce mot vient du français.
Chansoun, sf. Chanson ; pl. ou.
Chansounik, sf. Petite chanson, chansonnette ; pl. chansouniouigou.
Chaodel. Voyez jaodel.
Chaok, sm. Action de broyer ; pl. ou.
Chaoka. va. et n. Broyer ; part. et, de jad, jaod, joue.
Chaokella, vc. Mâchonner ; part. et.
Chaokérez. sm. Mastication.
Chaos, sm. Souche ; pl. ou.
Chaoser. sm. Chaussée ; pl. chaosériou. La Villemarqué le tire de saô-dir, levée de terre.
Chaoseria, va. Faire une levée de terre; part. et.
Chap, sm. Chape ; pl. iou. Voyez chop.
Chapel, sf. Chapelle ; pl. iou.
Chapeled, sm. Chapelet ; pl. ou.
Chapelendi, sf. Chapellerie ; pl. ou.
Chapelendi, sf. Chapellenie; pl. ou.
Charitabl. adj. Charitable ; pl. ou.
Charité, sf. Charité ; pl. ou.
Charigella, vc. Aller et venir, faire ses affaires ; part. et. Radical français.
Charnel, sf. Charnier, saloir ; pl. charnellou, du latin carnis, du celte carn.
Charnéal, vn. Jurer. Voyez jarnéal.
Charouns, sm. Plante, espèce de vesse ; pl. ou ; vieux français jarosse.
Charounsek, adj. Viande filandreuse.

CHI — 39 — CHI

Charré, sm. Charroi ; pl. ou.
Charréa, va. Voiturer, charroyer ; part. charréet.
Charrétour, sm. Charretier ; pl. ien.
Chas, sm. pl. de ki, chien.
Chasé, sm. Chasse ; pl. chaséou.
Chaséal, va. Chasser ; part. chaséét.
Chaséér, sm. Chasseur ; pl. chasséérien de chat-héaled.
Chaséour, sm. Chasseur ; pl. chaséourien.
Chashéala, va. Héler les chiens, de chas chiens et de héala héler.
Chasi, sm. Chenil : pl. chasiez ; de chas pl. de ki chien, et de ti maison.
Chatal, s. commun. Le bétail, du français ; cheptel. Comparez aussi l'anglais cattle, bestiaux.
Chatala, va. Garder le bétail ; part. et.
Chatalérez, sm. Bestilité, bétail.
Chatalou, sm. pl. les bestiaux.
Chati, sf. Gêne, ennui ; pl. chatiou.
Chatia, va. Gêner ; part. et ; du francais châtier.
Chaudouroun, sm. Chaudron ; pl. ou.
Chaufer, sm. Chauffeur ; pl. ien.
Chausoun, sm. Chausson ; pl. chausonou, chausounéier.
Chavach, adj. Surprenant, immodéré. Comparez le français sauvage.
Chéchun, adv. exclam. Pas possible, est-ce vrai, ce mot peut venir de Jésus.
Chédé, adv. Voici, de z'ell-té ou sell-té.
Chef, sm. Chef ; pl. cheffou.
Chégad, interject. pour chasser le chat.
Chek, sf. Ornière ; pl. ou ; comparez le français choc.
Chéka, vn. Faire des ornières ; part. et ; le français choquer.
Chékep, sm. Roseau de marais ; pl. ou séach sec, cep hoyau.
Chéling, sm. Shelling, monnaie anglaise ; pl. chélinked ; de l'anglais shilling.
Chélp, sm. Echarpe ; pl. ou ; allemand scherbe, vieux français charper, charpir, dict. Littré.
Chélpa, va. Ceindre une écharpe ; part. et.
Chench, sm. Changement.
Chench, va. Changer ; part. et.
Chenchamant, sm. Changement ; pl. chénchamanchou.
Chérik, sm. Caresse ; pl. chérigou ; le français cher, chéri.
Chérissa, va. Chérir ; part. et.
Cherpant, sm. Charpente ; pl. ou.
Chévech, sf. Frésaie, oiseau de nuit ; comparez le français sauvage.
Chiboud ou Chiboudik interj. Debout.
Chibouden, sf. Piquette ; pl. nou.
Chichen, sf. Souche ; voy. sichen.

Chif, sm. Tristesse ; pl. ou ; français chiffe.
Chifa, va. Chagriner ; part. et ; français chiffonner.
Chifern, sm. Rhume ; pl. ou ; voyez sifern.
Chiferni, va. S'enrhumer ; part. et.
Chiffr, sm. Chiffre ; pl. chiffrou.
Chiffra, va. Chiffrer ; part. et.
Chifretezen, sf, Chevrette ; pl. nou.
Chifretezenna, va. Pêcher des chevrettes ; part. et.
Chifroden. sf. Chiquenaude ; pl. nou, nom d'homme chifflet.
Chifrodenna, vn. Donner des chiquenaudes ; part. et.
Chifuz, adj. Chagrinant.
Chigota, va. Escamoter ; part. et. Voyez sigota.
Chik, adj. Chic.
Chik, sm. Chic ; bon ton.
Chik, sm. Chique ; pl. ou.
Chik, sf. Menton ; pl. ou ; comparez jod joue.
Chik, sf. Chique de tabac ; pl. ou.
Chika, va. Piquer, mâcher du tabac ; part. et.
Chika, va. Enduire ; part. et.
Chikad, sm. Une bouchée de tabac ; pl. ou.
Chikat, vn. Chiquer ; part. et.
Chikan, sm. Chicane ; pl. iou.
Chikanat, vn. Chicaner ; part. et.
Chikaner, sm. Chicaneur ; pl. ien, voir sinkaner.
Chikek, adj. Celui qui a le menton fort.
Chikérez, sm. Meurtrissure, enduit.
Chilaou, vn. Ecouter ; part. et.
Chilgamm, adj. Bancal, pour kill, en arrière, kamm boiteux.
Chilgamma, vn. Faire le boiteux part. et.
Chilpa, vn. Aboyer, mener ; part. et.
Chilpaden, sf. Jappement ; pl. nou.
Chilper, sm. Aboyeur ; pl. ien.
Chilpérez, sf. Celle qui insulte ; pl. ed.
Chilpérez, sm. Action d'aboyer.
Chilpérik, sm. Petit aboyeur ; nom d'homme, Chilpéric.
Chilpioun, sm. Pluvier, alouette de mer ; pl. ed.
Chilpuz, adj. Impatient.
Chinta ou Chita, vn. Piauler ; part. et.
Chintal, vn. Piailler ; part. et.
Chiper, sm. Geolier ; pl. ien.
Chipod, sm. Petite cassette ; pl. ou.
Chipod-C'hoalen, sm. Saloir ; pl. chipodou-c'hoalen.
Chipota ou Chipotal, vn. Chipoter ; part. et, wallon, kipoti, marchander.

CHIPOTER, sm. Celui qui chipote ; pl. ien.
CHIPOTÉREZ, sf. Celle qui chipote ; pl. ed.
CHIPOTÉREZ, sm. Action de chipoter.
CHISM, sm. Schisme ; pl. ou ; grec σχίσμα.
CHISMATIK, adj. et sm. Schismatique.
CHISMATIKEZ, sf. Femme schismatique ; pl. ed.
CHIST, sm. Cidre ; pl. ou.
CHITER, sm. Celui qui piaule ; pl. ien.
CHITÉREZ, sf. Celle qui piaule ; pl. ed.
CHOANEN, sf. Miche de pain ; pl. nou ; Loth cite cennen.
CHOAS, sf. Choix ; pl. choasiou.
CHOASA, va. Choisir ; part. choaset.
CHOKOLLAT, sm. Chocolat ; mexicain chocolatt.
CHOLORI, sm. Tapage ; pl. choloriou.
CHOLPAD, sm. Coup sur la figure ; pl. ou.
CHOP, sm. Chape ; pl. ou ; bas latin capa, capere.
CHOP-ILIZ, sm. Surplis ; chop, chape, ilis, église.
CHOPIN, sf. Chopine ; wallon, sopeine ; dict. Littré.
CHOPINAD, sf. Le plein d'une chopine ; pl. ou.
CHOSOUN, sm. Chausson ; pl. ou.
CHOTOREL, sf. Goître, écrouelle ; pl. ou ; de jod joue.
CHOTORELLEK, adj. et sm. Celui qui a des écrouelles.
CHOUCHA, vn. Se cacher ; part. chouchat.
CHOUG ANN TROAD, sm. Cou-de-pied ; pl. choukou ann tréid.
CHOUG AR C'HIL, sm. Nuque ; pl. choukou ar c'hil.
CHOUK, sm. Le revers du cou ; pl. choukou.
CHOUKA, v. réfl. Se blottir ; part. et ; français coucher ; on dit aussi choucha.
CHOUKATA, va. Porter sur le dos ; part. éat ; chouk, nuque.
CHOUKIK, sm. Petite nuque ; pl. choukouigou.
CHOUK HE BENN, sm. Cabriole, chouk nuque, he sa, penn, tête.
CHOUMA ou CHOUM, vn. Rester part. et ; comparez le français chômer.
CHOUMADUR, sm. reste pl. Choumaduriou.
CHOUNG ou SOUNG, sm. Pensée ; pl. ou, comparez le français songe.
CHOUNJAL, vn. Songer ; part. et. Voyez sounjal.
C'H, Lettre consonne, 4e de l'alphabet.
C'HLAN, sm Tribu, clan ; gaélique clann, enfant, gallois, plant.
C'HOALÉN, sm. Sel ; pl. nou ; vieux cornique, haloin-saléno, on dit aussi holen.
C'HOALÉNNER, sn. Saunier ; pl. ien ; cambrique haloinor ; halenur ; irlandais salann, cités par Zeuss.
C'HOALÉNNOUÉR, sm. Coffre à sel ; pl. ou.
C'HOALÉNNUZ, adj. Salin, qui contient du sel.
C'HOALEN - VOGER, sm. Salpêtre ; de c'hoalen, sel, et de moger, muraille.
C'HOANEN, sf. Puce ; pl. c'hoénn. Zeuss le tire de c'huénenn.
C'HOANEN-C'HOUEZ. Puceron ; pl. choénngouez ; de c'hoanen, puce, et gouez, sauvage.
C'HOANEN-MILINER, sf. Pou ; c'hoanen, puce, miliner meurier.
C'HOANEN-VAILL, sf. Pou ; c'hoanen puce, baill tacheté.
C'HOANEN - VOR, sf. Puceron, puce de mer ; c'hoanen pou, mor mer.
C'HOANT, sm. Désir, envie ; pl. ou ; avu, aoy, irland. oa ; latin avere.
C'HOANTA, adj. superl. La plus belle.
C'HOANTAAT, va. Désirer ; part. c'hoantéat.
C'HOANT-DRIBI, sm. Appétit ; de c'hoant désir, et de dribi manger.
C'HOANT-DIRÉIZ, sm. Désir immodéré ; de c'hoant désir, et de diréiz sans règle.
C'HOANTÉGESIOU, sf. pl. Convoitises, voyez c'hoantégez.
C'HOANTÉGEZ ou C'HOANTIDIGEZ, sf. Désir déréglé.
C'HOANTEK. adj. Désireux.
C'HOANTUZ, adj. Souhaitable, désireux.
C' HOAR, sf. Sœur ; pl. c'hoarezed ; Jubainville cite svistur, gallois chwaer, irland, siur, français sœur.
C'HOAR-GAÉR, sf. Belle-sœur ; pl. c'hoarezed-kaér.
C'HOAR-GÉVEL, sf. Sœur jumelle ; pl. c'hoarezed-gével.
C'HOARI, sm. Jeu ; pl. c'hoariou ; Jubainville cite svarimin, svariman, glose bret guarai, gallois gwara, gware, irland. chawren, cathol hoari, c'hoar sœur.
C'HOARI ou C'HOARIA, va. et n. Jouer ; part. et.
C'HOARI AR CHAP, sm. Jeu ; voyez c'hoari gaor.
C'HOARI BARIK KAMM, sm. Jeu de la crosse.
C'HOARI BOLOD, sm. Jeu de la pelotte.
C'HOARI BOULOU, sm. Jeu de boules.
C'HOARI-BOULOU PITI. Jeu des canettes.
C'HOARI CHANS, sm. Jeu de hasard.
C'HOARI C'HARTOU, sm. Jeu de cartes.
C'HOARI C'HILLOU, sm. Jeu de quilles.
C'HOARI CHOUK HÉ BENN, sm. Jeu des cabrioles.

C'HOARI DALADAOU. Jeu de la main chaude.
C'HOARI DAMOU, sm. Jeu de damier.
C'HOARI DOTU, sm. Jeu de la crosse.
C'HOARI DOMINO, Jeu de dominos.
C'HOARI DISOU, sm. Jeu de dés.
C'HOARIEL, sf. Jouet d'enfant; pl. c'hoariellou.
C'HOARIELDI, sm. Lieu où l'on joue, théâtre; pl. c'hoarieldiez; de c'hoari, jeu, et de ti, maison.
CHOARIEL-FARSUZ, sf. Pièce comique; pl. c'hoariellou-farsuz.
C'HOARIEL-KANVUZ, sf. Jeu tragique; pl. c'hoariellou-kanvuz; de c'hoariel jouet, et de kaôn, kanv, deuil.
C'HOARIELLA, vn. Jouailler; part. et.
C'HOARIELLER, sm. Comédien; pl. ien,
C'HOARIELLÉREZ, sf. Joueuse, comédienne; pl. ed.
C'HOARIER, sm. Joueur; pl. ien,
C'HOARIÉREZ, sf. Joueuse; pl. ed.
C'HOARI-GOAF, sf. Jeu de lances; pl. c'hoariou-goaf; de c'hoari, jeu, et de goaf, lance.
C'HOARI GORN, sm. Jeu du bouchon.
C'HOARI GORNIGEL, sm. Jeu de la toupie.
C'HOARI-KLÉZÉ, sm. et vn. Jeu d'épée, jouer de l'épée; de c'hoari jeu, et de klézé épée; latin gladius.
C'HOARI KOZ PODIK, sm. Jeu des pots cassés.
C'HOARI KRAON, sm. Jeu des noix.
C'HOAR-LÉAZ, sm. Sœur de lait; pl. c'hoarézed-léaz.
C'HOARI MÉAN PAL. Jeu des petits palets.
C'HOARI MIL HA KAS, sm. Jeu du cadran.
C'HOARI MOUCHIK DALL. Jeu de colin-maillard.
C'HOARI PAR PE DISPAR. Jeu de pair ou non.
C'HOARI PATATI. Jeu du cheval fondu,
C'HOARI PIL PÉ GROAZ. Jeu de pile ou face.
C'HOARI PILOUET. Jeu de la pirouette.
C'HOARI-PILPOD, sm. Jeu du bouchon; pl. c'hoariou-pilped.
C'HOARI POULLIK. Jeu de noix.
C'HOARI RIMADEL. Jeu du corbillon.
C'HOARI SAC'H. Loterie.
C'HOARI SAOZIK, vn. Jouer aux barres; de c'hoari et de saozik, petit anglais.
C'HOARI-STOUF, sm. Jeu de bouchon; pl. c'hoariou-stouf.
C'HOARI TENET. Jeu de l'escarpolette.
C'HOARI TOURIK AR PRAD. Jeu de la roue.
C'HOARI TROADIK KAMM. Jeu de cloche-pied.
C'HOARI TROIDELLIK. Jeu du cadran.

C'HOARVÉZOUT, v. impers. Survenir par accident; part. c'hoarvezet; latin adventare; breton c'hoaz encore, ou war dessus, et béza, bézout être; on dit aussi darvézout, digwézout, c'hoarvout.
C'HOARZ, sm. Rire; Jubainville cite le gallois guardam; le persan svard, guarai jeu.
C'HOARZADEN, sf. Eclat de rire; pl. c'hoarzadennou.
C'HOARZER, sm. Rieur : pl. c'hoarzérien; Loth cite guanorion, histrions.
C'HOARZÉREZ, sf. Rieuse; pl. c'hoarzérezed.
C'HOARZÉREZ, sm. Action de rire;
C'HOARZIDIK, adj. Qui porte à rire.
C'HOARZIN, vn. Rire; part. c'hoarzet.
C'HOARZUZ, adj. Risible.
C'HOAZ, adv. Encore; Zeuss cite le cornique what, whet; latin adhuc.
C'HOËNNEK, adj. Qui est pleinde puces, venant de c'huénenn.
C'HOÉNNUZ, adj. Où il y a des puces.
C'HOUÉAC'H. Nombre cardinal, six; Jubainville le tire de svex; latin sex.
C'HOUÉAC'H-KÉMENT-ALL. Six fois autant; de c'houeach six, kement autant, all autre.
C'HOUÉAC'H-KORNIK, adj. Héxagone; de c'houéach six, et de korn coin.
C'HOUÉAC'H-UGENT. Cent vingt, à la lettre six vingts.
C'HOUÉAC'H-UGENTVED. Six vingtièmes.
C'HOUÉACH VED. Nombre ordinal, sixième.
C'HOUÉDA, va. Vomir; part. et; comparez le gallois gwedy, guotig; le breton goudé aprés; Jubainville cite le latin spitare, spoita se spovitasé.
C'HOUÉDEN, sf. Vomissement; pl. nou; irlandais scéith,
C'HOUÉK, adj. Doux; latin suavis.
CH'OUÉKAAT, va. et n. Rendre doux; part. c'houékeat.
C'HOUÉKADUR, sm. Adoucissement.
C'HOUÉKAUZ, adj. Qui adoucit.
C'HOUÉK DER, sm. Suavité; pl. iou.
CHOUÉNGL, sm. Outil pour sarcler; gallois chwynogl; de c'houen qui n'est plus usité; gallois chwyn, mauvaise herbe; d'ou c'houenna, gallois chwynu; de Jubainville.
C'HOUENIA, va et n. Renverser; part. et; de c'houen non usité, signifiant à la renverse, th wino; latin supinus; de Jubainville.
C'HOUÉNNA, ou C HOUENNAT, va. et n. Sarcler; part. et.
C'HOUENNAD, sm. Action de sarcler; pl. chouennajou.
C'HOUÉNNADUR, sm. Sarclure, sarclage; pl. iou.

C'HOUENNER, sm. Sarcleur ; pl. ien.
C'HOUENNÉREZ, sf. Sarcleuse ; pl. ed.
C'HOUENNEREZ, sf. Machine à sarcler, pl. ed.
C'HOUÉRÔ, adj. Amer; irland. serb; allemand sehwer ; racine svar tourmenter, de Jubainville; on dit aussi c'houérv.
C'HOUERVAAT, va. et n. Rendre amer ; part. c'houérvéat.
C'HOUÉRVDER, sm. Amertume.
C'HOUERVIZOUN, sm. Pissenlit, plante ; cambrique serchog; de c'houéro amer, lysiau, lousou mauvaise herbe.
C'HOUÉS ou C'HOUÉZ, sf. Odeur, wadnicos ; latin suavis.
CHOUÉSA, sm. Odorat, le sens de l'odeur.
C'HOUÉSAER, sm. Celui qui sent; pl. ien.
C'HOUÈS-BOUC'H, sf. Littéralement, odeur de bouc.
C'HOUÉSER, sm. Le souffleur ; pl. ien.
C'HOUÉSEREZ, sf. Celle qui souffle ; pl. ed.
C'HOUESÉREZ, sf. Soufflet ; pl. ed.
C'HOUÉS-KAZEL, sf. Littéralement, odeur d'aisselle.
C'HOUÉVREUR, sm. Février ; du latin februarius; on dit aussi c'houévrer.
C'HOUÉZ, sm. Soufle, respiration, cathol, huez. Loth cite huital ampoule, c'houitel sifflet.
C'HOUÉZA, va. Souffler ; part. c'houézet.
C'HOUÉZADEN, sf. Souffle ; pl. nou.
C'HOUÉZADUR, sm. Action de souffler.
C'HOUÉZEGEL, sf. Vessie ; pl. lou ; latin vésicula.
C'HOUÉZEGEL, sf. Enflure, ampoule; on dit aussi c'houézigel.
C'HOUÉZEGELLIK, sf. Vésicule, petite ampoule ; pl. c'houézigellouigou.
C'HOUÉZEK.Nombre seize ; de c'houéac'h six, et de dek dix.
C'HOUEZEK-UGENT. Trois cent vingt ; de c'houezek seize, et de ugent vingt.
C'HOUEZEKVED. Nombre ; le seizième, ar chouezekved.
C'HOUEZÉKVÉDER, sm. Nombre, la seizième partie.
C'HOUÉZEN, sf. Action de transpirer ; pl. c'houézennou.
C'HOUÉZER, sm. Souffleur. Voyez c'houéser.
C'HOUÉZEREZ. Voyez c'houéserez.
C'HOUÉZET, adj. et part. Soufflé, amplifié.
C'HOUÉZI ou C'HOUIZI. Transpirer ; de c'houéz sueur.
C'HOUÉZIDIGEZ, sf. Amplification.
C'HOUÉZIGEL, sf. Bouffie ; pl. lou ; du latin vésicula.

C'HOUÉZIGEN, sf. Le même mot que le précédent signifiant ampoule.
C'HOUÉZIGENNA, va. Tuméfier ; part. et.
C'HOUÈZUZ, adj. Qui porte à transpirer.
C'HOUÉZUZ, adj. Qui amplifie.
C'HOUI, pr. pers. Vous. Loth cite la glose hui vous, gall. chwi,cornique whwy, irland sib, latin vos.
C'HOUIBAN, sm. Sifflement ; pl. ou.Loth cite huital, breton c'houital.
C'HOUIBANA, vn. Siffloter ; part. et ; on dit aussi c'houibanat, part. eat.
C'HOUIBANAD, sm. Sifflement ; pl. ou.
C'HOUIBANER, sm. Siffloteur ; pl. ien.
C'HOUIBU, sm. Moucheron. Jubainville le tire de cho-sé, on dit aussi fubu.
C'HOUIBUEN ou FUBUEN,sf.Moucheron; pl. nou. Zeuss cite guibeden, gwybédyn. Loth guohi.
C'HOUIGOUN ou SIGOUGN, sm. Cigogne. Zeuss cite storc, traduit de l'anglais.
C'HOUIL, sm. hanneton ; pl. ed ; cambriq. chwilen, venant de c'huil, grec χυλοω, tire le suc.
C'HOUIL-AOUR, sm. Hanneton doré ; pl. c'houched-aour.
C'HOUIL-DERO, sm. Hanneton de chêne ; pl. c'houiled-dérô.
C'HOUILÈTA,vn. Prendre des hannetons; part. éat.
C'HOUIL-GLAS, sm. Cantharide ; pl. c'houiled-glaz.
C'HOUIL-KAOCH, sm. Fouille-merde ; pl. c'houiled-kaoch.
C'HOUIL-KORNIEK, sm. Cerf-volant, escarbot ; pl. c'houiled-korniek.
C'HOULIA, vn. Chercher avec soin ; part. c'houliet.
C'HOULIER, sm. Celui qui cherche ; pl. ien.
C'HOULIER-DOUAR, sm. Géologue ; pl. c'houlieren-douar.
C'HOULIOREZ, sf. Grosse mouche ; pl. ed.
C'HOUIL-TANN, sm. Hanneton de chêne, de c'houil et de tann, français tannin.
C'HOUILTOUZ, sm. Petit gamin ; pl. ed.
C'HOUIRINA, vn. Hennir ; part. et. ; pl. ed. Jubainville tire ce mot de la racine verg ; irlandais ferc-verga colère.
C'HOUIRINADEN, sf. Hennissement ; pl. nou,guichir impétueux,guirgir am je hennis, cathol gourhiziat hennir, breton gourrizia, c'houirina, irland. fergaigim.
C'HOUIST, sm. Fléau pour battre le blé ; pl. c'houistou.
C'HOUISTAD, sm. Grande distance ; pl. ou.
C'HOUISTOC'HEN, sf. Grande galette ; on dit aussi fistoc'hen ; sf. pl. nou.
C'HOUITA ou C'HOUITAL. vn. Réussir ;

part.et; néket evit c'houital il ne peut pas réussir ; comparez c'houéza, souffler, on dit aussi c'houitout, dans le sens de ne pas réussir, rater.

C'HOUITEL, *sf.* Sifflet : *pl.* lou ; on dit aussi sutel, *sf.* ; *pl.* lou. Loth cite la glose huital, latin subtularis.

C'HOUITEL-GORS, *sf.* Chalumeau ; *pl.* c'houitellou-kors ; de c'houitel sifflet et de kors, korsen, tige.

C'HOUITELLA, *vn.* Siffler ; part. et.

C'HOUITELLADEN, *sf.* Coup de sifflet ; *pl.* nou.

C'HOUITELLER. *sm.* Siffleur ; *pl.* ien.

C'HOUITELLEREZ, *sm.* Sifflement.

C'HOUITELLIK, *sm.* Petit sifflet ; *pl.* c'houitellouigou.

C'HOUITOUN, *sm.* Pas mal, avorton ; *pl.* c'houitouned, surnom assez commun.

CHOURA, *va.* Amuser ; part. et.

CHOURIK, *sf.* Bruit d'un objet ; on dit aussi gurgoud, vigoud, voir ces mots.

CHOURIKA, *vn.* Faire le bruit d'un objet qui n'est pas graissé ; part. et.

CHUBSTANS, *sf.* Substance ; *pl.* ou.

CHUGON, *sm.* Suc ; comparez le breton sun, suna.

CHUCHUEN, *sf.* Femme très lente ; *pl.* ed.

CHUCHUER, *sm.* Homme lent ; *pl.* ien, français chuchoteur.

CHUIN, *sm.* Echevin ; *pl.* ed.

CHUP, *sm.* Huppe d'oiseau ; *pl.* ou.

CHUPEN, *sf.* Habillement, veste; *pl.* nou.

CHUPEN-HOUARN, *sf.* Cotte de mailles ; *pl.* chapennou-houarn.

CHUPENIG-HOUARN, *sf.* Petit haubert ; *pl.* chupennouigou-houarn.

CLABODI, *va.* Clabauder ; part. et ; vient du français.

CLAS, *sm.* Classe ; *pl.* ou.

CLIK. *sm.* Cric ; *pl.* clikou.

CLIMANT, *sm.* Climat ; *pl.* Climanchou.

COCH, *sm.* Coche, entaille ; *pl.* cochou.

COCHER, *sm.* Cocher ; *pl.* ien.

COD, *sm.* Code ; *pl.* ou, studi ar c'hod, étude du code.

COEUR, *sm.* Couleur de cartes, valet de cœur ; Lakez koeur.

COQIN, *sm.* Coquin ; *pl.* ed, nom d'homme coqin.

COLLOKO, *sm.* Colloque ; *pl.* collokoiou.

COMIS, *sm.* Commis ; *pl.* commised.

COMIS, *sm.* Comice ; *pl.* ou, comised.

COMISSER, *sm.* Commissaire ; *pl.* ien.

COMISSION, *sf.* Commission ; *pl.* ou.

COMOD, *adj.* Commode.

COMODEN, *sf.* Commode, meuble ; *pl.* nou.

COMODITÉ, *sf.* Latrine ; *pl.* ou.

COMUN, *sf.* Commune ; *pl.* communiou.

COMUN, *adj.* Qui est commun.

COMUNAUTÉ, *sf.* Communauté ; *pl.* ou.

COMUNAMANT, *adv.* Communément.

COMUNIA, *vn.* Communier ; part. et.

COMUNIKA, *va.* Communiquer ; part. et.

COMUNIKOD, *adv.* De moitié.

COMUNION, *sf.* Communion ; *pl.* ou.

CONTRIBUI, *va.* Contribuer ; part. et.

COPI, *sm.* Copie ; *pl.* ou.

COPIA, *va.* Copier ; part. et.

COPIST, *sm.* Clerc de notaire ; *pl.* ed.

CORIDOR. *sm.* Corridor ; *pl.* iou.

CORNICHEN, *sf.* Corniche ; *pl.* nou.

CORVÉ, *sf. pl.* ou, corvée.

COUILLON, *sm.* Couard ; *pl.* ed.

COUILLONÉREZ, *sm.* Vilénie.

COUILLONI, *vn.* Faire des couardises ; part. et.

COUMANDAMANT, *sm.* Commandement ; *pl.* ou, ou chou.

COUMANDANT, *sm.* Commandant ; *pl.* coumandanted.

COUMANDI, *va.* Commander ; part. et.

COUMANS, *vn.* Commencer ; part. et.

COUMANSAMANT, *sm.* Commencement ; *pl.* ou, ou chou.

COUMBATANT, *sm.* Combattant. *pl.* ed.

COUMBATI, *va.* Combattre ; part. et.

COUMÉDI, *sf.* Comédie ; *pl.* ou.

COUMÉDIAN, *sm.* Comédien ; *pl.* ed.

COUMÉDIANEZ, *sf.* Comédienne ; *pl.* ed.

COUMPANIOUN, *sm.* Compagnon ; *pl.* ed.

COUMPARAISOUN, *sf.* Comparaison ; *pl.* ou.

COUMPARABL, *adj.* Comparable.

COUMPARANT, *sm.* Ouverture de succession.

COUMPEZ, *sm.* Compas ; *pl.* ou.

COUMPLIMANT, *sm.* Compliment ; *pl.* coumplimanchou.

COUMPARI, *va.* Comparer ; part. et.

COUMPLÉGSIOUN, *sm.* Compléxion ; *pl.* ou.

COUMPLOD, *sm.* Complot ; *pl.* Coumplodou.

COUMPLOTI, *vn.* Comploter ; part. et.

COUMPOSI, *vn.* Composer ; part. et.

COUMPOSITIOUN, *sf.* Composition ; *pl.* ou.

COUMPREN, *vn.* Comprendre ; part. coumprénet.

COUNCLUI, *va.* Conclure ; part. et.

COUNCOEURI, *va.* Peupler ; part. et.

COUNCOUR, *sf.* Concours ; *pl.* iou.

COUNCURANS, *sf.* Concurrence ; *pl.* ou.

COUNDAONABL. *adj.* Condamnable.

COUNDAONI, *va.* Condamner ; part. et.

COUDAONASION, *sf.* Condamnation ; *pl.* ou.

COUNDISIOUN, *sf.* Condition ; *pl.* ou.

COUNDUCTOR, *sm.* Conducteur ; *pl.* ou.

COUNFORM, *adj.* Conforme.

Counformi, *va*. Conformer ; part. et.
Counsacri, *va*. Consacrer ; part. et.
Counseil, *sm*. Conseil ; *pl*. lou.
Counseiller, *sm*. Conseiller ; *pl*. ien.
Counseilli, *va*. Conseiller ; part. et.
Counsékans, *sf*. Conséquence ; *pl*. ou.
Counservatour, *sm*. Conservateur ; *pl*. ien.
Counservi, *va*. Conserver ; part. et.
Counsidéri, *va*. Considérer ; part. et.
Counsolation, *sf*. Consolation ; *pl*. nou.
Counsoli, *va*. Consoler ; part. et.
Counsoumi, *va*. Consommer. part. et.
Counstitui, *va*. Constituer ; part. et.
Counstitusion, *sf*. Constitution ; *pl*. ou.
Counstrui, *va*. Construire ; part. et.
Counsultasion, *sf*. Consultation ; *pl*. ou
Counsulti, *va*. Consulter ; part. et.
Countant, *adj*. Content.
Countanti, *va*. Contenter ; part. et.
Countenn, *v. irreg*. Contenir ; part. et.
Countrision, *sf*. Contrition.
Countrista, *va*. Contrister ; part. et.

Coussin, *sm*. Coussin ; *pl*. ou.
Coustians, *sf*. Conscience ; *pl*. ou.
Counvenabl, *adj*. Convenable.
Craioun, *sm*. Crayon ; *pl*. ou.
Craiouni, *va*. Marquer au crayon ; part. et.
Cravaten, *sf*. Cravate ; *pl*. nou.
Counvertissa, *va*. Convertir ; part. et.
Couvertur, *sm*. Couverture ; *pl*. iou.
Crampoun, *sm*. Crampon ; *pl*. iou.
Créyoun, *sm*. Crayon ; *pl*. ou.
Crédit, *sm*. Crédit ; *pl*. ou.
Créans, *sf*. Créance ; *pl*. ou.
Créansour, *sm*. Créancier ; *pl*. ien.
Crénvi, *va*. Crever ; part. crenvet.
Cripissa, *va*. Crépir ; part. et.
Croassant, *sm*. Croissant ; *pl*. ou.
Cruel, *adj*. Cruel, abominable.
Cuirasen, *sf*. Cuirasse ; *pl*. nou.
Curé, *sm*. Vicaire d'une paroisse ; *pl*. curééd.
Curius, *adj*. Curieux.
Cuvéten, *sf*. Cuvette ; *pl* nou.
Cyrch, *sf*. Faucon ; *pl*. ed.

D

D, Lettre consonne, la 5e de l'alphabet.

DA, *prép*. Devant les consonnes et D', apostrophe devant les voyelles, représentant A en français ; da heul, à la suite, da Vountroulez é zan, je vais à Morlaix ; latin ad.

DA, *sm*. Plaisir forcé ; da enn deuz, il a du plaisir ; veut dire aussi bonté ; da é ober, il faut faire.

DA, *pron*. Ton. Voyez ta ; irland do, gallois dy, do, tvas.

DABORD, *adv*. De suite ; du français abord, d'abord.

DA'CHALL, Terme de charretier ; de, da c'hall, ou all autre.

DADA, Expression enfantine, promenade.

DAE, *sm*. Défi ; *pl*. daeou, gallois datl, breton dael, glose dadl citée par Loth.

DAÉA, *va*. Défier, exciter ; part. daéét.

DAÉLA, *va*. et *n*. Disputer ; part. et ; de dael dispute.

DAÉLAOUENNIGA, où DAÉLOUIGA, *vn*. Pleurnicher ; part. et ; de daélou pleurs.

D'AL où D'ALL, *prép*. Ne s'employant que devant les mots commençant par l, signifiant au, à la, aux.

DALAGENTA, *locut. adv*. Au plus vite ; de d'al et de kenta premier.

DALC'H, *sm*. Maintien, tenue ; *pl*. ou ; racine dar, der.

DALC'HÉDIGEZ, *sf*. Domination ; on dit aussi dalc'hidigez.

DALC'HET, *part. pas*. Contraint, tenu.

DALC'H MAD, *adv*. Toujours ; de dalc'h tenue, et de mad bon.

DALC'HOUT, *vn*. Tenir ; part. et. Voyez derc'hel.

DALC'HUZ, *adj*. Qui tient, qui ne donne guère.

DAÉRAOUI ou DAÉLAOUI, *vn*. Pleurer ; part. et ; de daér ou daél. Jadis dazl, vieux gallois, dacr, grec δακρυ, Jubainville.

DAÉRAOUZ, *adj*. Qui doit être pleuré, de daèr, larme.

DAÈRE ou DAZRE, La mer qui baisse ; goth tagr, grec δακρυ, Loth dacrion, mouillé, gallois dagro.

DAÉROU, *sm. pl*. Larmes ; on dit aussi daélou, jadis daézrou.

DAÉZ, *sm*. Marche, degré ; *pl*. daésiou, warlaez, en haut.

DAÉZ, *sm*. Pavois, dais ; latin discus.

DAFFARER ou DARBARER, *sm*. Darbareur ; *pl*. ien, de darbar ou darpar, præpara en latin.

DAFFARI ou DARBARI, *va*. et *n*. Préparer, gallois darpari ; part. et.

DAG, *sm*. Poignard ; *pl*. ou, latin daca.

DAGA, *va*. et *n*. Daguer ; part. et. ; breton taga, attaquer, on dit aussi dagi.

DAGENNA, *vn*. S'enrouer ; part. et. ; de da force, genou bouche.

DA-GENTA, *adv*. En premier ; de da a, kenta premier.

DAGER, *sm*. Celui qui dague ; *pl*. ien.

DAIONI, *sf*. Bonté ; *pl*. iou, de da bon.

DAIK, *sm*. Caresse ; *pl*. daigou ; de da plaisir.

DAILL, *adv*. Comme il faut ; voyez taill, enn taill.

DAKA, *va*. et *sm*. Feindre des coups ; ober daka, feindre de frapper ; part. et.

DAKOR, voyez daskor.

DAKORI, voyez daskori.

DALÉ, *sm*. Retard ; *pl*. ou. Comparez le français délai.

DALÉA, *va*. et *n*. Différer ; part. et.

DALÉDA, *va*. Sécher au soleil ; part, et ; da pour, léda, étendre.

DALÉEDIGEZ, *sf*. Action de retarder.

DALÉER, *sm*. Celui qui retarde ; *pl*. ien.

DALÉEREZ, *sf*. Celle qui tarde ; *pl*. ed.

DALÉTÉEN, *sf*. Collerette ; *pl*. nou, glose doiluf, mis en lumière ; ou dalou réunions, Loth, sanscrit talas, surface plane.

DALIF, *adj*. et *sm*. Posthume ; de lu forme ; gallois delw, irland. delb âmes des morts, daliu pour duliou, couleur noire.

DALIFEZ, *sf*. Fille née après la mort du père ; *pl*. ed.

DALOJOU, *sm. pl*. Dalots ; terme de marine.

DALL, *adj*. et *sm*. Aveugle ; glose daliu, anglais dazll, to dazlle.

DA-NEBEUTA, *conj*. Au moins.

DA-VAD, *adv*. Pour de bon.

DA-VIHANA, *conj*. Pour le moins.

DALLA, *va*. et *n*. Aveugler ; part. et ; enn em zalla vrefl, s'aveugler ; part. enn, em zallet.

DALLENTEZ, *sf*. Aveuglement ; *pl*. dallentésiou.

DALLÈZ, *sf*. Femme aveugle ; *pl*. ed.

DALLUZ, *adj*. Qui aveugle.

DALM ou DALMA, *prép*. Aussitôt que ; de dal tiens, et de ma si.

DALOUT, *v. irrég*. tenir, valoir. Dal tiens ;

dalit tenez, cambriq. del; breton dalc'h, derc'hel.

DALVÉSIA, vn. Séparer; part. et.

DALVEZ, sf. Cloison ; pl. Dalvésiou ; Loth cite dadluo, lieux de réunion, délehid, barre, le pluriel se dit aussi dalojou, français dalots.

DAM ou DEM, particule pour do-ambi ; presque à moitié.

DAMANT, sm. Compassion, souci ; pour dam-mantr, moitié souci, moitié chagrin.

DAMANTI, va. et n. Avoir de la compassion ; part. et.

DAMANTUZ, adj. Qui excite la pitié.

DAMASKINA, va. Damasquiner ; part. et.

DAM-GLAS ou D'EM-GLAS, presque bleu ; de dam et de glaz, bleu.

DAM-GLÉVOUT, va. et n. Entendre à demi ; part. dam-glévet, de dam particule et de klevout entendre.

DAMMEK, sf. Allusion ; pl. damméigou, de dam où dem, presque, à moitié.

DAMORANT, sm. Reste ; le même que némorant, voyez ce mot.

DAMOU, sm. pl. Jeu du damier.

DAM-ROUNT, adj. Presque rond.

DAM-VÉLEN, adj. Jaunâtre ; de dam, et de mélen jaune.

DAM-VÉZO, adj. Presque soûl ; de dam et de mézo ivre.

DAM-VÉZVI, va. et n. Se griser ; part. et.

DAM-WÉLIA, va. Gazer ; part. et. de dam, et de gwélout voir.

DAM-WÉLOUT, va. Entrevoir ; part. et ; de dam, moitié, gwélout, noir.

DAM-WÉNN, adj. Presque blanc ; de dam et de gwenn blanc.

DAM-ZELLOUT, vn. Considérer un peu ; part. et ; de dam, et de sellout, regarder.

DAMZI, va, Jurer, tempêter ; part. et ; ce mot paraît être le même que daoni, latin damnare.

DAMZIC'HOARZ, adj. Tragédie comique ; de dam presque et de dichoarz, sans rire.

DAMZI-CHOARZUZ, adj. Tragi comique.

DAM-ZIGÉRI, vn. Entr'ouvrir ; part. et. de dam et de digéri ouvrir ; dam-zigor entr'ouvert.

DAM-ZIGOR, adj. Entr'ouvert ; dam et digor, ouvert.

DAM-ZU, adj. Presque noir, de dam et de du ou duff noir.

DAN ou DÉAN, sm. Beau fils ; pl. déaned ou daned ; Loth cite la glose danu, client, gendre, cathol deuff gendre.

DAN ou DANN, adv. Sous ; en, forme première tan, didan, endan, gallois dan, cathol endan, actuellement didan, dindan, en vannetais idan.

DANÉVEL ou DIANÉVEL, sf. Récit, conte ; pl. ou, de dan sous, et de henvel, hével semblable.

DANÉVEL-GAN, sm. Chant, discours, pl. danévellou-gan.

DANÉVELI, va. Procéder, verbaliser ; part. et.

DANEVELLI, va. Réciter de mémoire ; part. et.

DANÉVELLER, sm. Conteur ; pl. ien.

DANÉVELLÉREZ, sf. Conteuse ; pl. ed.

DANJER, sm. Danger; pl. iou, ce mot vient du français ; voyez dizanjer.

DANJÉRUS, adj. Dangereux, vient aussi du français.

D'ANN, prépos. Pour da ann, à le, au, en.

D'AN-ABRETA, adv. Au plus vite ; dan sous, abréta le plus vite.

D'ANN-EAC'H, adv. En haut; de d'ann, en, et tréac'h, haut.

DAN-NEBEUTA, adv. Pour le moins, dan pour, nébeuta le moins.

DANN-TRAON, adv. En bas ; de d'ann en, et de traon bas.

DANS, sm. Danse ; pl. dansou ; italien danza.

DANSAL, vn. Danser ; part. et ; italien dansare ; anglais to danse ; allemand tanzen.

DANSER, sm. Danseur ; pl. ien.

DANSÉREZ, sm. Action de danser ;

DANSÉREZ, sf. Danseuse ; pl. danserézed.

DANSOUN, sm. Bruit intérieur ; pl. iou ; de dan sous. et de soun, bruit, son.

DANS-TRO, sm. Ronde ; pl. dansoutro, dans danse, tro tour.

DANT, sm. Dent ; pl. dent ; du latin dens ; le gallois cant, primitivement dans.

DANTA, va. et n. Mordre; part. dantet ; on dit aussi denta.

DANTA, vn. Brûler ; part. et ; pour tanta, de tan feu.

DANTEK, adj. Qui a de grandes dents, nom de famille Dantek assez commun.

DANTÉGEZ, sf. Celle qui a de grandes dents ; pl. ed.

DANTEN, sf. Pierre qui avance ; pl. dantennou ; de dant dent.

DANTÉLEZ, sf. Dentelle ; pl. ou.

DANTELEZEN, sf. Une seule dentelle ; pl. nou, ou dentélez

DANTER, sm. Celui qui mord ; pl. ien ; de dant dent.

DANTER, sm. Espèce de tablier ; pl. ou ; de dan dessous, ou du français, devantière.

DANTIZ, sm. Chirurgien dentiste ; pl. ed ; gallois dentiz ; cité par La Villemarqué.

DANT-LÉAZ, sm. Dent de lait ; dant dent, léaz lait.

DANT-OLIFANT, sm. Ivoire ; dant dent, olifant éléphant.

DANTUZ, *adj.* Qui mord ; de dant dent.
DANVAD, *sm.* Brebis ; *pl.* denved ; Loth cite danu, client, gendre ; Zeuss cite de ueyt deueit; !atin ovis, dinéwyt,dyniawed-latin juvenci, cambriq. dafad ; breton davad, danvad, dan sous, mad bon.
DANVADEZ, *sf.* Femelle de mouton ; *pl.* ed.
DANVEZ, *sm.* Matière, richesse, de dan sous, et de kouéz tombe.
DANVEZIADOU, *sm.* ; *pl.* Matériaux de réserve, bois à réserver.
DAÔ. Exclamation, qui exprime, frappe, pour da éo, force est.
DAONI ou DAOUNI, *va.* Damner ; part. et ; jadis daffny ; latin damnare, condamner.
DAONIDIGEZ, *sf.* Damnation; *pl.* daonidigésiou.
DAONASIOUN, *sf.* Juron, qui vient du français damnation.
DAONUZ, *adj.* Damnable.
DAOU. Nombre masculin, deux ; sanscrit dyôu.
DAOU-ARN, *sm.* ; *pl.* Les deux mains.
DAOU-BENNEK, *adj.* Qui a deux têtes ; de daou deux, et de penn tête.
DAOU-BLÈGA, *va.* et *n.* Plier en deux ; part. daou bléget.
DAOU-BLEK ou DAOU-BLEG, *adj.* Deux plis ; de daou deux, et de pleg pli.
DAOU-DROADEK, *adj.* Bipède, de daou, et de troad pied.
DAOUGAN ou DOGAN. Celui dont la femme est adultère ; *pl.* daouganed ou doganed : Loth cite doguot ; gallois godineb formicatio ; irland. goithimm futuo ; Juhainville cite do-vo-kan ; de kan chant. La Villemarqué daou kan deux chants, daou gan deux naissances, double génération.
DAOUGANIEZ, *sf.* Etat de celui qui est cocu.
DAOU-GEMENT, ou DAOU C'HÉMENT. Qui vaut deux ; de daou deux, et de kément autant.
DAOU-HANTER, *adj.* De moitié ; de daou, et de hanter moitié.
DAOU-HANTÉRA, *va.* Partager en deux ; part. daou-hantéret ; de daou deux, et de hanter moitié.
DAOU-HANTEROUR, *sm.* Celui qui partage par moitié ; *pl.* daou-hantérourien.
DAOUI, *va.* Mettre en deux pièces ; part. daouét, de daou deux.
DAOU-ILINA, *vn.* S'appuyer sur les coudes ; part. daou-ilinet ; de daou, et de ilin coude.
DAOU-LAGAD, *sm.* ; *pl.* Les deux yeux ; daou deux, lagad œil.
DAOU-LAMM. *sm.* Galop ; *pl.* daou lam-mou ; de daou et de lamm saut ; le pluriel se dit aussi daou-lémmen.
DAOU-LAMMA, *vn.* Galoper ; part. daoulammet.
DAOULIN, *sm.* ; *pl.* Les deux genoux ; daou deux, glin, genou.
DAOULINA, *vn.* Se mettre à genoux ; part. et ; de daou deux, et de glin genou.
DAOUNASIOUN, *sm.* Damnation ; *pl.* ou ; mot tiré du français.
DAOUST, *conjonct.* A savoir ; de da à, et de gouzout, savoir.
DAOU-UGENT. Nombre, quarante ; de daou et de ugent, vingt.
DAOU-UGENTVED. Quarantième ; à la lettre, deux vingtièmes.
DAOU-VÉGEK, *adj.* Qui a deux bras ; de daou, et de beg bec.
DAOU-VLOASIAD, *adj.* et *sm.* Qui a deux ans ; *pl.* daou-vloasidi ; de daou, et de bloaz année.
DAOU-VLOASIEK, *adj.* Bisannuel.
DAOUZEK. Nombre douze ; de daou deux, et de dek dix.
DAOUZEK-DÉIZIOU, *sm. pl.* Le jeûne des quatre temps ; de daouzek douze, et de déisiou jours.
DAOUZEK-UGENT. Nombre, deux cent quarante ; littéralement douze vingt.
DAOUZEK-UGENTVED. Le deux cent quarantième.
DAOUZEKVED. Nombre, le douzième.
D'AR, *prép.* Pour da ar, a le, au, à la.
DAR ou DARZ, *sf.* Dalle, évier ; *pl.* dariou, daél, larme ; grec δακρυ ; l'arabe dalla, dalalah, conduite ; allemand dola, italien dala.
DARBAR, *sm.* Action de darbarer ; jadis darpar ; latin præparatio.
DARBARER, *sm.* Celui qui darbare ; *pl.* ien.
DARBARÉREZ, *sm.* Darbarage ; semblable à darbar cité plus haut.
DARBARÉREZ, *sf.* Celle qui darbare ; *pl.* ed.
DARBET, *adj.* et *part.* Sur le point de ; voyez darbout.
DARBOD, *sf.* Fragment de pot ; *pl.* darbodou, de darn ; part. et ; de pod pot.
DARBODER, *sm.* Racommodeur ; *pl.* ien.
DARBOUT, *v. impers.* Être sur le point de ; part. darbet ; de daré, près de ; bout pour bézout, être.
DARC'HAOUÉR, *sm.* Celui qui frappe ; *pl.* ien ; on dit aussi dalc'haouer ; de dalc'h tenue.
DARC'HAOUI ou DALC'HAOUI, *vn.* Frapper fort ; part. et.
DARE, *adj.* Prêt, mur. Zeuss cite dare perfectus, daruot perfici, dazré plénitude de la mer.

DARED, sm. Dard, javelot, pl. ou ; gaélique dart, vannetais dard.

DARÉDEN, sf. Soleil entre deux nuages ; pl. darédennou.

DAREDER, sm. Celui qui darde; pl. ien.

DARÉDI, va. Darder ; part. et ; comparez le français darder.

DAREMPRED ou DALEMPRED, sm. Fréquentation ; pl. ou ; glose bretonne dadl, dalou réunions.

DAREMPREDER ou DALEMPREDER, sm. Visiteur ; pl. ien.

DAREMPREDI ou DALEMPREDI. va. Fréquenter ; part. et ; darempret (festinare), daremprédiff (fréquentare), cités par Zeuss composé de dar ou das, em je, ou moi ; pret ou pred festin, ou temps.

DARÉVEL ou DASRÉVEL, sm. Bruit confus ; latin revelatio; pl. ou.

DARÉVÉLA ou DASRÉVELLA, va. Se faire entendre en bloc ; part. et.

DARÉVI, va. Mûrir, apprêter ; part. et.

DARGRÉIZ, sm Le milieu du corps ; de dar ou das et de kréiz milieu.

DARGUD, sm. Demi sommeil; voyez argud. Loth cite aruuoart, a fasciné. Zeuss cite argywedu, vincere, arganfot, animadvertare.

DARN, sf. Darne, tranche ; pl. darniou ; dans le sanscrit. nous trouvons darana portion ; breton ranna partager ; français darne.

DARNA, va. Entamer ; part. et ; sanscrit darana.

DARNAOUÉR, sm. Celui qui partage ; pl. ien.

DARNAOUI, va. Partager, diviser ; part. et.

DARNAOUZ, adj. Qui se divise.

DARNGOLL, va. Perdre en partie ; part. et ; darn part, koll perte.

DARNICH, sf. Vol bas, peu élevé ; de darn ; part. et, de nich ou nij vol.

DARNIJAL, vn. Voler en rasant ; part. et.

DARN-VUIA. Terme collectif, la plus grande partie, de darn portion et de muya le plus.

DAROGAN, sm. Prédiction. Loth cite darcenneti, devins, gallois darogan ; breton diougan prophétie, do-quo-can promesse; breton diaraok devant, gan naissance ou kan chant.

DAROGANA, vn. Prophétiser ; part. et.

DAROGANER, sm. Prophète ; pl. ien.

DARVÉZOUT, v. impers. Survenir ; de dar pour do ar ; latin proe, et de béza, bézout être.

DARVOUD, sm. Accident ; pl. darvodou; de da à érruout, arriver.

DARVOUDUZ, adj. par Accident, inattendu.

DARVOUÉDEN, sf. Dartre ; pl. darvouèd ; sanscrit dardru, de tarz, éruption, et de bouèd, nourriture.

DARVOUÉDENNEGEZ, sf. Celle qui a des dartres ; pl. ed.

DARVOUÉDENNEK, adj. ; Dartreux, sm. ; pl. darvouédennéin.

DARVOUT pour darvezout par abréviation. Voy. ce mot.

DARZ, sm. Voyez tarz.

DAS ou DAZ, particule représentant la répétition.

DASKIRIA. vn. Mâcher de nouveau ; on dit aussi daskilia ; part. et. de das re. skilf dent longue ; on dit aussi das krigna, de das et de krigna, gratter.

DASKOR, sm. Action de restituer. Loth cite incorit recherché.

DASKORI, va. rendre ; part. et.

DASKOUMPRA, va. Environner ; part. et; de das et de koumm houle.

DASKOUMPREN, vn. Comprendre à demi; part. et.

DASKREN, sm. Tremblement, frisson ; pl. ou ; de das et de kren tremblement.

DASKRÉNA, vn. Frissonner ; part. et ; de das et de kréna, trembler.

DASKRÉNUZ, adj. Tremblotant, qui chevrote.

DASKRIN ou DASKRIGN, sm. Etat de ce qui ronge ; de das et de kring ou krigna, ce qui ronge.

DASKRINA ou DASKRIGNA, va. Corroder, ronger peu à peu.

DASKRINUZ ou DASKRIGNA, adj. Qui ronge peu à peu.

DASLARDA, va. Entrelarder ; part. et ; de das et de larda graisser.

DASPRÈNA, va. Acheter de nouveau ; part. et ; de das et de prèna, acheter.

DASPRÉNADUREZ, sf. Rachat, rédemption; de das et de prénadurez acquisition.

DASPRÉNER, sm. Celui qui rachète ; pl. ien ; de das et de préner acheteur.

DASPRÉNEREZ, sf. Celle qui rachète: pl. ed.

DASPRÉNUZ, adj. Rachetable, qui peut se racheter.

DASPUN, sm. Amas ; pl. iou ; de das et de punt, livre: latin pondo. Cité par Loth

DASPUNI, va. Amasser : part et.

DASRÈVELA, va. Voyez darévela ; de das et du latin revelatio.

DASSÉNI ou DASSINI. Résonner ; part. dassounet.

DASSOUN, sm. Sonorité ; pl. iou; de das et de soun son.

DASSOUNUZ, adj. Qui retentit.

DASTAS, sm. Terme de charretier qui veut dire au pas.

DASTOURNI, vn. Tâtonner ; part. et ; particule das, et dourn, main.

DASTUM, sm. Ramas ; pl. ou ; de das et de stum serré.

DASTUMI, *va.* Ramasser ; part. et ; on dit aussi dastum.
DAT, *sm.* Date ; *pl.* datchou ; du latin data, datus donné.
DA-VAD, *adv.* Tout-de-bon ; da de, mad bon.
DA-VADKAÉR, *adv.* De bon cœur, franchement ; da de, mad bon, kaer beau.
DAVANCHER, *sm.* Tablier. Voyez tavancher.
DAVANTACH, *adv.* Plus ; du français davantage.
DAVED, *prép.* Vers ; pour da evit, da a evit ou evid pour.
DA-VIHANA, *adv.* Pour le moins ; da pour ; bihana plus petit.
DA-VIKEN, *adj.* A jamais ; da pour, biken jamais.
DAVIT, *prép.* Vers. Voyez daved.
DA ZIVÉZA, *adv.* Pour finir ; da pour divéza dernier.
DAZORCHI, *va.* et *n.* Ressuciter ; part. et ; pour daskorvi, de das, et de korf corps, resurgere.
DAZORC'HIDIGEZ, *sf.* Résurrection, action de revenir à la vie.
DAZRÉ, *sm.* Mouvement de la mer ; particule das, et tré, flot, qui monte.
Dé, *prép.* Article ; pareil à da, à.
DÉAC'H, *adv.* Hier ; Jubainville cite le grec χθες, ghyas ; breton téac'h fuite, Zeuss cite doé, doy.
DÉAN, *sm.* Le plus ancien ; *pl.* ed ; grec δηνος conseil, δεινός grand ; breton den, homme.
DÉAN, voyez dézan, déc'han, déhan.
DÉANEZ, *sf.* La plus ancienne ; *pl.* ed.
DÉAZ ou DEZ, *sm.* Entablement, corniche ; *pl.* déasiou ; Loth cite discou plats, grec δοκις petite planche.
DÉAZ ou DÈZ, *sm.* Dais de procession.
DÉBARKAMANT, *sm.* Débarquement ; *pl.* ou.
DÉBIT ou DIBIT, *sm.* Débit ; *pl.* ou ; vient du français.
DÉBITA ou DIBITA, *vn.* Débiter ; part. dibitet.
DÉBITER ou DIBITER, *sm.* Débitant ; *pl.* ien.
DÉBRADUR ou DRÉBADUR, *sm.* Entamure ; Loth cite dreb, tas, dréfu, entasser ; vieux breton, déppra manger.
DEBRER ou DREBER, *sm.* Mangeur ; *pl.* ien, grec δρεπω cueille.
DEBRER TUD ou DREBER TUD, *sm.* Antropophage ; *pl.* dréberien tud.
DÉBRÉREZ ou DRÉBEREZ, *sf.* Mangeuse ; *pl.* ed.
DÉBROUN ou DRÉBOUN, *sm.* Demangeaison, Jubainville cite debruan th deprman, dont le second terme man lieu paraît avoir été gaulois ; magno ou magino, même

racine que maez mages ; breton dibri, dribi, dréb, debr.
DÉBRUZ ou DRÉBUZ, *adj.* Mangeable.
DÉDI, *sm.* Consécration, dédicace ; *pl.* ou.
DÉDIA, *va.* Consacrer ; part. et.
DÉEUN (enn), *adv.* En vérité ; de enn dans et de e'eun droit.
DÉGRÉ, *sm.* Degré ; *pl.* ou ; mot venant du français.
DEISIAD, *adj.* et *sm.* Journalier, ephémère.
DEISIADA, *vn.* Fixer un jour ; part. et. de déiz jour.
DEISIOU-AL-LARD, *sm. pl.* Jours gras ; de déiz jour, lard gras.
DÉIZIOU-VIJIL, *sm. pl.* Jours de jeûne ; déiz jour, vijil vigil.
DÉIZ, *sm.* Jour ; *pl.* déisiou, Jubainville cite dides, avec *d* euphonique pour dies, en vieil irlandais dies. Zeus cite det pour dedh, latin dies de même que l'irlandais, hors, Léon, dé ; *pl.* deiou.
DÉIZ ANN AOTROU DOUÉ, *sm.* Le dimanche.
DÉIZ HA NOZ, *adv.* Jour et nuit.
DÉIZ MAD, *interj.* Bonjour.
DEK, nombre dix ; latin decem.
DÉKORI, *vn.* Décorer ; part. et ; du français, décorer.
DÉKRED, *sm.* Décret ; *pl.* ou, vient du français.
DEKVED, dixième.
DEKVEDER, dizaine.
DÉLÉ, *sf.* Vergue ; *pl.* déléou, voyez délez.
DÉLÉGI, *va.* Déléguer ; part. et. vient du français.
DÉLEZ, *sf.* Pièce de bois qui soutient la voile, vergue ; *pl.* délésiou, Loth cite delehid barre, gallois dylaith, deleiou vergues, delé suppose un thème delia, en Léon on a ajouté un z, latin degradus.
DÉLEZ, *sf.* Marche d'escalier ; *pl.* délésiou ; on dit aussi dérez.
DÉLIAOUI, *vn.* Ramasser des feuilles ; part. déliaouet de delien feuille.
DÉLIAOUZ, *adj.* Garni de feuilles.
DÉLIEN, *sf.* Feuille ; *pl.* déliou, on écrit aussi déillen, le cornique est delen, l'irlandais duille, ancien français dula, le cambrique deilen, dalen dail, latin folium.
DELIENNEK, *adj.* Feuillée, garni de feuilles.
DÉLIN, *sm.* Briquet ; *pl.* ou, gallois telyn.
DÉLIOU-RED, *sm. pl.* Feuilles rampantes, de deliou, feuilles et de red course.
DÉLIVRANS, *sf.* Délivrance ; *pl.* ou, ce mot vient du français.
DELLEZEK, *adj.* Remarquable ; délu

4

forme cambr. delw, irland. delb; breton dalout, valoir, tenir.

Dellézout, *va*, Être digne de, mériter; part. et.; de dellid mérite.

Dellid, *sm*. Mérite, valeur; *pl*. dellidou.

Delliduz, *adj*. Qui mérite.

Delt, *adj*. Humide; dafyn goutte, anglais damp humide, grec διαντικος humide.

Delta, *va*. Rendre humide; part. deltet.

Deltoni, *sf*. Humidité.

Dem, part. Demi; voyez dam.

Dem-c'hlaz, *adj*. Verdâtre; dem à demi, glaz vert.

Dem-c'hoarz, *sm*. Ricanement; de dem et de c'hoarz rire.

Dem-c'hoarz drouk, *sm*. Ricanement insultant; de dem et de choarz rire, de drouk mal.

Demerc'her, voyez dimerc'her.

Démeurz, voyez dimeurz.

Demeuz, *prép*. De, Composé de dem demi, euz de.

Démezel ou Dimézel, *sf*. Demoiselle; *pl*. dimezelled; de dimézi marier.

Demezellik ou Dimezellik, *sf*. Homme éfféminé; *pl*. dimézellédigou.

Dem-faouta, *va*. Féler; part. et, dem demi; faouta fendre.

Dem-goumz, *sm*. Parole couverte : dem demi; koumz parole.

Demm, *sm*. Daim; *pl*. Demmed, en Vannes, duemm.

Demmez, *sf*. Femelle du daim; *pl*. ed. Vannes, duemmez.

Dem-ruz, *adj*. Rougeâtre; dem demi, ruz rouge.

Dem-wenn, *adj*. Tirant sur le blanc; de dem et de gwenn blanc.

Dem-zu, *adj*. Noirâtre; de dem et de du ou duff noir.

Dem-zuat, *va*. et *n*. Brunir; part. demzuéat.

Den, *sm*. Homme; *pl*. tud, cambriq dyn, dunio.

Déna, *va*. et *n*. Téter; part. denet, sanscrit dhénus vache laitière, grec τιθηνη, nourrice, latin felare sucer, de Jubainville; breton den homme.

Den-a-dra, *sm*. Homme majeur; *pl*. tud-a-dra.

Den-a-iliz, *sm*. Homme d'église; *pl*. tud-a-iliz.

Den-announ, *sm*. Antipode; de den homme, de ann le, et de doun profond; *pl*. tud-announ.

Den-a-vor, *sm*. Homme de mer; *pl*. tud-à-vor, de den homme, de a de et de mor mer.

Den-a-vrezel, *sm*. Homme de guerre; *pl*. tud-à-vrézel.

Den-chentil, *sm*. Homme paisible, gentilhomme; *pl*. tud-chentil. on dit aussi den-chentil, de den homme et de chentil, gentil.

Den-chentil-braz, *sm*. Paladin; *pl*. tud-chentil braz.

Den-diouc'h-tu, *sm*. Homme hardi; *pl*. tud-diouc'h tu, de den, homme, diouc'h, de, et de tu, côté.

Den-doué, *sm*. Saint homme; den homme, doué dieu.

Den-é-bed, personne.

Dénédéo, *sm*. Catarrhe; *pl*. dénédeou, Loth cite dino dévoile; comparez dinodi sortir de l'œuf.

Dener, *sm*. Celui qui tète; *pl*. ien.

Den-lemm, *sm*. Aigrefin, finassier; de den homme et de lemm aiguisé.

Den-marc'h, *sm*. Centaure; *pl*. tudvarc'h, de den homme, et de marc'h cheval.

Dénounsi, *va*. Dénoncer; part. et.

Denta, *va*. Denteler, donner des coups de dents; part. et; on dit aussi danta, de dant dent.

Dentadur, *sm*. Dentelure, action de mordre; de dant dent.

Denved, *pl*. De danvad, brebis.

Denvéza, *va*. Imiter, parodier : part. et, de den homme, et de béza, être.

Denviad, *sm*. Grand mangeur; *pl*. ed. de den, homme, et du latin victus nourriture.

Déo, *pron. pers*. Pour dézo, à eux.

Déó, *sm*. Cuisson, brûlure; eunn déó a ra, il fait très chaud.

Déo, *adj*. Droit; voyez déou.

Déoc'h, *prép*. A vous, de da à, et de c'hui vous.

Déog ou déok, *sm*. Dîme; de dek, dix. Jubainville cite deog pour demk avec métathèse; de lm au lieu de dekm; en gallois degwm; latin decima, prononcé decma.

Déoger, *sm*. Celui qui perçoit la dîme; *pl*. ien.

Déogi, *vn*. Lever la dîme; part. et.

Déol, *adj*. Pieux, dévot; Lavillemarqué cite le gallois diouol; de doé doue ou diou dieu, et de de holl tout.

Déoliez, *sf*. Dévotion, piété; de déol.

Déomp. Accusatif; du verbe aller; mond.

Déomp, *prép*. A nous; latin nobis; de da a, hon nous.

Déou ou déhou, *adj*. Droit; Jubainville cite dexavos, dexava, dexavon; latin décima.

Déouia, *va*. Se servir de la droite; part. et.

Déouiad, *sm*. Homme qui se sert de la main droite; *pl*. deouidi.

DÉOUIADEZ, sf. Droitière; pl. deouadezed, de déou droite.
DÉPANDANS, Subordination; pl. ou; du français dépendance.
DÉPARTAMANT, sm. Département; pl. départamanchou, du français.
DÉPÈCH, sm. Dépêche; pl. ou.
DEPO, sm. Dépôt.
DEPOSI, va. Déposer; part. et; origine française.
DÉPORTA, va. et n. Attendre, on dit aussi déporda; part. et; ce mot paraît venir du français déporter, ou du latin deportare; on dit aussi déport.
DEPORTAMANT, sm. Patience; pl. iou; de déporta, attendre avec terminaison française.
DÉPORTAMANT, sm. Retenue; pl. deportamanchou, origine française
DEPOUILL, sm. Restes d'un animal tué; pl. ou.
DÉPOUILLI, va. Enlever la peau d'une bête morte; part. et.
DEPUTASION, sm. Ambassade, députation; pl. ou; origine française.
DEPUTÉ, sm. Député; pl. députeed; latin deputare.
DERAOUI, va. et n. Commencer; part. et; de dérou, commencement.
DERC'H, sm. Partie dure du bois; comparez dérô chêne.
DERC'HEL, va. Pour dalc'ha, tenir; part. dalc'het, de dalc'h, tenue.
DERC'HEL MAD, vn. Tenir bon; part. dalc'het mad.
DERC'HENT, sm. Veille; de dervez jour, et de kent auparavant.
DERC'HENT-DEAC'H, adv. Avant-hier; de dervez de kent, et de déac'h hier.
DERC'HOUEDEN, sf. Voyez darvouéden.
DÉREAD, adj. Poli, convenable; on dit aussi dere, du radical dyr ou de dlé.
DÉRÉADEGEZ, sf. Bienséance; de déréad poli.
DÉRÉADÉKAAT, vn. Convenir; part. déréadékéat.
DERÉOUT, v. impers. Etre convenable; part. déréet.
DÉREZ, ou DÉLEZ, sm. Marche d'un escalier; pl. iou; Laviilemarqué tire ce mot du français degré.
DÉRÔ ou DERO. Chêne, arbre; Jubainville cite dervos; Zeuss cite le cambrique dar; pl. deri, derow, derwen; irlandais kill dara, en latin cella quercus; Jubainville cite emcore le gaulois dervo, la racine dar éclater, le sanscrit darus, le grec δορυ le sanscrit drus arbre, le grec δρύς; le lithuanien derva bois résineux; le scandinave tyrr-dirvas, pin.
DÉROU, sm. pl. Commencement; Zeuss cite dyr.

DÉROU MAD, sm. pl. Etrennes, de dérou et de mad bon.
DERVEK, adj. Qui tient du chêne; de derv, déro, chêne.
DERVEN, sf. Un seul pied de chêne; pl. dervénnou; de derv, dérô.
DERVEZ, sm. Journée; pl. devesiou: Jubainville cite deiz-vez, diderveden.
DERVEZ-ARAT, sm. Demi-hectare; dervez journée, arat, se servir de la charrue.
DÉSAVANTACH, sm. Désavantage, origine française.
DÉSIM, sm. décime; pl. ou.
DÉSIR, sm. Désir.
DÉSIROUT, vn. Désirer.
DESSERT, sm. Dessert; pl. desserchou.
DESSIN, sm. Dessin, pl.
DESKADUREZ, sf. Enseignement ou de deski, diski apprendre.
DESKET, adj. et part. Instruit; de deski.
DESKI où DISKI, va. et n. Apprendre; part et, comparez le latin discere.
DESKOUNI, sf. Initiation; pl. ou; de deski.
DESKUZ, adj. Qui instruit, qui apprend.
DESPAL ou DESPAILL, sm. Empressement; pour dispel, de dis sans pell loin.
DESTITUI, va. Destituer; part. et; origine française et latine.
DEUS MEUS. Expression latine, mutisme.
DÉVUZ, adj. Brûlant, combustible; de deô ou dev.
DEVER, sm. Devoir; pl. déveriou; du latin debere.
DEVESIAD ou DERVESIAD, sm. Journée, pl. ou; de dervez jour.
DÉVEZ-ARAT ou DERVEZ-ARAT, sm. Journal, mesure agraire; pl. devésiouarat; de dervez jour et d'arat charruer.
DÉVEZ-GOBR, sm. Salaire d'une journée, de dervez jour et de gopr. salaire,
DÉVEZ-HENT, sm. Journée de route; de dervez et de hent chemin.
DEVEZ-KERZ, sm. Course; de dervez et de kerz course.
DÉVÉZI, vn. Endéver; part. et; comparez le vieux français desver, l'anglais endeavour s'efforcer.
DÉVÉZIOUR, sm. Journalier; pl. ien; le même que devésiad; pl. dévesidi.
DÉVEZIOUR-EZ, sf. Journalière; pl. ed.
DÉVEZ-SKOD, sm. Journal de terre; de devez, et de skod arrangement.
DÉVI, va. et n. Brûler; part. devet; latin deurere, grec δαιω.
DÉVOSION, sm. Dévotion; pl. ou; ce mot vient du français.
DÉVOT, adj. et sm. Dévot; latin devotius.

DÉVRI ou DRÉVI, sm. Promptitude, précipitation ; azévri, en toute hâte ; comparez le grec δράω fuit, le breton déô brûlure, dévi brûler.

DÉZAN ou DÉZHAN, pron. A lui ; pour da-ezan à lui.

DÉZI ou DEZHI, pron. A elle ; pour da-ezi à elle.

DÉZIR, sm. Désir, latin desiderium ; DÉZIROUT, va. Désirer ; part. et.

DÉZO ou DEZHO, pron. A eux pour da-ézo, à eux.

DÉZO, sm. Dessein ; pour dé vézo il sera.

DEZVI ou DOZVI, vn. Pondre ; part. et ; on dit aussi, tofi, téfi ; part. et ; gallois doen, anglais dove couveuse.

DI, adv. Là, en ce lieu.

DI ou DIS. Particule en composition, que l'on trouve, dans diskenn, diskar di-benn, dijolo, etc.

DIABAF, sm. et adj. Dégourdi, remis, de di et de abaf, abattu.

DIABAFI, va et n. Dégourdir ; part. et.

DIABARZ, sm. Le dedans, de di et de abarz dedans ; latin trans.

DIABEK, adj. Sans cause ; de di et de abek cause, sujet.

DIABELL adv. Loin ; de di sans, a de, pell loin.

DIAC'HANTA, va. Lever le sortilège, part., di priv, ac'hanta ensorceler.

DIADAVI, vn. Manquer d'haleine, de di sans, astal repercussion.

DIADRÉ, sm. Le derrière ; de di et de adré arrière.

DIAÉL, adj. Sans essieu ; di priv., aél essieu.

DIAÉZA ou DIÉZA, vn. S'évanouir ; s'exhaler ; de di et de aézen air.

DIA-GENT, adv. et prép. de di sans, a de, kent premier, avant.

DIAGON, sm. Diacre, pl. diaconed ; latin diaconus.

DIAGONACH, sm. Diaconnat, voy. Dia-gonded.

DIAGONDED ou DIAGONACH, sm. du latin diaconitus.

DIAGONEZ, sf. Diaconesse ; pl. ed ; latin diaconissa.

DIAKED, sm. Négligence ; de di sans, aked attention.

DIAKÉDUZ ou DIAKETUZ, adj. Inexact, irrégulier.

DIAKÉTEREZ, sm. Mauvaise conduite ; pl. diakétéresiou.

DIALAN ou DISALAN, sm. Manque d'haleine ; de di sans, halan ou alan haleine.

DIALANI ou DISALANI, vn. Manquer d'haleine ; part. et.

DIALC'HOUEZ, adj. Sans cléf, ouvert ; de di sans, alc'houez clef.

DIALC'HOUÉZA, va. Ouvrir ; part. dialc'houez et.

DIALFÉA, va. Ouvrir ; part. et, di priv, alféa ouvrir.

DIAMANT, sm. Diamant ; pl. diamanchou, grec αδαμας.

DIAMBARASSI, vn. Débarasser ; part. et.

DIAMBARKI, vn. Débarquer ; part. et.

DIAMBARRAS, sm. Sans embarras ; pl. ou.

DIAMBREGA, va. Faire la découverte ; part. et, de di et de ambren transport.

DIAMBROUGA, va. Faire la conduite ; part. et ; de di et de ambrouga conduire.

DIAMEZÉGA, va. et n. Se brouiller avec le voisin ; part. et.

DIAMÉZEK, adj. Retiré, désert, de di et de amezek voisin.

DIAMZÉRÉ, adj. Ennuyeux, de di et amzer temps.

DIAMZÉRI, vn. Etre hors d'usage ; part. et, de amzéri, temporiser.

DIANAF, adj. Inconnu, di priv. anaout, connaître.

DIANAN, adj. et conj. Du moins, pour da vihanna pour le moins.

DIANAOUDEK, adj. Peu connaisseur, le même que disanoudek, voy. ce mot.

DIANOUÉDA, va. Se réchauffer ; part. et, de anoued froid.

DIANAOUT, va. Méconnaître, part dianavezet.

DIANEOST, sm. Automne ; di didan, dindan, dessous, et de éost août, récolte.

DIANÉVEL, sf. Récit, le même que danevel ; voy. ce mot.

DIANGAJI, va , dégager, part et.

DIANK, adj. et sm. Egard, besoin ; diank éo, il est égaré, mond a ran da glask va diankachou, je vais prendre ce dont j'ai besoin.

DIANKACHOU, sm. pl. Objets de nécessité.

DIANKA, va. Egarer ; part. dianket, grec διωκτος, cherché, poursuivi.

DIANKRA, va. Lever l'ancre ; part. et ; cathol diancraff, latin exancorare.

DIANNEZ, adj. Degarni de meubles, de di sans et ; de annez meuble.

DIANNÉZA. va. Enlever les meubles ; part. et ; de di et de annéza meubler.

DIANSAO ou DIANSAV. Désaveu, pl. diansaviou, de di et de ansaô, ansav ; aveu.

DIANSAVER, sm. Celui qui renie ; pl. ien.

DIANSAVOUT, va. Désavouer ; part. diansavet.

DIANSAVUZ, adj. Reniable.

DIANTÉGEZ, sf. Innocence ; incorruptibilité.

DIANTEK, *adj.* Innocent de di sans, et de antek crime.
DIANTEL, *adj.* Qui n'est plus tendu ; de di sans, et antella tendre.
DIANTELLA, *va.* Détendre ; part. et.
DIAOUL, *sm.* Diable ; *pl.* ou, du latin diabolus.
DIAOULEGEZ, *sf.* Diablerie ; de diaoul. diable.
DIAOULEK, *adj.* Diabolique ; latin diabolicus.
DIAOULEZ, *sf.* Diablesse ; *pl.* ed.
DIAOZ, *adj.* Informe, imparfait ; de di sans et de aoz façon.
DIAOZA, *va.* Déformer ; part. et ; de, di et de aoza faire.
DIARAOGEN, *sf.* Tablier ; *pl.* diaraogennou, de di, et de araok avant.
DIARAOGER, *sm.* Prédécesseur ; *pl.* ien ; de di et de araoger, devancier.
DIARAOGI, *va.* Devancer ; part. et ; de di, et de araok avant.
DIARAOK, *sm.* Le devant ; di, et araok devant.
DIARBENNA, *va.* Arrêter ; part. et ; de, diar, pour divar sur, et de penn. tête.
DIARBENNÉREZ. *sm.* Action d'arrêter, action d'aller au devant.
DIARC'HANTA, *va.* Désargenter ; part. et di priv, arc'hanta argenter.
DIARC'HEN, *adj.* Déchaussé ; de di sans ; arc'hen chaussure.
DIARC'HENNA, *va* et *n.* Déchausser ; part, et, de di, et de arc'henna chausser.
DIARRED, *adj.* Mobile, qui change.
DIARROS, *sm.* Descente rapide ; de diar pour diwar de dessus et de ros tertre.
DIARVAR, *adj.* Indubitable ; de di négatif, et de arvar, doute.
DIASKOLA, *va.* Enlever les chardons ; part. et, de di, et de askol chardon.
DIASKOURN, *adj.* Qui n'a pas d'os ; de di, et de askourn os.
DIASKOURNA, *va.* Désosser , part. et.
DIASKREN OU DIASKEN, *sm.* Renversé sur le dos, de di privatif ; de nask lien, et de kein dos ; ou de kréna trembler.
DIASKRENA OU DIASKENA, *vn.* Rester sur le dos ; part. et ; ou simplement diasken, diaskren.
DIASTU, *adj.* Sans vermine ; di priv. astuz vermine.
DIASTUI, *va.* Enlever la vermine ; part. et ; de di sans, astuz vermine.
DIASTUZ, *adj.* Sans vermine ; Loth cite arstud pointe.
DIATANT, *adj.* Sans ferme ; di priv., atant ferme.
DIATANTI, *vn.* Détruire une ferme ; part. et.
DIATREDI, *va.* Déblayer ; part. et ; de di, et de atred débris.

DIAVÉAZ OU DIANVÉAZ. Dehors ; de dia pour da, et de méaz dehors.
DIAVÉLA, *va.* Rendre des vents ; part. et ; di priv. avela venter.
DIAVELAOUER, *sm.* Paravent ; *pl.* ou ; di priv. avel vent.
DIAVÉNA, *va.* Rompre la mâchoire ; part. et ; de di privatif, et de aven mâchoire.
DIAVÉSIAD, *sm.* Etranger ; *pl.* diavésidi ; de diavéaz dehors.
DIAVÉSIADEZ, *sf.* Etrangère ; *pl.* ed ; de diaveaz, ou dianvéaz dehors.
DIAVIZ, *adj.* Etourdi ; di priv., aviz avis.
DIAZ, *sm.* En bas, la partie basse ; diar, pour diwar latin desuper, diaz sub.
DIAZEZ, *sm.* Assise, *pl.* ou ; de diaz dessous, ou de di et de azez asseois.
DIAZÉZA, *va.* Asseoir ; part. et.
DIAZÉZER, *sm.* Fondateur ; *pl.* ien.
DIAZÉZÉRÉZ, *sf.* Fondatrice ; *pl.* ed.
DIAZÉZIDIGEZ, *sf.* Action de déplacer.
DIAZEZOU, *sm. pl.* Assises, session d'un tribunal.
DIBAB, *sm.* Choix, de di, et de paup chacun.
DIBABA, *va.* Choisir ; part. dibabet.
DIBABER, *sm.* Celui qui choisit ; *pl.* ien.
DIBABET, *adj.* et *part.* Choisi, particulier.
DIBAÉUZ, *adj.* Impayable ; de di négat ; et de paéuz payable.
DIBALAMOUR, *adj.* Sans façon ; di priv., palamour parce que.
DIBALFA, *vn.* Desserer les mains ; part. et ; de di et de palf, paume de la main.
DIBALENNA, *va.* Enlever la couverture ; part. et, de di et pallen couverture.
DIBAODDER, *sm.* Rareté ; de di et de paodder abondance.
DIBAOT OU DIBAOD. Rare, de di, et de paot. abondant.
DIBAOUEZ, *sm.* Sans repos, de di et de paouez repos.
DIBAOUÉZA, *va.* Continuer ; part. et ; de di negat ; et de Paouéza cesser.
DIBAOUÉZA, *va.* Cesser ; part. et ; de di, et de paouéza reposer.
DIBARÉ, *adj.* Qui n'est pas prêt ; de di et de paré, prêt. guéri.
DIBARÉUZ, *adj.* Qui ne se guérit pas ; de di, et de paréa guérir.
DIBARFED, *adj.* Qui ne reste pas en repos, imparfait.
DIBARFEDDED, *sm.* Méchanceté, imperfection. Ces mots semblent venir de di négatif et du français parfait, latin perfectus.
DIBATIANT, *adj.* Impatient.
DIBAVEA, *va.* Enlever les pavés ; part. et, de di, et de pavéa, paver.

Dibéac'h, *adj.* Sans Faix ; di priv., et beac'h Faix.

Dibec'h ou **Dibéc'hed**. Sans péché ; di nég. et péched peché.

Dibegga, *va.* Décoller ; part. et ; de di, et de pek', ou peg poix, pegga poisser.

Dibenn, *adv.* Etourdi, inconstant ; de di et de penn tête.

Dibenna, *va.* Décoller, couper la tête ; de di priv., et de penn tête.

Dibennad, *sm.* Action de dissuader ; de di et de pennad, entêtement.

Dibennadi, *va.* Dissuader ; part. et ; de di et de pennadi s'entêter.

Dibenn-eost, *sm.* Automne, de dibenn, et de éost aout, moisson, sant Ian dibenn éost, saint Jean l'apôtre.

Dibenn-eost, *sm.* Arrière-saison ; di particule, penn tête, éost aout.

Dibennidigez, *sf.* Action de couper la tête, de di et de penn tête.

Dibenvestr, *adj.* Sans licol, libre ; de di priv., et de penvestr licol.

Dibenvestra, *va.* Enlever le licol, part et ; même étym que le mot précédent.

Diberc'hen, *adj.* Sans maître ; de di, et de perc'hen propriétaire.

Diberc'henna, *va.* et *n.* Déposséder ; part. et, de di priv et de perc'henna appartenir, approprier.

Diberc'henniez, *sf.* Action de déposséder.

Diberder, *adj.* Fainéant ; di priv,, préder, attention.

Dibikouz, *adj.* Qui n'a pas les yeux chassieux ; de di et de pikouz, chassie.

Dibikouza, *va.* Guérir les yeux chassieux, voir bien clair ; part. et.

Dibil, *adj.* Vif, prompt ; de di priv., et de ibil cheville.

Dibillouna, *vn.* Se démener ; part. et.

Dibistik, *adj.* Qui est bien portant, de di priv., et de pistik, point de côté.

Dibit, *sm.* Débit, origine française ; kalz a zibit enn deuz, il a beaucoup de débit.

Dibita, *va.* Débiter ; part ; et.

Diblanta, *va.* Déplanter ; part. et. di priv, planta, planter.

Diblasa ou **Diblas**, *vn.* Déplacer ; part. et ; de di priv, et de plas place.

Diblasamant, *sm.* Déplacement ; de di priv et de plas, autrefois placc, avec terminaison française.

Diblu, *adj.* Sans plume ; di priv, plu plumes.

Diblua ou **Displua**, *va.* Plumer ; de di priv. et de plua plumer.

Dibluska, *va.* Peler, enlever l'écorce, écosser ; part. diblusket ; de di priv. et de plusk pelure.

Diboan, *adj.* Sans douleur, de di, et de poan peine.

Diboania, *va* et *n.* Tirer de peine ; part. et, de di, priv. et de poania, peiner.

Dibobla, *va.* Dépeupler ; part. et ; de di éxtractif et de pobla peupler.

Diboëll, *adj.* Furieux ; de di priv. et de poëll raison.

Diboëll, *sm.* Folie, fureur fougue ; même étym. que le mot précédent.

Diboélla, *va.* et *n.* Devenir fou ; part. et ; cathol diboéllaff.

Dibot, Le même que dibaot.

Diboubou, *sm.* Bourre d'étoupe.

Diboucha, *va* et *n.* Déboucher, ce mot vient du français.

Dibouf, *sm.* Sortie, débouché.

Diboufa, *vn.* S'enfuir rapidement, grec πους, pied ; part. et.

Diboulla, *va.* Retirer de l'ornière ; part. et ; de di, et de poull mare.

Dibouloni, *vn.* Déboulonner ; part. et.

Dibouloudenna, *va.* Défaire les mottes ; part. et ; de di priv. et de poulouden pelote.

Diboultra, *va.* Enlever la poussière, di priv, poultr poudre.

Diboultrenna, *va.* dépoussiérer ; part. et.

Dibountouna, *va.* Déboutonner ; part. et ; de di et de bountoun bouton.

Dibourc'h, *adj.* Dépouillé ; de di et de pourc'h vêtement.

Dibourc'h, *sm.* Les hardes, les vêtements.

Dibourc'ha, *va.* Dépouiller ; part. et ; de di et de pourc'ha vêtir.

Dibourka, *vn.* Sortir ; part. et.

Dibourvé, *adv.* Au dépourvu.

Dibourvé, *adj.* Sans provision, de di et de pourvé provision.

Dibourvéa, *va.* Enlever les fournitures ; part. et ; de di et de pourvéa fournir.

Dibr ou **Dipr**, *sm.* Selle ; *pl* ou ; on dit aussi diprou cornique diber, cambrique dibr.

Dibra ou **Dipra**, *va.* Seller ; part. dibret ou dipret.

Dibrad, *adj.* Enlevé de terre, di extract. et prad pré, do-dimen enlever cité par Loth.

Dibrada, *va.* Enlever de terre ; part. et. Voyer dibrad.

Dibred, *sm.* Contre-temps, de di nég. et de pred temps.

Didréder, *adj.* Sans souci ; de di, et de preder souci.

Dibrenn, *adj.* Ouvert ; de di, et de prenn barre, verrou.

Dibrenna, *va.* Ouvrir ; part. et ; de di, et de prenna fermer.

Dibrer où **Diprer**, *sm.* Sellier ; *pl.* ien ;

Loth cite diprou, selle, harnachement.
DIBREZ où DIBRÉSS, adj. Inoccupé ; di priv. et du français presse.
DIBRI, DÉBRI ou DRIBI, va et n. Manger ; part. et ; cathol dibriff, vannet debrein, tregorrois brif nourriture, cité par Loth diprim nourriture, dreb tas.
DIBRI, sm. Manger, ce que l'on mange.
DIBRIA, va. Décrotter ; part. et ; de di priv. et de pri boue.
DIBRIAD, sm. Grand mangeur ; pl. di bridi.
DIBRIDA, va. Enlever la bride ; part. dibridet.
DIBUNA, va. Dévider ; part. et. comparez le grec βυω, entassé, βυσσινος, fait de lin, βυσσος, lin, πυκνος, épais.
DIBUNADUR, sm. Action de devider, grec πυκνος, épais.
DIBUNER, sm. Dévideur ; pl. ien.
DIBUNÉREZ, sf. Devideuse ; pl. ed.
DIBUNOUÈR, sm. Devidoir ; pl. ou.
DIC'HA. Terme de charretier, à droite ; le français dia indique à gauche, le breton à droite, de deou où dehou, gallois deou, irland deas ; du même radical que dexter en latin.
DICHABOUS, adj. Sans querelle ; di priv. chabous querelle.
DICHADENNA, va. Oter les chaînes ; part. et ; di priv., chadenna enchaîner.
DICHAFRANTA, va. Déchirer avec violence ; part. et ; du vieux français chavreau pioche, chaver creuser.
DICHAL ou DISAL, sm. Reflux ; de di priv. et de al ou sal principe de sel.
DICHALA où DISALA, va. S'écouler ; part. et.
DIC'HALLOUD, adj. Sans force, sans puissance ; de di priv et de galloud force.
DIC'HALLOUD, sm. Impuissance, incapacité, voir le mot précédent.
DIC'HALLOUDEK, adj et sm. Incapable, impuissant ; de di priv. et de galloudek puissant, fort.
DIC'HALLOUDEZ, sf. Impossibilité ; de di, et de galloud, force.
DIC'HALLOUDUZ, adj. Impuissant ; de di privatif et de gallouduz puissant.
DIC'HALLUZ, adj. Impossible, de di et de galluz possible.
DIC'HAMAN. Terme de charretier ; de dic'ha à droite, ama ou aman ici.
DIC'HAMANC'HO. Terme de charretier, de dic'ha à droite, de aman ici, de c'ho probablement pour hue.
DICHANA, va. Tirer de l'ornière ; part. dichanet ; probablement pour diséhana ; de dis priv. et de éhana reposer.
DICHANS, sf. Malheur ; pl. ou ; de di priv. et chans, qui vient du français, chance.
DICHAOK ou DICHEK, adj. Hautain,
sans bruit ; de di et de chaok, bruit.
DICHAOKA, va. Décrier ; part. et ; de di priv. et de chaoka galvauder.
DICHAOS, adj et sm. Sans souche, de di et de chaos souche.
DICHAOSA, va. Désoucher ; part. et ; de di et de chaosa buter.
DICHAOSÉRIA, va. Enlever une chaussée ; de di et de chaoser, chaussée ; chaoséria, faire une chaussée, bâtir.
DIC'HAOU, sm. Réparation d'une perte ; de di et de gaou, tort. dommage.
DIC'HAOUI, va. Réparer ; part. et ; de di et de gaou, tort, dommage,
DICHAOUI, v. a. Faire s'envoler ; part. et ; voyez dichoual.
DIC'HAOUIDIGEZ, sf. Dédommagement ; de di priv. et de gaouidigez, tort, dommage.
DIC'HAOUZ, adj. Qui dédommage ; de di et de gaouz, dommageable.
DICH'ARGADENNA, vn. Rire très fort ; part. et ; de di et de gargaden, gorge.
DIC'HARZA, va. Couper une haie ; enlever les abords d'une haie ; part. et ; di et de garz, haie.
DIC'HED, adj. Inattendu ; de di et de ged, attente.
DIC'HED, sm. Sans espoir, voir le mot précédent.
DIC'HELPI, vn. Nager, en parlant de l'allure du cheval ; part. et.
DIC'HEN on DIC'HÉNED, adj. Qui n'est pas beau ; de di priv. et de gened, beauté.
DIC'HÉNA, va. Enlever le masque ; part. et ; de, di priv. et de gen, joue.
DIC'HÉNAOUI, vn. Bailler ; part. et ; de di et de genou, bouche.
DIC'HENEDI, va. et n. Devenir laid ; part. et ; de di et de géned, beauté.
DIC'HENTIL ou DENC'HENTIL, Gentilhomme ; pl. tudchéntil.
DIC'HÉOTA, vn. Monter en épis ; part. éat, de di et de géot, herbe.
DIC'HIZ, adj. Difforme ; de di priv. et de giz, mode.
DIC'HIZA, va et n. Déformer ; part. et ; on dit aussi digiza, même étym. que le mot précédent.
DIC'HLABOUZ, adj. Qui ne fait pas de bruit ; di priv. glabouz ou stalbouz, embarras.
DIC'HLAC'HAR, adj. Sans chagrin ; de di et de glac'har, chagrin.
DIC'HLAC'HARI, vn. Consoler ; part. et ; de di et de glac'hari, chagriner.
DIC'HLAN, dj. Impur ; de di nég. et de glan, saint.
DIC'HLANDED, sm. Impureté ; de di et de glanded, sainteté.
DIC'HLANIA, va. Enlever la laine ; part. et ; di priv, glan, gloan, laine.

Dic'hlann, *sm.* Débordement; de di et de glann, rive,

Dic'hlanna, *vn.* Déborder ; part. et; même étym. que le mot précédent.

Dic'hluda, *va.* Enlever la glu ; part. et; de di et de gluda. gluer.

Dic'hoant, *adj.* Sans désir; de di et c'hoant, désir.

Dic'hoarz, *adj.* Sans rire ; de di et de ch'oarz, rire.

Dic'hoénna, *va.* Enlever les puces ; part. et; de di priv. et de c'hoénn, *pl.* de c'hoannen, puce.

Dic' horréa, Voyez dic'hourréa.

Dic'hortoz, *adj.* Sans attente; de di et de gortoz, attente.

Dic'hortoz, *sm.* Désespoir, même étym. que le mot précédent.

Dic' horvenna, *vn.* Enlever la suppuration ; part. et ; di priv. gor abcès.

Dichoual, *vn.* Effrayer les oiseaux ; part. et.

Dic'houez, *adj.* Qui n'est pas bon ; de di et de c'houék agréable.

Dic'houez, *adj.* Sans odeur; de di sans, et de c'houéz, odeur.

Dichouéza, *va.* Désenfler; part. et ; de di et de c'houéza, souffler,

Dic'houéza, *va.* Rendre moins sauvage; part. et ; de di et de gouéz, sauvage.

Dic'houila ou Dic'houiletta, Enlever les hannetons; part. et ; de di et de c'houiletta, chercher des hannetons ;

Dic'houina, *va.* Dégaîner ; part. et ; de di et de gouin, gaîne.

Dic'houlaza, *va.* Délatter ; part. et ; de di et de goulaza. latter.

Dic'houliuz, *adj.* Invulnérable ; de di et de gouliz, plaie.

Dic'hounid, *adj.* Sans bénéfice; de di et de gounid, gain.

Dic'houriz, *adj.* Sans ceinture ; de di et de gouriz, ceinture.

Dic'houriza, *va.* Enlever la ceinture, de di et de gouriza, cerner.

Dic'hourréa, *va.* Cultiver ; part. et ; de di et de gourren, lever ; grec ορυσσω, creuse.

Dic'hout, *adj.* Dégoûté.

Dic'houta, *va.* Dégouter ; part. et ; de di et de gout, goût.

Dic'houzanvuz, *adj.* Insupportable; de di et de gouzanvuz, supportable.

Dic'houzia, *va.* Enlever les herbes ; part. et ; de di et de gouzar, gouzer litière.

Dic'houzouga. *va.* Couper le cou ; part. et ; de di et de gouzouk, cou.

Dic'houzvez, *adj.* Qui ne sait pas ; de di privatif et de gouzout savoir.

Dic'hranna, *va.* Enlever les racines de fougère; part. et; de di extract et de krann, racine de fougère.

Dic' hreunia, *va.* Enlever le grain ; part. et ; de di et de greun, grain.

Dichrisenna. *va.* Défricher ; part. et ; de di. et de krisen, friche.

Dic'hrisienna. *va.* Déraciner ; part. et ; de di et de grisien, racine.

Dic'hrisiennadur, *sm.* Action de déraciner, pour l'étym. voyez le mot précédent.

Dic'hrisienner, *sm.* Extirpateur ; *pl.* ien.

Dic'hrosa, *va.* Dégrossir ; part. et.

Dichrounna, *va.* Lever un siège ; part. et ; de di priv. et de grounna, amonceler,

Did, *prép.* A toi, pour didé, da-idé.

Didach, *adj.* Sans tache ; de di et du français tache.

Didach, *adj.* Sans clou ; de di et de tach, clou.

Didacha, *va.* Déclouer ; part. et; de di priv. et de tacha. clouer.

Didal, *adj.* Défoncé ; de di et de tal, fond.

Didala, *va.* Défoncer ; part. et ; de di et de tala, mettre un fonds.

Didalvédigez, *sf.* Nullité; de di et de talvoudegez, valeur.

Didalvez, *adj.* Paresseux, nul ; de di et de talvezout, valoir.

Didalvezout, *vr.* N'avoir aucune valeur ; part. et; et de talvezout, valoir.

Didalvoudegez, *sf.* Inutilité ; de di et de talvoudegez, valeur.

Didalvoudek. *adj.* Qui ne vaut rien ; de di et de talvoudek, qui a de la valeur.

Didalvoudèkaat, *vn.* Etre sans valeur ; part. éat.

Didamall, *adj.* Sans reproche ; de di et de tamall, blâme.

Didamallout, *va.* Disculper ; part. et; de di et de tamallout, blâmer.

Didamalluz, *adj.* Qui justifie: de di et de tamalluz, qui peut être coupable.

Didamma, *va.* Emporter le morceau ; part. et ; de di et de tamm. morceau.

Didan. Voyez, din dan.

Didana, *va.* Eteindre ; part. et ; de di et de tan feu, on dit aussi distana.

Didanével, *sf.* Histoire, raconter ; *pl.* lou ; de didan ou dindan sous, hevel ou henvel semblable, ou de di sans, ann le, hével semblable.

Didarz, *sm.* Saillie. jet ; *pl.* ou ; de di et de tarz, rupture.

Didarza, *vn.* Sortir, jaillir ; part. et; de di et de tarza, rompre.

Didarzidigez, *sf.* Sortir, jet, rejaillissement.

Didé, *prép.* A toi, voyez did.

Didec'hout, *va.* Fuir ; de di et de tec'hout, s'en aller ; part. et.

DIDÉC'HUZ, adj. Inévitable; de di et de tec'huz, qui fuit.
DIDENNA, va. Attirer; part. et; de di et de tenna, tirer.
DIDERMEN, adj. Sans limites; de di et de termen, terme.
DIDÉSTAMANT, sm. Intestat; de di et de testamant, testament.
DIDILLA, va. Teiller; part. et; de di et de tell, teille.
DIDILLADUR, sm. Teillage, voyez le mot précédent.
DIDINVA, vn. Germer; part. et; de di et de tinva, prendre.
DIDIT, sm. Dedit, révocation; pl. ou; du français, dédit.
DIDOKA, v. a. Oter le chapeau; di privatif et toka, mettre un chapeau.
DIDORR, adj. Qui ne fatigue pas; de di et de torr, rupture.
DIDORTIL, adv. Sans marchander.
DIDORTISA, va. Défriser; part. et; de di et de tortisa, friser.
DIDORUZ, adj. Qui ne casse pas; de di et de torr, brisure.
DIDOSTAAT, va et n. Rapprocher; part. éat; de di et de tostaat, approcher.
DIDOUÉLLA, va. Détromper; part. et; de di et de touélla, tromper.
DIDOULLA, va. Tirer d'un trou; part. et; de di et de toulla, percer.
DIDRA, adj. Sans biens; di privatif, tra chose.
DIDRABAS, Didrabassa, adv. Sans bruit, sans tracas, di négatif, et trabas, tracas.
DIDRÉCHUZ, adj. Insurmontable; de di et de tréchuz, qui remporte.
DIDREUZ, adv. Pao, delà; de di et de treuz, travers.
DIDRÉUZUZ, adj. Imperméable; de di et de treuzuz, qui traverse.
DIDROAD, adj. Sans pieds; de di et de troad, pied.
DIDROADA, va. Enlever le pied; part. et; de troada, mettre un pied.
DIDROUC'HA, va. Découper; part. et; de di, et de trouc'ha, couper.
DIDROUC'HADUR, sm. Découpure, même étym. que le mot précédent.
DIDROUNSA, va. Détrousser; part. et; de di et de trounsa, trousser.
DIDROUZ, adj. Qui ne fait pas de bruit; de di négatif, et de trouz, bruit.
DIDRUEZ, adj. Qui est sans pitié; de di et de truez, pitié.
DIDRUGAREZ, sf. Sans pitié; de di et de trugarez, pitié.
DIDRUGAREZUZ, adj. Impitoyable; de di et de trugarezuz, miséricordieux.
DIDU ou DIDUEL, sf. Amusement; pl. tou; Lavillemarqué fait venir ce mot du vieux français déduit, plaisir; Loth cite la glose didioulam, je désire avec ardeur, venant de di; latin ad, et de ioul, volonté; Zeuss cite dideulell, dejactare; comparez le breton dudi, dudiuz.
DIDUELLA, va. Amuser; part. diduellet.
DIDUELLENNA, v. a. Enlever un robinet; part. et; de di négatif et duellen, où tuellen robinet.
DIÉGI, sm. Paresse; Loth cite diauc. lent; de di priv. et de auc, pour ac, représentant le grec ωκύς; diogi paresse, cathol diéguy, diec.
DIEGUZ, adj. Paresseux, de diek.
DIEGUSAAT, va. et n. Devenir paresseux; part. éat.
DIEK, adj. Paresseux, voir pour l'étym. diegi.
DIEKAAT, va. et n. Paresseux; part. éat.
DIEL ou DIHEL, Titre; pl. diellou; Loth cite dihel, oisif; gall, dihail, sans service; irland, sail garde; breton, siel sceau.
DIELC'HA, vn. Perdre haleine; part. et; on dit aussi difelc ha; de di priv. et de felc'h foie, rate.
DIÉLLA, va. Donner un titre; part. et.
DIELLA, va. Démembrer; part. Laville marqué tire ce mot de di priv. et de ell, membre; Zeuss cite dielw, deformis.
DIELLER, sm. Archiviste; pl. ien.
DIELLEREZ, sf. Femme qui garde des livres; pl. ed.
DIELLOU, sm. pl. Archives; le singulier diell n'est pas usité.
DIEMPENN, adj. Sans cervelle; de di priv. et de, empenn. cervelle.
DIEMPENNI, va. Faire revenir à la raison; part. et.
DIEN, sm. Mort violente; Zeuss cite dianghaf, angheu, breton ankou.
DIÉNAOUET. adj. Inanimé; de di priv., et de énaouet animé.
DIÉNÉ, adj. Sans âme; di priv., éné âme.
DIÉNEK, adj. Pauvre, indigent; de de dien mort violente.
DIÉNEZ, sf. Pauvreté, de dien.
DIENKREZ, adj. Sans chagrin; de di sans, enkrez chagrin.
DIENKREZI, va. Oter l'inquiétude; part et même étym; que le mot précédent.
DIENKREZUZ, adj. Qui enlève le chagrin.
DIENN, sm. Crème, pl. nou; th iaginos, ien froid, cité par Jubainville.
DIENNA, va et n. Tourner en crème, écrémer part, diennet.
DIÉRÉ cu DISÉRÉ. Sans lien, détaché, de di priv et de éré lien.
DIÉRÉ, sm. Défaut de liaison.
DIÉRÉA ou DISÉRA, va. Délier, détacher part. et.

DIÉRÉADUR, sm. Même sens que diéré ou diséré.
DIÉREN, adj. Sans liens ; di priv., éré lien.
DIÉSA, va. Rendre difficile ; part. diéseat, de diez difficile.
DIÉSAAT, va et n. Devenir difficile ; part. diéséat.
DIESKERN, adj. Sans os ; de di priv., et de eskern ; pl. de askourn os.
DIEUB, adj. Délivré de di priv. et de eub obstacle.
DIEUB, sm. Délivrance, débarras.
DIEUBI, va. Délivrer, débarasser ; part. et.
DIÉVEZ, adj. Etourdi ; de di priv., et de évez attention.
DIÉVEZDÉD, sm. Etourderie, inattention ; de di et de évezded attention.
DIÉVEZIEK, adj. Inattentif, de di priv.; et de eveziek attentif.
DIÉVOR, adj. Sans mémoire, de di priv., et de évor mémoire.
DIÉVORI, va. Perdre la mémoire ; part. et., de di et de évori se rappeler.
DIEZ, adj. Difficile pour diéaz, de di priv., et de éaz aisé.
DIEZA, va. Voyez diésa.
DIFANK, adj. Sans boue, propre ; de di priv., et de fank boue.
DIFANKA, va. Décrotter ; part. et., pour l'étym, voyez le mot précédent.
DIFARAGOËLLA, vn. Descendre rapidement ; part. et.
DIFARANS, sf. Différence ; pl. difaransou du français différence.
DIFFARANSI, va. Faire la différence ; part. et.
DIFARLÉA, vn. Déployer les voiles ; part. et.
DIFARLUI, va. Débarrasser, pour disharlui ; de dis priv., et de harlui, entraver ; part. et.
DIFAZI, sm. Quittance générale ; de di priv. et de fazi erreur.
DIFAZI, adj. Sans faute, même étym. que le mot précédent.
DIFAZIA, va. Détromper, corriger ; part. et, de fazia tromper.
DIFAZIADUR, sm. Correction, de difazia détromper.
DIFAZIUZ, adj. Qui peut être corrigé.
DIFAZIUDED, sm. Infaillibilité.
DIFEIZ, adj. Sans foi, impie, de di priv. et de feiz foi.
DIFELC'H, adj. Qui n'a pas de rate, de di priv. et de felc'h rate.
DIFELC'HA, va. Enlever la rate ; part. et ; voyez le mot précédent.
DIFENN, sm. Prohibition, défense ; pl. ou ; du latin défendo, gallois diffenn.
DIFENNER, sm. Défenseur ; pl. ien, vannetais dic'houennour.

DIFENNEREZ, sf. Celle qui défend, protectrice ; pl. ed.
DIFENNET, adj. Défendu.
DIFENNI, va. Défendre, se dit plus souvent diffenn ; part. et.
DIFÉRI, va. Différer ; part. et, ce mot vient du français différer.
DIFERLINK, adj. Débraillé ; de di priv. et de harlu entrave.
DIFERLINKA, va. Se débrailler ; part. et, glose bret artuss entraves.
DIFÉSOUN, adj. Laid, littéralement, sans façon ; eur vaouéz défésoun, une femme laide.
DIFÉZIUZ ou DIFAÉZUZ. Invincible ; de di et de faezuz, qu'on peut vaincre.
DIFI, sm. Défi.
DIFIA, va. Défier ; part. et.
DIFIADEK, sm. Action de donner un défi.
DIFIZIANS, sm. Défiance ; de di nég. et de fizia fier, avec terminaison française.
DIFLACH, adj. Immobile, de di, et de flach mouvement.
DIFLACHA, va. Mouvoir ; part et ; voyez le mot précédent.
DIFLAC'HA, va. Enlever les béquilles ; part. et ; di priv. flac'h béquille.
DIFLACHDED, sm. Immobilité, inaction.
DIFLOURA, va. Déflorer ; part. et, de di priv. et de floura velouter, donner l'apparence du velours.
DIFLOURADUREZ, sf. Défloration, enlèvement de la virginité.
DIFOARA, va. Quitter la foire ; part. et, di priv., foar, foire.
DIFORANNA, va. Clôre ; part. et ; de di et de foran forain.
DIFORBUET, adj. Sain, sans défauts en parlant d'un cheval ; di priv. forbu, fourbure.
DIFORCH, adj. Difforme.
DIFORC'H, sm. Avortement, de di et de forc'h fourche.
DIFORC'HA, vn. Avorter ; part. et, de forc'ha, travailler à la fourche.
DIFORC'HIDIEZEZ, sf. Avortement, dissolution.
DIFORCHTED, sm. Difformité.
DIFORTUN, adj. Sans biens, de di priv. et fortun richesse.
DIFOUELTRA, va. Jeter avec horreur ; part. et ; de di et de foueltr sperme.
DIFOULIANS, sf. Débarras ; pl. ou ; de fuilla, brouiller.
DIFOUNN, adj. Peu abondant ; de di et de founn abondance.
DIFOUNNA, va. Diminuer ; part. et, de founna fournir.
DIFOUNS, adj. Défoncé ; de di priv. et de founs, fond, même signification que distrad.
DIFOUNSA, va. Défoncer ; part. et ; voir

pour la composition, le mot qui précède.

DIFOURBELLA, *va.* Ouvrir grandement les yeux ; part. et, de di affirm. et de bourbell, gros yeux.

DIFOURK. *sm.* Débouché, issue; *pl.* iou.

DIFOURKA, *va.* Débusquer ; part. et.

DIFOURNIA, *va.* Enlever du four ; part. et ; de di, et de fournia, mettre au four.

DIFOURNIZ, *adj.* Peu fourni ; di, et du français fournir.

DIFRAÉ, *sm.* Vitesse. Loth cite difrit, série, gall. dyffridio couler. Breton froud torrent.

DIFRAMM, *sm.* Arrachement ; *pl.* ou, de di et de framm jonction.

DIFRAMMA, *va.* Arracher ; part. et, de di, et de framma joindre.

DIFRAMMADUR, *sm.* Arrachement ; *pl.* iou, pour l'étym ; voyez diframm.

DIFRAMMER, *sm.* Briseur, arracheur, destructeur ; *pl.* ien.

DIFRAOSTA, *va.* Défricher ; part. et ; de fraost aride.

DIFRAOSTADUR, *sm.* Action de défricher ; voyez difraosta.

DIFRAOSTEREZ, *sm.* Défrichement ; voyez le mot précédent.

DIFRÉA. *va* et *n.* Presser ; part. defréet, voyez difraé.

DIFRÉTA, *va.* Se remuer ; part. et ; Loth cite défrit volée, fruinn frein.

DIFRÉUZ, *adj.* Pressant, prompt. Voyez difraé.

DIFRÉUZA, *va.* Défaire ; le même que freuza ; part. et, freuza a difreuza né ra ken, il ne fait que faire et défaire.

DIFRÉZA. *va.* Imiter, contrefaire ; part. et ; voyez difraé.

DIFRI, *adj.* Sans nez, di priv., fri nez.

DIFROUEZ, *adj.* Sans fruit ; de di sans et de frouez fruit.

DIFROUEZI, *va.* Perdre son fruit ; part. et, voir le mot précédent.

DIFROUNK, *sm.* Sanglot ; *pl.* ou, de froun, narine.

DIFROUNKA, *va.* Sangloter ; part. et.

DIFROUNKER, *sm.* Celui qui sanglote ; *pl.* ien.

DIFROUNKEREZ, *sf.* Celle qui sanglote ; *pl.* ed.

DIFROUNKÉREZ, *sm.* Action de sangloter.

DIFUKULTÉ, *sf.* Difficulté ; *pl.* ou ; venant du français difficulté.

DIFUSTA, *va.* Enlever le pied d'un outil ; part. et ; di priv. fust manche d'outil.

DIGABAL, *adj.* Sans défaut, sans bruit ; Loth cite gablau fourche *pl.* de gafl épieu, patois des Côtes-du-Nord, gavlot, irland, gabal fourche ; comparez le français cabale.

DIGABESTR, *adj.* Sans licol, libre ; de di privatif et de kabestr; latin, capistrum.

DIGABESTRA ou DICABESTA, *va.* Enlever le licol, rendre la liberté ; part. et ; pour l'étym. voir le mot précédent.

DIGALAR, ou DIGAILLAR. Sans crotte, de di et de kalar ; latin callus.

DIGALARA ou DIGAILLARA, *va.* Décrotter ; part. et ; voir le mot qui précède.

DIGALÉDI, *va.* Rendre mou ; part. et ; di priv., kaléd, dur.

DIGALOUN, *adj.* et *sm.* Lâche, sans cœur ; de di priv. et de kaloun, cœur.

DIGALOUNDER, *sm.* Découragement ; voyez le mot précédent,

DIGALOUNÉKAAT, *vn.* Perdre courage ; part. éat.

DIGAMMA, *va.* Remettre droit, redresser ; de di priv. et de kamma, boiter ; part. et ;

DIGANASTRA, *va.* Enlever les débris de chanvre, de lin ; part. et ; de di et de kanastr, débris de lin.

DIGANT, ou DICAD, *prép.* De, d'avec ; cambrique, y gan ; latin de cum, cité par Zeuss ; Loth cite gad, dagatte, verbe gadu laisser.

DIGANTHAN ou DIGANTAN. De lui ; pour l'étym. voir le mot précédent.

DIGAOC'HA, *va.* Décrasser ; part. et ; de di et de kaoc'ha, salir.

DIGAOTA, *va.* Décoller ; part, et ; de kaota, coller.

DIGAR, *adj.* Qui déteste ; de di et de kar, tendresse, amour.

DIGAREZ, *sm.* Excuse ; *pl.* digarésiou, de karez, reproche.

DIGAREZ, *sm.* Cheville ouvrière ; *pl.* ou.

DIGAREZI, *va.* Prétexter ; part. et ; s'excuser.

DIGAREZUZ, *adj.* Qui cherche des excuses.

DIGARNEZ, *adj.* Sans pitié.

DIGARNÉZI. *vn.* S'efforcer ; part. et.

DIGARZA, *va.* Défricher ; part. et ; de di priv. et de karza, nettoyer.

DIGARZÉREZ, *sm.* L'action de défricher ; de di, et de karzerez, nettoyage.

DIGAS, *sm.* Apport ; de di et de kas, envoyer ; cathol, digacc.

DIGAS, *va.* Apporter ; part. et.

DIGASTIZ, *adj.* Qui n'est pas puni ; de di et de kartiz : latin castigatio, punition.

DIGASTIZ, *sm.* Impunité.

DIGÉFLUSK, *adj.* Immobile ; de di et de kéflusk, mobilité.

DIGÉINA, *va.* Rompre l'échine ; de di et de kéin, dos.

DIGEIZA, *va* et *n.* Épeler ; part. digéizet ; on dit aussi digicha, digich. dégéch ; de di et de téz, langage ; gak, bègue.

DIGÉLIENA, *va.* Enlever les mouches ; part. et ; de kélien pluriel de kéliénen, mouche.

DIGÉMENNA, *va.* Donner à savoir ; man-

der; part. et ; de di, latin ad. et de ké-menna, mander.
DIGEMENNA, *va.* Contremander ; part. et ; de di priv. et de kemenna, ordonner.
DIGÉMÉNNADUREZ, *sf.* Contre ordre ; *pl.* iou.
DIGÉMER, *sm.* Réception ; on dit aussi digoumer ; de di, latin ad, et de kémérout prendre.
DIGÉMÉRER, *sm.* Receveur, hôte ; *pl.* ien.
DIGÉMÉREREZ, *sf.* Hôtesse ; *pl.* ed.
DIGEMERET-MAD, *adj.* Bien servi.
DIGEMERIDIGEZ, *sf.* Action de recevoir.
DIGÉMEROUT, *va.* Recevoir ; part. et ; on dit aussi pour ces mots digoumerout, comme pour les mots précédents commençant par digemer.
DIGEMM, *sm.* Fixité ; de kemm différence.
DIGEMMA, *va.* Echanger ; part. et
DIGEMMADUR, *sm.* Action de troquer.
DIGEMMESK, *adj.* Sans mélange ; de kemmesk, mélange.
DIGEMMESKI, *va.* Enlever le mélange ; part. et.
DIGEMMUZ, *adj.* Invariable, troqué ; de kemmuz, qui partage.
DIGEMPÉNN, *adj.* Dérangé, malpropre ; de di et de kempenn, propre.
DIGEMPENNADUREZ, *sf.* Désordre, saleté.
DIGEMPENNI, *va.* Déranger ; part. et ; de di et de kempenni, arranger.
DIGÉNED, *adj.* Laid ; di priv. gened ou kéned, beauté.
DIGENEDI, *vn.* Devenir laid ; part. et ; voy. digened.
DIGENVEZ, *adj.* Peu connu, pour dihanvez, di neg, hanvez connu, hano nom.
DIGENVEZI, *va.* Devenir étranger; part. digenvezet, voyez digenvez ; on dit aussi digenvezout, l'étymologie pourrait donc se transformer ainsi, di nég. gén naissance, beza bezout être.
DIGÉRI, *va.* On dit aussi digori ; part. et, ouvrir. Zeuss cite gorhery apérire, egery operire ; cathol ygéry, ygor, aperi, agori aperire.
DIGÉRI-FRANK, *va.* Ouvrir tout à fait ; part. digoret-frank ; digéri ouvrir, frank large.
DIGERNEZ, *adj.* Sans pitié, cruel ; di affirm. kernez, cherté.
DIGEVATAL, *adj.* Inégal, sans proportion ; de di et de kévatal, proportionné.
DIGICH ou DÉGECH, *va.* Épeler ; part. et.
DIGIGA, *va.* Enlever les chairs ; part. et ; di extract, kig chair.
DIGIGADUR, *sm.* Décharnement ; pour l'étym. voyez le mot précédent.
DIGINVIA, *va.* Enlever les toiles d'araignée, les mousses ; part. diginviet ; de di négat. et de kinvi, mousse.
DIGIZA, *va.* Déguiser ; part. et ; de di et de giz, façon, mode.
DIGLINK, *adj.* Sans ornements ; de di et de klink, clinquant.
DIGLINKA, *va.* Enlever les ornements ; part. et ; de klinka, orner.
DIGLINKACH, *sm.* Terme d'architecture, déclivité.
DIGLOSSA *va.* Enlever les gousses ; de di et de kloz, klozen, fermeture.
DIGLOZA, *va.* Déclore ; part. et ; de di et de kloza, fermer.
DIGLUDA, *vn.* Déjucher ; part. et ; de di et de klud, perchoir.
DIGLUDA, *v. a.* Enlever la glu ; part. et ; de negatif glud, glu.
DIGOAR ou DISWOAR, *adj.* Non courbe ; di priv. goar, courbe.
DIGOAVENNA *va.* Ecrémer ; part. et ; de di et de koaven, crème épaisse.
DIGOBR. *adj.* Pour rien, sans rétribution.
DIGOC'HEN ou DISKOC'HEN, *adj.* Sans pellicule ; de di et de koc'hen, peau mince.
DIGOC'HENNA ou DISKOC'HENNA, *va.* Enlever les pellicules ; part. et.
DIGOC'HENNÉREZ, *sf.* Instrument pour enlever la crème.
DIGOÉFA, *va.* Décoiffer ; part. et ; de di et de koéfa, coiffer.
DIGOENVI, *va.* Désenfler ; part. et ; de di et de koenvi, enfler.
DIGOFI, *sm.* Couvre-feu.
DIGOFIA, *va.* Sonner le couvre-feu ; part. et.
DIGOLL, *sm.* Indemnité ; de di sans, et de koll. perte.
DIGOLLA, *va.* Dédommager, indemniser ; part. et ; de di et de kolla, perdre.
DIGOLLIDIK, *adj.*, Qui ne peut périr ; de di et de kollidik, avorton.
DIGOMPEZ, *adj.* Non uni.
DIGOMPÉZA, *va.* Dépolir ; part. et ; di priv. kompeza, ou koumpéza, niveler.
DIGONFORT, *adj.* Qui ne se console pas ; di priv. konforta, réconforter.
DIGOR, *adj.* Ouvert ; Zeuss cite le cambrique ygor ouvert.
DIGORIDIGEZ, *sf.* Action d'ouvrir ; de digor ouvert.
DIGORNA, *vn.* Écorner ; part. et ; di priv. korn coin.
DIGOSA, Redevenir jeune ; part. et ; de di et de koz, vieux.
DIGOTA. Voyez ; digaota.
DIGOUBLA, *va.* Découper ; part. et.
DIGOUÉGA, *va.* Epeler ; part. et ; La Ville marqué cite le gallois egwégi.
DIGOUÉGOR, *sm.* Alphabet ; gallois egwégor ; de di et de gued cambrique

gweith forme, que nous retrouvons dans gwiziegez science.

DIGOULS, *sm.* Contre temps, de di et de kouls autant.

DIGOUN, *adj.* Oublieux, de di et de koun mémoire.

DIGOUNDACH, *sm.* Terme d'architecture, gorge, entablement; *pl.* ou, de goun gond.

DIGOUNNAR, *sm.* Plante ; de di et de kounnar rage.

DIGOURS, *sm.* Contre-temps ; di priv. kours, temps convenu.

DIGOUSK, *sm.* Veille, insomnie ; de di et de kousk sommeil.

DIGOUSKA, *va* et *n.* Découcher ; part. et ; de di et de kouska dormir.

DIGOUSKER, *sm.* Réveil; *pl.* un ; di priv. kousker dormeur.

DIGOUST, *sm.* Sans frais, indemnité ; et koust dépense.

DIGOUSTA, *va.* Indemniser ; part. et ; de di et de kousta dépenser.

DIGOUSTIANS, *adj.* Sans conscience, di priv. koustians, conscience.

DIGOUTANT, *adj.* Dégoutant ; tiré du français.

DIGOVEZ, *adj.* Sans confession ; di priv. kovez confesser.

DIGRAF, *adj.* Brouillon ; di priv. kraf, prise, couture.

DIGREDONI, *sf.* Incrédulité ; se dit aussi diskrédoni de di ou dis négat et de krédoni croyance.

DIGRESK, *sm.* Diminution, de di, et de kresk croissance.

DIGRESKI, *va.* Décroître ; part. et ; de di, et de kreski croître.

DIGRIZ, *adj.* Sans rides ; de di, et de kriz ride.

DIGRIZA, *va.* Rider ; part. et ; de di et kriza rider.

DIGROAZEL, *sf.* Les reins, les hanches; di pour diou deux, croazel hanche.

DIGROAZELLA, *va.* Déhancher ; part. et ; de di et de kroazel hanche.

DIKROC'HENNA ou DISKROCHENNA, *va.* Écorcher ; part. et ; de di priv. et de kroc'hen peau.

DIGUN, *adj.* Sans pitié, de di et de kun doux.

DIGUSTUM, *adj.* Deshabitué, de di et de kustum coutume.

DIGUSTUMI, *va.* Déshabituer ; part. et; de di et de kustumi accoutumer.

DIGUZUL, *adj.* Sans conseil, de di et de kuzul conseil.

DIGUZUL, *sm.* Persuasion, pour l'étym. voyez le mot précédent.

DIGUZULIA, *va.* Dissuader ; part. et ; de di, et de kuzulia donner avis.

DIGWENER ou DIRGWENER, *sm.* Vendredi ; pour l'etym jour de vénus ; latin dies vénéris.

DIGWEZ ou DIGOUEZ, Événement ; *pl.* digwesiou ou digouésiou ; de di et de kouéza tomber.

DIGWEZOUT, *v impers.* Survenir ; part. et. on dit aussi digouézout ; part. et ; de di et de kouéza tomber.

DIHABASK, *adj.* Indocile ; de di et de habask humain.

DIHARNEZ, *ajd.* Déharnaché ; de di et de harnez harnais.

DIHARNÉZI, *va.* Enlever le harnais ; part. et ; de di et de harnézi harnacher.

DIHARZOU, *adj.* Sans limites, de di et de harz harzou bornes.

DIHÉGAR ou DISHÉGAR. On dit aussi dishégarad, *adj.* cruel ; de di et dis, et de hégar, hégarad doux, comparez le français égard.

DIHENCHA, *va.* Perdre son chemin ; *pl.* et ; de di et de hent hencha, mettre en route.

DIHERBERC'HIAD, *sm.* Qui n'héberge pas ; *pl.* diherberc'hidi, comparez le français héberger, l'allemand heriberga.

DIHERBERC'HIADEZ, *sf.* Inhospitalière ; *plur.* ed ; Voyez le mot qui précède.

DIHESK, *adj.* Sans fond, inépuisable; de di et de hesk tari.

DIHET, *sm.* Désagrément ; de di et de het plaisir.

DIHÉTA, *va.* Déplaire ; part. et ; de di et de héta plaire.

DIHÉTUZ, *adj.* Déplaisant ; de di et de hétuz plaisant.

DIHEUDA, *va.* Enlever les entraves ; part. et ; de di et de heud entrave ; comparez le français enheuder.

DIHEULIUZ, *adj.* Que l'on ne peut suivre de di et de heuliuz qui suit.

DIHEUZA, *va.* Débotter ; part. et ; de di et de heuza botter.

DIHILA, *vn.* Perdre la graine, on dit aussi dissilla ; part. et ; pour diséda de dis et de éd blé.

DIHOLLA, *va.* Porter, avancer ; part. et; de di de, et de holl tout.

DIHOUMPRA, *va.* Démembrer ; part. et; on dit aussi disvempra ; de dis et de mempr membre.

DIHOUMPRADUR, *sm.* Action de démenbrer, dislocation.

DIHUCHENNA, *va.* Enlever les poussières ; part. et ; de di et de huchen, résidu de balle d'avoine.

DIHUN, *adj.* Éveillé, de di négat et de hun sommeil.

DIHUNA, *va* et *n.* Éveiller ; part. et ; pour l'étym, voy. le mot précédent.

DIJA, *adv.* Déja ; l'étym du mot français, est dès-ja, celui du mot Breton ; le latin jam, ou le Breton di et ia va ; latin vade.

DIJAL, *adj*. Qui ne se gêne pas, de di privatif et chal impatience, insouciance.

DIJAUCH, *adj*. Excessif di priv. et le français jauge.

DIJAVED, *sm* et *adj*. Sans mâchoire ; de di et de javed mâchoire.

DIJAVÉDA, *va*. Rompre la mâchoire ; part. et. de javed comme le mot précédent.

DIJENTIL. Voyez dichentil.

DIJUCH, *adj*. Sans jugement ; di priv. et le français juge.

DIJUNI, *sm*. Déjeuner ; *pl*. ou ; de di privatif et de iun jeune.

DIJUNIA, *va*. Déjeuner ; part. et. même etym que le mot précédent.

DIKOUMPEZ où DISKOUMPEZ. Inégal ; de di et de koumpez-uni.

DIKOUMPEZA, *va*. Rendre inégal ; part. dikoumpezet.

DIKOUMPEZIDIGEZ, *sf*. Inégalité ; *pl*. ou.

DIKOUNFORT, *adj*. Qui ne se console pas, Zeuss cite dys comfortis dygonfortis, termes corniques, anglais confortable. Voyez digonfort.

DIKOUNFORTA, *va*. Chagriner ; part. et. Zeuss cite le breton discoumfortaff disconfortet desolari désolatus.

DIKOUPLA, où DIGOUPLA, *va*. Découpler ; part. et ; de di priv. et de koupla coupler.

DILABOUR, *adj*. Sans travail ; de di, et de labour travail.

DILAMBREK, *adj*. Indolent ; Loth cite amraud, pensée amgnobot conscience, breton di et lampr glissant.

DILAMM, *sm*. Rejaillissement ; de di et de lamm saut.

DILAMMOUT, *vn*. Être rejeté, rejaillir ; di, et lammont sauter.

DILANSUZ, *adj*. Qu'on ne peut peser di et lans excès de poids.

DILAOSK, *sm*. Délaissement ; di et laosk lâche.

DILAOSKEL ou DILAOSKER, *vn* ; part. et. délaisser ; de di et de laoskel lâcher, pour laoska.

DILAOUI, *va*. Enlever les pous ; part. et de di priv. et de laou *plur*. de laouen pou.

DILARD, *adj*. Dégraissé ; de di et de lard graisse.

DILARDA, *va*. Dégraisser; part. dilardet, de di et larda graisser.

DILARDADUR, *sm*. Action de dégraisser ; voyez le mot précédent.

DILARDER, *sm*. Dégraisseur ; *pl*. ien, fem dilardérez ; *pl*. ed.

DILARDÈREZ, *sf*. Sabot de mécanique ; *pl*. ed.

DILAS, *adj*. Délacé, sans lacet ; de di et de las laset.

DILASSA, *va*. Délacer ; part. dilasset.

DILASTEZ, *adj*. Propre ; de di priv. et de lastez ordure.

DILASTÉZA, *va*. Nettoyer ; part. et ; voyez le mot qui précède.

DILASTR, *adj*. Sans lest, de di priv., et de lastr lest.

DILASTRA, *va*. Délester ; part. et; de di priv. et de lastra lester.

DILASTREZ. Voyez dilastez.

DILAVAR, *adj*. Sans parole; de di priv. et de lavar parole.

DILAVAR, *sm*. Démenti; *pl*. dilavarou; voyez le mot précédent.

DILAVARUZ, *adj*. Inexprimable, pour la composition ; voyez dilavar.

DILAVI, *va*. Déclarer ; on dit aussi dilaô ; part. et ; Loth cite digluiuhit, clarifiez.

DILAVRÉGA, *va* et *n*. Déculotter; part. et. di privatif et lavréga, mettre une culotte.

DILAVREK, *adj*. Sans culotte, de di et lavrek culotte.

DILÉBER, *adj*. Vif, éveillé, de di, affirm et du latin liber, libre.

DILÉBÉRI, *va*. et *n*. Se dépêcher ; part. et, de di affirm et liberare, délivrer. Voyez disleber dont la particule est négative.

DILEBEROUT, *vn*. Délivrer ; part. et.

DILECHADUR, *sm*. Déboîtement ; de di et de Léach lieu.

DILÉC'HIA, *va* et *n*. Déplacer ; part. et, de di et de Léc'hia lieu.

DILENN, *sm*. Choix, élection ; *pl*. ou, de di et de Lenn lire, latin legere, prendre, choisir.

DILENNA, *va*. Faire un choix ; part. et. Voyez le mot précédent.

DILENNER, *sm*. Electeur, celui qui choisit ; *pl*. ien.

DILERC'H, *sm*. Trace, vestige ; *pl*. dilerc'hiou, de di priv. et de Lerc'h queue.

DILERC'HA, *va*. Rester à la queue ; part. et. Voyez le mot précédent.

DILESTRA, *va*. Débarquer ; part. et, de lestr navire.

DILÉTOUNI, *va*. Défricher ; part. et, di; Létoun gazon.

DILEUNIA, *va*. Vider ; part. et ; di priv. leuna remplir.

DILEURI, *va*. Renvoyer ; part. et; Loth cite Laur sol ; leur aire.

DILEURIDIGEZ, *sf*. Presse, activité, diligence.

DILEURIUZ, *adj*. Expéditif, diligent.

DILEUSKEL pour DILAOSKA, *va*. Délaisser ; part. et ; di et leuskel lâcher.

DILEZ, *adj*. Sans lait, di, et léaz lait.

DILEZ, *sm*. Abandon ; *pl*. ou ; Loth cite dilein destruction, dilain, épuisé, mot gallois.

DILÉZA, *va* et *n*. Faire passer le lait, n'avoir plus de lait ; part. et, di et léaz lait.

DILÉZA ou DILÉZEL, *va*. Abandonner ; part. et de di et de lézel laisser.

DILÉZER, *sm*. Celui qui cède ; *pl*. ien, pour l'étym. Voyez dilez.

DILEZIET, *adj*. et *part*. Déhanché ; de di et lez hanche.

DILIAMMA, *va*. Délier ; part. et ; dit et liamma lier.

DILIANA, *va*. Enlever, le linceul ; part. et ; di priv. liana, ensevelir.

DILIBÉRI, *va*. Délibérer ; part. et, vient du français.

DILICAT, *adj*. Délicat, cité dans le cornique par Zeuss.

DILIJANS, *sm*. Voiture appelée diligence ; *pl*. ou, ce mot vient du français.

DILIJANT, *adj*. Diligent, actif.

DILIKAT, *adj*. Fin, délicat.

DILVIRIA, *va*. Délivrer ; part. et ; de di nég. et de livria livrer.

DILLAD, *sm*. hardes ; *pl*. dillagou ; gallois lliain, breton lien toile, lenn manteau.

DILO, *sm*. Vivacité, prestesse ; Loth cite olguo poursuite.

DILOC'H, *adj*. Fixe ; de di négat. et de loc'h, action de bouger.

DILOC'HA, *va* et *n*. Déplacer ; part. et ; di et loc'ha bouger.

DILOC'HÉREZ, *sm*. Déplacement.

DILOC'HUZ, *adj*. Immobile.

DILOC'HUZ, *adj*. Rafraichissant, qui pousse au dehors.

DILOJA, *va*. Déloger ; part. et ; de di négat. et de loja loger.

DILOSKUZ, *adj*. Incombustible ; de di, et de loskuz combustible.

DILOST, *adj*. Sans queue, di sans et lost queue.

DILOST, *sm*. Terminaison, conclusion ; *pl*. ou.

DILOSTACHOU, *sm. pl*. Débris de blé, criblures.

DILOST-HAN, *sm*. Automne, arrière-saison ; de dilost et de han été.

DILOUADI, *va*. Dégourdir l'esprit ; part. et, de di et Louad niais.

DILOUNTÉGEZ, *sf*. Tempérance, sobriété. Voir le mot suivant.

DILOUNTEK, *adj*. Sobre ; de di et de lountek gourmand.

DILOUZ, *adj*. Vif. Voyez dilô, diloûz serait peut-être ; pour diloruz, cède di et de lor ladre, impuissant.

DILOUZAOUI, *vn*. Enlever les mauvaises herbes ; part. et ; di priv. et louzaou mauvaises herbes.

DILUCH, *sm*. Déluge ; *pl*. ou. Comparez le mot français et le latin diluvium.

DILUFRA, *va*. Enlever le lustre ; part. et ; di, et lufr éclat, lufra briller.

DILUI, *adj*. Libre ; Loth cite dilu, qu'il tire ; de di priv. et de lu, serment.

DILUIA, *va*. Enlever le lustre ; part. et ; de di et de luia, briller.

DILUIA, *va*. Démêler ; part. et ; di et luia, luzia, brouiller.

DILUN, *sm*. Lundi, jour de la semaine ; *pl*. iou, dies lunæ, jour de la lune.

DILUSK, *adj*. Qui ne bouge pas ; de di nég et de lusk, mouvement.

DIMÉ, *adv*. A moi ; de din à et de mé, moi.

DIMERC'HER, *sm*. Mercredi ; de di pour déiz jour, et de merc'her, mercure.

DIMEURS ou DIMEURZ, Mardi ; de di pour déiz et de meurz, mars.

DIMÉZEL, *sf. pl*. Led, demoiselle ; nous citons le priv. di et mez, honte ; le latin nous donne dominicella.

DIMEZEL, *sf*. Pilon de paveur ; *pl*. led.

DIMEZELLIK, *sf*. Petite demoiselle ; *pl*. dimézelledigou.

DIMEZI ou DIMIZI, *sm*. Mariage ; de di priv. et de mez honte, divez sans honte ; cette étymologie paraît probable, nous avons cependant le latin dives riche, qui peut être accepté, ainsi L'on dit, eur fortun vad enn deuz gréat, il a fait un bon mariage, le mot fortun représente le mot français fortune.

DIMEZI ou DIMIZI, *va*. et *n*. Marier ; part. et.

DIMILONA, *vn*. S'agiter ; part. et ; du cornique menvion, fourmi.

DIMOLISSA, *va*. et *n*. Démolir ; part. et ; origine latine.

DIMUNUI ou DIMINUI, *va*. Diminuer ; part. et ; origine latine minutus ; breton munud.

DIN ou DIGN, *adv*. Même que dimé, à moi.

DIN, *adj*. Digne.

DIN, *sm*. Forteresse ; *pl*. ou ; grec δυωτος, fait au tour.

DINACH, *sm*. Négation ; *pl*. ou ; de la particule di et de nac'h, action de nier.

DINAC'HA, *va*. Renier, désavouer, part. et ; de di nég. et de nac'ha, nier.

DINAC'HER, *sm*. Celui qui renie ; *pl*. ien ; pour l'étym. voy. le mot précédent.

DINAC'HIDIGEZ, *sf*. Action de nier, de dinac'h.

DINAC'HUZ, *adj*. Qui nie, qui refuse.

DINAM, *apj*. Sans tache : de di négat. et de nam tâche, gwerc'hez dinam, vierge immaculée.

Dinama, va. Epurer ; part. et ; voyez dinam.

Dinamaat, vn. S'épurer ; part. éat, voyez dinam.

Dinamded, sm. Pureté, pour l'étym. voyez dinam.

Dinaou, sm. Versant, pente, de la particule di et de naou tnaou, pour traon bas ; grec δινοτος, cité par Loth ; grec διυη, gouffre ; glose bretonne dinaut ; de di et du grec ὄνυ.

Dinaoui, va et n. Pencher, incliner ; part. et ; pour l'étym. voir le mot précédent.

Dinask, adj. Sans point d'attache ; di priv. nask, lien.

Dinaska, va. Détacher les bêtes ; part. et ; voy. dinask.

Dinasken, adv. Sans lien.

Dinaskenna, va. Enlever les liens ; part. et.

Dinatur, adj. Contre nature ; de di nég. et de natur, nature.

Dindan, adv. Dessous ; variante de didan, composé de do a et de tan sous, maintenant inusité, cité par Jubainville.

Dindaniéla, va. Métamorphoser ; part. et ; de dindan dessous ; pour la terminaison ; comparez gulcet, ornements de fête, cité par Loth, breton yell ou gel, rouge.

Dindanieladur, sm. Transformation ; pl. iou, voyez le mot précédent.

Dinéc'h, adj. Sans crainte, de di nég. et de néac'h, crainte inquiétude.

Dinéc'ha, va. Ne pas craindre ; part. et ; voir mot précédent.

Dineisia, va. Dénicher ; part. et ; de di et de néiz, nid.

Dinéisier, sm. Dénicheur ; pl. ien, voir le mot précédent.

Diner, sm. Denier ; pl. ou ; du latin denarius.

Dinérad, sm. La valeur d'un denier ; pl. ou.

Dinerz, adj. Sans force ; de di priv. et de nerz, force.

Dinerza, va. Affaiblir ; part. et ; pour la composition, voyez le mot qui précède.

Dinerzded, sm. Faiblesse, voyez dinerz.

Dinerzidigez, sf. Affaiblissement, voyez dinerz.

Dinérzuz, adj. Qui affaiblit.

Dinésa, sf. Familiarité ; pl. ou, de di et de nes, proche.

Dinésa, va. Détordre le fil : part. et ; de di nég, et de nésa, filer.

Dinésaat, vn. Approcher ; part. éat ; de di représentant le latin ad et de nés, proche.

Dinésidigez, sf. Approche ; pour la composition, voyez le mot précédent.

Dineuz, adj. Difforme ; de di priv. et de neuz, forme.

Dinevezi, va. Renouveler ; part. et ; de di affirm. et de nevezi, mettre à neuf.

Dinéza. Voyez dinésa.

Diniver, adj. Innombrable ; de di nég. et de niver, nombre.

Dinoaz, adj. Innocent ; de di nég et de noaz, tort.

Dinodi, va. Éclore ; part. et ; de di affirm et de noi noit ; latin nepos, glose bretonne, dino déveile, irlandais dinochtain, mettre à sec.

Dins, sm. Dé ; pl. ou ; glose bret. diniam, tinter.

Dinsa, va et n, Tinter ; part. et ; gall. tincio ; anglais tink, tinter.

Dinsérez, sm. Action de tinter, de dins.

Diober, va. Défaire ; part. dic'hréat ; de di nég. et de ober, faire ; latin operare.

Diod ou Diot, adj. Sot ; part. ed ; comparez lefrançais idiot, le grec ιδιος.

Dioda, va. Monter en épis ; part. et ; de di priv. et de geot herbe : Loth cite la glose och pointe ; gallois awch.

Diodez, sf. Sotte ; pl. ed ; voyez diod.

Diodi, va. Pousser en épis ; di nég. et iéot, herbe.

Diodi, vn. Devenir idiot ; part. et.

Diogel, adj. Sans peur ; se dit aussi diougel, composition digogel citée par Zeuss.

Diolgar, adj. Reconnaissant ; de di affirm et de ol, olguo traces.

Dionenni, va, Ecumer ; part. et ; de di priv. et de eonen, écume.

Diorroadur, sm. Action de cultiver ; comparez le grec ορυξ pioche, ορυγμα fosse ; le breton gourrê haut, gourren lever, renfermer.

Diotach, sf. Niaiserie : pl. ou ; de diod sot.

Diosès, sf. Diocèse ; pl. ou ; du grec διοκησις.

Diou, sm. Nombre deux ; Loth cite diu ; latin duo.

Diouall, Voyez diwal.

Diouaskella, vn. Etendre les deux ailes ; part. et ; diou deux, askell aile.

Diou'ch diout ou diouz, prép. De a.

Diouc'htu, adv. De suite, de diouch et de tu côté.

Diouër, sm. Privation ; Zeuss cite dirwest, abstinence.

Diouérez, sf. Exil ; Zeuss cite diures, exul, le même que divro, divroét.

Diouéri, va. Avoir besoin ; part. et ; pour la composition, voy. diouër.

Diouéridigez, sf. Nécessité ; le même que diouér, avec terminaison féminine.

Diougan, Voy. dogan.

DIOUGAN, sm. Prédiction pl. ou ; Loth cite dioulouse, qui découvre ; Lavillemarqué, fait venir ce mot de disgogan; de dis, partie extractive et de gogan, chant ambigu.
DIOUGANER, sm. Prophète ; pl. ien, voir le mot précédent.
DIOUGANEREZ, sm. Action de deviner.
DIOUGANI, va. et n. Prédire ; part. et ;
DIOUGANUZ, adj. Qui concerne la prédiction.
DIOUGEL, adj. Certain. Zeuss cite diogel latin securus, en composition, di-gogel.
DIOUGELLA, va. Assurer ; part. et.
DIOUGELLEREZ, sm. Assurance.
DIOU-GROAZ-LEZ, sf. pl. Les reins, diou deux, kroaz croix, lez hanche.
DIOUIZIÉGEZ, sf. Ignorance, di priv. gwiziégez connaissance.
DIOUNTAN, adv. De lui, pour diouc'h ézan.
DIOUNTOU ou DUONTOU, adv. Là bas, de duont là. Voir ce mot.
DIOUTI, adv. D'elle, pour diouc'h hi.
DIOUTO, adv. D'eux, pour diouc'h ho.
DIOUZE, adv. De lui, pour diouc'h he.
DIOUZI. Le même que diouti. Voy. ce mot.
DIPALA. Voyez dispala.
DIPIT, sm. Fâcherie ; pl. ou.
DIPITA, va. Dépiter ; part. et.
D'PITEREZ, sm. Attaque sournoise.
DIPITUZ, adj. Qui occasionne du dépit, superlatif dipitusoc'h.
DIPORTAMANT, sm. Patience.
DIPOUILL, sm. Dépouille ; pl. ou.
DIPOUILLAMANT, sm. Dépouillement ; pl. chou. Ces sept derniers mots, sont d'origine française.
DIPOUILLI, va. Dépouiller ; part. et.
DIR, prop. Représentant le latin ad, et fortifiant la locution.
DIR, sm. Acier., Jubainville, dit de comparer le latin durus.
DIRABANS, sm. En pente, pour dirabank, di priv. et de rabank, forte corde.
DIRAEZI, va. Atteindre ; part. et, de di priv. et de aes haut.
DIRAK, prép. Devant, de di de et de rak, car, devant.
DIRANJAMANT, sm. Dérangement ; pl. diranjamanchou ; vient du français.
DIRANJEN, adj. Sans guides, de di priv. et de ranjen guide.
DIRANJENNA, va. Enlever les guides ; part. et, pour la composition. Voyez le mot précédent.
DIRANJI, va. Déranger ; part. et, ce mot vient du français probablement.
DIRANN, adj. Qui n'est pas divisé, de di priv. et de rann. part.

DIRANNUZ, adj. Qui ne peut être divisé; pour la composition. Voyez le mot précédent.
DIRANVA, va. Egrener ; part. et ; de, di de, et de ranvel séran, instrument à dents.
DIRAOULA, va. Désenrouer ; part. et ; de di priv., et de raoula enrouer.
DIRAPAR, adj. Mal réparé, di nég. et le français réparer.
DIRÉBECH, adj. Irréprochable, de di nég. et de rebech reproche.
DIRÉBECHI, va, et n. Enlever les reproches ; part. et.
DIRED, sm. Stagnation, de di priv. et de red course.
DIRED, adj. Inutile, de di priv., et de red nécessité.
DIRÉDEK, vn. Accourir ; part. et ; de di et de réd course.
DIREDI, adj. Sans contrainte, de di nég. et de rédi contrainte.
DI REISTEID, sm. Sauvagerie, de di priv. et de réiz doux.
DIREIZ, adj. Déreglé, de di priv., et de réiz règle.
DIREIZ, sm. Dérèglement.
DIREIZA, va et n. Dérégler ; part. et ; de di priv. et de réiza, régler.
DIREKSIOUN, sm. Direction ; pl. ou. Origine française.
DIREKTAMANT, adv. Directement ; origine française.
DIREMED, adj. Sans remède, de di priv. et de rémed remède.
DIREN, sf. Morceaux d'acier, briquet ; pl. nou, de dir acier.
DIRENGOAR, sf. Rayon de miel ; pl. dirennou koar ; de diren briquet et de koar cire.
DIREN-MEL, sf. Pain de miel ; pl. dirennou-mel de diren briquet, et de mel miel.
DIRENKA, va. Déranger ; part. et ; de di priv. et de renka ranger.
DIREOL, adj. Déréglé, de di priv. et de réol règle.
DIRESTA, va. Défaire le foin coupé ; part, direstet.
DIREUSTLA, va. Calmer; part. et ; de di priv. et de reustl, combat, confusion.
DIRÉZA ou DEREZA, va. Attendre ; part. et, de dérez, degré.
DIRÉZOUN, adj. Déraisonnable.
DIREZOUNI, va. Déraisonner ; part. et.
DIRGWENER. Voyez digwener, jour de Vénus.
DIRI, pl. de déry ou délez, escaliers.
DIRIBIN, sm. Inclinaison ; de di priv. et du cornique, ryb, latin ripa cité par Zeuss.
DIRIBIN, adj. Incliné, penché. Voir le mot qui précède.

DIRID, adj. Sans rides ; de de priv. et de kriz ride.
DIRIJA, va. Diriger ; part. et ; origine française.
DIROC'HA, va. Ronfler ; part. et ; de di affirm. et de roc'ha ronfler.
DIROD, adj. Sans roues, di priv. rod roue.
DIRODA, va. Enlever les roues; part. et, di priv. rod roue.
DIRODELLA, va. Dérouler ; part. et, de di nég. et de rodella rouler.
DIROÉSTLA, va. Démêler ; part. et, de roestla brouiller.
DIROGA, va. Déchirer ; part. et ; de di affirm, et de roga, régi déchirer.
DIROLL, sm. Dérèglement ; de di priv., et de roll ordre.
DIROLL, adj. Déréglé pour la composition ; voir le mot précédent.
DIROLLA, va et n. Dérégler ; part. et ; de di priv., et de roll ou reôl règle.
DIROLLET, adj. et part. Dévergondé, déréglé, démoralisé.
DIROLLIDIGEZ, sf. Démoralisation, dévergondage.
DIROUDA ou DIROUTA, va. Suivre les traces ; part. et ; de di priv., et de roud trace.
DIROUFEN, adj. Exempt de rides ; de di priv., et de roufen ride, pli.
DIROUFENNA, va. Défaire les plis ; part. et ; de di priv., et de roufenna plisser, rider.
DIRUSIA, va. Enlever le rouge : part. et ; de di priv., et de rusia rougir.
DIRUSKA, va. Enlever l'écorce ; part. et. de di priv., et de rusk écorce.
DIRUSKADUR, sm. Ecorçage ; pl. iou ; voir le mot précédent.
DIS ou DEZ, part. Négative, extractive, affirmative. C'est le même que di suivant la consonnance.
DIS, sm. Dé à jouer ; voyez dins.
DIS, adj. Impair ; voyez diz.
DISADORN, sm. Samedi ; dies saturni.
DISAMBARKI ; va. Débarquer ; part. et.
DISASUN, adj. Sans goût ; de di priv., et de sasuni épicer.
DISBLÉVA, va. Enlever les cheveux ; part. et ; de dis priv., et de bléva couvrir de poils.
DISBOURBELLA, va. Ouvrir grandement les yeux ; part. et ; de dis affirm. et de bourbell gros yeux.
DISBOURBELLEK, adj. et sm. Celui qui à les yeux à fleur de tête ; de dis affirm. et de bourbellek, qui a les yeux à fleur de tête.
DISC'HRISIENNA, voy. Dic'hrisienna.
DISENWAD, adj. Qui n'a pas été circoncis ; Zeuss cite imdibthe circoncis, en irlandais ; Lavillemarqué dis,enn dedans et gwad sang, comme composition bretonne.
DISÉRÉ, sm. Sans lien, pl. ou ; voyez diéré.
DISÉRÉA, voyez diéréa.
DISERTI. va et n. Déserter ; part. et ; origine française.
DIZERTOUR, sm. Déserteur ; pl. ien.
DISESPER, sm. Désespoir.
DISESPERI, va. Désespérer ; et.
DISFISIANS, sm. Défiance ; voyez difizians.
DISFISIOUT, vn. Se défier ; part. disfisiet ; de dis priv. et et de fisiout se fier.
DISFISIUZ, adj. Défiant ; de dis nég. et de fisiuz confiant.
DISGAR adj. Détesté ; de dis priv. et de kar aime, karout aimer.
DISGAROUT ou DISKAROUT, vn. Ne pas aimer ; part. et ; de dis nég. et de karout aimer.
DISGLAC'HA, va. Raviner ; part. et ; de dis nég. et de gleac'h humide.
DISGLAÔ, sm. Abri contre la pluie ; de dis nég. et de glaô pluie.
DISGLAÔIER ou DISGLAVER, sm. Parapluie ; pl. ou.
DISGLAVI, va et n. Se mettre à l'abri de la pluie ; part. et.
DISGRI, adj. Décousu ; de dis nég. et de gri couture.
DISGRI, sm. Endroit décousu, pour composition voir le mot précédent.
DISGRIA ou DISGRIAT, va, découdre ; part. et ; de dis nég. et de gria coudre.
DISGRIZIENNA, va. Désoucher ; part. et ; de dis extractif et de grizien racine.
DISGWAR, adj. Qui n'a pas de courbe ; de dis nég. et de gwar courbe.
DISGWARA, va. Redresser ; part. et ; de dis nég. et de gwara courber.
DISGWÉA, va. Détordre ; part. disgwéét ; de dis nég. et de gwéa tordre.
DISGWEL, adj. et sm. Caché ; de dis nég. et de gwel vue.
DISGWINKA, vn. Ruer ; part. et ; de dis affirm. et de gwinka ruer.
DISGWIR, adj. Faux ; de dis nég. et de gwir faux.
DISGWIR-HENVEL, adj. Invraisemblable ; de dis nég. de gwir vrai et de henvel semblable.
DISGWIRION, adj. Déloyal ; de dis nég. et de gwirion vrai.
DISHAL ou DISSAL, adj. Sans sel ; de dis nég. et de hal sel, ou sal salé.
DISHAL, sm. Reflux de la mer.
DISHALA, va. Dessaler ; part. et.
DISHALA, va. Refluer, action de la mer qui se retire ; part. et.
DISHANÔ, adj. Anonyme ; de dis priv. et de hano nom.

DISHÉGARAD, *adj*. Inhumain ; de dis nég. et de hégar doux.
DISHENVEL, *adj*. Dissemblable ; de dis nég. et de henvel semblable.
DISHENVELIDIDIGEZ, *sf*. Manque de conformité ; même composition que le mot précédent.
DISHÉOL, *adj*. A l'abri du soleil; de dis priv. et de héol soleil.
DISHÉOL, *sm*. Ombrage ; *pl*. dishéoliou.
DISHÉOLIA, *va* et *n*. Ombrager ; part. et ; de dis priv. et de héolia, être au soleil.
DISHÉOLIEK, *adj*. Ombragé ; pour la composition, de dis priv. et de héoliek exposé au soleil.
DISHÉORI, *vn*. Lever l'ancre ; part. et ; de dis nég. et de héor ancré.
DISHÉVEL, voy. dishenvel.
DISHÉVELÉP, *adj*. Défiguré ; variation de dishenvel.
DISHEVELIDIGEZ, voy. dishenvelidigez.
DISHÉVÉLOUT, *vn*. N'être pas semblable; part. et.
DISHILA ou DISILLA, voy. dihila.
DISHILOUN, *sm*. Le plein de la mer; Loth cite hin limite, extrémité.
DISHOUARN, *adj*. Déferré ; de dis priv. et de houarn fer.
DISHOUARNA, *va*. Déferrer ; part. et ; de dis priv. et de houarna mettre des fers.
DISHUAL, *adj*. Sans entraves ; de dis priv. et de hual entrave.
DISHUALA, *va*. Enlever les entraves ; part. et ; de di priv. et de huala entraver.
DISIOU, *sm*. Jeudi, jour de la semaine ; de dies Jovis, jour de Jupiter.
DISIOULEK, *adj*. Involontaire ; de dis priv. et ioul volonté, colère.
DISIOULUZ, *adj*. Qui n'est pas médité ; même composition que le mot précédent.
DISIVOUD, *sm*. Hérésie.
DISK, *sm*. Plat ; *pl*. ou ; comparez le latin discus plat.
DISKABEL, *adj*. Nu-tête; de dis priv. et de kabel coiffure.
DISKABELLA, *va*. Découvrir la tête ; part. et ; voir le mot précédent.
DISKAÉ, *adj*. Sans clôture ; de dis priv. et de kaé clôture.
DISKAÉA, *va*. Déclore ; part. et ; de dis priv. et de kaéa enclôre.
DISKAN, *sm*. Refrain ; pl. ou ; de dis extract. et de kan chant.
DISKANA, *va*. Répéter un refrain ; part. et ; de dis extract. et de kana chanter.
DISKANER, *sm*. Celui qui répète un refrain ; pl. ien.
DISKANNEIN, *va* et *n*. Enlever la peau, dialecte de Vannes ; part. et ; de dis extract. et de cennen membrane.

DISHANTA. *va*. Enlever l'écaille ; part. et ; de dis priv. et de shant écaille.
DISKAR, *va*. Renversement, abatage ; de dis priv. et de gar jambe.
DISKARA, *va*. Abattre ; part. et ; voir diskar.
DISKAR-AMZER, *sm*. Automne; de diskar chute et de amzer temps.
DISKARER, *sm*. Abateur ; *pl*. ien.
DISKARET, *adj*. et part. tombé, déchu.
DISKARG, *sm*. Décharge; *pl*. ou ; de dis priv. et de karg charge.
DISKARGA, *va*. Décharger ; part. et ; de dis priv. et de karga charger.
DISKARGADEN, *sf*. Masse déchargée ; *pl*. nou.
DISKARGADIER, *sf*. Décharge, *pl*. iou.
DISKARGUZ, *adj*. Sans rémission, irrémissible.
DISKAR-LOAR, *sm*. Décroissement de la lune ; de diskar chute, et de loar lune.
DISKARN, *adj*. Femme de mauvaise vie.
DISKEMENN, *sm*. Ordre contraire ; de dis négat. et de kemenn ordre.
DISKÉMENNA, *va*. Commander ; part. et ; de dis nég. et de kémenna ordonner.
DISKENN, *sm*. Descente ; *pl*. ou ; latin descensio.
DISKENNI, ou DISKENN, *vn*. Descendre ; part. et ; latin descendere, corn deyskynnas, disskynna, irland dysgynnu.
DISKI ou DESKI, *va* et *n*. Apprendre ; part. et ; latin discere.
DISKI, *va*. Servir sur un plat ; part. et ; de disk plat, latin discus.
DISKIANT, *adj*. Insensé ; de dis priv. et de skiant esprit, latin scientia.
DISKIANTA, *va* et *n*. Perdre la raison ; part. et ; voir le mot précédent.
DISKIANTEK, *adj*. Sans raison, systématique.
DISKIBL, *sm*. Disciple; *pl*. diskiblien ; latin discipulus.
DISKIDIK, *adj*. Celui qui apprend vite ; voir diski.
DISKLÉRIA, *va*. Déclarer ; part. et ; de di affirm. et de skléria éclairer.
DISKLÉRIADUR, *sm*. Action de déclarer ; *pl*. iou ; voir diskléria.
DISKLÉRIER, *sm*. Celui qui déclare ; *pl*. ien.
DISKOAZ, *pl*. De skoaz, épaule; diou deux, skoaz, épaule.
DISKOAZIA, *va*. Epauler ; part. et ; de dis affirm. et de skoazia épauler.
DISKOGÉLLA, *va* Remuer ; part. et ; de dis priv. et de coguell apprêt composé de co et de guelt chevelure citation de Loth.
DISKOGELLÉREZ, *sm*. Action d'arracher ; voir le mot précédent.
DISKOLIA, *va*. Désenrayer ; part. et, di priv. skolia enrayer.

DISKOLPA, *va.* Détacher ; part. et ; de di et de skolp copeau.

DISKOLPADUR, *sm.* Action de lacérer; *pl.* iou.

DISKOLPÉREZ, *sm.* Action de déchirer, d'arracher.

DISKORA, *va.* Enlever les cales ; part. et ; de di priv. et de skor étançon.

DISKOUARN, *adj.* Sans oreilles ; de di et de skouarn oreille.

DISKOUARN, *sf.pl.* Les deux oreilles; de diou deux et de skouarn oreille.

DISKOUARNA, *va.* Enlever les oreilles ; part. et ; de di priv. et de skouarn.

DISKOUBLA,*va.*Défaire les couples;part. et; dis privatif et koubla coupler; voyez digoubla.

DISKOUER, *adj.* Original; de di nég. et skouér, exemple, équerre.

DISKOUÉZ, *sm.* Action de montrer ; La Villemarqué tire ce mot de di extract. et de kuz cachette.

DISKOUÉZA, *va.* Montrer ; part.et ; de dis affirm.et de kouéza ; latin cadere tomber.

DISKOULM, *adj.* Dénoué ; de dis priv. et de koulm nœud,ou de di priv. et de skoulm nœud.

DISKOULMA, *va.* Défaire les nœuds; part. et ; dis priv. koulma nouer.

DISKOULTR, *sm.* Branche coupée ; *pl.* diskoultrou ; de di priv. et de skoultr branche.

DISKOULTRA, *va.* Emonder; part. et ; pour la composition voir le mot précédent.

BISKOULTRER, *sm.* Celui qui émonde ; *pl.* ien.

DISKOUNTA, *va* Décompter ; part. et ; dis priv. kounta compter.

DISKOUNTA, *va.* Guérir par la magie.

DISKOURN, *sm.* Dégel ; de di priv. et de skourn glace.

DISKOURNA, *va.* Dégeler ; part. et ; de di priv. et de skourna geler, glacer.

DISKOURRA, *va.* Moyen breton ; la même que diskoultra.

DISKOURS, *sm.* Discours ; *pl.* ou ; latin discursus.

DISKOUTAL, *vn.* Regarder à travers ; part. et.

DISKRAB, *sm.* Action de gratter; de di affirm. et de skrab grattage.

DISKRABA, *va.* et *n.* Gratter ; part. et ; de di affirm. et de skraba gratter.

DISKARMENNA, *va.* Ecréter ; part. et ; voyez la glose crummanhuo citée parLoth.

DISKRED, *sm.*Défiance ; de dis nég. et de kred croyance.

DISKRÉDI, *vn.* Se défier ; part. et ; de dis nég. et de krédi croire.

DISKRÉDIK, *adj.* Méfiant ; de dis nég. et de krédik méfiant.

DISKRÉDONI, *sf.* Incrédulité ; de dis nég. et de krédoni crédulité.

DISCRÉDUZ, *adj.* Incroyable, difficile à faire croire.

DISKRÉGI ou DISKROGI, *va.* et *n.* Décrocher ; part. et ; de dis nég. et de kregi ou krogi saisir, prendre.

DISKREUNIA, *va.* Enlever la croûte ; part. et ; de dis priv. et de kreun croûte.

DISKRICHENNA, *va.* Enlever la crème ; part. et; de dis et de krichen ride ; voir citation Loth, criched ride.

DISKRIF, *sf.* Description; *pl.* ou ; de dis affirm. et de skrid écriture.

DISKRIVA, *va.* Ecrire ; part. et ; de di affirm. et de skriva écrire.

DISKROC'HENNA, *va.* Enlever la peau ; part. et ; voy. digroc'henna.

DISKROG ou DISKROK. Décroché, dénué de ressources ; de dis nég. et de krok croc, ou de krog prise.

DISKROUGA, *va.* Dépendre ; part. et ; de dis nég. et de krouga pendre.

DISKROUGNA, *va.* Montrer les dents , part. et ; de dis nég. et de grounna serrer.

DISKUDA, *vn.* Couper une haie ; part. et ; de dis affirm. et de kuda. pour ce mot, Loth cite guédcm serpe, cuéétic tordu.

DISKUIZ, *adj.* Défatigué ; de di nég. et de skuiz fatigué.

DISKUIZ, *sm.* Temps de repos; *pl.* ou ; voir le mot précédent.

DISKUIZA, *va.* et *n.* Défatiguer ; part. et ; de di nég. et de skuiza fatiguer.

DISKUIZUZ, *adj.* Qui délasse ; de di nég. et de skuizuz fatiguant.

DISKULIA pour DISKUZIA, *va.* Découvrir; part. et; de dis priv. et de kuzia cacher.

DISKULIADUREZ, *sf.* Action de découvrir.

DISKULIER, *sm.* Celui qui découvre ; *pl.* ien.

DISKUNTUNUI,*va.*Discontinuer ; part. et.

DISKUTI, *va.* Discuter ; part. et; origine française.

DISLAO, *sm.* Voyez disglaô.

DISLAVAR, *sm.* Dédit ; de dis nég. et de lavar parole.

DISLAVAROUT, *va.* et *n.* Désavouer, dédire ; part. et ; de dis nég. et de lavarout dire.

DISLÉAL, *adj.* Déloyal ; de dis nég. et de léal loyal.

DISLÉALDED,*sm.* Déloyauté ; de dis nég. et de léalded loyauté.

DISLÉBER, *adj.* Contrefait ; Zeuss cite dielw, deformis,particule nég.dis, et liber, libre en latin.

DISLÉBERDED, *sm.* Difformité ; voir le mot précédent.

DISLÉBÉRI, *va.* et *n.* Devenir difforme ;

part. et ; voir disléber, de dis nég. et de liberare délivrer.

DISLÉVI, *vn.* Bailler ; part. et; de dis part. affirm. et de lais lâche ; glose bretonne citée par Loth, latin laxus, gallois laés.

DISLIOU, *adj.* Décoloré ; de dis priv. et de liou couleur.

DISLIVA, *va.* Décolorer ; part. et; de dis priv. et de liva, colorer.

DISLOUNK, *sm.* Vomissement ; *pl.* ou ; de dis priv. et de lounka avaler.

DISLOUNKA, *va.* Vomir ; part. et ; voir le mot précédent.

DISLOUKÉREZ, *sm.* Voir dislounk.

DISMANTR, *sm.* Destruction ; *pl.* ou ; de dis affirm. et de mantr chagrin.

DISMANTRA, *va.* Détruire ; part. et; de dis affirm. et de mantra chagriner. Lavillemarqué penche pour dis priv. et man forme.

DISMANTRER, *sm.* Destructeur ; *pl.* ien.

DISMANTRUZ, *adj.* Ruineux, qui occasionne des désastres.

DISMÉGANS, *sf.* Affront ; *pl.* ou ; de dis priv. et de mez honte et terminaison française, qui peut venir du breton choung pensée, comme dans méchans apparemment pour méchoung, je pense.

DISMÉGANSI, *va.* Outrager ; part. et ; Lavillemarqué cite le gallois dirmégi.

DISMÉGANSUZ, *adj.* Injurieux ; gallois dirméguz.

DISNÉUD, *adj.* Sans fil ; de dis extract. et de neud fil.

DISNEUDENNA, *va.* et *n.* Effiler ; part. et; de dis extract. et de neudenna filer.

DISNEUDI, *va.* Défiler ; part. et ; de dis extract. et de nead fil.

DISNEUZ, *adj.* Difforme ; de dis priv. et de neuz forme.

DISNÉVELLA, *va.* Contrefaire ; part. et; voir denveza.

DISORDREN, *adv.* Beaucoup ; de dis priv. et de ordren ordonne.

DISOTAAT, *va.* et *n.* Revenir à la raison ; part. disotéat ; de dis nég. et de sotaat, devenir sot.

DISOUN, *sm.* Discordance ; de dis priv. et de soun son.

DISOUNI, *adj.* Qui a peu de mémoire ;

DISOUNJAL, *vn.* Oublier ; part. et ; di nég. sounjal penser.

DISOUSI, *adv.* Sans souci.

DISOUSIA, *vn.* N'avoir pas de soucis.

DISOUSIUZ, *adj.* Content.

DISPAC'H, *sm.* Révolte ; *pl.* ou ; de dis affirm. et comparez le grec παθος souf france.

DISPAC'HA, *va.* et *n.* Révolter ; part. et.

DISPAC'HER, *sm.* Celui qui se révolte ; *pl.* ien.

DISPAFALA, *vn.* Voler rapidement ; part. et ; de dis nég. et de pafalek lourd.

DISPAIL, *adj.* Demesuré ; le même que distail.

DISPAK, *adj.* Déballé ; de dis nég. et de pak paquet.

DISPAKA, *va.* Dépaqueter ; part. et; de dis nég. et de paka, empaqueter.

DISPALU, *adj.* Découvert, terrain nu ; latin palus.

DISPANS, *sm.* Dispense ; *pl.* ou ; origine française.

DISPAR, *adj.* Impair, sans pareil ; de dis priv. et de par pareil.

DISPARA, *va.* Dépareiller ; part. et; voir le mot précédent.

DISPARADUR, *sm.* Disparité ; *pl.* iou.

DISPARFUILLA, *v. réfl.* Se débrailler ; part. et.

DISPARISSA, *va.* Disparaître ; part. et.

DISPARL, *adj.* Sans attaches ; de di extract. et de sparl barre.

DISPARLA, *va.* Enlever les jougs ; part. et ; voir le mot précédent.

DISPARTI, *sm.* Séparation ; *pl.* ou ; de dis extract. et de parz part.

DISPARTIA, *va.* Séparer ; part. et ; voir le mot précédent.

DISPÉGA, *va.* Décrocher ; part. et ; de di extract. et de spéga accrocher.

DISPENNA ou DISPENN, *va.* Découper ; part. et ; de dis extract. et de penn. tête.

DISPENNADUR, *sm.* Action de découper ; *pl.* iou ; voir le mot précédent.

DISPENNER, *sm.* Découpeur ; *pl.* ien.

DISPENNÉREZ, *sf.* Action de dépecer.

DISPENSÉLIA, *va.* Déchirer ; part. et; dis nég. pensélia raccommoder.

DISPERN, *adj.* Sans épines ; de di priv. et de spern épine.

DISPEURA, *vn.* Appauvrir ; part. et ; dis nég. paouraat appauvrir ou peur tout.

DISPIGN ou DISPIN, *sm.* Dépense ; *pl.* ou ; de dis priv. et de pigna monter.

DISPIGNA ou DISPINA, *va.* et *n.* Dépenser ; part. et ; voir le mot précédent.

DISPIGNER ou DISPINER, *sm.* Dissipateur ; *pl.* ien.

DISPIGNUZ, *adj.* Dispendieux.

DISPILL, *adj.* Accroché en suspens.

DISPLED, *adj.* Faible ; de dis priv. et comparez le grec πλατυς large, le latin plenus, Loth cite la glose plant enfants.

DISPLEDDER, *sm.* Faiblesse, avilissement ; voir le mot précédent.

DISPLEG, *sm.* Facilité d'élocution ; *pl.* ou ; de dis nég. et de pleg pli.

DISPLEG, *adj.* Déplié, sans plis.

DISPLÉGA, *va.* Déplier ; part, et ; de dis nég. et de pléga plier.

DISPLÉGER, *sm.* Celui qui explique ; *pl.* ien, voy. displeg.

DISPLET. Le même que displed.
DISPLETAAT, va. et n. S'affaibir, devenir vil ; part. displétéat.
DISPLIJADUR, sm. Mécontentement ; de dis nég. et de plijadur plaisir.
DISPLIJOUT, vn. Déplaire; part. et ; de dis nég. et de plijout plaire.
DISPLUA, va. Enlever les plumes ; part, et ; voyez diblua.
DISPOARBELLA, va. Circoncire ; part. et; de dis priv. et comparez le grec παρθενια, virginité.
DISPONIBL, adj. Disponible.
DISPOS, adj. Dispos.
DISPOSITION, sf. Examen des urines ; pl. ou ; origine française.
DISPOURBELLA, va. Ecarquiller les yeux; part. et; dis affirm. bourbella ouvrir de grands yeux.
DISPOURBELLEK, adj. Qui a des yeux à fleur de tête.
DISPOURBELLET, adj. Effaré, qui ouvre de grands yeux.
DISPRIA, va. Enlever la boue; part. et ; de dis priv. et de pri boue.
DISPRIZ ou DISPRIS, sm. Mépris; de dis nég. et de priz prix.
DISPRIZANZ ou DISPRIJANS, sf. Sentiment de mépris ; voir le mot précédent celui-ci avec terminaison française.
DISPRIZER ou DISPRIJER, sm. Celui qui méprise. pl. ien.
DISPRIZOUT ou DISPRIJOUT, va. Mépriser ; part. et.
DISPRIZUZ ou DISPRIJUZ. Méprisant, dédaigneux.
DISPUT, sm. Dispute; pl. ou ; origine francaise.
DISRENKA, va. Déranger; part. disrenket, renk rang.
DISREVEL, sm. Révélation ; de dis affirm. et de revelare révéler ; de ré et de vélum voile ; peut-être aussi gwel vue en breton.
DISRÉVELLA, va. Révéler; part. et ; voir le mot qui précède.
DISRÉVELLER, sm. Conteur ; pl. ien.
DISRÉVELLER ANN DOUAROU, sm. Géographe ; pl. disrévellérien ann douar.
DISTAG, adj. Détaché; de di nég. et de stag attache.
DISTAG ou DISTAK, sm. Détachement ; voir le mot précédent.
DISTAGA, va. Détacher; part. et; de di nég. et de staga attacher.
DISTAGA, vn. Bien parler; part. et ; le même que displéga.
DISTAGADUR, sm. Détachement ; pl. iou; voir les mots précédents.
DISTAGELLA, va. Délier, détacher; part. et ; de di extract. et de stagel, filet de la langue.

DISTAGER, sm. Beau conteur ; pl. ien.
DISTAIL ou DISTALL, adv. Apparemment; on dit aussi entail ou entall ; de dis nég. et de tal front.
DISTAL, adj. Privé de boutique ; de di extract. et de stal boutique.
DISTAL. adj. Débouché ; de dis priv. et de tal front.
DISTALA, va. Enlever une bonde ; part. et.
DISTALIA, va. et n. Enlever la boutique; part. et ; de di extract. et de stalia lever une boutique.
DISTALM, sm. Coup de pied de cheval.
DISTAMMA ou DIDAMMA, va. Dépecer; part. et ; de di extract. et de tamm morceau.
DISTAMMER ou DIDAMMER, sm. Découpeur ; pl. ien ; voir le mot qui précède.
DISTANA, va. Éteindre; de di priv. et de tan feu.
DISTANER, sm. Ecran ; pl. ien ; voir le mot qui précède.
DISTANK, adj. Débouché ; de di nég. et de stank serré.
DISTANKA, va. Déboucher ; part. et ; de di nég. et de stanka boucher.
DISTANNADUR, sm. Extinction ; de dis extract. et de tan feu.
DISTANS, sf. Distance ; pl. ou ; origine française.
DISTAOL, sm. Restitution ; pl. ou ; de dis affirm. et de taol coup.
DISTAOU, adj. Changé, devenu maigre; de dis nég. et de toos tunique ; glose bret. citée par Loth.
DISTAOUI, va. et n. Changer, devenir maigre; part. et ; voir le mot précédent.
DISTARDA, va. Desserrer ; part. et ; de di nég. et de starda serrer.
DISTARN, adj. Dételé ; di priv., starn cadre, attelage.
DISTARNA, va. Dételer ; part. et ; de di nég. et de starna atteler.
DISTÉI, va. Découvrir ; part. distoét ; de dis priv. et de téi ou toi couvrir.
DISTEN, adj. Qui n'est pas tendu ; de dis nég. et de tenn roide.
DISTINGET. adj. et part. Distingué; origine française.
DISTINGI, va. Distinguer ; part. et.
DISTENNA, va. Détendre ; part. et ; de di nég. et de tenna tirer.
DISTENNA, va. Lustrer ; part. et; voir le mot précédent.
DISTENNADUR, sm. Relâchement ; pl. ou.
DISTENNER, sm. Ouvrier qui lustre ; pl. ien.
DISTENNEREZ, sf. Repasseuse ; pl. ed.
DISTER, adj. Chétif, malingre ; de dis priv. et de ter vif.
DISTÉRA. Superl. de dister.

DISTÉRAAT, *va.* et *n.* Devenir chétif ; part. disteréat.

DISTERDED ou DISTERDER, *sm.* Infériorité ; voyez dister.

DISTÉRIDIGEZ, *sf.* Dégénérescence.

DISTERNA, *va.* Enlever la toile du métier ; part. et ; de di nég. et de stern métier de tisserand.

DISTERVEZ, *sf.* Mesquinerie ; de dister.

DISTEUI, *va.* Défaire une trame ; de di nég. et de steui ourdir.

DISTEUREUL ou DISTEULEUR pour DISTOALI, *va.* Rejeter ; part. distaolet ; de dis duplicata et teureul jeter.

DISTLABEZ, *adj.* Propre ; de di priv. et de stlabez ordure.

DISTLABÉZA, *va.* Nettoyer ; part. et ; voyez pour comp. le mot précédent.

DISTLIPA, *va.* Vider une volaille ; part.et.

DISTO, *adj.* Sans toit ; de dis priv. et de to, toén toit.

DISTONENNA, *va.* et *n.* Enlever les mousses ; part. et ; de di extract. et de stonen mousse.

DISTOUN, *sm.* Mauvaise musique ; de dis priv. et de toun ton.

DISTOUNNA, *va.* et. Fausser en musique ; part. et.

DISTOURM, *adj.* Tranquillement ; di priv., stourm arrêt.

DISTOUV ou DISTOUF, *adj.* Débouché ; de di priv. et de stouf bouchon.

DISTOUVA ou DISTOUFA, *va.* Déboucher, part. et ; voyez le mot distouv qui précède.

DISTRAD, *adj.* Sans fond, défoncé ; de di priv. et de strad fond.

DISTRADA, *va.* Défoncer ; part et ; voir le mot précédent.

DISTRANTEL, *adj.* Peu solide.

DISTRANTEL, *adj.* Sans patrimoine.

DISTRÉFIA, *va.* Éternuer ; part. et ; de di affirm.et de stréfla éternuer, latin sternuare.

DISTREI ou DISTROI, *va* et *n.* Détourner ; part. et ; de dis nég. et de trei tourner, jadis distreiff.

DISTRÉMEN, *sm.* Cloison mobile ; de dis duplicata et de trémenout passer.

DISTRÉMÉNOUT, *va* et *n.* Dépasser ; part. et ; pour la comparaison voir le mot précédent.

DISTRIBIL, *adj.* Pendu, accroché, en suspens ; de dis affirm et de ispil de iz dessous pill, pillou, loques, pendeloque.

DISTRIBUI, *va.* Distribuer ; part. et.

DISTRIBUTION, *sf.* Distribution ; *pl.* ou.

DISTRISAAT, *vn.* Élargir ; part. distrisséat, de di priv. et de strissaat resserrer.

DISTRIVUZ, *adj.* Qui combat ; de dis affirm. et de strif lutte.

DISTRIZA, *va.* Desserrer ; part. et ; de di nég. et de striza serrer.

DISTRO, *adv.* De retour, de dis affirm. et de tro tour.

DISTRO. *sm.* Rétour ; *pl.* iou ; voir le mot précédent.

DISTRO, *adj.* Détordu.

DISTRO, *adj.* Caché, désert.

DISTROAD. Le même que didroad, voir ce mot.

DISTROADA, *va.* Enlever le pied ; part. et ; de dis extract. et de troada mettre un pied.

DISTROB, *adj.* Désenfilé, de di extrac. et de strob entrave.

DISTROBA, *va* et *n.* Désenfiler ; part. et ; de di et de stroba enfiler.

DISTROBINELLA, *va.* Désensorceler ; part. et ; di priv. strobinella ensorceler.

DISTRO-CHOUNG, *sm.* Ressouvenir ; de distro retour et de choung pensée.

DISTRO-KOUN, *sm.* Le même que le précédent, n'est plus usité.

DISTROLLA. *va.* Séparer ; part. et ; de di extract et de strolla joindre.

DISTROLLADUR, *sm.* Séparation, voir pour la comparaison le mot qui précède.

DISTROUEZ. *adj.* Sans halliers ; de di priv. et de strouez halliers.

DISTROUÉZA, *va.* Enlever les halliers ; part. et ; voir le mot précédent.

DISTROUÉZEREZ, *sm.* Défrichement ; *pl.* iou.

DISTROUNKA, *va.* Paraître exténué ; part. et ; de dis priv. et de trounk ; latin truncatus tronc.

DISTROUNKET, *adj.* Défiguré.

DISTROUNS, *adj.* Sans secousse, di priv. strouns saccade.

DISTROUNSA, *va.* Trousser ; part. et ; dis affirm, trounsa trousser.

DISTRUJ, *sm.* Ravage ; de dis extract. et de struj pousse.

DISTRUJA, *va.* Ravager ; de dis et de struja pousser.

DISTU, *adj.* Terre abandonnée ; de dis priv. et de tu côté ou de di priv.et de stu engrais.

DISTUC'H, *adj.* Déplumé ; de di priv. et de stuc'h plume.

DISTUC'HIA. *va.* Déplumer ; part. et ; voir le mot précédent.

DISUL, *sm.* Dimanche ; composition dies solis.

DISUNION, *sf.* Désunion ; *pl.* ou.

DISVERKA, *va.* Enlever les marques ; part. et ; di priv. merka marquer.

DISWALC'H, *adj.* Délayé, de di affirm et de gwalc'h lavage.

DISWALC'HI, *va.* Délayer ; part. et ; de dis affirm et de gwalc'hi laver.

DISWEL, *sm.* Hors de vue, de dis nég. et de gwel vue.

DISWINTA, va. Faire basculer; part. et ; de dis extract et de gwinta enlever.

DIUN. Voyez Dihun.

DIUNA. Voyez Dihuna.

DIUZ, sm. Choix, élection : pl. ou; de di nég. et de kuz cachette; Zeuss cite déguth convenit.

DIUZA, va. Choisir ; part. et ; pour di-guza.

DIUZER, sm. Celui qui choisit; pl. us.

DIVABOUZ, sm. Bavette; pl. ou ; de di priv. et de babouz bave.

DIVABOUZ, adj. Sans bave, voir le mot précédent.

DIVABOUZA, va. Essuyer la bave ; part. et.

DIVAC'HAN, adj. Qui n'est pas estropié; de di nég. et de mac'han mutilation.

DIVAC'HANIA, va. Remettre en bon état; part. et; de di nég. et de mac'hania mutiler.

DIVAD, adj. Méchant; de di nég. et de mad bon.

DIVADÉLEZ, sf. Méchanceté; de di nég. et de madélez bonté.

DIVADEZ, adj. Sans baptême; de di priv. et de badez baptême.

DIVADEZA, va. Débaptiser; part. et ; de badéza baptiser.

DIVADIN, adv. En vérité, vraiment ; di affirm. mad bon ou di nég. badinerez badinage.

DIVAG, adj. Maigre, sans nourriture ; di nég. et de mag. maga nourrir.

DIVALBOUZA, va. Débarbouiller ; part. et ; de di nég. et de balbouza barbouiller.

DIVALIS, adj. Sans malice; de di nég. et de malis malice, jadis divalice.

DIVALL, adj. Qui n'est pas pressé; de di nég. et de mall hâte.

DIVALÔ, adj. Affreux, laid; de di nég. et de malo beau.

DIVALLUR OU DIVAILLUR, adj. Sans maillot, de di priv. et de malur maillot.

DIVALLURI, va. Demailloter ; part. et. ; voir le mot précédent.

DIVANAGA, va. Déménager, emporter ; part. et.

DIVANEGA, va. Déganter; part. et, de di priv. et de manek gant.

DIVANEK, adj. Sans gants; di priv. manek gant.

DIVAO, sm. Action de se dégourdir, de di nég. et de baô engourdissement.

DIVAOI, va et n. Dégourdir; part. et ; di priv. bao engourdi.

DIVAOTA, va. Dégourdir, le même que divaoi.

DIVARA, adj. Sans pain; de di priv. et de bara pain.

DIVARC'H, adj. Sans gonds; de di extract. et de marc'h cheval, marc'h dor, gond.

DIVARC'HA, va. Démonter; part. et.

DIVARC'HET, adj. et part. Démonté, déréglé.

DIVARO, adj. Imberbe; de di priv. et de barv, barô barbe.

DIVARRA, va. Couper, enlever le comble; part. et.; de di nég. et de bar, comble, plein.

DIVARRENNA, va. Enlever les barres ; part. et ; de di extract et de barren barre.

DIVARV, adj. A contre-temps, de di nég. et de maré époque.

DIVARVA, va. Arracher les poils ; part. et ; de di et de barv barbe.

DIVARVEK, adj. Homme sans barbe.

DIVASA OU DIVASSA, va. Enlever le bât; part. et; de di priv. et de bas bât.

DIVASTUZ. adj. Incomplet; de di nég. et de bastuz fourni.

DIVÉAC'H, sm. Décharge; de di nég. et de béac'h fardeau.

DIVÉCHIA, va. Décharger; part. et; voy. le mot précédent.

DIVÉGA, va. Enlever le bec ; part. et ; di priv. beg bec.

DIVEINA, va. Enlever les pierres ; part. et.; de priv. et de méin, plur. de méan pierre.

DIVELA, va. Enlever le miel ; part. et ; de di extract. et de mel miel.

DIVÉLI. adj. Sans pouvoir, de di priv. et de béli autorité.

DIVELLA, va. Rompre l'échine; part. et ; de di priv. et de mell vertèbre.

DIVENT, adj. Énorme; de di priv. et de ment taille.

DIVENTED OU DIVENDDED, sm. Énormité ; voy. le mot précédent.

DIVÉRA, vn. Découler ; part. et; de di affirm. et de béra couler.

DIVÉRA, vn. Dériver; part. et ; voir le mot précédent.

DIVÉRADUR, sm. Action de découler; pl. iou ; voir divéra.

DÉVÉRÉDIGEZ, sf. Dérivation, le même que divéradur.

DIVERGLA OU DIVERKLA. Dérouiller ; part. et.; de di priv. et de mergl ou merkl rouille.

DIVERGLADUR OU DIVERKLADUR, sm. Action d'enlever la rouille.

DIVERGONT OU DIVERGOUNT, adj. Dévergondé.

DIVERGONTIS, sf. Effronterie.

DIVERKA, va. Voy. disverka.

DIVERRAAT, vn. Raccourcir ; part. diverreat; de di affirm. et de beraat rendre court.

DIVERRADUR, sm. Action d'écourter; pl iou.

DIVERRUZ, adj. Qui raccourcit, qui amuse.

DIVERTISSA, va. Divertir ; part. et ; origine latine et française.
DIVERTISSAMANT, sm. Amusement ; pl. divertissamanchou ; origine et terminaison française.
DIVERVENT, adj. Immortel, de di priv. et de merven, pluriel de marô, ou de mervent mortalité.
DIVERVENTI, sf.Immortalité; de di priv. et de mervent, mortalité.
DIVERZ, adj. Qui ne peut se vendre; de di priv.et de giwerz vente.
DIVÉSIA va et n. Déterrer ; part. et ; de di extract. et de béz tombe.
DIVÉSIA, va. Mélanger ; part. et ; de di affirm. et de méska mêler, on dit aussi diveska, diveski.
DIVESK, adj. Sans mélange; de di nég. et de mesk mélange.
DIVESKER, sf.pl. Les deux jambes;diou deux esker jambes.
DIVESKI, va. Démêler ; part. et ; de di nég. et de meski mêler.
DIVEUDET, adj. Privé d'un pouce; di priv.meud pouce.
DIVEULUZ, adj. Deshonorant; de di nég. et de meuluz louable.
DIVEURÉI, vn. Dormir le matin ; di affirm. beuré matin.
DIVÉVEN, adj. Sans bornes; de di nég. et de béven limite.
DIVÉVENNA, va. Enlever les bornes, part. et ; de di nég. et de bévenna border.
DIVEZ, sm. Fin. Vieil irlandais devad, gallois diwedd-divedos, de Jubainville.
DIVEZ ou DIVEZET. Éhonté; de di priv. et de méz honte.
DIVÉZA, vn. Perdre la honte ; part. et ; voir le mot précédent.
DIVEZA, adj. Dernier, superl. de divez fin.
DIVÉZAD, adj. et adv. Tard, de divez.
DIVEZDED, sm. Manque de pudeur ; de di priv. et de mez honte.
DIVEZV, adj. Désoulé; de di nég. et de mézô ivre.
DIVEZVI, va et n. Désouler; part. et ; de di nég. et de mezvi souler, s'enivrer.
DIVILZIN, adj. Pas difficile, qui mange de tout, de di nég. et de milzin délicat.
DIVIN, adj. Divin.
DIVINA ou DIVINOUT, va. Deviner; part. et ; latin divinare, gallois diwinia, glose bret duiutit divinité.
DIVINADEK, sm. Action de deviner ; pl. devinadegou.
DIVINADEN, sf. Énigme ; pl. nou ; gallois dewiniac.
DIVINER, sm. Devin, voy. divinour.
DIVINOUR, sm. Devin ; pl. ien.
DIVINOUREZ, sf. Devineresse, pl. ed.

DIVINOUT, va. Deviner, part. et ; voy. divina.
DIVIRIDIGEZ, sf. Inobservance; de di nég. et de méridigez, action de conserver.
DIVISKA ou DIWISKA. Deshabiller ; part. et.; de di priv.et de gwiska habiller.
DIVISKOULA, va. Guérir d'un panaris ; part. et. ; di priv.et de beskoul panaris.
DIVISSA, va. Dévisser ; part. et.; de di priv. et de gwissa visser.
DIVIZ, sm. Devis ; pl. ou ; latin divisum.
DIVIZ, adj. Sans frais; de di nég. et de miz frais.
DIVIZ, sm. Conversation ; pl. ou.
DIVIZA, va. Déviser ; part. et ; voy. diviz conversation.
DIVIZION, sf. Division ; pl. ou.
DIVIZOUR, sm. Interlocuteur; pl. ien.
DIVIZOUREZ, sf. Femme qui cause ; pl. ed.
DIVIZOUT, vn. Conférer ; part. et ; de diviz.
DIVLAMM, adj. Sans blâme; de di priv. et du français blâme.
DIVLAMMA, vn. S'excuser; part. divlammet.
DIVLAZ, adj. Sans goût; de di priv.et de blaz goût.
DIVLAZ, sm. Dégoût, voir le mot précédent.
DIVLAZA, va. Dégoûter ; part. et.; de di priv et de blaza goûter.
DIVLAZDER, sm. Fadeur, de divlaz.
DIVLAZUZ, adj. Dégoûtant, qui inspire du dégoût.
DIVLEÔ ou DIVLEV, adj. Sans cheveux, sans poils, de di priv.et de bléo cheveux.
DIVLEUNI, va et n. Déflorer ; part. et ; de di priv. et de bleun fleur.
DIVLEVI ou DISLEVI, va. Arracher les cheveux ; part. et.; voir divleô.
DIVLOAZ, adj. Suranné, de di nég. et de bloaz année.
DIVLOUNSADUR, sm. Guérison d'une meurtrissure, de di priv. et de blouns meurtrissure.
DIVOAZ, adj. Deshabitué; de di nég. et de boaz coutume.
DIVOAZ, sm. Abus; voir le mot précédent.
DIVOAZA, va et n. Deshabituer; part.et.
DIVOC'H, sf. pl. Les deux joues ; diou deux, boc'h joue.
DIVOÉDA, sm. Retirer la moëlle ; part. et ; di extract., boéden moëlle.
DIVOGEDER, sm. Fumiste ; pl. ien; de di priv. et de moged fumée.
DIVOGEDI, vn. Fumer ; part. et ; voir le mot précédent.
DIVOGERIA, va. Défaire un mur ; part. et ; de, di extract. et de moger muraille.

DIVORA, vn. Débarquer ; part. et ; di priv. mor mer.
DIVORAILL. Voyez divorall.
DIVORAILLA. Voyez divoralla.
DIVORALL, adj. Sous verrou ; de di, nég. et de morall verrou.
DIVORALLA ou DIVORAILLA, va. Ouvrir le verrou ; part. et ; voir le mot précédent.
DIVORC'HED, sm. pl. Les deux cuisses ; diou deux, morzed cuisse.
DIVORZEDA, va. Enlever la cuisse ; part. et ; di extract., morzed cuisse.
DIVORED, adj. Eveillé ; de di nég. et de mored, demi-sommeil.
DIVOREDI, va. et n. Réveiller ; part. et ; voir le mot qui précède.
DIVORFIL, adj. Eveillé ; de di nég. comparez pour vorfil le grec μορφη forme, Morphée dieu du sommeil.
DIVORFILA, va. Réveiller ; part. et; voir le mot précédent.
DIVORZ, sm. Divorce ; pl. ou, origine française.
DIVORZA, va. Dégourdir ; part. et ; de di nég. et de morza engourdir.
DIVORZÉDA, va. Enlever la cuisse ; part. et ; de di extractif. morzed, cuisse.
DIVORZEDET, adj. Dégourdi, réveillé.
DIVORZI, va. Divorcer ; part. et ; latin divortium.
DIVORZIDIGEZ, sf. Dégourdissement ; de di nég. et de morzidigez, engourdissement.
DIVOUCH, adj. Sans lumière.
DIVOUCHA, va. Eteindre ; débander les yeux ; part. et ; di extract., mouchen lumignon.
DIVOUCHA, va. Enlever le lumignon ; part. et ; de di extract, et de moucha moucher.
DIVOUÉD, adj. Qui ne peut être rassasié : de di extract.et de bouéd nourriture.
DIVOUÉDA, va. Enlever la moëlle, perdre l'esprit ; de di extract., et de bouéden moëlle.
DIVOULC'H adj. Non entamé ; di priv., boulc'h entamure.
DIVOULC'HA, va. Entamer, le même que boulc'ha ; part. et ; di affirm. boulc'ha entamer.
DIVOUNÉIZA, va. Démonétiser ; part. et ; de di extract, et de mounéiz, mouniz, monnaie.
DIVOUNÉIZIDIGEZ, sf. Démonétisation ; voir le précédent.
DIVOUNTOUN, adj. Sans boutons ; di priv., bountoun bouton.
DIVOUNTOUNA, vn. Déboutonner ; part. et ; di priv. bountouna boutonner.
DIVOURJOUNA, va. Ebourgeonner ; part. et ; di priv., bourjoun bourgeon.

DIVOUTAOUI, va. Déchausser ; part. et ; de di priv. et de boutaoui chausser.
DIVOUTOU, adj. Déchaussé ; de di priv. et de boutou plur. de botez chaussure.
DIVOUZELLA, va. Enlever les boyaux ; part. et ; de di priv. et de bouzellen boyau.
DIVRAGEZ, adj. Sans culotte ; de di priv. et de bragez culotte.
DIVRAGEZA, va. et n. Déculotter ; part. et ; de di priv. et de brageza mettre une culotte.
DIVRASA, va. Dégrossir ; part. et ; de di nég. et de bras, braz grand.
DIVRAZ, sm. Ebauche ; pl. ou ; voir le mot précédent.
DIVRÉAC'H, pl. de bréach. Les deux bras ; diou deux, bréac'h bras.
DIVRÉINA, va. Purifier ; part. et ; de di extract., et de breina pourrir.
DIVRÉINADUR, sm. Qualité incorruptible.
DIVRÉINUZ, adj. Inaltérable.
DIVRID, adj. Sans bride ; de di priv. et de brid bride,
DIVRIDA, va. Débrider ; part. et ; voir le mot précédent.
DIVRO, adj. Sans patrie : de di priv. et de bro pays.
DIVROAD, sm. Etranger ; pl. divroidi, voir le mot précédent.
DIVROADEZ, sf. Etrangère ; pl. ed, voir divro.
DIVROENNA ou DIVROUANNA, va. Enlever les joncs ; part. et ; de di extract., et de broén ou brouan jonc.
DIVROET, adj. et part. Dépaysé ; voir divro.
DIVROIDI, sm. pl. Colonie, étrangers.
DIVROIDIGEZ, sf. Expatriation.
DIVRONN. pl. de bronn, sein. Les deux seins ; diou deux, bronn sein.
DIVROUNSA, va. Ebourgeonner ; part. et, de di priv. et de brons ou brouns bourgeon.
DIVROUNSADUR, sm. Ebourgeonnement ; pl. iou.
DIVROUST. adj. Sous halliers, de di priv. et de broust broussailles.
DIVROUSTA, va. Enlever les halliers ; part, et ; voir le mot précédent.
DIVROZ, adj. Sans jupe ; de di priv. et de broz jupe.
DIVRUDA, va. Perdre la réputation ; part. et ; di nég., bruda publier.
DIVRUGA, va. Enlever les bruyères ; part. et ; de di extract. et de bruck bruyère.
DIVUDURUN, adj. Sans gonds ; de di priv. et de mudurun gond.
DIVUDURUNA, va. Enlever les gonds ; part. et ; di extract. mudurun gond,

DIVUZ, *sm.* Divertissement ; *pl.* ou, de di nég. et comparez le grec στένω gémit.

DIVUZA, *va.* Amuser ; part. et ; voir le mot précédent.

DIVUZUL, *adj.* Difficile à mesurer ; de di priv., et de muzul mesure.

DIWAD ou DIWADA. Saignée ; de di extract. et de gwad sang.

DIWADA, *va.* et *n.* Saigner ; part. et ; de di, et de gwada saigner.

DIWADER, *sm.* Celui qui saigne ; *pl.* ien, voyez diwad.

DIWALC'H, *adj.* Impossible à rassasier ; de di nég. et gwalc'h satiété.

DIWALC'H ; *sm.* Faim-vale ; voir le mot précédent.

DIWALC'HEK, *adj.* Insatiable ; le même que diwalc'h, avec terminaison de l'adjectif.

DIWALC'HUZ. *adj.* Impardonnable ; voyez diwalc'h.

DIWALL, *sm.* Défense ; *pl.* ou, de di nég. et de gwall tort.

DIWALLOUT, ou DIWALL, *va.* et *n.* Défendre ; part. et ; de di nég. et gwall tort.

DIWAN ou DIWANA, *sm.* Action de germer ; *pl.* ou ; Lavillemarqué propose di priv. et goan hiver, ou di priv. et gwan menu. on peut aussi faire venir ce mot de di affirm. et de gwenn race, que nous retrouvons dans diwania ou diwenia, supprimer ; de di nég. et de gwenn race, germe.

DIWANA *vn.* Pousser, germer ; part. et ; pour la composition voir le mot précédent.

DIWANIA ou DIWÉNIA, mieux DIWENNIA, *vn.* Supprimer, détruire ; part. et ; pour l'étym., voir le mot diwan.

DIWAR, *prép.* Dessus ; de di, affirm. et de war dessus, on prononce divar, et plusieurs l'écrivent de même. Zeuss cite le cambrique yar, correspondant à l'armoricain divar, aujourd'hui diwar, divar. en Tréguier on l'écrit diouar.

DIWAR-BENN, *prép.* au sujet de, diwar dessus et de penn tête.

DIWAR-FAE. *adv.* Avec dédain ; de diwar dessus et de faè dédain.

DIWAR-VRÉMAN ou DIWAR-WRÉMA. Désormais ; de diwar et de bréman à présent.

DIWASKA ou DIOUASKA, *va* part. et ; détordre de di nég. et de gwaska serrer.

DIWÉA. Voyez disgwéa.

DIWÉLED, *adj.* Défoncé ; de di priv. et de gwéled fond.

DIWÉLÉDI. *va.* Défoncer ; part. et ; de di et de gwélédi. faire aller au fond.

DIWELIA, *va.* Dévoiler ; part. et ; de di et de gwel voile.

DIWEN, *adj.* Qui n'est pas souple ; de di priv. et de gwen flexible.

DIWENDED, *sm.* Manque de flexibilité ; voir le mot précédent.

DIWENNUZ, *adj.* Qui ne peut être pardonné ; de di nég. et de gwénna blanchir

DIWERN, *adj.* Dématé ; de di priv. et de gwern mat.

DIWERNA ou DIWERNIA, *va.* Démâter ; part. et ; de di priv. et de gwerna mâter.

DIWÉZELLA, *va.* Soigner un enfant ; part. et ; de di nég. et de gwezell, lieu humide.

DIWEZTLA ou DIWESTLA, *va.* Dégager ; part. et ; de di nég. et de gwestl gage.

DIWILDREUZ, *adj.* Qui n'a pas d'industrie ; de di nég. et de gwildreuz rusé, subtil.

DIWIRIDIK, *adj.* Insensible ; de di priv. et de gwiridik sensible, chatouilleux.

DIWIRIDIGEZ, *sf.* Insensibilité ; voir le mot précédent.

DIWISK ou DIVISK. Déshabillé ; de di priv. et de gwisk vêtement.

DIWISKA ou DIVISKA, *va.* Déshabiller ; part. et ; de di priv. et gwiska habiller.

DIWISKADUR ou DIVISKADUR, *sm.* Action de déshabiller.

DIWISKOU ou DIVISKOU *sm. pl.* Coups de chapeau.

DIWIZIÉGEZ, *sf.* Ignorance ; de di et de gwiziegez science.

DIWIZIEK. *adj.* Ignorant ; de di et de gwiziek instruit.

DIZ ou DIS, *adj.* Impair, est aussi particule privative.

DIZAC'K, *sm.* Brèche d'un mur ; de di priv. et de sac'h sac.

DIZAC'HA, *vn.* S'ébouler ; part. et ; de di priv. et de sac'ha remplir un sac.

DIZAC'HADUR, *sm.* Eboulis ; *pl.* iou, voy. dizac'h.

DIZAKR, *adj.* Profane ; de di priv. et de sakr sacré.

DIZAKRA. *va.* Dégrader, profaner ; part. et, di priv. et sakra sacrer.

DIZAKRER, *sm.* Profanateur ; *pl.* ien, voy. les mots précédents.

DIZALAOURI, *va.* Enlever l'or ; part. et ; de dis particule privative et alaouri dorer.

DIZALBADA, *va.* Détruire ; part. et ; de diz priv. et du latin alba, en Vannes dizalbadéin.

DIZALC'H, *sm.* Désistement ; *pl* ou, de di priv. et de dalc'h prise.

DIZALC'HIDIGEZ, *sf.* Action de céder ; voir le mot précédent.

DIZALÉ, *adv.* Sans retard ; di nég. dalé retard.

DIZALI, *adj.* Privé de conseils ; de dis priv. et ali conseil.

DIZALIA, va. Dissuader; part. et; diz nég. et alia conseiller.

DIZALL, adj. Eveillé, de di priv. et de dall aveugle.

DIZALL, adj. Désalé, de di nég, et sall sel.

DIZALLA, va. Faire ouvrir les yeux ; de di priv. et de dalla aveugler.

DIZALLA, va. Désaler; part. et ; de di nég. et de salla saler; et en Vannes dizaléin.

DIZAMANT, adj. Sans souci ; de di nég. et de damant soin, dam-mantr, moitié chagrin, voyez damant.

DIZAMM, sm. Décharge ; pl. ou, de di priv. et de samm faire.

DIZAMMA, va. Décharger; part. et ; de di priv. et de samma enlever un fardeau, Vannes dizamméin.

DIZANAF, adj. Méconnaissable ; de di nég. et de anaf du verbe anaout connaître.

DIZANAFDER, sm. Equivoque, ambiguité ; voir le mot précédent.

DIZANAOUDEGEZ, sf. Ingratitude ; dis nég. et anaoudegez reconnaissance.

DIZANAOUDEK, adj. Ingrat ; de di et anaoudek reconnaissant.

DIZANAOUT, va. Méconnaître ; part. dizanavezet ; diz nég. et anaout connaître.

DIZANJER, | adv. sans danger, dizanjéra, dizanjéroch, di, sans, danjer danger.

DIZANK, adj. Libre; de dis priv. et de ank ou enk racines d'anken inquiétude, enkrez terreur, enk étroit.

DIZANSIOUN, sf. Dissension ; ce mot vient du français, pl. dizansionou.

DIZANT, adj. Edenté, de di priv. et de dant dent.

DIZANTA, va. Enlever les dents; part. et ; voir le mot précédent.

DIZANTET, adj. et part. Sans dents, qui n'a plus de dents.

DIZANVEZ, adj. Sans fortune ; de di priv. et danvez biens.

DIZAOTR, adj. Propre ; de di nég. et de saotr ordure.

DIZAOTRA, va. Nettoyer ; part. et; voir le mot précédent.

DIZAOUN, adj. Sans crainte ; de dis priv. et de aoun crainte.

DIZAOUR, adj. Sans saveur ; di priv. et saour saveur.

DIZAOUR, adj. Indigent; dis priv. et aour or.

DIZAOUZAN, adj. Qui n'a pas peur; di nég. et saouzan étonnement.

DIZAOUZANI, va. et n. Revenir à soi ; part. et; di nég. et saouzani effrayer; glose bretonne soudan citée par Loth.

DIZARA OU DIZARAT, vn. Donner un labour ; part. et ; diz partic. affirm. et arat charruer.

DIZAREMPREDET, adj. et part. Qui n'est pas fréquenté; de di nég. et darempredi fréquenter.

DIZARMAMANT, sm. Désarmement ; pl. ou.

DIZARMÉ, adj. Sans armée ; de diz priv. et armé armée.

DIZARMI, vn. Désarmer ; part. et; diz priv. et armi armer.

DIZASUN, adj. Qui n'a pas de saveur ; di et sasun saveur.

DIZASUNA, vn. Perdre sa saveur ; part. et; voir le mot précédent.

DIZAVEL, adj. Peu employé ; sans vent ; de dis nég. et avel vent.

DIZEC'H, adj. Desséché; de di affirm. et de séac'h sec.

DIZEC'HA va. et n. Dessécher, part. et ; di affirm. et séc'ha sécher.

DIZEC'HADUR, sm. Dessèchement ; pl. iou; voyez dizec'h.

DIZEC'HEDI, va. Désaltérer ; part.; di extract. et sec'hed soif.

DIZEC'HUZ, adj. Qui dessèche ; voyez dizec'h.

DIZED, adj. Sans blé ; de diz priv. et de ed blé ; comparez le latin disectus et le français disette.

DIZÉLIAOUI, vn. Perdre ses feuilles ; part. et ; de di extract. et de deliaoui ramasser des feuilles.

DIZÉMEZ, adj. Célibataire ; de di nég. et de demezi, dimezi, marier.

DIZÉMEZIDIGEZ, sf. Célibat ; peu employé ; voir le mot précédent.

DIZEMPLA, vn. Revenir d'un évanouissement; part. et; de di priv. et de sempla s'évanouir.

DIZÉNEZ, sf. Dizaine de chapelet ; pl. iou.

DIZENKLEN, adj. Dessanglé ; de di priv. et senklen sangle.

DIZENKLENNA, va. Enlever la sangle ; part. et ; di et senklenna sangler.

DIZÉNOR ou DIZHÉNOR, sm. Déshonneur ; pl. iou ; diz. nég. et énor ou hénor honneur.

DIZÉNORI ou DIZHÉNORI, va. Déshonorer ; part. et; voir le mot précédent.

DIZÉNOUI ou DIZINOUI, va. Désennuyer ; part. et; diz nég. et énoui ou inoui ennuyer.

DIZENT, adj. Désobéissant ; di nég. et senti obéir.

DIZENTI, va. Désobéir ; part. et; voir le mot précédent.

DIZENTIDIGEZ, sf. Désobéissance ; voir dizent.

DIZENTUZ, adj. Désobéissant ; di nég. et sentuz obéissant.

DIZÉONA ou DIZÉEUNA, vn. Redresser ; part et ; de diz nég. et de eéun droit.

DIZÉONÉNA, va. Enlever l'écume; part. et; de diz priv. et éonen écume.

DIZERC'HEL, va. Céder; part. dizalc'het; di nég. et derc'hel tenir.

DIZÉRÉ. Voyez diéré, diséré.

DIZÉRÉAD, adj. Indécent; di nég. et déréad convenable.

DIZÉRÉADÉGEZ, sf. Inconvenance; pl. iou; voir le mot précédent.

DIZÉRIA, vn. Dépérir, perdre la fraîcheur; part. et; de diz nég. et de éar air.

DIZÉHIER, sm. Ver rongeur; pl. ien; voyez dized.

DIZERTI, vn. Déserter; part. et; latin désertum; italien desertare.

DIZERTOUR, sm. Déserteur; pl. dizertourien; voir le mot précédent.

DIZEUN, adj. Défoncé; de di priv. et déun dialecte de Vannes pour doun profond.

DIZEUR, sm. Malheur; de diz nég. et eur chance, bonheur.

DIZÉVEL, va. Enlever; part. dizavet; de di affirm. et sével lever.

DIZÉVEN, adj. Peu poli; di nég. et séven poli.

DIZÉVENIDIGEZ, sf. Incivilité, impolitesse; voir le mot précédent.

DIZÉVOR, adj. Sans mémoire; voyez diévor.

DIZÉVORI, vn. Perdre la mémoire; part. et; de diz priv. évor mémoire.

DIZÉZIA, va. Lever le siège; part.; de di priv. et seizik siège.

DIZHAL, sm. Marée qui baisse; de diz. priv. hal salaison.

DIZHÉNOR, sm. Déshonneur; pl. iou; voyez dizénor.

DIZHÉNORI, va. Déshonorer; part. et; pour la composition, voyez dizénori.

DIZHER, adj. Sans héritiers; diz priv. et her héritier.

DIZHONEST, adj. Malhonnêteté; de diz nég. et honest honnête.

DIZHONESTIZ, sf. Malhonnête; voyez le mot précédent.

DIZIALC'HA, va. Débourser; part. et; diz extractif et ialc'h bourse.

DIZIBR, adj. Sans selle; de di priv. et dibr selle.

DIZIBRA, va. Desseller; part. et; di priv. et dibra seller.

DIZIENNA, va. Ecrémer; part. et; di affirm. et dienna enlever la crème. Voir dienna.

DIZIFELENNA. Voyez dizivélenna.

DIZIFERNI, va. Se remettre d'un rhume; part. et; di nég. et sifern rhume.

DIZIFOURNA, va. Tirer du four; part. et; diz extract. et fournia mettre au four.

DIZIMÉZI, va. Séparer juridiquement; part. et; di priv. et dimezi marier.

DIZINOUI. Voyez Dizénoui.

DIZIOU ou DIZIAOU, sm. Jeudi; diz pour déiz jour et Saou ou Iou Jupiter.

DIZIOUL, adj. Impatient; di nég. et sioul patient.

DIZIOULDED, sm. Impatience; voir le mot précédent.

DIZIOULEK ou DISIOULEK. Tapageur.

DIZISKI, va. Désapprendre; part. et; di priv. et deski apprendre.

DIZIUN, sm. Déjeuner; diz nég. et iun jeune.

DIZIUNA, va. Déjeuner; part. et; diz priv. et iuna jeuner.

DIZIVÉLENNA ou DIZIFÉLENNA, va. Dessangler; part. et; di priv. et sivélenna ou sifélenna ficeler.

DIZIVEZ, adj. Sans fin, di nég. et divez fin.

DIZIZILIA, va. Démembrer; part. et; diz extract. et izili pl. de ézel membre.

DIZLÉ ou DIZGLÉ. Sans dettes; di nég. et dlé dette.

DIZLÉA ou DIZGLÉA, va. Payer ses dettes; part.; dizléet ou dizgléet; diz nég. et dléa devoir.

DIZOAN, adj. Sans chagrins; de di nég. et de doan chagrin.

DIZOANIA, va. Consoler; part. et; de di nég. et doania chagriner.

DIZOANIUZ, adj. Consolant; voir les mots précédents.

DIZOARE, adj. Difforme; de di priv. et de doaré forme.

DIZOARÉA, va. Déformer; part. et; voir le mot précédent.

DIZOBER, va. Défaire; part. disc'hréat; diz nég. et ober faire.

DIZOBÉRIANS, sf. Action de défaire; de dézober avec terminaison française.

DIZÔLÉI, DIZÉLÉI ou DIZOLÓI, pour disgoloi ou disgoléi, va. Découvrir; part. et; di nég. et goléi couvrir.

DIZOLO, pour disgolo. Découvert; di nég. et golo couverture.

DIZOMAJAMANT, sm. Dédommagement.

DIZOMAJI, va. Dédommager; part. et.

DIZON ou DIZOUN. Que l'on ne peut dompter; di nég. et don, donv apprivoisé.

DIZONJ ou DIZOUNCH, sf. Oubli; di nég. et soung pensée qui s'écrit aussi choung.

DIZONJAL ou DIZOUNJAL, va. et n. Oublier; part. et; di nég. et sounjal penser.

DIZONUZ, adj. Indomptable; voyez dizon.

DIZORSA, va. Désensorceler; part. et; di priv. et sorsa ensorceler.

DIZOU, pl. de dis. Dé à jouer.

DIZOUARA, va. Déterrer; part. et; di eztract. et douara enterrer.

DIZOUARÉREZ, sm. Exhumation; di extract. et douarérez enterrement.

DIZOUARNA, *va.* Couper les deux mains ; part. et, di priv. et daouarn les deux mains.

DIZOUCHA, *vn.* Sortir d'une cachette, se redresser ; part. et ; de di nég. et de soucha ou choucha se blottir.

DIZOUÉ, *adj.* Athée ; de di nég. et doué dieu.

DIZOUGADUR. *sm.* Exportation ; di nég. et dougadur action de porter.

DIZOUGEN, *va.* Apporter ; part. dizouget ; di affirm. et dougen porter.

DIZOUJ, *adj.* Qui ne respecte rien ; di nég. et douja craindre.

DIZOUNA ou DIZOUN, *va.* Sevrer ; part. dizounet ; di priv. et douna pour déna téter.

DIZOUNADUR, *sm.* Action de sevrer : voir le mot précédent.

DIZOUNNA, *va.* Enlever la raideur ; part. et ; di priv. sounna raidir.

DIZOUR, *adj.* Sans eau ; di priv. et dour eau.

DIZOURA, *va.* Dessécher, part. et ; di priv. et doura arroser.

DIZOURI, *adj.* Décousu ; di extract. et gouri couture.

DIZOURIA, *va.* Découdre ; part. et ; voyez le mot précédent.

DIZOURN, *adj.* Sans mains ; di priv. et dourn main.

DIZOURNA, *va.* Couper la main ; part. et ; voyez le mot précédent.

DIZPRIGANS. Voyez disprijans, disprizout.

DIZREIN, *adj.* Sans épines ; di priv. et drein plur. de dréan épine.

DIZRÉINA, *va.* Oter les épines ; part. et ; voyez le mot précédent.

DIZRÉINÉREZ, *sm.* Action d'enlever les épines, défrichement ; voir dizrein.

DIZREZ, *adj.* Sans épines ; di priv. et drez ronces.

DIZRÉZA, *va.* Enlever les ronces ; voyez dizréz.

DIZRUZA, *va.* Dégraisser ; part. et ; di priv. et druz gras.

DIZUA, *va.* Dénoircir ; part. et ; di nég. et dua noircir.

DIZUDIUZ, *adj.* Déplaisant ; di nég. et dudiuz plaisant.

DIZUNVAN, *adj.* En désaccord ; di nég. et unvan d'accord, uni.

DIZUNVANI ou DIZUNANI. Désunir ; part. et ; di nég. et unvani unir.

DIZUNVANIEZ ou DIZUNANIEZ, *sf.* Désunion ; voyez dizunvani.

DIZURS ou DIZURZ, *sf.* Désordre ; *pl.* dizurziou ou dizursiou ; de dis ou diz priv. *et urz ou urs ordre.

DLÉ, *sm.* Dette ; *pl.* dléou ; vieil irlandais dliged-dligita-n, de la même racine que le gothique dulgs dette dalghas, citation de Jubainville.

DLÉAD, *sm.* Devoir ; *pl.* ou ; voir la citation ci-dessus dlig-ito-n en vieil irlandais, dlig ed, gallois dyl-ed, dyl-id.

DLÉIZEN ou KLÉIZEN, *sf.* Pène de serrure ; *pl.* nou ; irlandais clé oblique ; breton kléiz gauche, kleizen cicatrice ; glose bretonne cled à gauche, citée par Loth.

DLÉOUR, *sm.* Débiteur ; *pl.* ien ; voyez dlé dette fem dléouréz.

DLÉOUT, *va* et *n.* Devoir ; part. dléét ; voyez dlé.

DLÉUZ, *adj.* Redevable ; voyez dlé.

DLUZA, *vn.* Se tacheter ; part. et ; voyez dluzen.

DLUZACH, *sm.* Rousseurs ; *pl.* ou.

DLUZADUR, *sm.* Moucheture ; *pl.* iou.

DLUZEN ou LUZEN. Truite ; *pl.* ed ; cambrique llyswen, cornique trud ; Loth cite la glose gloiu clair, transparent.

DOAN, *sf.* Chagrin ; *pl.* iou ; latin dolor douleur.

DOANIA, *va.* Chagriner ; part. doaniet ; voyez doan.

DOANIUZ, *adj.* Chagrinant ; voyez doan.

DOARÉ, *sf.* Apparence, forme ; *pl.* ou ; Loth cite doiluf manifestant, duoulouse tu dévoiles.

DOARÉ-DEN, *sf.* Apparence d'un homme ; *pl.* doaré-den.

DOARÉN, *sm.* Petit-fils ; *pl.* ned ; cambrique danf, gener en latin.

DOARENEZ, *sf.* Petite-fille ; *pl.* ed ; voyez le mot précédent.

DOARÉOU-KUZ, *sm. pl.* Intrigue ; de doaré forme et de kuz cache.

DOARÉOU-SKRIVA, *sf. pl.* Style ; de doaré, et de skriva écrire.

DOAREUZ, *adj.* Formaliste ; de doaré forme.

DOC'HTU, *adv.* De suite ; voy. diouc'htu.

DOGAN, *sm.* Cocu ; voyez daougan.

DOGANA, *va.* Cocufier ; part. doganet ; voyez daougan.

DOK, *adv.* Doucement ; Loth cite doguomisuram, je mesure.

DOKTOR, *sm.* Docteur ; *pl.* ed ; latin doctor.

DOKTOREZ, *sf.* Femme d'un docteur ; *pl.* ed.

DOL, *sm.* Endroit bas et fertile ; comparez le nom de la ville Dol.

DOLMEN, *sm.* Autel druidique ; de dol ou taol table, et méan pierre.

DOMACH, *sm.* Dommage ; *pl.* ou ; vient certainement du français.

DOMAJI, *va.* Endommager ; part. et.

DOMANI, *sf.* Chagrin ; *pl.* ou ; de doan. Voyez ce mot.

DOMANIA, *va.* Devenir triste; voyez doania.

DOMÉNÔ, *sm.* Garde messier; *pl.* doménoed; français domaine, domanier.

DOMINA, *va.* Dominer; part. et.

DOMINASION, *sm.* Domination; *pl.* ou.

DOMINO, *sm.* Jeu ; *pl.* dominoïou, du latin dominus.

DOMISIL, *sm.* Domicile, *pl.* ou.

DOMISILIA, *va.* Habiter ; part. et.

DOMISTIK, *sm.* Domestique ; *pl.* domistiked, domistikéjou.

DOMISTIK, *sm.* Serviteur, domestique ; *pl.* domistiked.

DON ou DONV, *adj.* Apprivoisé, Jubainville cite dof, doma en gallois.

DONA ou DONVA, *va.* Apprivoiser; part. et. Voyez dometic dompté, cité par Loth.

DONAAT ou DONVAAT, *vn.* S'apprivoiser; part. donvéat, voir don.

DONDER, *sm.* Profondeur, voy. dounder, doundet.

DONÉDIGEZ, *sf.* Venue, du verbe dont venir.

DONÉZOUN, *sf.* Donation ; *pl.* donézonou, gallois don, français don.

DONJER, *sm.* Dégoût ; *pl.* ou ; le breton doun profond et érez repugnance, où le vieux français dongier, dangier. Les uns prononcent dounjer et d'autres donjer.

DONJÉRUZ ou DOUNJÉRUS. Dégoûtant. Voyez donjer.

DONT, DOND ou DONET pour DEUI, *vn.* Venir ; part. deuet, en contraction deut, grec δευρ viens.

DONUZ ou DONVUZ. Domptable, voyez don.

DOR, *sf.* Porte ; *pl.* doriou, irlandais dorus, anglais door, allemand thor, vannetais dour, Zeuss cite le cambrique darat, darador, darasow ; Jubainville cite dorassu, le grec θυρα, gothique daur latin fores, gaulois ysarno-dorum ; breton dorhouarn, citation de Loth.

DOR-ALC'HOUÉZ, *sm.* Porte à serrure, de dor porte et de alc'houez clef, vannetais dor-alc'hué.

DOR-BORZ, *sf.* Porte de cour, dor porte et porz cour.

DORC'HEL, *sf.* Tumeur, voyez chotorel.

DOR-DAL, *sf.* Portail, de dor porte et tal front.

DOR-FOURN, *sf.* Entrée d'un four, de dor porte et fourn four.

DORIKEL ou DORNIKEL, *sf.* Petite porte, de dor porte.

DORIKELLER, *sm.* Ouvrier qui fait des claies ; *pl.* ien.

DORLOI ou DORLO, *va.* et *n.* Pétrir ; part. et; kymri dorlawd, saxon deorling, anglais darling.

DORLOTA, *va.* Caresser; part. et ; voyez le mot précédent et le français dorloter.

DORLOTER, *sm.* Celui qui caresse ; *pl.* ien.

DORLOTÉREZ, *sm.* Flatterie; voyez dorloi.

DORN. Voyez dourn.

DOROJOU, *sm. pl.* de dor porte.

DOROSEN. Voyez torosen et dosen.

DORZEL, *sf.* Serrure ; *pl.* lou ; on dit aussi torzel, Loth cite torcigel de tor ventre et cigel latin cingulum. Le breton donnerait littéralement dor porte et zell regard.

DOSEN, *sf.* Colline, *pl.* nou; de tor ventre.

DOSSER, *sm.* Partie d'un harnais, dossier; *pl.* ou.

DOTU, *sm.* Jeu de la crosse, do à, tu côté.

DOUAR, *sm.* Terre ; *pl.* ou, arabe douar, dar habitation, cambrique tir adagar, cité par Zeuss, français douaire, douairière.

DOUARA, *va.* et *n.* Mettre en terre; part. et ; de douar.

DOUAR-AOTROU, *sm.* Domaine ; *pl.* douarou-aotrou, de douar terre, aotrou seigneur.

DOUAR-BILEN, *sm.* Terre roturière, de douar et de bilen vilain.

DOUAREK, *adj.* Terreux, mélangé de terre.

DOUAREN, *sm.* Petit-fils, voyez doaren.

DOUAREN, *sf.* Terrier ; *pl.* douarennou, de douar terre.

DOUARENES, *sf.* Petite-fille, voyez doarenes.

DOUARÉREZ, *sm.* Enterrement ; de douar.

DOUAR-FÉACH, *sm.* Terre à féage, douar et féach féage.

DOUAR-IEN, *sm.* Terre froide ; douar et ien froid.

DOUAR-IEOT, *sm.* Pré à herbe ; douar et ieot ou géot herbe.

DOUAR-KUIT, *sm.* Terre libre ; douar et kuit sans charges.

DOUAR-LABOUR, *sm.* Terre chaude ; douar et labour travail.

DOUARNENEZ. Nom de ville ; douar terre, ann le, énez île.

DOUAR-TEIL, *sm.* Terre labourable ; douar et teil fumier.

DOUARUZ, *adj.* Terreux.

DOUBIER, *sm.* Voyez tousier.

DOUBL, *adj.* Double. origine française.

DOUBL, *sm.* Plancher ; *pl.* ou ; de dou, maintenant daou deux.

DOUBLADEN, *sf.* Doublure ; *pl.* nou ; de doubl.

DOUBLEN, *sf.* Miche de pain ; *pl.* nou.

DOUBLEN, *sf.* Mauvaise fille ; *pl.* nou.

DOUBSOLIA, *va.* Ressemeler ; part. et ;

de dou, doubl et de solia faire un ressemelage.

Doué, sm. Dieu ; pl. douéou, ou douééd, en gaulois dévos, contracté de déivos, gallois diw, dou.

Douéa, va. Déifler ; part. et; gallois douio.

Douééz, sf. Déesse; pl. douéezed.

Douélez, sf. Divinité; de doué Dieu.

Douétans, sf. Doute, terminaison française ; de doute.

Douéti, va. Douter ; part. douétéat; grec δοιαξω douter.

Douétuz, adj. Douteux ; voir le mot précédent.

Doufez, sf. Douve ; pl. iou ; voyez douvez.

Doug, sm. Ce que l'on peut porter; comparez chouk nuque.

Dougen, va. Porter ; part. douget, dougennet, jadis douc, doucaff en latin porto doén portare.

Douger, sm. Porteur ; pl. ien.

Dougérez, sf. Femme enceinte; pl. ed.

Douget, adj. Disposé à, est aussi participe de dougen.

Douj, sm. Crainte ; Loth cite douretit honteux.

Douja, va. Craindre ; part. et; voir douj.

Doujans, sf. Action de craindre; douj et terminaison française.

Doujet, adj. et part. Craint, respecté.

Doujuz, adj. Soumis, respectueux.

Doun, adj. Profond ; s'emploie aussi comme adverbe; Jubainville cite le gaulois dub-nos, dumnos de la racine dhub, comme le lithuanien dauba fosse, et le gothique duip-s profond.

Douna, va. Qui n'est pas usité pour déna téter, dizoun, dizouna sevrer.

Dounaat, va. Approfondir ; part. dounéat, voyez doun.

Dounder ou Dounded, sm. Profondeur ; de doun profond.

Dounjer, sm. Dégoût.

Dounjéruz, adj. Dégoutant, repoussant ; vieux français, dongier.

Dounjeri, va. Dégouter; part. et.

Doun-vor, sm. La haute mer, doun profond, et mor mer.

Dour, sm. Eau ; pl. doureier ; Jubainville lé tire du gaulois dubro-n, cornique dowr, latin dovra fosse, grec υδωρ. Comparez les noms de fleuves, Adour, Douro, Estramadure.

Doura, va. Abreuver; part. et; voyez dour.

Douraér, sm. Celui qui répand l'eau ; pl. ien.

Douraer, sm. Auge de meule à aiguiser.

Douraérez, sf. Porteuse d'eau ; pl. ed.

Dour-avalou, sm. Petit cidre ; dour eau, et avalou pommes.

Dour-a-vuez, sm. Eau minérale; dour eau, a de et buez vie.

Dour-braz, sm. Pluie torrentielle, déluge ; dour eau, braz grand.

Dour-c'houez, sm. Sueur, transpiration ; dour et c'houez sueur.

Dour-dérô, sm. Liqueur qui produit en se condensant le bois de chêne ; dour eau et derô, derv, chêne.

Dourek ou dourennek. Aqueux ; de dour eau.

Douren, sf. Jus, humeur ; pl. nou.

Dourennek ou dourek. Qui contient de l'eau.

Dour-érien, sm. Eau de source;· dour eau et érien source.

Dourgen, sf. Anse ; pl. nou ; dourn main et gen en cornique, nobis en latin.

Dour-gi, sm. Loutre; dour eau et ki chien ; pl. dour-goun ou chas-dour.

Dour-glaô, sm. Eau de pluie ; dour eau, glaô pluie.

Dour-glud, sm. Alluvion ; dour eau, voir clut gurelut, cités par Loth, Breton, Kléo, entends.

Dourgoun, sm. Pour gour-koun ; homme cruel ; gour homme et goun pluriel de ki chien, comparez kounnar colère.

Dour-gwin, sm. De l'eau et du vin; dour eau et gwen vin.

Dour-hanvouéz, sm. Purin ; dour eau, hanvoéz ou hanvouez eau de fumier.

Dour-hili, sm. Eau de saumure.

Dour-hirin, sm. Piquette de prunelle.

Dour-iar, sf. Poule d'eau ; pl. douriéri, de dour eau et de iar poule.

Dourik, sm. Petit ruisseau ; pl. douriouigou.

Dour-koll, sm. Trop plein d'un étang; dour eau et koll perte.

Dour-léaz, sm. Petit lait ; dour et léaz lait.

Dour-lec'h ou dour-léac'h. Abreuvoir; dour eau, léac'h lieu.

Dour-lézu, sm. Eau de lessive ; dour eau et lizu, liju, lessive.

Dourlounk, sm. Gargarisme ; pl. ou ; voyez dourlounka.

Dourlounka, vn. Se gargariser; part. et ; dour eau, lounka avaler.

Dourlounkérez, sm. Action de se gargariser ; voyez dourlounka.

Dour-louzou, sm. Tisane ; dour eau et louzou plante médicale.

Dour-méal, sm. Eau minérale; Loth cite mas métal, nous trouvons dans Le Breton maél maître, littéralement eau maîtresse.

Dour-mélar, sm. Eau médicale ; Loth cite muoed orgueil, nom d'un saint de Bretagne, mélar.

Dourn, sm. Main ; pl. iou : gallois dwrn, irlandais dorn. Loth cite dorn battre.

Dourn, sm. Anse d'un vase.

Dourna, va. Battre ; part. et ; de dourn main.

Dournad, sm. Poignée de main ; pl. ou.

Dournata, va. Patiner ; part. dournatéat.

Dournataer, sm. Celui qui empoigne ; pl. ien,

Dournaterez, sm. Action d'empoigner.

Dournégez, adj. fém. Celle qui a de grosses mains.

Dournek, adj. Qui a de grosses mains.

Dourner, sm. Batteur, pl. ien.

Dournerez, sf. Batteuse ; pl. ed.

Dournerez, sf. Machine à battre ; pl. ed.

Dournikel, sf. Manivelle ; pl. Iou ; de dourn main.

Dour-poull, sm. Eau de mare ; dour eau et poull mare.

Dour-raz, sm. Eau de chaux ; dour et raz chaux.

Dour-red, sm. Eau courante ; dour et red course.

Dour-teil ou dour-deil, sm. Eau de fumier ; dour eau et téil fumier.

Dour-vammen, sm. Eau de réserve ; dour eau et mammen source.

Dour-vor, sm. Eau de mer ; dour eau et mor mer.

Dour-zac'h, sm. Eau dormante ; dour eau et sac'h sac.

Dour-zao, sm. Eau jaillissante ; dour eau et saô levée.

Dour-zil, sm. Eau perdante ; dour eau et sil passoire.

Dous, adv. Doucement.

Dous, adj. Doux ; comparez le breton don apprivoisé.

Dousaat, va. Radoucir ; part. douséat ; comparez le breton don et le français doux.

Dousen, sf. Douzaine ; pl. nou ; de dou deux.

Dousenna, va. Mettre en douzaines ; part. et ; ces deux mots, quoique provenant du vieux breton dou actuellement daou, se rapprochent du français douzaine.

Dousier. Voyez tousier.

Dousik, adv. Tout doucement.

Dousik-koant, sf. Maîtresse chérie, à la lettre, douce-belle.

Dousil, sm. Horloge à eau ; dour eau et sil passoire.

Douvez, sm. Douve, origine française.

Douz-tu. Voyez diouc'h tu, ou dioc'h tu.

Doz, sm. Fossé profond ; comparez doun profond.

Dozvi ou dezvi, on dit aussi tofi, téfi, vn. Pondre ; part. et ; venant de dof, en latin gener et vi œuf.

Draen. Voyez dréan.

Draenek. Voyez dréinek.

Draf ou drav, sm. Barrière ; pl. dréfen ; grec θύρα pour dhara, comme dans dor porte, irlandais dorus, gallois drws, glose drus porte citée par Loth.

Draf-tro, sm. Tourniquet, pl. dréfen-tro.

Drafer, sm. Celui qui fait des claies ; pl. ien.

Dragéen, sf. Plomb de chasse ; pl. dragé ; il s'écrit aussi drajéen, pl. drajé.

Dragoun, sm. Dragon ; pl. ed ; latin draco.

Dragoun, sm. Militaire qui portait jadis un dragon sur son casque ; pl. dragouned ; Loth cite drogn troupe.

Draill, sm. Fragment ; pl. ou ; Loth cite drosion tritura, et le vieux français drasche gousses.

Drailla, va. Couper en morceaux ; part. et ; pour la composition voyez draill.

Draillen, sf. Pièce, morceaux ; pl. nou ; une miette de pain, eun draillen vara.

Drak, adv. Entièrement ; Loth cite drogn troupe, dreb tas ; comparez le grec δράσσω prendre, δρέπω fauche ; la locution milin drak, eau-de-vie de fraude, peut venir de l'irlandais millim je souille ; breton binim, bélim venin, drak tout à fait.

Dramm, sm. Javelle ; pl. ou ; et aussi drémmen, glose bretonne citée par Loth dreb tas, gallois dréfu entasser, dref ballot.

Drammouilla, va. Chiffonner ; part. et.

Drammour, sm. Celui qui fait des javelles ; pl. ien.

Drammour, sm. Apothicaire ; pl. ien.

Dramm-sell ou dam-zell. Coup d'œil ; pl. dram-sellou ; de dramm paquet, et sell regard.

Drant, adj. Eveillé ; grec δραστης qui agit, δραστικος actif.

Draok ou dréok, sm. Ivraie ; Loth cite la glose drosion, vieux français drasche, cosses, gousses.

Drapo, sm. Drapeau ; pl. drapoiou ; origine française.

Drask ou draskl, sm. Grive ; pl. driskli, drogn troupe en français drenne, glose bretonne tracl, lisez trascl grive, pour le contexte, voir couann chouette.

DRASKL-AOT, sm. Grive de mer; pl. driskli-aot; draskl grive et aot grève.

DRASKL-KOAT, sm. Grive des bois; pl. driskli-koat; draskl grive et koat bois.

DRASKLA ou DRASKA, va. Pétiller; part. et; grec δρυπτω déchire.

DRASRÉ, sm. Plante, séneçon commun; pl. ou.

DRAVI ou DRAFI, va. Se réduire; part. dravet; voyez draf.

DRÉ, prép. Par; dré azé par là, dré aman par ici.

DRÉAN, sm. Epine; pl. drein; Loth cite drissi ronces, gallois draén.

DRÉAN-KIK, sm. Bouton à l'épiderme; dréan épine et kik viande.

DRÉAN-SPERN, sm. Piquant de l'épine; dréan épine et spern ronces.

DRED, sm. Étourneau; pl. dridi; voyez draskl.

DRÉFEN, plur. de draf. Barrière.

DRÉ-GÉVRIDI, adv. Exprès; dré par, kefridi plur. de kéfred ou kevred compagnon.

DRÉ-GRÉIZ, prép. Par le milieu; dré par. kréiz milieu.

DRÉ-GUZ, adv. En cachette.

DRÉ-HOLL, adv. Partout; dré par et holl tout.

DRÉIN, sm. Pl. de dréan; voyez ce mot.

DRÉINDED, sm. La trinité; gallois trinided de tri trois.

DRÉINEK, adj. Epineux; de dréin plur. de dréan.

DREINEK, sm. Poisson, bar; de dréin épines.

DRÉINEN, sf. Un plant d'épines; plur. dréin ou dréinennou.

DRÉINTAGA, va. Etrangler avec des arêtes; part. et; drein plur. de dréan épine et taga mordre.

DRÉIST, prép. Par dessus; vannetais dréi de tré, latin trans.

DRÉIST-BÉAC'H, sf. Surchage; pl. iou; de dréist par dessus et béac'h fardeau.

DRÉIST-BEACHIA, va. Surcharger; part. dréist bec'hiet, de dréist par dessus et beac'hia, bec'hia charger.

DRÉIST-BLOAZ, adj. Suranné; dreist par dessus et bloaz année.

DRÉIST-DANT, sm. Surdent; pl. dreist-dent, dreist par dessus et dant dent.

DRÉIST-DEN, adj. Surhumain; dréist et den homme.

DRÉIST-ÉNORET ou DRÉIST-HÉNORET. Vénéré; dreist et énor honneur.

DRÉIST-FEUR, sm. Surtaxe; pl. iou; dréist et feur marché.

DRÉIST-FEURIA, va. Surtaxer; part. dreist feuriet; voyez le mot précédent.

DRÉIST-FOUNDER, sm. Surrbondance; dreist et founder abondance.

DRÉIST-FOUNNUZ, adj. Surabondant; dréist et founnuz rempli.

DRÉIST-GWERZ, sf. Surenchère; dréist et gwerz vente.

DRÉIST-GWERZA, va. Surenchérir, surfaire; part. et; dréist et gwerza vendre.

DRÉIST-GWIR, sm. Passe-droit; dréist et gwir droit.

DRÉIST-HOLL, adv. Principalement, par dessus tout; dreist et holl tout.

DRÉIST-MÉNÉZIAD, adj. Qui est au delà des monts; pl. dreist menezidi; dreist au dessus et ménez montage.

DREIST-NATUR, adj. Surnaturel; dreist au dessus et natur naturel.

DRÉIST-NIVER, adj. Qui dépasse le nombre; dréist et niver nombre.

DRÉIST-PENN, adv. Démesuré; dreist et penn tête.

DREIST-PENN-BIZ, adv. Avec négligence: dreist au dessus, penn tête et biz doigt.

DRÉ-MA, conj. Parce que; de dré par, ma ci.

DRÉMÉDAL, sm. Dromadaire, cheval de grande vitesse; pl. ed; grec δραω fuit prestement.

DREMM, sf. Figure; pl. ou; comparez le celte dark voir, à well dremm, à vue d'œil.

DREMM, sf. Apparence, mine; pl. ou.

DREMMEL, vn. Voir clairement; part. et; de dremm.

DREMVEL ou DREMM-WELL, sm. Horizon; de dremm et de gwel vue.

DRÉO, sm. Coqueluche; grec τρυχω épuiser; δρυπτω, déchire; breton dré par, tréiz passage.

DRÉO, adj. Gai, légèrement ivre, grec δραστικος actif.

DRÉOAAT, va. et n. Se griser; part. dréoéat.

DRÉODED, sm. Gaité, légère ivresse.

DRESKIZ, sm. Rigole; se dit aussi treskiz; pl. iou; de tréiz passage, à travers, et de giz façon.

DRESKIZA ou TRESKIZA, vn. Faire des rigoles; part. et; voyez le mot précédent.

DRÉSOUER, sm. Dressoir; pl. ien ou drésouérou; vieux français dréssoué.

DRESSA, va. Arranger, raccommoder; part. drésset.

DRESSER, sm. Celui qui raccommode; pl. un; de dress.

DRESSÉREZ, sm. Arrangement; de dresser, celui qui arrange.

DRESSÉREZ, sf. Celle qui raccommode.

DREST, adj. Droit, d'aplomb.

DREUZSKIGN, adj. En travers; treuz travers, skigna répandre, a dreuzkign à travers.

DRÉVÉZA, va. Contrefaire; part. et; de dré a travers et de béza être.

DREZ. Plur. de drézen ronce.
DREZEK, pl. Plein de ronces; de drez ronces.
DREZEN, sf. Ronce; pl. drez; Loth cite la glose drissi ronces, gallois draén.
DRÉZAN, sf. Crémaillère; pl. nou; voyez le mot précédent.
DREZENNEK, adj., le même que drezek. Plein de ronces.
DRIBI, voyez dibri, Manger ; part. drebet.
DRICH, sm. Miroir ; pl. ou ; de dréiz à travers, gallois drychu rendre évident, grec δέρκω voit.
DRIDAL, vn. Trembler; part. et; grec δρυπτω, déchire.
DRIKED, sm. Loquet; voyez liked.
DRIKEDA, va. Fermer au loquet; part. et ; voyez likéda.
DROAD, sm. Droit; pl. droajou.
DROËL, sf. Tourniquet; pl. iou ; voyez troel.
DROGED, sm. Robe de femme ou d'enfant ; pl. ou ; vieux français droguet étoffe de bas prix, breton drouk mauvais.
DROGEDEN, sf. Vêtement de femme ou de petits enfants; pl. nou.
DROL, adj. Drôle.
DROUG. Voyez drouk.
DROUGIEZ, sm. Méchanceté, de drouk méchant.
DROUIN, sm. Hotte; pl. ou ; Loth cite drungi fardeau, comparez le français drouine havre-sac.
DROUIZ, sm. Druide, ou déraouez, mpl. ed ; de derv. chêne.
DROUIZEZ, sf. Druidesse; pl. de; voir drouiz.
DROUIZAEZ, sf. Druidisme, religion des druides.
DROUK ou DROUG, sm. Mal, maladie ; Gallois drwg ; Comparez la racine sanscrite druk nuire, d'Arbois de Juvainville.
DROUK ou DROUG, adj. Mauvais, méchant ; Voyez le mot qui précède.
DROUK-AR GOAN, sm. Engelure ; drouk, mal, ar du goan hiver.
DROUK-AR GOR, sm. Rendement de la bile ; drouk mal, ar du, gor inflammation.
DROUK-AR MOUG, sm. Apoplexie ; drouk mal, ar le, moug étouffement
DROUK-AR ROUÉ, sm. Ecrouelles; drouk, ar du, roué roi.
DROUK-ATRED, sm. Mauvaise affaire ; drouk et atred débris.
DROUK-AVEL, sm. Maléfice ; drouk et avel vent.
DROUK-AVI, sm. Péché d'envie ; drouk mal et avi envie.
DROUK-DOUAR, sm. Scorbut ; drouk et douar terre.

DROUK-ÉAL, sm. Mauvais génie ; drouk mauvais, et éal ange ; pl. drouk-élez.
DROUK-EAR, sm. Malheur ; drouk mauvais, et eur chance.
DROUK-GOUZOUK, sm. Angine ; drouk mal et gouzouk cou.
DROUK-HUEL, sm. Haut mal ; drouk mal et huel haut.
DROUK-IOUL, sm. Mauvais penchant ; pl. drouk-ioulou ; drouk mauvais et ioul désir.
DROUK-KALOUN, sm. Mal de cœur,drouk mal et kaloun cœur.
DROUK-KAROUT, va. Détester ; part. drouk-karet; drouk et karout aimer.
DROUK-KOF, sm. Colique ; drouk mal et kof ventre.
DROUK-KOUMZ, sm. Mauvais propos ; drouk mauvais et koumz parole.
DROUK-KOUMZA, vn. Calomnier ; part. drouk-koumzet ; voir le mot précédent.
DROUK-KOUMZER, sm. Calomniteur ; pl. ien ; voir drouk-koumz.
DROUK-LAGAD, sm. Mal d'yeux ; drouk mal et lagad œil.
DROUK-LAMM, sm. Accident; pl. ou ; drouk mauvais et lamm saut.
DROUK-LANS ou DROULANS, sm. pl. ou ; drouk et lans élan.
DROUK-LAVAROUT, vn. Médire; part. drouk-lavaret ; drouk et lavarout parler.
DROUK-LIVA, va. Badigeonner; part. et; drouk mal et liva peindre.
DROUK-LIVA,va. Devenir blême; part.et.
DROUK-LIVAD, sm. Badigeon.
DROUK-LIVET, adj. Blême ; on dit aussi dour-livet.
DROUK-MEAN ou DROUK AR MEAN, sm. Gravelle, pierre; de drouk mal et de mean pierre.
DROUK-NEUZ,sm. Mauvaise mine; drouk et neuz mine, façon.
DROUK-OBER,vn. Mal faire; drouk mal et ober faire.
DROUK-OBÉRIANS, sm. Mauvaise exécution ; drouk mal et obérians façon.
DROUK-PÉDEN,sf. Malédiction ; pl. nou; drouk mauvais et péden prière.
DROUK-PÉDER, sm. Celui qui maudit; drouk et péder prieur.
DROUK-PEDI ou DROUK PIDI, va et n. Maudire; drouk mal et pédi prier.
DROUK-PENN. sm. Mal de tête ; drouk mal et penn tête.
DROUK-PREZÉGER,sm. Calomniateur; pl. drouk-prézegerien ; de drouk mauvais et prézéger prêcheur.
DROUK-PRÉZÉGI, vn. Calomnier; part. drouk prezeget; de drouk mal et prézégi ou prezek prêcher.
DROUK-PRÉZEK, sm. Injure, calomnie ; voir le mot précédent.

DROUK-SANT, *sm.* Epilepsie; drouk mal et sant saint.
DROUK-SANT, *sm.* Pressentiment; drouk mal et sant de santout sentir.
DROUK-SANT-ANTOUN, *sm.* Erysipèle ; drouk mal, sant saint, Antoun Antoine.
DROUK-SANT-BRIEK, *sm.* Démence ; à la lettre, mal de St-Brieuc.
DROUK-SANT-FIAKR, *sm.* Fistule à l'anus ; à la lettre, mal de St-Fiacre.
DROUK-SANT-HUBER, *sm.* Hydrophobie; à la lettre, mal de St-Hubert.
DROUK-SANT-IANN, *sm.* Epilepsie ; à la lettre, mal de St-Jean.
DROUK-SANT-ITROP, *sm.* Hydropisie; à la lettre, mal de St-Eutrope.
DROUK-SANT-KADOU, *sm.* Humeurs froides ; à la lettre, mal de St-Cadou.
DROUK-SANT-KIRIO, *sm.* Clou, furoncle ; à la lettre, mal de St-Kirio.
DROUK-SANT-KOULM, *sm.* Folie, démence ; à la lettre, mal de St-Colomban.
DROUK-SANT-MARTIN, *sm.* Ivresse, débauche ; à la lettre, mal de St-Martin.
DROUK-SANT-MATULIN, *sm.* Egarement d'esprit; à la lettre, mal de St-Mathurin.
DROUK-SANT-MÉÉN, *sm.* Gale, rogne ; à la lettre, mal de St-Méén.
DROUK-SANTOUT, *va.* Préssentir; part. drouk-santet ; voir drouk-sant.
DROUK-SANT-TUJAN, *sm.* Rage ; à la lettre, mal de St-Tujan.
DROUK-SANT-URLAOU, *sm.* Goutte; à la lettre, mal de St-Urlau.
DROUK-SANT-VAODEZ. Enflure ; à la lettre, mal de St-Maudez.
DROUK-SANT-WELTAS. Hydrophobie ; à la lettre, mal de St-Gildas.
DROUK-SKEVENT, *sm.* Maladie des poumons.
DROUK-SOUNJAL, *vn.* Mal penser; drouk mal, et sounjal ou chounjal penser.
DROUK-SPÉRED, *sm.* Le démon ; de drouk méchant, et de spered esprit.
DROUK-VAMM, *sm.* Maladie de la mère; drouk mal, et mamm mère.
DROUK-VOR, *sm.* Mal de mer; drouk mal, et mor mer.
DROUK-ZIVEZ, *sm.* Mauvaise fin ; drouk mauvais, et divez fin.
DROUSKLEN OU TROUSKLEN, *sf.* Croûte; *pl.* nou.
DRUILL, *sm.* Peloton ; *pl.* ou ; Loth cite truch épais, Zeuss deulugy diable, diabolique.
DRUILLA, *va.* Embrouiller ; part. et; de druill, voyez ce mot.
DRUILLADEK, *sm.* Embrouillamini ; *pl.* druilladégou; de druilla.
DRUILLEN, *sf.* Femme malpropre; *pl.* nou ; breton tru misère.

DRUJAL, *vn.* Badiner ; part et; Zeuss cite le cambrique drwod, à travers.
DRUJERÉZ, *sm.* Badinage. Voyez le mot précédent.
DRUSAAT, *vn.* Engraisser; part. druséat de druz gras.
DRUZ, *adj.* Gras, kimry drud, corn. dru, français dru, serré.
DRUZONI. *sf.* Graisse; *pl.* ou ; voyez druz.
DU, *adj.* Jadis; duff, noir; irlandais dub, gallois dub, gallois dubis, glose daliu pour duliu, couleur noire, citée par Loth ; cat dub géinte, le combat des races noires.
DU, *sm.* Novembre ; miz du, le mois noir.
DUA, *va.* Noricir; part. duet ; de du noir.
DUAAT, *vn.* Rendre noir ; part. duéat; du noir.
DUAD, *sm.* Couleur noire.
DUAD, *sm.* Linge ou bois brûlé ; pour allumer la pipe.
DUAD, *sm.* Maladie des blés.
DUANEN, *sf.* Judelle ; *pl.* ed, grec δύπτης, plongeur.
DUANI, *vn.* Carier ; part. et.
DUARD, *sm.* Homme noir ; *pl.* ed.
DUARDEZ, *sf.* Femme noire; *pl.* ed.
DUARDEZIK, *sf.* Fille brune; *pl.* duardezédigou.
DUBÉ, *sm.* Pigeon ; *pl.* dubéed; de dub, anciennement signifiant noir.
DUBÉA, *va.* Enlever le duvet; part. dubéét.
DUDER, *sm.* Noirceur.
DUDI, *sm.* Plaisir; cambrique duituit divinité; Lavillemarqué, tire ce mot du français déduit.
DUDIVZ, *adj.* Agréable ; de dudi.
DUÉLLEN, *sf.* Robinet; *pl.* ou ; glose bretonne, citée par Loth, didanaud, gallois denu attirer, breton déna téter.
DUEMM, *sm.* Chevreuil ; daim, *pl.*, voyez demm, cambrique da, damas.
DUEMMEZ, *sf.* Femelle de daim ; *pl.* ed.
DUET, *adj.* Noirci ; da du noir.
DUFFEN, *sf.* Douvelle ; voyez tuffen.
DUG, *sm.* Duc ; *pl.* ed ; latin ducere conduire.
DUGEZ, *sf.* Duchesse ; *pl.* ed.
DU-HONT ou DUONT, *adv.* Là-bas; du pour tu côté hont là, celui.
DUILLAD, *sm.* Peloton ; *pl.* ou.
DUK, *sm.* Duc ; *pl.* ed.
DUIK, *sm.* Petit oiseau ; *pl.* duiged ; de du noir.
DUIN, *sm.* Gouffre ; *pl.* ou ; de dun, doun profond.
DUM, *sm.* Matelas ; *pl.* ou ; tum à la renverse.

Du-man, *adv.* Ici ; du pour tu cote, et ma lui, celui.

Duplikata, *sm.* Duplicata, double.

Duvellen ou tufellen, *sf.* Douve d'un tonneau ; *pl.* nou, ou du duvad, tufed ; grec δοχή réservoir, δικτνον sans fût.

Duz, *sm.* Espèce de démon ; *pl.* ed ; grec δυή grand malheur, δυαω accabler de maux.

Du-ze, *adv.* Quelque part ; pour tu-ze, coté là.

E

E, cinquième lettre de l'alphabet ; e, voyelle.

É, *prépos*. Dans, en, à.

É. Particule, il.

E ou EN. Particule, moi, lui.

É, *conjonction*. Que.

ÉAC'H, *sm*. Le haut ; voyez néac'h, aéz.

EAC'H, *interjection*. Fi ; latin eheu.

EACHUZ, *adj*. Horrible ; de éac'h, ou ac'h.

ÉAL, *sm*. Ange ; *pl*. élez ; jadis aél ; *vn*. cornique ail, latin angelus d'Arbois de Jubainville, cornique ail, él.

ÉAL, *sm*. Poulain ; *pl*. ed ; éch cheval, gaulois épos, breton ébeul.

ÉALAN ou *vn*. ALAN. Pouliner ; part. et ; comparez à mettre bas, en parlant d'une vache.

ÉAL-DU, *sm*. Démon ; à la lettre ange noir.

ÉAL-MAD, *sm*. Ange gardien ; éal ange mad bon.

EAN, *sm*. Ciel, env. ; *pl*. ou ; voyez env.

EAN. Voyez échan.

ÉAN. Voyez ezhan.

EANA. Voyez éhana.

ÉANN. Voyez ééun.

ÉANNA. Voyez ééunna.

EAR, *sm*. Air ; jadis aér ; latin aér.

ÉARA, *va*. Aérer ; part et ; voyez éar.

ÉAZ, *adj*. Aisé ; jadis aés ; comparatif éasoc'h, superlatif éséta.

ÉAZ, *sm*. Aisance, facilité.

ÉAZ, *adv*. Facilement, aisément.

É BAND. En adjudication ; é dans, band ban, enchère.

ÉBARZ ou ÉBARS, *adv*. Dedans ; latin intra, breton héb, sans, arz arrêt, ébars enn ti dans la maison, littéralement, sans arrêt dans maison.

ÉBAT, *sm*. Jeu, ébat ; *pl*. ou ; v. français esbat, breton, é pad pendant ou hep pad sans durée, gaulois épad, latin equus, de Jubainville.

ÉBATA, *vn*. Jouer, s'amuser ; part et ; voyez ébat.

ÉBATUZ ; *adj*. Divertissant, amusant, du mot, ébat.

ÉBED. Particule négative. Aucun ; de er bed, dans le monde, ébed, a été, bétek, pétek jusque.

ÉBEN. Pronom féminin, l'autre, Zeuss cite y ben, ybeyn en cornique, penn. ann eil hag ében, la seconde et l'autre, breton é benn sa tête.

ÉBERR, *adv*. Avant peu ; de é dans, et berr court ; é berr koumziou, en peu de mots.

ÉBESTEL, *pl*. d'abostol. Apôtre ; voir ce mot.

EBEUL, *sm*. Poulain ; *pl*. ien ; gaulois épalos, latin épos, grec ιππος, on dit aussi eubeul.

ÉBEULEZ, *sf*. On dit aussi eubeulez. Pouliche ; *pl*. ed.

EBEULIA ou EUBEULIA, *va*. Pouliner ; part. et.

ÉBEUL-KOAD, *sm*. Pivert ; *pl*. ébeulien koad ; on dit plus souvent kasek koad.

ÉBIOU. On dit aussi a biou ; *prép*. à côté, voyez a biou.

ÉBORT, *adj*. Facile à porter ; hé lui, portéza porter.

ÉBR, *sm*. *pl*. Firmament ; *pl*. de oabl, qui se dit aussi au plur. oabl, Loth cite erderh évident.

ÉBREL, *sm*. Nom d'un mois, avril ; latin aprilis, breton heb ou éb, sans, réol règle.

EC'H, EZ, É. Particule, il, jadis éff.

EC'H, *sm*. Signe d'horreur.

ÉCHAL, *prép*. En inquiétude ; ne moun ket echal da, je ne suis pas en peine de, comparez l'anglais shall.

EC'HALLÉ. Forme adverbiale ; à la lettre. il pourrait être.

ÉGHAPI, *va*. et *n*. Echapper ; part et ; origine française.

EC'HARZ, *prép*. Auprès de ; particule é et arz arrêt.

ECHÉDOU, *sm*. *pl*. Echecs ; du persan shah roi.

ÉCHÉGAD, *interjection*. On dit aussi chégad ; voyez ce mot.

É C'HIZ, *prép*. Comme ; de é comme, giz coutume.

EC'HOAZ, *sm*. Repos à l'ombre ; irlandais échtar latin extra, breton é dedans, goaz ruisseau.

EC'HOAZA, *vn*. Se reposer au frais ; part. et ; voyez le mot précédent.

ÉCHOMM, *sm*. Besoin ; *pl*. ou ; Loth cite edemnetic qui a besoin, voyez ézomm.

EC'HON, *adj*. Vaste ; Zeuss cite enchinethel ; latin gigas, breton é zoun je suis, ééunn droit.

EC'HONDER, *sm*. Grandeur ; voyez échon.

ÉCHU ; *adj*. et part. Terminé ; échu vient du français échu.

ÉCHUI, *va*. Achever ; part. échuet, échu ; voir le mot précédent.

Ec'HUZ, *adj.* Affreux ; de éc'h ; voyez ce mot.

ÉD, *sm.* Blé ; *pl.* édou, éjou ; dans certains cantons id, th celtique itu, pitu nourriture, itlann terre à blé cité par Loth.

ÉDAN, *prép.* Voyez dindan plus employé.

ED-DU, *sm.* Blé noir ; *pl.* éjou-du ; ed blé, du noir.

ÉDERN, *sm.* Puissance ; nom de famille Édern, nom de commune, Lannédern.

É-DIBRED, *adv.* A contre-temps ; é à, di nég et pred temps.

E-DILO, *adv.* Très vite ; part. é représentant en, et dilo pour dilor, de di nég. et de lor ladre.

ÉDRO, *adv.* Volage ; pour hédro ; hé lui, tro tourne.

ÉDUZ, *adj.* Abondant en blé ; de éd blé.

ÉÉU, *sm.* Foie, racine ; avu, aventos.

EEUNN ou ÉÉUN, *adj.* Droit ; de Jubainville cite aventos, en latin vinos, vieil irlandais oin, cathol effn, gallois iawn, glose eunt droit cité par Loth.

EEUNNA ou EEUNA, *va.* Rendre droit ; part. eeunnéat.

EUENNADUR, *sm.* Dégauchissement ; voy. eeunn, grec εὐθύς droit.

EUNNDER, ou EEUNDER, *sm.* Action de rendre droit ; vovez eeunn.

EEUNNIDIGEZ OU EEUNIIGEZ, *sf.* Alignement.

ÉFET, *sm.* Effet ; *pl.* éfejou ; origine française.

ÉFLOUD, *sm.* Plante ; comparez le français euphorbe.

ÉFRÉIZ, *sm.* Effroi ; heb sans, réiz doux, Loth cite fruinn fréin.

ÉFRÉIZA, *va.* Effrayer ; part. et ; voyez éfréiz.

ÉFRÉIZUZ, *adj.* Effrayant ; voir éfréiz.

ÉGAL, *adj.* Égal.

ÉGALISA, *va.* Égaliser ; part. et.

ÉGAOU, *adv.* A faux ; de la particule é dans et gaou mensonge.

ÉGAR, *sm.* Colère ; il serait plus rationnel d'écrire hégar quoique le mot hégarad aimable semble s'y opposer, mais le mot égar doit venir du verbe héga, agacer.

ÉGARI, *vn.* Faire du mauvais sang ; voy. héga, comparez le français égarer.

EGAS ou HÉGAS, *adj.* Agaçant, de héga agacer.

ÉGEN, *conj.* Plutôt que ; cornique égen, ésen, voyez ogen.

ÉGET ou ÉGED, *conj.* Que ; Zeuss cite le cornique ys, es qui répond au breton éget, éguet, muy guet au superlatif.

ÉGÉTAOU, *adv.* Il y a peu de temps ; on dit aussi égentaou, qui paraît le faire dériver de la particule é dans, kenta premier avec terminaison du pluriel, on dit aussi er gentaou qui a la même signification.

EGILÉ, *adj. m.* L'autre ; Jubainville cite gilé, forme pronominale égilé, vieux gallois diciclid, cilid identique à l'irlandais célé-cellios, Zeuss cite y gilid, latin alterum, dégilé pour da égilé, ou de éguilé, héguilé, voyez la forme féminine ében.

ÉGIN OU HÉGIN, *sm.* Germe ; ce mot paraît venir de gouin, gouhin cités par Zeuss ; nous trouvons dans Loth, eidguin, chasse oux oiseaux, dans le breton bégin soufflet, nom de commune, Loc-éguiner, noms d'hommes, éginer, héguiner, éguiner.

ÉGINAD, *sm.* Étrennes ; littéralement égin germe, ad blé ; dans certaines villes de Bretagne, vers la fin de l'année, les jeunes garçons frappent sur les portes des maisons, en criant egin an ad, germe de la graine, pour réclamer des étrennes.

É GIZ. *prép.* Voir é c'hiz.

ÉGLÉO ou HÉGLÉO, *sm.* écho, *pl.* Hégléviou, églèviou ; de hé lui et kléô écoute ; Zeuss cite, englyn, englynion, épigramme, grec Ηκω son et la nymphe Écho.

ÉGOLL, *adv.* En perte ; de é dans, koll perte.

ÉGOS, *sm.* Tapage ; on dit aussi enngroz qui doit venir de enn dedans, kroz bruit.

ÉGOS. *adv.* Presque ; de la particule é, et de l'autre particule koz ou kos, ayant la même signification, que dam, voyez ce mot, kos échu éo, c'est presque fini.

ÉGRAS, *sm.* Sauvageon ; comparez le français égrain, jeune arbre à greffer, le breton éirynen, prune sauvage.

ÉGRAS, *sm.* Verjus, suc du raisin ; voy. le mot précédent.

ÉGROÉS, *sm.* Fruits sauvages ; eirynen, irinen, prune sauvage.

É-GW'ALL, *adv.* En flagrant délit ; é dans gwall mal.

E-GWIRIONEZ, *adv.* En vérité ; particule é en, gwirionez vérité.

ÉHAN, *sm.* Repos ; *pl.* ou ; grec εαω cesse ευδανω repose, Loth cite estid siège, gallois eistedd s'asseoir.

ÉHANA, *va.* Reposer ; part. éhanet ; voyez éhan.

ÉHARZ, *prép.* Auprès de ; le même que éc'harz.

ÉHUN, *sm.* Merle ; *pl.* ou ; Loth cite eidguin chasse aux oiseaux etn oiseau, guin chasse, etn oiseau, hu, chasse.

ÉIÉNEN, *sf.* Source ; *pl.* éien ; Troude cite l'arabe ain source, grec αἱορεῖν, j'élève.

EIL, *adj. numéral*, Deuxième ; Jubainville rapproche ce mot de all autre, alios, allobroges.

EIL AGAMP, *sm.* Aide-de-camp ; eil second et kamp camp.

EIL ANTRONOZ, *sm.* Surlendemain ; eil second, ann le, tro tour noz nuit.

EIL AROUEZ, *sm.* Seconde marque ; eil et arouez marque.

ÉIL AROUEZI, *va.* Contremarquer , part. et : eil et arouezi marquer.

EIL-BRÉFED, *sm.* Sous-préfet ; *pl.* eil-bréféted, eil et préfed préfet.

EIL-C'HÉRIA. *va.* Avoir le dernier mot ; part eil c'hériet, eil second, et ger parole.

EIL-DIMEZI, *vn,* se marier, voy. eil-zimezi.

EIL-DOMMA, *va.* Réchauffer ; part. eil-dommet ; eil et tomma chauffer.

ÉIL HADA, *va.* Semer une seconde fois, resemer ; part et ; eil deuxième et hada semer.

EIL FERM OU EIL FEURM, *sm.* Sous-location ; *pl.* eil-fermou ou eil-feurmou ; eil deuxième, ferm ferme.

EIL-FERMER OU EIL-FEURMER. Sous-fermier ; *pl.* eil-fermerien ou eil-feurmerien.

EIL-FERMI OU EIL-FEURMI. Sous-affermer ; part. et.

EIL-FOEN, *sf.* Regain ; *pl.* eil-foennou eil deuxième, et foén, foin.

EIL-SIEL, *sm.* Second sceau ; *pl.* eil-siellou.

EIL-VARC'HAD, *sm.* Second marché ; eil et marc'had marché.

EILVEDER, *adj.* Nombre de deux ; de eil deuxième.

EIL-VÉLI, *sm.* Sous-ordre ; eil second, beli commandement.

EIL-VERK, *sm.* Seconde marque ; *pl.* eil-verkou, eil et merk marque.

EIL VERKA, *va.* Contre-marquer ; part. eil-verket ; eil et merka marquer.

EIL-VÉROUR. *sm.* Sous-fermier ; *pl.* eil-vérourien ; eil, et merour fermier.

ÉIL-ZIBAB, *sm.* Réélection ; *pl.* eil-zibabou ; eil et dibab choix.

EIL-ZIBABA, *va.* Réélire ; part. eil-zibabet ; eil et dibaba choisir.

EIL-ZILEN. Voyez eil-zibab

EIL-ZILENNA. Voyez eil-zibaba.

EIL-ZIMEZI, *sm.* Second mariage ; *pl.* eil-dimeziou ; eil second, dimezi, mariage.

EIL-ZIMEZI, *vn.* Se remarier ; part. eil demezet ; eil deuxième. dimézi marier.

EIL-ZIN, *sm.* Sous seing.

EIL-ZINA, *va.* Soussigner ; part. eil-zinet eil et sina signer.

ÉIL-ZOR, *sf.* Double porte ; *pl.* eil-zoriou ; eil deuxième, dor porte.

ÉIN. Voyez evn.

EIZ. Voyez héiz.

ÉIZ, *nomb.* Huit ; irlandais oct, latin octo.

EIZ BLOASIAD, *adj.* et *sm.* Agé de huit ans ; éiz huit, bloasiad antennais.

ÉIZ-UGENT, *nomb.* Cent soixante ; éiz huit, ugent vingt.

ÉIZ-UGENTVED. Cent soixante ; à la lettre. huit vingtième.

EIZVED, *adj. numér.* et *sm.* Huitième ; éiz, huit.

EIZVÉTEZ, *sf.* Huitaine ; voyez éiz.

ÉJENN, *sm.* Bœuf ; *pl.* éjenned ; Zeuss cite le cambrique éidion, odion. en tréguier ijenn, eijenn, venant d'éjom, éjoun, éjann, ohenn, ujenn.

ÉJENN-GOUÉZ. *sm.* Bison, bœuf sauvage ; *pl.* éjenned-gouéz, éjenn, et gouez sauvage.

ÉJENN-VOR, *sm.* Bœuf marin ; *pl.* éjenned mor.

EK, *monos.* Terminaison de l'adjectif ; se dit aussi ok, voyez ce mot, ek *sm.*, signifie aussi pointe.

ÉKANT OU ENKANT, *sm.* Encan ; du latin in quantum.

É-KÉIT, *prép.* Pendant que ; de é en, kéit durée.

É-KENVER OU É-KÉVER. Envers ; é en, kenver côté.

É-KICHENN, *prép.* Auprès de ; é en, kichen près, Loth cite circhinn le tour, en vannetais ékirhienn, autour de.

É-KICHENNIK, *prép.* Tout près de ; voy. é-kichenn.

EKIPA, *va.* Équiper ; part. et.

ÉKIPAMANT. *sm.* Équipement ; *pl.* ou.

ÉKLÉO OU HÉKLÉO. Echo ; *pl.* égléviou, hégléviou, hé lui kléo entends, grec ηχω son.

É-KRÉIZ, *prép.* Au milieu de ; é en, kréiz milieu.

É-KROUG, *adv.* En suspens ; e particule en. kroug pendaison.

É-KUZ, *adv.* En cachette ; e en, kuz cachette.

É-KUZUL, *adv.* Confidentiellement ; e en, kuzul conseil.

EL, *prép. ; article défini.* Le, la, les, et pour é dans ne s'emploie que devant un l ; voyez er, enn, é.

EL. Voyez éal.

ELAN, *sm.* Élan ; *pl.* ed ; kimry élain.

ÉLAZ, *sm.* Foie, gésier ; anciennement élas, latin iécur ; Zeuss cite le cambrique glas estomac.

ELBIK, *sm.* Emulation ; Zeuss cite ell-pump touts. breton ellout, hellout pouvoir, grec ελπις espoir.

E LÉAC'H, *prép.* Au lieu de ; particule é, léac'h lieu.

É-LÉAL, *adv.* En toute loyauté ; é en, léal loyal.

ÉLÉDAN, ALEDAN OU HEDLÉDAN, *sm.* Plantain ; *pl.* ou ; de hed longueur, lédan large ; Zeuss cite enlidan, en cornique henl-lydan.

É-LÉIZ, adv. Beaucoup ; particule é,léiz plein.

ÉLÉFANT, sm. Éléphant ; voy. olifant ; pl. éd.

ÉLEGANT, adj. Élégant; plus élégant, élégant oc'h, le plus élégant, éléganta.

ELEKSION, sf. Election ; pl. ou ; origine française.

ELÉKTOUR, sm. Électeur ; pl. ien.

ÉLÉMANT, sm. Élément; pl. élémanchou; origine française.

ELÈNÉ. Voyez hévléne.

ÉLER, pl. d'alar. Charrue; voyez ce mot.

ÉLESTR, pl. d'élestren.

ÉLESTREN, sf. Iris ; pl. élestr: Loth cite élestr, glaieul, irlandais élestar, éléastar, latin gladiolum.

ÉLESTR-PALUD, sf. Iris de marais; élestr iris, palud palue.

ELEZ, pl. de éal. Ange ; voyez ce mot.

ELF, sm. Bardeau. petite planche ; pl. elfennou, ou simplement elf ; Loth cite élinn hache, breton elfen élément, evlac'h orme, grec ελατπ sapin.

ELF, sm. Nerf; pl. ou ; breton elfen principe, élément.

ELFEK, adj. Nerveux ; voyez elf.

ELFEK, sm. Lieu planté de peupliers ; voyez élô.

ELFEN, sf. Élément; Lavillemarqué cite le gallois elfen ; comparez le français élément.

ELFEN, sf. Peuplier, tremble ; voyez élo.

ELFENNUZ, adj. Elémentaire ; voyez elfen.

ELFEZEN, sf. Ivraie ; pl. nou ; alo produire, comme l'indique le vannetais alouéin.

ELGEZ OU HELGEZ. sm. Menton; pl. elgesiou ; Zeuss cite le cambrique elgeth ; ell membre, guez lèvre.

ELGEZEK OU HELGEZEK, adj. Celui qui a le menton fort; de elgez.

ELHENVEL, vn. Prononcer ; de l'article el, et de henvel, hanva nommer, ano nom.

ELIENEN. Voyez élven.

ELIENENNI. Voyez elvenni.

ELIENENNUZ. Voyez elvennuz.

E-LIEZ, pour a liez. Souvent; particule e, liez beaucoup, gallois liaus, lia, liac'h, sépulture.

ELIJIBL, adj. Eligible.

ELIN Voyez ilin.

ELIO. Voyez illio ou ilio.

ELL, sm. Membre, ergot; pl. ellou ; comparez ezel.

ELL-ALAR, sm. Manche de charrue; de ell, et de alar charrue.

ELLEK, adj. Qui a de forts ergots; voy. ell membre.

ELLEZ, sm. Plante d'étang; pl. elléviou ; voyez élestr.

ELÔ, sm. Peuplier, tremble ; pl. elviou.

ELUM, sm. Alun.

ELUMEN, sf. Omelette ; voyez alumen.

ÉLUMÉTEZEN, sf. Allumette ; pl. nou ; de élumi allumer.

ÉLUMI, va. Allumer ; part et; de elf élément.

ELVEN, ELFEN OU EULFEN, sf. Étincelle ; pl. nou.

ELVENNI, ELFENNI OU EULFENNI, vn. Jeter des étincelles ; part. et.

ELVENNUZ, adj. Étincelant ; voyez elven.

ELVEZEN, sf. Plante, raifort; pl. nou.

EM. Contraction de la particule éma, éman.

EMA. Particule littéralement dans mon; il est, préposition é, ma mon.

EMAL OU AMAL, sm. Émail ; pl. ou ; latin smalt smaltha.

EMALA OU AMALA, va. Emailler; part. et ; voyez émal.

EMALOUR OU AMALOUR, sm. Émailleur ; pl. ien.

EMBANN, sm. Publication ; pl. ou : enn dans, band enchère.

EMBANNA, va. Bannir; part. et ; voyez embann.

EMBANNER, sm. Crieur public ; pl. ien.

EMBERR, adv. Bientôt ; part. em ; berr court.

EMBOUDEN OU AMBOUDEN, sf. Ecusson, greffe ; particnle em ou am ; bouéden substance molle.

EMBOUDENNA OU AMBOUDENNA, va. Greffer ; part. et ; voyez embouden.

EMBRÉGA OU AMBRÉGA, va. Dompter ; part. et ; particule em ou am, rek sillon, régi déchirer.

EMBREGER, sm. Celui qui entreprend ; pl. ien.

EMBREGEREZ, sf. Celle qui entreprend ; pl. ed.

EMBRÉGEREZ, sm. Entreprise, maniement.

EMBREL. sm. Avril ; voyez ebrel.

EMBRENNEIN, vn. Entreprendre ; part. et.

EMBROUED, sm. Porte lames du tisserand ; pl. ou.

EMBROUED OU AMBROUED, sm. Porte lames d'un métier ; particule am ou em, roued, filet.

EME. Locution provenant du verbe émézout dire, dis, dis-je.

ÉMÉZOUT, vn. Dire ; n'est employé que de cette manière, et dans émé, émétou, voyez ce mot, et lavarout dire.

É-MÉAZ, adv. et prép. Dehors ; part. é pour er dans ; méaz dehors, voyez er méaz, jadis en maés.

E-MESK, *prép.* Parmi ; part. e ; mesk mélange.

E-MÉTOU, *prép.* Dit-il, dit-on ; on dit aussi é-métiu, e-métiou, dans le sens de n'est-ce-pas ; Loth cite enmeituou gestes, composé de en-in et de meituou pour méitou, irlandais smetim, smeidim je fais signe, le même auteur cite enmetiam, je fais un signe d'assentiment ; d'Arbois de Jubainvillle cite é-metou au milieu en mediavonu ; l'irlandais in medon, le gallois y meun, au mileu, supposent le même suffixe d'après cet auteur ; d'après Zeuss qui cite le cornique meth parler se rapprochant du breton émezout, dans un autre passage le même auteur cite en métou dans le sens au milieu.

EMÉ-VÉ, *prép.* Littéralement émé dis vé pour hé lui.

EMÉZAN, *prép.* Dit-il ; on écrit aussi emézhan émé dis, an lui.

EMÉZI OU EMÉZHI, *prép.* Dit-elle ; émé dis, hi elle.

ÉMÉZO, *prép.* Disent-ils ; émé disent, ho eux ; nous pourrions citer encore emezoun dis-je, émézoud dis-tu, emezomp disons-nous, émézoch dites-vous, éméte dis-tu, éméhen dit-il, émehi dit-elle, éméni disons-nous, émec'houi dites-vous, émého disent-ils ; verbe émézout, correspondant au cornique meth medh parler ; émézout ne se conjugue pas inusité sauf les cas précités, med ou met s'emploie aussi dans certaines locutions merc'h iann a za da véta mab Per, la fille de Jean épouse le fils de Pierre ; mais dans ce cas, on croit retrouver la prép. évit, éguid, latin pro, propter.

EMGANN, *sm.* Bataille ; *pl.* ou ; em se, kann combat, voyez kad.

EMGANNA (en em), *v. réfl.* Se battre ; part. en emgannet.

EMGLÉO, *sm.* Accord ; *pl.* emgleviou ; em se, kléô entends.

EMGLÉO (en em), *v. réfl.* S'entendre ; part. en em glévet.

ÉMICHANS, *adv.* Sans doute ; paraît venir de hé mé chounj, ou é mé chounj, dans ma pensée, j'y pense.

EMIGRÉ, *sm.* Emigré ; *pl.* émigréed ; origine française.

EMLAZ, *sm.* Tuerie ; *pl.* ou ; em se, soi, laz meurtre.

EMLAZA (enn em), *v. réfl.* Se tuer ; part. enn em lazet.

EMMEL, *vn.* Se mêler ; part. emmélet ; quelques uns prononcent ammel.

EMP. Voyez omp.

EMPALAÉR. Voyez impalaér.

EMPALAEREZ. Voyez impalaerez.

EMPENN, *sm.* Cervelle ; *pl.* ou ; em pour enn dans, penn tête.

EMPENNI, *va.* Entêter ; part. empennet ; voyez empenn.

EMPENNUZ, *adj.* Qui entête ; voyez empenn.

EMPEZ OU AMPEZ, *sm.* Empois ; origine française.

EMPEZA OU AMPEZA, *va.* Empeser ; part. et.

EMPÉZER, *sm.* Celui qui repasse le linge ; *pl.* ien

EMPÉZEREZ, *sf.* Repasseuse ; *pl.* ed.

EMPEZÉREZ, *sm.* Endroit où l'on repasse le linge.

EMPREN, *sf.* Rayon de roue ; *pl.* nou ; part. em, pour enn dans, prenn bois.

EMPRENNA, *va.* Mettre des rayons à une roue ; part. et,

EMPREST, *sm.* Prêt ; *pl.* ou ; part. em, prést prêt.

EMPRÉSTA, *va.* Emprunter ; part. et ; voyez emprest, amprest.

EMPRESTER, *sm.* Emprunteur ; *pl.* ien ; se dit aussi amprester.

EMPROUI, *va.* Enrayer ; part. et ; part. em, rod roue.

EMWEL, *sm.* Entrevue ; *pl.* ou ; em part. se, gwel vue.

EMZELL, *sm.* Relation réciproque ; part. em ; zell regard.

EMZIVAD, *sm.* Orphelin ; *pl.* ed ; Jubainville cite ambi-dimatos, Loth donne emsiu, emsium, s'en aller ; em pour ambi et ium d'une racine i, aller, breton, ia, za va.

EMZIVADEZ, *sf.* Orpheline ; *pl.* ed ; voy. emzivad.

EN. Voyez env.

EN, *pronon pers.* Moi.

ENEM. Particule répondant au français se.

ENA. Voyez héna.

ENAN, *adv.* Dedans ; pour endan.

ENAN, *sm. pl.* Pour anaoun ; les trépassés.

ENAOUI, *va.* Animer ; part. et ; Loth cite ennuidteruo de en dans, neuid-teruo. gallois newidd-der nouveauté, breton éné âme.

ENAOUIDEN, *sf.* Allumette ; *pl.* nou de énaui allumer.

ENAOUIDIGEZ, *sf.* Animation ; voyez énaoui.

ENAOUZ, *adj.* Vivifiant ; qui ranime.

ENCHELP OU CHELP, *sm.* Echarpe ; *pl.* ou ; voyez chep, enn dans, chelp écharpe.

ENCHELPI, *va.* Mettre une écharpe ; part. et ; voyez enchelp.

ENCOLC'H. Voyez némolc'h.

ENCOLC'HI. Voyez hencolc'hi.

ENDAN. *adv.* Dessus ; en dans, dan sous primitivement tan, cambrique dan, a dan gdan.

ENDERF ou ENDERV, Le crépuscule; *pl.* ou ; vannetais anderv ; Loth cite enderc'h évident, erderh, sanscrit darc voir, grec δερχομαι, Lavillemarqué cite en anu derch an guerche, au nom brillant de la Vierge.

ENDÉVEZOUT, *va.* Avoir; part. et ; en devenz ou en deuz il a en devoa, il avait, en dévoé il eut, en dévezo, il aura.

ENDRA, *conj.* Pendant que ; Zeuss cite her dre bevif, latin quamdiu vivam ; breton endra vévin.

ENDRAMMA. *va.* Mettre le blé en gerbes; part. et ; en dans, dramma lier les gerbes.

ENDUI, *va.* Enduire; part. enduet; enn dans, dui noircir.

ENE, *sm.* Ame; *pl.* eneou ; latin, anima, jadis énef, gallois enaid, emed, gael, anam, anav.

ENEB, *sf.* Page d'un livre; *pl.* ou ; Loth cite enep face, leteinepp surface plane, de let large et de enepp face.

ENÉBARNOD, *sm.* Contre-épreuve ; *pl.* ou ; enep contre, arnod épreuve.

ENÉBARZ, *sm.* Douaire, champart; *pl.* ou ; enep contre, arz arrêt.

ENEBARZER, *sm.* Celui qui reçoit les douaires ; *pl.* ien.

ENÉBARZEREZ, *sf.* Celle qui lève les dîmes ; *pl.* ed.

ENÉBARZI, *vn.* Lever la dîme ; part. et.

ENEB-BOTEZ, *sm.* Empeigne d'un soulier ; énep contre, botez chaussure.

ENEBEN, *sf.* Une seule page d'un livre, un coté d'une chose ; *pl.* énébennou ; voy. eneb.

ENEBI, *vn.* Contrarier; part. et ; de enep contraire.

ENEBIEZ ou ENEBIACH, *sf.* Opposition ; de énep.

ENÉBOUR, *sm.* Ennemi ; *pl.* ien ; voir énep.

ENED, *pl. irreg.* de ezn. Oiseau ; voir ezn.

ENEP, *prép., adj.* Contraire.

ENEP-GWERC'H, *sm.* Présent de noce ; enep, contre, gwerc'h vierge.

ENEP-KAER, *sm.* Le contraire ; enep contre, kaér beau.

ENEP-KLÉO, *sm.* Echo ; *pl.* enep-kleviou ; enep contre, kléo entente.

ENEP-SIEL, *sm.* Contre-sceau ; *pl.* enepsiellou ; enep contre, siel sceau.

ENEP-VARÉ, *sm.* Contre-marée ; enep contre, maré, marée, époque.

ENEP-WILDRÉ, *sm.* Contre-ruse ; enep et gwildré ruse.

ENEP-WIRIONEZ, *sf.* Contre-vérité ; *pl.* ou ; enep et gwirionez vérité.

ENESIAD, *sm.* Insulaire ; *pl.* enesidi ; de enez île.

ENÉSIADEZ. *sf.* Femme des îles ; *pl.* ed ; voyez enesiad.

ENET, *sm.* Carnaval; deiziou énet, les jours gras ; deiz jour, ened ou enet plur. de ezn volaille.

ENÉTAAT, *vn.* Aller chasser des oiseaux; part .enétéat ; de ened oiseaux.

ÉNEVAD, *sm.* Orphelin ; voyez emzivad.

ENEVADEZ, *sf.* Voyez enzivadez.

ÉNEVAL, *sm.* Animal ; voyez anéval.

ÉNEZ ou ENEZEN, *sf.* Ile ; *pl.* enezi ou inizi ; enezennou, Jubainville cite le vieil irlandais inis, inissis, in dans, iz dessous.

ENEZ, *sf.* Poulette ; *pl.* ed ; voyez evn ezn.

ENEZ AR GER VEUR. Nom breton de Belle-Ile-en-Mer.

ENEZEN, *sf.* Ile ; voy. enez.

ENEZ-HEUSSA. Nom breton de l'île d'Ouéssant.

ENEZ-HEUZ. Nom breton de l'île Dieu.

ENEZ-SEZUN. Ile de Sein.

ENEZ-VAZ. Ile de Batz.

ENFÉAZ, *sm.* Porte-chasse du tisserand ; enn dans, féaz fatigué.

ENGALV, *sm.* Appel ; *pl.* ou ; enn dans galv appel.

ENGEHENTA, *va.* Concevoir ; part. et ; grec γενεϐις.

ENGEHENTADUREZ, *sf.* Conception, génération.

ENGÉHENTUZ, *adj.* Qui engendre beaucoup.

ENGERZ, *sm.* Promenade ; *pl.* ou ; part. em et kerz course.

ENGERZOUT, *vn.* Se promener ; part. et.

ENGLÉNA, *vn.* Céder, être attaché ; part. et ; voyez angli.

ENGOESTLA ou ENGWESTLA, *va.* S'engager ; part. et ; part. em ou en et gwestlagager.

ENGROÉZ, *sm.* Foule, grande affluence ; voyez angroz.

ENGWESTL, *sm.* Engagement ; *pl.* ou.

ENGWESTLA, *va.* Engager ; voir engoestla.

ENGWESTLADUR, *sm.* Enrôlement ; *pl.* iou.

ENGWESTLER, *sm.* Enrôleur ; *pl.* ien.

ENGROZ ou ENNGROZ, *sm.* Tapage ; enn dedans, kroz bruit.

ENK, *adj.* Etroit ; grec αγχω serre, étrangle.

ENKA, *va.* Serrer, presser ; part. enket ; voyez enka.

ENKAAT, *vn.* Devenir étroit ; part. enkéat.

ENKADUR, *sm.* Rétrécissement ; *pl.* iou.

ENKADUREZ, *sf.* Action de serrer.

ENKANT, *sm.* Encan ; in quantum.

ENKANTI, *vn.* Mettre à l'encan ; part. et.

ENKARD, *sm.* Ecart, foulure ; *pl.* ou ; origine française.

ENKARD, *sm.* Ecart, cartes écartées ; *pl.* ou.
ENKARTI, *va.* Ecarter ; part. et.
ENKAVA ou ENKAOIA, *va.* Mettre en cave ; part. et; enn dans kaô, kaoia, cave, mettre en cave.
ENKAVER, *sm.* Sommélier, celui qui met en cave ; *pl.* ien.
ENKAVEREZ, *sf.* Sommélière, celle qui met en cave ; *pl.* ed.
ENKDED, *sm.* Retrécissement ; variante de enkadur, voyez ce mot.
ENKELC'HER, *sm.* Lutin; le même que ankelc'her ; *pl.* ien ; jadis enquelezr, enn dans k'elc'h cercle, Jubainville cite le sanscrit adhi pour ande dans anke'lc'her, ankeler.
ENK'IN. Voyez henkin, inkin.
ENKLAOUI, *va.* Enclouer, piquer le sabot d'un cheval ; part. et ; enn dans, klaô outil, Loth cite clou, plur. de clo, gall. cloeu, irl. cloi.
ENKLAOUI, *va.* Enclaver ; part. et; enn, dans kloued barrière, Loth cite claud fossé, tranchée.
ENKLASK, *sm.* Recherche ; *pl.* ou; enn dans, klask action de trouver.
ENKLASKER, *sm.* Celui qui recherche ; *pl.* ien ; voyez enklask.
ENK'LASKUT, *va.* Rechercher ; part. et ; voyez enklask.
ENK'LOC'H ou ENKLOK. Croc en jambe ; enn dans, klok serré.
ENKREZ, *sm.* Chagrin, tourment ; Jubainville cite l'irlandais ancride, cornique ancres, breton enk serré.
ENKREZET, *adj.* et part. Chagriné, affligé.
ENKREZI, *va.* Chagriner; part. et.
ENKREZUZ, *adj.* Désolant, chagrinant.
Enn, *prép.* Dans ; Lavillemarqué et Troude le tirent de e dans ; ann le, la, les.
ENN. Voyez é.
ENN. Voyez ann.
ENN, *adv.* Dans.
ENN, *art. déf.* Le, la, les.
ENN ou KENN. Peau, cuir, chose desséchée ; *pl.* ennou, kennou ; Loth cite cennen, membrane, petite peau.
ENN-AMC'HOULOU, *adv.* En cachette ; enn dans, am demi, goulou lumière.
ENN-ANER, *adv.* Vainement ; enn dans, aner corvée.
ENN-DÉEUN, *adv.* Tout droit, moi-même, véritablement ; ce mot qui paraît vouloir dire littéralement chemin droit, peut cependant venir de enn dans, et dont, deuz venir, vient, unan un, qui pourrait s'interpréter ainsi, enn dans, deuz viens, hé lui, unan un.
ENN DÉIZALL, *adv.* L'autre jour ; enn dans, déiz jour, all autre.

ENNDÉO, *sm.* Cuisson ; *pl.* enndéviou ; enn dans ou enn le la, déô brûlure.
ENNDÉO, *adv.* Déja ; Zeuss cite le cambrique etwa, latin adhuc.
ENN-DIABARZ, *prép.* En dedans ; enn dans, diabarz intérieur.
ENN-DISWEL, *adv.* En secret, en cachette; enn dans, diswel, hors de vue.
ENN-DIVEZ, *adv.* Enfin ; enn dans, divez fin.
ENN-DRO, *adv.* Autour ; enn dans, tro tour.
ENN-DRO, *adv.* De retour ; voyez le mot précédent.
ENN EUNN TAOL, *adv.* Tout d'un coup ; enn dans, eunn un, taol coup.
ENN-EUR, part. En ; enn dans, eur un.
ENN-HENT, *adv.* En chemin ; enn dans hent chemin.
ENN-HOLL, *adv.* En tout; enn dans, holl tout.
ENN-HOLL-DANN-HOLL, *adv.* Totalement; enn dans, holl tout, dann à holl tout.
ENN-TAIL, *adv.* Apparemment, certainement ; enn dans, irlandais tall, thall, celui.
ENNTAILL, *sm.* Entaille ; *pl.* enntaillou.
ÉNO, *adv.* Là ; Zeuss cite yno en cambrique, latin ibi, Jubainville tire eno de in do, préposition in, pronom do.
ENOE ou ENO'U, *sm.* Ennui ; voyez enoei.
ENOÉI ou INOUI, *va.* et *n.* Ennuyer ; part. et ; Zeuss cite l'irlandais yno, de même, breton enn dans doan peine, voyez doania.
ENOUAMANT ou INOUAMANT. Ennui ; de inoui avec terminaison française.
ENOUZ ou INOUZ. Ennuyeux ; voyez enoéi.
ENSKRIVA, *va.* Inscrire ; part. et ; enn dans skriva, écrire.
ENTA. Voyez éta.
ENTANA, *va.* Mettre le feu ; part. et; enn dans, tan feu.
ENTANADUR, *sm.* Action de mettre le feu.
ENTANER, *sm.* Incendiaire ; *pl.* ien ; voyez entana.
ENTANUZ, *adj.* Inflammable.
ENTENT, *vn.* Soigner, entendre ; part. et ; paraît venir du français entendre.
ENTENTAMANT, *sm.* Jugement; *pl.* ou ; la terminaison française indique l'origine de ce mot, voyez entent.
ENTRE ou ÉTRÉ, *prép.* Entre ; cornique yntré ; enn article le, tré près.
ENTRÉ-MAR, *loc. adv.* Dans le doute ; entré entre, mar doute.
ENV, *sm.* Ciel ; *pl.* envou ; cornique nef, celte nemes.
ENVEZ, *sm.* Vérole ; *pl.* envesiou ; Loth

cite ennian, enclume, cornique, enniou, commissura en latin.

ENV-KOABRENNEK, sm. Les nuées ; env ciel, koabren nuage.

ENV-STEREDENNEK, sm. Le firmament; env ciel, éléredennek étoile.

ENVOR, sm. Mémoire ; on dit aussi mémor, qui se rapproche du latin memoria, sanscrit smarani.

ENVOREREZ, sm. Délibération ; pl. ou.

ENVORI, va. Se rappeler ; part. et ; enn dans, mor radical, maur, meur grand.

ENWAD, sm. Circoncision ; enn article le, gwad sang.

ENWADA, va. Circoncire ; part. et ; de gwad sang.

EO, part. aff. Oui ; du verbe béza être, éo 3° personne de l'indicatif présent de ce verbe à la lettre, il est.

EO-DA, loc. adv. Oui. certainement ; éo oui, da anciennement do représentant, a, pour.

EOG ou ÉOK, sm. Saumon ; pl. éoged ; irlandais éoc, camb éhawc, cornique éhoc.

EOG ou ÉOK. Mûr ; comparez éost récolte, hac boi, et sera en vieux breton, haô mûr.

EOGDER, sm. maturité ; pl. iou ; comparez haôder ; voyez ce mot.

EOGEN, sf. Lieu à rouir; pl. eogennou.

EOGI, va. et n. Mûrir; part. eoget.

EOL, sm. Soleil ; voyez héol.

EOL, sf. Huile ; pl. iou ; latin oliva, Loth cite oleu huile, gallois olew, cath oleau, aujourd'hui oléo.

EOLI, va. Huiler ; part. eoliet.

EOLIEK, adj. Huileux ; de éol huile.

EOL-MÉAN, sf. Huile minérale ; héol huile, méan pierre.

EOL-PALMEZ, sf. Huile de palme.

EOL-VOR, sm. Huile de poisson ; eol huile, mor mer.

EONEN ou ÉON, sf. Ecume ; pl. nou ; Loth cite euonoc écumeux, cathol éon, vannetais ivonen, gallois ewyn.

EONENNEK, adj. Écumeux ; voir le mot qui précède.

EONENNI, vn. Ecumer ; part. et ; on dit aussi éoni.

EONENNUZ, adj. Qui mousse, qui écume.

EONTR, sm. Oncle ; pl. ed ; Jubainville le fait dériver d'un thème avan, que l'on retrouve dans avunculus et dans le gothique avo, gallois ewythr, cornique ewiter, en treguier iontr, et en vannes de même.

EONTR-KOZ, sm. Grand-oncle.

EOR. Voyez héor.

EORI. Voyez héori.

EOST, sm. Août, la moisson ; latin augustus, anglais august, Loth admet, gallois addfed mur, moyen, bret. azff.

EOSTER, sm. Moissonneur ; pl. rien ; voyez éost.

EOSTEREZ, sf. Moissonneuse ; pl. ed.

EOSTI, va. et n. Moissonner ; part. et.

EOSTIK, sm. Rossignol ; pl. éostiged ; œtinet plur. de etn oiseau, cité par Loth, vannes estik.

EOSTIK-BAILL, sm. Rossignol de muraille ; éostik rossignol, baill marqué de blanc.

EP, sm. Ancien, cheval ; grec ἵππος, comparez ebeul poulain.

E-PAD, prép. Pendant ; é dans, pad durée.

E-PEP-LÉACH, adv. Partout ; é dans, pep chaque, léac'h lieu.

EPRÉUF, sf. Epreuve ; pl. iou ; origine française.

ER, sm. Aigle ; pl. éred ; Loth cite air carnage, Zeuss rappelle le cambrique eryr erydd, Lavillemarqué cite eren, pl. éréred, Zeuss cite aussi, erges surrectio.

ER, prép. Dans ; article le, la, les ; cornique yr.

ER-BET ou É-BÉT, loc. adv. Aucun ; er dans, bed a été.

ERBEDEN, sf. Prière ; pl. nou ; er dans, peden prière.

ERBÉDENNER, sm. Celui qui supplie ; pl. ien ; voyez erbeden.

ERBÉDI, va. Recommander, supplier ; part. et.

ERBÉDUZ, adj. Qui supplie, qui recommande.

ERC'H, sm. Neige ; pl ou ; cambriq eira corniq irch, grec ἐρση rosée.

ERC'HA, va. Neiger ; on dit plus souvent erc'h a ra, il neige.

ERC'HUZ, adj. Neigeux ; voyez erc'h.

ERDRA, conj. Voyez endra.

ÉRÉ, sm. Mois d'octobre ; voyez ezré ou héré.

ERÉ, sm. Lien ; pl. éréou ; Vannes ari, gallois arlao arrêter, grec ἄρεστον, comparez le français arrêt.

ERÉA, va. Lier ; part. eréét ; Vannes ariein.

ERÉADUR, sm. Liaison ; pl. iou ; voyez éré.

E-RÉAZ, prép. A fleur de ; é dans, réaz niveau, ras.

EREIDIGEZ, sf. Attachement entre personnes.

ERÉ-LOER, sm. Jarretière ; éré lien, loér bas ; pl. éréou-loér.

ERÉZ, sf. Aversion ; Loth cite le vieux breton erguinit passion violente, grec ἔρις dispute, ἐρινύς colère.

ERÉZI, va. Détester ; part. et ; voyez erez.

ERÉZUZ, adj. Antipathique, envieux.

ERGENTAOU. Voir akétaou (tantôt) doit

venir de aket soin. tandis que ergentaou vient de er dans, kenta premier.

ERGERZ, *sm.* Voyage; *pl.* ergersiou ; er dans kerz course.

ERGERZER, *sm.* Voyageur ; *pl.* ien; voy. ergerz.

ERGERZOUT, *vn.* Voyager; part. ergerzet.

ERIENEN, *sf.* Source ; voyez éienen.

ERIDOVEN, *sf.* Fruit de l'épine ; *pl.* nou.

ERIK, *sm.* Aiglon; *pl.* eriged.

ERION, *sm.* Ourlet; *pl.* ou.

ERIONA, *va.* Ourler ; part. et.

ER-MÉAZ, *prép.* Dehors ; er dans. méaz dehors, jadis er maés, en moyen breton er-mez.

ERMÉSIAD, *sm.* Etranger ; de er méaz dehors ; *pl.* ermésidi.

ERMÉSIADEZ, *sf.* Etrangère ; *pl.* ed.

ERMIT ou HERMITE, *sm.* Hermite ; *pl.* ed ; grec ερημέτης.

ERNEZ, *sm.* Fougue, fureur ; Loth cite ercor coup, gallois ergyr impulsion.

ERO ou ERV, *sm.* Sillon; *pl.* irvi ; ervennou, latin arvum.

EROUAN. Voyez aérouant.

ERR, *sm.* Vitesse ; radical du verbe erruout arriver.

ERROL, *sm.* Erreur; *pl.* iou ; latin error.

ERROLI, *vn.* Contester ; part et ; voyez errol.

ERRU, *sm.* Arrivage ; voyez arru.

ERRUOUT, *vn.* Arriver ; part et ; latin éruére.

ERRUZ, *adj.* Empressé ; voyez err.

ERVAD, *adv.* Bien ; er dans, mad bon, jadis en-vad.

ERVEN, *sf.* Planche en sillon ; *pl.* nou ; voyez éro.

ERVEZ. Voyer hervez.

Es ou EZ. Part. répondant au français é, de, au latin ex.

Es ou EZ, part. Toi. en construction; ganez avec toi.

ESA, *sf.* Epreuve, essai; *pl.* ésaou ; anglais easy, gothique akets.

ESAAT, *va.* Essayer ; part. éséat.

ESAER, *sm.* Essayeur ; *pl.* ien.

ESGOAR, *sm.* Douleur causée par le froip ; es de, goa matheur, goari abri.

ESK, *sm.* Herbe de marais ; voyez hesk.

ESKADROUN, *sm.* Escadron ; *pl.* iou.

ESKAMMED, *sm.* Tronc d'arbre, servant à monter à cheval ; es et kammed enjambée.

ESKAOTA, *va.* Tremper dans l'eau chaude ; es et skaota échauder.

ESKARF ou ESKERB, *sm.* Echarpe; actuellement chelp, voyez ce mot.

ESKARVI ou SKARVI, *va.* Consolider, entourer ; part. et ; de eskarf écharpe.

ESKARPIN, *sm.* Escarpin ; *pl.* ou.

ESKED, *sm.* Clou; voyez hesked.

ESKELL, *pl.* de askell. Aile ; voyez ce mot.

ESKEMM, *sm.* Echange ; *pl.* ou ; es et kemm différence.

ESKEMMA, *va.* Echanger ; part. et.

ESKEMMER, *sm.* Echangeur, brocanteur ; *pl.* ien.

ESKEMMUZ, *adj.* Changeant, variable.

ESKENN, *sm.* Miette ; *pl.* ou ; grec εσχατος dernier.

ESKENN. Voyez heskenn.

ESKER, *sf. pl.* Jambes ; Loth cite escéir, gallois escair, irlandais cara jambes.

ESKER, *sm.* Bois courbe, genou.

ESKERB, *sm.* Biais, en écharpe.

ESKERBI. Le même que eskarvi ou skarvi ; voyez ce mot.

ESKERN, *sm. pl.* de askourn. Os ; voyez ce mot.

ESKINA. Voyez heskina.

ESKIBIEN, *pl.* de eskop. Evêque ; latin épiscopus.

ESKLAF, *sm.* Esclave; *pl.* esklaved.

ESKLAVACH, *sm.* Esclavage.

E-SKOAZ, *prép.* En comparaison ; é en, skoaz épaule.

ESKOBIAD, *sm.* Diocésain ; *pl.* eskobidi ; de eskop évêque.

ESKODOU ou SKODOU. *pl.* de skod, écot, skoden. Gratification, arrangement ; racine ska goth skadas, grec εχοτος, sanscrit khad couvrir, cité par Loth.

ESKOP, *sm.* Evêque; *pl.* eskibien ; latin episcopus.

ESKOP, *sm.* Cheville d'une charrue.

ESKOP, *sm.* Ustensile de moulin.

ESKOPTED, *sm.* Dignité d'évêque, épiscopat.

ESKOPTI, *sm.* Evêché ; *pl.* ou ; eskop évêque, ti maison.

E-SKOURR, *adv.* En suspens ; e en skourr branche.

ESKUIT, *adj.* Alerte ; es et kuit parti.

ESKUMUNUGA, *va.* Excommunier ; part. et ; latin excommunicare de ex hors, communicare communiquer.

ESKUMUNUGEN, *sf.* Excommunication ; *pl.* nou.

ESMAÉ, *sm.* Souci, inquiétude, désir ; grec μαϊμαω, désirer avec ardeur.

ESMAEA ou ESMAHI, *va.* Prendre peur ; part. et ; voyez esmaé.

ESMOLI, *vn.* Diminuer; part. et ; es et mol hate, aujourd'hui mall.

ESPAR, *adj.* Surprenant ; le même que dispar, es hors de, par pareil.

ESPER, *sm.* Espoir ; esper emeuz, j'ai l'espoir.

ESPERANS, *sf.* Espérance ; origine française.

ESPERCH, sm. Aspersoir ; pl. ou.
ESPERJI, va. Asperger ; part. et.
ESPERN, sm. Épargne ; pl. ou ; latin parcer.
ESPERNOUT, va. et n. Epargner ; part. et.
ESPEROUT, vn. Espérer ; part. et.
ESPERT, sm. Expert, celui qui estime ; pl. esperted.
ESPERTI, va. Faire une expertise ; part. et.
ESPERTIACH, sm. Expertise ; pl. ou.
ESPÈS, sf. Espèce : pl. espechou.
ESPLED, sm. Exprès ; pl. ou ; avertissement donné par la justice.
ESPLEDET, adj. Inattentif; es sans,pled attention.
ESREVELLA, va. Répéter ; part. et ; de es et de révella dénoncer.
ESSA, sf. Epreuve ; voyer ésa.
ESSA, adj. Plus facile.
EST, sm. Vent d'est ; origine française.
E-STAD, adv. Dans l'état; e dans, stad état.
E-STARD, adv. Solidement ; e dans,stard serré.
ESTELL, sm. Espèce de dévidoir ; pl. ou ; gallois ecsteddof réunion.
ESTELLEN, sf. Fond d'une charrette ; pl. nou ; voyez estell.
ESTEUZI, vn. Diminuer ; part. et ; es, et teuzi fondre.
ESTIK, sm. Rossignol ; voyez éostik.
ESTIM, sm. Estime.
ESTIMOUT, vn. Estimer ; part. et ; voy. ustumout.
ESTLAMM, sm. Surprise ; latin exclamatio.
ESTLAMMER. Admirateur ; latin exclamator.
ESTLAMMI, va. et n. Surprendre, s'écrier ; latin exclamare.
ESTLAMMUZ, adj. Surprenant ; latin exclamatus.
ESTR, prép. Outre, au-de-là ; latin ultra.
ESTRADEN, sf. Estrade; pl. nou.
ESTRANJ, adj. Etonnant, étrange.
ESTRANJOUR, sm. Etranger ; pl. ien.
ESTR-ÉGED, locut. qui veut dire. D'autres que ; estre ged oun, d'autres que moi, estre gedoc'h, d'autres que vous.
ESTRÉMITÉ, sf. Extrémité ; origine française et latine.
ESTREMVAN, sm. Détresse ; latin extremis, et le radical man que l'on retrouve dans le latin manere.
ESTREN. sm. Etranger ; pl. ed ; latin externis.
ESTRENI, va. Priver ; part. et ; voyez estren.
ESTUMI, va. Estimer ; part. et ; estu-

mitoc'h, plus estimé, estuméta, le plus estimé.
ET, sm. Blé ; voyez ed.
ETA, conj. Donc ; cambrique etwa, latin etiam.
ETABLI, sm. Table de menuisier ; français établi, latin stabulum.
ÉTABLISSA, va. Établir, part. et.
ETABLISSAMANT, sm. Établissement ; origine française.
ETAD, sm. État ; voyez stad.
E-TAILL, adv. En danger de ; é dans, taill danger.
E-TAL, prép. Auprès de ; é dans, tal front.
ETALOUN, sm. Cheval entier ; pl. ed ; du français étalon.
ETAT, sm. Etat ; dénombrement ; pl. étajou.
ETÉO, sm. Tison, bûche ; Jubainville cite pitavis dérivé de pitus, sapin ; pl. éteviou ; comparez le latin extinguere, le français éteindre.
ETÉO-NEDELEK, sm. Bûche de Noël ; on dit aussi, kef nédélek.
ETERNITÉ, sf. Eternité ; latin éternitas.
E-TI, prép. Chez ; é dans, ti maison.
E-TOUEZ, prép. Parmi ; Loth cite initoid, pressus ; é pour en, touéz mélange.
ETRÉ, prép. Entre ; Loth cite ent, gallois yn, breton ent, grec αντι, ré le la les ; voy. entré.
ÉTRÉ-BAD-ZE, adv. Sur les entrefaites; étré entre, pad dure, zé cela.
ETRÉ-DAOU, adv. Entre deux ; étré entre, daou deux.
ETRÉ-DEU, adv. Entre deux ; mot francisé à demi.
ETRE-TANT, adv. Pendant ce temps ; littéralement, entre temps, en empruntant une forme française.
ETREZÉ ou ÉTREZEG, adv. Près, du côté de ; entré ou étré, zé cela.
ETRO, prép. Environ ; enn dans, tro tour.
EU. Voy. ééu, foie, avu.
EU ou ÉHU, terme de charretier ; grec, ευθυ de suite, ευθυς droit.
EUB, sm. Embarras; empêchement, hep, heb sans ; Loth cite arlée, arlup entraves.
EUBEUL, sm. Poulain ; voy. ebeul.
EUBEUL-KOAT, voy. ebeul-koat.
EUBEUL-MUL, sm. Bardot ; pl. eubeulien mul ; eubeul ou ebeul poulain, mul mulet.
EUBEUL-VOR, sm. Petit baleineau ; pl. eubeulien vor ; eubeul poulain, mor mer.
EUBI, va. Empêcher ; part et ; voy. eub.

EUFLEN, *sf.* Atome ; *pl.* eufl, cornique heunl, rayons solaires, grec ελαχιστος, infiniment petit.

EUFLENNI, *va.* et *n.* Produire des atomes ; part et ; voyez euflen.

EUK, voyez èok ; saumon.

EUKARISTIA, *sf.* Eucharistie ; ce mot vient du grec.

EUL, *art. ind.* Ne se met que devant l ; cambrique eu, latin ille.

EUL, *sm.* Huile ; le même que éol ; voy. ce mot.

EULFIN, *sf.* Eclat de feu ; *pl.* eulf ; Loth cite eule harmonie.

EUN, *sm.* Peur, en vannetais ; voy. aoun.

EUN ou EUNN, *art. ind.* Un, une ; vannetais unn, gallois un.

EUN HOLLVAD, *adv.* Beaucoup ; eun un, holl tout, mad bon.

EUR, *art. ind.* Un, une ; se met devant presque toutes les consonnes.

EUR, *sf.* Heur, chance ; eur vad, bonheur, drouk eur malheur.

EURED, *sm.* Noce ; se dit aussi eureud ; *pl.* eureujou ; Loth cite erie gl-pernoctanit ; Troude le tire de éré lien ; Zeuss cite emquedu, latin minari.

EUREUJI, *va.* Marier ; part et ; d'eured noce.

EUR-RÈ-BENNAG, *pr. ind.* Quelques-uns ; eur un, ré paire, bennak quelqu'un.

EURUZ, *adj.* Heureux ; voyez eur chance, bonheur.

EURUZAMANT, *adv.* Heureusement ; euruz et terminaison française.

EURUZDED, *sm.* Bonheur ; se dit aussi eurusted ; voyez eur.

EUR-VAD, *sm.* Bonheur ; voyez eur, mad bon.

EUTREU, *sm.* Seigneur ; le même que aotrou ; voy. ce mot.

EUTREUVOUT, *vn.* Daigner ; part et ; le même que aotréi, qui se dit aussi aotrévout.

EUVL. Voy. eufl.

EUVLENNI, voy. euflenni.

EUZ, *prép.* De ; s'écrit eus eux us, français à, de, latin, é, ex ; ce mot forme aussi le génitif.

EUZ, *adj.* Fondu ; voyez teuz.

EUZ, *sm.* Horreur ; voyez heuz.

EUZI, *va.* Avoir horreur ; voy. heuzt.

EUZUZ, *adj.* Horrible ; voy. heuzuz.

EV, *sm.* Ciel ; voy. env.

EVA, *va.* et *n.* Boire ; part evet ; Jubainville cite pibami, comparez le latin bibere.

EVACH, *sm.* Breuvage ; de éva boire.

EVALL, *sm.* Ancre de navire ; *pl.* ou ; grec ευδω repose.

EVALLIA, *vn.* Jeter l'ancre ; part. et ; voy. évall et éva boire.

EVALUASION, *sf.* Evaluation ; *pl.* nou.

EVALUI, *va.* Évaluer, part. et.

EVEC'H. Voyez evez.

EVECHEIN. Voyez évésaat.

EVEL, *adv.* et *conj.* Comme ; anciennement euel ; même étymologie que henvel, irlandais samil, latin similis.

EVEL-ATO, *adv.* Cependant ; evel comme, atao toujours.

EVEL-EVEL, *adv.* Comme-ci, comme-ça.

EVEL-DHAN. Comme lui ; evel comme, d'han, pour dézan.

EVEL-D'HI. Comme elle evel, dézi à elle.

EVEL-HEN. Comme ceci.

EVEL-HONT. Comme cela.

EVEL-KENT. Comme auparavant ; evel et kent avant.

EVEL-POCH ou HENVEL POCH. Exactement semblable ; henvel semblable, pok baiser.

EVELSÉ. Ainsi donc ; evel comme, sé ou zé cela.

EVEN, *sm.* Juin ; grec ευω chauffe, latin junius, juno.

EVER, *sm.* Buveur ; *pl.* ein ; voy. éva.

EVEREZ, *sf.* Buveuse ; *pl.* ed.

E-VERR. Voyez é-berr.

EVES. Voy. evez.

EVESAAT, *vn.* Etre attentif ; part. éveséat.

EVESAEREZ, *sf.* Celle qui vérifie ; *pl.* ed.

EVESAEREZ, *sm.* Vérification ; examen.

EVESIAD, *sm.* Garde ; *pl.* evesidi.

EVESIANT, *adj.* Vigilant.

EVESIEK, *adj.* Attentif.

EVEUZ, *prép.* De ; variante de euz et de meuz.

EVEZ, *sm.* Attention ; *pl.* iou ; ce mot a des rapports avec ivé, ivez, cornique yuez, latin etiam ; ce mot d'après Zeuss vient d'éc'hue.

EVEZ, *int.* Prenez garde.

EVEZAÉR, *sm.* Celui qui vérifie ; *pl.* ien ; de evez.

EVIDANT, *adv.* Évident, s'écrivait jadis éuident.

EVIT, *prép.* Pour, à cause de ; variante de eged ; evit s'écrivait jadis eguit eguyt, latin ut, pro.

EVITHAN, *loc. adv.* Pour lui ; evit, et ezan, ezhan lui.

EVIT HI, *loc. adv.* Pour elle ; evit pour, hi elle.

EVITHO. Pour eux.

EVITHOM ou EVIDOM. Pour nous.

EVIT-MAD, *adv.* A jamais ; evit pour, mad bon.

EVIT-NÉTRA, *adv.* Pour rien.

EVITOUT ou ÉVIDOUT. Pour toi.

EVIZIKEN. Voyez hiviziken.

EVL, *sm.* Bourdaine ; un seul pied evlen ; *pl.* nou ; on dit plus souvent ivor, nom de deux rivières, ellé et isole, elegium, idol.

EVLA'CH OU EVLEC'H. Orme; un seul pied evlec'hen ; *pl.* nou; latin ulmus, breton ulm, cœur du bois, grec υλαιος de bois, anglais elm.

ÉVLEC'HEK, *sf.* et *adj.* Lieu planté d'ormes.

EVLEC'HEN, *sf.* Orme ; voyez evlac'h.

EVLENÉ. Voy. hevléné.

EVN, *sm.* Oiseau ; *pl.* ed ; Jubainville cite patnos de la racine pat voler ; Loth cite œtinet oiseaux, comme pluriel de etn, cathol. ezn attanoc attanocion ailés, grec πετομαι.

EVNETA, *vn.* Chasser des oiseaux ; part. et.

EVNETAER, *sm.* Oiseleur ; *pl.* ien.

EVNETAÉREZ, *sm.* Commerce de volailles.

EVNEZ-GOUEZ, *sf.* Oiseau ; gelinotte, evnez et gouez sauvage.

EVODI ou IODI, *vn.* Se former en épis ; part. et ; on dit plus souvent diodi; voyez ce mot; giot, ieot herbe.

EVODR, *sf.* Bourdaine en Vannes ; le mème qu'ivor en Léon.

EVOR, *sm.* Bourdaine, en Tréguier.

EVOR. Mémoire ; voy. envor.

EVOREK, *sf.* Lieu planté de bourdaines.

EVOREN, *sf.* Plante ; ellébore ; *pl.* nou ; grec ελλεβορος.

EVORI. Voyez envori.

EXALTET, *adj.* Exalté.

EXAMIN, *sm.* Examen ; *pl.* ou.

EXAMINA, *va.* Examiner ; part. et.

EXAMINATOUR, *sm.* Examinateur ; *pl.* ien.

EXANT, *adj.* Exempt.

ÉXANTION, *sf.* Exemption ; *pl.* ou.

EXEKUTI, *va.* Exécuter ; part. et.

EXEMPL, *sm.* exemple ; *pl.* exemplou.

EXERSIS, *sm.* exercice ; *pl.* ou.

EXKLUI, *va.* Exclure ; part. exkluel.

EXPÉDITION, *sf.* Expédition ; *pl.* ou.

EXPÉRIANS, *sf.* Expérience ; *pl.* ou.

EXPERT, *sm.* Expert.

EXPERTI, *va.* Faire des expertises ; part. expertiset.

EXPLIKA, *va.* Expliquer ; part. et.

EXPLIKASION, *sf.* Explication ; *pl.* ou.

EXPOSANT, *sm.* et *adj.* Exposant ; *pl.* ed.

EXPOSI, *va.* Exposer ; part. et.

EXPRÈS, *adv.* A dessein ; exprès.

EXPRESSAMANT, *adv.* Expressément.

EXTRAORDINAL, *adj.* Extraordinaire.

EXTRAORDINALAMANT, *adv.* Extraordinairement.

EXTRÉMITÉ, *sf.* Extrémité; derniers moments d'un mourant.

E-WERZ. En vente ; é dans, gwerz vente.

Ez, part. représentant en ; ez lealded en loyauté, ez fur, sagement.

Ez, part. il ; neuz ez aio, alors il ira.

Ez, part. nég. Ezvézans ; abs-ence.

Ez, *pron. pers.* Toi ; gan-ez avec toi.

Ez, *adj.* Aisé ; voyez éaz.

EZAMANT, *sm.* Aise ; *pl.* ou; de eaz, aise avec terminaison française, ober va ézamant, satisfaire un besoin.

EZAN OU EZHAN, *pron. pers.* Lui, le.

EZANS, *sm.* Encens ; latin incensum, cornique encois.

EZANSI, *va.* Encenser ; part. ezanset.

EZANSOUER, *sm.* Encensoir ; *pl.* ou; cornique encoislester.

ÉZEF, *sm.* Bissac ; *pl.* ézéfiou ; Zeuss cite sciudlien superhuméral ; Loth cite esceilenn, estiaul de siège, eisteddfod, réunion.

EZEL, *sm.* Membre ; *pl.* izili ; irlandais asil.

EZEN, plur. de azen ; ane, latin asinus.

EZEN OU AEZEN, *sf.* Atmosphère, aez haut.

EZENNUZ, *adj.* Vaporeux ; voy. aezennuz.

EZEO, *sm.* Anneau de joug ; *pl.* ezivi ou izivi ; part. ez, et iéo joug.

EZET, en Tréguier. Aisé ; superl. ézeta, compar. ézetoc'h.

Ez-FRESK, *adv.* Fraîchement ; part. ez et, fresk frais.

Ez-FUR, *adv.* Sagement ; ez et fur sage.

Ez-GAÉ, *adv.* Joyeusement ; ez et gaé, gai.

Ez-GWIOU, *adj.* Gaiement; ez et gwiou gai.

EZN. Voy. evn.

EZNETA. Voy. evneta.

EZNETAER. Voy. evnetaer.

EZNEZ, *sf.* Poulette ; voy. enez.

Ezo ou EZHO, *pron. pers.* Eux, elles, les; part. ez, et ho eux.

EZOMM OU EZOUMM, *sm.* Besoin ; *pl.* ou.

EZOMMEK OU EZOUMMEK, *adj.* Nécessiteux ; Zeuss cite ezomeyen, corn ezomogyon, latin egeni.

EZOMMEKAAT, *vn.* Devenir pauvre; part. éat.

EZONI, *sf.* Aisance ; *pl.* ou, de eaz aisé.

EZRÉ, *sm.* Octobre ; éré lien, sommet.

EZVÉZA, *vn.* Jadis; ezvezaff, être absent, ez neg et beza être.

EZVÉZANS, *sm.* Absence; ez négatif, et bezans présence.

EZVÉZANT, *adj.* Absent; ez négatif, et bezans présence.

Ez-VIHAN, *adv.* Dès l'enfance ; ez et behan petit.

F

F. Lettre consonne.

Fa, *sm.* Fève ; latin faba.

Fablen, *sf.* Fable ; *pl.* nou ; latin fabula.

Fablenner, *sm.* Conteur ; *pl.* ien.

Fablick, *sm.* Marguillier ; *pl.* ed ; français fabrique.

Fabourz, *sm.* Faubourg ; *pl.* iou.

Fabrick, *sm.* Fabrique ; *pl.* ou.

Facha, *v. réfl.* Se fâcher ; part. et ; origine française.

Fachet, *adj.* Fâché.

Facheuri, *sf.* Fâcherie ; origine française.

Fachuz, *adj.* Fâcheux.

Fae, *sm.* Mépris, dédain, fi.

Fae'a, *vn.* Dédaigner ; part. fae'et.

Faéll, *sm.* Erreur ; *pl.* ou.

Faen, *sf.* Fève ; *pl.* nou.

Faénnik, *sf.* Faverole ; *pl.* faénnouigou.

Faéuz, *adj.* Dédaigneux. méprisant.

Faéz ou Féaz. Fatigué ; latin victus.

Faéza, *va.* Fatiguer, vaincre ; part. et.

Faézer, *sm.* Conquérant, vainqueur ; *pl.* ien.

Faézuz, *adj.* Qui conquiert, qui fatigue.

Fagl, *sm.* Flamme ; *pl* ou.

Fagod, *sm.* Fagot ; *pl.* fagod.

Fagoden, *sf.* Fagot : *pl.* fagod, fagodennou , irlandais fagoid , latin fagus hêtre.

Fagodenni, *va.* Mal habiller ; part. et.

Fagoder, *sm.* Faiseur de fagots ; *pl.* ien.

Fagodérez, *sm.* Fagotage.

Fagodi, *vn.* Faire des fagots ; part. et.

Fagodiri, *sf.* Lieu où l'on entasse des fagots.

Fakin, *sm.* Faquin ; *pl.* ed.

Fakteur, *sm.* Employé de la poste ; *pl.* ien ; origine française.

Factioun, *sm.* Faction ; origine française.

Faktotum, *sm.* Faiseur ; le même que le français factotum qui vient du latin facere faire, totum tout.

Fakturen, *sf.* Facture ; *pl.* nou ; origine française.

Fakulté, *sf.* Faculté ; *pl.* ou ; du français faculté.

Falaoueta, *vn.* Perdre son temps ; part. et.

Falc'h, *sf.* Faux ; instrument pour faucher ; *pl.* filc'hier ; du latin falcis.

Falc'ha ou Falc'hat, *va.* et *n.* Faucher ; part. et.

Falc'hadek, *sf.* Fauchage ; action de faucher.

Falc'han, falc'hon ou falc'hun. Oiseau, faucon ; *pl.* ed ; Jubainville le tire du vieux français falcon.

Falc'haner, *sm.* Fauconnier ; *pl.* ien.

Falc'hanérez, *sm.* Fauconnerie ; chasse au faucon.

Fal'chek, *sm.* Araignée dite faucheuse.

Falc'hek, *adj.* En forme de faux.

Falc'her *sm.* Faucheur ; *pl.* ien.

Falc'herez *sm.* Fauchage ; le même que falc'hadek.

Falc'h-soul, *sf.* Faux pour couper le chaume.

Fall, *adj.* Mauvais ; variante de gwall, comparatif gwasoc'h, superl. gwasa, gothique vairs.

Fall, *adv.* Mal ; mont da fall, tourner à mal.

Falla, superl. de fall. Du plus mauvais.

Fallaat, *va.* et *n.* Empirer ; part. falléat, gallois faéli.

Fallaén, *sf.* Défaillance ; *pl.* nou.

Fallagr, *adj.* et *sm.* Méchant ; fall mauvais, akr aigr ; il s'écrit aussi fallakr.

Fallagrez, *sf.* Méchante.

Fallagriez, *sf.* Méchanceté.

Fall-douget, *adj.* Mal disposé ; fall mal, douget porté.

Fallentez, *sm.* Malice.

Fall-galouni, *vn.* Perdre courage ; part. fall galounet.

Fallit, *sm.* Faillite ; origine française.

Falloc'h. Le plus mauvais ; superl. de fall, comme falla.

Falloni, *sf.* Perfidie, trahison ; *pl.* ou.

Fallout, *vn.* Falloir ; part. et.

Fallwiska, *va.* Mal habiller ; part. et, fall mal, gwiska habiller.

Fals, *adj.* Faux ; latin falsus, fallere tromper.

Fals, *sf.* Faucille ; *pl.* filsier, latin falcis.

Fals-aoten, *sf.* Faucille à couper le blé ; littéral-ement, faucille rasoir.

Fals-dantek, *sf.* Faucille à dents.

Fals-doué, *sm.* Faux dieu ; *pl.* falsdouéet.

Falset, *adj.* Falsifié.

FALS-PINVIDIK, sm. Faux riche ; fals faux, pinvidik riche.
FALS-STROB, sf. Faucille pour tailler les haies ; fals faucille, stropa couper en masse.
FALTAZI, sf. Fantaisie ; pl. ou.
FALTAZIOU, sf. pl. Chimère ; rêves.
FALTAZIUZ, adj. Fantasque ; maniaque.
FALTAZUZ, adj. Autoritaire.
FALS-TESTENI, sf. Faux témoignage ; fals faux, testeni témoignage ; pl. falstesteniou.
FALVEZOUT. Le même que fallout ; voy. ce mot.
FALZA, va. Tromper, falsifier ; part. et.
FALSER, sm. Faussaire ; pl. ien.
FAMILL, sm. Famille ; pl. famillou.
FAMIN, sm. Odeur nauséabonde ; pl. ou.
FAMINA, va. Empoisonner par la mauvaise odeur ; part. faminet.
FANK, adj. Sal, malpropre.
FANK, sm. Boue, immondice ; pl. ou ; comparez le français fange.
FANKA, va. Salir ; part. fanket.
FANKEK, adj. Fangeux.
FANKEN, sf. Sale ; pl. nou ; de fank boue, vase.
FANKIGEL, sf. Bourbier ; pl. lou.
FANKIGELLEK, adj. Bourbeux.
FANOL, sm. Manipule d'ecclésiastique ; pl. iou ; bas latin fano, allemand fano.
FANOUILL, sm. Fenouil ; pl. ou ; latin fœniculum.
FANOUILL-VOR, sm. Fenouil de mer.
FANT, sf. Nom de baptême ; Françoise.
FANTEK, adj. Coureur de filles.
FAMULGON, sm. Matricaire ; fenouil de chien.
FAÔ, adj. Couleur d'un gris jaune.
FAÔ, sm. Hêtre ; un seul pied faven, latin fagus.
FAOEK, adj. Qui tient du hêtre.
FAOEK, sm. Pépinière de hêtres.
FAOEK-PUT, sf. Lieu planté de charmes.
FAOEN, sf. Un seul pied de hêtre ; pl. favennou.
FAÔ-PUT, sm. Arbre ; charme, faô hêtre, put aigre.
FAOT, sm. Faute ; pl. ou.
FAOTET, adj. Taré, vicié.
FAOTI, vn. Faire une faute ; part. et.
FAOTUZ, adj. Qui est en faute.
FAOUT, sm. Fente ; pl. ou.
FAOUTA, va. Fendre ; part. et ; Jubainville cite spolta, en irlandais sgoiltem, racine squalt je fends.
FAOUTER, sm. Fendeur de bois ; pl. ien.
FAOUTÉREZ, sm. Action de fendre.

FAOUT-TREUZ, sm. Fente en travers.
FAOS, sm. Fosse, douve ; pl. fecher.
FAOZ, adj. Faux, qui n'est pas vrai.
FAOZ-SKOUER, sf. Fausse équerre ; pl. iou.
FAOZ-SKOUÉRIA, va. Mettre en fausse équerre ; part. et ; faoz fausse, skouéria, mettre en équerre.
FARAGOUILLER, sm. Destructeur, clabaudeur ; pl. ien ; ces deux mots se disent aussi farigouiller, farigouilli c'hoari jeu, koulis pourri.
FARAGOUILLI, vn. Détruire, clabauder ; part. et.
FARAON, sm. Saut périlleux ; lamm faraon, lamm saut, faraon, Pharaon, roi d'Egypte.
FARD, sm. Pâte que l'on met sur la figure ; français fard, allemand farwjan teindre.
FARD, sm. Cordage, tonnage ; pl. ou.
FARDA, va. Charger un navire, attacher avec des cordes, apprêter des mets ; part. et.
FARDEL, sf. Barrage ; pl. ou ; comparez le français bardeau, bardelle, margelle.
FARDELLA, va. Barrer ; part. et ; arrêter les eaux, on dit aussi bardel, bardella.
FARIBOLEN, sf. Chose vaine ; pl. nou.
FARIEN, sf. Bagatelle ; pour c'hoarien ; pl. nou ; se dit aussi c'hoariel.
FARLOCHOU, sm. pl. A quatre pattes.
FARLOPACH, sm. Mauvaise nourriture, ripopée.
FARLOTA, vn. S'amuser ; part. et.
FARLOTER, sm. Celui qui s'amuse ; pl. ien.
FARLOTI, va. Falsifier ; part. et ; comparez le français frelater.
FARLUI, va. Entraver ; se dit aussi harlui ; part. et, gallois arluo, entraver, arlup entrave.
FARÔ, sm. Fier.
FARS, sm. Pâte, mets breton ; far blé, sanscrit bhar nourrir.
FARS-BUAN, sm. Autre mets breton ; fars et buan vite.
FARS-BRÉSET, sm. Autre mets breton.
FARS-POD, sm. Far en pot.
FARS, sm. Farce ; pour c'hoarz rire.
FARSAL, vn. Faire des farces ; part. et.
FARSER, sm. Farceur ; pl. ien.
FARSEREZ, sf. Farceuse ; pl. ed.
FARSÉREZ, sm. Farce.
FARSIL, sm. Farcin ; latin farciminum.
FARSILEK, adj. Farcinieux.
FARSOUR, sm. Bouffon, comédien.
FARSUZ. adj. Comique, qui prête à rire.
FAROUEL, sm. Etourdi ; pl. led.
FAROUELLA, vn. Faire le charlatan ; part. et.

FAROUELLÉREZ, sm. Bouffonnerie.
FAS, sm. Face ; pl. ou ; comparez le français face, le latin facies.
FAS, sm. Face, figure.
FASATA, va. Souffleter ; part. fasatéat.
FASATAÉR, sm. Celui qui donne des soufflets ; pl. ien.
FASIL, adv. Certainement, sans doute.
FASILAAT, vn. Faciliter ; part. éat.
FASILITÉ, sf. Facilité ; origine française.
FAST, sm. Les entrailles.
FATA, vn. S'évanouir ; part. et.
FATADUR, sm. Evanouissement.
FATIGA, vn. S'évanouir ; part. et ; latin fatigare.
FATIG, sm. Fatigue.
FAUTEUIL, sm. pl. ou. Fauteuil ; origine française.
FAVEUR, sf. Faveur ; pl. iou.
FAVORABL, adj. Favorable.
FAVORISA, va. Favoriser ; part. et.
FAZI, sm. Erreur, faute ; pl. ou.
FAZIA, vn. Faire erreur ; part. et.
FAZI-AMZER, sm. Anachronisme ; pl. faziou-amser.
FAZIER, sm. Délinquant ; pl. ien.
FAZIET, adj. Déshonoré.
FAZIUZ, adj. Fautif.
FÉ. Voyez féiz.
FÉ. Voyez faé.
FÉACH. sm. Féage ; pl. ou.
FÉAC'H, interj. Ma foi.
FEAC'H. Voyez féaz.
FÉAC'HOUR; sm. Vainqueur ; pl. ien.
FÉAL, adj. Fidèle ; comparez le français féal.
FEALDED. sm. Fidélité.
FÉAZ, adj., jadis faéz. Fatigué ; latin victus.
FEAZ, sm. Le battant d'un métier de tisserand.
FÉAZA, va. Surmonter, convaincre ; part. et.
FEAZER. Voy. faézer.
FEAZUZ. Voy. faézuz.
FÉBL. adj. Faible.
FEC'H, interj. Le même que féac'h.
FÉC'HOUR. Voy. feac'hour.
FÉDEREL, sm. Alouette.
FEDÉIZ, adv. Le jour ; de déiz jour.
FEINTA, vn. Plaisanter ; part. et ; comparez le français feindre.
FEIZ. sm. Foi ; comparez le latin fides.
FEIZA, va. Jurer ; part. et.
FELC'H, sf. Rate ; pl. ou ; irlandais sealg.
FELLEL, vn. Manquer ; Voy. fallout.
FELLER, sm. Défaillant ; pl. ien.
FELLOUT, vn. Vouloir ; voy. fallout.
FELPENN, sm. Eclat de bois ou de pierre, de viande.

FELTR, sm. Feutre ; pl. ou ; anglais feltr, latin feltrum.
FELTRA, va. Répandre ; part. et ; voy. foéltra.
FELTRADUR, sm. Répandage, dispersion.
FELTRET, adj. et part. Eparpillé.
FÉLU-MOR, sm. Goëmon ; voyez fili.
FÉNÉANT, sm et adj. Fainéant ; pl. ed.
FÉNÉANTIS, sf. Fainéantise, paresse.
FENESTR, sm. Fenêtre ; latin fenestra ; voy. prénest ; le gallois fenester.
FENNA, va. et n. Répandre ; pl et ; latin fundere.
FÉNOZ, adv. Cette nuit ; jadis vet-noz, de Jubainville.
FÉON, sm. Plante ; pl. ou ; vulgairement bonshommes ; on dit aussi fréon.
FER, sm. Lentille, légume ; pl. feronnou ; voy. féren.
FER, sm. Fer à repasser ; pl. rou ; français fer.
FÉRA, va. Repasser ; part. et ; origine française.
FEREN, sf. Lentille ; pl. nou ; ou simplement fer.
FERM, adv. Fermement ; krédi ferm, croire fermement.
FERM. sm. Loyer ; pl. ou.
FERM, adj. Ferme, solide.
FERM, sm. Métairie ; pl. ou ; latin firmus, sanscrit dhar tenir, breton dalc'h tenue.
FERMACH, sm. Fermage, le montant du loyer ; terminaison française.
FERMAMANT, adv. Fermement ; origine française.
FERMER, sm. Fermier ou celui qui afferme ; pl. ien.
FERMI, va. Affermer ; part. et.
FERÔ, adj. Féroce ; latin fera bête sauvage ; comparez le breton c'houerô.
FÉRONI, sf. Férocité.
FERRA, va. Voyez féra.
FERV. Voy. féro.
FERVAAT, vn. Devenir féroce ; part. éat.
FERVDER, sm. Férocité ; plus employé que féroni.
FESKAD, sm. Assemblage de gerbes ; pl. ou.
FESKEN, sf. Fesse ; les deux fesses dioufesken.
FESKEN, sf. Partie charnue du bœuf.
FESKENNAD, sm. Fessée ; pl. ou.
FESKENNADA, va. Fesser, fouetter ; part. et.
FESKENNEK, adj. et sm. Celui qui a de fortes fesses.
FÉSOUN, sf. Façon ; pl. fésouniou.
FEST, adv. Vite ; anglais fast.
FEST, sf. Festin ; pl. ou ; latin festivum.

FESTA, vn. Festiner ; part. et ; gallois feasta.
FESTAER, sm. Ripailleur ; pl. ien.
FEST-AR-BAL, sf. Festin et danse.
FEST-ERBEDENNER, sm. Service commémoratif pour les morts.
FEST-EURED, sm. Repas de noce ; fest banquet, eured noces.
FEST-MOCH, sm. Réjouissance des boudins ; fest festin, moc'h porcs.
FEST-NOZ, sm. Veillée ; pl. festou-noz ; fest et, noz nuit.
FÉT, sm. Fait.
FETEIZ, adv. Ce jour ; voyez fédeiz ; jadis vet-déiz.
FÉTISAAT, va. Epaissir ; part. éat.
FÉTIZ, adj. Epais ; comparez le latin fœtus, le grec φαχελλος paquet.
FÉTIZDED, sm. Epaisseur, densité.
FÉTIZTIDIGEZ, sf. Condensation.
FEUK, sm. Coup fourré ; on dit aussi peuk, grec πέγνω tue.
FEUKA, va. Porter le coup de mort ; part. et.
FEUL, adj. Fringant ; grec φευγω, s'esquive.
FEULA, va. Fringer ; part. et.
FEULEREZ, sm. Frétillement.
FEULZ, adj. Sauvage ; qui s'esquive.
FEUNTEUN, sf. Fontaine ; pl. iou ; latin fontana ; Lavillemarqué tire ce mot de fanna répandre.
FEUNTEUN, sf. Pli du jarret des chevaux ; pl. feunteuniou.
FEUNTEUNIER, sm. Fabricant de fontaines ; pl. ien.
FEUNTEUN-LAPIK, sf. Fontaine négligée ; feunteun fontaine, lapik de lapa laper.
FEUR, sf. Fourreau ; pl. iou.
FEUR, sm. Prix, marché ; pl. iou ; du latin forum.
FEURIA, va. Mettre en gaine ; part. et.
FEURIA, va. Faire marché ; part. et.
FEURIER, sm. Gainier ; celui qui fait des marchés ; pl. ien.
FIBL, sm. Boucle de porc ; pl. ou ; grec φιμος, muselière.
FIBLA, va. Rosser, battre ; part. et.
FIBLAD, sm. Fort coup ; pl. ou.
FIBLER, sm. Celui qui frappe fort ; pl. ien.
FIBU. Voyez fubu.
FICH, sm. Action de remuer.
FICH, adj. Bien habillé.
FICH, sm. Fistule à l'anus.
FICHA, vn. Se fier ; part. et.
FICHA, vn. Frétiller, se démener ; part. et.
FICHA, va. Préparer, apprêter ; part. et.
FICHAT, vn. Remuer ; part. et.

FICH-BLÉC, sm. Action de se prendre aux cheveux.
FICHEL, sm. Pelle pour remuer ; pl. fichellou.
FICHEL-FOURN, sf. Fourgon de four ; pl. fichellou-fourn.
FICHELLA, va. Fourgonner ; part. et.
FICHELLAD, sm. Liasse de papiers.
FICHER, sm. Celui qui fourgonne ; pl. ien.
FICHÉREZ, sm. Action de remuer.
FICHET, adj. Femme parée.
FICH-FICH, adj. Remuant, frétillant.
FICHOUT, vn. Se fier ; part. fichen.
FICHUZ, adj. Fistuleux.
FIDAZOUE. Imprécation. Littéralement foi de Dieu.
FIDEL, adj. Fidèle.
FIDÉLITÉ, sf. Fidélité, soumission.
FIER, adj. Fier, qui a de la morgue ; origine française.
FIERAAT, vn. Devenir fier ; part. fiéréat.
FIERTR, sm. Brancard ; pl. ou ; grec φερω porte.
FIEZ, pl. de fiezen. Figue ; latin ficas, grec συκον.
FIEZEK, sm. Une plante de figuiers.
FIEZEN. sf. Figue ; pl. fiez ; fiezennau, arbre, gwezen fiez.
FIEZEN-ROYAL, sf. Datte, figue royale.
FIEZ-GLAZ, sf. Bouse de vache, crottin de cheval.
FIFILA, va. Remuer ; voy. fistoula.
FIGUZ, adj. Difficile pour la nourriture, qui fait fi de.
FIGUZAAT, vn. Devenir difficile ; part. éat ; latin fi, phi, qui a dégoût.
FIK, sm. Fistule ; voyez fic'h.
FILC'HIER, pl. de falc'h. Faux.
FILEN, sf. Partie mince d'une planche, éclat allongé ; pl. nou.
FILÉZON, adj. Fini, bien fait, gentil, coquet.
FILI, sm. Espèce de varech long et mince ; voyez félu.
FILIP, sm. Moineau ; onomatopée venant du cri de l'oiseau ; pl. filiped.
FILIPA, va. Crier comme les moineaux ; part. et.
FILLIDIGEZ, sf. Faiblesse, pour falli digez ; de fall, mauvais, faible.
FILLOR, sm. Filleul ; pl. ed ; du latin filiolus ; on dit aussi fillol.
FILLOREZ, sf. Filleule ; pl. ed.
FILOUT, sm. Filou ; pl. ed.
FILOZOF, sm. Philosophe ; pl. ed ; origine française.
FILOZOFI, sf. Philosophie ; gallois filozofiaez.
FILOUTA, va. Filouter ; part. et.
FILOUTER, sm. Filou ; pl. ien ; du français filou.

FILOUTEREZ, *sf.* Femme qui vole ; *pl.* ed.
FILLIER, *sm.* ; *pl.* de falz, faucille.
FIMEL, *adj.* Le plus beau.
FIN, *sf.* Fin, dernier terme; *pl.* ou ; latin finis.
FIN, *adj.* Rusé, fin ; latin finitus.
FINAL, *adj.* Final.
FINESA, *sf.* Finesse, ruse; *pl.* ou.
FINESSA. Voyez finésa.
FINICH, *sm.* Faine ; on dit aussi fion.
FINIJEN, *sf.* Faine; *pl.* finijennou ; latin fagina.
FINOUC'HELLA, *vn.* Fouiller la terre; part. et; on dit aussi minouéra, de minouer, muselière; voy. ce mot.
FINV, *sm.* Mouvement.
FINVAL, *vn.* Bouger ; part. finvet; gallois chwyfio, allemand schwimmen, anglais swim, racine swim, citation de Jubainville.
FINVEZ, *sf.* Mort, terme ; *pl.* finvésiou.
FINVEZA, *vn.* Terminer, finir ; part. et.
FINVUZ, *adj.* Remuant.
FIOLEN, *sf.* Fiole; *pl.* nou; grec φιαλα.
FION, *sm.* Herbe de marais.
FIOUN, *sm.* Canard siffleur ; houad fioun.
FIOUN, *sm.* Colère, emportement.
FIRBOUCH, *sm.* Recherche, enquête; *pl.* ou.
FIRBOUCHA, *va.* et *n.* Fouiller, rechercher ; part. et.
FIRBOUCHER, *sm.* Fouilleur, fureteur; *pl.* ien.
FIRBOUCHÉREZ, *sm.* Action de fouiller.
FIRMAMENT, *sm.* Firmament; latin firmamentum.
FISELEN, *sf.* Ficelle ; *pl.* ou ; voyez sfélen.
FISIANS, *sm.* Confiance ; terminaison française.
FISIOUT, *vn.* Avoir confiance ; part. et.
FISIUZ, *adj.* Confiant.
FISTIL, *sm.* Babil ; *pl.* ou.
FISTILA, *va.* Babiller ; part. et.
FISTILER, *sm.* Bavard ; *pl.* ien.
FISTILÉREZ, *sm.* Action de bavarder.
FISTILÉREZ, *sf.* Babillarde ; *pl.* ed.
FISTOC'HEN, *sf.* Forte galette ; *pl.* nou ; ou simplement fistoc'h, grec πιτυρον, résidu de blé, πιτυρηνος, fait de son.
FISTOUL, *sm.* Cajoleur ; *pl.* ien.
FISTOULA, *va.* Agiter, remuer; part. et; grec πιτυλιζω trépigner.
FISTOULER, *sm.* Tracassier, cajoleur ; *pl.* ien.
FISTOULÉREZ, *sf.* Cajoleuse; *pl.* ed.
FISTOULEREZ, *sm.* Action de remuer.
FISTOULIK, *sm.* Cajoleur ; *pl.* fistouliged.
FIXA, *va.* Fixer ; part. et.

FLA, *sf.* Malaise ; grec φλασμα gêne.
FLACH, *sm.* Herbe de marais.
FLACH, *sm.* Mouvement; grec πλαγκτυς errant.
FLACHA, *va.* Mouvoir ; part. et.
FLAC'H, *sm.* Creux de la main.
FLAC'H, *sm.* Béquille ; *pl.* ou.
FLAC'HAD, *sm.* Poignée de main, coup de poing.
FLAC'HEK, *adj.* Béquillard ; *pl.* flac'héien.
FLAK, *adj.* Débile ; le même que flask ; voir ce mot.
FLAKDED, *sm.* Débilité.
FLAMBOEZ, *sm.* Framboise ; on dit plus souvent framboez.
FLAMBOÉZEN, *sf.* Framboisier ; *pl.* nou.
FLAMDER, *sm.* Eclat, nouveauté.
FLAMM, *adj.* Neuf, brillant.
FLAMM, *sm.* Flamme ; *pl.* ou ; latin flamma, grec φλεκειν brûler, sanscrit braf brûler.
FLAMMA, *vn.* Flamber; part. et.
FLAMMAAT, *vn.* S'épurer ; part. flamméat.
FLAMM-DIVLAM. Très religieux.
FLAMMEN, *sf.* Flammèche, *pl.* nou.
FLAMMIK, *adj.* Affecté, prétentieux.
FLAMMINENNA, *va.* Jeter des flammes ; part. et.
FLAMM-TAN, *sm.* Flamme de feu.
FLAMOAD, *sm.* Plante euphorbe ; de flamm brillant, goad sang.
FLANCH, *sm.* Ouverture, incision, *pl.* ou.
FLANCHA, *va.* Ouvrir une plaie ; part. et.
FLAO, *adj.* Désordonné ; comparez fraô corneille ; voy. ce mot.
FLAPATA, *va.* Vole difficilement ; part. et ; grec ναπ'ταλαω cherche.
FLASK, *adj.* Débile ; comparez le latin flaccius, le français flasque.
FLASTRA, *va.* Écraser ; part. et ; grec γλασω brise.
FLASTRER, *sm.* Celui qui écrase ; *pl.* ien.
FLASTREREZ, *sm.* Action d'écraser.
FLATRA, *va.* Dénoncer ; part. et ; comparez le français flatter.
FLATRER, *sm.* Dénonciateur ; *pl.* ien.
FLATRÉREZ, *sm.* Action de dénoncer.
FLATRÉREZ, *sf.* Celle qui dénonce ; *pl.* ed.
FLATRI, *va.* Flatter ; le même que flatra.
FLATRUZ, *adj.* Qui accuse.
FLAUT, *sm.* Flot, qui surnage ; latin fluctus.
FLAUTA, *va.* Flotter, surnager ; part. et.
FLÉA, *va.* Verser, abattre ; part. et.
FLÉAR, *sm.* Puanteur ; latin fragare, cité par de Jubainville.
FLÉAR, *sm.* Odorat, un des cinq sens.
FLÉAR, *adj.* Puant ; comparez le français flair.

FLED, *sm.* Lit découvert; *pl.* ou ; grec πλεγδην pliant, breton pleg pli, gwélé lit.
FLEMM, *sm.* Aiguillon ; *pl.* ou ; grec φλεγω brûle.
FLEMMA, *va.* Aiguillonner ; part. et.
FLEMMAD, *sm.* Coup d'aiguillon, mauvais propos; *pl.* ou.
FLEMM-DOUAR, *sm.* Plante, fumeterre ; flemm aiguillon, douar terre.
FLEMMER, *sm.* Celui qui pique; *pl.* ien.
FLEMMEREZ, *sm.* Action de piquer.
FLEMMÉREZ, *sf.* Celle qui pique; *pl.* ed.
FLEMMUZ, *adj.* Mordant, qui pique.
FLÉRIA, *vn.* Puer ; part. et.
FLÉRIADEN, *sf.* Puanteur; *pl.* nou.
FLÉRIUZ, *adj.* Puant, qui ne sent pas bon.
FLETEN, *sf.* Voyez fled ; *pl.* nou; grabat.
FLEUR, *sf.* Fleur ; *pl.* ennou.
FLEURDELISEN, *sf.* Fleur de lys ; *pl.* nou ; du français fleur de lys.
FLEURIEN, *sf.* Enjolivement; *pl.* rou.
FLEURIENNA, *va.* Enjoliver; part. et.
FLIB, *sm.* Lobe de l'oreille; *pl.* ou; grec φλοίσβος son.
FLIP, *sm.* Petite houssine.
FLIPA, *va.* Fouetter ; part. et.
FLIPAD, *sm.* Bon bout de route ; *pl.* ou.
FLIPAD, *sm.* Coup bien appliqué ; *pl.* ou.
FLIPAT, *vn.* Gruger, enlever; part. et.
FLIPATA, *va.* Donner des coups de fouet; part. et.
FLIPEZ, *sm.* Grugeur; *pl.* ou.
FLISTRA, *va,* Faire jaillir, cracher ; part. et; de Jubainville cite found torrent et le gallois frydio.
FLISTRADEN, *sf.* Une quantité d'eau ou de liquide; *pl.* nou.
FLISTRADUR, *sm.* Action de rejaillir ; *pl.* iou.
FLISTRUZ, *adj.* Qui jaillit.
FLOC'H, *sm.* Ecuyer; *pl.* ed, ou mieux fléch'hien ; de Jubainville cite viroccos, où l'on retrouve le latin vir homme.
FLODA, *va.* Caresser, frauder ; part. et.
FLODER, *sm.* Celui qui caresse, celui qui fraude ; *pl.* ien.
FLODÉREZ, *sf.* Fraudeuse; *pl.* ed.
FLODÉREZ, *sm.* Action de frauder.
FLODUZ, *adj.* Qui fraude, qui cajole.
FLONDREN, *sf.* Vallée profonde; *pl.* nou; ploum d'aplomb, tré tout à fait.
FLONTANTEN, *sf.* Blouse, sarrau; *pl.* nou.
FLOTI, *va.* Flotter; part. et.
FLOUR, *adj.* Velouté ; Jubainville le tire du français velours.
FLOURA, *va.* Caresser ; part. et.
FLOURAAT, *vn.* Devenir doux au toucher; part. flouréat.
FLOURDER, *sm.* Etat de ce qui est doux au toucher.

FLOUREN, *sf.* Prairie grasse ; *pl.* nou.
FLOURIK, *sm.* Caresse ; ober flourik caresser.
FLOURIKA, *va.* Faire des caresses ; part. et.
FLUMINEM OU FLAMINEN, *sf.* Etincelle ; *pl.* nou.
FLUMMOU, *sm. pl.* Gros crachats.
FLUS, *sm.* Colique, diarrhée ; français flux.
FLUT, *sm.* Jeu de cartes.
FLUT, *sm.* Flûte.
FLUTERIK AN DOUAR, *sm.* Plante, vesse de loup.
FO, *sm.* Ardeur, chaleur ; grec φέφαλος.
FO, *sm.* Hêtre, voyez faô.
FOAR, *sf.* Foire, marché public ; *pl.* iou; latin feria.
FOARA, *va.* Vendre en foire ; part. foaret.
FOAS, *sm.* Gâteau d'avoine; *pl.* iou ; français fouasse ou foasse, radical breton fo chaleur.
FOBIEZ, *sm.* Un coup de traître.
FOÉ. Interjection fi.
FOÉLTR, *sm.* Foudre ; foéltr tamm hini, aucun.
FOÉLTR, *sm.* Liqueur productive, sperme ; *pl.* ou.
FOELTRA, *va.* Eparpiller ; part. et.
FOÉLTRA, *va.* Foudroyer ; part. et.
FOÉLTR-TAMM, *adv.* Pas du tout.
FOÉN, *sf.* Foin, herbe des prés; *pl.* ou ; latin fénum.
FOÉN, *sf.* Un seul arbre de hêtre ; *pl.* foennou.
FOÉN-GALL, *sm.* Sainfoin; à la lettre, foin français.
FOÉN-GROS, *sm.* Gros foin.
FOENNEK, *sf.* Prairie; *pl.* foenneier.
FOENNEN, *sf.* Plante, troène; *pl.* nou.
FOENNEREZ, *sm.* Fenaison.
FOEN-TIRIEN, *sm.* Foin de champ, foin de jachère ; foén foin, tir terre, ien froid.
FOÉREL, *sf.* Diarrhée.
FOÉROUZ, *adj.* Sujet à la diarrhée.
FOESK, *adj.* Mou, tendre.
FOESKDER, *sm.* Mollesse.
FOET OU FOUET, *sm.* Fouet; *pl.* ou.
FOÉTA, *va.* Fouetter ; part. et.
FOÉTADEN, *sf.* Grande distance ; *pl.* nou.
FOÉTER OU FOUÉTER, *sm.* Celui qui fouette ; *pl.* ien.
FOÉTÉREZIK-ANN-DOUR. Bergeronnette, oiseau.
FOET-LOST, *sm.* Celui qui fouette, cuistre.
FOJA, *vn.* Donner un labour profond; part. et.
FOLL, *sm.* Fou; gallois fol, latin follis.
FOLL, *adj.* Fou, privé de raison.
FOLLA, *va.* Devenir fou ; part. et.

FOLLEN, *sf.* Feuille de papier ; *pl.* nou.
FOLLEN-GOAR, *sf.* Rayon de miel; follen feuille, koar cire.
FOLLENTEZ. *sf.* Folie; *pl.* follentesiou.
FOLLET, *adj.* Devenu fou.
FOLLEZ, *sf.* Folle, qui a perdu la raison.
FOLLIGEN-VAÉ, *sf.* Bécassine de mer; de follik diminutif de foll fou, maé mai, époque à laquelle cet oiseau paraît sur nos côtes.
FOLLIGEN-VOR, *sf.* Chevalier de mer.
FOLL-MIK, *adj.* Fou à lier.
FONKTION, *sm.* Fonction ; *pl.* ou.
FORAN, *adj.* Forain, libre ; latin forum.
FORANA, *va.* Laisser libre ; part. et.
FORBAN, *adj.* Forban, banni ; *pl.* ed.
FORBANNÉREZ, *sm.* Bannissement, vol à main armée.
FORBU, *sm.* Maladie du cheval.
FORBUET, *adj.* Fourbu.
FORBUI, *va.* Devenir fourbu.
FORC'H, *sf.* Fourche, *pl.* fréier, latin farca.
FORC'H, *sm.* Forme.
FORC'H, *adv.* Beaucoup.
FORC'H, *adj.* Qui n'a pas de conduite.
FORC'HDANTEK, *sm.* Fourche à plusieurs dents.
FORC'H-DAOU-VEZEK, *sm.* Fourche à deux dents.
FORC'HEK, *adj.* Fourchu.
FORC'HEL, *sf.* Petite fourche ; *pl.* lou.
FORC'HEL-ALAR, *sf.* Fourche de charrue.
FORC'HEL-LANN, *sf.* Fourche pour faciliter la coupe des ajoncs.
FORC'HET, *adj.* Interdit.
FORCHÉTEZ. Voyez fourchetés, fourchette.
FORECHER, *sm.* et *adj.* Forestier ; *pl.* ien.
FOREST, *sm.* Forêt ; *pl.* ou.
FORESTER, *sm.* et *adj.* Garde-forestier ; *pl.* ien.
FORFED, *sm.* Forfait ; *pl.* ou ; voyez torfed.
FORLOK, *sm.* Anse d'un gouvernail; pour storlok qui remue, qui bouge.
FORM, *sm.* Tare des chevaux; *pl.* ou.
FORM, *sm.* Forme ; voyez furm.
FORMALISA, *vn.* S'offenser ; part. et.
FORMI, *va.* Former. Voyez furmi.
FORN ou FOURN, *sf.* Four ; latin furnus; *pl.* ferniel.
FORN-AOTROU, *sf.* Four public.
FORN DÉOL, *fs.* Four à briques.
FORNIA ou FOURNIA, *va.* Enfourner ; part. et.
FORNIAD ou FOURNIAD, *sf.* Fournée ; *pl.* ou.
FORNIER ou FOURNIER, *sm.* Fournier; *pl.* ien.

FORNIGEL ou FOURNIGEL, *sf.* Fourneau; *pl.* fornigellou ou fournigellou.
FORN-RAZ, *sf.* Four à chaux.
FORN-RED, *sf.* Four banal.
FORN-VRAZ, *sf.* Fournaise.
FORS, *sm.* Force, capacité.
FORS, *prép.* et *adj.* Egal ; neuz fors a zé, peu importe.
FORS, *sf.* Organe sexuel des femelles ; *pl.* iou.
FORS, *conj.* N'importe.
FORS, *sm.* Estime, cas.
FORSAL, *sm.* Forçat, galérien ; *pl.* forsaled.
FORSER, *sm.* Tiroir ; *pl.* ien.
FORSI, *va.* Forcer. obliger.
FORTUN, *sm.* Parti, mariage ; *pl.* iou.
FORTUNIA, *va.* Marier; part. et.
FOSER, *sm.* Fossoyeur ; *pl.* ien.
FOUAN, *sm.* Enflure : comparez koénv.
FOUAN AR GOUZOUK, *sm.* Goître ; fouan enflure, ar gouzouk du cou.
FOUAS, *sm.* Fouasse, espèce de gâteau, voy. foas.
FOUÉ, *interj.* Fi.
FOUELTR, *sm.* Voy. foeltr.
FOUÉLTRA, *va.* Voy. foeltra.
FOUEN, *sm.* Voy. foen.
FOUET. *sm.* Voy. foet.
FOUETA, *va.* Voy. foéta.
FOUGAS, *sm.* Fougue.
FOUGÉ, *sm.* Vanité ; *pl.* ou ; français fougue.
FOUGÉAL, *vn.* Se vanter ; part. fougéet.
FOUGÉER, *sm.* Fanfaron ; *pl.* ien.
FOUGÉREZ, *sm.* Action de se vanter ; *pl.* iou.
FOUGÉREZ, *sf.* Femme qui se vante ; *pl.* ed.
FOUGÉUZ, *adj.* Plein de vanité.
FOUIN, *sm.* Fauvette ; *pl.* ed.
FOUIN, *sm.* Fouine ; *pl.* ed.
FOUINEZ, *sf.* Femelle de fauvette; *pl.* ed.
FOULC'H, *sf.* Epée très large, espadon; breton forc'h, latin furca.
FOULIN, *sm.* Entonnoir, déversoir ; *pl.* ou.
FOULINA, *va.* Verser; part. et ; breton fuilla.
FOULINEN, *sf.* Fourrure; *pl.* nou.
FOULTR, *sm.* Foudre ; gallois foucar.
FOULTRA, *va.* Foudroyer ; part. et.
FOULTRADEN. *sf.* Blasphème ; *pl.* nou.
FOULTREN, *sf.* Quelque chose de gros ; *pl.* nou.
FOULTRÉREZ. Action de foudroyer.
FOULTRUZ, *adj.* Foudroyant.
FOUND, *sm.* Fond ; *pl.* foundchou, voyez found.
FOUNDAMANT, *sm.* Fondation.
FOUNDASION, *sm.* Fondation ; *pl.* foundasionou.

FOUNDER, *sm*. Abondance.
FOUNIL, *sm*. Entonnoir; *pl*. ou.
FOUNILA, *va*. Verser ; part. et.
FOUNIL-SIL, *sm*. Entonnoir à queue.
FOUNNA, *va*. Abonder ; part. et.
FOUNNUZ, *adj*. Abondant.
FOUNTA, *va*. Fonder ; part. et.
FOUNTI, *va*. Mettre les fondations ; part. fountet, quelques-uns disent founta.
FOURCHÉTESEN, *sf*. Fourchette; *pl*. nou; origine française.
FOURGAS, *sm*. Agitation.
FOURGASI ou FOURGASA. Agiter; part.et.
FOURGASER, *sm*. Agitateur ; *pl*. ien.
FOURMACH, *sm*. Fromage; *pl*. ou.
FOURMALITÉ, *sf*. Formalité ; *pl*. ou.
FOURN, *sm*. Four ; *pl*. ferniel ; latin furnus.
FOURNIA, *va*. Mettre au four,; part. et.
FOURNIAMANT, *sm* Fourniment; *pl*. ou.
FOURNIS, *adj*. Remplit, complet; comparez le français fourrure.
FOURNISSA, *va*. Fournir ; part. et.
FOURNISSER, *sm*. Fournisseur ; *pl*. ien.
FOURNISSET, *adj*. et *part*. Bien rempli.
FOURNITUR, *sm*. Fourniture ; *pl*. iou.
FOURONDEK, *sm*. Fromage.
FOURRA, *va*. Fourrer, part. et.
FOURRAD, *sm*. Coup de vent; *pl*. ou.
FOURRADIEZ, *adj*. Qui se met en colère.
FOURRO, *sm*. Fourreau, *pl*. iou.
FOUSTOUL, *sm*. Barbotage.
FOUSTOULA, *va*. Barbotter, ramasser du crottin ; fos fosse, toulla percer.
FOUSTOULER, *sm*. Barbotteur ; *pl*. ien.
FOUSTOULLEK, *ajd*. Crépu, qui a du désordre.
FOUTU, *adj*. Perdu.
FOS, *sm*. Fosse, creux; *pl*. ou; voy. faos.
FRAÉZ ou FRÉAZ. Clair ; gallois fraeth qui paraît venir, d'après Jubainville, du grec ρητός, vretos et le latin verbum.
FRAÉZ, *sm*. Fondement, anus.
FRAILL, *sm*. Brisure; *pl*. ou ; Loth cite frec fréga, anciennement frécaff secouer, briser.
FRAILLA, *vn*. Fendre ; part. et.
FRAILLÉREZ, *sm*. Action de fendre.
FRAMBOZEN, *sf*. Framboise; *pl*. nou.
FRAMM, *sm*. Jointure ; *pl*. ou ; grec φραγμος clôture.
FRAMMA, *sm*. Joindre ; part. et.
FRAMMADUR, *sm*. Jointure, brochure en parlant d'un livre; *pl*. iou.
FRANCHAMANT, *adv*. Franchement ; origine française.
FRANCHIS, *sf*. Timbre d'affranchissement.
FRANCHISA, *va*. Affranchir ; part. et.
FRANCHUS, *sm*. Étendue considérable.
FRANCHUSEN, *sf*. Placitre; *pl*. nou.

FRANSICHEN, *sm*. *pl*. Les Français.
FRANK, *adj*. Large, franc, spacieux.
FRANK, *adv*. Franchement.
FRANKAAT, *vn*. Elargir ; part. frankéat.
FRANKAAT, *vn*. Adoucir, calmer ; part. éat.
FRANKADUR, *sm*. Elargissement ; *pl*. iou.
FRANKEN, *sf*. Poisson, sôle; de frank large.
FRANKIGEL, *sf*. Marre, houe; *pl*. ou.
FRANKIZ, *sf*. Grande étendue, franchise; *pl*. frankisiou.
FNANKIZIEN ou FRANCHUSEN, *sf*. Grand espace ; *pl*. nou.
FRANVA, *vn*. Bourdonner ; part. et.
FRAÔ, *sm*. Oiseau, corneille; *pl*. fraoed, fraved; comparez le français freux, fresaie, oiseau de nuit, latin prœsaga, avis, allemand hruoch, anglo-saxon hroc, scandinave hrockr dict. Littré, breton frôn narine.
FRAOST, *adj*. Inculte, stérile ; gaélique frith, latin friscum, fractus, le gallois fferf, rigide, est plus probable, et le latin firmus ferme.
FRAOSTACH, *sm*. Terre inculte; terminaison française.
FRAPAD, *sm*. Coup donné; *pl*. frappajou; comparez le français frapper.
FRASKEL, *sf*. Flatuosité ; *pl*. ou ; breton frega déchirer, français frasque, latin fragare déchirer.
FRASKELLA, *vn*. Faire des flatuosités; part. et.
FRÉALZ, *sm*. Consolation; *pl*. ou; grec φρην esprit, φροντίς pensée, breton fréaz clair.
FRÉALZER, *sm*. Consolateur; *pl*. ien.
FRÉALZI, *va*. Consoler; part. et.
FRÉALZIDIGEZ, *sf*. Consolation.
FRÉALZUZ. *aaj*. Consolant.
FRÉAZ anciennement FRAÉZ, *adj*. Clair, distinct ; gallois fraeth, grec ρητός, latin verbum, de Jubainville.
FRÉAZ, *adv*. Clairement.
FRED, *sm*. Livraison, débouché; *pl*. ou ; grec φρατρία confrérie.
FRÉGA, *va*. Briser, déchirer ; part. et; latin fragare.
FRÉIL, *sf*. Fléau pour battre le blé; *pl*. lou ; irlandais sraigell, latin flagellum.
FREIL-AL-LAGAD, *sf*. Le coin de l'œil ; littéralement le fléau de l'œil.
FREILLENNEK, *sm*. Homme fluet ; *pl*. freilleneien.
FRÉKANTI, *va*. Fréquenter ; part. et.
FRÉON. Voyez féon, Narcisse.
FRÈR, *sm*. Frère ignorantin; *pl*. ed ; du français frère.
FRESK, *adj*. Frais; sanscrit prish, latin frigus.
FRESKAAT, *vn*. Rafraîchir ; part. éat.

FRESKAD, *sm.* Fête, repas de boudins ; *pl.* ou.
FRESKADUREZ, *sf.* Fraîcheur; de fresk, frais.
FRET, *sm.* Cercle de fer d'une roue ; français frette, diminutif de ferrette.
FRET, *sm.* Livraison ; *pl.* ou ; voyez fred.
FRET, *sm.* Fret, location d'un navire ; allemand fracht, latin fretum.
FRÉTA, *va.* Fréter; part. et.
FRÉTA, *va.* Entourer d'un cercle ; part. et.
FREUZ, *sm.* Défaite, débâcle ; *pl.* ou ; latin fragarium.
FREUZA, *va.* Démolir, défaire; part. et; latin fragare.
FREUZADUR, *sm.* Démolition ; *pl.* iou ; de freuza démolir.
FREUZEL, *sf.* Herse; *pl.* freuzellou ; de freuz défaite.
FREUZER, *sm.* Herseur; *pl.* ien.
FREUZÉREZ, *sm.* Action de défaire.
FREUZIDIGEZ, *sf.* Action d'annuler, de détruire.
FRÉZEN. *sf.* Fraise, mésentère d'animal; *pl.* nou.
FRÉZILLOUN, *sf.* Frange, loque; *pl.* nou; comparez le français frésillon.
FRI, *sm.* Nez ; *pl.* ou ; comparez fron narine, irland. sron racine, sru tru couler, de Jubainville. L'os du nez gwalen ar fri, celui qui a le nez fort friek, fri sparfel nez aquilin, fri tougn nez épaté, fri savet nez retroussé.
FRIAD, *sm.* Coup sur le nez, mal au nez; *pl.* ou ; de fri.
FRIANT, *adj.* Friand, gaillard.
FRIANTIZ. *sm.* Gaillardise.
FRIATA, *va.* Frapper sur le nez; part. éat.
FRIEK, *adj.* Qui a le nez fort ;
FRIET, *adj.* Qui a un nez.
FRIGAS, *sf.* Boue liquide.
FRIGASA, *va.* Abîmer ; part. et; comparez le français fricasser.
FRIGASER, *sm.* Dissipateur; *pl.* ien.
FRIKA, *va.* Ecraser; part. et.
FRIKÉREZ. *sm.* Action d'écraser.
FRIKET, *adj.* Ouvragé.
FRIKO, *sm.* Repas de noce ; *pl.* iou ; français fricot.
FRIKOTAL, *vn.* Faire de bons repas ; part. et.
FRIKOTER, *sm.* Celui qui fricote ; *pl.* ien.
FRIKOTEREZ, *sm.* Bons repas.
FRIKOTEREZ, *sf.* Celle qui fait des fricots.
FRIMM, *sm.* Verglas ; *pl.* ou ; allemand brim.
FRIMMA, *va.* Congeler ; part. et.

FRIMMÉREZ, *sm.* Congélation.
FRINGADEN, *sf.* Gambade; *pl.* nou.
FRINGAL, *vn.* Gambader ; part. et; latin frigere sauter.
FRINGER, *sm.* Celui qui gambade ; *pl.* ien.
FRINGEREZ, *sm.* Action de fringuer.
FRINGÉREZ, *sf.* Celle qui gambade ; *pl.* ed.
FRINGOL, *sm.* Roulement, fredonnement ; grec φρικη frisson.
FRINGOLER, *sm.* Celui qui fredonne ; *pl.* ien.
FRINGOLEREZ, *sm.* Action de fredonner; voy. fungol.
FRINGOLÉREZ, *sf.* Celle qui fredonne ; *pl.* ed.
FRINGOLI, *vn.* Fredonner; part. et.
FRINK-FOAR, *sm.* Coureur de foires.
FRIOL, *sm.* Espiègle, dissipateur ; *pl.* ed ; comparez le français frivole.
FRIPA, *va.* Dissiper ; part. et ; radical sru couler.
FRIPADEN, *sf.* Consommation ; *pl.* nou.
FRIPER, *sm.* Mangeur; *pl.* ien.
FRIPÉREZ, *sf.* Celle qui dissipe *pl.* ed.
FRIP-HÉ-DRANTEL, *sm.* Ivrogne.
FRIP-HÉ-ZANVEZ, *sm.* Celui qui mange son bien.
FRIP-HÉ-ZANT-KRIPIN. Qui dissipe son bien.
FRIP-HÉ-ZROUIN, *sm.* Dissipateur.
FRIPOUN, *sm.* Fripon ; *pl.* ed ; comparez le français fripon, radical breton frip qui mange.
FRIPOUNAT, *vn.* Voler ; part. et.
FRIPOUNEZ, *sf.* Voleuse ; *pl.* ed.
FRIPOUNNEREZ, *sm.* Action de voler ; *pl.* ou.
FRIPPAL, *vn.* Manger sans mesure ; part. et.
FRITA, *va.* Frire; part. et ; latin frigere, grec φρυχω, sanscrit Bhrij cuire.
FRITADEN, *sf.* Friture, fricassée ; *pl.* nou.
FRITADEN-VIOU. *sf.* Omelette ; fritaden friture ; viou, *pl.* de vi œuf.
FRITER, *sm.* Celui qui fait frire ; *pl.* ien.
FRITÉREZ, *sm.* Friture, action de frire.
FRITET, *adj.* Frit, fricassé.
FRIZ, *sm.* Coureur de filles; *pl.* ed.
FRIZEN, *sf.* Crevasse, fille de mauvaise vie ; *pl.* ned.
FROK, *sm.* Capuchon ; *pl.* ou ; français froc, allemand hroch, rock. que nous retrouvons dans le breton rokeden veste.
FRON, *sm.* Front, aplomb; comparez le français front.
FRON, *sf.* Narine; *pl.* iou ; irland. sron nez, de la racine sru.|dont la forme la plus complète est stru couler, de Jubainville.

FRONAL, vn. Renifler; part. et ; de fron narine.
FRONEL, sf. Narine; pl. lou ; difronel les deux narines, diou deux fronel narine.
FRONÉLLA, vn. Nasiller ; part. et; de fronel naseau, narine.
FRONELLEK, adj. Qui a les narines fortes.
FRONELLER, sm. Nasillarde; pl. ien.
FRONELLEREZ, sm. Action de nasiller.
FRONELLÉREZ. sf, Nasillard ; pl. ed.
FRONSAL, vn. Renifler; part. et.
FRONTIEREN, sf. Frontière; pl. nou.
FROST, adj. Inculte; voyez fraost.
FROSTACH, sm. Friche, terre sans culture ; pl. ou.
FROT, sm. Frottement, friction.
FROTA, va. Frotter ; part. et.
FROTER, sm. Frotteur; pl. ien ; frotter s'emploie souvent comme nom de famille.
FROTÉREZ, sf. Frotteuse; pl. ed.
FROTEREZ, sm. Action de frotter; pl. ou.
FROTOUÉR, sm. Frottoir; pl. ien.
FROUD, sm. Torrent ; pl. ou; de Jubainville cite frutis-strutis, vieil irlandais sruth-strutu-n de la même racine, sru, stru couler.
FROUDEN, sf. Boutade ; pl. nou ; froud torrent.
FROUDENNA, va. Avoir des boutades ; part. et.
FROUDENNUZ, adj. Maniaque, plein de caprices.
FROUEZ, sm. pl. Fruits; du latin fructus fruit.
FROUÉZA, vn. Fructifier, donner des fruits ; part. et.
FROUÉZAER, sm. Marchands de fruits ; pl. ien; frouerz fruit.
FROUEZEK, adj. Qui porte des fruits, fertile.
FROUÉZER, sm. Voyez frouézaér.
FROUÉZEREZ, sf. Marchande de fruits ; pl. ed.
FROUEZEREZ, sm. Fructification, fruiterie.
FROUEZIDIGEZ, sf. Fécondité.
FROUÉZUZ, adj. Abondant en fruits.
FROUG, sm. Urine; comparez found.
FROUGA, va. Uriner; part. et.
FROUGADEL, sf. Urinoir; pl. lou.
FROUGER, sm. Celui qui urine ; pl. ien.
FROUGUZ, adj. Qui a l'odeur de l'urine.
FROUM, sm. Sifflement ; pl. iou.
FROUMAL, vn. Siffler, bourdonner ; part. et.
FROUMER, sm. Bourdonner ; pl. ien.
FROUMÉREZ, sf. Celui qui bourdonne ; pl. ed.
FROUMÉREZ, sf. Bourdonnement, sifflement.
FROUNDEN, sf. Grosse cravate; pl. ou.

FROUSTACH, sm. Menus débris ; pl. ou.
FRUSTEL, adj. Inutile, frustré.
FU, adj. Fin, souple, délié ; grec φυϐα souffle.
FUBU, sm. pl. Moucherons ; variante de c'houibu.
FUBUEN, sf. Moucheron ; pl. ned, ou fubu.
FUC'HA, vn. Souffler avec violence ; part. et ; grec φυϐα souffle.
FUC'HEREZ, sm. Action de souffler.
FUDEN, sf. Frayeur ; pl. nou.
FUI, vn. Se répandre ; part. fuet.
FUILL, adj. Brouillé.
FUILL, sm. Brouille; pl. ou.
FUILL, sm. Crépissage, mélange ; pl. ou.
FUILLA, va. Brouiller ; part. et.
FUILLA, va. Crépir, enduire ; part. et.
FUILLADEK, sm. Action de brouiller ; pl. failladegou.
FUILLADUR, sm. Enduit, crépissage ; pl. iou.
FULEN, sf. Etincelle ; pl. nou.
FULENNI, vn. Etinceler ; part. et.
FULENNUZ, adj. Etincelant.
FUN, sf. Longue corde ; pl. iou ; Loth cite funiou, bandelettes, le latin funis, cathol fungenn corde.
FUNEST, adj. Funeste; vient du français.
FUNIA, va. Lier avec des cordes ; part. et.
FUR, adj. Sage ; latin purus pur.
FURA ou FURRA, superlatif. Le plus sage.
FURAAT, vn. Devenir sage; part. furéat de fur sage.
FURCH, sm. Fouille, recherche.
FURCHA, va. Fouiller ; part. et.
FURCHER, sm. Fouilleur; pl. ien.
FURCHEREZ, sf. Fouilleuse; pl. ed.
FURCHÉREZ, sm. Recherche, fouille.
FURED, sm. Furet ; pl. ou ; Lavillemarqué le tire de fur sage, rusé.
FUREDER, sm. Chasseur au furet ; pl. ien.
FUREDI, vn. Fureter ; part. et.
FURGATA, vn. Fourgonner : part. et.
FURIK, sm. Le même que fured.
FURLUA, va. Chercher dans l'obscurité; part. et.
FURLUKIN, sm. Bouffon ; pl. ed; ce mot rappelle le bouffon turlupin.
FURLUKINA, vn. Bouffonner; part. et.
FURLUKINÉREZ, sm. Bouffonnerie ; pl. ed.
FURLUOK, adj. Vagabond ; pl. ed.
FURM, sm. Forme ; pl. iou ; latin forma.
FURMI, va. Former; part. furmet.
FURNEZ, sf. Sagesse ; de fur sage.

Furoch. Plus sage; voyez fur.
Furol, *sm*. Fureur.
Fuskuella, *vn*. Trembloter ; part. et.
Fust, *sm*. Manche, fut ; *pl*. ou ; latin fustis.
Fustad, *sm*. Coup fort ; *pl*. ou.
Fustaill, *sm*. Futaille ; *pl*. ou.

Fustailler. *sm*. Tonnelier, fabricant de lattes; *pl*. ien ; de fust, et taill coupe.
Fusten, *sf*. Futaine, étoffe ; *pl* nou.
Fuzen, *sf*. Fusée ; *pl*. nou.
Fuzul, *sf*. Fusil ; *pl*. fusiliou.
Fuzulia, *va*. Fusiller ; part. et.
Fuzulier, *sm*. Fuzilier ; *pl*. ien.

G

G. Lettre consonne, g.

GABIEN ou GOABIEN, *sf.* Petite anguille; *pl.* nou ; goaf pique, lance, bihan petite.

GAD, *sf.* Lièvre ; *pl.* gédoun ; grec γεδιον, vieux breton gadu laisser.

GADA, *va.* Mettre bas, en parlant du lièvre ; part. et.

GADAL, *adj.* Débauché ; vieux breton gadu laisser.

GADALEZ, *sf.* Femme de mauvaise vie; *pl.* ed.

GADAN, *sm.* Lien ; *pl.* gwédien.

GADEZ, *sf.* Hase, femelle du lièvre ; *pl.* ed.

GADIK, *sf.* Levrault; *pl.* gadigou.

GADONA, *vn.* Chasser le lièvre ; part. et; se dit plus fréquemment gadouna.

GADOUNER, *sm.* Chasseur de lièvres ; *pl.* ien.

GADOUNER, *sm.* Hâbleur ; *pl.* ien.

GADOUNÉREZ, *sm.* Gasconnade.

GAÉ, *adj.* Gai ; latin gaius.

GAÉ, *adv.* Gaiement.

GAÉDER, *sm.* Gaieté, allégresse.

GAES, *sm.* Moquerie ; vieux breton guodces hair, breton actuel goap moquerie.

GAG ou GAK, *sm. et adj.* Bègue; nom de famille très commun, comparez le français bégayer, Zeuss cite stlaf radical de stlabeza, dont gag, gak.

GAGAG ou GOGOG. Terme enfantin, pour désigner une poule, un coq.

GAGÉI, *vn.* Bégayer ; part. et.

GAGENNA, *vn.* Perdre la voix, par moments; part. et.

GAGÉREZ, *sm.* Bégaiement, action de bredouiller.

GAGEZ, *sf.* Femme bègue ; *pl.* ed ; de gag bègue.

GAGN, *sm.* Charogne; *pl.* ou ; se dit aussi kagn, latin cancer.

GAGOUL, *adj. et sm.* Celui qui bredouille.

GAGOULA, *vn.* Bredouiller ; part. et.

GAGOULÉREZ, *sm.* Action de bégayer.

GAGOULEZ, *sf.* Femme bègue ; *pl.* ed.

GAGOULOD ou GAGOUILLON, *sm.* Bègue.

GAL, *sf.* Gale, maladie cutanée ; irland. galar, latin galla.

GALATREZ, *sf.* Grenier, galetas; Littré cite Galathos, tour de Constantinople.

GALB, *sm.* Homme corpulent ; comparez le français galbe.

GALDU, *sm.* Judelle ; *pl.* ééd ; latin gallus coq, du ou duff noir.

GALÉ, *sm.* Galère ; *pl.* galéou ; ne s'emploie guère qu'au pluriel, italien galera.

GALEIK, *sm.* Galiote ; *pl.* galéonique.

GALÉOU, *sm. pl.* de galé. Bagne, galère.

GALÉOUR, *sm.* Galérien, forçat; *pl.* ien.

GALETÉZEN, *sf.* Galette ; *pl.* nou.

GALEZ, *sm.* Géant, être fabuleux ; nom de famille assez commun en Bretague.

GALFREZEN, *sf.* Gaufre; *pl.* galfrez; B. latin gafrum.

GALL, *adj. et sm.* Gaulois, français ; *pl.* gallaoued, nom de famille très commun en Bretagne.

GALLANT, *adj.* Brave, galant ; latin gallus.

GALLAOUED, *sm. pl.* de gall.

GALLAOUEZ, *sf.* Femme gauloise, française; *pl.* ed.

GALLÉGA, *vn.* Parler français ; part. et.

GALLEK, *sm.* La langue française.

GALLEK-MATHIAS, *sm.* Galimatias, discours embrouillé.

GALLÉGA, *vn.* Parler français ; part. et; on dit plus souvent gallégat par abus.

GALLÉGACHAT, *va.* Franciser ; part. et.

GALLÉGACH, *sm.* Action de parler français ; *pl.* ou.

GALLÉGER, *sm.* Celui qui parle français ; *pl.* ien.

GALLEGIZ, *sf.* Construction propre à la langue française.

GALLEZ, *sf.* Française, gauloise ; *pl.* ed.

GALLIEN, *sf.* Poinçon ; *pl.* nou ; Loth cite gableau fourche, gabl épieu.

GALLOCHEN, *sf.* Galoche, espèce de chaussure ; *pl.* nou. Littré cite le latin gallicœ, chaussure gauloise.

GALLOUD, *sm.* Force ; Jubainville cite la racine gall, pour val pouvoir.

GALLOUDEGEZ, *sf.* Puissance ; le même que galloud.

GALLOUDEK, *adj.* Fort, puissant ; de galloud.

GALLOUDEZ, *sf.* Possibilité.

GALLOUDUZ, *adj.* Puissant, fort.

GALLOUT ou GELLOUT, *vn.* Pouvoir ; part. gallet ou gellet, de la racine gall pour val, pouvoir.

GALLUZ ou mieux GALUZ. Galeux ; de gal gale.

GALOUN, *sm.* Galon; *pl.* galouniou.

GALOUP, *sm.* Galop.

GALOUPA, *va.* Galoper ; part. et.

GALOUPADEK, *sm.* Course de chevaux; *pl.* galoupadégou.

Galoupad. Galoper ; voyez galoupa.
Galuza, vn. Attraper la gale ; part. et.
Galuzez, sf. Galeuse ; pl. ed.
Galv, sm. Appel ; pl. ou ; de gervel appeler ; de Jubainville cite germala.
Galvadek, adj. Appelant, qui rappelle d'une sentence.
Galvaden, sf. Cri pour appeler ; pl. nou.
Galvédigez, sf. Vocation, nomination ; pl. galvedigesiou.
Galvérez, sf. Appel, convocation.
Gamblid ou kamblid. Solennité du jeudi saint ; Lavillemarqué le tire de kambr chambre, et de lid adoration, peut aussi venir de kamm boiteux, lid adoration, vu les génuflexions fréquentes de l'office de ce jour.
Gan. Voy. gant.
Gana. Voy. genel.
Ganastrén, sf. Femme de mauvaise vie ; pl. nou.
Ganaz, adj. Perfide, traître ; gallois ganed retenir, irlandais ganail barreau, français canaille.
Ganazez, sf. Femme perfide ; pl. ed.
Ganédigez, sf. Naissance ; voyez genel, gana.
Ganedik. Voyez ginidik.
Ganiveten, sf. Canif ; pl. nou.
Gannac'h, adj. Stérile ; breton, le radical gan pour gana, nac'h négation.
Gant, prép. Avec ; gaulois cata, grec Κατα.
Ganuz. adj. Qui chante en parlant ; kan chant.
Ganuza, va. Chanter en parlant ; part. et.
Gaô. Voyez gaou.
Gaoden, sm. Homme mesquin ; gaô pour gaou faux, den homme, Loth cite le vieux breton guaan masque.
Gaodréer, sm. et adj. Faible d'esprit ; pl. ien.
Gaol, sf. Entre deux des cuisses ; pl. iou, vieil irlandais gabul fourche cité par Jubainville ; Loth cite le vieux breton gablou fourche.
Gaol-gamm, adj. Boiteux des deux jambes ; gaol fourche, kamm boiteux.
Gaol-gamma, vn. Boiter des deux jambes ; part. et.
Gaol-gammez, sf. Boiteuse des deux jambes.
Gaoli, vn. S'enfourcher ; part. et.
Gaoliad, sf. Enjambée ; pl. ou.
Gaoliata, vn. Marcher à grandes enjambées ; part. éat ; ce mot s'emploie aussi dans le sens de saisir, d'embrasser.
Gaoliatadek, sf. Action d'enfourcher.
Gaoliek, adj. Celui qui a de grandes jambes.

Gaoloc'h, adj. Qui a de longues cuisses.
Gaolod, sf. Fourche à long manche ; pl. ou.
Gaonac'h, sm. Impuissant.
Gaonac'hen, sf. Femme stérile ; pl. ned.
Gaor ou gavr, sf. Chèvre ; pl. géor ou givri latin capra, de Jubainville cite gabro.
Gaou, sm. Faux, mensonge ; pl. geier ; Zeuss cite le cornique gouhoc, latin mendax.
Gaouet, adj. et part. Endommagé, vicié.
Gaoui, va. et n. Endommager ; part. et.
Gaouiad, sm. Menteur ; pl. gaouidi.
Gaouiadez, sf. Menteuse ; pl. ed.
Gaouier, sm. Faussaire ; pl. ien.
Gaouidigez, sf. Falsification ; pl. ou.
Gaour, sf. Chèvre ; voyez gaor.
Gaour-gouez. sf. Chamois ; pl. givrigouez, gaor chèvre, gouez sauvage.
Gaour-kenn, sf. Peau de chèvre ; gaour ou gaor chèvre, kenn peau.
Gaour-vor, sf. Chevrette ; pl. grivimor, gaour chèvre, mor mèr.
Gaourik ou gavrik. Jeune chèvre, cabri.
Gaouuz, adj. Nuisible, qui endommage.
Gaozan, sm. Mite ; pl. ed ; Loth cite guodces haïr, glan, gloan laine.
Gaozana, va. Se remplir de mites ; part. et.
Gar, sf. Jambe, les deux jambes ; divesker, de diou deux, esker jambe ; voyez ce mot.
Gar, adj. Rapide, vif.
Gar, sm. Gare de chemin de fer ; pl. gariou.
Garan, sf. Oiseau, grue ; gaulois garana.
Garan, sf. Rainure ; pl. ou ; Loth cite garn milieu.
Garana, va. Faire des rainures ; part. et.
Garaner, sm. Outil de menuisier ; pl. ien.
Garanet, adj. et part. Rainé.
Garbet, adj. Qui tient les jambes écartées ; gar jambe.
Garc'h, sf. Haie ; voy. garz.
Garc'hleiz, sf. Héron ; pl. ed ; gar jambe, leiz humide.
Gard, sm. Homme de garde ; pl. gardou.
Garded, sm. Vitesse ; voy. gar rapide.
Garden, sf. Litière de cour ; pl. ou.
Gardenna, va. Couvrir de litière ;
Gardian, sm. gardien ; pl. ed.
Gardik, adj. Vif, allègre ; nom propre commun en Bretagne.

GARDINEZ, *sf*. Sacs pour prendre les oiseaux.
GARDEZ, *adj*. Rude, alerte; Zeuss cite guirt, gwird, latin viridis.
GARE, *sm*. Blame; drouk gar mauvais renom.
GARE, *adj*. Rapide, vif.
GARÉDER, *sm*. Rapidité, vitesse.
GARGADEN, *sf*. Gorge; *pl*. nou; comparez le grec γοργαριζω gargariser.
GARGADEN, *sf*. Poisson, goujon; *pl*. ned.
GARGADENNEK, *adj*. Grand mangeur, glouton; *pl*. gargadennéien.
GARGADENNI, *vn*. Faire le glouton; part. et.
GARGAL ou GARGEL, *sm*. Houx; garô rude, kélen houx.
GARGÉLEK, *adj*. Couvert de houx.
GARGÉLEN, *sf*. Arbuste, houx; *pl*. nou; voyez gargal.
GAR-GAMM, *adj*. Bancal; gar jambe, kamm boîteux.
GAR-GAMMA, *vn*. Boîter d'une jambe; part. et.
GAR-GAMMEZ, *sf*. Boîteuse d'une jambe.
GARGOULA, *v. réfl*. Se gargariser; part. et.
GARGOULÉREZ, *sm*. Gargarisme, action de se rincer la gorge.
GARIK-GAMM, *sf*. Jeu de cloche-pied; garik diminutif de gar jambe, kamm boîteux.
GARLANTEZ, *sf*. Guirlande; *pl*. ou; Zeuss cite quertland pré.
GARLANTEZA, *va*. Faire des guirlandes; part. et.
GARLATEZ, *sf*. Combles, grenier; ker ou kéar maison, lastrez saleté, immondices.
GARLIZEN, *sf*. Sole, poisson de mer, plie poisson de mer; *pl*. ned; Lavillemarqué cite garô âpre, lizen sôle; *pl*. garlézed ou garlizenned.
GARLOSTEN, *sf*. Insecte, perce-oreille; *pl*. ned; garô rude, lost queue.
GARM, *sm*. Cri, clameur; *pl*. ou; Jubainville cite le vieil irlandais gairm-garmin thème, garman ou garmaun, rappelons aussi le breton, ger parole.
CARMELOD, *sf*. Oiseau de nuit; *pl*. ed.
GARMER, *sm*. Crieur; *pl*. ien; garmer, nom de famille assez commun en Bretagne.
GARMÉREZ, *sf*. Tapageuse *pl*. ed.
GARMÉREZ, *sm*. Tapage, criaillerie.
GARMI, *vn*. Crier; part. et.
GARNISOUN, *sm*. Garnison; *pl*. ou.
GARO, *adj*. Rude; se dit aussi garv. Loth cite le vieux breton gerthi aiguillons, breton moderne garz haie; Troude cite le français garou, dérivé du breton garo.
GARÔ-MEUR, *sm*. Cerf; karô cerf, meur grand.

GARR. Voyez gar.
GARRAD, *sm*. Mal de jambe; *pl*. ou; de gar jambe.
GARRÉDON, *sm*. Récompense; *pl*. ou; Zeuss cite gereint, rappelant le nom de Géronte, comparez le français giron.
GARRÉDONER, *sm*. Celui qui récompense; *pl*. ien.
GARRÉDONI, *va*. Récompenser; part. et.
GARREK, *adj*. Qui a de grandes jambes.
GARRÉLI ou GARRILI. Oiseau de mer, bernache; *pl*. ed; gar jambe ili, plur. de al salaison.
GARRET, *adj*. Qui a la jambe forte, bien prise.
GARRIK, *sf*. Petite jambe; *pl*. garrouigou.
GARRIK-KAMM, *sf*. Jeu de cloche-pied; de garrik petite jambe et kamm qui boîte.
GARSAD, *sm*. Mesure pour les grains; *pl*. ou; comparez le français garcée.
GASÉTEN, *sf*. Gazette; *pl*. nou; voy. gazéten.
GARV, *sm*. Ver de mer; *pl*. garviged; de garô rude.
GARVAAT, *vn*. Devenir rude; part. garvéat.
GARVDER, *sm*. Rudesse, âpreté.
GARVEN, *sf*. Balai de bois rude; *pl*. nou.
GARVENTEZ, *sf*. Rudesse; même signification que garvder.
GAR-WASK. *sf*. Mal de jambe, goutte; gar jambe, gwask qui serre.
GAR-WASK, *sf*. Jarretière.
GARZ, *sf*. Mâle de l'oie, jars; Zeuss le fait venir de gwai, chélioc gwid mâle de l'oie, pour killok-gwaz.
GARZ, *sf*. Haie; *pl*. garzou, girzier; Jubainville cite le latin hortus, le grec χορτος, l'irlandais gort.
GARZA, *va*. Faire une haie; part. et.
GARZEL, *sf*. Ratelier; *pl*. ou.
GARZELLAD, *sf*. Un plein ratelier; *pl*. ou.
GARZIK, *sf*. Petite haie; *pl*. garzigou.
GARZOU, *sm*. Aiguillon; Loth cite le vieux breton gerthi aiguillon.
GARZOUR, *sm*. Jardinier; *pl*. ien.
GAS, *sm*. Précipitation; mont a gas aller vite.
GAST, *sf*. Fille de mauvaise vie; *pl*. gisti.
GASTAOUER, *sm*. Homme qui fréquente les filles; *pl*. ien.
GASTAOUÉREZ. *sm*. Prostitution.
GASTAOUI, *vn*. Fréquenter les filles de mauvaise vie; part. et.
GAT, *prép*. Avec; voyez gant; grec χατα.
GAVL. Voyez gaol.
GAVLIN, *sm*. Javelot; *pl*. ou; Loth cite

le vieux breton gablau fourche, gallois galf épieu, patois des Côtes-du-Nord, gavlot.

Gavlot, sm. Même signification.

Gavr, sf. Chèvre; pl. géor ou givri ; voyez gaor.

Gavr, sf. Chevalet pour la charrue.

Gavr-gouez. Voyez gaour-gouez.

Gavrik, sf. Cabri, petit chevreau ; pl. gévriged.

Gavr-vor, sf. Voyez gaour-vor.

Gaz, interj. Pour chasser le chat ; voyez chégad.

Gaz, sm. Gaz, air inflammable ; pl. ou.

Gazéten, sf. Gazette, journal; pl. nou.

Ged, sm. Attente; gallois ged; Loth cite guetig après, français, guet, allemand wacht.

Gédal, va et n. Guetter ; part. gédet.

Géder, sm. Guetteur ; pl. ien.

Géder-noz, sm. Fonctionnaire de nuit ; pl. géderien-noz.

Gédik, sm. Guérite; pl. gédigou.

Ged-noz, sm. Tournée de nuit.

Gédoun, pl. de gad. Lièvre.

Gégin ou kégin, sm. Geai, oiseau ; pl. ed ; cathol guiguin ; comparez le breton géid gazouillement.

Géid, sm. Ramage, gazouillement; Loth cite guohi supposant un thème vox.

Geida, vn. Gazouiller ; part. et.

Géier, pl. de gaou. Mensonge.

Geiz. Voyez géid.

Geiza. Voyez géida.

Gel, adj. Couleur bois ; voyez iel.

Gélaouen, sf. Sangsue; pl. nou ; Zeuss cite le cambrique ghel, gel, gelen, geleu, geleuenn.

Gelcher, sm. pl. Tréteaux, claire-voie, se dit le plus souvent gercher, et paraît être un pluriel irrégulier de garz haie.

Geler. Voyez gelcher; pl. iou; même signification, tréteaux.

Geleuén. sf. Sangsue ; voy. gélaouen.

Gell, adj. Bai, fauve; les uns prononcent iell ; voyez ce mot.

Gella ou iellaat. Devenir fauve; part. ielleat. gelléat.

Gellaat, va. et n. Brunir.

Gellder, sm. Couleur fauve.

Gellout, vn. Pouvoir ; part. et; voyez gallout part. gellet.

Gellout, sm. Pouvoir, autorité ; voyez galloud.

Geltren, sf Guêtre; pl. ou ; on dit plus souvent gweltren. Voyez ce mot.

Gelver, va. Appeler; part. galvet.

Gen, sm. Menton, joue ; semble être le singulier de genou bouche, Loth cite gennec gouffre, grec γενυς menton.

Genaou ou ginaou, pl. de genou ou ginou ; voyez ce mot.

Genaouad, sm. Gorgée, bouchée; pl ou ; on dit aussi ginaouad ; voy. ce mot.

Genaouégez, sf. Niaise, nigaude ; pl. ed.

Genaouégi ou ginaouégi, vn. Niaiser. faire le badaud ; part. et.

Genaouek, sm. Badaud, niais ; pl. genaoueien.

Gened, sf. Beauté; pl. ou ; Loth cite cennen peau fine, voyez kéned.

Genegen, sf. Niaise ; pl. nou.

Genegen, sm. Blanc-bec.

Genel. va et n. Naitre part et, du radical gan. que l'on retrouve dans ganédigez, naissance, jubainville cite le latin gignere.

Geneliez, sf. Genèse gallois, kenedlaez, latin genitalis.

Généruz adj. Généreux, Voyez jénérus.

Genn, va. et n. Coin ; pl. ou ; se dit aussi ienn; voy. ce mot; Loth cite gen coin, gallois gaing coin, ganu retenir, irlandais ganail barreau.

Genna ou ienna. Faire entrer un coin; part. et.

Gennik-houarn, sm. Goupille; pl. gennigou houarn ; gennik petit coin, houarn fer.

Genou ou ginou, sm. Bouche, gueule; vieux breton gennec gouffre.

Genou-treuz, sm. Bouche de travers ; genou bouche, treuz travers.

Genver ou genveur. Janvier; latin januarius.

Géo ou iéo, sf. Joug ; vieux gallois iou, iaou, pluriel geviou ou ieviou, latin jugus, grec ξευγος.

Geoia, va. Mettre au joug, subjuguer ; part. et.

Géol, sm. Gueule ; pl. iou ; cambrique gweus.

Géot. Voyez ieot, iaot, herbe.

Geoliad, sm. Bouchée, goulée; pl. ou.

Georen, sf. Ecrevisse d'eau douce ; pl. nou ou géorenned; de gaor, gavr chèvre.

Geot ou ieot, sm. Herbe ; Loth cite gueltiocion, qui tient de l'herbe, gallois gwelt.

Géota, va. et n. Pousser en herbe ; part. éat.

Geotach, sm. Herbage ; geot herbe, avec terminaison française.

Geotek, adj. Herbeux, couvert d'herbes.

Géotek, sf. Lieu herbeux ; pl. geotegou.

Géoten, sf. Un seul brin d'herbe ; pl. nou.

Geoterez, sf. Herbière ; pl. ed.

Ger, sm. Parole ; pl. iou ; grec γηρυς voix son, γηρυω parler.

GER-DROUC'H, sm. Contraction; pl. geriou trouc'h.
GÉRIADUR, sm. Dictionnaire ; pl. iou.
GERIADURIK, sm. Dictionnaire de poche; pl. gériadurigou.
GÉRIAOK, adj. Eloquent, peu employé ; de ger parole.
GER-MAD, sm. Bonne parole, sentence ; pl. geriou-mad.
GERVEL, va. Appeler ; part. galvet ; Jubainville cite germala ; voyez ger parole..
GEUN, sf. Marais; pl. iou ; Zeuss cite le cambrique gwaén, guoun, l'allemand fani, veen, hohes veen.
GEUNIEK, adj. Qui tient du marais, marécageux.
GEUZ, particule. Pour bézeuz, il y a.
GEUZ. Voyez gweuz.
GÉVEL, adj. et sm. Jumeau ; Loth cite gebell tenailles, forceps, gallois gefail.
GEVEL, sm. Pince de forgeron ; pl. Iou; nom de famille assez commun en Bretagne.
GEVELLEZ, sf. Jumelle ; pl. ed.
GEVER, sm. Gendre; pl. ed ; Jubainville cite gaméros ; gever est un nom de famille assez commun, sanscrit gamatar.
GEVIA, va. Mettre le joug ; part. et ; de géo joug.
GÉVIER, pl. de gaou. Mensonge ; voy. géier.
GÉVRET OU GÉVRED, sm. Vent du sud-est, se dit aussi kévred, kevret, kef souche, red course.
GEZ, particule. Oui; anglais yes.
GIB, sm. Tourillon ; pl. ou ; gallois gefyn chaînes.
GIBACH, sm. Terminaison d'un mur à l'intérieur.
GIBER, sm. Goupille d'essieu ; pl. iou ; Loth cite guicip pressoir.
GIBER, sm. Ecureuil; pl. ed ; Zeuss cite kittiorch, chèvre des bois.
GIBEROU, sm. pl. Tourillons.
GIGN-ALAR OU KING-ALAR. Versoir de charrue ; de kign écorce, alar charrue.
GIGOD, sm. Gigot ; ce mot s'écrit aussi jigod, origine française.
GIL. Voyez kil, revers.
GILLOTIN, sf. Guillotine, exécution.
GILLOTINA, va. Couper le cou, guillotiner ; part. et.
GILUSE, sm. Plante, bulbeuse; on dit aussi gwiluse.
GIN, sm. Mauvaise humeur ; pl. ou ; Loth cite le vieux breton quodces haïr, guichr, guichir impétueux, colère ; comparez le grec γωνίονιος anguleux.
GINA, vn. Rechigner ; part. et.
GINAOU, sm. pl. Bouches; voyez genou, ginou.

GINAOUAD, sm. Bouchée ; pl. ou.
GINAOUÉGEZ, sf. Niaise ; pl. ed.
GINAOUEK, sm. et adj. Badaud, niais ; pl. ginaoueien.
GINET, adj. Refrogné, de mauvaise humeur.
GINIDIGEZ, sf. Naissance ; de génél naître ; voyez ganédigez.
GINIDIK, adj. Natif ; voyez ganédik.
GINIVÉLEZ, sf. Nativité ; de génel naître.
GINOU, sm. Bouche; voyez genou.
GIR, sm. Parole; voyez ger.
GIRZI, sm. pl. Oies mâles ; au singulier garz, voyez ce mot.
GIRZIER, pl. De garz, haie.
GISTI, pl. De gast, fille de mauvaise vie.
GISTI. Mot composé, de giz coutume hi elle, comme elle.
GIT, sm. Gite; pl. ou ; origine française.
GIZ, sm. Guise, habitude ; pl. iou ; allemand weisa, français guise.
GIZ-PREZEK, sf. Langage, idiome ; pl. ou ; giz manière, prezek prêcher.
GLABOUS, sm. Tapage, forfanterie, saleté ; le même que silabez, voyez ce mot; comparez le français éclabousser.
GLABOUSA, vn. Salir, faire des forfanteries ; part. et.
GLABOUSER, sm. Faiseur d'embarras ; pl. ien.
GLABOUZ. Voyez glabous.
GLAC'HAR, sf. Tristesse, affliction ; pl. ou ; Loth cite gloiu liquide.
GLAC'HAR-GAN, sm. Elégie, chant funèbre.
GLACHARI, va. Rendre triste, affliger ; part. et.
GLAC'HARIK, sf. Bouteille de liqueur, coup de partance ; pl. glacharigou.
GLACHARUZ, adj. Affligeant, triste.
GLAD, sm. Possession, fortune ; Loth cite gulat pays, gallois gwlad pays, irlandais flaith ; Jubainville rappèle le gallois gwlad-vlati ; Troude le rapproche de gled redevance.
GLAN, sm. Laine ; pl. glaniou ; latin lana ; voy: gloan.
GLAN, adj. Pur; grec γλυκος doux, gallois glan.
GLANA, va. Rendre pur ; part. et.
GLANDED, sm. Innocence, pureté.
GLANDOUR, sm. Mousse aquatique ; glan ou gloan laine, dour eau, ou glann rivé, dour eau.
GLANN, sf. Rive, bord.
GLANN, adv. Rien de tout.
GLANNA, va. Couvrir de terre; part. et.
GLAO, sm. Pluie ; pl. glaoiou ou glaoéier, Jubainville cite le gallois gwlaw-volavi.
GLAOED, sm. Bouse de vache desséchée; on dit aussi glaoued, se rapprochant plus de glaou charbon.

GLAOIA, v. impers. Pleuvoir; part. et.
GLAOIEK, adj. Temps pluvieux.
GLAOU, sm. Charbon, un seul morceau de charbon ; glaouen, f. pl. nou ; de Jubainville tire ce mot du grec γρουνος tison, γλαυκός brillant, Loth cite l'ancien breton gloiu clair.
GLAOUA ou GLAOUIA. va. et n. Charbonner ; part. et.
GLAOUAER, sm. Charbonnier; pl. ien.
GLAOUAEREZ, sf. Carbonisation.
GLAOUAEREZ, sf. Femme du charbonnier ; pl. ed.
GLAOU-DOUAR, sm. Charbon de terre ; glaou charbon, douar terre.
GLAOUEK, sm. Mésange ; s'emploie plus souvent par le mot penn-glaouik; penn tête glaouik petit charbon.
GLAOUEN, sf. Un brin de charbon ; pl. nou.
GLAOUÉREZ, sm. Action de charbonner.
GLAOUIADEN, sf. Braise ; pl. nou.
GLAOUIER, sm. Réchaud, chaufferette ; pl. ou.
GLAOUREN, sf. Bave, glaire ; pl. nou ; Loth cite gloiu liquide qui s'applique mieux à glaouren qu'au mot glaou charbon.
GLAOURENNÉGEZ, sf. Baveuse; pl. ed.
GLAOURENNEK, adj. et sm. Baveur, glaireux.
GLAOURENNI, vn. Baver ; part. et.
GLAOU-TAN, sm. Braise ; glaou charbon tan feu.
GLAPEZ, sm. Flaneur, fainéant ; grec γελοιος bouffon.
GLAS, sf. Glas, son de cloches.
GLAS, adj. Vert, gris ; s'écrit aussi glaz, grec γλαυκός azuré.
GLASTER, sm. Verdure, endroit verdoyant.
GLASTEREN, sf. Pelouse; pl. nou.
GLASTERENNI, vn. Reverdir; part. et.
GLASTERI, vn. Devenir verdoyant; part. et.
GLASTREN, sf. Bois de fossés ; pl. nou.
GLAVIA-IEN, v. imper. Bruiner ; gloaia pleuvoir, ien froid.
GLAVIK-IEN, sm. Brouillard, bruine; pl. glavigou-ien.
GLAVUZ, adj. Pluvieux.
GLAZ, adj. Vert; voyez glas.
GLAZ, sf. Crampe.
GLAZ, sf. Son de cloche; s'écrit aussi glas ; voyez ce mot.
GLAZA, vn. Verdir ; part. et.
GLAZA, vn. Blesser ; part. et.
GLAZAOUR, sm. Loriot, oiseau ; de glaz bleu, aour or.
GLAZARD, sm. Lézard ; pl. ed. ; de glaz vert, bleu.
GLAZARD, adj. Tirant sur le vert.

GLAZ-C'HOARZ, sm. Rire forcé ; glaz vert c'hoarz rire.
GLAZ-C'HOARZIN, vn. Rire jaune, rire forcément.
GLAZDER, sm. Etat verdâtre ; voyez glaster.
GLAZ-DOUR, sm. Couleur de l'eau.
GLAZEN, sf. Pelouse, gazon ; voy. glasteren.
GLAZEN, sf. Taie sur l'œil; pl. nou.
GLAZEN-VRAZ, sf. Dragon, tache sur l'œil ; pl. glazennou-braz.
GLAZET, adj. et part. Blessé.
GLAZIK, sm. Nom donné aux habitants du cap, à cause de leur vêtement bleu ; pl. glaziged.
GLAZIK, sm. Pigeon sauvage ; pl. glazigou.
GLAZTEN, sm. Chêne-vert; pl. ned.
GLAZTREN, sf. Jeunes bois ; voyez glastren.
GLAZUZ, adj. Cuisant, blessant, piquant.
GLAZVEZ, sf. Verdure ; voyez glaster.
GLAZVEZI, vn. Devenir vert ; voyez glasteri.
GLAZVEZUZ, adj. Verdoyant, on dit plus souvent glasteruz.
GLAZ-RUZ, adj. Violet ; glaz bleu-vert ruz rouge.
GLAZ-WENN, adj. Gris; glaz bleu, gwenn blanc.
GLÉAC'H, adj. Humide; Loth cite gloiu liquide, anglo-saxon glear, goth glaggvus.
GLEB, adj. Mouillé, humide.
GLEBIA ou GLEPIA, va. et n. Mouiller; part. et.
GLEBIUZ ou GLEPIUZ, adj. Qui mouille.
GLÉBOR, sm. Humidité; pl. iou; Jubainville cite voliporos.
GLEBOREK, adj. Humide.
GLEC'H. Voyez gléac'h.
GLEC'HI, va. Détremper ; part. et.
GLEFF, sm. Epée; pl. ou; latin gladius.
GLEN, sm. Pays; Zeuss cite guotodin, irlandais glait tourbe, gléan cité par La Villemarqué.
GLÉO, adj. Rare ; nom de famille assez répandu.
GLEPIA. Voyez glébia.
GLESKER, sm. Grenouille; pl. ed ; Zeuss cite le cornique guilschin, à comparer à l'armoricain gwesklen ; pl. gweskleved, nom d'homme Du Guesclin, tregorrois glesker, cathol. gluesquer.
GLEURC'H, sf. Crépière ; pl. ou ; latin claustrum.
GLEZ, adv. Complètement ; paour glez très pauvre, se dit aussi dans le Léon pour glan.
GLIN, sm. Genou; pl. ou; daou glin, les deux genoux, irlandais glun dérivé d'un thème gnava et du gothique kniu, ce

thème gnava, vient du thème gnu, que l'on trouve en grec et en sanscrit, citation de Jubainville, latin inclinare, français incliner à comparer.

GLIZ, sm. Rosée ; gallois gwlith goulitz, Loth cite le vieux breton gloiu transparent.

GLIZEN, sf. Partie inculte d'un champ ; voyez krizen.

GLIZEN, sf. Vache sans veau ; pl. ned.

GLIZI, sm. pl. de glizien. Crampe.

GLIZIED, sf. Le serein.

GLIZIEN, sf. Crampe ; pl. glizi ; voyez glaz.

GLIZIENNUZ, adj. Qui donne des convulsions.

GLIZIGEN, sf. Poisson, anchois ; pl. ned ou gliziged.

GLIZIK, sm. Anchois, petit saumon; pl. gliziged.

GLIZ-NOZ, sm. Rosée du soir.

GLIZUZ, adj. Abondant en rosée.

GLO. Voyez glaô.

GLOAN, sm. Laine ; pl. iou ; grec χλαινα, latin lana, gaulois laina ; voyez glan.

GLOANA, vn. Couvrir de laine ; part. et.

GLOANACH, sm. Lainage ; gloan laine et terminaison frrnçaise.

GLOANEK, adj. Laineux ; voyez gloaniek.

GLOANEN, sf. Flanelle ; pl. nou ; gallois goulanen cité par Lavillemarqué.

GLOANER, sm. Marchand de laine ; pl. ien.

GLOANEREZ. sm. Endroit où l'on prépare la laine.

GLOANEREZ, sf. Marchande de laine ; pl. ed.

GLOANERI, sf. Manufacture de laine ; pl. ou.

GLOAR, sf. Gloire ; Lavillemarqué cite le gallois glod, le gael-écossais glouer, ce mot rappelle le latin gloria.

GLOAR, sm. Pourpre ; pl. ou ; grec κλων rejeton.

GLOAZ, sf. Blessure, douleur; pl. gloasiou ; Loth cite le vieux breton glas bleu.

GLOAZA, va. Blesser; part. et ; employé plus souvent glaza ; part. et; voyez ce mot.

GLOAZUZ. adj. Qui cause de la douleur.

GLOKDER, sm. Fermoir ; voyez klok fermé. complet.

GLOÈSTR, sm. Gage, pari ; pl. ou ; latin claustra ; voyez klaoustré.

GLOÉSTRA, va. Mettre en gage ; part. et.

GLORIFIA, vn. Se glorifier ; part. et.

GLORIUZ, adj. Glorieux ; latin gloria gloire.

GLOUAC'H, sm. Latte , pl. iou; on dit plus souvent goulaz ; voyez ce mot.

GLOUAC'HA, va. Latter ; part, et; on dit plus souvent goulaza ; voyez ce mot.

GLOUEC'H, sm. Serein, rosée; Loth cite gloiu limpide.

GLOUT, adj. et sm. Glouton ; kimry gwlth, vieux français glout, gallois glout.

GLOUTA, vn. Tout manger ; part. et.

GLOUTEZ, sf. Gloutonne, gourmande ; pl. ed.

GLOUTONI, sf. Gloutonnerie, gourmandise.

GLOZARD, sm. Mâle de fauvette ; pl. ed ; grec χλαυκος brillant.

GLOZARDEZ, sf. Fauvette; pl. ed.

GLUD, sm. Glu ; pl. ou ; gallois gleud, irland glaod, latin gluten.

GLUDA, vn. Rendu gluant; part. et.

GLUDEK, adj. Gluant.

GLUDEN, sf. Gluau ; pl. nou.

GLUDENNA, va. Couvrir de glu ; part. et.

GLUDENNEK, adj. Enduit de glu.

GLUDET, adj. Enduit de glu.

GLUDEREZ, sm. Action de couvrir de glu, viscosité.

GLUEB, adj. Mouillé; voyez gleb.

GLUFEN, sf. Femme sournoise ; pl. ed ; voyez klufanez.

GLUKA, vn. Savourer, manger avec plaisir; part. et ; grec γλυκυς doux, γλυκαινω édulcorer.

GNOU, adj. Certain, manifeste ; Loth cite le vieux breton gnow, amgnaubot conscience, irland. gnath, sanscrit gnas connu, latin gnosco, breton anaout connaître, racine gna connaître.

Go, sm. Ferment ; grec υπω dessus.

Go, adj. Fermenté ; grec γόη magie, υπο sur, irlandais fo gogel celatus.

GOA, interj. Malheur ; latin vœ.

GOABIEN, sf. Petite anguille ; pl. ed.

GOABREN, sf. Nuage ; pl. nou ; Loth cite guaan masque.

GOACHAD, sm. Flambée ; pl. ou.

GOAD, sm. Sang ; on l'écrit plus souvent gwad, cambrique gwaed ; Zeuss tire ce mot de goét en cornique.

GOADA, va. et n. Saigner ; part. et.

GOADEGEN, sf. Boudin ; pl. nou ; de goad sang.

GOADEK. adj. Saignant.

GOADEREZ, sf. Sangsue ; pl. ed.

GOADUR, sm. Fermentation ; pl. iou.

GOAF, sm. Lance, gaffe ; pl. iou ; gallois gafl essieu.

GOAFA, va. Donner un coup de lance ; part. et.

GOAFER, sm. Gaffier ; pl. ien.

GOAFF, sm. Hiver ; voyez goan, goanv.

GOAG, adj. Mou ; voyez goak.

GOAGEN ou GWAGEN, sf. Vague ; pl. nou.

GOAGENOUER, sm. Machine, calandre ; pl. ou.

GOAGREN, sm. Fondrière ; pl. nou ;

Troude tire ce mot de goag mou, kréna trembler.

GOAK, *sm.* Lancier ; nom de famille assez commun.

GOAK, *adj.* Mou, tendre ; voyez goag gwak, cambrique goeg.

GOAKOL, *sm.* Collier d'un cheval ; *pl.* iou.

GOAKOLIA, *va.* Mettre un collier à un cheval ; part. et.

GOAKOLIER, *sm.* Bourrelier ; *pl.* ien.

GOALÉS, *adj.* Méchant, mauvais ; gwall mauvais, éaz ez aisé, nom de famille assez commun.

GOAMM, *sf.* Femme mariée ; de mamm mère ; voy. gwamm.

GOAN OU GOANV, *sm.* Hiver ; *pl.* goanviou ; Jubainville cite le grec χεῖμα, thème gaulois giman, breton ancien geman-geiman.

GOANAK, *sm.* Avenir ; Zeuss cite le cambrique guahaleth primus.

GOANN, *sf.* Charogne ; *pl.* ou ; voyez gagn, latin cancer.

GOANV. Voyez goan.

GOANVADUR, *sm.* Hivernage ; *pl.* iou.

GOANVEK, *adj.* Qui dépend de l'hiver.

GOANVEN, *sf.* Engelure ; *pl.* nou ; goanv hiver.

GOANVI OU GOANVIA, *va.* et *n.* Hiverner ; part. et.

GOANVUZ, *adj.* Hivernal.

GOAO, *sm.* Lance ; voyez goaf.

GOAP, *sm.* Moquerie ; Lavillemarqué cite le gaël-écossais gab, comme étant la racine du vieux français gaber goaper.

GOAPAAT, *va.* Se moquer ; part. goapéat.

GOAPAÉR, *sm.* Moqueur ; *pl.* ien.

GOAPAÉREZ, *sf.* Moqueuse, railleuse ; *pl.* ed.

GOAPAUZ, *adj.* Ironique.

GOAPEREZ, *sm.* Moquerie.

GOAR OU GWAV, *adj.* Recourbé ; en latin varus.

GOAR, *sm.* Courbure ; *pl.* iou.

GOAR OU GOUAR, *adj.* Aisé, facile.

GOARA, *va.* Connaître facilement ; part. et.

GOARAG, *sm.* Cheville du soc ; *pl.* ou.

GOARANT, *sm.* Caution ; *pl.* ou ; anglais warrant.

GOARANTIACH, *sm.* Garantie ; de goarant et terminaison française.

GOARANTISSA, *va.* Garantir ; part. et.

GOARATEN, *sf.* Ruisseau ; *pl.* nou ; goar courbe.

GOARC'HAD, *sm.* Mauvais marché ; pour koz-varc'had.

GOARÉ, *sm.* Abri ; *pl.* ou ; Loth cite guerg efficace.

GOARÉA, *vn.* S'abriter ; part. et.

GOARÉGEZ, *sf.* Paresse.

GOAREK, *adj.* Paresseux.

GOAREK, *adj.* Recourbé, tordu.

GOAREM, *sf.* Larde ; *pl.* iou ; voyez gwarm.

GOAREN, *sf.* Outil de tonnelier ; *pl.* nou.

GOARENNA, *va.* Jabler ; part. et.

GOARSAD, *sm.* Garcée ; mesure pour les grains.

GOAS, *sm.* Homme ; *pl.* ed ; Jubainville le tire du gaulois vassus, voyez gwaz.

GOAS, *sm.* Ruisseau ; *pl.* iou ; comparez goaraten gouéren, gouer.

GOAS OU GWASS. Superlatif goassoc'h, gwassoc'h, plus, le pis.

GOAS-HOUARN, *sm.* Instrument de menuiserie, valet.

GOASK. Voyez gwask.

GOASKA, voyez gwaska.

GOASKED OU GWASKED. Abri ; *pl.* ou.

GOASKET, *adj.* Abrité ; Loth cite guascotou, de guo et de scat, skeud ombre.

GOAS-KÉGINER, *sm.* Marmiton ; goas homme, kéginer cuisinier.

GOASONI, *sf.* Ordure, saleté ; *pl.* ou ; on dit aussi gousoni ; voyez ce mot.

GOATALET, *adj.* Qui a du mauvais sang ; goad sang.

GOAZ, *sm.* Homme ; *pl.* ed ; voyez goas ou gwas.

GOAZAN, *sm.* Mite, charançon ; *pl.* ed.

GOBARER, *sm.* Celui qui fait le gabari ; *pl.* ien.

GOBARI, *sm.* Modèle, gabari ; *pl.* ou.

GOBARIA, *va.* Faire un gabari ; part. et.

GOBED, *sm.* Mesure, le sixième d'un quart ; vieux français gobet morceau.

GOBEDAD, *sm.* Ce que contient la mesure gobed.

GOBEDI, *va.* et *n.* Tinter ; part. et.

GOBER, *va.* Faire, fabriquer ; part. great ; gallois gober ; comparez gopr gobr, façon récompense et le verbe ober faire.

GOBERIANS, *sf.* Façon ; avec terminaison française ; *pl.* ou ; voyez oberians.

GOBILIN, *sm.* Lutin, esprit follet ; comparez le français gobelin esprit follet, bas latin gobelinus, anglais goblin, latin cobalus, grec κοβαλος méchant, anglais kobold, dict. Littré.

GOBIZEN, *sf.* Plante ; *pl.* nou ou gobiz ; Lavillemarqué fait venir ce mot de gaō sauvage piz poir, Loth cite le vieux breton cocitou cigue, Zeuss cite coifinel serpillum.

GOBR. Voyez gopr.

GOBRAER. Voyez gopraér.

GOBRET, *adj.* et *part.* Bien fait, terminé.

GOD, *sm.* Couverture de poche.

GOD, *sf.* Abréviation du nom de Catherine.

GODAL, *vn.* Caqueter ; part. et ; Loth cite guodces haïr.

GODEK, adj. Fier, fanfaron ; nom de famille assez commun en Bretagne.

GODEK, adj. Lavillemarqué cite ce mot comme représentant la signification du français gothique.

GODEL, sf. Poche ; pl. ou ; de god ou kod poche.

GODELLA, va. Remplir les poches ; part. et.

GODELLAD, sm. Pochée ; pl. ou.

GODELLIK, sf. Petite poche ; pl. godelligou, c'hoari godellik, flirter avec une jeune fille.

GODELLIK-BRAGEZ, sf. Gousset.

GODIK, sf. Nom donné au foret ; abréviation du nom de Catherine.

GODISA, va. Cajoler les filles ; part. et ; comparez le latin gaudere, le français gaudir, le breton god.

GODISER, sm. Bafoueur ; pl. ien.

GODISEREZ, sm. Moquerie.

GODISUZ, adj. Moqueur, ironique.

GODIZ, adj. Ironique, railleur.

GODOÉR, sm. Tente, abri mobile ; pl. iou ; Loth cite guotan dessous.

GODROUN, sm. Goudron ; pl. iou.

GOÉ, sm. Dieu ; voyez doué.

GOEDEGEN, sf. Boudin ; pl. nou ; voyez goadégen, de goad sang.

GOEDEN, sf. Levain ; pl. nou ; Loth cite guotroit vous trayez, gozro goro traire ; voyez gweden.

GOEDENNA, va. Mettre de la présure dans le lait ; part. et.

GOEDENNEK, adj. Lait caillé, présuré ; voyez gwedennek.

GOÉL, sm. Mieux, reste ; voyez gwell.

GOEL ou GOUEL, sm. Fête ; pl. iou ; Loth cite guled fête, gallois gwledd, irlandais fled.

GOEL, sm. Voile de femme ; pl. iou ; latin velum.

GOÉLAN, sm. Goéland, oiseau de mer ; pl. goélenned ; on l'écrit aussi gwelan, Littré le tire de gwela pleurer à cause de son cri plaintif, Zeuss cite guilan en cornique, gwylan en cambrique, irlandais foilenn.

GOÉL AR CHANDELOUR, sm. La chandeleur.

GOEL AR GROAS KAVET. sm. L'invention de la Sainte-Croix.

GOEL AR GROAS MEULET, sm. Exaltation de la Sainte-Croix.

GOELED, sm. Fond ; pl. ou ; voyez gweled.

GOELEDEL, ou GWELADEN, sf. Entrevue de futurs époux ; pl. nou.

GOELEDEN, sf. Jupe, cotillon ; pl. nou.

GOELEDI, vn. Aller au fond ; part. et.

GOELET, va. Voir ; voyez gwelet.

GOELEZEN ou GOELEDEN. Vase, lie, sédiment ; pl. nou.

GOEL-GOSTEZ, sf. Voile de côté ; pl. goeliou-kostez.

GOELIA ou GOUELIA, va. Célébrer ; part. et.

GOELIA, va. Voiler ; part. et.

GOELIAD, sm. Danse, fête ; pl. ou.

GOELIAN, sm. Lavure ; voy. gwelien de gwelchi laver.

GOELL, sm. Ferment ; pl. ou.

GOELLA, va. Fermenter ; part. et.

GOELLIEN, sf. Lavure ; pl. nou.

GOEL MARIA ANN EOST, sm. L'Assomption.

GOAL MARIA VEURZ, sm. L'Annonciation.

GOAL MARIA ANN ASVENT, sm. L'Immaculée-Conception ; on dit aussi goel maria dinam.

GOEL-MIKÉAL, sm. La Saint-Michel, terme des baux ruraux.

GOEL-MIZAIN, sf. Voile, misaine.

GOEL SANT IANN DIBENN ÉOST. Décollation de Saint-Jean-Baptiste.

GOELVAN, sm. Lamentation ; pl. ou ; gwêl pleur, man mouvement.

GOELVANUZ, adj. Lamentable.

GOELVEZ, sm. Durée d'une fête ; Troude tire ce mot de goel fête et de vez particule indiquant la durée.

GOEL-VOULIN, sf. Voile, bouline.

GOER. Voyez gouer, kouer.

GOEREN, sf. Ruisseau ; pl. nou ; voyez goueren, kouéren.

GOEREU, sm. Mal des yeux ; pl. ou.

GOERO, va. Traire ; on dit aussi goro ; part. et ; gallois godro, cathol gozro ; voyez goro.

GOESKEDEN, sf. Abri ; voyez gwaskeden.

GOEST, adj. Capable ; Loth cite guos caution ; voyez gwestl goestl.

GOESTADIK. Voyez goustadik, doucement.

GOESTL. Voyez gwestl.

GOESTLA, va. Engager, dédier ; part. et ; voy. gwestla.

GOET, part. passé de goi, fermenter.

GOEZ, adj. Sauvage ; voyez goues.

GOF, sm. Forgeron ; pl. gofiou ; peu employé.

GOFEL, sf. Forge ; pl. iou ; gallois gofail gof goff forgeron ; Zeuss cite le dialecte de Tréguier go goba ; Jubainville cite gobalis.

GOFELIA ou GOVELIA, vn. Forger ; part. et.

GOFÉS, vn. Confesser ; voy. govés.

GOFELIUZ ou GOVELIUZ. Qui peut être forgé.

GOFF. Voyez gof ; Le goff est un nom de famille très répandu.

GOGAN, sm. Raillerie ; pl. ou ; Loth cite guodces haïr.

GOGANA, *va.* Railler ; part. et.
GOGANER, *sm.* Railleur ; *pl.* ien.
GOGÉ, *sm.* Tromperie ; *pl.* ou.
GOGEA, *va.* et *n.* Tromper ; part. gogéct.
GOGÉER; *sm.* Railleur, trompeur ; *pl.* iou.
GOGÉÉREZ, *sf.* Railleuse ; *pl.* ec.
GOGÉEREZ, *sm.* Raillerie.
GOGÉI, *va.* et *n.* S'arrêter à de menus détails ; part. et.
GOGÉUZ, *adj.* Qui plaisante grossièrement.
GOGEZ, *adj.* et *sf.* Qui s'arrête aux menus détails.
GOGEZ, *sf.* Poisson de mer, grondin ; *pl.* ed.
GOI, *vn.* Fermenter ; part. et.
GOIDIGEZ, *sf.* Fermentation ; voyez goadur.
GOLC'H, *sm.* Lavage ; voyez gwalc'h.
GOLC'HAN, *va.* Laver ; voyez gwalc'hi.
GOLC'HED, *sf.* Couette ; *pl.* ou ; latin culcita.
GOLC'HET, *sf.* Lavandière, laveuse.
GOLC'HOUER, *sm.* Lavoir ; *pl.* ou.
GOLF, *adj.* Sans queue ; Loth cite guoliat chevelue.
GOLF, *sm.* Trou béant ; *pl.* ou.
GOLFAZ ou GOLVAZ, *sf.* Battoir de laveuse, baz bâton.
GOLO, *sm.* Couverture ; *pl.* iou ; latin velamen.
GOLOEN. Voyez goulaouen.
GOLOET, *adj.* Couvert.
GOLOI ou GOLEI, *va.* Couvrir ; part. goloet.
GOLO-LIZER, *sm.* Enveloppe ; *pl.* gololizeri, golo couverture, lizer lettre.
GOLO-PLUEK, *sm.* Taie d'oreiller ; *pl.* goloiou-pluek ; golo couverture, pluek qui a des plumes.
GOLO-POD, *sm.* Couverture de pot, mari trompé.
GOLVAN, *sm.* Moineau ; *pl.* ed ; cornique, goluan, cambrique golfan.
GOLVAZ, *sf.* Battoir de blanchisseuse ; voyez golfaz.
GOLVEK ou GALVEK, *adj.* Chien de garde ; de galv appel.
GOLVEN. Voyez golvan.
GOM, *sf.* Résine, gomme.
GOMMA, *va.* Gommer ; part. et.
GONID. Voyez gounid.
GONIDEGEZ. Voyez gounidegez.
GONIDEK. Voyez gounidek ; nom de famille assez commun.
GONIDUZ. Voyez gouniduz.
GONOZ, *adj.* Traître ; Loth cite guann masque ; voyez ganaz.
GONVOR, *sm.* Mesure pleine par dessus le bord ; Zeuss cite gostwng ; latin submittere.

GOPR, *sm.* Récompense, salaire ; *pl.* ou ; du verbe primitif gober, aujourd'hui ober operare.
GOPRA, *va.* Gager ; part. gopreet.
GOPRAER, *sm.* Homme à gages ; *pl.* ien.
GOPRAEREZ, *sf.* Femme à gages ; *pl.* ed.
GOPRAEREZ, *sm.* Façon, travail.
GOPR-EOST, *sm.* Gage d'août, salaire de la moisson ; *pl.* goprou-eost.
GOR, *sm.* Inflammation, abcès ; *pl.* iou ; Zeuss cite goruot ; latin superare.
GOR, *sm.* Chaleur suffocante.
GOR, *sm.* Mesure ; dreist gor outre mesure.
GOR, *sm.* Corde mince ; *pl.* iou.
GORAD, *sm.* Couvée ; *pl.* ou.
GORADEN, *sf.* Flambée ; *pl.* nou.
GORADUR, *sm.* Incubation ; *pl.* iou.
GORÉ, *sm.* Plante, bouillon blanc.
GORED, *sm.* Gord, pêcherie ; *pl.* ou ; français gord, latin gurges.
GORED, *sm.* Ecluse ; *pl.* ou.
GOREDEN, *sf.* Braise ; *pl.* nou ; voyez goraden.
GORÉWENN, *sm.* Bouillon blanc, plante.
GORÉ-ZU, *sm.* Plante, bouillon noir.
GOR-FOURN, *sm.* Chaleur d'un four.
GORI, *sm.* Apostumer ; part. et.
GORI. Voyez gwiri.
GORJI, *va.* S'engorger ; part. et.
GORJIDIGEZ, *sf.* Apostème.
GORLANO ou GOURLANO, *sm.* La haute mer ; Troude cite gour particule augmentative et lanó flux de la mer ; en Léon on dit gourlena ou gourleun, gour et leun plein ; voy. gourlano.
GORLOUNKA, *vn.* Avaler, se gargariser ; part. et ; particule gour et lounka avaler.
GORO, *va.* Traire ; part. et ; pour votro, cité par Jubainville, jadis gozro ; Loth cite guotroit vous trayez.
GOROADEN, *sf.* Le lait d'une vache ; *pl.* noce.
GOROER, *sm.* Trompeur, flibustier ; *pl.* ien.
GOROEREZ *sf.* La femme qui va traire les vaches ; *pl.* ed.
GOROU, *sm. pl.* Mal de gorge ; gor abcès.
GORRÉ ou GOURRÉ. Dessus ; de guor, gor, irlandais for, latin super ; citation de Zeuss, gaulois ver, conservé dans le patois des Côtes-du-Nord.
GORRÉ-KEAR, *sm.* La haute ville ; gorré haut, kéar ville.
GORRÉ-VRÉIZ, *sm.* La haute Bretagne ; gorré haut, bréiz Bretagne.
GORRÉA. Voyez gorren.
GORREEREZ, *sm.* Hauteur, élévation.

GORREGA, *vn.* S'attarder, lambiner ; part. et.

GORREGEZ, *sf.* Lenteur, paresse.

GORREGEZ, *sf.* Femme lente ; *pl.* ed.

GORREGOUZI, *sm.* Machine pour lever la meule d'un moulin ; gorré haut gouzia s'abaisser.

GORREK, *adj.* Lent, paresseux ; gorrek est un nom de famille assez commun.

GORREKAAT, *va.* et *n.* Devenir paresseux ; part. éat.

GORREN, *va.* Elever ; part. gorrennet, se dit aussi gourren vn, renfermer; part. et.

GORREOU, *sm. pl.* de gorré ; élévation de la messe.

GORROEN, *sf.* Caséum ; *pl.* ou ; voy. kistinen.

GORROIDIGEZ, *sf.* Assomption de la sainte Vierge.

GORTOZ, *sm.* attente, espoir ; Loth cite guotric différer ; Zeuss cite gurth, latin contra gortos, gortoz, expectare.

GORTOZ, *va.* Attendre ; part. et ; voyez gortoz.

GORTOZEN, *sf.* Goûter, repas léger; *pl.* nou.

GORTOZIDIGEZ, *sf.* Action d'attendre.

GORVEZ, *sm.* Coursier, cheval ; Loth cite guorcerdorion vagabonds, errants ; de l'irlandais for et de cerd marche ; nom de famille assez commun en Bretagne.

GORZAÔ, *sm.* Solstice ; *pl.* gorsaviou, gor, guor dessus ; irlandais for, saô levée.

GORZOU ou GORZIOU, *sm. pl.* Montants d'une charrette.

GOTIBANAN. Pronom, tous; se dit aussi gwitibunan ; Zeuss cite quitib; latin cuncti un à un.

GOTH ou GODEK, *adj.* Ecriture gothique ; godek est un nom de famille assez commun.

GOTTOU, *sm. pl.* Goutte ; voyez urlaou.

GOUARN, *va.* Administrer, gouverner ; part. et ; grec κυβερναν ; latin gubernare.

GOUARNAMANT, *sf.* Gouvernement ; *pl.* gouarnamanchou.

GOUARNER, *sm.* Administrateur ; *pl.* ien.

GOUARNEREZ, *sf.* Celle qui gouverne.

GOUASKED, *sm.* Abri ; voyez gwasked.

GOUAT, *sm.* Plante ; de gwad sang.

GOUBARI, *sm.* Gabarit, modèle ; voyez gobari.

GOUBARIA, *va.* Faire d'après modèle ; part. et.

GOUBION, *sm.* Froid ; corniq goyf hiver.

GOUC'HANV, *va.* Supporter; voyez gouzaon, gouzanv.

GOUD, *sm.* Goût. appétit.

GOUDASK, *adj.* Sauvage, plant sauvavage ; Loth cite guodces haïr.

GOUDÉ, *prép.* et *adv.* Après ; Loth cite guotig ; Zeuss le cornique, guetig, gueti, gwedy.

GOUDÉ-HEN, *adv.* Désormais.

GOUDÉ-HOLL, *adv.* Après tout.

GOUDÉ-ZÉ, *adv.* Après cela.

GOUDOR, *sm.* Abri.

GOUDORI, *vn.* Se mettre à l'abri ; part. et.

GOUDOROC'H. Superlatif de goudor; voyez ce mot; plus à l'abri.

GOUDOUER, *sm.* Réduit, grabat; *pl.* ou.

GOUÉL. Voyez goél.

GOUÉLA, *vn.* Pleurer ; part. et; Tréguier gouélan.

GOUÉLAN, *sm.* Goéland ; voyez goelan; *pl.* goelenned; Loth cite guilannou goelands ; cathol goélann ; irlandais foilenn ; d'où le français goéland.

GOUÉLEC'H, *sm.* Pays sauvage ; gouez sauvage; léac'h lieu ; *pl.* gouélec'hiou.

GOUÉLIA. Voyez goélia.

GOUÉNIT, *sm.* Froment ; *pl.* ou ; Troude le tire de gouenn blanc, et de it blé.

GOUENN. Voyez gwen.

GOUENT, *sf.* Tranchée ; on l'écrit aussi gwent du latin venter cité par Jubainville.

GOUENT, *sf.* Couvent ; voyez kouent.

GOUER, *sf.* Ruisseau ; *pl.* iou ; Zeuss cite le cambrique gofer, goér.

GOUÉRÉ, *sm.* Juillet ; Zeuss cite le cambrique gorphenaf fin de l'été, gourffen fin ; Lavillemarqué propose gao ou gaou faux, héré octobre, ou éré lien ; Loth cite guerg qui termine.

GOUÉREN, *sf.* Ruisseau ; voyez gouer.

GOUERS, *adj.* Long-temps ; Loth cite guerg efficace, guerin multitude ; comparez le mot gaulois vergo-bretus.

GOUÉSAAT, *vn.* Devenir sauvage ; part. gouéséat; de gouez que de Jubainville tire du thème celtique vidu.

GOUÉVI ou GOUÉNVI, *vn.* Se faner ; part. et ; grec Κυπτω, baisse, flétrit.

GOUEZ, *adj.* Sauvage; de la racine vi, vidu ; gouez est un nom de famille très commun.

GOUEZDER, *sm.* Sauvagerie.

GOUÉZÉRI, *sf.* Sauvagine, canard sauvage.

GOUEZ-IRVINEN, *sf.* Ravanelle ; *pl.* gouez-irvin; do gouez sauvage, irvin navets.

GOUEZ-KERC'H, *sm.* Folle avoine ; plusieurs prononcent goul-gerc'h ; voyez ce mot.

GOUEZ-OUNEN, *sf.* Frêne sauvage.

GOUEZ-RADEN, *sf.* Pariétaire, plante.

GOUEZ-RADEN-VIHAN, *sf.* Pariétaire, plante.

GOUEZ-SISTR, *sm.* Piquette, petit cidre.

Gouez-winien, *sf.* Vigne sauvage.
Gouhez, *sf.* Belle-fille; *pl.* ed; féminin de gwas ; gaulois vassos ; français vassal.
Gouhin, gouin, *sm.* Fourreau ; *pl.* ou ; comparez le latin vagina.
Gouhina, gouina, *va.* Mettre au fourreau ; part. et.
Gouhiner, gouiner, *sm.* Gainier ; *pl.* ien.
Gouigour, *sm.* Froissement bruyant ; Loth cite guirgiriam ; *pl.* hennir.
Gouigouradek, *sm.* Frôlement avec bruit ; *pl* gouigouradegou.
Gouigourat, *vn.* Frôler avec bruit.
Gouinel, *sf.* Venelle ; voyez vanel.
Gouir, *adj.* Voyez gwir.
Gouiziégez, *sf.* Science ; de gouiziek, gwiziek, gwéziek, racine latin videre.
Gouiziek, *adj.* Savant ; voyez gweziek gwiziek.
Gouk, *sm.* Abréviation de gouzouk cou.
Goukad, *sm.* Gorgée ; *pl.* ou.
Goulaou, *sm. pl.* de goulaouen lumière.
Goulaouek, *adj.* Lumineux ; de goulou lumière.
Goulaouen, *sf.* Lumière, chandelle ; *pl.* goulou.
Goulaouen-goar, *sf.* Cierge, chandelle de cire
Goulaouérez, *sm.* Fabricant de chandelles ; *pl.* ien.
Goular, *adj.* Fade, sans goût ; Zeuss cite le cornique golyas; latin vigilare ; nom de famille assez commun.
Goularded, *sm.* Fadeur, chose sans goût.
Goularz, *sm.* Ambre, plante marine, succin.
Goulaz. *sm. pl.* Lattes ; goullo vide, léac'h lieu, ou goloi gélei couvrir.
Goulaza, *va.* Garnir de lattes; part. et.
Goulaza, *va.* Affûter, aiguiser ; part. et.
Goulazen. *sf.* Latte ; *pl.* goulaz marculin.
Goulazennou, *sm. pl.* Etagères, tablettes.
Goulc'her, *sm.* Couvercle ; *pl.* ien ; goloi couvrir.
Goulek *sm.* Poisson, lieu, merlan ; *pl.* gouleged ; Lavillemarqué rapproche ce mot de goulaouek lumineux ; la grandeur de sa gueule indiquerait peut-être un autre rapprochement, ou bien son avidité, qui serait goulen demande.
Goulen. Voyez gwélan.
Goulenn, *sm.* Demande ; *pl.* ou.
Goulenn, *va.* Demander ; part. et ; latin petere.

Goulenner, *sm.* Quémandeur ; *pl.* ien.
Goulennérez, *sf.* Femme qui demande ; *pl.* ed.
Goulenn-stard, *sm.* Instance réitérée ; *pl.* goulennou-stard.
Goulerc'her, *sm.* Celui qui est en retard ; *pl.* ien.
Goulerc'hi, *vn.* Muser, flaner ; part. et ; gou représentant le latin sub dessous et lerc'h traces, suites.
Goul-gerc'h, *sm.* Folle avoine ; goul demande. kerc'h avoine.
Gouli, *sm.* Plaie, blessure ; *pl.* ou ; même racine que le latin vulnus.
Goulia, *va.* Blesser ; part. et.
Gouliadurez, *sf.* Ulcération ; de goulia. avec terminaison adurez.
Gouliek, *adj.* Qui est couvert de plaies.
Goulien, *sf.* Forière ; *pl.* nou ; de goullo vide.
Goulion, goelien, *sm.* Lavure, s'écrit aussi gwélien ; de gwalc'h lavage ou de goell levain.
Gouliu. Voyez goullo.
Gouliuz, *adj.* Qui occasionne des plaies.
Goullek. Voyez goulek.
Goullo, *adj.* Vide ; latin viduus.
Goullo-kaér, *adj.* A vide.
Goullondéri, *va.* Vider ; part. et.
Goulou *sm. pl.* De goulaouen chandelle ; latin lumen lux.
Goulou-déiz, *sm.* Aurore, point du jour ; goulou clarté, déiz jour.
Goulou-koar, *sm.* Bougie ; *pl.* goulaoukoar.
Goulou-treuz, *sm.* Faux jour ; goulou lumière, treuz travers.
Goulten, *sf.* Fanon de la bête à cornes ; *pl.* nou.
Gouneza, *va.* Gagner. Voyez gounid.
Gounezuz, *adj.* Qui se communique.
Gounhern. Voyez kounhers.
Gounid, *sm.* Gain ; comparez le latin venatio.
Gounie, *va.* Gagner ; part. gounezet.
Gounid-boued, *sm.* Gagne-pain ; gounid gain, boued nourriture.
Gounidegez, *sf.* Gain, profit, femme qui gagne.
Gounidek, *adj.* et *sm.* Gagnant ; *pl.* gounideien ; on l'écrit actuellement gonidec : nom propre très commun.
Gouniduz, *adj.* Profitable, lucratif.
Gounpill, *sf.* Goupille, cheville ; *pl.* ou.
Gour, *sm.* Homme ; latin vir.
Gour, *sm.* Malice ; Loth cite guorimhétic très fin.
Gour. Particule marquant l'infériorité ; irlandais for ; gaulois ver.

GOURAIL, *va.* Sourcil; *pl.* ou ; de guor, irl for sur et ail sourcil.
GOURAOUI, *va.* Enrouer ; part. et ; particule gour et raouli enrouer.
GOUR-CHAGN, *sf.* Prostituée ; particule gour et gagn charogne.
GOUR-CHAST, *sf.* Femme de mauvaise vie ; particule gour et gast prostituée ; *pl.* gour-gisti.
GOURC'HÉ, *sm.* Ladrerie des porcs, des chevaux; grec γυριος circulaire.
GOURC'HÉA, *vn.* Devenir ladre ; part. et.
GOURC'HED, *sm.* Fuseau ; *pl.* ou ; Loth cite le vieux breton gurthait fuseau ; *pl.* guirtitou ; voyez gwerzid.
GOURC'HEDAD, *sm.* Ce que l'on peut mettre sur un fuseau ; *pl.* ou.
GOURC'HEMENN, *sm.* Commandement ; *pl.* ou ; particule guor gour et kemenn commandement.
GOURC'HEMENNER, *sm.* Commandant ; *pl.* ien.
GOURC' HÉMENNI, *va.* Ordonner ; part. et.
GOURC' HÉMENNOU-DOUÉ, *sm. pl.* Les commandements de Dieu ; gourc'hemennou commandement. doué Dieu.
GOURD, *adj.* Lourd, engourdi ; latin gurdus.
GOURDA, *va.* Engourdir ; part. et.
GOUR-DADOU, *sm. pl.* Ancêtres ; particule gour et tadou *pl.* de tad père.
GOUR-DALL, *adj.* Presque aveugle ; gour et dall aveugle.
GOUR-DÉISIOU, *sm. pl.* Les 12 premiers jours de l'année ; gour et déisiou ; *pl.* de déiz jour.
GOUR-DEN, *sm.* Petit homme ; *pl.* gourzud, gour et den homme ; nom propre assez commun.
GOURDET, *adj.* Engourdi.
GOUR-DRÉAN, *sm.* Crochet d'un hameçon ; particule gour, et dréan épine.
GOUR-DREUST, *sm.* Poutrelle ; *pl.* gourdreustou ; particule gour et treust poutre.
GOUR-DROUZ *sm.* Menace ; *pl.* ou ; particule gour et trouz bruit.
GOUR-DROUZA, *va.* et *n.* Grogner, menacer ; part. et.
GOUR-DROUZUZ, *adj.* Menaçant, grognant.
GOURET, *adj.* Entêté ; Zeuss cite gornot, quelques-uns prononcent gourot.
GOURED, *sm.* Brasse ; *pl.* ou ; gour homme, hed mesure.
GOUREDA, *va.* Mesurer à la brasse; part. et.
GOUREDAD, *sm.* Brassée ; *pl.* ou.
GOUREDER, *sm.* Sondeur ; *pl.* ien.
GOUREI, *va.* Faire ; part. gréat.

GOURÉM, *sm.* ourlet; *pl.* ou ; de guor sur, rim pointe.
GOUREMI, *va.* Ourler; part. et.
GOUR-ENEZ, *sf.* Presqu'île ; particule gour et énez île.
GOURENN, GOURAN, *sm.* Paupière ; *pl.* ou.
GOURENN. Voyez gourin.
GOURENNER. Voyez gouriner.
GOURFEN, *adj.* Déhonté ; particule gour et men radical de mennoz raison ; latin mens.
GOUR-GAMM, *adj.* Très boiteux ; particule gour, et kamm boiteux.
GOUR-GLÉAN, *sm.* Poignard ; *pl.* ou ; particule gour et kléan, pour klezé épée.
GOUR-GLEUZ, *sm.* Turon, mauvaise clôture ; *pl.* gour-gleuziou ; particule gour et kleuz fossé.
GOUR-GLEZÉ, *sm.* Dague ; voyez gourgléan.
GOUR-GOMZ, *vn.* Parler entre ses dents, marmotter part. gour-gomzet, gour et komz parole.
GOUR-HOUAD, *sm.* Sarcelle; *pl.* gourhouidi ; particule gour et houad canard.
GOURI. Voyez gri, gouri, gouriou, sont des noms de famille assez communs.
GOURICHAL, *vn.* Hennir, braire ; part. gourichet ; gouriz ceinture, Loth cite guirgiriam je hennis.
GOURIER, *sm.* Tailleur, couturier ; *pl.* ien.
GOUR-IEO, *sm* Linteau ; *pl.* gour-iévi ; particule gour et iéo joug.
GOURIN, *sm.* Linteau ; *pl.* ou ; irlandais for, latin super, rén commandement.
GOURIN, *sm.* Lutte ; *pl.* ou ; nom d'un bourg du Morbihan.
GOURINA, *vn.* Lutter ; part. et.
GOURINER, *sm.* Lutteur ; *pl* gourinerien.
GOUR-INIZ, *sf.* Presqu'île ; voyez gourénez.
GOURIO, *sm.* Soutien d'une porte ; *pl.* gouriévi ; particule gour, et iéo joug, soutien.
GOURISIA. Voyez gourichal.
GOURISIADEN, *sf.* Henuissement ; de gourisia et terminaison -aden.
GOUR-IVIN, *sm.* Contre-ongle ; part. gour et ivin ongle.
GOUR-IVIN. *sm.* Pièce courbe pour la construction des navires.
GOUR-IVINET, *adj.* Contre-onglé.
GOURIZ, *sm.* Ceinture ; *pl.* ou ; latin corrigia courroie.
GOURIZA, *va.* Prendre à la ceinture, ceindre ; part. et.
GOURIZAD, *sm.* Ventrée : *pl.* ou.
GOURIZER, *sm.* Celui qui fait des ceintures; *pl.* ien.
GOURIZ-KAON, *sm.* Ceinture de deuil ; *pl.*

gourizou-kaôn ; gouriz ceinture, kaon, kaonv deuil.
GOURIZ-KLEZE, sm. Ceinturon d'épée ; gouriz ceinture et klézé épée.
GOURIZ-REUN, sm. Cilice ; gouriz ceinture et reun crin.
GOURLANCHEN, sf. OEsophage ; pl. nou ; gouk cou, lansen perche.
GOURLANCHENNEK, adj. Qui a un grand gosier ; de gourlanchen, comparez gourlounka.
GOURLAN. Voyez gourlen.
GOUR-LANO, sm. Marée pleine ; particule gour, et lano flux de la mer.
GOURLAOUEN, sf. Etoile du matin ; voyez gwérélaouen.
GOURLEN, sm. Pleine mer ; particule gour, et leun plein.
GOURLERC'HER, sm. Traînard ; pl. ien ; particule gour, et lerc'h suites, traces.
GOULERC'HI, vn. Traîner, musarder ; part. et.
GOURLOUNK, sm. Gorgée ; pl. ou ; particule gour et lounk avale.
GOURLOUNKA, va. Avaler ; part. et ; gour et lounka avaler.
GOURMAND, ajd. Gourmand.
GOURMI, sm. Fils de neveu ; employé dans le cotholicon pour gour-niz ; voyez ce mot.
GOURN. Voyez gourin.
GOURNA, GOURNAHA, va. Nettoyer au crible.
GOURNER, sm. Grand crible ; pl. iou ; Loth cite guorimhétic très fin.
GOURNERIA. Voyez gourna.
GOURNERIAD, sm. Plein un gros crible ; pl. ou.
GOUR-NIJ, sm. Vol près de terre ; gour particule et nij vol.
GOUR-NIJAL, vn. Voltiger ; part. et ; gour et nijal voler.
GOUR-NIZ, sm. Fils de neveu et de nièce ; gour et niz neveu ; pl. gour-nized.
GOUR-NIZEZ, sf. Fille de neveu ou de nièce ; gour et nizez nièce ; pl. gournizezed.
GOUR-RADEN, sf. Grande fougère ; pl. gour-radennou ; gour particule et raden fougère.
GOURREN. Paupière ; voyez gourenn, gouran.
GOURREN, sf. Jalousie ; voyez gourven.
GOURRISIA, vn. Hennir ; part. et ; voyez gourichal.
GOURRISIADEN, sf. Hennissement ; pl. ou.
GOURRU, GOURREU, sf. Cul de sac ; pl. gourreuiou ; particule gour et réeur derrière.
GOURSAILLEN, sf. Voyez kornaillen.
GOURSTAON, sf. Contre-étrave ; gour particule, et staon étrave.

GOUR-STRÉAT, sf. Cul de sac ; gour et stréat chemin.
GOURT. Voyez gourd.
GOUR-VADEZ, sf. Baptême de la maison ; particule diminutive gour et badez baptême.
GOUR-VADEZI, va. Ondoyer ; part. et ; particule gour et badézi baptiser.
GOURVENN, sf. Jalousie ; voyez gourvent.
GOURVENNA, va. Envier ; part. et.
GOURVENT, sm. Fierté, arrogance.
GOURVENTA, vn. Mépriser ; part. et.
GOURVENTER, sm. Vantard, fanfaron ; pl. ien.
GOURVENTUZ, adj. Méprisant, fier.
GOURVEZ-BANK, sm. Canapé ; pl. ou.
GOUR-VÉZO, adj. A moitié ivre ; particule gour et mezô ivre.
GOURVEZ, sm. Etre étendu ; Zeuss cite gournuz cubatus ; Gourvez est un nom de famille très répandu.
GOURVEZA, vn. S'étendre ; part. et ; latin cubare.
GOURZAOT, adj. Ruiné, sans ressources ; particule gour et saout bétail, cité par Lavillemarqué, je préfère gour et saotr souillure.
GOURZAOTA, va. Ruiner ; part. et ; voir gourzaot.
GOURZEN, sm. Homme trapu, voyez gour-den, gourden nom de famille assez commun.
GOURZEZ, sm. Retard ; particule gour et terminaison ez, que l'on retrouve dans le verbe azéza asseoir et dans le latin sedere.
GOURZEZA, va. et n. Retarder ; part. et ; voir gourzez.
GOUR-ZIGÉRI, va. Entrouvrir ; part. et ; particule gour et digeri ouvrir, cambrique igueriff, aperire.
GOUSI, sf. Litière ; pl. ou ; voyez gouzer.
GOUSIA, vn. Couper de la litière ; part. et ; Zeuss cite guocieueir, é regione.
GOUSIADEN, sf. Couche formant litière ; pl. ou.
GOUSONI OU GWASONI, sf. Saleté ; pl. ou.
GOUSPER, sm. Veille d'une foire, d'un pardon ; latin vesper.
GOUSPEROU, sm. pl. Vêpres ; latin vespera.
GOUSTAD OU GWESTAD, adv. Doucement ; Loth cite guotéguis arrêta, composé de guo irlandais fo et tav, gallois taw, breton tevel se taire.
GOUSTADIK OU GWESTADIK, adv. Tout doucement.
GOUSTIL, sm. Stylet ; pl. ou ; particule gou, guo, latin sub, grec στυλος stylet.

GOUSTILA, *va.* Poignarder ; part. et ; voyez goustil.
GOUSTILER, *sm.* Celui qui poignarde; *pl.* ien.
GOUSTILIK, *sm.* Petit poignard ; *pl.* goustiligou.
GOUT, *sm.* Goût, saveur, appétit ; latin goazout.
GOUT, *va.* Savoir; voyez gouzout.
GOUVERNAMANT, *sm.* Gouvernement ; *pl.* chou.
GOUVERN, *vn.* Gouverner ; part. et.
GOUVEZ ou GOUZVEZ, *va.* Savoir ; voyez gouzout.
GOUZANV, *va.* Souffrir; part. et.
GOUZANVI, *va.* Souffrir, supporter ; part. et ; Zeuss cite en cornique, gozaff, gozewell tolerare, gozevq tolerabat et le cambri que guodeim; Loth cité guodeimisauch, vous avez souffert, irland. fodeimim je supporte.
GOUZANVUZ, *adj.* Supportable.
GOUZAOI, *va.* Avertir, prévenir ; part. et.
GOUZAÔN, *va.* Supporter ; part. gouzanvet.
GOUZER, *sm.* Litière ; *pl.* iou ; latin veltris litière.
GOUZERIA, *vn.* Faire de la litière ; part. et; Zeuss cite guociueir, é regione.
GOUZIA, *vn.* S'abaisser ; part. et ; voy. gouziza.
GOUZIEK. Voyez gwéziek.
GOUZIEN, *sf.* Serein, vapeur froide ; glizien est plus employé, voyez ce mot; gouzien est un nom de famille assez commun.
GOUZIERA. Voyez gouzéria.
GOUZIFIAD, *sm.* Epieu; Loth cite guinuclou épieux singulier guinucl, latin venaculum.
GOUZIZA, *vn.* Baisser; part. et; Loth cite quoteguis, fit taire.
GOUZOUG. Voyez gouzouk.
GOUZOUGAD, *sm.* Gorgée ; *pl.* ou ; de gouzouk cou.
GOUZOUGEN, *sf.* Collerette ; *pl.* nou.
GOUZOUK, *sm.* Cou; *pl.* ou; latin collum, particule gou et gouk abréviation de gouzouk.
GOUZOUMEN. Voyez kouzoumen.
GOUZOUMENNI. Voyez kouzoumenni.
GOUZOUT, *va.* Savoir ; part. gwezet; latin videre, scire.
GOVEL. Voyez gofel.
GOVÉNION, *sf.* Confession ; *pl.* nou.
GOVÈS, *vn.* Confesser ; part. éat.
GOZ, *sf.* Taupe; *pl.* gozed ; Zeuss cite god venant de go.
GOZARD, *sm.* et *adj.* Teint brun, noir ; *pl.* ed ; de goz taupe.
GOZARDEZ, *sf.* Femme brune; *pl.* ed.

GOZÉTA, *vn.* Prendre des taupes ; part. et.
GOZETAER, *sm.* Taupier; *pl.* ien.
Goz ou KOZ, *adv.* Presque ; koz échu, presque fini.
GOZIK, *adv.* A peu près.
GOZUNEL, *sf.* Piège à taupes; voyez goz taupe.
GRA, *sm.* Affaire, convention.
GRA. Radical du verbe ober faire ; irl feraim, latin operare.
CRABOTENNIK, *sm.* Nain, nabot ; comparez le français grabeau, petite portion, latin grabotum.
GRAC'H, *sf.* Vieille femme ; *pl.* ed ; latin viracca, grec γραῖα.
GRAC'H, *sf.* Vielle, poisson ; *pl.* grac'hed.
GRAC'HA, *vn.* Se flétrir; part. et ; on dit aussi kraka, grec γραω ronger.
GRAC' H ANN DIAOUL, *sf.* Sorcière, tireuse de cartes ; *pl.* grac'hed ann diaoul.
GRAC'HEL, *sf.* Tas. amoncèlement ; *pl.* lou ; Zeuss cite groaff, facio.
GRAC'HELLA, *va.* Entasser, faire une meule; part. et ; on dit aussi grac'hellat; part. et.
GRAC'HEREZ, *sm.* Radotage ; de grac'h vieille femme.
GRAD ou GRAT, *sf.* Gré, consentement ; latin gratum.
GRAD, *sm.* Grade ; *pl.* ou ; latin gradus.
GRAD-VAD, *sf.* Assentiment ; de grad gré et mad bon.
GRAË ou GRÉA, *sf.* Craie ; latin créta.
GRAGACHAT, *vn.* Crier, dégoiser; part. et ; grac'h vieille femme.
GRAGAILLAT, *vn.* Coqueter ; part. et.
GRAGEZ. Pl. irrég. de greg, femme mariée.
GRAINCH, *sf.* Grange ; *pl.* ou ; latin granica, granum.
GRAKAL, *vn.* Coasser ; part. graket.
GRAKEREZ, *sm.* Coassement ; grec χρωςω.
GRALL, *sm.* Comte ; nom de famille très commun.
GRAMEL, *sf.* Plante, bardane ; latin gramen.
GRAMMELIAN, *sm.* Grammairien ; *pl.* e, Lavillemarqué cite le gallois grammadégour.
GRAN ou GARAN, *sf.* Machine, aise ; *pl.* ou.
GRANCH. Voyez grainch.
GRAS, *sm.* Agrément, grâce.
GRAS, *sm.* et *adj.* Aise.
GRAS, *sf.* Prière, grâces ; *pl.* grasou ; latin gratias.
GRAT. Voyez grad.
GRAT, *sm.* Gré, projet d'acte.
GRATAAT, *va.* Agréer ; part. gratéat; de grad gré.

Grasiuz, *adj.* Grâcieux ; graziuzoc'h plus grâcieux, graziuza.
Gréat, *part.* Fait, terminé ; voyez le verbe ober.
Gré, *sm.* Troupeau ; *pl.* ou ; latin gréges.
Grec'h, *sm.* Ciron, insecte ; *pl.* iou ; grec χραω ronger.
Grec'h, *sm.* Grotte ; *pl.* iou : vannetais groec'h.
Grec'h-houad, *sm.* Sarcelle ; vieux mot breton crey, traduit par Zeuss, en latin splendidus, et houad canard ; on dit aussi krak houad, krank-houad, gour houad. L'allemand hring anneau pourrait bien représenter le grec'h, krak ou krak breton, cet oiseau ayant en effet un anneau autour du cou.
Gref, *sm.* Greffe.
Gréfa, *va.* Greffer ; part. grefet.
Greffier, *sm.* Greffier ; *pl.* ien.
Greg, *sf.* Femme mariée ; *pl.* gragez : latin virracca ; Loth cite gurehic de femme dérivé de gur, gour homme, gallois gwraig, cathol. grueg.
Grégach, *sm.* La langue grecque ; latin grœcus.
Gregachi, *vn.* Parler le grec ; part. et.
Gregel, *adj.* Qui tient de la femme.
Gregik, *sf.* Femmelette ; *pl.* gragezigou.
Grégonek, *sf.* Lieu planté de prunes sauvages.
Gregonen, *sf.* Prune sauvage ; *pl.* nou.
Grégons, *sm. pl.* Prunes sauvages ; irlandais garb âpre.
Gréizoun, *sm.* Par ma volonté, humeur ; kréiz milieu, kounn kounnar rage.
Grek. Voyez greg.
Grek-ozac'h, *sf.* Maîtresse, femme ; greg femme, ozac'h mari.
Grek-vleiz, *sf.* Démon, fantôme ; greg femme, bleiz loup.
Grell, *sf.* Oiseau de nuit ; *pl.* ed ; comparez le français gralle oiseau, le latin gralla, le grec αγρα proie.
Grem, *sm.* Fente, crevasse d'un navire ; Lavillemarqué le compare à gourem ourlet.
Gremill, *sm.* Plante, saxifrage.
Gremill-véan, *sm.* Plante chritme ; latin sedum urbanum, français gremil, grenum mille.
Gren, *adj.* Bien portant ; vieux breton grey fort.
Grenn, *sm.* Fente d'un navire ; voyez grem.
Grenn, *adv.*, se dit plus souvent agrenn. En aucune façon.
Grenozell, *sf.* Groseille à maquereau ; *pl.* ed ; latin grossularia.

Gréou, *sm. pl.* Agrès d'un navire ; gréément.
Gresia, *sf.* Pays d'Europe, Grèce.
Grésian, *sm.* Peuple de la Grèce ; *pl.* ed.
Gresianez, *sf.* Femme grecque ; *pl.* ed.
Gresim, *sm.* La langue grecque ; voyez grégach.
Gretour, *sm.* Faiseur, artiste ; *pl.* ien ; de great fait.
Greun, *sm.* Graisse ; *pl.* iou ; latin granum.
Greunek, *adj.* Grenu, abondant en grains.
Greunen, *sf.* Grain, graine ; *pl.* nou.
Greunia, *vn.* Former des graines ; part. et.
Greuniek. Voyez greunek.
Greunier, *sm.* Marchand de grains, de graines ; *pl.* ien.
Greunierez, *sm.* Graineterie, commerce de grains.
Greuz, *adj.* Faisable.
Grévans, *sf.* Emploi de la force ; de kré fort.
Grévusded, *sm.* Gravité, oppression.
Grévuz, *adj.* Qui opprime.
Gri, *sm* Couture ; *pl.* ou ; gallois gwni, Loth cite gruiam je couds, cathol. gruy.
Gria ou griat, *va.* Coudre ; part. et ; vannetais gouriat, treguier grouian, Zeuss cite gnuiam.
Griadur, *sm.* Action de coudre ; *pl.* iou.
Grichen. Voyez grisien.
Grichennek. Voyez grisennek.
Grichou, griziou, grisiou. Pl. de grisien, racine ; on dit aussi griou ; voyez ce mot.
Grier, *sm.* Couturier ; *pl.* ien.
Grierez, *sf.* Couturière ; *pl.* ed.
Grignol, *sf.* Grenier ; *pl.* iou ; de greun grain.
Grignolach, *sf.* Grenier de navire ; *pl.* ou.
Grignolia, *va.* Mettre au grenier ; part. et.
Grignous, *sm.* Celui qui grogne ; français populaire grignoux, gallois grwn.
Grignouz, *sm.* Ergoteur, grognon ; *pl.* ed.
Grignouza, *vn.* Grogner ; part. et.
Grignouzal, *vn.* Ergoter, grogner ; part. et.
Grignouzez, *sf.* Femme qui grogne ; *pl.* ed.
Grigous, *sm.* Grincement, cartilage ; Loth cite cueetic pour gueetic, gueig qui tisse.
Grigons ou grégons. Pomme sauvage ; latin grex, gregis troupeau, agglomération, grappe.

GRIGONSAL, *va.* et *n.* Grincer ; part. et.
GRIGONSEK. *adj.* Cartilagineux.
GRIGONSEK, *sf.* Culture de pommiers sauvages.
GRIGONSEN, *sf.* Une seule pomme sauvage ; *pl.* grigons.
GRIGONSUZ, *adj.* Dur, coriace.
GRIK, *sm.* Mot ; né lavar grik, il ne dit pas un mot.
GRIK, *interj.* Silence, chut ; grec γρυ, rien.
GRILL, *sm.* Gril, ustensile de cuisine ; *pl.* ou.
GRILL, *sm.* Grillon de cuisine ; *pl.* ed ; latin grillus.
GRILL, *sf.* Ecrevisse de mer ; *pl.* ed.
GRILLA, *va.* Griller ; part. et.
GRILLACH, *sm.* Grillage ; *pl.* ou ; origine française.
GRILL-DOUAR, *sm.* Cigale ; *pl.* grilleddouar ; grill grillon, et douar terre.
GRILL-VOR, *sm.* Chevrette ; *pl.* grilledvor ; grill et mor mer.
GRILLIK-VÉAN, *sf.* Plante ; gremil, grillik gremil, méan pierre.
GRIMANDEL, *sf.* Outil de serrurier ; Loth cite crummanhug, trous circulaires ; *pl.* ou.
GRIMAS, *sm.* Grimace ; *pl.* grimasou.
GRIMPAT, *va.* Grimper ; part. et ; du français grimper.
GRIOU, *pl.* Irreg de grisien racine.
GRIPED, *sm.* Pièce ; *pl.* ou ; allemand gréifen saisir ; grec γριπος, filets.
GRIPP, *sm.* Nom donné à la maréchaussée, aux gendarmes.
GRIPPIN, *sm.* Nom donné au démon.
GRISON, GRIZ, *adj.* Couleur grise ; latin griseus.
GRISARD OU GRIZARD, *adj.* Grisâtre.
GRIZIAZ OU GRIZIEZ, *adj.* Violent, excessif ; Loth cite crit tremblement : Lavillemarqué cite grian ardeur du soleil.
GRISIEN, *sf.* Racine ; *pl.* grisiou, grichou ; gallois gwreiddyn vradenna ; gothique vauris thème vurti ; grec ριβα, vridia ; latin radix, glose, bretonne gruiam je couds, griat coudre.
GRISIENNA, *vn.* Prendre racine ; part. et.
GRISIENNEK, *adj.* Qui a du chevelu.
GRISIENNUZ, *adj.* Plein de racines.
GRISIEZ. Voyez griziaz.
GRISIOU, *sm. pl.* Irrégulier de grisien, racine.
GRISTILLADEN, *sf.* Hennissement ; *pl.* non ; Loth cite guirgiriam je hennis.
GRISTILLAT, *vn.* Hennir ; part. et ; crit tremblement.
GRIZIL, *sm. pl.* Grêle.
GRIZILLEN, *sf.* Grain de grêle ; *pl.* nou ; ou simplement grizill ; français grésil ; allemand hrisilon, tombe à petites gouttes.
GRIZILLON, *sm.* Grelot ; *pl.* ou.
GRIZILLONOU, *sm. pl.* Menottes.
GRISA, *va.* Grisonner ; part. et.
GRIZIEN-RAZ, *sf.* Garance ; grisien racine, ruz rouge.
GRIZIEN-ZANT, *sf.* Chicot, reste de dent ; *pl.* grisiennou-dent ; grisien racine, dant dent.
GRISIENNET, *adj.* Qui a pris racine.
GRIZILLA, *v. imp.* Grésiller ; part. et.
GRIZILLONA, *va.* Mettre les menottes ; part. et.
GRIZILLUZ, *adj.* Qui donne du grésil.
GRO, *sf.* Gravier, grève ; radical de grouan cambrique gro grou.
GROA, *sf.* Grève ; voyez gro.
GROAC'H, *sf.* Vieille femme ; voyez grac'h ; grec γραια, vieille femme ; latin viracca ; *pl.* grac'hed.
GROAC'HA, *vn.* Se flétrir ; part. et ; de groac'h, vieille femme ; plusieurs prononcent kraka, de kras sec ; Loth cite craseticion raccornis ; part. kraket.
GROAC'HELLA, *vn.* Se flétrir ; part. et.
GROAC'HEN, *sf.* Ride au front ; *pl.* nou.
GROAC'HENNA, *va.* et *n.* Rider ; part. et ; les uns prononcent koc'henna ; part. et.
GROAN. Voyez grouan.
GROBIS, GROBIZ. *sm.* et *adj.* Important, faiseur ; de groeff faire ; aujourd'hui gra, verbe ober.
GROBISDED, *sf.* Pédantisme.
GROC'H, *sm.* Caverne ; *pl.* iou.
GROC'H *sm.* Voyez greg.
GROECH. Voyez grec'h.
GROËL, *sm.* Gruau ; on dit aussi gourel, goëll, ferment.
GROEZ, GROUEZ, *sf.* Ardeur, chaleur ; le breton gronna, grounna, envelopper ; irland cruind.
GROGNON, *sm.* Drap cotonneux.
GROGNONEK, *adj.* Cotonneux ; grec κροσσος, frange ; breton krog prise.
GROGNONI, *vn.* Friser, venir en peluche ; part. et.
GROILLEN OU GROUILLEN, *sf.* Femme de mauvaise vie ; *pl.* nou ; on dit aussi truillen ; voyez ce mot ; le mot groillen vient de groll, truie.
GROLL, *sf.* Truie accompagnée ; *pl.* ed ; Loth cite gro cri de la colombe.
GROLL, *sf.* Balle à jouer ; *pl.* ou ; grec κρωσσος pot, graal vase.
GROLLA, *vn.* Jouer à la balle ; part. et.
GROLLIA *vn.* Se fendre, se fêler ; part. grolliet.
GROLLIEK, *adj.* Son de fêlé.
GROLLIET, *part.* Fêlé, fendu.
GROMM, GROUMM, *sf.* Gourmette.

GROMMA, va. Mettre la gourmette ; part. et.

GROMMELAT, vn. Grogner ; part. ed ; français grommeler.

GRONAL, vn. Grogner ; voyez grougnal.

GRONCH, sm. Groin, museau du porc ; pl. ou.

GRONCHEK, adj. Qui a un fort museau, on dit aussi grounchek.

GRONDEN, sf. Carabine ; Lavillemarqué cite grons fortement, tenn tire.

GRONER, sm. Voyez grougner.

GRONDIN. Voyez gronden.

CRONN, sm. Monceau ; pl. ou ; grec γυρτος circulaire.

GRONNA, va. Amonceler ; part. et.

GRONS, adj. Fier.

GRONS, adj. Fortement. Voyez grouns.

GROS, adj. Gros, épais.

GROSMOLA. Voyez krosmola.

GROU, KROU, sm. Glace, eau congelée ; grec χρυος glace.

GROUAN, sm. Gravier ; pl. ou ; Jubainville cite le vieux cornique grou-gravos, même racine que le latin granum.

GROUANEK, adj. Graveleux, sablonneux.

GROUANEN, sf. Un seul gravier ; grouanennou.

GROUEK, GROEK. Voyez grég.

GROUEZ, sf. Ardeur. Voyez groez.

GROUGNER, sm. Celui qui grogne ; pl. ien.

GROUEZUZ, adj. Très chaud, ardent.

GROUGNAT, vn. Grogner ; part. grougnet.

GROUGOUSA, GROUGOUSAT, vn. Roucouler ; part. et ; Loth cite grou cri de la colombe.

GROUI, sm. Couture ; voyez gri.

GROUIAN, va. Coudre ; voyez gria.

GROUIEN, sf. Racine ; voyez grisien.

GROUIENNUZ, adj. Plein de racines ; voyez Grisiennuz.

GROUIS, sm. Ceinture ; voyez gouriz.

GROUMM, sm. Poing, main fermée ; pl. ou.

GROUMM, sm. Gourme, maladie des chevaux.

GROUMMA. va. Mettre la gourmette ; voyez gromma.

GROUMMETEZ, sf. Gourmette ; pl. gourmétesennou.

GROUNN, sf. Monceau ; voyez grounnad.

GROUNNA, va. Mettre en tas ; part. et.

GROUNNAD, sm. Assemblage ; pl. ou.

GROUNNAD, sm. Paquet, touffe ; pl. ou.

GROUNN-LIN, sf. Quenouillée ; grounn réunion, lin lin.

GROUNN-NEUD, sf. Le fil rassemblé contre le fuseau.

GROZOL, sm. Gros sable ; pl. iou.

GROZOLEK, adj. Graveleux.

GROZOLEN, sf. Un seul grain de gros sable ; nou.

GRUEGEL, adj. Homme efféminé ; de gruek femme.

GRUEG, sf. Femme ; voyez greg.

GRUK, sf. Scorpion ; pl. kruged ; voyez krug ; grec χρυψ griffon.

GRULLU, sm. Blé charbonné.

GRUMUZAT, vn. Grogner ; part. et.

GRUSIFI ou KRUSIFI. Crucifix.

GUCHAVÉ, adj. Parfois ; voyez gwéachavé.

GUELER, sm. Bière pour enterrer, racine val envelopper, comme dans gwelé lit.

GUELF, sm. Gueule ; voyez gweuz.

GUEN, adj. Blanc ; voyez gwen vindos.

GUEN, sm. Mâchoire ; voyez gen.

GENBUNAN. Abréviation de gwitibunan ; voy. ce mot.

GUENT, sm. Tranchées, vents ; voyez gwent.

GUENTA, va. Ventiler ; part. et ; voy. gwenta.

GUENTÉRÉS, sf. Ventilateur ; pl. ed ; voyez gwenterés.

GUÉRAT, vn. Faire le taquin ; part. et ; Loth cite guorim hétic très perçant ; l'allemand werk.

GUERBL, sm. Grosse corde ; pl. ou.

GUERBL, sm. Bubon ; pl. ou ; Loth cite goerp stigmate ; voyez gwerbl.

GUÉRUZ, adj. Taquin, qui tracasse.

GUERS, adv. Long-temps.

GUERSO, adv. Il y a longtemps ; guers long-temps, zo il y a.

GUERZ. Voyez gwerz.

GUESTIGNA, va. Mettre le licol ; part. et ; de guestign licol ; voyez gwestigna.

GUESTELL, pl. de gwastel. Gâteau ; voyez gwastel.

GUESTIGN, sm. Voyez gwestign.

GUEUS, GUEUZ, sm. Lèvre ; pl. iou ; gallois gwefus ; voy. geuz.

GUEZEK, adj. Qui a de fortes lèvres.

GUÉZOUT, vn. Savoir ; voyez gouzout.

GUG, adj. Insolent, hardi ; cambrique guicher, guichir.

GUIAUTEN, sf. Herbe ; voyez geot, ieot, iaot.

GUILL, sm. Voleur de nuit ; voyez gwill.

GUILLAOUIK. Nom, petit Guillaume.

GUILLOU. Nom de baptême et de famille.

GUILLOU. Nom donné au loup.

GUILLOUDI va. et n. Accoucher ; part. et ; Loth cite guillihim forceps ; Jubainville fait venir ce mot de gwelé lit, boud cri ; voyez gwilloudi, gwilioudi.

GUINVER, *sm*. Ecureuil ; s'écrit également gwinver, giber ; voyez ce mot ; gallois gwiber ; latin fiber.

GUIRLINK, *sm*. Carlingue, pièce de bois pour soutenir le mat ; voyez gwirlink.

GUIRLINKA, *va*. Ruer ; part. et ; voyez gwinka.

GUIRLINKA, DIRLINKA, *va*. Sonner ; part. et ; comparez l'anglais sterling.

GUITIB, *adv*. Universellement ; voyez kettep, gwitibunan.

GVITOD, *sm*. Petit lait ; Zeuss cite guitha pessimus, le plus mauvais ; voyez gwitod.

GUIS, GWIS, *sf*. Truie ; *pl*. ed ; irland. feis ; gallois ban-wés.

GULÉ. Vannetais pour gwélé ; voyez ce mot.

GULTAN, *sm*. Pincettes ; *pl*. iou ; gueuz lèvre, tant feu.

GUN, *sm*. Vallée, marais ; voyez geun, iun ; Loth cite cunrunt.

GUP, *sm*. Vautour ; *pl*. ed ; grec γυπή nid de vautour, γυψ vautour.

GUP-BRAZ, *sm*. Grand vautour ; *pl*. guped-vraz.

GUPP, *sm*. Bec ; *pl*. ou.

GUR, *sm*. Homme ; voyez gour ; gallois gwr ; irland. fer ; latin vir ; gothique vair.

GURLAZ, *sm*. Lezard vert ; *pl*. ed ; gour, guor, gur particule et glaz vert ; latin lacerta.

GURZUN, *sf*. Navette ; *pl*. iou ; grec γυφεύω faire tourner ; voyez bulzun ; grec βυσσινος fait de lin.

GWA ou GWAZ. Exclamation, tant pis ; Loth cite guad le pire pour guadam.

GWAC'HAT, *vn*. Croasser ; part. et ; grec γοαω gémir, γοη gémissement.

GWAD, *sm*. Sang ; voyez goad.

GWADA, *va*. et *n*. Saigner ; part. et.

GWADEGEN, *sf*. Boudin ; *pl*. nou ; voy. goadégen.

GWADEK. Voyez goadek.

GWADÉREZ, *sf*. Sangsue ; *pl*. ed.

GWADEREZ, *sm*. Effusion de sang.

GWADUZ, *adj*. Saignant.

GWAÉ, *interj*. Exprimant le doute ; français ouais ; latin vœ.

GWAF, *sf*. Gaffe ; voyez goaf.

GWAGEN, *sf*. Vague de la mer ; *pl*. nou.

GWAGENNA, *vn*. Produire des vagues ; part. gwagennet.

GWAGENNEK, *adj*. Houleux, qui produit des vagues.

GWAGREN, *sf*. Fondrière ; *pl*. nou ; voy. goorgren.

GWAGREN, *sf*. Loupe ; *pl*. nou ; de gwak mou.

GWAGRENNA, *vn*. Se former en loupe ; part. et.

GWAGRENNEK, *adj*. Celui qui a des loupes.

GWAGROU. *pl*. irreg ; de gwagren loupe.

GWAK, *adj*. Mou : voy. goag.

GWAKAAT, *vn*. Devenir mou ; part. gwakéat.

GWAKOL, *sm*. Collier d'un cheval *pl*. gwakoliou ; de gwaska serrer.

GWAKOLIER, *sm*. Bourrelier ; *pl*. ien.

GWALARN, *sm*. Nord-ouest ; Troude le tire de gwall méchant, arné orage ; Lavillemarqué cite la même étymologie, en y ajoutant gwall méchant, kern coin, ou gwall mauvais ; kern *pl*. de korn coin ; Jubainville cite valarnos ; gallois gog. ledd, co-cleivos qui est à gauche.

GWALARN, *sm*. Herbe marine ; les uns disent gwaslé ; anglais wrac ; français warech ; Loth cite collata tribut.

GWALC'H, *sm*. Action de laver ; gallois golc'h.

GWALC'H, *sm*. Action de rassasier ; gallois galc'h ; Loth cite cuall plénitude.

GWALC'HA, *va*. Rassasier ; part. et.

GWALC'H BOUZELLOU, *sm*. Lavement ; gwalc'h lavage, bouzellou boyaux.

GWALC'HER, *sm*. Celui qui lave ; *pl*. ien.

GWALC'HEREZ, *sf*. Laveuse ; *pl*. ed.

GWALC'HEREZ, *sm*. Action de laver.

GWALC'HI, *va*. Laver ; part. et ; vo-la-vi.

GWALC'HIDIGEZ, *sf*. Action de laver.

GWALC'HOUER. *sm*. Lieu destiné au lavage ; *pl*. ou.

GWALC'HOUERIK, *sm*. Petit lavoir ; *pl*. gwalc'houérigou.

GWALC'HUZ, *adj*. Rassasiant ; de gwalc'h satiété.

GWALEN, *sf*. Bague ; *pl*. gwalennou, gwalinier ; latin anulus.

GWALEN, *sf*. Verge, gaule ; *pl*. gwalinier.

GWALEN-AN-NESKOP, *sf*. Bague de l'évêque, crosse.

GWALEN-AR-ROUÉ, *sf*. Sceptre, bâton royal.

GWALEN-EURED, *sf*. Bague d'alliance.

GWALEN-GARR, *sf*. Timon d'une charrette ; *pl*. gwalinien-karr.

GWALEN-GAUD, *sf*. Gluau, baguette enduite de glu.

GWALENNA, *va*. Mesurer à l'aune ; part. et ; latin alnus aune.

GWALENNA, *va*. Mettre une bague ; part. et.

GWALENNAD, *sf*. Longueur d'une aune ; *pl*. ou.

GWALEN-SPARL, *sf*. Palonnier ; *pl*. gwalinier-sparl.

Gwalen-vougerez, *sf.* Eteignoir d'église.
Gwalinier, *pl.* irrég. de gwalen; Troude écrit gwalinier.
Gwall, *adj.* Mauvais ; Jubainville cite le gothique vairs pis — vir-yas ; comparez le breton fall.
Gwall, *adv.* Beaucoup, très, mal.
Gwall, *sm.* Malheur ; *pl.* ou.
Gwalla, *va.* Séduire une fille ; part. et.
Gwall-amzer, *sm.* Mauvais temps.
Gwall-aoza, *va.* Maltraiter, mal faire; part. gwall-aozet; gwall mal, aoza faire.
Gwall-avel, *sf.* Vent coulis, fort vent; *pl.* gwall-avelou; gwall mauvais, avel vent.
Gwall-beden, *sf.* Imprécation ; *pl.* gwall-bedennou; gwall mauvais, peden prière.
Gwall-béder, *sm.* Celui qui fait des imprécations ; *pl.* gwall-bederien ; gwall méchant, péder prieur.
Gwall-bédi, *vn.* Blasphémer ; part. gwall-bédet ; gwall mauvais, pedi, pidi prier.
Gwall-bez, *sm.* Méchant garnement ; gwall mauvais, pez pièce.
Gwall-bred, *sm.* Urgence ; gwall, méchant, pred, bonne heure, moment opportun.
Gwall-daliou, *sm. pl.* Contorsions, grimaces ; gwall mauvais, dalif posthume ; Loth cite daliu couleur noire, dalou réunions plur. de dadl.
Gwall-dam-prézégen, *sm.* Réprimande ; gwall, tamm morceau, prézégen discours ; indiqué par Troude ; je crois que dam serait plus exact que tamm, dans cette définition étymologique.
Gwall-déod, *sm.* Mauvaise langue.
Gwall-dirapar, *adj.* En mauvais état ; gwall mauvais, di sans, rapar réparation.
Gwall-dro, *sf.* Mésaventure ; *pl.* gwall-droiou ; gwall malheur, tro tour.
Gwall-éal, *sm.* Le démon, mauvais ange.
Gwalléga, *vn.* Négliger ; part. et ; gwallek négligent.
Gwallégez, *sm.* Négligence.
Gwallek, *adj.* Négligent.
Gwallekaat, *vn.* Voyez gwalléga.
Gwallenad, *sf.* Rangée de blé battu ; *pl.* ou.
Gwaller, *sm.* Malfaiteur ; *pl.* ien.
Gwallérez, *sm.* Action de nuire.
Gwall-eur, *m.* Malheur ; gwall mauvais, eur bonheur.
Gwall-fall, *adj.* Très mauvais, très malade.
Gwall-gas, *va.* Maltraiter, pousser ; part. gwall gaset, gwall mal, kas conduire.
Gwall-labourat, *va.* Trop travailler, bousiller ; part. et; gwall mal, labourat travailler.
Gwall-ober, *sm.* Mauvaise action ; gwall mauvais, ober action.
Gwall-ober, *vn.* Faire mal ; part. gwall-c'hréat ; gwall mal, ober faire, gréat fait.
Gwall-oberour, *sm.* Malfaiteur ; *pl.* gwall-obérourien ; gwall mal, obérour faiseur, ouvrier.
Gwalluz, *adj.* Nuisible, qui fait des dommages.
Gwall-obériuz, *adj.* Malfaisant.
Gwall-skouer, *sf.* Mauvais exemple.
Gwall-voaz, *sm.* Mauvaise habitude.
Gwall-vouillen, *sf.* Fondrière; gwall méchant et bouillen boue.
Gwall-vrud, *sf.* Mauvaise réputation ; gwall mauvais et brud renommée.
Gwall-vruda, *va.* Décrier, faire une mauvaise réputation ; part. gwall-vrudet; gwall malf et bruda ébruiter.
Gwall-vruder, *sm.* Diffamateur ; *pl.* gwall-vruderien ; gwall mal, bruder qui ébruite.
Gwall-vruderez, *sf.* Celle qui diffame; *pl.* ed.
Gwall-vruderez, *sm.* Diffamation.
Gwall-vrudi. Voyez gwall vruda.
Gwall-wir, *sm.* Vexation, concussion ; *pl.* gwall-wiriou; gwall mauvais et gwir vrai.
Gwall-wiraer, *sm.* Celui qui vexe ; *pl.* gwall-wirerien.
Gwall-wiska, *va.* Mal habiller ; part. gwall-wisket ; gwall mal, gwiska habiller.
Gwalorn. Voyez gwalarn ; se dit aussi gwalern.
Gwamm, *sf.* Femme mariée ; particule guo et mamm mère.
Gwan, *adj.* Débile ; latin vanus.
Gwan, *sm.* Taille ; grec χνεῖν porter.
Gwana, *vn.* Devenir faible ; part. et ; gwan débile.
Gwander, *sm.* Débilité, faiblesse.
Gwanérez, *sm.* Pression, étreinte.
Gwanet, *adj.* et *part.* Affaibli, flétri.
Gwanigel, *sm.* Homme de grande taille; gwan taille.
Gwanuz, *adj.* Qui débilite.
Gwann, *sm.* Charogne ; *pl.* ou , voyez gagn.
Gwar, *adj.* Recourbé, arqué ; latin varus.
Gwar. Voyez warr.
Gwara, *va.* Courber ; part. grwaret.
Gwarag, *sm.* Cheville du soc d'une charrue ; *pl* ou.

Gward, sm. Garde militaire ; pl. ou. gwarded.; on dit aussi gard, sm. pl. ou ; de war dessus; anciennement guar.
Gward-adré, sm. Arrière-garde; gward, garde, adré derrière.
Gward-koat, sm. Garde forestier.
Gward-tan, sm. Garde-feu.
Gwardoniez, sf. Tutelle.
Gward, sm. pc. Garde, tuteur ; pl. ou.
Gwar, adj. Courbe ; latin varus.
Gwaré, adj. Abrité ; guerg efficace.
Gwaréa, v,n. S'abriter; part. gwareet, voy. goaréa.
Gwareg. Voyez gwarek.
Gwaréga, vn. Tirer de l'arc ; part. et; gwarek arc.
Gwareg-ar glao, sf. Arc-en-ciel ; pl. gwaregou-arglao; gwarek arc, glaô pluie.
Gwareger, sm. Archer; pl. ien ; gwarek arc.
Gwaregez, sf. Courbure ; de gwar courbe.
Gwaregou, sm. pl. Etancon courbe; étançon de charrue.
Gwarek, sm. Arc ; pl. gwaregou; gwar courbe.
Gwarek, adj. Lent, paresseux.
Gwaremm, sf. Garene ; pl. niou ; bas latin warenna ; anglais warenn.
Gwaremm-balann, sf. Garenne de genets.
Gwaremm-lann, sf. Garenne d'ajoncs.
Gwaremm-lern, sf. Terrier de renard.
Gwaremmer. sm. Garennier ; pl. ien.
Gwarez, sf. Assistance, abri ; voyez guaré.
Gwarezi. Voyez gwaskedi.
Gwarigel, sf. Biais, obliquité ; gwar courbe.
Gwarigella, va. et n. Biaiser ; part. et.
Gwarigellek, adj. De biais ; oblique.
Gwarisi, sf. Jalousie ; gwar pour war dessus ; erez erezi jalousie.
Gwariseuz, adj. Jaloux.
Gwarezi. Voyez gwarisi.
Gwarsad, sm. Mesure, garcée ; pl. gwarsadou.
Gwas, sm. Homme ; pl. ed. Latin vir; vassus.
Gwas, adv. Pis, tant pis; Loth cite guad le pire.
Gwasa. Le pire, le plus mauvais ; gallois gwaetaf.
Gwasaat, va. et n. Empirer ; part. gwaséat.
Gwasauz, adj. qui aggrave.
Gwasi, pl. de gwasien ; oie.
Gwasien, sf. Oie ; pl. guasi, gwasiennou ; sanscrit ghansas, anglo-sax gos.
Gwasien, sf. Veine ; pl. mou ; latin vena racine vi corn gouien ; cambr gwythen, de gang sony.Loth cite guithennou veines, irland feith fibre ; les uns prononcent goasen t. pl. nou.
Gwask, sm. Point ; pl. gwaskou ; Loth cite guasce vacances, vasacia il cite aussi guicip, pressoir.
Gwaska, va. Serrer, comprimer ; part. et.
Gwaskaden, sf. Etouffement; pl. nou; de gwaska, serrer.
Gwaskadur, sm. Oppression, action de presser ; pl. gwaskaduriou.
Gwaskadurez, sf. Changement ; altération.
Gwasked, sm. Abri contre le vent ; pl. ou ; Loth cite guascotou ; le frais, l'ombre, de guo ; irland fo. et d'un pluriel de scot-scat, irland. scath ombre ; breton skeud ; même composition que le grec ὑπόχιος.
Gwasked, sm. Ombrage.
Gwaskeden, sf. Coulis ; jus, suc ; pl. nou.
Gwaskedi, vn. S'abriter ; part. et.
Gwaskel. sf. Pressoir ; torche-nez; pl, lou de gwaska ; presser.
Gwaskel, sf. Chandelier fixé à un mur, morceau de bois fendu pour recevoir une chandelle ; pl. gwaskellou.
Gwaskella, va. Comprimer, mettre le torche-nez aux bêtes ; part. gwaskellet.
Gwaskellérez, sf. Pression, action de presser.
Gwasken, sf. Rhume de poitrine ; pl. nou.
Gwasker, sm. Celui qui opprime ; pl. ien.
Gwaskerella, va. Imprimer ; part. et.
Gwaskereller, sm. Imprimeur ; pl. ien.
Gwaskerellerez, sf.. Femme qui imprime; pl. ed.
Gwaskerellerez, sm. Imprimerie ; pl. ou.
Gwaskuz, adj. qui resserre.
Gwasoc'h. Comparatif de gwas le pis.
Gwasoni, sf. Saleté, ordure ; pl. ou, voyez goasoni ; on dit aussi gousoni ; gouzi saleté.
Gwasoniez, sf. Vasselage; gallois gwasanaeth, service; de gwas homme, vassal.
Gwasta, va. Ravager ; part. et, latin vastare.
Gwastadour, sm. Ravageur, pillard ; pl. ien.
Gwastadur, sm. Ravage ; pl. iou.
Gwastadurez, sf. Altération ; action de frelater.
Gwastalen, sf. Grosse galette ; pl. nou ; de gwastel, gâteau.
Gwastaven, sf. Croûte de lait; pl. nou.
Gwastel, sf. Gâteau ; pl. gwastellou, gwestel.

Gwastelen, *sf.* Gauffre, pâtisserie ; *pl.* nou ; gwastel gâteau.
Gwasteler, *sm.* Pâtissier ; *pl.* ien, gwastel gâteau.
Gwastel-kraz, *sm.* Craquelin ; *pl.* gwestel-kraz ; gwastel gâteau, kraz sec.
Gwastel-moan, *sf.* Pâtisserie très mince ; *pl.* gwestel-mann.
Gwaster, *sm.* Celui qui ravage ; *pl.* ien.
Gwastuz, *adj.* qui occasionne du dégat.
Gwaz, *sm.* Homme ; latin vassus, vir ; voyez gwas ; *pl.* gwazed.
Gwaz, *sm.* Vassal ; *pl.* gwisien ; latin vassus.
Gwaz, *sf.* Ruisseau ; *pl.* goaziou, gwaziou, vann goec'h.
Gwaz, *sf.* Plante, tanaisie; Vannes gwez.
Gwaz, *sf.* Oie domestique ; voyez gwasien, gwasi.
Gwaz, *interj.* Tant pis.
Gwaz-a-zé, *interj.* Malheur à.
Gwaz. dour, *sf.* Ruisseau, source ; *pl.* gwasiou dour, goasiou dour.
Gwazell, *sf.* Lieu fertilisé par l'eau ; *pl.* ou.
Gwazell, *sf.* Veine du bois, des métaux ; *pl.* mou.
Gwazenna, *va.* Veiner; part. gwazennet.
Gwazennuz, *adj.* rempli de veines.
Gwazi, *pl.* Irreg ; oies domestiques ; voy. gwasi.
Gwazien. Voy. gwasien.
Gwaziennek, *adv,* Veiné.
Gwazoniez. Voy. gwasoniez.
Gwaz-red, *sf.* Torrent ; Gwaz ruisseau ; red courant.
Gwaz-rudez, *sf.* Hémorroïdes, époques ; gwad sang et ruz rouge.
Gwé. monosyllable et *sm.* Tissu, forme; Zeuss cite Gued, nom de famille très connu dans le pays de Léon.
Gwé, *sm.* Gué, passage ; *pl.* ou ; latin gadum ; tanscrit gadha, ga aller.
Gwéa, *va.* et *n.* Tissu ; part. gwéet ; Loth cite cueetic tissé; sranscrit vajami je tisse ; latin vieo ; cathol gwéaff.
Gwéach, *sf.* Fois ; *pl.* ou ; latin vice ; irlandais fecht.
Gwéach-all, *adv.* Jadis, autrefois ; gwéach fois ; all autre.
Gweach-é-bed, *adv.* Jamais ; gwéach fois, é bed a eté.
Gwéaden, *sf.* Entorse ; *pl.* mou ; de gwéa tisser.
Gwéaden, *sf.* Trame ; *pl.* nou.
Gwech. Voyez gwéach.
Gwech-all. Voyez gwéach all.
Gwech-all-goz, *adv.* Autrefois; gwéach fois, all autre, Koz, vieux.
Gwech-ar-all, *adv.* Jadis ; geach fois, ar le, all l'autre.

Gwech-a-vé, *adv.* Quelquefois; gweach fois, a vé il est.
Gwéden, *sf.* Lien pour les fagots ; *pl.* nou, de gwea tisser, tordre.
Gweden, *sf.* Levain ; Voyez goéden.
Gwédenna, *va.* Faire du levain; part. et.
Gwedenna, *va.* Tordre part. et.
Gweer, *sm.* Tisserand. *pl.* ien ; gwea tissus.
Guéerez, *sf.* Celle qui tisse ; *pl.* ed.
Guéerez, *sm.* Action de tisser. Voyez gwéa.
Gwéerez, *sf.* Plante, volubilis ; gwéa tordre.
Gwégal, *vn.* Mugir, beugler ; part. et, Loth cite; cuinhaunt ils pleureront; gwyn plainte cwynfam lamentation ; cathol queinuan gémissement.
Gwegaden, *sf.* Mugissement; *pl.* nou, voyez gwégal.
Gwegelen, *sf.* Petit houx; *pl.* nou. gouez sauvage ; kélen houx, on dit plus souvent Bugélen ; voyez ce mot.
Gwégelennek, *adj.* Endroit couvert de petit houx.
Gwégerez, *sm.* Action de beugler.
Gwégr, *sf.* Précainte, pièce de bois d'un navire ; gewa tordre ; Loth cite cuéétic tordu.
Gwel, *sf.* Voile de visage, toile de navire ; *pl.* iou ; latin velum, racine val, ceindre.
Gwel, *sm.* Organe de la vision ; Loth cite couled.
Gwel-gorniek, *st.* Voile latine ; gwel voile ; Korn ean.
Gwela, *va.* et *n.* Pleurer ; part. et ; couled, ad oculum, gallois blaidd regard co-bled, co-vled.
Gweladen, *sf.* Entrevue, visite ; *pl.* nou ; Vannes gweledel de gweled vision ; voir, Jubainville velatinna.
Gweladenni, *va.* Visiter, rendre une visite ; part. et.
Gweladurez, *st.* Vision, action de voir; voyez gwel, gueled.
Guéland, *sm.* Goéland ; *pl.* guelenned; cambrique gwylan irlandais foilenn; breton gwéla pleurer ; Loth cite gwilannou goélanos.
Gwelan, *vn.* Pleurer ; voyez gwéla.
Guélaouen, *sf.* Sangsue ; *pl.* gwelaouenned, gwelaoued ; Loth cite gilb pointe géluin Bec ; La Villemarqué propose gwez sauvage et laouen ; pou vannetais gwenec'houen.
Gwelc'h, *sm.* Lavage ; voyez gwalc'h.
Gwelc'hi, *va.* Laver; voyez gwalc'hi; vo-lavi, latin lavare.
Gwelc'hien, *sf.* Lavure ; voyez gwelien, goelian.
Gwélé, *sm.* Lit ; *pl.* gweleou ; gallois

gueli ; racine val valio, envelopper; grec εἴλνω ; latin volve ; allemand valluh.

GWÉLEAC'H, sm. Lieu désert ; gouez ou gwez sauvage et léac'h lieu.

GWÉLEAD, sm. Le contenu d'un lit ; pl. ou ; de gwélé lit.

GWÉLÉAD, sm. Couche de fumier ou terreau ; pl. ou.

GWELÉATA, va. Faire coucher ; part. eat, gwélé lit.

GWELÉ-BIHAN, sm. Couchette ; pl. gwéleou-bihan ; gwelé lit, Bihan petit.

GWELED, sm. Vision ; voyez gwel, Loth cite couled ; latin ad oculum.

GWELED, va. Voir ; voyez gweled.

GWELED, sm. Fond ; pl. ou.

GWELED-BARN, sm. Descente de justice ; gweled visite, et barn jugement.

GWELEDEN, sm. Limon ; pl. nou.

GWELEDI, vn. Aller au fond ; part. et.

GWÉLÉDIGE, sf. Vision ; gwelet voir.

GWELÉ-KANV, sm. Catafalque ; gwélé lit; Kanv deuil.

GWÉLÉ-KLOZ, sm. Lit fermé ; pl. gwéléou-kloz ; gwelé lit, kloz clos.

GWELE-KAON. Voyez gwélé kanv.

GWELÉ-FUZUL, sm. Le bois d'un fusil.

GWELÉ-ISPIL, sm. Hamac. pl. gwéléou-ispil.

GWÉLE-RÉAZ, sm. Lit découvert.

GWÉLER, sm. Drap mortuaire ; pl. ien.

GWÉLE-STIGN, sm. Lit de sangles.

GWELET, va. Voir ; part. gwelet.

GWÉLÉVI, vn. Briller ; part. et ; grec γαναω ; briller.

GWELEVUZ, adj. Brillant.

GWELEZEN. Voyez gwélédan.

GWÉLIA, va. Couvrir d'un voile part.et; Voyez gœlia, gwel voile.

GWELIADUR, sm. Manière de mettre un voile ; pl. iou.

GWELIDIGEZ. voyez gweledigez.

GWELIEN, sf. Lavure; pl. nou ; de gwelchi laver ou de go fermentation.

GWELIER, sm. Voilier ; pl. ien; de gwel voile.

GWELIEREZ, sf. Voilerie, manufacture de voiles.

GWELL, adj. Meilleur ; racine gauloise, velawos, vellaunos.

GWELL, sm. Reste, ressource ; pl. ou.

GWELLA, adj. Le meilleur; cathol guellaf ; guelhaf.

GWELLA, vn. Aiguiser ; part. et.

GWELLAAT, va. et n. Améliorer ; part. gwelléa, voy. gwell.

GWELLAEN, sf. Amélioration ; pl. nou ; gwella meilleur.

GWELL A ZÉ, adv. Tant mieux ; gwell meilleur. A par ze cela.

GWELLOC'H-WELL, adv. De mieux en mieux.

GWELLOC'H. Comparatif de mad, bon, mieux.

GWEL-PÉ-WELL, adv. A l'envie, de mieux en mieux.

GWEL-MEUR, sm. Belle vue ; gwel vue, meur grand.

GWÉLOUT, va. Voir ; part. guelet, racine vieo ; latin videre.

GWELTRÉ, sm. Forts ciseaux ; pl. ou ; gwella aiguiser ; gweltr, gwelt herbe ; Loth cite celcel couteau, latin culter, cornique gwedzhow, gallois gwélléifiau.

GWELTREN, sf. Guêtre ; pl. nou; ancien français guestres.

GWELUZ, adj. Qui fait pleurer.

GWELUZ, adj. Visible.

GWELVAN, sm. Pleurs, gémissement ; pl. ou, gwela pleurer ; van pour man.

GWELVANUZ, adj. Lamentable.

GWEN, adj. Pliant, souple ; gwé tissu, cueetic tordu.

GWENAEN, sf. Verrue ; pl. nou ; Loth cite guinuclou epieux ; latin venabulum.

GWÉNAER GWINAER, sm. Piqueur ; pl. ien, jadis guinhezr vinatir; latin venator.

GWENANEN, sf. Abeille ; pl. gwenan, gwéa filer.

GWENDARD. Lait tourné; gwenn blanc, tarz tournure.

GWENDE'D, sm. Souplesse, flexibilité ; de gwen liant.

GWENDER, sm. Blancheur ; de gwen blanc.

GWENDRÉ, sm. Goutte, maladie ; pl. ou, de gwentr enflure, douleur violente.

GWENED, sm. Nom de la ville de Vannes ; venetes.

GWÉNÉDAD, sm. Habitant de Vannes ; gwenedadez vannetaise ;

GWENER, sm. Vendredi ; latin dies veneris ; breton dirgwener, le jour de vénus.

GWENER AR GROAZ, sm. Le vendredi saint, à la lettre, le vendredi de la croix.

GWENGAMP, sm. Nom de la ville de Guingamp.

GWENGOLO, sm. Septembre ; gwenn blanc, kolo paille.

GWENIT. Voyez gwiniz ; gweun blanc, id, it blé.

GWENN, sf. Blanc ; gaulois vindos.

GWENN, sf. Race ; pl. ou ; Loth cite coguenou indigène de même race, composé de co et de gwenn race ; Zeuss cite ogos proche.

GWENNA, va. Blanchir ; part. et.

GWENNA, va. Se produire ; part. et.

GWENNAAT, vn. Devenir blanc ; part. gwennéat.

GWENNADEK, sf. Blanchisserie ; pl. gwennadegou de gwenn blanc ; gwenna blanchir.

GWENNAEN, *sf.* Verrue ; *pl.* nou ; voyez gwenaéen.
GWENNARD, *sm.* Homme blanc, pâle, blanchâtre ; *pl.* gwennarded ; fem gwennardez *pl.* ed.
GWENNED, *sm.* La ville de Vannes ; voy. gwened.
GWENNEDAD, *sm.* Habitant de Vannes ; *pl.* ed.
GWENNÉDADEZ, *sf.* Femme de Vannes ; *pl.* ed.
GWENNEG, GWENNEK, *sm. pl.* Gwenneien ; sou, de gwenn blanc.
GWENNEGAD, *sm.* La valeur d'un sou ; *pl.* ou, gwenneg sou.
GWENNEK. Voyez gwenneg.
GWENNEK, *sm.* Poisson, merlan ; *pl.* gwenneged.
GWENNÉLI, *sf.* Hirondelle ; *pl.* ed ; Zeuss cite guennol courbique guennawl; gwenn blanc, ell membre d'oiseau.
GWENNEN, *sf.* Taie sur l'œil ; *pl.* nou, gwenn blanc.
GWENNER. *sm.* Blanchisseur ; *pl.* ien.
GWENNEREZ, *sf.* Blancheur ; *pl.* ed.
GWENNEREZ, *sf.* Blanchisseuse ; *pl.* ed, gwenn blanc.
GWENN-GOAT, *sm.* Aubier du bois ; gwenn blanc ; koat, koad bois.
GWENNGOUT, *sm.* Plante, viorne ; latin viburnum.
GWENNIDIGEZ, *sf.* Blancheur.
GWENNIG, *sm.* Saumon blanc; *pl.* gwenniged.
GWENNIK, *sf.* Plante à fleurs blanches.
GWENNILI, Voy. gwennéli.
GWENN-KAN, *adj.* Blanc immaculé.
GWENNO, *adj.* Fantasque ; grec γοεδνος, gémissant.
GWENNOK, *sm.* Merlan ; voy. gwennek; gwennok est un nom de famille assez commun.
GWENN-VI, *sm.* Blanc de l'œuf ; gwenn blanc, vi œuf.
GWENODEN, *sf.* Sentier ; *pl.* nou ; gwennoc'h plus blanc hent chemin ; où odé voie, passage, ; Jubainville cite gwennatinna.
GWÉNOLÉ, *sm.* Nom de Saint Guénolé.
GWENOLO, *sm.* Septembre ; Voyez gwengolo.
GWENT, *sf.* Vent ; latin ventus.
GWENTA, *va.* Vanner ; part. et.
GWENTER, *sm.* Vanneur ; *pl.* ien.
GWENTERCHEIN, *sf.* Plante, mille pertuis.
GWENTÉREZ, *sm.* Action de vanner.
GWENTEREZ, *sf.* Instrument pour vanner ; *pl.* ed.
GWENTLE, *sm.* Traversier d'un moulin.
GWENTR, *sm.* Colique ; latin venter, cornique guins.

GWENTROU, *splm.* Coliques, douleurs violentes du ventre.
GWENTR-RED, *sm.* Douleur rhumatismale ; gwentr ventre, red cours.
GWENVED, *sm.* Bonheur, chance.
GWENVET, *part.* Fané, flétri.
GWENVI, *vn.* Se faner, flétrir ; part. et, grec κυπτω, baisser.
GWENVIDIK, *adj.* Bienheureux; de gwenved, bonheur.
GWENVIDIGEZ, *sf.* Béatitude ; *pl.* iou.
GWER, *adj.* Vert, gallois gwedr ; corn guer herbe cambrig gueirgl, latin ad pratum ; Loth cite guird vert.
GWER, *sm.* Du verre ; latin vitrum.
GWÉRA, *va.* Vitrer ; part. et.
GWÉRA, *va.* Rendre vert ; part. gwéreat.
GWERACH, *sm.* Articles en verre ; *pl.* ou.
GWERAER, *sm.* Vitrier ; *pl.* ien ; de gwer vitre.
GWERAEREZ, *sf.* Fabrique de vitres ; *pl.* ed.
GWERAT, *va.* Agacer ; part. et, guerg qui accomplit, grec οργη, colère.
GWERBL, *sm.* Bubon ; *pl.* ou ; Loth cite goerp stigmate.
GWERBLENNA, *va.* Se former en tumeur; part. et.
GWERBLENNEK, *adj.* Qui a des tumeurs.
GWERBLENNIK, *sm.* Petit bubon, tumeur légère ; *pl.* gwerblennigou.
GWERC'H, *adj.* Vierge ; latin virgo.
GWERC'HDED, *adj.* Virginité ; gwerc'h vierge.
GWERC'HED. Voyez groerc'ded.
GWERCHÉDAD, *sm.* Un fuseau plein ; *pl.* ou, de gwerzid fuseau.
GWERC'HEZ, *sf.* La sainte vierge ; *pl.* gwerc'hésed, latin virgo.
GWERC'HID. Fuseau ; voyez gwerzid.
GWÉRÉ, *sf.* Guérite, tour, échaugette ; *pl.* ou ; Zeuss cite guartha sommet, Loth cite gurre sommet, gorre, gourré haut.
GWÉRÉLAOUEN, *sf.* L'étoile du matin ; Lavillemarqué propose gwéré tour élevée, garde, et Laouen joyeux, joyeuse garde; Lepelletier cite gweled vue, Laouen joyeuse ; Zeuss cite gueuréleuen, veridicus.
GWÉREN, *sf.* Verre ; *pl.* nou, gwer.
GUÉRENNAD, *sf.* Le contenu d'un verre; *pl.* ou.
GWERENNOU, *st. pl.* Vitraux, grandes vitres.
GWERER, Voyez gwarer, nom de famille très commun.
GWEREU, *sm. pl.* Catarrhe des yeux; voyez goereu ; Zeuss cite ce mot, en latin ad oculum morbus gwar courbe, latin varus.
GWERN. *sf. mat. pl.* Gwerniou ; latin

alnus ; Le guern, Les guern, guerniek, noms de famille très répandus.

Gwernek, *sf.* Aulnaie ; gwern aulne ; latin alnetia.

Gwernen, *sf.* Arbre, aulne ; *pl.* nou, ou, simplement gwern.

Gwernia, *va.* Mater ; part. et, gwern mat.

Gwernia, *va.* Se dit d'un pré ferrugineux ; part. et.

Gwerniel, *sf.* Lieu planté d'aulnes ; nom de village assez commun.

Gwernier, *sm.* Celui qui mâte ; mâteur *pl.* ien.

Gwern-korn, *sf.* Mât de beaupré ; *pl.* gwerniou-korn.

Gwern-valouin, *st.* Mât ; gwern mât valouin, bouline.

Gwers, *sm.* Rime, vers ; *pl.* gwersiou ; latin versus.

Gwerz, *sm.* Vente ; Jubainville lui donne la même racine que le latin verto ; Loth cite guérin multitude ; irland fairend, troupe ; breton foar foire.

Gwerza, *va.* Vendre ; part. gwerzet.

Gwérzaér. Voyez gwérzer.

Gwerz-ar butun, *sm.* Argent du tabac, récompense ; gwerz vente, ar le, Butun tabac.

Gwers-dimezi, *sm.* Epithalame ; gwers vers, dimezi mariage.

Gwersad, *sm.* Verset ; *pl.* gwersadou.

Gwersaer, *sm.* Poète, faiseur de rimes ; *pl.* ien.

Gwerzséen, *sf.* Vers que l'on chante ; *pl.* nou.

Gwerseennuz, *adj.* Fabuleux, historique.

Gwersi, *vn.* Faire des vers, versifier ; part. et.

Gwersidi, *sf.* Vente ; voyez gwerz.

Gwerveur, *sm.* Nom de Belle isle en mer ; ker jadis guer maison, meur, grand.

Gwérz-arc'hant, *sf.* Banque ; gwerzvente, arc'hant, argent.

Gwerzdi, *sm.* Maison de commerce ; *pl.* gwerzidiez.

Gwerz-ar-gwin, *sm.* Pourboire ; gwerz vente, ar le, gwin vin.

Gwerzer, *sm.* Vendeur ; *pl.* ien.

Gwerzerez, *sf.* Vendeuse ; *pl.* ed.

Gwerzerez, *sm.* Vente ; voy. gwerz.

Gwerzid, *sf.* Fuseau ; Jubainville dit de comparer le latin verto ; Loth cite guertilou fuseaux, irlandais fersaid.

Gwerzidad, *sf.* Le plein d'un fuseau ; *pl.* ou.

Gwerzider, *sm.* Faiseur de fuseaux ; *pl.* ien.

Gwerzidi, *splm.* Tringles, fuseaux d'un moulin.

Gwerzidigez, *sf.* Vente, action de trafiquer ; de gwerz vente.

Gwerzillon ou **gresillon**, *sm.* Grelot, clochette ; *pl.* ou, grizil grêle.

Gwerzourik, *sm.* Mauvais rimeur.

Gwerzuz, *adj.* Vendable, qui peut être vendu.

Gweskel, *va.* Serrer, presser ; part. gwasket ; Loth cite guicip pressoir, guasce vacance ; voyez gwaska.

Gwesken, *sf.* Mors pour diriger un cheval ; *pl.* nou.

Gweskenna, *va.* Mettre le mors à un cheval ; part. et.

Gwesklér, **gwesklé** ou **gweskléon**, *sf.* Grenouille ; *pl.* gweskleved, cathol gluesquer treguier glesker ; Loth cite gloiu claire, liquide, gloewi rendre brillant, gloew brillant ; grec γλαυκος, brillant, γλιθχρος visqueux.

Gwesped, *sm.* Biscuit ; *pl.* Gwispidi ; un seul biscuit gwispeden ; latin bis deux fois, coquere cuire.

Gwespeden, *sf.* guêpe ; *pl.* Gwesped, Loth cite guohi guêpe ; latin vespa ; allemand wefsa.

Gwespetaer, *sm.* Oiseau qui se nourrit de guêpes, guêpier ; *pl.* ien, gwespeden guêpe.

Gwest, *adj.* Capable ; on dit aussi plus souvent goèst ; Loth cite guerg, qui accomplit.

Gwestad. Voyez goustad.

Gwestel, *pl.* Irreg de gwastel gâteau ; allemand wastel.

Gwestign, *sm.* Licou ; *pl.* ou ; gwest capable fort, Stign serré.

Gwestigna, *va.* Mettre le licol ; part. et.

Gwestl, *sm.* Gage, vœu ; *pl.* ou ; Jubainville cite vaditron de la même racine que vadimonium ; Loth cite guos caution et le latin vas.

Gwestla, *va.* Mettre en gage ; part. et.

Gwestlad, *sm.* Celui qui s'engage ; *pl.* gwestliz.

Gwestladur, *sm.* Action de gager ; *pl.* ide.

Gwestlaoua, *va.* Payer les gages ; part. et.

Gwetler, *sm.* Celui qui engage ; *pl.* ien.

Gwetlet, *adj.* et *part.* Voué, gagé.

Gwéuz, *adj.* Qui peut se passer à gué ; voyez gwé ;

Gwéuz, *adj.* Que l'on peut tordre ou tisser.

Gweuz, *sf.* Lèvre ; les deux lèvres diweuz ; gallois gwefus.

Gwev, *sf.* Gué ; voyez gwé.

Gwéuvadurez, *sf.* Flétrissure ; *pl.* iou.

Gwetet, *adj.* et *part.* Fane, flétri.

Gwevi, *vn. sc.* Flaner ; part. et.

Gwez, pl. Irreg de gwezen ; thème celtique vidu.
Gwez ou gouez, adj. Sauvage.
Gwezek, adj. Qui a la lèvre forte ; voyez gweuz.
Gwezek, adj. Qui a beaucoup d'arbres ; nom d'une commune du Finistère.
Gwezell, adj. Estropié ; grec γυιος.
Gwezen, sf. Arbre ; pl. gwez ou gwezennou.
Gwdzen-avalou, sf. Pommier ; pl. gwez avalou gwezen arbre, avalou pommes.
Gwezennek, adj. Lieu couvert d'ombrage ; nom de famille assez commun.
Gwezennik, sf. Arbuste ; pl. gwezennigou, gwezen arbre.
Gwezeuri, sf. Les arbres, les plantes ; gwez arbres.
Gwezen-oranjés, sf. Oranger ; pl. gwez-oranjés.
Gwézen-zédra, sf. Cèdre ; pl. guezzédra.
Gwez-irvin. Voy. gouezirvin.
Gwez-kerc'h. Voy. gouez kerc'h.
Gwezen-alamandes, sf. Amandier ; pl. gwez-alamandez.
Gwezen-brikez, sf. Abricotier ; pl. gwez-brikez.
Gwezen-babu ou fabu, sf. Guignier ; pl. gwezpabu.
Gwezen-béchez, sf. Pécher, arbre ; pl. gwez-pechez.
Gwezen-eben, sf. Ebenier ; gwez ében.
Gwezen-jinofl, sf. Giroflier ; pl. gwez jinofl.
Gwezen-kasia, sf. Acacia ; pl. gwez-kasia.
Gwezen-kraon, sf. Noyer ; pl. gwez-kraon.
Gwezen-mouar, sf. Murier : pl. gwez-mouar.
Guezen-olivez, sf. Olivier ; pl. guez-olivez.
Gwezen-palmez, sf. Palmier : pl. gwez-palmez.
Gwezen-trouc'h, sf. Baliveau ; pl. gwez-trouc'h.
Gwézogik, sf. Pépinière ; pl. gwézogigou.
Guezraden. Voyez gouez raden.
Gwezvoud, sm. Chevre-feuille ; gwez arbres, boud végétation.
Gwezwinien, sf. Voyez gouez-winien.
Gwi. Locution représentant le latin vicus, qui se retrouve dans le nom de plusieurs communes.
Gwiad, sm. Tissu ; Loth cite gueig, qui tisse.
Gwiaden, sf. Tresse, trame ; pl. nou ; pièce de toile.

Gwiader, sm. Tisserand ; pl. ien ; voyez gwiad tissu.
Gwiad-kinid, sm. Toile d'araignée.
Gwiaderez, sf. Atelier de tissage ; pl. ou.
Gwiaderez, sf. Femme qui tisse ; pl. ed.
Gwialen, sf. Baguette ; pl. nou, ou gwial ; latin virga, cornique guéin.
Gwialen-béoc'h, sf. Caducée ; gwialen verge, péoc'h pain.
Gwialen-red, sf. Drageon ; pl. gwialred, gwial verges ; red qui court.
Gwialen-sparl, sf. Tringle pour l'attelage des bœufs.
Gwialen-vésa, sf. Houlette de berger ; gwialen verge, mésa garder les troupeaux de Meaz ; maés dehors.
Gwialenna, va. Frapper avec la houssine ; part. et.
Gwialennad, sm. Coup de baguette ; pl. ou.
Gwiber, sm. Ecureuil ; pl. ed ; Zeuss cite kittiorc'h, chèvre des bois ; on dit aussi giber, gwinver ; gallois gwiwer.
Gwiblen, sf. Girouette ; pl. nou ; Loth cite guinuclou Lances.
Gwic'h, sm. Vagissement ; pl. ou ; grec γοαω, gémir.
Gwic'hal, vn. Faire entendre des vagissements ; part. gw'c'het.
Gwic'hat, vn. Voyez gwic'hal ; même sens, part. et.
Gwidel, sf. Appat, piège, filet ; irland cloide cambrique gweith ; science gallois gwyddol scientifique.
Gwidila, vn. Serpenter ; part. et.
Gwidiluz, adj. Tortueux, embrouillé.
Gwidoroc'h, sm. Dernier né ; cambriq gwadaWl, part. breton oc'h ouc'h porc ; pl. gwidoroc'hed.
Gwidré, sm. Ruse ; pl. cambrique gweith.
Gwidreuz, adj. Malicieux, subtil.
Gwidré-vrézel, sm. Ruse de guerre.
Gwik, sm. Cri imperceptible ; pl. ou.
Gwich, sf. Bourg ; pl ou ; Latin vicus.
Gwiender, sm. Fraicheur ; de gwien ; ien froid.
Gwikad, sf. La population d'un bourg ; pl. ou.
Gwikad, sm. Bourgeois ; pl. gwikiz.
Gwikadel, sf. Citadelle ; de guik bourg ; pl. lou.
Gwikaden, sf. Petit cri ; pl. nou.
Gwikadez, sf. Bourgeoise ; pl. ed.
Gwikik, sm. Petit bourg ; gwikouigou.
Gwilc'ha, vn. Loucher, aligner ; part. et.
Gwilc'ha. vn. Faucher ; part. et ; Loth cite guiliat tondue.
Gwilc'hadur, sm. Clignement ; pl. iou.
Gwilc'her, sm. Cligneur ; pl. ien.
Gwilc'her, sm. Faucheur ; pl. ien.

GWIFL, *sm*. Chevron ; *pl*. ou.
GWIFLA, *va*. Mettre des chevrons ; part. et.
GWIFLEK, *adj*. Garni de chevrons.
GWIGADEN, *sf*. Bois tordu ; *pl*. nou ; de gwéa tordre.
GWIGNEN, *sf*. Aubier des arbres.
GWIGOUR, *sf*. Bruit d'un objet qui n'est pas graissé.
GWIGOURAT, *vn*. Faire un bruit insolite; part. et.
GWILAR, *sm*. Franchise ; *pl*. iou.
GWILAREK, *adj*. Où il y a des places publiques ; voy. guiler.
GWILÉ, *sm*. Lit ; voyez gwélé.
GWILER ou GWILAR, *sf*. Place, franchise ; du bas latin villare.
GWILIOUD, *sm*. Accouchement ; *pl*. ou ; gwele lit, boud cri
GWILIOUDER, *sm*. Accoucheur ; *pl*. ien.
GWILIOUDI, *va*. et *n*. Accoucher ; part. et.
GWILIOURI, *vn*. Aimer les bons morceaux ; part. et. de gwell mieux.
GWILLOU, *sm*. Guillaume ; *pl*. gwillaoued.
GWILLOU, *sm*. Nom donné au loup.
GWILUZÉ, *sm*. Espèce de hyacinthe, plante ; vaciet ayant des rapports avec le lucet.
GWIMELED, *sf*. Vrille ; *pl*. ou ; Loth cite guinnelou epieux ; latin venabulum.
GWIMELI. Voyez gwenneli.
GWIMM, *sm*. Regain ; Loth cite guiliat tondue.
GWIMPAD, *sm*. Petit lait.
GWIN, *sm*. Vin ; *pl*. ou ; latin vinum, irland fin.
GWINANNEN, *sf*. Verrue ; *pl*. ou ; voyez gwénaen.
GWINDASK, *sm*. Croc, cabestan ; *pl*. ou ; de gwinta, soulever nask lien.
GWINEGRE, *sm*. Vinaigre ; *pl*. ou ; à la lettre vin aigre.
GWINEL, *sf*. Instrument de musique ; korn-gwinel ; cor de chasse.
GWINI. *pl*. Irreg ; de gwinien vigne ; Loth cite guinodroitou filets pour la chasse.
GWINIÉGOUR, *sm*. Vigneron ; *pl*. ien.
GWINIEN, *sf*. Vigne ; *pl*. nou ; de gwin vin ; Loth cite guiniou petites vignes ; latin vinia.
GWINIEN-GAÉL, *sf*. Treille ; *pl*. gwiniennou-gaél, gwinien vigne ; gaél, kaél, haie.
GWILL, *sm*. Voleur de nuit.
GWILLAOUIK, *sm*. Abrévation du nom de Guillaume.
GWILLASTREN, *sf*. Menue branche ; *pl*. nou.
GWIN ARDANT, *sm*. Eau-de-vie, alcool.

GWIN ARDANT KEREZ. Kirsch-waser.
GWINADEK, *sf*. Récolte de vin ; *pl*. gwinadégou.
GWINAER, *sm*. Joueur de cor ; *pl*. ien, chasseur, cathol guinhezr ; latin venator.
GWIN-BOUZAR, *sm*, Vin que l'on ne paie pas, gwin vin, Bouzar sourd.
GWINIEN-WENN, *sf*. Couleuvrée, plante ; gwinien et gwenn blanc.
GWINIEN-ZU, *sf*. Vigne noire ; *pl*. gwiniennou-du, gwinien vigne, du, duff noir.
GWINIER, *sm*. Vigneron ; *pl*. ien ; gwini vignes.
GWINIZ, *sm*. Froment ; Lavillemarqué tire ce mot de gwenn blanc et de ed ou id blé ; breton gouhin, gouin gallois gwain gaine.
GWINIZ-DU, *sm*. Blé noir ; gwiniz froment, du noir.
GWINIZ ou ROUN, *sm*. Froment à épis arrondis.
GWINIZEK, *adj*. Abondant en froments ; *pl*. gwinizegou.
GWINIZEN, *sf*. Une seule tige de froment ; *pl*. nou.
GWINKADEN, *sf*. Ruade ; *pl*. nou ; guith colère.
GWINKAL, *vn*. Ruer ; part. gwinket.
GWINKER, *sm*. Rueur ; *pl*. ien.
GWINOEN, *sf*. Fistule lacrymale ; *pl*. gwinoennou.
GWIN-GWENN, *sm*. Vin blanc ; gwin vin, gwenn blanc.
GWIN-PENN, *sm*. Vin capiteux ; gwin vin, penn tête.
GWIN-RUZ, *sm*. Vin rouge ; gwin vin, ruz rouge.
GWIN-SKOUARN, *sm*. Mauvais vin; gwin et skouarn oreille.
GWINT, *sm*. Exhaussement ; allemand windan, anglais to wint hisser, français guinde, guinder.
GWINTA, *va*. Lever, exhauser ; part. et, voyez gwint.
GWINTET, *adj*. et *part*. Retroussé, relevé.
GWINTÉREZ, *sm*. Action de lever.
GWINVAL, *vn*. Remuer ; voyez finval.
GWINVER, *sm*. Ecureuil ; voy. Gwiber.
GWIOU, *adj*. Gai, joyeux.
GWIOUDER, *sm*. Gaité ; comparez le latin gaudere.
GWIP, *sm*. Fer de porte ; *pl*. ou ; Loth cite guicip pressoir.
GWIPAD, *sm*. Petit lait ; voyez gwimpad.
GWIR, *adj*. Vrai, certain.
GWIR-HENT, *sm*. Littéralement, vrai chemin, passe.
GWIR-HEVEL ou GWIR HENVEL, *adj*. Vraisemblable ; gwir vrai, henvel ou hevel semblable ; latin similis.
GWIR-HEVELIDIGEZ, *sf*. Vraisemblance.

GWIR-TRÉ, adv. Véritablement.
GWIR-TREIZ, sm. Péage ; droit de passage.
GWIR-VARNER, sm. Justicier, pl. gwir-varnerien, gwir vrai ; Barner juge.
GWIRAER, sm. Percepteur ; pl. ien ; gwir droit.
GWIRAOUR, sm. Homme de loi ; pl. ien.
GWIRAOUEREZ, sm. Jurisprudence.
GWIRI, va. et n. Couver ; pour gori, part. goret.
GWIRI, va. et n. Aposthumer ; part. goret.
GWIRIA, va. Averer ; part. gwiriet.
GWIRIDIK, sf. Sensible, chatouilleux.
GWIRIDIGEZ, sf. Sensibilité.
GWIRIER, sm. Vérificateur ; pl. ien.
GWIRIEREZ, sm. Vérification, examen.
GWIRION, ou GWIRIOUN, adj. Véridique.
GWIRIONEZ, sf. Vérité.
GWIRIOU, pl. sm. Tailles, impots.
GWIRIUZ, ajd. Véridique.
GWIRLINK, sm. Carlingue ; pl. ou.
GWISK, sm. Habillement ; pl. ou ; de la racine vas, comme le latin vestis.
GWISK, sm. Couche, enduit, revêtement ; pl. ou.
GWISKA, va. Vêtir ; part. gwisket.
GWISKAD, sm. En langage vulgaire, tripotée ; pl. ou.
GWISKADUR, sm. Prise d'habit d'une religieuse ; pl. iou.
GWISKAMAND, sm. Habillement ; pl. gwiskamanchou de gwiska et terminaison française.

GWISKAMAND-OFEREN, sm. Vêtement du prêtre, habits sacerdotaux.
GWISPEDEN, sf. Guêpe ; pl. gwisped ; latin vespa.
GWISPEREN, sf. Nèfle ; pl. nou ; cambrique gwyd arbre; peren poire, ou gouez sauvage ; péren poire.
GWISPER, pl. sm. Nèfles ; voyez gwisperen, le plur. de peren est per. Poires.
GWISPON, sm. Gros pinceau ; pl. ed ; français guipon.
GWISPONA, va. Peindre au gros pinceau ; part. et, français guiper, anglais to wipe nettoyer.
GWITIBUNAN, adv. Tous, pas un ; gwitib tous, unan un.
GWITOD, sm. Petit lait ; voy. gwimpad, gwipad.
GWITRAK, sf. Petite grive : pl. gwitraged ; voyez Bitrak bistrakik.
GWIVOUDEN, sf. Chèvre-feuille ; pl. guivoud, de gwi et de boud végétation ; on dit aussi gwezvoud, qui indiquerait gwez arbres, végétation ; où ouzout, out contre.
GWIVRAZEN, sf. Solive ; pl. nou ; voy. gwifl ; français filière.
GWIZ, sf. Truie ; pl. gwizi ; Loth cite guis truie, cathol gues, irland feis.
GWIZIEGEZ, sf. Connaissance, science ; voyez gwiziek.
GWIZIEK, sm. Savant, connaisseur ; Jubainville le tire de la même racine que le latin videre.

H

H. Lettre consonne.
HA. Exclamation oh !
HA ou HAG. Conj ; et, se dit aussi hac cornique ha, hag.
HAAZ, adj. Obscène ; Loth cite hacrip peigne haloc souillé ; halou souillures, irland salach sordide.
HABASK, adj. Doux, humain ; Zeuss cite habren intègre ; latin pacificus, nom de famille très commun.
HABASKAAT, va. et n. Tranquilliser, adoucir ; part. éat.
HABASKDED, sm. Adoucissement, soulagement.
HABASKEN, sm. Paresseux ; on dit aussi Labasken ; grec λαγαρὸς, mou.
HABITA, va. Habiter ; part. et.
HABITANT, sm. et adj. Habitant ; pl. habitantet ; origine française.
HABITUI, va. Habituer ; part. et.
HAD, sm. Semence ; pl. hajou ; grec ἀδην, beaucoup, adivos serré.
HAD ou HED, sm. Essaim d'abeilles.
HADA, va. Ensemencer ; part. hadet.
HADAN, sm. Oiseau, rossignol ; pl. ou ; breton etn oiseau, grec ἀοιδὸς chanteur ; Loth cite atar oiseau attanoc aisé, ortinét eterin etn, atar oiseau.
HADAN-BAILL, sm. Oiseau, rossignol ; le même que eostik-baill.
HADAN-VOR, sm. Rossignol de mer ; hadan, et mor mer.
HAD-DO, sm. Œuf couvé ; had semence, do pondu, dofi, pondre.
HADER, sm. Semeur ; pl. ien ; de had semence.
HADEREZ, sf. Femme qui sème ; pl. ed.
HADEREZ, sm. Action de semer.
HADÉREZ, sf. Machine pour semer ; pl. ed.
HADOUER, sm. Semoir ; had semence.
HAD-PESKED, sm. Semence de poisson ; had semence, pesked ; pl. de pesk poisson.
HAÉL, adj. Magnanime, libéral, généreux ; Zeuss compose ce mot au nom propre haél hucar, cornique hail.
HAELDER, sm. Grandeur, largesse.
HA-HENT-ALL, adv. D'un autre côté littéralement ; ha de hent chemin, all autre.
HAG. Voyez ha.
HAG. Voyez han hanv.
HAILLEBOD, sm. Polisson ; pl. ed ; haloc souillé cité par Loth ; paotr ou potr garçon ; français haillon, breton halioun, hailloun.

HAILLON, sf. Brume ; halo souillé.
HAILLOUN, sm. Vaurien ; pl. ed, voy. halebod.
HAK. Voyez ha.
HAK, sm. Hoquet ; voy. hik.
HAKAL, vn. Bégayer, avoir le hoquet.
HAKEREZ, sm. Hésitation ; de hak.
HAKETAL, vn Hésiter, bégayer ; part. et.
HAKR, adj. Vilain, sale ; voyez akr.
HAL HALO, sm. Salive, extrait de sel ; voyez halen, holen ; Jubainville tire halo du latin saliva, grec ἁλς, ἁλες. sel.
HALA ALA, vn. Véler ; part. et.
HALAN, sm. Haleine ; pl. ou ; Jubainville cite anazl, anatlon ; grec αλεξω, chasse.
HALANA, va. Tirer son haleine ; part. et.
HALANAD, sm. Halenée ; pl. ou ; halan haleine.
HALEG HALEK, sm. Saule ; cambrique helygen, latin salix.
HALÉGEK, sm. Lieu planté de saules ; kaleg saule.
HALEGEN, sf. Un seul plant de saule ; pl. nou.
HALEN, sm. Sel, jadis haloin ; voy. c'hoalen.
HALENOUR, sm. Marchand de sel ; pl. ien.
HALO. Voyez all.
HALT, sm. Halte, temps d'arrêt.
HAM, sm. Habitation ; pl. mou ; comparez l'anglais home maison, le français hameau.
HAMDIZ AMDIZ, adj. Pressé ; particule am et tiz vif.
HAMOUN, sm. Nom de baptême ; marc'h hamoun, jaloux ; voyez ce mot.
HAMOUNIK, sm. Abréviation du nom d'hamon.
HAMOUNOU ou HAMONOU. Nom de famille assez commun en Bretagne.
HAN HANV, sm. Une des saisons, été ; cornique haf gallois ham gaulois samo ; de Jubainville sanscrit sama.
HAN. Pronom Lui ; cambrique hyn ; Loth cite hunnoid celui-là, Zeuss cite hinnoid.
HAN-GOAN, adv. En toute saison ; littéral, été, hiver.
HANAF ANAF, sf. Tasse, bol ; pl. ou ; cathol hanaff, latin hanapus, manna, patella.
HANAL. Voyez halan.
HANAP, sm. Mesure de grains ; pl. ou ; voyez hanaf.

HANAPAD, *sm.* La contenance d'un hanap ; allemand hanapf vase, arabe hanab coupe, littré pluriel hanapadou.

HAND, *sm.* Persécution ; gallois hewyd haine, helgha chasse.

HANDÉÉIN, *va.* Chasser, renvoyer ; part. handéet.

HANDON, *sm.* Source sinueuse ; awon avon, aven, afen rivière ; auo sinuosité.

HANDOUNI ANDOUNI, *va.* Approfondir ; part. et, où l'on retrouve doun profond, et and sillon.

HANGO, *adj.* Croupi ; comparez hanvoez purin.

HANI. Pronom qui s'emploie comme hini celui.

HANI-BED. Pronom ; aucun, hani er bed aucun dans le monde, ou hani aucun ; bed de Béza être.

HANO, *sm.* Nom, réputation ; *pl.* anoiou ; l'orthographe paraît vicieuse, irl. ainm racine anman, grec ονομα, sanscrit naman, latin nomen, vannetais hanw gallois enw.

HANO-BADEZS, *m.* Prénom ; Littéralement, nom de baptême.

HANO-GWAN, *sm. adj.* Hano nom, gwan débile.

HANO-KAÉR, *sm.* Gloire, célébrité ; hano nom, kaér beau.

HANO-MAD, *sm.* Réputation, estime ; hano nom, mad bon.

HANO-SKRIVET, *sm.* Souscription, signature : hano nom, skrivet écrit.

HANOUAL, *adj.* Semblable, se dit plus souvent henvel ; latin similis.

HANOUEZ. Voyez hanvoez.

HANTER. *adj. et adv.* Sami-teros, moitié ; Loth écrit hanther, anter.

HANTERA, *va.* Partager en deux ; part. et.

HANTER-BOEZEL, *sm.* Demi-boisseau.

HANTER-BOÉZELLAD, *sm.* Le plein d'un demi-boisseau.

HANTER-C'HOAR, *sf.* Demi-sœur ; *pl.* hanter-c'hoarezed.

HANTER-DIMEZEL, *sf.* Grisette, femme de mœurs légères.

HANTEREK, *adj.* Mitoyen.

HANTEREN, *sf.* La moitié ; *pl.* nou.

HANTER-DEN, *sm.* Homme insuffisant, à la lettre ; demi-homme.

HANTER-DERVEZ, *sf.* Demi-journée.

HANTER-DRO, *sm.* Volte-face, à la lettre ; demi-tour.

HANTER-GAD, *sf.* Levraut, à la lettre ; demi-lièvre.

HANTER-GAND, *sm.* Hémicycle ; hanter moitié ; kant cercle.

HANTER GELC'H, *sm.* Demi-cercle.

HANTER-GLEVOUT, *va.* Entendre à moitié ; hanter glevet, hanter moitié, klevout entendre.

HANTER-GOÉL, HANTER GOUEL, *sm.* Demi-fête.

HANTER GOELVEZ, *sm.* Journée de demi-fête ; troude trouve hanter moitié, goel fete et vez qui indique la durée.

HANTER-GORET, *adj.* A demi-couvé.

HANTÉRI, *va.* Partager par moitié ; part. hanteret, hanter moitié.

HANTER-KANT, *sm.* Cinquante, moitié de cent.

HANTFR-KANTVED, *adj.* Cinquantième, moitié de centième.

HANTER-KOFAD, *sm.* Jumeau, jumelle ; à la lettre, moitié ventrée.

HANTER-LARD, *sm.* Petit salé ; à la lettre, demi-gras.

HANTER-NOZ, *sm.* Minuit ; hanter moitié, noz. nuit.

HANTEROUR, *sm.* Médiateur ; *pl.* ien.

HANTEROUREZ, *sf.* Médiatrice, entremetteuse ; *pl.* ed.

HANTER-TIEGEZ, *sm.* et *fem.* Epoux, mari et femme ; hanter moitié, tiegez ferme, exploitation.

HANTER-TRUELLAD, *sm.* Ancienne mesure ; hanter moitié, truellad, le contenu d'une truelle.

HANTER-VARO, *adj.* A moitié mort.

HANTER-VOUED, *sm.* Ration congrue ; demi-ration.

HANTER-VOUL, *sf.* Hémisphère ; hanter et boul boule.

HANTER-VREUR, *sm.* Frère d'un autre lit, demi-frère ; *pl.* hanter-vreudeur.

HANTER-VUNS, *sm.* Demi-muid ; *pl.* hanter-vunsou.

HANTER-WELOUT, *va.* Entrevoir ; part. hanter-wélet.

HANTER-ZIGÉRI, *va.* Entrouvrir ; part. hanter-zigoret.

HANTER-ZIGOR, *adj.* Entrouvert, à demi-ouvert.

HAV, *sm.* Nom ; voyez hano, ano.

HANVEK, *adj.* Qui appartient à l'été ; commune du Finistère, hanvec.

HANVESK, *adj.* Se dit d'une vache stérile.

HANVESKEN, *sf.* Vache sans veau ; *pl.* ned ; Loth cite angruit gain, profit ; la terminaison ken plus, pas.

HANV-GOAN, *adv.* Eté, hiver ; voyez haw-goan.

HANVI, *va. et n.* Passer l'été ; part. et, hanv été.

HANVIDIGEZ, *sf.* Nomination ; hano nom.

HANVOEZ, *sm.* Purin ; Loth cite amlais, trainante, tombante ; am particule de réciprocité et c'houés odeur.

HAÔ. *adj.* Mur, en maturité ; cambr haul soleil.

HAODER, *sm.* Maturité.

HAOR, *sm.* Havre ; *pl.* iou ; comparez aber rivière.
HAORI, *va.* Entrer au port ; part. et.
HAOVI, *vn.* Murer ; part. et.
HAPPA, *vn.* Saisir, attraper ; comparez le français happer ; on dit aussi tapa, prendre, saisir ; part. et.
HARAO, *interj.* Haro ; Loth cite arocrion atroces.
HARAS, *sm.* Saleté, se dit plus souvent taras ; voyez ce mot ainsi que tarasi troubler salir ; Loth cite termisecticion troublés pour haras ; nous trouvons hara en latin toit à porcs, grec αραιος, maudit.
HARD, *adj.* Solide ; Loth cite ardiu, il presse.
HARD, *sm.* Façon, manière, tour ; *pl.* ou.
HARDIZ, *adj.* Hardi ; allemand harti dur, hartjan endurcir, grec κρατυς fort sanscrit kratu puissance.
HARDIZ, *adv.* Très fort, beaucoup.
HARDIZAAT OU HARDISAAT, *vref.* S'enhardir ; part. hardiséat ou hardizéat ; Lavillemarqué tire ce mot de her intrépide tis en construction dés allure.
HARDIZÉGEZ, *sf.* Hardiesse, audace ; hardiz hardi.
HARIGELLA, *vn.* Chanceler ; grec ερευναι, va à gauche et à droite ; Loth cite airolion qui a trait au combat ; breton horel branlement.
HARFEL, *sf.* Instrument de musique a cordes ; *pl.* ou ; allemand harfe.
HARFELLER, *sm.* Joueur de harpe ; *pl.* ien.
HARFELLEREZ, *sf.* Joueuse de harpe ; *pl.* ed ; Zeuss compare harfel au latin musa.
HARINK, *sm.* Hareng ; *pl.* ed ; allemand hering, breton herring.
HARLU, *sm.* Exil, éloignement, entrave ; Loth cite arlup entraves gallois arluo arrêter.
HARLUÉREZ, *sm.* Empêchement.
HARLUI, *va.* Bannir, arrêter ; part. et, voyez difarlui débarrasser ; de harlu.
HARNEZ, *sm.* Armure, harnais ; *pl.* iou ; Jubainville pour le breton houarn fer propose le thème eisarnos.
HARNEZEREZ, *sm.* Harnachement, armure montée.
HARNEZER, *sm.* Harnacheur ; *pl.* ien ; fem harnézerez.
HARNEZI, *va.* Harnacher ; part. et ; de harnez.
HAROD, *sm.* Heraut ; *pl.* ed ; latin heraldus.
HAROZ, *sm.* Héros, conquérant ; *pl.* ed ; Lavillemarqué tire ce mot de har ou ber intrépide, et gour homme, dans le gallois harour-har-gour.
HAROZDED, *sm.* Héroïsme.

HAROZEK, *adj.* Héroïque.
HAROZEZ, *sf.* Héroïne ; *pl.* ed ; gallois harourez.
HARP, *sm.* Appui, soutien ; grec αρπη croc, αρμρισκω collègue, αρμοστος assemblé. ajusté, soutenu.
HARPA, *va.* Soutenir, appuyer ; part. et.
HARP-GWINI, *sm.* Echalas ; harp soutien ; gwini vignes.
HARP-KLOZ, *adj.* Bien soutenu ; harp soutien ; kloz fermé.
HARTOUZ, *sm.* Espèce de teigne ; voyez tartouz.
HARZ, *sm.* Obstacle, arrêt ; *pl.* ou ; Loth cite arta.
HARZ, *sm.* Aboiement ; *pl.* ou ; Loth cite arton aboyer.
HARZ, *prép.* Près, contre.
HARZA OU HERZEL, *vn.* Empêcher, arrêter, *part.* Harzet.
HARZADEN, *sf.* Aboiement ; *pl.* harzadennou.
HARZAL, *vn.* Aboyer ; part. et.
HARZER, *sm.* Aboyeur ; *pl.* ien.
HARZEREZ, *sm.* Aboiement.
HARZOU, *sm. pl.* Limites, frontières.
HARZUZ, *adj.* Aboyant, beuglant.
HARZUZ, *adj.* Qui donne de l'embarras.
HAST, *sm.* Hâte ; allemand hast.
HASTA, *vn.* Se hâter ; part. hastet.
HASTA-FO, *vn.* Dépêcher, s'empresser.
HATTAL, *vn.* Commencer à marcher ; Loth cite attal, équivalence.
HATTEIN, *vn.* Dialecte de Vannes ; commencer à marcher, composé pour hattal ; de at ate, ail, altenance, tal, taile ; en irlandais salaire, talvout, talvezout valoir.
HAUD, *sm.* Entrave ; *pl.* ou ; *interj.* hau ; latin heus ; vieux français enheuder.
HAV, *adj.* Eau de fumier ; voyez hanvoéz.
HAVREG, *sm.* Guerets ; latin vervactum, voyez avrek ; Loth cite arater charrue.
HAVRÉGA, *vn.* Ouvrir des guérets ; part. et.
HAZARD, *sm.* Hasard.
HE, *pron.* personnel. Lui, le la.
HE, *pron.* pers. Son, sa, ses, eux, elles.
HÉ, particule, employée dans des mots composés.
HE-MAN, *pron.* démonstr. Celui-ci.
HÉ-MI-KEN, *adv. comp.* Sans rien autre chose, composé de la particule hé ; muy plus, ken plus.
HÉ-OND, *pron.* Cet autre.
HÉAL, *adj.* Généreux ; pour haél, jadis hail.
HÉAL, *adj.* Qui tient du cœur.
HÉAL, *sm.* Mancheron de charrue ; Loth cite heitham hed longueur, seada en irlandais long.
HÉALAT, *vn.* Conduire la charrue ; part. et.

HÉALER, sm. Conducteur de charrue ; pl. ien.

HÉAR HER, sm. Héritier ; hoir, gallois haer ; latin heres.

HEB HEP, prep. Sans ; voyez her ; irland sech, racines segr, latin secus.

HEB-ARVAR, adv. Sans nul doute ; hep sans, arvar doute.

HEB-ARZAO, adv. Sans relâche ; hep sans, arzaô repos.

HEB-AZAOUEZ, adv. Sans distinction ; hep sans, azaouez prévenance.

HEB-EHAN, adv. Sans cesse ; hep sans, éhan repos.

HEB-KEN, adv. Sans plus ; hep sans, ken plus.

HÉBORT, adj. Qui se porte facilement ; voy. ébort.

HÉBRÉ, sm. et adj. Hébraique.

HÉBRÉAD, sm. Peuple hébreu ; pl. hebréed.

HEC'H, pron. pers. Son, sa, ses, lui, il, elle.

HÉC'HON adj. Large, spacieux ; Zeuss cite éhang, latin amplus.

HED, sm. Longueur ; pl. ou ; Loth cite heitham extrémité, gallois hyd, cathol het, irlandais seta long.

HED A HED, prép. Pendant, durant.

HED AD HED, adv. Au long. tout au long.

HED-GWENAN, sm. Essaim d'abeilles ; pl. hedou-gwénan.

HED-VUEZ, adj. Viager ; hed longueur ; buez vie.

HED-LÉDAN OU ALÉDAN, sm. Plantain, herbe aux crapauds ; hed longueur, lédan large.

HEDA, va. Allonger ; part. et.

HÉDEK, adj. Très long.

HEDRO, adj. Volage ; hé lui, tro tourne.

HÉDRO, adv. Maintenant ; latin hac vice, cité par Zeuss.

HEG, sm. Agacement ; pl. ou ; gallois hewgd passion, hewrach querelle ; voyez hek.

HEGA, va. Chicaner, agacer ; part. et.

HÉGAR. Voyez hégarad, doux ; dishégar violent.

HEGARAD, adj. Doux, affable ; comparez le français égard, le gaulois sucaros.

HEGARADDED, sm. Douceur, humanité.

HÉGAS, adj. Quinteux ; de heg agacement.

HEGASI, va. Taquiner ; part. et ; comparez héga.

HEGAZ. Voyez hégas, égas.

HEGIN, sm. Germe ; latin gignere germer racine gvigr ; grec εγκιν dard, εγειρω, pousser, nom d'une commune du Finistère Loc-éguiner.

HEGINA, vn. Germer ; part. et.

HÉGINER, sm. Souffleur ; pl. ien ; voyez végin soufflet.

HÉGINEREZ, sm. Germination ; voyez hégin.

HÉGLÉO, sm. Echo ; pl. hegleviou ; grec ηχω, breton hé lui, kléo entends.

HÉGLEO, sm. Plante, joubarbe.

HEGON, adj. Spacieux.

HEGON, conj. Mais, donc ; Loth cite hacen et cependant composé de ha et, et de ken plus.

HÉGOS, sm. Jeu bruyant, Jubainville cite hogoz presque, près de ; irlandais ocus voisin, breton naoz coutume ; voyez engroz, eun dans, krcz bruit.

HEGOZ, adv. Presque ; Voyez hogos, hogoz.

HEGUZ, adj. Irritant ; de heg agacement.

HEIZ, sm. Moyen breton héi, orge ; pl. ou ; gaulois sesjon, sanscrit sasjam.

HÉIZ-DOUÉ, sm. Orge hâtive ; littéralement orge de Dieu, parce qu'étant hâtive cette récolte vient en aide aux cultivateurs peu aisés.

HEIZEK, sf. Champ d'orge ; pl. heizegou.

HEIZEZ, sf. Biche, femelle du chevreuil.

HEIZEN, sf. Un seul brin d'orge ; pl. héizennou.

HEIZUZ, adj. Abondant en orge ; héizorge.

HÉJ, sm. Ebranlement ; pl. ou.

HÉJA, va. Secouer ; part. et ; grec ἰημί, jijami, jacio.

HÉJADNE, sf. Secousse ; pl. nou.

HEJERZE, sm. Action de secouer.

HEJUZ, adj. Qui ébranle, qui secoue.

HEK, sm. Provocation, chicane ; voyez heg.

HEL. adj. Cardiaque, qui tient du cœur ; voyez héal.

HEL, sm. Mancheron de charrue ; voyez héal.

HELA, va. Conduire une charrue ; voyez héal.

HELALAR, sm. Fourche d'une charrue.

HELAVAR, adj. Eloquent ; Lavar parole, labaros Gaulois ; nom d'homme, aflavar muet.

HELEBINI, adv. A l'envie ; heal du cœur ; heb sans, ini aucun.

HELEDAN. Voy. Hedledan.

HÉLÉNÉ HEVLENE. L'an passé heflené, heuléné heul suite léné l'année.

HELEZEZ. sm. Contrainte, retenue ; Loth cite eleuc indulgence.

HELGEZ, sm. Menton ; voy. elgez.

HELGEZEK, adj. Qui a le menton proéminent.

HELI, sm. Saumure ; voy. hili.

HELIBER. Voyez hiliber.

HELLIEZ, *adj*. Qui peut être, qui peut devenir.
HELMOI, *vn*. S'appuyer, s'accouder ; part. et. ; Loth cite élin coude, grec ωενη.
HELMOUER, *sm*. Prie-dieu, accoudoir ; *pl*. ou.
HE-MAN, pronom démonstr. Celui-ci ; Zeuss cite le cornique hen-ma, hemma fem homma.
HE-HONT, *pron*. démonstr. Celui-là ; Zeuss écrit hen-hant fem houn-hont.
HÉLOUR, *sm*. Chasseur ; *pl*. ien ; Loth cite helgha c'hasser.
HÉMIKEN, *adv*. Pour hé-man-ken ; Sans plus du tout.
HEMOLC'H, *vn*. Être en chaleur ; grec ημεκτεἰν, est en peine.
HÉMOLC'H, *sm*. Chasse ; *pl*. iou.
HÉMOLC'HI, *vn*. Chasser le gibier ; part. et. ; Jubainville cite em-holc'hi-ambiselg imin, français merlotter, breton Moualc'h merle; dans le Léon on prononce hémoualc'hi.
HEMOLC'HIAD, *sm*. Chasseur ; *pl*. hemolc'hidi.
HEN, pron. personnel. Lui ; Jubainville cite la racine ha ; voyez hé.
HEN, *adj*. et *sm*. Vieux, vieillard ; latin senex.
HÉNA, superl de hen, plus vieux ; L'aîné anciennement henaff, nom de famille très commun.
HENAFFAELEZ, *sf*. Droit d'aînesse ; henaff l'aîné.
HENANDED, *sm*. Majorité ; hena aîné.
HENAOUR, *sm*. Aîné ; de hen vieux ; *pl*. ien.
HENAOUREZ, *sf*. Aînée ; *pl*. ed.
HENCHA, *va*. Mettre dans le chemin ; part. et. ; de hent chemin.
HENÉHEN, *sf*. Anche, henchennou ; allemand ancha.
HENCHER, *sm*. Guide en route ; *pl*. ien.
HENCHOU, *sm. pl*. Vulve, organe extérieur de la génération chez les femelles.
HLND-DALL ou mieux HENT-DALL, *sm*. Chemin sans issue ; hent chemin, dall aveugle.
HEMET, *sm*. Vieillesse ; hen vieux.
HEN-HONT, pron. démonstr. Celui-là ; voyez hé-hont.
HEN-MA-HEN, *sm*. Un tel ; un quidam.
HENNECH ou HENNEZ, pron. démonstr. Celui-ci, celui-là ; latin isto.
HENOZ ou FÉNOZ, *adv*. Cette nuit, ce soir.
HENT, *sm*. Chemin ; *pl*. henchou ; Jubainville cite l'irlandais set sent ; Loth cite hint chemin, doguohintiliat qui marche.
HENTA. Voyez hencha.

HENTADUREZ, *sf*. Fréquentation ; hent chemin.
HENT-DALL. Voy. hend-dall.
HENTED, *sm*. Rallonge ; *pl*. hentejou.
HENNEZ, *sm*. Prochain, autrui.
HENT-HOUARN, *sm*. Chemin de fer ; hent chemin, houarn fer.
HENTI, *va*. Fréquenter ; part. et.
HENTIK, *sm*. Petite route ; *pl*. henchigou, hent chemin.
HENT-DOUR, *sm*. Ravin profond ; hent chemin, dour eau.
HENT-KÉO, *sm*. Défilé ; hent chemin, kéo cavité.
HENT-MEUR, *sm*. Grand chemin ; hent chemin, meur grand.
HENT-SANT JALM, *sm*. La voie lactée ; hent chemin, sant saint, jalm ou jakez ; Jacques.
HENT-TREUZ, *sm*. Chemin de traverse ; hent chemin et treuz travers.
HENVEL, *vn*. Nommer ; part. anvet.
HENVEL, *adj*. Semblable ; latin similis, irland samil.
HENVELEP, *adj*. Pareil ; enn henvelep fesoun ; de telle sorte, de telle manière.
HENVELIDIGEZ, *sf*. Ressemblance ; henvel semblable.
HÉOL, *sm*. Soleil ; *pl*. iou ; Jubainville cite soulis avec une diphtongue gardée par le gothique sauil, grec ηλίος cité par Troude.
HÉOLIA, *va*. et *n*. Mettre au soleil ; part. et. ; heol soleil.
HÉOLIAD, *sm*.. Coup de soleil; *pl*. ou.
HÉOLIATA, *va*. et *n*. Exposer au soleil ; part. héoliateat.
HÉOR, *sm*. Ancre d'un navire ; *pl*. iou ; Jubainville cite le latin ancora, grec εἱργω défendre.
HÉORACH, *sm*. Ancrage, mouillage ; *pl*. ou.
HEORI HEORIA, *vn*. Mouiller, ancrer ; part. et. ; héor ancre.
HEP-HEB, *prép*. Sans ; Jubainville cite papos-paspos, en vieil irlandais cachcascos, latin quisque ; Loth cite irland sech, supposant une racine segv, latin secus.
HEP-DALÉ, *adv*. Sans retard ; hep sans, dalé délai.
HEP-DISTAG, *adv*. Continuellement ; hep sans, distag détachement.
HEP-DISTRO, *adv*. Sans retour ; hep sans, distro retour.
HEP-FAZI, *adv*. Sans faute ; hep sans, fazi faute.
HEP-KEN, *adv*. Seulement ; hep sans, ken plus.
HEP-MAR-É-BED, *adv*. Sans aucun doute.
HEP-MUY-KEN, *avd*. Sans plus, rien.

HEP-PAOUEZ, adj. Sans cesse ; hep sans paouéza cesser.
HEP-SKEUD, adv. Sans éclat ; hep sans, skeud ombre.
HEP-SONJ, adv. Sans y penser ; hep sans,sonj pensée.
HEP-SONJAL HEP-SOUNJAL, vn. Sans penser.
HEP-TAN, adv. Sans lui.
HEP-TIZI, adv. Sans elle ; en abréviation hep-ti.
HEP-TOUN, adv. Sans moi.
HEP-TO, adv. Sans eux.
HER, pron. pers. Le la les.
HER, sm. Héritier ; pl. ed ; gallois haer, pl. herrou, nom de famille assez commun, latin hereditarius.
HER, adj. Violent ; jadis hezr.
HER, HEN, conj. Pendant ; her dra vévi pendant que tu vivras ; hen dré bado, tant qu'il durera.
HERA, HERRA, sf. Madame ; allemand herr seigneur ; grec ερα terre.
HERBERC'H, sf. Abri, refuge ; heri armée ; berg logement en allemand.
HERBERC'HIA, va. Refugier, mettre à l'abri ; part. et ; français héberger.
HERBERC'HIAD, sm. Hospitalier ; pl. herberc'hidi.
HERBOT, nom propre. Nom d'un saint ; her violent, paotr garçon.
HERDER, sm. Audace, vigueur, imprudence.
HER, sm. Héritier.
HE-RÉ, pron. posses. pl. Les siens, les siennes.
HÉRÉ, sm. Nom d'un mois, octobre ; hééré, sommet, lien, erc'h neige, grec ερωείν arrête, αίρω mettre en haut.
HÉRÉPIN, sm. Nom donné au diable. nom de famille commun en France Herpin.
HERETIK, sm. Hérétique ; latin hœreticus.
HÉREZ, sf. Héritière ; gallois haérez ; pl. ed.
HEREZ. Voyez érez.
HEREZI. Voyez eresi.
HEREZI, sf. Hérésie ; pl. ou ; latin hœresis, grec αίρεσίς.
HÉRITA. va. Hériter ; part. et.
HÉRITOUR, sm. Héritier ; pl. héritourien.
HERLIGON HERLIKON, sm. Oiseau, aigrette, héron ; pl. ed ; allemand haigero, dict. Littré.
HERLEGONIK, sm. Heronneau ; pl. herlegonouigou.
HERMINIK, sm. Hermine ; pl. herminiged, armenius, arménic.
HERMIK, sm. Ermite ; pl. ed ; grec ερημίτης ερημος désert, latin eremita.
HERN, pl. de houarn. Fer à cheval ; eisarnos.

HERNACH, sm. Vieilles ferrailles ; pl. ou.
HERNEZ. Voyez harnez.
HERODREZ, sm. L'art héraldique ; gallois herodraez.
HERR, sm. Vitesse, précipitation ; voyez err.
HERRUZ, adj. Violent, impétueux.
HERSAL, vn. Chasser, prendre du gibier ; gallois hersia, grec αίρεω tue, prend.
HERVÉ, nom propre. pl. Hervéou ; nom de famille, erouan, euronius.
HERVEZ, prép. Selon, d'après ; Zeuss cite le cornique herwyth, le cambriq herwyd, le Bret heruez.
HERZEL. vn. Arrêter ; part. harzet ; voyez harza.
HESK, sm. Plante, laiche, glaieul dentelé ; pl. ou ; hesken, scie ; Loth cite éthin allemand siesch, corniq. heschen. ajonc.
HESK, adj. Taré, épuisé ; Loth cite et met, frappe à coups redoublés.
HESK, sm. Faiblesse, épuisement.
HESKA, va. Tarir, épuiser ; part. et.
HESKED, sm. Clou, furoncle ; pl. heskiji heskéjou, glose bret. huisic, huital, latin vesica.
HESKEM, adv. et sm. Autant, différence ; kenm différence.
HESKEMEN, sm. Chevalet ; pl. nou.
HESKEMENT. Voyez heskem.
HESKEMENNA, va. Répartir ; part. et.
HESKEMER, sm. Charretier ; pl. ou.
HESKEN, sf. Scie ; pl. nou ; grec σχίσειν fendre, latin secaré.
HESKEN, sf. Vache sans produit ; pl. ned.
HESKENNA, va. Scier ; part. et.
HSKENNADUR, sm. Action de scier.
HESKENNAT. Voy. heskenna.
HESKENNER, sm. Scieur ; pl. ien.
HESKENNEREZ, sf. Scierie ; pl. ed.
HSKIN, sm. Agacement, provocation ; pl. ou.
HESKINA, va. Agacer ; part. et ; Lavillemarqué tire ce mot de hisken scie, locution française, scier le dos, esquine, échine.
HESKINER, sm. Celui qui agace ; pl. ien.
HESKINÉREZ, adj. Voyez heskin.
HESKINUZ, adj. Agaçant.
HESP HESK, adj. À sec ; latin siccus.
HEPSEN, sf. Vache sans produit ; voyez hesken.
HET, sm. Plaisir, souhait ; grec πδονπ plaisir.
HETA, va. Souhaiter ; part. et ; het souhait.
HETA, vn. Voler ; part. et ; Lavillemarqué cite hed longueur.
HET A HET, prop. Voyez hed à hed ; de longueur à longueur, tout du long.

Hétuz, *adj.* Agréable ; het plaisir.
Hetuz-briz, *adj.* Très agréable; hétuz agréable ; briz fou.
Heubeul, *sm.* Poulain; voy. ébeul ; *pl.* ien.
Heubeulez. *sf.* Pouliche; voyez ébeulez ; *pl.* ed.
Heubeulia, *sm.* Pouliner ; voyez ébeulia.
Heud, *sm.* Entrave ; *pl.* ou ; cornique hosaneu ; *vn.* français ensheuder, vannetais hed.
Heud, *adj.* Maladroit.
Heuda, *va.* Entraîner, empétrer ; part. et.
Heug, *sm.* Aversion, dégoût, grec εχθος haine, aversion.
Heuzi, *vn.* Répugner ; part. et.
Heuguz, *adj.* Répugnant.
Heul, *sm.* Suite ; *pl.* iou ; grec ελαυνω poursuit.
Heulia, *va.* Suivre ; part. et; vannetais heliéin.
Heulier, *sm.* Celui qui suit ; *pl.* ien.
Heulierez, *sf.* Celle qui suit ; *pl.* ed.
Heuliuz, *adj.* Que l'on suit.
Hé-unan, *adj.* Lui seul.
Hé-unanik, *adj.* Lui tout seul.
Hé-unan-kaér, *adj.* Tout à fait seul.
Heur, *sf.* Heure ; *pl.* iou ; latin hora.
Heureuchin, *sm.* Hérisson ; *pl.* ed ; latin ursus ours.
Heureuchin-reunek, *sm.* Porc-épic ; heureuchin hérisson, reunek à crins.
Heuriou, *pl.* d'heure.
Heuriou, *sm. pl.* Livre d'heures.
Heurlink. Voyez hurlink.
Heurlou. Voyez Hurlou.
Heuruz, *adj.* Heureux.
Heurvez, *sf.* La durée d'une heure ; *pl.* heurvesiou.
Heut, *adj.* Maladroit ; voy. heud.
Heuz, *sm.* Botte ; *pl.* heuziou ; allemand hosa ; comparez le français houseaux.
Heuz, *sm.* Horreur.
Heuza, *va.* Mettre des bottes ; part. et.
Heuzaou. *pl.* Irrég de heuz ; Botte.
Heuzaouer, *sm.* Bottier ; *pl.* ien.
Heuzaoui, *vn.* Faire des bottes ; part. et.
Heuzi, *vn.* Avoir horreur ; part. et.
Heuzik, *sm.* Bottines ; *pl.* heuzigou.
Heuzuz. *adj.* Horrible.
Hevel, henvel, *adj.* Semblable ; latin similis, irland. samail.
Hevel-boan, *sf.* Peine du talion.
Hevel-buez, *adj.* Tout à fait semblable ; hevel semblable, buez vie.
Heveleb. Voy. Hevelep.
Hevelebedigez, *sf.* Assimilation.

Hevelebekaér, *sm* Celui qui accorde ; *pl.* ien.
Hevelebekaat, *va.* Assimiler ; part. hevelebekéat ; hevel semblable.
Hevelidigez, *sf.* Ressemblance.
Hevelep, *adj.* Semblable, conforme.
Heveler, *sm.* Imitateur ; *pl.* ien.
Hevel-hevel, *adv.* D'une manière conforme.
Hevelout, *vn.* Ressembler ; part. et.
Heveluz, *adj.* Imitable.
Hevlené. *adv.* Cette année ; hé cette, léné année ; Zeuss cite heuléné, heflene, latin hoc anno.
Hi, *pron. pers.* Ils, elles, elle ; latin ii, sanscrit sa.
Hiaol. Voyez héol.
Hibil, *sm.* Cheville ; *pl.* Iou, len ; vieux gallois epill ; comparez le latin aculeus, cité par Jubainville ; Loth cite epill clou, cheville.
Hibil allagad, *sm.* Prunelle de l'œil.
Hibil houarn, *sm.* Cheville en fer ; hibil cheville, houarn fer.
Hibilia, *va.* Cheviller ; part. et.
Hibilik, *sm.* Petite cheville ; *pl.* hibilligou.
Hibil-troad, *sm.* Cheville du pied ; hibil cheville, troad pied.
Hiboud, *sm.* Murmure confus ; *pl.* ou ; boud bruit.
Hiboudal, *vn.* Faire du bruit ; part. et.
Hibouder, *sm.* Celui qui murmure, délateur ; *pl.* ien.
Hibouderez, *sf.* Celle qui dénonce, celle qui murmure ; *pl.* ed ; sanscrit hikk, vannetais hak.
Higen, *sf.* Hameçon ; *pl.* nou ; irlandais ig anneau ; Loth cite ichlinn anse, latin hamus.
Higenna, *va.* Pêcher à la ligne ; part. et
Higolen, *sf.* Pierre à aiguiser ; *pl.* nou ; Jubainville cite le gallois hogalen, au IXe siècle ocoluin-aculena, cathol hygoulen, ocoluin oc, ocerou, aigus, gallois hogi aiguiser et oluin derivé en en, de al pierre irlandais all.
Hi:k, *sm.* Hoquet ; *pl.* ou.
Hikal, *va.* Avoir le hoquet ; part. et.
Hikuz, *adj.* Qui chatouille.
Hildron, *adj.* Mal habillé; grec θυς ordure, tro tour.
Hili, *sm.* Saumure ; grec αλς mer.
Hili-broud, *sm.* Saumure très forte ; hili saumure, broud aiguillon.
Hiliber, *pl. sm.* Cormiers ; voy. hiliberen.
Hiliberen. *sf.* Cormier ; *pl.* ou ; hili saumure, peren poire.
Hilien ; *sf.* Sauce ; *pl.* nou.
Hilienna, *va.* Epicer, assaisonner ; part. et.

Hilliga, *va.* Chatouiller ; part. et ; se dit aussi hilligat, latin titilare.
Hillik, *sm.* Chatouillement ; *pl.* hilligou.
Hilliger, *sm.* Chatouilleur ; *pl.* ien ; féminin illigerez ; *pl.* ed.
Hilligerez, *sm.* Action de chatouiller.
Hilliguz, *adj.* Chatouilleux, sensible.
Himn, *sm.* Hymne ; *pl.* ou ; grec υμνος.
Hincha. *va.* Guider, conduire ; part. et ; hint chemin, voyez hent.
Hincher, *sm.* Guide ; *pl.* ien ; hent chemin.
Hingued, *sm.* Linguet ; vieux bret. hin exirêmité, gued forme, façon.
Hini, particule servant de pronom. Celui, le, mien lui ; cornique huny, cambrique wnnw, hynny, heny hani ; irl. se, so.
Hini-é-bed, *pron.* Aucun ; hini aucun ; é dans, bed monde.
Hiniennou, *pron.* Quelques-uns, plusieurs.
Hinkané, *sm.* Cheval d'amble ; haquenée ; comparez le mot français haquenée.
Hinkin, *sm.* Fuseau ; *pl.* nou ; pointe en fer qui s'y adapte, gouttelette de glace ; grec εγχειν lance.
Hinnoal, *vn.* Braire ; part. hinnoe ; Loth cite inuanetou, huanadennou, soupirs.
Hinnod, *sm.* Cri de l'âne ; *pl.* ou ; onomotapée huanad soupir,
Hinnon, *adj.* Serein après la pluie ; grec ινεω purge.
Hinviz, *sf.* Chemise de femme ; *pl.* hinvisiou, hinvizou ; latin camisia cité par Jubainville in dedans, gwisk habillement ; voy. hiviz.
Hir hirr, *adj.* Long ; irlandais sir, latin serus.
Hirbad, *sm.* Longue durée ; hir long, pad durée.
Hirbaduz, *adj.* Qui dure longtemps ; hir long, paduz qui dure.
Hirchortoidigez, *sf.* Longanimité ; hir long, gortoi attendre.
Hirder ou hirded, *sm.* Longueur.
Hir-gelc'h, *sm.* Long cercle ; hir long. kelc'h cercle.
Hir-hoal-hir-oad, *sm.* Durée de la vie ; hir long, oad âge.
Hir-hoad hir oajet, *adj.* Très âgé ; hir long. oajet âgé.
Hirié, *adv.* Aujourd'hui ; jadis hiziu ; latin hodie ; voy. hirio.
Hirin, *pl.* de hirinen. Prunelle.
Hirinek, *sf.* Lieu planté de prunelles.
Hirinen, *sf.* Prunelier ; *pl.* nou ; ou hirin, grec ειργω défendre.
Hirio, *abv.* Aujourd'hui ; hizio, le jour où l'on est.

Hiris, *sm.* Dégoût ; voy. erez.
Hirisuz, *adj.* Dégoutant ; voy. érézuz.
Hirizadur, *sm.* Horreur, horripilation.
Hirlanchen, *sf.* Mauvaise langue ; *pl.* nou.
Hirnez, *sm.* Longévité ; hir long.
Hiron, *sm.* Métis ; *pl.* ed ; comparez les mots huron, hybride.
Hironek, *adj.* Hybride.
Hirouza, *vn.* Hennir ; part. et ; hir long, aoza faire.
Hirr, hir, *adj.* Long ; voyez hir.
Hirraat, *va.* et *n.* Allonger ; part. hirréat.
Hirrez, *sf.* Impatience ; hir long, vannetais hirrec'h ; hir long, rec'h, combat, dispute.
Hirrujek, *adj.* Elastique, qui s'allonge ; hir long.
Hirruzez, *sf.* Elasticité, souplesse ; hir long.
Hirvin. Voyez irvin.
Hirvinek. Voyer irvinek.
Hirvoud, *sm.* Gémissement ; hir long, boud bruit.
Hirvoudi, *vn.* Gémir ; part. hirvoudet ; voy. hirvoud.
Hirvouduz, *adj.* Gémissant. plaintif.
His, *sm.* Provocation ; onomatopée.
Hisa, *va.* Exciter, provoquer ; part. hiset.
Hiskin, *sm.* Agacement ; voy. heskin.
Histor, *sm.* Histoire ; *pl.* ou.
Histr, *pl. sm.* Huîtres ; latin ostrea, grec οστρεου.
Histra, *vn.* Pêcher des huîtres ; part. et.
Histrek, *adj.* Banc d'huîtres ; histr huître.
Histren, *sf.* Huître ; *pl.* histr ; voyez ce mot.
Hitik, *adj.* Qui ne peut satisfaire sa soif ; comparez le français étique, le grec εκτικος ; Zeuss cite hyd, hit, longitude, breton hed.
Hiviz hinviz, *sf.* Chemise de femme ; *pl.* ou ; in dans gwisk, habillement ; latin camisia, cornique hévis, gallois héfus.
Hivizen, *sf.* Chemisette ; *pl.* nou ; voy. hiviz.
Hiviziken, *adv.* Désormais ; ive, ivez aussi, biken jamais.
Hizio, héziu. Voyez hirio aujourd'hui.
Ho, *pron. posses.* Vos, leurs, votre.
Ho, *pron. pers.* Vous, de.
Ho, *interj.* Cri des charretiers, pour arrêter un attelage.
Hoal, *sm.* Age ; Jubainville cite oazl ; gallois hoedl qui aurait été en gaulois awitton, voyez oad.
Hoala, *va.* Attirer ; part. et.

HOALET, *adj*. Agé.
HOALUZ, *adj*. Avancé en âge.
HOARN. Voyez houarn.
HOARNA. Voyez houarna.
HOAZL OAZL, *sm*. Age ; voy. oad.
HOBADEN, *sf*. Aubade, serénade ; espagnol albada, latin alba, breton, ho vous, pad durée. plur. hobadennou.
HOBREGA, *va*. Armer, couvrir de mailles ; part. et ; grec αβρυνομαί orner.
HOBREGON, *sm*. Cotte de mailles ; haubergeon ; anglais healsbeorg, scandinave hals cou bere protection, Littré.
HOBREGONER, *sm*. Cavalier, cuirassé ; *pl*. ien.
HOBREGONI, *va*. Cuirasser ; part. et.
HOC'H HOUC'H, *sm*. Cochon mâle ; Jubainville cite succos, même racine que le latin sus.
HOC'H, *pron. poss*. Votre, vos ; latin eorum.
HOC'HA, *vn*. Grogner comme les porcs ; part. et.
HOCH'A, *va*. Etat d'une truie qui demande le mâle.
HOC'HEREZ HOUC'HEREZ, *sm*. Action de grogner.
HOC'H-GOUEZ, *sm*. Sanglier ; hoc'h porc, gouez sauvage.
HOC'HUNAN, *pron*. Vous même ; hoc'h vous, unan un.
HOD, *sm*. Entrave ; voyez heud.
HOGAN, *sm. pl*. Aubépine, fruit de l'épine blanche ; *pl*. hogan ; Loth cite ocerou aigus.
HOGED. Herse ; voyez oged.
HOGEDI. Voyez ogedi ogeji, herser.
HOGEN, *conj*. Mais, or ; Loth cite hacen, le tirant de ha et, et de ken plus, latin attamen.
HOGENNA, *va*. Entasser ; part. et.
HOGOS, *adv*. Presque ; se dit aussi hégos, thème gaulois cotto ; Zeuss cite agessos, cohiton, koz échu, presque terminé, a goz anciennement.
HOGRAOUI, *va*. Jouer de l'orgue ; part. et.
HOGRO, *sm*. Fruit de l'aubépine ; voyez hogan.
HOGROU, *sm. pl*. Orgues ; latin organum.
HOL, *pron. pers*. Notre, vos ; voyez hon.
HOL, *sm. pl*. Houle ; voyez houl.
HOLEN. *sm*. Sel ; *pl*. nou ; venant de halennn, haleinn ; latin sol, irlandais salann ; voyez choalen.
HOLENNEN, *sf*. Marais salant ; *pl*. nou.
HOLENNER, *sm*. Saunier ; *pl*. ien.
HOLENNOUER, *sm*. Boîte à sel ; *pl*. ien.
HOLL, *adj*. Tout ; Jubainville cite le grec ὄλος ; latin sollos, sollus, solidus ; Loth cite hol tout, repousse la comparaison du latin solidus, cite l'irlandais ule, le grec αλλος et le latin alius, le même auteur cite aussi d'après M. Rhys, le grec πολυς ; l'irlandais il nombreu, ilar multitude, lia plus, liaus en gallois, breton aliez souvent.
HOLL, *adv*. En entier ; irlandais ol, latin ultra.
HOLLA, *interj*. Hola, gare.
HOLLATA, *interj*. Arrêtez donc ; holla, gare, ta donc.
HOLL-BREZENNOLDED, *sm*. Son d'ubiquité ; holl tout prezennolded présence.
HOLL-C'HALLOUD, *sm*. Toute-puissance ; holl tout, galloud force puissance.
HOLL-C'HALOUDEK, *adj*. Tout puissant.
HOLL-C'HALLOUDUZ, *adj*. Invincible, tout puissant.
HOULENNA. *vn*. Former des houles ; part. et.
HOULENNEK, *adj*. Ondulant, qui ondule.
HOULEREZ, *sm*. Ondulation.
HOULIER, *sm*. Maquereau, souteneur de filles ; *pl*. ien ; grec ολισθος chute.
HOULIEREZ, *sm*. Action de débaucher.
HOULIEREZ, *sf*. Femme qui débauche ; *pl*. ed.
HOU-MA, HOU-MAN, *pron. démonstr*. Elle.
HOUMAN, *pron. démonstr*. Elle, celle-ci.
HO-UNAN, *pron*. Eux-mêmes ; ho eux ; unan un.
HOUN-HONT, *pron*. Celle-là ; houn celle, hont la.
HOUN-NEZ, *pron*. Celle-là ; latin hœc.
HOUPAD, *sm*. Poussée ; *pl*. ou ; grec οπαδελω suivre.
HOUPAD, *sm*. Saut ; *pl*. houpadou. Voy. oupik.
HOUPADIK, *sm*. Petite poussée ; *pl*. houpadigou.
HOUPERIGA, *va*. Tromper ; part. et ; grec επηφεαςω, trompe, nuit.
HOUPERIK, *sm*. Huppe, oiseau ; *pl*. houperigou.
HOUPER-NOZ, *sm*. Oiseau de malheur.
HOUPEZ, *sp. sm*. Pluriel de houpezen houblon.
HOUPEZEK, *sf*. Houblonnière.
HOUPEZEN, *sf*. Houblon ; *pl*. houpez, grec αιπυς grand.
HOUPI, *vn*. Se dresser, hérisser ; part. et.
HOURZAL, OURZAL, *vn*. Bouder ; part. et ; ourz ours.
HOUZ, *sm*. Botte. Voy. heuz.
HOUZARD, *sm*. Hussard ; *pl*. ed ; Littré tire ce mot du hongrois ; husz vingt ; comparez le breton huguent uguent vingt.
HU, *pron. pers*. Pour c'houi, vous.
HU, *sm*. Huée, chasse ; onomatopée.

Hu, sm. Cri du charretier pour faire avancer l'attelage.
Hual, vn. Huer, crier ; part. et.
Hual, sm. Entrave ; pl. ou ; cambrique fual ; latin fibula.
Huala, vn. Entraver ; part. hualet.
Hualet, adj. et part. Entravé ; enheudé.
Hualou, sm.pl. Entraves obstacles.
Huan, sm. Soupir ; kimry hwa.
Huanad, sm. Soupir, gémissement ; pl. ou.
Huanada, vn. Pousser des soupirs ; part. et.
Huanadi, vn. Voyez huanada.
Hu-bleiz, sm. Huée sur le loup.
Hubot, sm. Vaurien ; hu huée, paotr garçon.
Hubota, vn. Vivre en vaurien ; part. et.
Hubotez, sf. Fille de désordre ; pl. ed.
Huch, sm. Appel, cri ; kimry hwchw ; latin huc.
Huchal, vn. Crier, appeler ; part. et.
Hud, sm. Enchantement, sorcellerie.
Hudal, vn. Tromper ; part. et ; voy. iud traître.
Huden, sf. Nuage ; pl. nou grec υδωρ.eau.
Hudennek, adj. Nuageux ; de huden nuage.
Hud-glazard, sm. Caméléon ; corn yeugen, cambrique ieugen, et glazard lézard.
Hudi, va. Enchanter ; part. et ; grec υδω chante.
Hud-laer, sm. Voleur, escroc ; hud n, traître, laer voleur.
Hudol, sm. Sorcier, enchanteur ; pl.ed.
Hudur, adj. Malpropre, sale; se dit aussi ludur, ludu cendre.
Hudiraat, vn. Devenir malpropre ; part. huduréat, grec ασαω dégoute, huéda en breton vomir.
Huduren, sf. Souillon, femme sale ; pl. nou.
Hudurnez, sf. Saleté, ordure ; pl. hudurnésiou.
Huéda, vn. Vomir ; voy. c'houéda.
Huégan, sm. Pistache, fruit ; pl. ou ; hué pour gwez arbre, gwan mou.
Huel, adj. Haut, élevé ; comparatif hueloc'h, superlatif huela, gaulois ouxellos.
Huel, adv. Haut, à haute-voix.
Huel, sm. Suie de cheminée. Voyez huzuill.
Huelded, sm. Hauteur, élévation ; de huel.
Huelen, sf. Jupe ; pl. huelennou.
Huelen-c'houéro, st. Absinthe.
Huelen-wen, sf. Plante, armoise.
Huellaat, va. et n. S'élever ; part. hueléat.

Huel-war, sm. Plante, gui ; huel élevé, barr branche.
Huenglo, sm. Sarcloir ; gallois chwynogl, de c'houen inusité, gallois chwyn mauvaise herbe, qui a donné, c'houenna sarcler, gallois chwynu, d'Arbois de Jubainville.
Huer, sm. Evier ; voy. huier.
Huéré, sm. Conduit ; voy. gouéren.
Huerni, va. et n. Insulter ; part. huernet ; voy. hu poursuite, mépris.
Hugen, sf. Luette ; pl. nou ; grec ογκος tumeur : Loth cite huil voile, hloimol qui sert à réunir.
Hugeolen, sf. Ampoule ; pl. nou ; Loth cite huital ampoule, huisnou furoncle.
Hugonod, sm. Huguenot ; pl. ed. ; allemand cidgnossen confédéré.
Huier, sm. Evier ; pl. ien.
Humbl, adj. Humble ; latin humilis.
Humilia, va. Humilier ; part. et.
Humilité, sf. Humilité ; pl. ou.
Hun, pron. pers. Nous ; Zeuss cite wy-hun, myhun ego ipse.
Hun, sm. Sommeil ; pl. ou ; sanscrit svapnas.
Huna, vn. Dormir ; part. et.
Hunan. Nombre, un ; voy. unan.
Hunegan, sm. Marmotte ; pl. ed ; hun sommeil, gan naissance.
Huner, sm. Dormeur ; pl. ien.
Hunérez, sf. Dormeuse ; pl. ed.
Hunvré, sf. Rêve ; pl. ou ; voy. huré.
Hupen, sf. Huppe ; pl. nou ; latin upupa.
Huperi, va. Huer ; part. et ; hu huée.
Huré, sf. Rêve ; pl. huréou ; hun sommeil.
Huren, sf. Nuée ; pl. ou ; grec υδαρος aqueuse.
Hurennek, adj. Nuageux.
Hurlink, sm. Cauchemar ; pl. ou ; huré rêve.
Hurlou hurlaou. Crampes, gouttes, glose bretonne ; arluou, arlup entrave.
Hurlouek. hurlaouek, adj. Goutteux.
Hulouek, sm. Plante, egopode.
Hust, sm. Robe à traîne , pl. ou ; français huque.
Huvel, adj. Bas, humble; latin humilis.
Huvré, sf. Rêve ; voy. huré.
Huvréal, huréal, vn. Rêver ; part. huréét ; huré rêve.
Huvréer, huréer, sm. Rêveur ; pl. ien.
Huvréou, sf. pl. Des rêves.
Huzel, sm. Suie de cheminée ; voyez huzuill.
Huzelen, sf. Plante, Absinthe.
Huzelia, huzulia, va. et n. Noircir avec la suie ; part. et ; huzuill suie.
Huzuill, sm. Suie ; pl. ou ; uz au-des-

sus, suilla brûler, ou ur feu, suilla brûler.

HUZUILLUZ, *ajd.* Qui se forme en suie.

HYBU. Moucheron ; voy. c'huifu, fibu.

HYBU, *va.* Arrêter, empêcher ; heb sans.

HYNON, HINON, *adj.* Serein ; grec ινεω purge.

I

I. Lettre, voyelle i.

IA. Partie affirmative oui ; anglais yes; allemand ia ; jadis ya en breton ; latin ita.

IA-DA. Partie affirm. oui, donc.

IA-VAD. Partie affirm. oui, volontiers.

IAC'H, adj. Sain ; Loth cite iac en bonne santé, gallois iach, irlandais ice, grec ιαομαι je guéris, sanscrit ishayati je fortifie.

IAC'HAAT, va. et n. Guérir ; part. iac'héat.

IAC'H-KLOK, adj. En parfaite santé ; iac'h sain, klok pour kloz fermé.

IAC'H-PESK, adj. Très bien portant ; iac'h sain, pesk poisson.

IAC'HUZ, adj. Sain, guérissable, salubre ; compar. iac'hussoc'h, superl. iac'hussa.

IAC'HUZDED, sf. Salubrité, qualité salubre.

IALC'H, sf. Bourse ; pl. ilc'hier ; latin loculus, breton dalc'h, tenue, réserve, grec ειργω je renferme.

IALC'H AR PERSOUN, sf. Plante, boursette ; littér. bourse du curé.

IALC'H ESKOP, sf. Boursette, plante ; ialc'h bourse, eskop évêque.

IALC'HA, va. Mettre en bourse ; part. et.

IALC'HER, sm. Boursier ; pl. ien.

IANN, sm. Bar, surmulet, poisson ; pl. ianned.

IANN, sm. Nom de baptême Jean.

IANN-BANEZEN, sm. Benêt ; iann jean, panezen panais.

IANN-FRANK-HE-C'HOUZOUK, sm. Glouton, gourmand ; iann jean, frank large, hi son, gouzouk cou.

IANN-KOUNTANT, sm. Cocu, mari trompé ; iann jean, kountant content.

IANNIK, sm. Petit jean.

IANNIK, sm. Point d'appui d'une charrette ; pl. iannigou.

IANN-DIBENN-EOST, sm. Jean ; iann jean, dibenn enlève la tête, éost août.

IANN-LEUGEN, sm. Benêt, idiot ; iann jean, leugen de leué veau.

IANN-VADEZOUR (tant), sm. Saint Jean-Baptiste.

IANN-VOURDOU, sm. Jean qui fait des bourdes.

IAO, IEO ou GÉO, sm. Joug ; pl. ieviou ; grec ξευγος, latin jugum, gallois iou, cathol. yeu, breton zug corde, grec ξυνιμος attelé, sanscrit yogos.

IAOT IEOT, sm. Herbe ; Loth cite gueltiocon herbeux, pl. de guelt herbe, breton géot vannet yod.

IAOU, sm. Jupiter, nom d'une planète ; Loth cite iob Jupiter, latin jovis.

IAOU, adj. Jeune ; latin juvenis.

IAOU, sm. Jeudi, jour de la semaine ; dies jovis, voyez disiou.

IAOU-GAMBLID, sm. Le jeudi saint ; iaou jeudi, kambr chambre, lid adoration.

IAOU-HER, sm. Cadet ; iaou jeune, her héritier.

IAOU-HÉREZ, sf. Cadette ; iaou jeune, hérez héritière.

IAOUANK, adj. Jeune ; latin juvenis, sanscrit gavan, breton iéo iao joug ; Loth cite iou joug, nom de famille très commun en Bretagne.

IAOUANKA, adj. Le plus jeune ; au superlatif.

IAOUANKAAT, va. Rajeunir ; part. iaouankéat.

IAOUANKIK, adj. Tout jeune, à peine sorti de l'enfance.

IAOUANKIZ, sf. Jeunesse ; pl. iaouankisou.

IAOUANKOCH, comparatif. Plus jeune.

IAR, sf. Poule ; pl. ier ; irlandais gearcac cearc poule, cathol. yar pl. yer, vieux prussien karka, grec κερκος κερκιον.

IAREN, sf. Quenouillée de lin, de chanvre ; pl. nou ; Loth cite carnotaul enroulé, carn amas, carnn empiler ; Troude prétend que iaren vient de iar poule ; grec κιρκόω serrer.

IAR-GLOCHEREZ, sf. Poule pondeuse ; iar poule, klochérez qui cloche.

IAR-GOUEZ, sf. Femelle du faisan ; iar poule, gouez sauvage.

IAR-INDREZ, sf. Dinde ; iar poule, indrez inde.

IARIK, sf. Petite poule ; pl. urigou.

IAR-ZOUR, sf. Poule d'eau ; pl. iar poule, dour eau.

IARIK-ZOUR, sf. Râle d'eau ; pl. ierigoudour.

IARL, sm. Comte ; pl. ierl ; gulat principauté ; gallois gw.edig chef, irland. fled banquet, latin gralla échasse ; nom de famille très commun ; grall grallon.

IARLAEZ, sf. Principauté, comte.

IARLEZ, sf. Comtesse ; pl. ed.

IAUT. Voy. ieot geot herbe.

IBIL. Voy. hibil. Cheville.

IBIL ALLAGAD, sm. Prunelle de l'œil, à la lettre, cheville de l'œil.

IBILIA. Voy. hibilia.

IBOUD, sm. Murmure; pl. ou ; voyez hiboud.

IBOUDEN, sf. Greffe ; pl. nou; voy. embouden.

ICHU, sm. Espace pour faire une chose, issue ; pl. ichuiou ; vient du français issue.

ID, ED, sm. Blé; pl. ou; voy. ed.

ID, pron. per. Toi ; did à toi pour da id, didé.

IDÉ, sf. Idée ; pl. ou; origine française.

IDOL, sm. Idole ; pl. idolou ; grec ειδος forme, ειδολον idole, latin idolum.

IDOL-AZEULER, sm. Idolâtre ; pl. ien ; idol idole, azeuler qui adore ; Loth cite idolte idolâtre, irl idultaigoe.

IDOL-AZEULIDIGEZ, sf. Idolatrie, adoration des idoles.

IEC'HED, sm. Santé ; Loth cite iechuit santé dérivé de iacc, iain sain ; cathol. yeched vannet ihiet.

IEC'HEDORIAEZ, sf. Hygiène ; de iec'hed santé.

IÉC'HÉDUZ, adj. Sain ; le même que iachuz ; voy. ce mot.

IELA, vn. Aller; iecol qui arrive, me a ieloj'irai, grec ιενοι aller.

IELL GELL, adj. Bai ; grec κηλις tâche.

IEN, adj. Froid ; gallois iain ieien, cathol. yen iaginos.

IENA, va. Refroidir ; part. et.

IÉNAAT, vn. Devenir froid; part. iénéat.

IENDER, sm. Froidure ; cambriq. ieiender, cathol. yender.

IENEK, adj. Paresseux, casanier ; ien froid.

IENIEN, sf. Température froide; pl. ou.

IENN, sm. Coin de bois, de fer, pour fendre ; pl. ou ; Loth cite gen coin ; gallois gaing, ganu retenir.

IENNA, va. Mettre des coins ; part. et ; ienn coin.

IENNER, sm. Celui qui place des coins ; pl. ien.

IEN-SKLAS, adj. Froid de glace ; ien froid, sklas verglas.

IEO, GEO, sf. Joug ; pl. géviou ; voyez geo.

IEOT, GEOT, sm. Herbe ; voyez iaot, géot.

IEOT-FLOUR, sm. Herbe fine ; ieot herbe, flour doux.

IEOTA, vn. Pousser en herbe ; part. ieotéat.

IEOTEK, GEOTEK, adj. Couvert d'herbes: Loth cite gueltiocion herbe, guelt herbe ; voy. iaot.

IEOTEN, GEOTEN, sf. Un seul brin d'herbe; pl. ieotennou.

IEOTEN ANN NOZ, sf. Dactyle ; ieoten herbe, ann la, noz nuit.

IEOTEN-GALL, sf. Dactyle ; ieoten herbe, gall. frauce.

IEOTEN-PENNOU-GWENN, sf. Houque laineuse; ieoten herbe, pennou têtes, gwenn blanc.

IEOTEN-PENNOU-TÉO, sf. Dactyle pelotonné ; ieoten herbe, pennou têtes, téo gros grosse.

IEOTEN-VRAZ, sf. Variété de dactyle ; ieoten herbe, braz grand.

IER, pl. irrég. de iar ; voy. ce mot.

IEZ, sm. Langage, idiome ; Loth cite iécol étranger ; Jubainville cite le gallois iaith thème iasiti.

IEZ AR GÉIZ, sm. Langage vulgaire ; iez langage, ar le, geiz gazouillement.

IEZ-HOR-BRO, sm. Langage du pays ; iez langage, hor de nôtre, bro pays.

IEZ-VAMM, sf. Langue maternelle ; iez langage, mamm mère.

IFERN, IVERN, sm. Enfer ; pl. ou ; latin infernum.

IFERNUZ, adj. Infernal; breton ifern en fer.

IFIRM, adj. Infirme.

IFIRMITÉ, sf. Infirmité ; pl. ou.

IFORN, sm. Pelle à four ; pl. iou ; fourn four.

IFORNIA, va. Enfourner ; part. et.

IFORNIER, IFOURNIER, sm. Celui qui met au four ; pl. ien.

IGEN, sf. Ligne, hameçon ; pl. nou ; voy. higen.

IGN, pron. per. Moi ; d'ign à moi pour da in.

IGNAPR, sm. Plante marécageuse ; anglais yam, français igname ; Loth cite inardotas in dans ardotas ; latin ardor chaleur, grec ιαπτω blesse.

IGNORANT, adj. Ignorant ; pl. ed.

IMACH, sm. Image ; pl. imachou.

IGOUNNAR, sf. Plante, colchique, passerage ; kounnar rage.

IGSOLANT, adj. Insolent.

IJEL, adj. Bas ; voy. izel.

IJEN, sm. Bœuf ; voy. éjen.

IJER, IZER, sm. Lierre ; grec ιζια gui ; voy. izar.

IJIN, IZIGN, sm. Adresse, génie; pl. ou ; latin ingenium.

IJIN-BREZEL, sm. Engin de guerre ; ijin génie, brezel guerre.

IJINUZ, IZIGNUZ, adj. Industrieux ; voy. ijin.

IKSOLANT, adj. Insolent.

ILBOED, ILBOUED, sm. Estomac ; sil crible, boued nourriture, ou ioul désir, boued nourriture.

ILC'HIER, pl. irrég. de ialc'h bourse.

ILIANEN, sf. Portion de toile ; pl. nou ; lien lian toile.

ING — 150 — INT

ILIAVEK, *adj.* Couvert de lierre.
ILIAVEN, *sf.* Plant de lierre ; *pl.* nou ; ou ilio, élio, gallois eiddew, irlandais eidheann, même racine que hedera, Jubainville.
ILIBER. Voy. hiliber.
ILIEN. Voy. hilien.
ILIN, *sm.* Coude ; *pl.* ou ; Zeuss cite olinos olina ; grec ωλενη, latin ulna.
ILINAD, *sm.* Coudée, coup de coude ; *pl.* ou.
ILINOK, *sm.* Prie-dieu ; glin genou.
ILIO, *pl.* irrég. de iliaven ; voy. ce mot.
ILIOEN, *sf.* Plant de lierre ; voy. iliaven.
ILIZ, *sf.* Eglise ; *pl.* ou ; latin ecclesia.
ILIZA, *va.* Relever de couches, présenter à l'église ; part. et; on dit aussi pour cette cérémonie, benijen ar penn bénédiction de tête.
ILIZ-VEUR, *sf.* Cathédrale ; iliz eglise, meur grand.
ILPENN, *sm.* Cervelet pour Kilpenn kil arrière, penn tête.
IM, *pron. pers.* A, en, dimé à moi.
IMBOUD, *sm.* Vente; encan, im en, boud cri.
IMBOUDA, *va.* Mettre à l'encan ; part. et.
IMBOUDER, *sm.* Crieur public ; *pl.* ien.
IMBREL, *sm.* Avril ; voyez ébrel.
IMMENSITÉ, *sf.* Immensité, grandeur.
IMPALAER, *sm.* Empereur; *pl.* ien ; latin imperator.
IMPALAÉREZ, *sf.* Impératrice ; *pl.* ed.
IMPAS, *sm.* Maladie des chevaux ; Lampas ; grec λαπη pituite, λαπτω Laper, εμπαξ tuteur.
IMPLICH, *sm.* Emploi ; *pl.* implijou.
IMPLIJA, *va.* Employer ; part. impléjet.
IMPLIJÉREZ, *sf.* Action d'employer.
IMPOSUBL, *adj.* Impossible.
IMPORTUN, *adj.* Importun.
IMPORTUNI, *va.* Ennuyer ; part. et.
IMPRIMIRI, *sf.* Imprimerie ; *pl.* ou.
IN, *pron. pers.* Moi, en.
INAM, *sm.* Plante, molène ; *pl.* ou ; breton nam tâche, français igname.
INAM-DU, *sm.* Plante, bouillon noir.
INAM-GWENN, *sm.* Bouillon blanc.
INAR, *sf.* Génisse. Voyez ouner.
IN-BERR, *adv.* Dans peu, in dans, berr court.
INDAMNITÉ, *sf.* Indemnité ; *pl.* ou.
INDAMNISA, *va.* Indémniser ; part. et.
INDAN, *prép.* Dans ; voyez dindan.
INDIKA, *va.* Indiquer ; part. et.
INDIN, *adj.* Indigne.
INDOUNA, *vn.* Labourer profondément ; part. et.
INDREZ, *sm.* Pays de l'Inde ; killok indrez, coq d'Inde.
INDREZAD, *sm.* Substance de l'Inde ; *pl.* ed.

INDREZADEZ, *sf.* Femme de l'Inde *pl.* ed.
INDUA, *va.* Crepir ; part. et. ; Loth cite immisline, inlenetu, enduit.
INDUI, *va.* Charger, remplir ; part. et.
INDULJANS, *sf.* Indulgence ; *pl.* ou ; latin indulgentia.
INE, *sf.* Ame ; voyez éné ; latin anima.
INEVAD, *sm.* Orphelin ; *pl.* ed ; voy. emzivad.
INFINID, *adj.* infini.
INGAL, *sm.* Egat ; latin égalis.
INGALA, *va.* Partager, répartir; part. et.
INGED, *sm.* Pluvier ; *pl.* ed ; venant de éin, evn oiseau.
INGLOD, *sm.* Serpe ; *pl.* od ; grec ιδνόω, courbe, irlandais claideb.
INGRAD, *adj.* Ingrat.
INGRATÉRI, *sf.* Ingratitude.
INGROEZ. Voy. engroz.
INIZI, *sf. pl.* Iles ; voyez enez.
INJUSTIS, *sf.* Injustice ; *pl.* ou.
INKAND, *sm.* Encan ; voyez incant.
INKANE. Voy. hinkané.
INKANT, *sm.* Encan ; *pl.* ou ; latin in quantum.
INKANTI, *vn.* Mettre à l'encan ; part. et., voy. enkanti.
INKANTER, *sm.* Crieur public ; *pl.* ien.
INKAPABL, *adj.* Incapable.
INKARDA, *va.* Carder ; part. et.
INKARDER, *sm.* Cardeur ; *pl.* ien.
INKARNAZION, *sf.* Incarnation.
INKARNET, parp. Incarné.
INKREDUL, *adj.* Incrédule.
INKREZ. Voy. inkrez.
INKREZI. Voy. enkrézi.
INKRUZUN, *adj.* Mal bati ; in dans kurza courber.
INOSANT, *sm.* Idiot ; *pl.* ed.
INOU, *sm.* Ennui, enn dans, doan peine.
INOUAMANT, *sm.* Ennui ; inou, et term. française.
INOUET, *adj. et part.* Ennuyé.
INOUI, *va.* Ennuyer ; part. et.
INOUUZ, *adj.* Ennuyeux.
INRAOK, *adv. et prép.* Avant; voy. araok.
INSKRIPTION, *sf.* Inscription ; *pl.* ou.
INSKRIVA, *va.* Inscrire ; part. inskrivet.
INSTRUKSION, *sf.* Instruction ; *pl.* ou.
INT. Sont ; de béza être.
INTANA. Voyez entana de tan feu.
INTANV, *sm.* et *adj.* Veuf ; irlandais ointam, grec οιτος mort ; *pl.* intanvien.
INTANVELEZ. *sf.* Veuvage.
INTANVEZ, *sf.* Veuve ; *pl.* intanezed.
INTANVI, *vn.* Devenir veuf ; part. et.
INTAON, *sm.* Veuf; voyez intanv.
INTERAMANT, *sm.* Enterrement ; *pl.* interamanchose.
INTERDISA, *va.* Interdire ; part et.
INTERÉSA, *vn.* Intéresser ; part. et.
INTÉRÉSI, *vn.* Intéresser ; part. et.

INTÉREST, sm. Intérêt ; pl. interestou.
INTERROCH, sm.Interrogatoire,examen ; pl. ou.
INTERROJI, vn. Interroger ; part. et.
INTERZI, vref. S'enquérir ; part. et,, in dans ter vif ; Loth cite trennid le lendemain.
INTIMA, va. Ajourner ; part. et, anglais times temps.
INTR, sm. Flétrissure ; pl. ou, Loth cite introc.
INTRA, vn. Flétrir ; part. intrel.
INTRÉ, adj. Faible ; Loth cite introc, obnoxius.
INVANSION, sf. Invention ; pl. ou.
IOC'H, sm. Tas ; pl. ou, grec ιανθμος, en place.
IOC'HA, vn. Entasser ; part. et.
IOD, sm. Bouillie ; pl. ou, Loth cite iot cathol. yot, vannetais youd, irlandais ith, latin jus sanscrit jus, grec ξωμος.
IODEK, adj. Qui a l'apparence de la bouillie.
IODIK, sm. Bouillie pour les enfants ; pl. iodigoa.
IOD-FROUEZ, sm. Marmelade ; iod bouillie, frouez fruits.
IONEM, sf. Ecume ; voyez éonen.
IONDR, IONTR, sm. Oncle ; pl. ed ; Jubainville cite avanteros dérivé d'un thème avan. latin avunculus et gothique avo grand-mère.
IOT, sm. Bouillie ; voy. iod.
IOT, IAOT, sm. De l'herbe.
IOTA, va. Manger de la bouillie ; part. éat.
IOATER, sm. Mangeur de bouillie ; pl. ien.
IOTAEREZ, sf. Celle qui aime la bouillie ; pl. ed.
IOTEN. Voyez ieoten.
IOU, particule. Représentant l'ancienneté ; tad-iou trisaïeul, mamm-iou trisaïeule, pour iou, racine avu, sanscrit yogas,
IOUAL, vn. Crier, hurler ; part. et, voy. iou-chal.
IOUANK, adj. Jeune ; voyez iaaounk.
IOUANK-IZ, sm. Jeunesse ; voy. iaouankiz.
IOUC'H, sm. Cri sauvage ; pl. ou,iourc'h sauvage.
IOUC'HADEN, sf. Cri de terreur ; pl. nou.
IOUC'HAL, vn. Mugir, hurler ; part. et, grec ιαχω mugir.
IOUC'HOUHOU, pl. irrég. de iouc'h, cri de terreur.
IOUD, sm. Bouillie ; Voyez iod, iot.
IOUL, sm. Volonté ; pl. ou; gallois ewyl, irland. iul, grec ἰος venin.
IOULI, vn. Vouloir avec ardeur ; part. et.

IOULEK, adj. Qui a la volonté.
IOURC'H, sm. Chevreuil; pl. ed, cambrique iwrch venant de iorc'h kuitiorc'h zeuss, Loth cite iurgchell chevreuil, grec ιυρχες.
IOURC'H,adj. Sauvage ; grec γοργος. vif.
IOURC'HEZ, sf. Femelle du chevreuil ; pl. ed.
IOUST, EOST. Mou, mur, blet ; latin augustus.
IOUSTA, va. Murir ; part. et, voyez eosta.
IPOKRIT, sm. Hypocrite ; pl. ed, dérivé du grec.
IPOKRIZI, sm. Hypocrisie ; pl. ou.
IRAGNEN, sf. Araignée ; pl. iragned, voy. kiniden.
IRIEN, sf. Trame, chaîne ; pl. nou, grec εἰργω resserrer.
IRIENNA, va. Mettre en trame ; part.et.
IRIENNER, sm. Conspirateur, celui qui met en trame ; pl. ien.
IRIN, pl. irrég. de irinen. Prunelier ; voyez birin.
IRINEN, sf. Prunelle ; voy. hirinen.
IROUZA, vn. Hennir ; part. et, voyez hirouza.
IRVI, pl. irrég. de éro. Sillon ; voy.éro.
IRVIN, sm. pl. Navets ; gallois erfin pour arvin.
IRVINEK, sf. Champ de navets.
IRVINEN, sf. Navet ; pl. nou, ou irvin, grec ραφανη raifort.
IS IZ, adj. Bas, gallois is, d'où isel, izel, irland iss is au dessous.
IS, IZ, prép. Comme.
IS, IZ. Est, soit, le même que eus.
ISA, va. Exciter ; part. et, voyez hisa.
ISAL. Le même que le précédent.
ISEL, adj. Bas ; voyez izel.
ISÉREZ, sm. Excitation.
ISGUB, sm. Balai ; pl. ou, grec σκυβαγον ordure; Loth cite iscartholion, Balayures.
ISIGN, sm. Ruse ; pl. ou.
ISIGNER, sm. Ingénieur ; pl. ien.
ISKIN, sm. Agacement ; voyez heskin.
ISKIZ, adj. Laid,étrange, vilain ; is dessous giz forme, grec ἰσχνός corps sans forme.
ISKUIT, adj. Vif, alerte ; is dessous, kuit parti, grec ἰσχος cuisse.
ISLOUNK, sm. Gouffre;pl. ou, is dessous, lounk avale.
ISMODOU, sm. pl. Façons ; is dessous, modou façons.
ISPIOUN, sm. Polisson ; pl. ed.
ISPIL, adj. En pendant, suspendu ; is dessous, pill haillon.
ISSU, sm. Issue ; pl. issuiou.
ISTR, sm.pl. Huîtres ; latin ostréa, voy. histr.
ISTREN. Voyez histren ; irlandais ostrin.

Istribil. Suspendu, en l'air ; voyez is-pil.
It. Allez ; it d'argéar, allez à la maison.
Itali, *sf.* Pays, Italie.
Italiziad, *sm.* Italien ; *pl.* ed.
Italiziadez, *sf.* Italienne ; *pl.* ed.
It id, *sm.* Blé ; voyez ed.
Itik, *adj.* Voyez hitik.
Itré, *adv.* Entre ; voyez étré, Loth cite ithr entre, latin inter, cornique inter.
Itron, introun. *sf.* Dame ; *pl.* itronezed, introunized ; Jubainville cite al-travonis dame.
Iud, *adj.* Perfide, traitre ; La Villemarqué le tire de judas ; breton iudaz, grec ιος venin.
Iuda, iudal, *vn.* Hurler ; part. iudet.
Iudaden, *sf.* Rugissement, hurlement ; *pl.* nou.
Iudaz. Nom du traître Judas.
Iuderez, *sm.* Hurlement.
Iun, *sm.* Abstinence, jeûne ; *pl.* ou ; latin jejunium.
Iun, iuni, *vn.* Jeûner ; part. iunet.
Iuner, *sm.* Jeûneur ; *pl.* ien.
Iunerez, *sf.* Celle qui jeûne ; *pl.* ed.
Iunerez, *sm.* Action de jeûner ; voyez iun.
Iusin, *sm.* Criblure ; voy. usien ; uz dessus ; latin usus, français usine. gallois eisin balle, eusiniou cité par Loth.
Iuzéo, *sm.* Juif ; *pl.* iuzevien.
Iuzevez, *sf.* Juive ; *pl.* ed.
Iuzevien, *pl.* irrég. de iuzeo juif.
Ivach, *sm.* Breuvage ; voy. évach.
Ive, ivez, *adv.* Aussi ; cornique yn weth quez, cath. qvez venant d'échué, Zeuss.
Iverdon, *sm.* Nom d'un pays, Irlande.
Ivern, *sm.* Enfer ; *pl.* ou ; latin infernum ; voy. ifern.
Ividik, *sm.* Os temporal ; *pl.* ividigou ; daou-ividik; gallois hewyd passion.

Ivin, *sm.* Ongle ; *pl.* ou; onguinas ; latin unguis pour ongwis ; d'Arbois de Jubainville.
Ivin, *sm.* Rejeton d'ail.
Ivin, *sm.* Arbre ; latin ebina if.
Ivinek, *adj.* Qui a de grands ongles.
Ivinek, *sm.* Lieu planté, d'ifs.
Ivinen, *sf.* Arbre, if ; *pl.* nou ; voyez ivin.
Ivinik, *sm.* Onglet, petit ongle ; *pl.* ivinigou.
Ivin kignen. *sm.* Gousse d'ail ; ivin caque rejeton, kignen ail.
Ivin-réo, *sm.* Onglée ; ivin ongle, réo gelée.
Iviziken. Voy. hiviziken, à jamais.
Ivl, *sf.* Huile ; voy. eol.
Ivlek, *adj.* Huileux ; voy. eolek.
Ivlen, *sf.* Nielle, maladie du blé; eolen eol huile.
Ivoren, *sf.* Bourdaine ; *pl.* nou, ou ivor ; latin ebora.
Ivré. *sf.* Ivraie, mauvais grain.
Ivrogn, *adj.* et *sm.* Ivrogne, soulard ; voy. mézvier.
Izar, izoar, *sm.* Lierre terrestre ; izoar indique iz dessous, au niveau, douar terre.
Izel, *sm.* Membre ; *pl.* izilé ; voy. ezel.
Izel, *adj.* Bas ; iz dessous, huel haut ; irland. iseal.
Izélaat, *va.* et *n.* Devenir bas ; part. izeléat.
Izelen, *sf.* Profondeur, vallée, bassin ; *pl.* nou.
Izil, *sm.* Membre ; *pl.* izili ; irlandais asil, grec ις fibre, nerf.
Izili, *spl.* Membres, nerfs ; *pl.* d'izil.
Iziliek, *adj.* Qui a de gros membres.
Iziliet-mad, *adj.* et *part.* Bien conformé, bien constitué.
Izomm. Voyez ézomm, besoin.
Izuler, *sm.* Usurier ; *pl.* ien.

J

J. Lettre, consonne.

JAO, *sm*. Chevaux, attelage, monture ; Jubainville tire ce mot du latin jumentum pour jaug-mentum, mais avec un suffixe différent, breton iéo joug.

JAÔ, *adj*. Evaporé, sans réserve ; comparez le breton ieo, joug.

JABADAO, *sm*. Gavotte, danse ; *pl*. iou ; a pad qui dure, abaden tournée.

JAGUD, BAGUD, *sm*. Monture en graines.

JUGUDI, BAGUDI, *vn*. Monter en graines; part. et ; latin ejaculari.

JAKEDEN, *sf*. Jaquette; *pl*. nou.

JAKOD, *sm*. Poche ; on dit aussi chakod; comparez le français sacoche.

JAKOUN, *sm*. Cotte de mailles; allemand jack.

JALA, CHALA, *va*. Se plaindre ; part. et ; chala ra il se plaint.

JALAMAND, CHALAMAND, *sm*. Chagrin ; *pl*. ou.; grec ιαλλω frappe.

JALORT, *sm*. Chaudronnier ; *pl*. jalorded, grec χαλευς chaudronnier.

JALOT, *sm*. Gredin ; *pl*. jaloded.

JALOUS, *adj*. Jaloux.

JALOUSI, *sf*. Jalousie.

JAMBOUN, *sm*. Jambon ; *pl*. ou.

JAMÉS, *adv*. Jamais ; voy. biken.

JANABL, *sm*. Jable, instrument de tonnelier.

JANABLI, *va*. Jabler ; part. et.

JANNES, *sm*. Jaunisse, maladie.

JANUS, JANUZ, *adj*. Jaune ; voy. melen.

JAOCHA, *vn*. Convenir ; part. et ; de jao attelage.

JAODEL, CHAODEL. Soupe ; grec καιω, καυσόω consumer.

JAODRE, *sm*. Baliverne ; *pl*. ou ; comparez le breton saotr saleté.

JAODRÉA, *vv*. Radoter ; part. jaodréét.

JAODRÉER, *sm*. Radoteur ; *pl*. ien ; voy. chaoker.

JAODRÉEREZ, *sf*. Radoteuse ; *pl*. ed.

JAODRÉI, JAODRÉA, *vn*. Rêver ; part. et; voyez chaoka.

JAOUREN, *sf*. Mijaurée ; *pl*. ned ; de jao évaporé.

JAOUTEN, *sf*. Hure de cochon ; *pl*. nou; du breton jod joue.

JAOZABL, *adj*. Sortable, qui convient ; jao et terminaison française.

JARBLER, *sm*. Instrument de tonnelier, on dit aussi Skarbler, de Skarf écharpe.

JARDIN, *sm*. Jardin ; *pl*. jardinou ; anglais garden.

JARDINER, *sm*. Jardinier ; *pl* ien.

JARIL, *sm*. Comte ; *pl*. ou ; voyez karl grall.

JARITEL, *sf*. Jarret ; *pl*. juritellou ; voy. arzel.

JARL, *sm*. Vase en terre ; *pl*. ou ; comp. le vase de saint Graal, le français jarre, arabe djara.

JARL, JARIL, *sm*, Comte, dignité de comte ; voy. jaril.

JARNÉAL. *vn*. Dire des blasphèmes ; part. jarneet ; on dit aussi charnéal ; comparez le français jarni, jarni-dieu pour je renie Dieu.

JARNÉER, *sm*. Blasphémateur ; *pl*. ien.

JARNÉOU, *spf. m*. Blasphèmes.

JARNI-DIAOUL, *interj*. Jarni tiré du français je renie ; diaoul diable, la tindiabolus.

JARNI-GOA, *interj. littér*. Je renie malheur ; voy. goa.

JARNIGOTAL, *vn*. Tourmenter ; part. et; voy. jarni-goa.

JAROUNS. Voy. charouns espèce de vesce ; français jarosse.

JARRÉ, *sf*. Jarret ; voy. jaritel.

JASTREN, *adj*. Qui dévore ; grec γραω dévorer.

JAU, JO. Monture; voy. jaô.

JAUJABL, *adj*. Sortable ; voy. jaozabl.

JAUGI, *vn*. Jauger ; part. et.

JAVED, *sm*. Mâchoire ; *pl*. ou ; latin gabata.

JAVEDAD, *sm*. Coup sur la joue; *pl*. ou.

JAVÉDÉGEZ, *sf*. Celle qui a de fortes joues.

JAVEDEK, *sm*. Celui qui a de grosses joues.

JED, *sm*. Calcul, piste ; *pl*. ou ; grec ιθυς juste.

JEDER, *sm*. Calculateur ; *pl*. ien.

JEDI, *vn*. Calculer; part. et

JÉDOUER, *sm*. Jeton ; *pl*. iou ; de jet calcul.

JEL, *sm*. Gelivure ; *pl*. jel.

JELEN, *sf*. Gelivure ; *pl*. jelennou.

JELI, *vn*. Geler ; part. et ; latin gelare.

JELKEN, *sf*. Tranche ; *pl*. nou ; Loth cite celcell couteau.

JELL, *sm*. Epeautre, espèce de blé ; allemand spelt, latin spelta.

JENOFL, *splm*. Girofles.

JENOFLEN, *sf*. Plant de girofle ; *pl*. jenofl, jenoflennou ; grec καρυον noyer, φυλλον feuille, latin caryophyllum.

JENTIL, *adj*. Gentil, païen ; *pl*. ed ; latin gentilis, gens nation.

JERBLER, *sm.* Voyez jarbler.
JERMEDEN, *sf.* Jasmin, plante ; *pl.* ou ; ou jesmin ; arabe idsmin.
JESMIN, *pl.* irrég. de jermeden ; jasmin.
JESTAL, *vn.* Voy. Jestral.
JESTR, *sm.* Geste indécent ; *pl.* jestrou ; latin gestus.
JESTRAL, *vn.* Faire de vilains gestes ; part. et.
JESTROU, *pl.* de jestr. Gestes indécents.
JESUIST, *sm.* Jésuite ; *pl.* ed ; de jésus.
JÉSUS, *sm.* Nom du christ, jésus, sauveur.
JET, *sm.* Voy. jed.
JÉTOUN, *sm.* Jeton ; *pl.* jétouniou.
JIBLOTEN, *sf.* Fricassée, gibelotte ; *pl.* nou.
JILETEN, *sf.* Gilet ; *pl.* jiletennou.
JILGAMM, *sm.* Bancal, on dit aussi chilgamm ; kil en arrière, kamm boiteux.
JILGAMMA, *va.* Boîter à cloche-pied ; part. et.
JILIVARI, *sm.* Charivari ; le père Grégoire tire ce mot de jili ha mari, gilles et marie.
JIPSIAN, *sm.* Egyptien ; *pl.* jipsianed.
JIRFOLL. *adj.* Folâtre ; jir représentant le latin ad, et foll fou.
JOA, *sf.* Joie ; latin gaudium, gaudia.
JOAUS, *adj.* Joyeux ; de joa.
JOAUSAAT, *vn.* Devenir joyeux ; part. joausséat.
JOAUSDED, *sm.* Joie, gaieté ; de joauz joyeux.
JOAUZ. Voy. joaus.
JOB, *sm.* Joseph ; paour-jób pauvre comme Job.
JOBELIN, *sm.* Béguin, capeline.
JOBELINEN, *sf.* Manteau avec capuchon : on dit aussi kabelinen, kabel capuchon, lin lien toile, lin.
JOCHER, *sm.* Assiette plate pour écrémer le lait ; les uns prononcent chacher tireur, chaoz souche.
JOD, *sf.* Joue ; les deux joues ann diou jod ; latin gabata.
JODOUIN, *sm.* Lutin, feu follet ; *pl.* ed ; vieux français godin.
JOENTR, *sm.* Jointure ; *pl.* ou.
JOJO, *sm.* Joujou, dada enfantin.
JOL, *sf.* Geole ; *pl.* iou ; gallois géol.
JOLI, *adj.* Contourné ; Loth cite coiliou entrailles, créachjoli, traonjoli.
JOLIER, *sm.* Geolier ; *pl.* ien ; de jol geole.

JOLORI, *sm.* Tapage ; *pl.* ou ; grec κολωος bruit ; voy. cholori.
JOM, *vn.* Demeurer ; part. et ; voy. chom choum, français chômer.
JOT. Voy. jod.
JOTAD, *sf.* Coup sur la joue ; *pl.* ou ; de jod joue.
JOTATA, *va.* Donner un soufflet ; part. et.
JOTEK, *adj.* Joufflu ; jot joue.
JOT-HOUC'H, *sf.* Joue de cochon ; jot joue, houc'h porc.
JOTIK-GWENN, *sf.* Fouine ; jotik petite joue, gwenn blanc.
JOTOREL, *sf.* Goître, écrouelle ; *pl.* lou ; jot joue.
JOTORELLEK, *adj.* Ecrouelleux, qui a des goîtres ; voy. chctorel, chotorellek.
JOUBELINEN. Voy. jobelinen.
JOUISSA, *va.* Jouir ; part. et.
JOUISSANS, *sf.* Jouissance.
JOURDOUL. *adj.* Sain, bien portant ; grec γοργος vif, alerte.
JUALEN, *sf.* Judelle ; *pl.* ned ; voy. duanen, grec δυπτω plonge.
JUBEN, *vn.* Entremetteur ; *pl.* nou ; jubenned ; latin jube ordonne, jubere ordonner.
JUBENNI, *vn.* Faire l'entremetteur ; part. et ; latin jubere.
JUBILÉ, *sm.* Jubilé ; ou.
JUG, *sm.* Juge ; *pl.* ed.
JUGAMANT, *sm.* Jugement ; *pl.* jugamanchga.
JUGELLOU, *sf.pl.* Liens ; de sug zug corde ; voy. sugel.
JUJ, *sm.* Juge.
JUJAMANT, *sm.* Jugement ; voy. barn.
JUJI, *va.* Juger ; part. et.
JULIAN, *sm.* Prénom, Jules, Julien ; latin julius, julianus.
JULOD, JULOT, *sm.* Paysan riche ; *pl.* juloded ; grec σκυλητης spoliateur.
JUMETEZEN, *sf.* Camisole ; *pl.* ou ; grec σωματικος corporel.
JUPEN ou CHUPEN, *sf.* Pourpoint ; *pl.* ou ; italien giuppa, gallois kapan.
JURDIK, *adj.* Exact ; de urz ordre ; latin ordo.
JUSTIN, *sm.* Veste, corset ; *pl.* ou ; latin justus, juxta.
JURÉ, *sm.* Juré ; *pl.* juréed.
JURÉ, *sm.* Jury, cour d'assise.
JUST, *adj.* et *prép.* Juste.
JUSTAMANT, *adj.* Justement.
JUSTIFIA, *va.* Justifier ; part. et.
JUSTIS, *sf.* Justice ; *pl.* ou.

K

K. Lettre consonne, se prononce comme en français k.

KAB, KAP, sm. Tête, extrémité ; pl. ou ; comparez le latin caput.

KABAC'H, adj. Ramolli, cassé par l'âge ; grec κάμνω est las, fatigué, breton kab extrémité, bac'h privé d'air.

KABAL, sm. Cabale.

KABALAD, sm. Révolte ; pl. ou ; comparez le français cabale ; Littré tire ce mot de l'hébreu kabala réunion.

KABALAT, vn. Travailler vivement, se presser ; part. et.

KABALER, sm. Tapageur ; pl. ien.

KABEL, sm. Capuchon, cape ; pl. lou ; latin caput tête, de Jubainville cite cabellos.

KABELLA, va. Coiffer d'une cape ; part. et.

KABEL-DOUSEK, sm. Champignon ; ka, bel cape, tousek crapaud.

KABELLEK, adj. Huppé ; kabel cape.

KABELLEK, sm. Alouette de mer ; pl. kabelligi.

KABESTR, sm. Licou ; pl. ou ; latin capistrum.

KABESTRA, va. Mettre le licou ; part. et ; de kabestr.

KABESTR-EURED, sm. Jarretière de la mariée : kabestr lien, eured noce.

KABIEZ, sm. Coup de tête ; kab cape, iez manière, coutume.

KABINED, sm. Cabinet ; pl. ou.

KABITEN, sm. Capitaine ; pl. ed ; latin capitaneus.

KABLA, va. Outrager ; part. et ; vieux français caabler accabler.

KABLAC'H, sm. Sort, handicap ; kap kab cape, léac'h lieu.

KABLUZ, adj. Blâmable, coupable ; voy. kabla.

KABOREL, sm. Mauvais cabaret ; grec καπηλιον boutique.

KABOSA, va. Couvrir de bosses, trouer ; part. et ; comparez le français cabosser.

KABOSEK, adj. Couvert de bosses ; de bos bosse.

KABOSER, sm. Bourrelier ; pl. ien ; kab cap, aozer faiseur.

KABOTACH, sm. Cabotage.

KABOUN, sm. Chapon ; pl. ed ; latin caponeus.

KABOUNA, va. Chaponner ; part. et ; kaboun chapon.

KABRIDA, vn. Rider son front ; part. et ; kab tête, rida rider.

KABUSIN, sm. Capucin ; pl. ed ; italien cappucino.

KAC'H, KAOC'H, sm. Excrément ; variante de kac'h ; latin cacare coiliou entrailles.

KAC'HA, va. Chier ; part. kac'het ; latin cacare, grec kakan.

KAC'HADEN, sf. Cacade, décharge des entrailles, mauvaise entreprise ; pl. nou ; voy. kac'ha.

KAC'HER, sm. Chieur ; pl. kac'herien.

KAC'HEREZ, sf. Chieuse ; pl. kac'herezed.

KAC'H-LÉAC'H, sm. Latrine ; kac'h excrément, léac'h lieu.

KAC'H-MOUDEN, sm. Vaurien ; kac'h merde, mouden motte.

KAC'H-MOUDENNA, vn. Faire le vaurien ; part. et.

KAC'HUN, KUC'HUN, KUFUN, sm. Couvre-feu ; grec Κηφην bourdon.

KAC'HUNEUR, sm. Le même que le précédent ; de kac'hun et de heur heure.

KAC'HUNOUER, sm. Plaque de métal pour conserver le feu ; pl. ien ; de kac'hun couvre-feu.

KAD, sm. Combat ; pl. kadou ; Loth cite catol qui a trait au combat, noms propres : catullus, caturiges en latin, kadou en breton.

KADARN, adj. Courageux, belliqueux ; de kad combat.

KADASTR, sm. Cadastre ; pl. ou.

KADEMI, sm. Académie ; grec ακαδημια.

KADEMIAD, sm. Academicien ; pl. ed.

KADEMIADEK, adj. Académique.

KADIR, sm. Champ de bataille ; kad combat, tir terre.

KADLANN, sf. Place du combat ; kad combat, lann place.

KADOR, sf. Chaise ; pl. kadoriou ; grec καθεδρα.

KADOR AR GRIGNOUZ, sf. Fauteuil ; kador chaise, ar le, grignouz qui grogne.

KADOR AR SEKREJOU, sf. Chaise percée, à la lettre chaise des secrets.

KADOR-DOUGEREZ, sf. Chaise de malade ; kador et dougérez qui porte.

KADOR-DOULL, sm. Chaise percée ; kador chaise, toull adj. percé.

KADOR-GOVEZ, sf. Confessionnal ; kador chaise, kovez confesser.

KADOR-RED, sf. Chaise roulante ; kador chaise, red qui court.

KADOR-VRÉAC'H, sf. Fauteuil ; kador chaise, bréac'h bras.

KADOUR, *sm.* Guerrier; *pl.* ien ; kad combat ; kadour est un nom de famille assez commun.

KADRAN, *sm.* Cadran ; *pl.* iou ; latin quadrans.

KADRANAD, *sm.* Cadenas ; *pl.* iou ; latin catena.

KAÉ, *sf.* Clôture; *pl.* kaéou ; de Jubainville cite le thème caga ; Loth cite caiou enclos et suppose le thème cagha.

KAÉA, *va.* et *n.* Faire une haie, enclore ; part. kaéet ; voy. kaé.

KAÉÉR, *sm.* Fossoyeur ; *pl.* ien ; Loth cite cauell cauuella cave.

KAÉL, *sf.* Balustrade ; *pl.* kaéliou ; voy. kaé.

KAÉR, *adj.* Beau ; Loth cite cada beau ; sanscrit çad.

KAÉRA, *superl.* de kaér. Le plus beau.

KAER, *sm.* Gré, bonne volonté.

KAÉR, *adv.* Beaucoup, fortement.

KAÉRAAT, *vn.* Devenir beau, embellir ; part. kaéréat.

KAÉRDER, *sm.* Beauté, embellissement ; de kaér beau.

KAÉREL, *sf.* Belette ; *pl.* ed ; de kaér beau ; grec Καλη belette.

KAEREL-VRAZ, *sf.* Fouine; kaerel belette ; braz grand.

KAÉROC'H. Compar. de kaér plus beau.

KAÉZOUR, *sm.* Ordure, immondice ; Loth cite cared tache, slave kalu boue, sanscrit kalas noir ; kaezour veut aussi dire puberté, kaé enclos, dour eau.

KAEZOURÉGEZ, *sf.* Puberté, femme malpropre ; voy. kaézour.

KAÉZOUREK, *adj.* Immonde, pubère.

KAFADEN, KAVADEN, *sf.* Trouvaille ; *pl.* nou ; de kafout kavout trouver.

KAFÉ, *sm.* Café ; *pl.* kaféou ; arabe kahouet, anglais coffée.

KAFIEREN, *sf.* cafetière ; *pl.* nou.

KAFIERENNAD, *sm.* le plein d'une cafetière ; *pl.* ou.

KAFOUT. Voy. kavout.

KAFUN, KUFUN, *sm.* Sonnerie de couvre-feu ; grec Κηφην bourdon, breton kafout trouver, hun sommeil.

KAFUNER, *sm.* Celui qui fait sonner le couvre-feu ; *pl.* ien.

KAFUNI, *va.* Couvrir le feu, se blottir dans son lit; part. et.

KAGAL, *sm.* Crotte, fiente; La Villemarqué tire ce mot de kac'h pour kaoc'h excrément, kaled dur, grec Κοχλας caillou rond.

KAGN, *sf.* Charogne ; *pl.* ou ; on dit aussi gagn ; *pl.* ou ; latin cancer.

KAIER, *sm.* Cahier ; *pl.* ou ; Loth cite caiauc livre, cai collection.

KAILL, *sm.* Route empierrée ; Loth cite calad, du Breton kaled, gaulois caletes.

KAILLAR, *sm.* Boue ; *pl.* ou.

KAILLARA, *va.* Crotter, couvrir de boue part et ; Loth cite calad ; latin callus.

KAILLAREK, *adj.* Boueux.

KAILLAREN, *sf.* Salope, fille sale ; *pl.* nou.

KAILLASTR, *sm.* Pierre dure.

KAILLARUZ, *adj.* Qui crotte, salissant.

KAILLEN, *sm.* Canaille ; *pl.* nou.

KAILLOS, *sm.* Lit de caillou, caillou ; *pl.* ou.

KAILLOSI, *vn.* Couvrir de galets ; part. et.

KAKETAL, *vn.* Babiller, part. et; français caquet ; grec Καγκάζειν ricaner.

KAKETER, *sm.* Railleur, moqueur ; *pl.* ien.

KAKETÉREZ, *sf.* Railleuse ; *pl.* ed.

KAKETEREZ, *sm.* Action de railler.

KAKOD. Voyez kakouz.

KAKOUZ, *sm.* Lépreux, tonnelier, cordier ; *pl.* kakousien ; grec κακός méchant.

KAKOUZÉRI, *sf.* Corderie, tonnellerie ; *pl.* ou.

KAKUAD KRAKUAD, *sm.* Tas ; *pl.* ou ; gallois carn tas, carnu empiler.

KAKUADA KRAKUADA, *vn.* Entasser ; part. et.

KAL, *sm.* Limon, Loth cite calat dur.

KAL, *sm.* Calendes, premier jour du mois ; voyez kéal, kel ; latin calendas.

KAL ARGOAN. Le premier jour de novembre, keal nouvelle ar le goan hiver.

KALABOUSEN, *sf.* Casquette ; *pl.* nou ; grec καλυπτω couvre.

KALADUR, *sm.* Devidoir ; *pl.* iou.

KALADURIA, *va.* Devider ; part. et.

KALAFETRACH, *sm.* Calfeutrage ; *pl.* ou.

KALAFETER, *sm.* Calfat ; *pl.* ien.

KALAFETI. Va donner des claques ; part. et.

KALAFELTRI, *va.* Calfeutrer ; part. et ; arabe, kalafa, étoupe.

KALANNA, *sm.* Etrennes ; grec καλειν ; latin calare, calendas.

KALASTR, *sm.* Pierre dure ; *pl.* ou.

KALASTR, *sm.* Débris de chanvre, de lin.

KALASTREN, *sf.* Mauvais coucheur, mauvaise humeur.

KALASTRENNA, *va.* Teiller du lin, du chanvre.

KALBORN, *sm.* Tas de gerbes ; *pl.* iou ; keat nouvelle, born borne.

KALBORNIA, *vn.* Mettre en gerbes ; part. et.

KALCH, *sm.* Testicule. voyez kalken.

KALED, *adj.* Dur ; Loth cite calat, voy. kalet.

KALEDEN, *sf.* Durillon, bosse ; *pl.* nou ; de kaled dur.

KALEDENNI, *vn.* Durcir ; part. et.

KALEDET, *adj.* Endurci ; kaled dur.

KALEDI, *vn.* et *a* Durcir ; part. et.
KALET, *adj.* Dur ; voyez kaled.
KALETAAT, *vn.* Devenir dur ; part. kaletéat.
KALIR. *sm.* Calice ; voyez kalur *pl.* iou.
KALITÉ, *sf.* Qualité ; *pl.* ou.
KALKEN,*sf.*Nerf de bœuf, membre viril; *pl.* nou.
KALKENNA, *vn.* Abimer ; part.et.
KALKUD, *sm.* Espèce de gros varech ayant de grosse raunes.
KALKUL, *sm.* calcul.
KALKULI, *va.* calculer ; part. et.
KALLOCH, *adj.* Entier ; de kell testicule, eur marc'h kalloc'h un cheval entier.
KALLOK, *adj.* Qui à une hernie.
KALOUN, *sf.* Cœur ; *pl.* ou ; Zeus cite coonis, colon, cathol. calon.
KALOUNAD, *sf.* Forte impression ; *pl.*ou; de kaloun cœur.
KALOUNAD-ANKEN, *sf.* Grande peine.
KALOUN-ARC'HANT, *sf.* Cœur d'argent, personne intéressée.
KALOUNASK, *sf.* Nausée ; *pl.* ou ; kaloun cœur, nask lien,
KALOUNEK, *adj.* et *adv.* Courageux; kaloun cœur.
KALOUNEKAAT, *vn.* Reprendre courage ; part. éat.
KALOUNEN, *sf.* Le cœur, le milieu ; *pl.* nou.
KALOUNIEZ, *sf.* Cordialité, affabilité.
KALOUN-SAKR, *sf.* Sacré Cœur.
KALS, *adv.* Beaucoup ; voyez kalz, gallois carnedd ; Loth cite carnotaul en tas.
KALS, *sm.* Mottes que l'on brûle en tas.
KALVEZ, *sm.* Charpentier ; *pl.* kilvizien ; de Jubainbille cite carpidas, carpios, comparez l'irlondais cairb, carbat, identique au latin carpentum, d'ou carpentarius, carpento-racte ; Loth cite cerpit chars, gallois cerberd char.
KALVÉZÉREZ, *sf.* L'art du charpentier ; voyez kilvizerez.
KALVEZIAT, *vn.* Charpenter, faire de la charpente ; part. kalveziet.
KALZ, *adv.* Beaucoup, plusieurs.
KALZA. *vn.* Brûler des tas de mottes ; part. et.
KALZADEN, *sf.*Tas de mottes ou d'autres matières ; *pl.* nou.
KALZEN, *sf.* Tas de varech ; *pl.* nou ; de kalz beaucoup.
KALZEN, *sf.* Tas de neige ; *pl.* nou.
KALZEN-MARR, *sm.* Ecobue, kalzen tas, marr, marre.
KALZIK, *adv.* Un peu, diminutif de kalz.
KAMAHU, *sm.* Email; grec Καμίνος fonte ; Καμιναῖος de fourneau.
KAMALAD, *sm.* Camarade ; *pl.* id ; Loth cite comelia, camaraderie, irland, ad-comaltar conjungitur, ad-com-allt junctus ;

espagnol camara, ital camera chambre.
KAMALADEZ,*sf.*Fém. de kamalad ;*pl.*ed.
KAMALADIRI, *sf.* Camaraderie ; *pl.* ou.
KAMBLID, *sf.* Cénacle ; *pl.* ou ; Troude et de Lavillemarqué tirent ce mot de kambr chambre, lid adoration, cependant on peut aussi citer le flectamus genua du jeudi saint ; iaou gamblid iaou jeudi,kamm boiteux, lid adoration.
KAMBOULL, *sm.* Vallon ; *pl.* ou ; kamm recourbé, poull mare, gallois cambodunum ; cité par Zeuss.
KAMBR, *sf.* Chambre ; *pl.* iou ; espagnol camaro.
KAMBR-ÉAZAMANT, *sf.* Latrines ; kambr chambre ; eazamant facilité, aisance.
KAMBR-LID,*sf.*Cénacle; kambr chambre; lid adoration.
KAMM, *adj.* Tortu, boiteux ; Loth cite cam, camm, qui suppose une forme camb.
KAMMA, *va.* et *n.* Courber,boîter ; part. kammet.
KAMM-BROUD, *adj.* Très boiteux ; kamm boiteux, broud aiguillon.
KAMM-DIGAMM, *adj.* Boiteux des deux jambes.
KAMMED, *sm.* Allure, jente de roue ; *pl.* kamméjou ; de kamm tortu.
KAMMED, *adv.* Jamais, en aucun temps ; kemm différence, hed longueur.
KAMMEL, *sf.* Crosse, baton recourbé ; kammel ann eskop crosse d'un évêque, kamm courbe.
KAMMELLEN-FOURN, *sf.* Rable du four, kammel crosse, fourn four.
KAMMBREZ, *sf.* Claudication ; voyez kamm.
KAMMEZ, *sf.* Boiteuse ; *pl.* ed.
KAMMIGEL, *sf.* Tournoiement ; *pl.* lou.
KAMMIGELLOU, *sf.pl.*Vol irrégulier,tournoiement.
KAMM-KORIGAMM, *adj.* Hypocrite, boiteux fini; kamm boiteux, korf corps,kamm boiteux.
KAMOLEK, *adj.* Honteux, tête basse ; grec Καμπτω fait courber.
KAMP, *sm.* Camp ; *pl.* ou ; gallois kamps.
KAMPADUR, *sm.* campement ; *pl.* iou.
KAMPAGNI, *va.* Profiter ; part. et.
KAMPET. *part.* Campé.
KAMPI, *va.* Camper ; part. et.
KAMPIER, *sm.* Champion ; *pl.* ien.
KAMPOULEN, *sf.* Crotte ; *pl.* nou ; kamp camp, champ, poull mare.
KAMPOULENNEK, *adj.* Boueux, crotté.
KAMPOULL,*sm.*Vallée ; voyez kamboull.
KAMPR. Voyez kambr.
KAMPR AL LABOUR, *sf.* Laboratoire ; kampr chambre ; al le, labour travail.
KAMPRA, *va.* Mettre en chambre ; part. et.
KAMPRER, *sm.* Petit locataire ; *pl.* ien.

KAMPR-FASK, sf. Cénacle ; kampr chambre, pask paques.
KAMPS, sf. Aube de prêtre ; kann blanc, brillant ; gallois camse camisia.
KAN, sm. Chant ; pl. kaniou ; latin cantus.
KAN, sm. Gouttière, canal ; pl. iou.
KAN, adj. Pain, chant ; bara kan.
KAN, sm. Prophète ; Jubainville cite dovo-kan prophétie.
KANA, va. Chanter ; part. et ; de kan chant.
KANAB, sm. Chanvre ; Troude cite le grec Κανναβις.
KANABEK, adj. Champ de chanvre.
KANABER, sm. Chardonneret ; pl. ien.
KANAILLEZ, splm. Canaille ; français chiennaille, latin canis chien.
KANAOUEN, sf. Chanson ; pl. nou ; de kan chant.
KANAOUEN-SANTEL, sf. Chant d'église, cantique.
KANASTEL, sf. Égouttoir ; pl. lou, kan conduit, astel mesure. cessation.
KANASTEL, sf. Armoire, étalage ; pl. lou.
KANASTR, pl. m. Débris de lin, de chanvre ; voy. kanab.
KANASTREN, sf. Brin de lin, de chanvre ; pl. nou ; ou kanastr.
KANASTRENNA, va. Teiller ; part. et.
KAND, sm. Van ; pl. ou.
KANDÉNNNOUR, sm. Vannier ; pl. ien.
KANDI, sm. Buanderie ; kanna battre le linge, ti maison ; pl. kandiou.
KANADI, va. et n. Blanchir la toile ; part. et.
KANDIER, sm. Blanchisseur ; pl. ien.
KANDIÉREZ, sf. Blanchisseuse ; pl. ed.
KANDIÉREZ, sm. Blanchissage.
KANED. Voy. keuneud.
KANEL, sm. Canelle.
KANEL, sf. Bobine ; pl ou.
KANELLAD, sm. Le plein d'une bobine ; pl. ou
KANELLER, sm. Chevallet de tisserand.
KANER, sm. Chanteur ; pl. ien.
KANER-FALL, sm. Oiseau de mauvais augure ; kaner chanteur, fall mauvais.
KANÉVEDEN, sf. Arc-en-ciel ; pl. nou ; kan canal, éva boire ; Zeuss cite cammuet, cambthavas.
KANFARD, sm. Fanfaron ; pl. ed ; français cafard ; Littré cite caphardum.
KANFARDEZ, sf. Femme élégante, mijaurée ; pl. ed.
KANFOL, KANGOL, sm. Vanne d'écoulement ; kan canal, koll perte.
KANIBLEN, sf. Nuage ; pl. nou, kan blanc, oabl nuée.
KANIBLEK, adj. Nuageux, couvert de nuages.

KANIEN, sf. Vallon arrosé ; de kan canal
KANIKULOU, sm. pl. Canicule.
KANIVED, sm. Canif ; pl. ou ; vieux français canivet.
KANIVEDEN, sf. Toile d'araignée, pl. nou ; kann blanc, gweden lien.
KANKALA va. et n. Se dépêcher, part et.
KANKALA va. et neutre. Se dépiter, perdre la tête, colporter des nouvelles ; part. et ; kan chant, kéal nouvelle.
KANKALER, sm. Fanfaron, brouillon ; pl. ien.
KANKALEREZ, sf. Tripoteuse, cancannière ; pl. ien.
KANKALÉREZ, sm. Tripotage, dépit.
KANNUEZ, adj. Qui bat, qui frappe.
KANKR, KRANK, sm. Cancre ; pl. ed ; grec καρκινος, latin cancer.
KAN-MARO, sm. Chant Funéraire ; kan chant, maro mort.
KANN, sm. Bataille ; pl. ou ; voy. emgann ; Loth cite catol du combat.
KANN, adj. Blanc ; latin candidus candide.
KANNDER, sm. Blancheur ; latin candor.
KANN-LOAR, sm. Pleine lune ; kann blanc, loar lune.
KANNA, va. Battre, lessiver ; part. et ; voy. kann bataille.
KANNA, va. Blanchir ; part. et.
KANNAD, sm. Messager, député ; pl. ed ; Loth cite cannat caution, gallois cennad, breton kinnig propose.
KANNADA, va. Déléguer ; part. et ; voy. kannad.
KANNADER, sm. Ambassadeur ; pl. ien.
KANADUR, sm. Ambassade ; pl. iou.
KANNER, sm. Blanchisseur ; pl. ien.
KANNER, sm. Celui qui bat ; pl. ien.
KANNEREZ, sf. Blanchisseuse ; ed.
KANNEREZ, sm. Action de battre.
KANNÉREZ-NOZ, sf. Lavandière de nuit ; kannerez batteuse, noz nuit.
KANNEREZIG-ANN-DOUR, sf. Lavandière d'eau ; kannerez blanchisseuse, ann le, dour eau.
KANOL, sm. Canon ; pl. iou ; grec Καινω tue.
KANOL, sf. Canal ; pl. iou ; latin canalis.
KANOLIA, va. Canonner ; part. et.
KANOLIA, va. Faire des conduites d'eau ; part. et.
KANOLIER, sm. Canonnier ; pl. ien ; voy. kanol.
KANOL-IS, sm. Nom de lieu, canal de Liroise ; kanol canal, is ancienne ville qui portait ce nom.
KANOUR, sm. Prophète ; pl. ien ; kan chant.
KAN-PLÉAN, sm. Plein-chant ; kan chant, pléan uni.

KANT, *sm.* Circonférence, côté ; grec κατα; *pl.* kanchou.
KANT, *sm.* Nom de nombre, cent ; latin centum ; *pl.* kanchou.
KANTA, *va.* Placer sur le côté ; part. et.
KANTA, *va.* Vanner ; part. et.
KANTA, KANCHA, *va.* Compter des centaines ; part. et.
KANTEN, *sf.* Fond d'un crible ; *pl.* nou.
KANTENNER, *sm.* Vannier; *pl.* ien.
KANTENNEREZ, *sf.* Femme d'un vannier ;
KANTENNEREZ, *sm.* Vannerie, la boutique d'un vannierr
KANTIN, *sm.* Cantine ; *pl.* ou.
KANTIN. *adj.* Candi ; sukr kantin sucre candi.
KANTOL, *sf.* Chandelle ; Loth cite cannuell chandelle, gallois canwyll, cathol. cantoell, vannetais kantuler chandelier, cornique cantulbreu candélabre, latin candela.
Kantolor, *sm.* Chandelier ; *pl.* iou ; voyez kantol.
KANTOLOR-BARREK, *sm.* Candélabre ; *pl.* kantoloriou-barrek.
KANTOLOR-SKOURRET, *sm.* Lustre, chandelier à branches.
KANTOUN, *sm.* Canton ; *pl.* iou.
KANTOUNIER, *sm.* Cantonnier ; *pl.* ien.
KANTRÉAL, *vn.* Errer, divaguer ; part. et ; grec κεντρον pique, breton kentr éperon.
KANTRÉÉR, *sm.* Vagabond, celui qui divague ; *pl.* ien.
KANT TOULL, *sm.* Mille pertuis, plante ; kant cent, toull trou.
KANTVED. Nombre ordinal, centième ; de kant cent.
KANVEDER, *adj.* Espace de cent ans, centenaire ; kanved centième.
KANTVLOASIAD, *sm.* Cent ans; kant cent, bloaz année.
KANV. Voyez kaôn.
KANVAL, *sm.* Chameau ; *pl.* kanvaled ; de Jubainville le tire du latin camelus.
KANVAOUI, *vn.* Etre en deuil ; part. et; de kanv deuil.
KANVAOUZ, *adj.* Lugubre, de kanv deuil.
KANVÉEN, *sf.* Enterrement ; *pl.* nou.
KANVEIOU, *sm. pl.* Templon du tisserand ; Zeuss cite kasgoord en cornique satellite.
KANVNIDEN. Voyez kefniden.
KAO, *sm.* Cave ; latin cava.
KAOC'H, *sm.* Excrément; *pl.* ou ; voyez kac'h.
KAOC'HA, *va.* Salir avec la merde ; part. et.
KAOC'HEK, *adj.* Merdeux, de kaoc'h.
KAOC'H-KEZEKA, *vn.* Ramasser du crottin ; part. et ; kaoc'h merde, kezek chevaux.

KAOIA, *va.* Mettre en cave; part. kaoiet, haô cave.
KAOIER, *sm.* Celui qui met en cave ; *pl.* ien.
KAOL, *sm.* Chou ; *pl.* iou ; grec Καυλος, latin caulis.
KAOL-DU, *sm.* Plante, couleuvre ; kaol chou, du noir.
KAOLEK, *sf.* Champ de choux ; *adj.* plein de choux.
KAOLEN, *sf.* Chou ; *pl.* nou.
KAOL-GARO, *sm.* Bourrache, chardon, kaol chou, garô rude.
KAOL-IRVIN, *sm.* Légume fourrager, chou navet.
KAOL-MALO, *sm.* Mauve, kaol chou, malo, malv, malven mauve, cil.
KAOL-MOC'H, *sm.* Plante sauvage, chou des porcs.
KAOL-POUMMÉ, *sm.* chou-pomme.
KAOT-SAOUT, *sm.* Chou à vache.
KAOÑ, *sm.* Deuil, grec χαμνω abattu.
KAOÑ, *sm.* Canal ; *pl.* iou ; gallois kavn kavan, breton kan.
KAOT, *sm.* Colle ; Jubainville cite colto ; même racine que koulm nœud, grec Κόλλα colle.
KAOS, *sm.* Cause.
KAOTA, *va.* Coller ; part. et, kaot colle.
KAOTER, *sf.* Chaudière ; *pl.* iou ; latin caldarium.
KAOUAD, *sm.* Accès, attaque ; *pl.* kaouajou ; grec Καυσος fièvre.
KAOUAD-AVEL, *sm.* Coup de vent; kaouad accès, avel vent.
KAOUAD-GLAO, *sm.* Pluie subite; kaouad accès, glao pluie.
KAOUAD-KLENVED, *sm.* Maladie; kaouad accès, klenved maladie.
KAOUAD-TERSIEN, *sm.* Fièvre; kaouad accès, tersien fièvre.
KAOUAN, *sf.* Oiseau, hibou; ce mot breton a été donné aux Vendéens, connus sous le nom de chouan ; voyez kaouen.
KAOUED, *sf.* Cage ; *pl.* Kaouéjou ; latin cavata.
KAOUEDAD, *sf.* Une pleine cage ; *pl.* ou, de kaoued cage.
KAOUEDI, *va.* Mettre en cage ; part. et ; de kaoued.
KAOUÉDIK, *sf.* Petite cage ; *pl.* kaouedigoie.
KAOUEN, *sf.* Hibou ; *pl.* kaouenned ; latin caprimulgus, breton kaô cave, kouc'han, kou. onomatopée, kan chant.
KAOUENEZ, *sf.* fresaie ; *pl.* ed.
KAOUGA, *vn.* Abonder ; part. et, breton kaout trouver.
KAOUGANT, *adj.* Fertile, abondant; Loth cite coucant certainement.
KAOULED *adj.* Caillé, figé ; latin coactus.

KAOULED, *sm*. Caillebotte; *pl*. ou.
KAOULEDET, *part*. Caillé.
KAOULEDI, *vn*. Figer, cailler ; part. et.
KAOULET. Voyez kaouled.
KAOUT, *va*. Trouver; part. kavet; voyez kavout.
KAOUT-GWELL, *va*. Trouver mieux, préférer ; kaout trouver, gwell mieux ; part. kavet-gwell.
KAOUT-MAD, *va*. Trouver bon ; part. kavet-mad.
KAOUZ, *sm*. Fromage; anglais kow vache.
KAOZ, *sm*. Cause, entretien ; *pl*. iou; latin causa.
KAOZEAL, *vn*. Causer, s'entretenir, part. kaozéèt.
KAP, *sm*. Chape, vêtement de femme ; *pl*. iou, latin caput tête.
KAP, *sm*. Jeu d'enfants, bout extrémité.
KAPAB, *adj*. Capable.
KAPASITÉ, *sf*. Capacité.
KAPEAL, *vn*. Aller à la cape ; part. kapéet.
KAPEZ, *sm*. Licou: latin capistrum; voy. kabesta.
KAPEZ KLAPEZ, *sm*. Paysan ignorant ; voyez stlabez.
KAPITEN, *sm*. Capitaine ; *pl*. ed ; voyez kabiten.
KAPITAL, *sm*. Capital ; *pl*. ou.
KAPITAL, *adj*. Ville capitale.
KAPOT, *sm*. Capote, cape; *pl*. iou.
KAPOT, *adj*. Capable, susceptible.
KAPOT-SAC'H, *sm*. Cape de deuil ; kapot cape, sac'h sac.
KAPOUN, *sm*. Capon ; *pl*. ed.
KAPREZEN, *sf*. Capre ; *pl*. nou, kaprez.
KAR. *sm*. Affection ; Zeuss cite eskar sans affection.
KAR A BELL, *sm*. Parent collatéral; kar parent, pell éloigné.
KARABINEN, *sf*. Carabine ; *pl*. nou, grec Χαρκαινω répercuter le son.
KARABINENNER, *sm*. Carabinier ; *pl*. ien.
KARABASEN, *sf*. Vieille servante ; *pl*. ed; français, fée carabosse.
KARABOUSEN, *sf*. Casquette ; voyez kalabousen.
KARADEK, *adj*. Aimable, beau ; de kar affection, nom de famille très répandu.
KARAKTER, *sm*. Caractère.
KARANTEZ, *sf*. Amour, amitié ; *pl*. ou ; Jubainville cite carantia, de kar affection.
KARANTEZ, *sf*. Fruit de la bardane, fruit qui colle.
KARANTEZ-DOUÉ, *sf*. Dévotion ; karantez amour, doué dieu.
KARANTÉZUZ, *adj*. Charitable, aimant, de karantez.

KARAOUAN, *sf*. Caravane ; *pl*. ou ; persan karouan.
KARAVEL, *sf*. Civière ; *pl*. Iou ; karr charrette, avet vent.
KARAVELLOU, *sf*. *pl*. Marcher à quatre pattes.
KARC'HARIOU, *sm*. *pl*. Cercles des meules de moulin; kelc'h cercle, karr charrette.
KARDEN, *sf*. Litière, *pl*. nou ; grec Χαρπίσω récolter.
KARDENNA, *va*. Enlever la litière; voyez karza ; part. et.
KARDI, *sm*. Hangar ; karr charrette, ti maison.
KARÉ, *adj*. et *sm*. Carré ; *pl*. ou.
KARÉA, *va*. Equarir ; part. karret ; du français carré.
KAREDIK, *sm*. Amoureux ; karout karet aimer.
KAREIN, *va*. Blâmer; de karez reproche.
KARELL, *sf*. Belette; voyez kaérel.
KARELLA. *va*. Carreler ; part. et.
KARET KAROUT, *va* et *n*. Aimer ; part. karet.
KAREZ, *sm*. Reproche.
KAREZ, *sf*. Parente ; *pl*. ed.
KARG, *sf*. Fonction, charge ; *pl*. ou, espagnol carga.
KARGA, *va*. Charger ; part. karget.
KARGET, *adj*. Plein, chargé.
KARGWASK, *sm*. Panaris ; karg charge, gwask pression.
KARITEL, *sf*. Etui ; *pl*. Iou ; Loth cite guard garde ; comparez le français guérite.
KARKANIOU, *sm*. *pl*. Ornement de cou ; comparez le français carcan, latin carcannum, grec Χαρκινος.
KARLOSTEN, *sf*. Perce-oreille ; *pl*. nou; tar ventre, lost queue ou war dessus, lost queue.
KARM. Poème ; *pl*. ou ; latin carmen.
KARMEZ. Ordre religieux des carmes.
KARMÉZEZ, *sf*. Carmélite ; *pl*. ed.
KARMEZIAD, *sm*. Carme, religieux ; *pl*. karmezidi ou karmez.
KARN, *sm*. Corne du pied, sabot du cheval ; *pl*. kern ; Loth cite carnotaul mis en tas ; comparez le breton korn corne.
KARNA, *vn*. Se former en corne; part. et.
KARNAK, *sm*. Amas de pierres, nom d'une commune du Morbihan.
KARNEK, *adj*. Qui a de la corne.
KARNEL, *sf*. Charnier ; *pl*. karnéliou, latin carnis.
KARNEL, *sf*. Créneau, dépôt d'ossements des morts; *pl*. iou.
KAR-NEZ, *sm*. Parent proche, kar parent, nez proche.
KARO, *sm*. Cerf ; *pl*. kirvi ; de Jubainville cite carvos, grec Χαρη tête.

KAROTEZEN, *sf.* Carotte ; *pl.* karottez ; latin carota, grec Καρωτόν.

KAROUT, *va.* Aimer ; part. karet ; kar affection,

KAR-A-BELL, *sm.* Parent éloigné ; kar parent, a de, pell loin.

KARPREN, *sf.* Bâton en fourche, pour dégager la charrue ; *pl.* nou ; karz nettoyage, prenn bois.

KARR, *sm.* Charrette ; *pl.* kirri ; latin carrum, sanscrit kar marcher, grec Χραιπυος, prompt.

KARRAD, *sm.* Charretée ; *pl.* ou ; de karr charrette.

KARR-DIBUNA. *sm.* Rouet ; karr charrette, dibuna dévider.

KARRÉ, *sm.* Carré ; latin quadram.

KARRÉ, *adj.* Carré ; latin quadratus.

KARRÉA, *va.* Equarrir ; part. karréet ; de karré.

KARREAT. Voyez karréa.

KARRÉER, *sm.* Charron ; *pl.* ien ; karr voiture.

KARREK, *sf.* Rocher en gros bloc ; *pl.* kerrek. Loth cite carrecc, carrécou rochers, irlandais carricc, le même cite aussi carnecou amas de rochers.

KARREK-KLEUZ, *st.* Grotte formée par des rochers ; karrek roche, kleuz creuse.

KARRÉLEDEN, *sf.* Pelote ; *pl.* nou, karitel étui, héda étendre.

KARRETOUR, CHARRETOUR. Charretier ; *pl.* ien ; karr voiture.

KARREZA, *va.* Carreler ; part. et.

KARREZEN, *sf.* Carreau en terre ou en pierre ; *pl.* nou.

KARRHENT, *sm.* Chemin de charrette ; *pl.* karrhentchou ; karr char, hent chemin.

KARRIKEL KARRIGEL, *sf.* Brouette ; *pl.* lou ; karr charrette.

KARRIKELLA KARRIGELLA, *va.* Porter avec une brouette ; part. et.

KARRIOLEN, *st.* Carriole ; *pl.* nou ; italien carriuola.

KARRITEL, *sf.* Tombereau ; *pl.* lou ; karr charrette.

KARR-MORDOK, *sm.* Grosse charrette, camion ; karr charrette, mor pour maur d'ou meur grand, tok chapeau.

KARROS, *sm.* Preceinte de navire ; karrek, masse de rochers.

KARROS, *sm.* Carrosse ; *pl.* iou ; karr char.

KARROSEN, *st.* Carreau de vitre ; *pl.* nou.

KARROSIER, *sm.* Cocher ; *pl.* ien ; karros carrosse.

KART, *sm.* Quart ; latin quartus.

KART-HEUR, *sm.* Quart d'heure ; kart quart, heur, heure.

KARTEL, *sm.* Quartier de viande ; kart quart.

KARTEN, *sf.* Carte à jouer ; *pl.* kartou, kartennou ; grec Χαρτης.

KARTIER, *sm.* quartier ; *pl.* ou.

KARTOU, *pl.* de karten, carte.

KARTOUROUN, *sm.* Quarteron, latin quartus ; *pl.* ou.

KARTOUN, *sm.* Carton ; *pl.* kartouniou ; voyez cartoun.

KARUTEL. *sf.* Étui ; *pl.* ou.

KARV. Voyez karo, nom de famille assez commun, que l'on écrit caroff.

KARVAN, *sf.* Mâchoire ; *pl.* iou ; Loth cite ceroen cuve, latin caroenum, gallois cerwyn.

KARVAN, *sf.* Grue ; *pl.* iou ; karr char, man mouvement.

KARVAN, *sf.* Fille de mauvaise vie ; *pl.* ed.

KARVANAD, KARVAGNAD, *sf.* Coup sur la mâchoire ; *pl.* ou.

KARVANATA, KARVAGNATA, *va.* Souffleter ; part. et.

KARVANEK, KARVAGNEK, *adj.* Qui a la mâchoire forte.

KARVEK, *sm.* Sauterelle ; de karv ; *pl.* gou.

KARVEZ, *sf.* Biche ; *pl.* ed.

KARVIK, *sm.* Ver de mer ; *pl.* karviged.

KARVIK, *sm.* Jeune cerf ; *pl.* karvedigou.

KARVIK-BRUK, *sm.* Cigale ; de karv et de bruk bruyère.

KARV-KENN, *sm.* Peau de cerf ; karf, karo cerf, kenn peau.

KARV-LANN, *sm.* Sauterelle ; karv cerf, lann lande.

KARV-RADEN, *sm.* Sauterelle ; karv cerf, raden fougère.

KARZ, *sm.* Immondice, saleté ; Loth cite cared tâche ; grec Χαρφω recueillir.

KARZA, *va.* Ramasser des immondices ; part. et.

KARZ-PRENN. Voyez karpren.

KAS, *sm.* Haine, rancune ; kad combat ; Loth cite quodces haïr, irland fod. gall cassau, bret kas, kassout.

KAS, *va.* Conduire ; part. kaset.

KAS, *sm.* Cas ; *pl.* ou ; latin casus, cadere.

KAS, *sm.* Colère ; voyez kas haine.

KASAAT, *va.* Haïr ; part. kasséat.

KASAUZ, *adj.* Haïssable, gênant ; kas haine.

KAS DA BENN, *va.* Conduire jusqu'à bout ; kas conduire, da à, penn tête.

KAS DA GET, *va.* Dissiper ; kas conduire, da à, ket point, pas.

KAS DA NÉTRA, *va.* Anéantir ; kas envoyer, da à, nétra rien.

KAS-DIGAS, *sm.* Allée et venue ; kas mener, digas apporter.

KAS-DOUN, *va.* Enfoncer ; kas pousser, doun profond.

KASED, *sm.* Cassette, petite boîte ; *pl.* ou ; français cassette.

KASÉDAD, sm. Boîte pleine; pl. ou.
KASEDIK, sm. Petite Boîte ; pl. kasédigou.
KAS ER MÉAZ, va. Renvoyer; kas mener, er dans, méaz dehors.
KASIMODO, sm. Dimanche de la Quasimodo.
KASKARAT, vn. Se frotter ; lever les épaules, kas pousser, kalat kaled dur.
KAS KARAT, vn. Faire un haussement d'épaules, kas pour klask chercher, kar compassion.
KAS-KUIT, va. Chasser ; part. kaset kuit; kas renvoyer, kuit dehors.
KASSAAT, va. Haïr; le même que kasaat; part. eat, kas, haine, envie.
KASSONI, sf. Haine; de kas haine, terminaison oni; voy. kas.
KASTEL, sm. Château ; pl. kestel, latin castellum.
KASTELLAN, sm. Châtelain ; pl. ed, de kastel château.
KASTEL-BREZEL, sm. Forteresse ; kastel château, brezel guerre.
KASTELLIK, sm. Petit château ; châtelet; pl. kestelligou.
KASTELLIN. Nom de ville, Châteaulin.
KASTEL-KARR, sm. Corps d'une charrette ; kastel, château, karr char.
KASTEL-LESTR, sm. Hune ; pl. kestellestr ; kastel et lestr navire.
KASTEL-PAOL. Nom de ville ; Saint-Pol-de-Léon, à la lettre, Château-Pol.
KASTI, sm. Châtiment ; pl. ou.
KASTILLEZ, sm. pl. Groseille à grappes, du nom de la province de Castille.
KASTIZ, sm. Châtiment; pl. ou ; latin castigamentum.
KASTIZA, va. et n. Châtier ; part. et, latin castigare.
KASTIZA, va. Maigrir ; part. et.
KASTOUNADEZ, sf. Cassonade.
KASTR-ÉJEN, sm. Nerf de bœuf.
KASTRET, adj. Fort des reins.
KATALOK, sm. Catalogue; pl. catalogou; voy. Catalog.
KATAR, sm. Etre capricieux.
KATAR, sm. Croûte laiteuse, toque; grec κατα, contre.
KATARI, vn. Se couvrir d'abcès ; part. et.
KATÉKIZ, sm. Catéchisme ; pl. ou; grec κατηχισμός.
KATEKIZA, va. Faire le catéchisme; part. et.
KATÉKIZER, sm. Celui qui enseigne le catéchisme ; pl. ien.
KATEL, sf. nom. Catherine.
KATOLIK, adj. Catholique, grec Χατα, suivant, ολος tout ; pl. katoliked.
KAUC'H, sm. Excrément ; voyez kaoc'h.
KAUGANT, adj. Fertile, abondant; breton ; kaout trouver ; Loth cite gueltoguat fertilité, coguelt chevelure.
KAUL KOL. Voyez kaol chou, latin caulis.
KAUT, KOT, sm. Colle ; latin colla, grec Χολλα ; voyez kaot.
KAUTER, sf. Chaudière ; pl. iou ; voyez kaoter.
KAUZÉ, sf. Propos échangés ; pl. ou ; latin causa.
KAUZÉAL, vn. Causer; part. kauseet.
KAV, adj. Creux ; voyez kaô.
KAVA, va. Creuser ; part. et, de kav cave.
KAVADEN, sf. Trouvaille ; pl. nou; de kavout trouver.
KAVAILLAD, sm. Complot ; pl. ou ; kavout trouver ; Zeuss cite cowyth sodalis, cowezas sociétas.
KAVAILLA, vn. Comploter ; part. et.
KAVAILLER, sm. Conspirateur ; pl. ien ; voy. cavalier.
KAVALERI, st. Cavalerie ; pl. ou.
KAVALIER, sm. Cavalier ; pl. ien.
KAVALAN, sf. Mets mal préparé ; pl. ou; mâche pour les bêtes ; Loth cite cuall plénitude, cauuella cuve.
KAVAN, sf. Chouette ; pl. ed ; voyez kaouen, kouc'han.
KAVAN-VOR. sf. Corneille de mer ; pl. kavaned-vor, kavan corneille, mor mer.
KAVARN, sf. Caverne ; pl. iou ; latin caverna, de cavus creux.
KAVAS, sm. Branche en fourche ; Loth cite cauell berceau.
KAVATAL, adj. Egal, voyez kévatal.
KAVAZEZ, adj. Séant ; prép. co, ca, ka, kef, et azez assis.
KAVEL, sm. Berceau, corbeille ; pl. lou; Loth cite cauell berceau, corbeille, cathol. cauell corn cawal, gall. cawell, latin cauuella cuve, breton kav creux, grec Χανη; corbeille.
KAVELLAD, sm. Le plein d'une corbeille; pl. ou ; de kavel.
KAVEL-VOR, sf. Nasse de pêche ; kavel corbeille, mor mer.
KAVOUT, va. Trouver ; part. et, grec Χτεατιςω acquérir, anciennement caffout, racine kab ; voyez kaout.
KAVOUT-MAD, vn. Trouver bon ; part. kavet mad; kavout trouver, mad bon.
KAZ, sm. Chat ; pl. kizier; gaulois cattos.
KAZARC'H, KAZERC'H, sm. grêle : kaz, kas envoyer, erc'h neige ou kas colère, force, erc'h neige.
KAZARC'HA, vn. Grêler ; part. et.
KAZARC'HUZ, adj. Sujet à la grêle.
KAZEK, sf. Jument ; pl. kazekenned, gaulois marcacissa.
KAZEK, sf. Coup manqué.

KAZEK, *sf.* Jumelle de tisserand, poutre d'un moulin.

KAZEK-DOUGÉREZ, *st.* Jument poulinière ; kazek jument, dougérez qui porte.

KAKESI-KOAT, *sf.* Pivert ; kazek jument, koat bois.

KAZEL, *sf.* Aile d'un mur ; *pl.* iou ; gaél ashlais, allemand ashell.

KAZEL, *sf.* Aisselle ; *pl.* iou ; gallois cesail.

KAZELIAD, *sf.* Ce que l'on porte sous le bras: *pl.* ou.

KAZELIADA, *va.* Mettre sous l'aisselle, part. et.

KAZEN, *sf.* Femme qui surveille son mari ; *pl.* nou ; Loth cite casgoord satellite, gosgordde gallois, escorte.

KAZERC'H. Voyez kazarc'h.

KAZERC'HUZ Voyez kazarc'huz.

KAZEZ, *sf.* Femelle du chat ; *pl.* ed ; de kaz chat.

KAZIK, *sm.* Petit chat ; *pl.* kazedigou.

KAZ-KOAT, *sm.* Ecureuil ; *pl.* kizierkoat ; kaz chat, koat bois.

KAZPRENN, *sm.* Bâton en fourche pour dégager la charrue. Voyez kazpren, karz n'ettoie, prenn bois.

KAZR. KAER, *adj.* Beau ; Loth cite cadr beau, cathol cazr. grec κεκαδμενος orné, sanscrit cad.

KAZRHAT, *va.* Embellir. Voyez kaéraat.

KAZUL, *sf.* Chasuble; Loth cite casulheticc vêtu d'un manteau, latin casula, cathol, casul.

KAZ-VOR, *sm.* Chat de mer ; kaz chat, mor mer.

KE, *sm.* Clôture ; voyez kaé.

KEA, *vn.* Faire une haie ; voyez kaea.

KÉA, *sm.* Quai ; *pl.* ou ; anglais kay, latin cayum.

KÉA, *vn.* Aller, va ; voyez mont.

KÉAL, KEL, *sm.* Nouvelle ; *pl.* ou ; cathol quehezl, grec κελαδος.

KÉALOU, KELOU, *sm. pl.* Nouvelles; voyez kéal.

KEAR, *sf.* Ville, maison ; *pl.* iou ; Jubainville cite l'irlandais cathir theme castrac ; comparez le latin castrum ; Loth cite caiou enclos, latin cayum maison ; voyez ker.

KEARIAD, KERIAD, *sm.* Habitant des villes ; *pl.* kérist ; ker ville.

KEAR-MOUZIK, *sf.* Boudoir ; kear logis, mouza bouder.

KEAR-VEUR, *sf.* Capitale, grande ville ; kear ville, meur grand.

KEAUDET, *sm.* Cité, nom d'une ancienne cité, coz guéodet, coz-yaudet, cotta civitatis.

KÉAZ, *adj.* Cher, tendre, malheureux ; Jubainville tire ce mot de cactos, le même que le latin captus.

KEAZ, *sm.* Malheureux ; *pl* kéiz ; paour keaz, pauvre malheureux.

KEAZEZ, *sf.* Féminin de kéaz.

KEBEL, *pl.* irrég. de kabel ; voyez ce mot.

KEBR, *sm.* Poutre, chevron ; Loth cite cepriou chevrons, gallois cebr, moyen latin. caprio dérivé de caper.

KEBRA, *va.* Poser des chevrons; part. et.

KÉDEIZ, *sm.* Bord d'un toit, renouvellement d'une toiture, keit autant, téi couvrir, grec κεισον.

KÉDEIZA, *va.* Border une toiture ; part. et.

KEDEZ, *sf.* Equinoxe ; keit autant, deiz jour.

KEEL-KEHEZL, *sm.* Avant-bras de charrue ; Loth cite celcell couteau, irland. colc, claideb épée.

KEELA KEHEZLA, *vn.* Diriger la charrue ; part. et.

KÉÉL, *sm.* Honneur ; *pl.* ou.

KÉÉLA, *va.* Honorer ; part. et.

KEF, *sm.* Tronc, souche ; *pl.* iou ; latin cippus ; Loth cite ciphillion, rejetons, cathol. queff, gallois cyff.

KEFALEN, KEVALEN, *st.* Mets, ragoût.

KEFEL, *sm.* Compagnon ; *pl.* iou ; Loth cite comélia, gallois cyfelliach amitié ; comparez le breton gevel jumeau.

KÉFÉLEGIK, *sm.* Jeune bécasse ; *pl.* kéfélégigou.

KEFELEK, *sm.* Bécasse ; *pl.* kefeleged ; de kefel, gevel pince de forgeron, bek bec, ou simplement kefelek, terminaison de l'adjectif ek, pincard.

KEFELEKAAT, *vn.* Faire la chasse de la bécasse ; part. éat.

KEFELEK-KOAT, *sm.* Littéralement, bécasse de bois.

KEFELEK-LANN, *sm.* Bécassine sourde ; *pl.* kefeleged-lann ; kefelek bécasse, lann lande.

KEFELEK-MOR, *sm.* Courlieu ; kefelek bécasse, mor mer.

KEFÉLIN, *sm.* Coude ; *pl.* ou ; kef souche, élin coude.

KEFER, KENVER, KEVER. Bois d'un soc d'une charrue ; *pl.* iou.

KEFER, KENVER, KEVER. Proportion ; gallois cimer, irland comair.

KEFERER, *sm.* Concurrent ; *pl.* ien.

KEFERER, *st.* Concurrente ; *pl.* ed.

KEFEREREZ, *sm.* Concurrence.

KEFESTA, *va.* Festoyer ; part. et ; kef représentant, le latin cum, fest banquet.

KEFESAT, *sm.* Celui qui festine ; *pl.* ien.

KEF-GWINI, *sm.* Cep de vigne ; kef souche, latin cippus, gwini ; *pl.* gwinien vigne.

KEFIA, *vn.* Ensoucher; part. et; kef souche.

KEFIADA, *vn.* Pousser des racines; part. et; kefia ensoucher.

KEFILIN, *sm.* Coude, avant-bras; *pl.* ou; voyez kefelin.

KEFILINAD, *sm.* Coudée, ancienne mesure; *pl.* ou.

KEFINIANT, *sm.* Parent éloigné; *pl.* ed; Loth cite comnider cousin, gallois cyfyrder, breton niz neveu.

KEFINIANTEZ, *sf.* Cousine éloignée; part. ed.

KEFIOU, *pl.* de kef souche; menottes pour les condamnés.

KEFLEUE, *adj. fem.* Vache pleine; kef, et leué veau.

KEFLUSK, *sm.* Trouble, agitation; *pl.* ou, kef racne et lusk qui bouge.

KEFLUSKA, *va.* Remuer, agiter; part. et.

KEFN, *sm.* Dos; Voyez kéin; gallois kefyn, du thême gaulois cebenno; comparez la montagne cebenna, citation de Jubainville.

KEFNIANT, *sm.* Cousin éloigné; voyez kefiniant.

KEFNIANTEZ, *sf.* Cousine éloignée; voyez kefiniantez.

KEFNIDEN, *sf.* Araignée; *pl.* kefnid; Loth cite cetlinau s'attacher, gallois cydlinu, breton kef souche, neud fil.

KEFNIDEN-VOR, *sf.* Ecrevisse de mer; *pl.* kefnid-vor; kefniden écrevisse, mor mer.

KEFNIDEN-ZOUR, *sf.* Ecrevisse d'eau douce; *pl.* kefnid-zour.

KEFREDER, *sm.* Homme d'affaires; *pl.* ien; voyez kevret; *pl.* kevridi.

KEFREN, *sm.* Voyez kevren.

KEFRIDI. *sf. pl.* Affaires; voyez kevred; com reticus.

KEF-TAN, *sm.* Tison; *pl.* kefiou-tan; kef buche, tan feu.

KEGEL, *sf.* Quenouille; *pl.* iou; concula pour colucula, dérivé de colus de Jubainville, grec Χάλαμος canne.

KEGELIAD, *sf.* Quenouillée; *pl.* ou; de kegel.

KEGIN, *sf.* Cuisine; *pl.* ou; latin coquina.

KEGIN, *sm.* Geai, oiseau; *pl.* ed; latin gaius graculus.

KEGINA, *va.* Faire la cuisine; part. et.

KEGINER, *sm.* Cuisinier; *pl.* ien; kegin cuisine.

KEGINEREZ, *sf.* Cuisinière; *pl.* ed.

KEGIT, *sf.* Plante, ciguë, latin cicuta; Loth cite cocitou ciguë, gall cegid.

KEHEZL, *sm.* Partie d'une charrue; voyez kéla.

KEHEZLA, *vn.* Conduire une charrue; voyez kééla.

KEHOED, *adv.* En public; Loth cite couled co-oled de oll tout; Zeuss cite cohiton coihiton jusqu'à.

KEI KÉA, *vn.* Aller; voyez mont.

KEIAT, *vn.* Aller, actuellement mont.

KÉIDA, *va.* Egaliser, égaler; part. et; de keit aussi loin.

KEIDEL, *sf.* Equinoxe; voyez kédez.

KEIEL, *st.* Quenouille; voyez kegel; *pl.* iou.

KEIELAD, *st.* Quenouillée; voyez kegeliad.

KEIGEL, *sf.* Quenouille; voyez kegel.

KEILLENEN, *st.* Mouche; *pl.* keillen; Loth cite cetlinau s'attacher; comparez le nom d'un général vendéen Cathelineau; voyez kelienen.

KEIN. *sm.* Dos; gallois cefyn, gaulois cebenno montagne cebenna, français Cévenne.

KEINA, *va.* Porter sur le dos; part. et.

KEINA, *vn.* Gémir; part. et; voyez jeina, Jubainville cite cvinama, gallois cwyno, d'une racine koin, vieux scandinave hvina, stridere.

KEIN AR C'HAR, *sm.* Le devant de la jambe; kein dos, gar jambe.

KEINATA, *va.* Porter à dos; part. et; kein dos.

KEINEK, *adj.* Qui a un large dos; keinek est un nom de famille très commun, et s'écrit suivant l'orthographe du catholicon queinnec.

KEINIK, *sm.* Petit dos; *pl.* keinigou.

KEINIK, *adj.* Un peu bossu.

KEINVAN, *sm.* Gémissement; *pl.* ou; voyez keina.

KÉINVANUZ, *adj.* Gémissant, plaintif.

KEIT, *sm.* Distance, durée; Loth cite cithremmet égal, irlandais cutruma proportion; Zeuss cite kyhyt, kehedet, égalité.

KEIT, *sm.* Filipendule, plante; *pl.* ou.

KEIT HA KEIT, *adv.* Egalement; de même longueur.

KEIZ, *sm. pl.* de kéaz. Pauvre. Voyez ce mot.

KEIZA, *va.* Egaliser; Voyez kéida.

KEIZA, *va.* Dégrossir; part. et.

KEJ, *sm.* Mélange; voyez mesk.

KÉJA, *va.* Remuer, mélanger; part. et: grec Κινεω agiter, remuer.

KEJEREZ, *sm.* Mélange, agitation; voyez meskérez.

KEL, *adv.* Voy. ken, si plus.

KEL, KEEL, *sm.* Nouvelle; *pl.* keleier, kelaou, cathol. quezehl, grec Χελλω.

KÉLADUR, *sm.* Herminette; *pl.* iou; voyez taladur.

KELADURIA, *vn.* Se servir de l'herminette; part. et.

KELAOU, *sm. pl.* Nouvelles; grec χελαδος bruit.

KELAOUER, sm. Donneur de nouvelles ; pl. ien.
KELAOUI, vn. Donner des nouvelles; part. et.
KELASTREN, sf. Houssine; pl. nou; kelen houx, calamennou chaume, ou kel ; adv., lastren saleté.
KELASTRENNA, va. Frapper avec une houssine; part. et.
KELASTRENNAD, sm. Coup de houssine; pl. ou.
KELAVAR. Voyez hélavar.
KELC'H, sm. Cercle; pl. iou ; latin circulum, grec χυχλος.
KELC'HEK, adj. Formé en cercle.
KELC'HEN, sf. Collier; pl. ou.
KELC'HIA, va. Enrouler ; part. et.
KELC'HIER sm. Magicien, sorcier ; pl. ien.
KELC'HOUÉ. sf. Coudrier; voy. kelvez, cornique, colwiden; composé de coll, latin corylus.
KELEIER, spm. Nouvelles; de kel nouvelle, kelou.
KELEN, sm. Houx; pl. ou; Jubainville cite cel-inos, cornique kelin.
KELEN, sf. Conseil, précepte; pl. ou.
KELENNA, va. Instruire; part. et.
KELENNADUREZ, sf. Précepte, connaissance, doctrine.
KELEN-BAIL, sm. Houx panaché ; kelen houx, bail marqué de blanc.
KELENNEN, sf. Plant de houx; pl. nou.
KELENNER, sm. Celui qui enseigne ; pl. ien.
KELER, sm. Noix de terre ; de kell testicule.
KELEREN, sf. Lutin; feu follet; pl. ed ; Loth cite coel aruspice, breton kel nouvelle.
KELF, sm. Souche d'arbre ; voyez kef, skalf.
KELI, sm. Boxe, étable séparée ; voyez kolen.
KELIEN, sm. pl. Mouches.
KELIENEK, adj. Plein de mouches.
KELIENEN, sf. Mouche; pl. kelien . Loth cite cetlinau s'attacher, grec χελαδεινος, bruyant, cornique kelyonen, cambrique cylionen.
KELIENEN-VORS st. Taon. grosse mouche ; kelienen mouche, morza engourdir.
KELIENEN-ZALL, st. Grosse mouche ; kelienen, et dall aveugle.
KÉLIN, pl. de kolen ; petit des animaux.
KELINA. vn. Mettre bas; part. et ; grec Κέλλω vient à terme. breton kolen petit.
KELL. KALC'H, sm. Testicule; Loth cite coilou, coiliou.
KELL, sm. Cloison, séparation; pl. ou.

KELLASKA, va. Chercher ; voyez klask, grec ηλοσκω.
KELLÉAZ, sm. Le premier lait d'une vache ; kel nouveau, léaz lait.
KELLEK, adj. Qui a les testicules forts.
KELLID, sm. Germe de graine ; kell germe, id blé.
KELLIDA, vn. Germer ; part. et; kellid germe.
KEL-LIEZ, adj. Si souvent; kell si, liez souvent, plusieurs.
KELLILIK, sm. Petit couteau, canif; pl. kelliligou, celcell couteau.
KELORN. sm. Boîte à sel, baquet; pl. iou ; Jubainville cite l'irlandais cil-ornn, gallois cil-urnon.
KELOU, sm. pl. Nouvelles ; voyez kel.
KELT, sm. Celte, nom d'un peuple ; grec Κέλτης, latin celta, kelt signifie aussi guerrier.
KELTIAD, sm. Homme du pays celtique; pl. ed.
KELTIEK,adj.Celtique,qui tient du celte.
KELVEZ, sm. pl. Coudrier ; Loth cite coll, gallois coll corn colviden, irland. coll, latin corylus, allemand hasala, vieux français couldre.
KELVEZEK, sf. Coudraie, bois de coudriers.
KELVEZEN, sf. Coudrier; pl. nou ; ou kelvez ; voy. ce mot.
KEM. Particule qui commence certains mots; cem, cym, kemmesk mélange, kem représente le français com, avec.
KEMPER, sm. Nom d'une ville, confluent, corisopitum kenever, par numerus, kemm différence, aber rivière.
KEMPERLÉ, sm. Nom d'une ville ; confluent de l'Ellé.
KEMBOT, KOMBOT, sm. Terrasse de jardin, kemm différence, bot élévation.
KEMEND, KEMENT, adv. Autant kemm différence, ment grandeur, dimension.
KEMEND-ALL, adv. Autant ; kemend autant, all autre.
KEMENER, sm. Tailleur ; pl. ien : de Jubainville cite com-ben-arios, et binam je coupe oubeneticion coupés ; cathol benaff couper ; grec φονος, goth benja ; breton kemm différence béner coupeur, tailleur.
KEMENER, sm. Espèce d'airaignée, faucheux.
KEMENEREZ, sf. Tailleuse; pl. ed.
KEMENER-VOR, sm. Ecrevisse de mer ; pl. keménérien-vor, kemener tailleur, mor mer.
KÉMENEUR, sm. Tailleur ; le même que kemener, nom de famille très répandu, quéméneur.
KEMENGADER, sm. Messager ; pl. ien ; kemenn ordre gad combat.

KEMENN, sm. Ordre, commandement ; pl. ou.
KEMENNA, va. Ordonner ; part. et; Loth cite cemmein gradins, grec κημοω, mettre au frein.
KEMENNADUREZ, sf. Commandement.
KEMENI, va. Ordonner ; le même que Kemenna.
KEMENT. Voyez kemend.
KEMENT-SÉ, pronom. Cela ; kement autant zé cela.
KEMENT-TRA, pron.Tout ce qui, kement autant, tra chose.
KEMER, sm. Capture ; Cathol quemer cambrique cymmer.
KEMEROUT, va. Prendre, saisir ; part. et.
KEMM, sm. Echange, différence ; pl. ou.
KEMMA, va. Echanger ; part. et ; Jubainville cite le thème cambiama ; breton kemm différence.
KEMMESK, sm. Mélange ; Troude cite ken avec, mesk mélange ; Zeuss cite commixtio.
KEMMESKET, adj. Mélangé.
KEMMESKI, va. Mélanger ; part. et.
KEMM-WERZ, sm. Commerce ; kemm échange, gwerz vente.
KEMPENN, va. Mettre en ordre ; voyez kempenni.
KEMPENN, adj. Propre, bien tenu ; ken avec, penn tête ; grec κεπευω, travailler finement.
KEMPENNADUREZ, sf. Propreté ; pl. iou.
KEMPENNI, va. Arranger, rendre propre ; se dit le plus souvent kemnenn ; part. et.
KEMPER. Voyez kember.
KEMPERLÉ. Voyez kemberlé.
KEMPRED, adj. du même temps ; kem avec ; pred temps, saison.
KEN KEM, adv. Ensemble, avec ; cambrique kin, représentant le préfixe français com con ; kenvroad compatriote ; kenvreur confrère.
KEN, adv. Aussi, autant.
KEN, adv. Plus, d'avantage.
KEN KENN, sm. Peau d'animal ; Loth cite ceen écorce ; gallois caen irland ceinn.
KEN KENN, adj. Beau ; Loth cite cein beau ; gallois cain ; cath quened aujourd'hui, kened beauté.
KEN ABRED, adv. De sitôt, déjà ; ken si, a de, pred temps.
KEN-APLIK, adj. Peu expérimenté.
KENAN, conj. Autant que possible pour kena.
KENAVEZO, conj. Au revoir ; ken jusque, a a vézo sera.
KENAVO. Contraction du mot précédent.

KENDALC'H, sm. Suite, persévérance ; pl. iou.
KENDALC'HI, vn. Voyez kenderc'hel.
KENDAMOUEZ, sf. Emulation ; ken, et le grec δαμαω dompte.
KENDERC'HEL, vn. Persister ; part. kendalc'het ken, et derc'hel tenir ; quelques-uns prononcent kendelc'her, même signification.
KEN-DERÉ, sm. Collègue ; ken et déré dégré.
KENDERF, sm. Cousin ; pl. kendirvi ; Loth cite comnider ; Jubainville cite cons ves tar vos ; consobrinus en latin, consvestarinos, ceux qui descendent des deux sœurs.
KENDERVIA, va. Cousiner ; part. et. voyez kenderf.
KENDIRVI, pl. irrég. de kenderf, cousin.
KENDRÉC'HI, va. Persuader, convaincre ; part. et ; ken, et trec'hi couper.
KENEB, KENEP, adj.Jument pleine ; Loth cite cemitolaidou, génération ; cornique cinethel, irland cenel, breton genel.
KENEBET, adj. Se dit d'une jument pleine.
KENEBI, va. Remplir ; part. et.
KENED, sm. Beauté ; Loth cite cein beau ; cathol quenet.
KEN-ESKOP, sm. Coadjuteur ; ken avec, eskop évêque.
KEN-FOARN, sm. Four banal ; ken avec, fourn four.
KEN-GAÔN, sm. Condoléance ; ken, et kaôn deuil.
KEN-GOONVI, vn. Faire sa condélance ; part. et.
KEN-HAKEN, adv. Tant et plus ; ken plus ha et ken plus.
KEN-HOUARN, sm. Scories de fer, kenn peau, houarn fer.
KENITERV, sf. Cousine ; voyez kiniter.
KENKIZ, sm. Maison de campagne ; pl. ou : kenta premier, giz coutume, mode ; cathol quenquis ; grec καινισμα, innovation ; La Villemarqué cite ken beau, giz mode.
KENKLAO, sm. Espèce de faucille ; ken et klaô outil ; pl. kenklaviou.
KEN-LÉVÉNEZ, sm. Félicitation ; ken et lrvénez joie.
KENN, sm. Pellicules de la tête, scories des métaux ; Loth cite cennen, petite peau ; gallois cin.
KENNA, prép. Voyez ken-an, jusqu'à ce que.
KEN-NEBEUD, adv Se dit aussi kenneubeut. Non plus ; ken plus, nebeud rien, peu.
KEN-NERZ, sm. Aide ; ken et nerz force.
KEN-NÉRZA, va Consolider ; part. kennerzet.

KENNIG. Voy. kinnig.
KEN-OBER, sm. Action de coopérer.
KEN-OBER. va. Coopérer ; part. ken-c'hréat.
KEN-OBERIANS, sm. Coopération.
KENSEURT, sm. Collègue, associé ; pl. ed, ken, et scurt sorte.
KEN-SKOLAER, sm. Condisciple ; pl. ken-skolaérien ; ken et skolaer écolier.
KENT, prép. Avant ; evel kent cependant ; diagent auparavant, th gaulois cintu.
KENTA, adj. Premier, en tête.
KENTAN, adj. Premier, le même que kenta.
KENTEL, sf. Leçon, pl. iou, érland cetal; cantalis ; Loth cite centhiliat ; chanteur irlandais, kétal, latin cantilena.
KENTEL, Ce mot s'emploie dans ékentel, à point. à propos.
KENTELIA, va. Faire la leçon, part.
KENTELIER, sm. Professeur ; pl. ien.
KENT-HED, sm. Le premier essaim d'abeilles ; kent pour kenta premier, hed essaim.
KENTIS-KENTA, adj. A qui mieux mieux.
KENTIZ, adv. Aussitôt ; kent et tiz, vitesse ; catholicon quentiz.
KENTOC'H, adv. Auparavant ; irlandais, cintu.
KENTR, sm. Éperon; pl. ou; grec, κεντρις. aiguillon ; Jubainville cite le thème calutron, latin calcitrare.
KENTRA, sm. Littéralement la première chose ; kenta premier, tra chose.
KENTRA, va. Éperonner ; voy. kentraoui.
KENTRAD, sm. Coup d'éperon.
KENTRAD, adv. De bonne heure; de kenta premier, tra chose.
KENTRAOUI, va. Éperonner ; part et.
KENTRÉ, adv. Aussitôt que; kent auparavant, tré près.
KENT-SE, adv. A plus forte raison ; kent auparavant, sé ce.
KENVER, sm. Sep de charrue ; pl. iou ; gallois cimer ; irlandais comair.
KENVER, sm. Égard, proximité sanscrit gamatar.
KEN-VÉVA, va. Vivre en commun ; ken ensemble, béva vivre.
KEN-VILIN, sm. Moulin en commun ; ken et milin moulln.
KEN-VOURC'HIZ, sm. Concitoyen; ken et bourc'hiz, bourgeois.
KEN-VREUR, sm. Confrère; pl. ken-vreudeur ; ken et breur, frère.
KEN-VRO, sm. Pays en commun.
KEN-VROAD, sm. Compatriote; pl. ken-vroidi.
KENWALEN, sf. Ragoût ; voy. kavalan.
KÉO, sm. Grotte ; pl. keviou ; latin ca

vus ; nom de famille très commun Quéo .
KÉOED, adv. En public ; voy. kéhoed.
KEODET, sm. voy. keaudet.
KEOI, va Creuser, part. kéoet
KEONIDEN, sf. Araignée ; voy. kefniniden.
KEONIT, sm. Mousse, voy. kinvi.
KER, adj. Prix élevé, cher; latin carus, racine car.
KER, adv. Autant.
KER, sm. Arête des bois, pierres.
KER, sf. Ville, village, voyez kéar.
KÉRA. Le plus dispendieux, le plus cher.
KERAAT, vn. Renchérir ; part. keréat.
KER-AHEZ, Nom de ville ; carhaix, ville de la princesse ahez, ville d'en haut.
KERAOUEZ, sf. Cherté, renchérissement; ker cher.
KERBOULEN, sf. plante, guède.
KERCH, sm. Avoine ; irlandais, coirce.
KERC'HA, vn. Manger de l'avoine, part. et.
KERC'HAT, va. Aller prendre; part. kerc'het; latin quoerere, sanscrit cish, chercher.
KERC'HEIN, kerzout, vn. Marcher; part. et de kerz, course.
KERC'HEIT, sf. Perdrix grise, nom qui indique le chant de cet oiseau.
KERC'HEIZ, sf. Héron, pl. ed., quercheiz cherhit, cathol. cambriq. crychydd, grec κραυγαςω, crier.
KERC'HEK, sm. Champ d'avoine; pl. kerc'hégou.
KERC'HEN, sf. Plant ou grain d'avoine ; pl. kérc'hennou, kerc'h avoine.
KERC'HET, vn. Marcher ; yoy. kerc'hein.
KERC'HOUR, sm. Marcheur, pl. ien ; kerz, course.
KERDIN, sm. pl. de korden corde.
KERDU, sm. Nom d'un mois, décembre; ker aussi, du noir.
KÉRÉ, sm. Cordonnier ; pl. keréourien cathol. quéré, nom de famille très commun : de Jubainville cite carimu, caremon.
KERENT, sm. pl Parents; pl. de kar, voy. ce mot.
KERENTIACH, sf. Parenté ; de kerent parents.
KERENTIEZ, sf. Parenté ; moins usité que kerentiach.
KÉRÉOUR, sm. Cordonnier ; pl. ien ; voy. kéri.
KÉRÉOURI, sf. Atelier de cordonnier ; kéréour, cordonnier.
KEREZ, sm. pl. De kerezen, cerise.
KEREZEK, sf. Cerisaie ; champ de cerisiers.
KÉRÉZEN, sf. Cerise ; pl. kerez, kerezennou ; grec, κέραδος; latin, cerasus, cérasonte, ville du pont.

KERFAÉN, sf. verveine ; latin verbena.
KERGAD, sf. Coquillage cambrique, cragen; coquille.
KERGLOC'H, adj. Épais, touffu.
KERGWIR, adv. Aussi vrai ; ker aussi, gwir vrai.
KÉRIAD, sm. Habitant de la ville ; pl. kérist; ker ville.
KERIADA, va. Ramasser en tas près de la maison ; part. keriadet ; ker maison.
KERIADEZ, sf. Femme des villes, pl.ed.
KERKENT, adv. Aussitôt ; ker aussi, kent, auparavant.
KERKOULS, conj. aussi bien que, ker, anssi, kouls autant.
KERL, sm. cercle ; pl. ou ; latin, circulum ; voy. kelch.
KERLUZ, sm. Loche de mer; cadr. kaér beau ; luz, truite.
KERN, pl. de korn, corne.
KERN, sf. Fond d'un chapeau ; tremie, de korn corne.
KERNÉ, sm. pays de la Bretagne ; Cornouaille ; latin, cornubia ; on dit aussi kernéo.
KERNÉVAD-KERNÉVOD, sm. Cornouaillais ; pl. kernevist, kerneviz.
KERNEVADEZ, KERNEVODEZ, sf. Femme de la Cornouaille ; pl. ed.; de kerné, kernéo.
KERNEZ, sf. Cherté ; ker, qui coûte beaucoup.
KERNIEL, sm. pl. de korn, Corne ; latin cornu.
KERNIGEL, KORNIGEL, sf. Vanneau ; pl. ed. de kern, huppes.
KERREIZ, sm. Police de ville ; ker ville; réiz ordre.
KERREIZ. adj. Tranquille ; ker, autant, réiz tranquille.
KERREK, sm. pl.de karrek ; Loth cite cerricc, rochers ; irlandais carricc ; voy. karrek.
KERS, sm. Patrimoine, cours ; latin cursus.
KERSÉ, adj. Singulier, étrange ; ker cher, se, cela.
KERZ, sm. Marche ; pl. ou ; latin, cursus.
KERZA, va. Courir, posséder ; part. kerzet.
KERZED, sm. Marche, manière, démarche.
KERZER. sm. Coureur ; pl. ien.
KERZEREZ, sf. Coureuse ; pl. ed.
KERZET, va. Marcher ; voy. kerza.
KERZIN, sf.pl. Alise, fruit.
KERZINEN, sf. Alise ; pl. kerzin, kerzinennou.
KERZU, voy. kerdu.
KEST. sf. Corbeille ; pl. ou ; Loth cite cest ; gallois cest, du latin cista.

KEST, sm.pl. Vers intestinaux ; grec, κευθω, cache ; latin. testudo.
KESTA, va. Renfermer dans une ruche ; part. et ; kèst, corbeille, ruche.
KESTAD, sf. Le plein d'une ruche, d'une corbeille ; pl. ou.
KESTAL, vn. Quêter, faire une quête, part. et.
KESTAT, pl. irrég. de kostezen, côte.
KESTEL, sf. pl. Plate-forme de la hune; voy. kastel.
KESTEN, sf. Ruche ; pl. kestennou.
KESTEN, pl. irrég. de châtaigne ; voy. kistinen,
KESTENEN, sf. Châtaigne; pl. nou; voy. kistinen.
KESTER, sm. Quêteur ; pl. kesterien, de kest ; latin cista.
KESTEUREN, sf. Ventre plein, panse ; pl. nou ; kest, corbeille; tor, teur ventre.
KEST-GWENAN, sf. Ruche d'abeilles ; kest ruche, gwenan, abeilles.
KESTIOUN, sm. Question ; pl. ou.
KESTIOUNI, va. Questionner ; part. et.
KET, particule nég. Nullement, plus, pas ; Zeuss cite cet, cyd, vieux français cata, grec χατα, cathol. quet.
KÉTAÉR, sm. Cohéritier ; pl. ien ; grec χατα suivant, Breton hér héritier, ou kéit autant, hér héritier.
KETAÉREZ, sf. Cohéritière ; pl. et.
KÉTAN, loc. adv. N'est-ce pas, pour nékédan.
KETAN, adj. Premier ; voyez kenta.
KETE-KETAN. adv. A l'envi, au premier, pour kenti-kenta.
KEU, sm. Regret; voyez keuz.
KEU, sm. Excavation ; voyez kaô.
KEUIA, va. Creuser ; part. et; voy. kavia.
KEULÉ. Voyez kelleué.
KEULET, adj. Voyez kaoulet.
KEULFÉ, sm. Sonnerie du couvre-feu ; Loth cite guolleuni, coucher.
KEUNEUD, sm. pl. Bois ; voyez keuneuden ; comparez le latin comminatus.
KEUNEUD-BERS, sm. pl. Bouse de vache séchée au soleil.
KEUNEUD-DOUAR, sm. pl. Tourbe desséchée ; keuneud bois, et douar terre.
KEUNEUD-LAKA-LAKA. Menus bois, keuneud, et laka, laka, mets, fournis.
KEUNEUD-MOR, sm. pl. Varech desséché ; keuneud, et mor mer.
KEUNEUDEK, sf. Coffre à bois; keuneud bois.
KEUNEUDEN, sf. Bûche ; pl. keuneud ; latin comminatus.
KEUNEUDOK, sf. Grenier à bois ; keuneud bois.
KEUNEUDRÉ, sm. Niais, lourdaud ; keuneud bois.

KEUNEUTA, *va*. Chercher du bois; part. éat.

KEUNEUTAER, *sm*. Chercheur de bois; *pl*. ien.

KEUNUC'HEN, *sf*. Injure ; *pl*. nou ; Loth cite cuinhaunt cathol., queinuan gémissement, cunnaret rage, breton kounnar, kun doux, az au-dessus.

KEUNUC'HENNI, *vn*. Injurier; part. et.

KEUR, *sm*. Chœur; *pl*. iou ; latin chorus.

KEUR, *sm*. Cœur, dénomination des cartes à jouer.

KEUREUK, *sm*. Saumon coureur; *pl*. keureuged, cambrique chawe. breton kerzer coureur.

KEURUZ, *sf*. Anguille, grec εγχελυς.

KEURUZA, *vn*. Pêcher des anguilles ; part. et.

KEUSTEREN, *sf*. Ragoût ; kest corbeille, teuren panse.

KEUT, *va*. et *n*. Avoir ; voy. kaout.

KEUZ, *sm*. Regret; cathol. queux.

KEUZIDIGEZ, *st*. Regret ; voy. keuz.

KEUZIDIK, *adj*. Regrettant : keuz regret.

KEUZIA, *vn*. Avoir du regret ; part. et.

KEVALEN, *sf*. Soupe ; voy. kavalan.

KÉVATAL, *adj*. Egal ; kef souche, atal qui vaut ; Zeuss cite kehaval, latin similis.

KERAUDET. Voy. kéaudet.

KÉVED, *sm*. Quenouillée ; keiel quenouille.

KEVELEK, *sm*. Bécasse ; voy. kéfélek.

KEVEL, *sf*. Nouvelle ; voy. kel, keal, kelou.

KÉVEL, *sf*. Pince de forgeron ; *pl*. ou ; voyez gével.

KEVENDERF, *sm*. Cousin ; Loth cite comnidder.

KEVER. Voy. keñver.

KEVER-DOUAR, *sm*. Journal de terre ; kéver proportion, douar terre.

KEVERDU, *sm*. Décembre; kéver proportion du noir, cathol. duff.

KÉVÉRER. Voy. kéférer.

KÉVÉRIA, *va*. Suivre auprès ; part. et.

KEVEZ. Le même que keved.

KEVEZ, *sm*. Bois recoubé ; comparez le breton kelvez.

KEVEZER. Voy. kéférer.

KEVIA, *va*. Creuser; part. et ; voy. kavia.

KÉVINIANT. Voy. kéfiniant.

KEVINITERV, *sf*. Cousine ; voy. kiniter.

KEVLENÉ. Voy. kefleué.

KEVN, *sm*. Dos. Voyez kéin.

KEVRÉ, KEFRÉ, *sm*. Lien ; *pl*. ou ; se dit aussi krévé ; *pl*. ou.

KEVRED, KEVRET, *adv*. Ensemble ; jadis cofrit, latin comreticus.

KEVREDIGEZ, *sf*. Alliance, traité ; kevred ensemble.

KEVREN, *sf*. Lot, portion ; *pl*. ou.

KEVREN, *sm*. Copartageant, consort; kef qui représente com en français, cum en latin, et rann en breton ; part.

KEVRENNA, *va*. Partager ; part. et.

KEVRENNEK, *adj*. Co-partageant.

KEVRET, *adv*. Ensemble ; voy. kevred.

KEVRIDI, *pl. sf*. Affaires ; voy. kefridi.

KEWIR, *adj*. Vrai, véridique ; gwir vrai.

KEZ, *adj*. Cher, bien-aimé ; grec χαίω brûle ; voyez kéaz.

KÉZA, *va*. Voyez keizia.

KEZEGEN, *sf*. Jupe ; *pl*. nou ; Loth cite cetlinau s'attacher.

KEZEK, *sm. pl*. Chevaux ; *sing*. marc'h ; gaulois marcos ; Loth cite marchauc de cheval.

KEZEK, *sm. pl*. Charpente d'un moulin.

KEZEZ, *sf*. Pauvresse ; voy. kéz, kéaz.

KEZNEZ, *sf*. Pauvreté, indigence.

KEZOUR, *sm*. Ordure ; voy. kaézour.

KEZOUREK. Voy. kaézourek.

KI, *sm*. Chien ; irlandais ca ; *pl*. chas, grec Κυων chien.

KIA, *vn*. S'entêter ; part. kiet, ki chien.

KIB, *sm*. Emboitement du moyeu d'une roue; latin cippus, gallois cyff, grec χισωτὸς, coffret cohiton, latin usque ; Loth cite cihutun jusqu'à.

KIBA, *va*. Garnir un moyeu ; part. et.

KIBEL, *sf*. Cuve, baignoire ; *pl*. lou ; latin cupella.

KIBELLA, *vn*. Prendre un bain ; part. et; kibel bain.

KIBELLAD, *sf*. Le plein d'une cuve, d'une baignoire ; *pl*. ou.

KIBEL AR FEUNTEUN, *sf*. Maçonnerie pour capter l'eau d'une fontaine ; kibel cuve, ar le, feunteun fontaine.

KIBELLAT, *va*. Mettre en cuve ; part. et.

KIBELLEC'H, *sm*. Etablissement de bains ; kibel bain, léac'h lieu.

KIBELLER, *sm*. Baigneur ; *pl*. ien.

KI-BESK, *sm*. Chien dont on a coupé la queue ; ki chien, besk, pour pesk, poisson. Loth cite bitat tailler ; comparez bideô ; voy. ce mot.

KIBEZ, *adj*. Pauvre, dénué ; ki chien, pez pièce, morceau.

KIBRIEN, *sf*. Chevron ; *pl*. nou ; voy. kebr ; Loth cite cepriou chevrons.

KICHEN. *loc. adv*. Auprès de ; Loth cite circhinn le tour de ; Jubainville cite le gallois cyrc'hin, qui entoure.

KIDEL, *sf*. Litière, filet, nasse ; Loth cite cauell corbeille.

KI-DENVED, *sm*. Chien de berger ; ki chien, denved moutons.

KI-DOUAR, *sm*. Chien terrier ; ki chien, douar terre.

KI-DOUR, *sm*. Loutre, littéralement ; chien d'eau ; *pl*. chas dour.

KI-DU, *sm*. Chien noir ; ki chien, du noir.

KIEZ, *sf*. Chienne ; *pl*. kiozenned.

KIEZ-KIGNEZ, *sf*. Prostituée; kiez chienne, kign qui écorche.

KIFF, *sm*. Souche ; voy. kel, latin cippus.

KIFNI, *sm*. Mousse, duvet ; se dit le plus souvent kinvi ; voy. ce mot.

KIFNID, *sm. pl*. De kifniden, araignée.

KIFNIDEN, *sf*. Araignée ; *pl*. kifnid; gall cydlinu s'attacher, breton kef souche, neud toile.

KI-FOUTOUILLEK, *sm*. Chien barbet ; ki chien, foutouillek barbu; Zeuss cite fointreb, latin supellex.

KIG, KIK, *sm*. Viande, latin cibus.

KIGA, *vn*. Se former en chair ; part. et.

KI-GAOL, *sm*. Chien qui se tient près de vous ; ki chien, gaol fourche, entrecuisse.

KIGEK, *adj*. Charnu : kig viande.

KIGEL, *sf*. Quenouille; *pl*. lou ; latin conucula ; voy. kegel.

KIGELIAD, *sf*. Quenouillée ; *pl*. ou ; de kigel quenouille.

KIGEN, *sf*. Complexion, tempérament; *pl*. nou ; kig viande.

KIGENNEK, *adj*. Fort en muscles ; kig viande, kigen tempérament.

KIGER, *sm*. Boucher ; *pl*. ien ; kig viande.

KIGEREZ, *sf*. Bouchère ; *pl*. ed.

KIGEREZ, *sm*. Débit de viandes.

KIGER-MOC'H, *sm*. Tueur de porcs ; kiger boucher, moc'h porcs.

KIGERI, *sf*. Etal de boucher; kiger boucher.

KIGN, *sm*. Ecorce ; gallois cin, caen, irlandais ceinn; Loth cite ceen coquille, écorce cennen petite peau.

KIGNA, *va*. Ecorcer, écorcher ; part. et.

KIGNADEN, *sf*. Ecorchure ; *pl*. nou ; de kigna écorcher.

KIGNAT, *va*. Ecorcher ; voy. kigna.

KIGNAVAL, *sm*. Partie d'une charrue, soutien du soc ; kign écorce, ar le, gwall gaule.

KIGNEN, *sm*. Ail ; Loth cite cennin ail ; irlandais caennenn, gallois ceninen, cathol. quinghenn ; *pl*. nou.

KIGNER, *sm*. Ecorcheur, écorceur; *pl*.ien.

KIGNEZ, *sm. pl*. de kignezen, Guigne.

KIGNEZEK, *sf*. Lieu planté de guigniers.

KIGNEZEN, *sf*. Guigne, fruit ; latin guinda.

KI-GOLVEK, KI-GALVEK. Chien de garde; ki chien, galvek qui appelle.

KIGUZ, *adj*. Qui est tout chair ; kig chair, viande.

KIIK-DIMEZEL, *sm*. Chien de demoiselle.

KIIK-LOUFERIK, *sm*. Chien de manchon; kiik petit chien, louferik, louva se blottir, louva vesser.

KIIK-TARO, *sm*. Chien carlin ; kiik petit chien, tarô taureau.

KIK. Voyez kig viande.

KIK-BEVIN, *sm*. Viande de bœuf.

KIK-DENT, *sm*. Chair des gencives ; kik chair, dent, dents. *pl*. ou.

KIK-EGEN, *sm*. Viande de bœuf.

KIK-GOUEZ, *sm*. Viande sauvage, gibier ; kik viande, gouez sauvage.

KIK-KRESK, *sm*. Excroissance de chair; kik chair, kresk croissance.

KIK-MOC'H, *sm*. Viande de porc.

KIKOUN, *sm*. Nom donné aux tanneurs; kik chair, koun ; *pl*. irrég., de ki chien.

KIK-ROST, *sm*. Viande rôtie.

KIK-TORR, *sm*. Fatigue, courbature ; kik chair, torr qui casse.

KIL, *sm*. Revers d'une pièce de monnaie; *pl*. kilou ; de kil arrière.

KIL, *sm*. Revers, dos, recul ; irlandais cul, latin culus. grec χυλλος.

KILA, *vn*. Aller en reculant ; part. et.

KILCHA, *vn*. Bigler, cligner ; part. et ; on dit aussi gwilcha, grec χευθω cache.

KILDANT, *sm*. Grosse dent ; kil arrière, dant dent.

KILDENT, *sm. pl*. de kildant. Grosse dent.

KILDOURN. *sm*. Dos de la main ; pl. kildourniou ; kil revers, dourn main.

KILDOURNAD, *sm*. Coup du revers de la main ; *pl*. ou.

KILDRO, *adj* Volage ; kil arrière, tro tour; Voy. hedro.

KIL-GOK, *sm*. Chapon ; kil arrière, kok coq.

KILL, *sm*. Quille à jouer ; *pl*. ou; espagnol quilla, allemand kiel, kegel, anglais kéel.

KILL, *sm*. Cercle ; pl. ou ; Loth cite circhinn, le tour.

KILL, *sm*. Os de la jambe, du bras ; *pl*. ou.

KILLA, *va*. Cercler ; part. et ; de kill cercle.

KILLEGEZ, *sf*. Germe d'un œuf ; killek coq.

KILLEIEN, *sm. pl*. de killek, coq.

KILLEK, *sm*. Coq ; *pl*. killeien ; Zeuss cite coliek, kullyek, chelioc, kill cercle, coiliauc augure cité par Loth.

KILLEK AR BARREZ, *sm*. Le coq du village.

KILLEK-GOUEZ, *sm*. Faisan, coq de bruyère.

KILLEK-INDREZ, *sm*. Coq d'inde ; *pl*. killeien-indrez.

KILLEK-KOAT, *sm*. Pivert ; *pl*. killeienkoat ; se dit plus souvent kazk-koat ; voy. ce mot.

KILLEK-RADEN, *sm.* Sauterelle ; *pl.* killéien-raden, killek coq, raden fougère.

KIL-LEK-RADEN, *sm.* Oiseau, râle de genêts.

KILLEK-SPAZ, *sm.* Chapon ; *pl.* killeien spaz ; killek coq, spaz coupé, châtré.

KILLER, *sm.* Celui qui fait des cercles ; *pl.* ien.

KILLER-TRO, *sm.* Tonnelier ; *pl.* killerien tro ; killer, celui qui fait des cercles, tro' tour.

KILLET, *adj. et part.* Circonvenu, ensorcelé.

KILLERI, *sm.* Oiseau, ortolan ; *pl.* ed.

KILLERIK, *sm.* Jeune ortolan ; *pl.* ed.

KILLEVARDON, *sm.* Porc frais, en cotelette, kill os de la jambe, war sur don, doun profond.

KILL-GAMM. Boîteux; kill os de la jambe, kamm boîteux, ou kill arrière, kamm boîteux ; voy. chilgamm.

KILL-GAMMA, *vn.* Marcher à clochepied ; part. et.

KILLOG, KILLOK, *sm.* Coq ; *pl.* killeien ; Zeuss cite chelioc.

KILLOGIK, *sm.* Jeune coq, petit coq ; *pl.* killogigou.

KILLORI, *sm.* Amour libertin, histérique.

KILLOROU, *sm. pl.* Avant-train d'une charrue.

KILLOU, *sm. pl.* De kill cercle, de kill quille.

KILLOURS, *adj.* Têtu ; kill cercle, ourz ours.

KILLOURSAL, *vn.* S'entêter ; part. et.

KI-NOZ, *sm.* Chien de nuit ; nom que l'on donne quelquefois au loup.

KILPENN, *sm.* Occiput ; kil arrière, penn tête.

KILPENNEK, *adj.* Entêté ; kil arrière, pennek têtu.

KILTR, *sm.* Sommet de la tête ; χεφαλις, couvre-chef, cathol quil, cornique chil, breton kil.

KILVERS, *adj.* Entêté ; kil arrière, guirther dureté ; Loth cite guichir colère, gallois groychr, guerg efficace.

KILVID, *sm.* Coudraie ; de coll coudrier; voy. kelvez.

KILVION, *sm. pl.* De kalvez ; Voy. kilvizien.

KILVIZIA, *vn.* Faire de la menuiserie ; part. et ; voyez kalveziat.

KILVIZIEN, *sm. pl.* De kalvez ; menuisier ; voy. ce mot.

KIMIAD, *sm.* Adieu ; *pl.* ou ; de Jubainville le tire du latin commiatus pour commeatus, congé.

KIMIADA, *va.* Prendre congé ; part et ; de kimiad congé.

KIMINER, *sm.* Tailleur ; voy. quemener keméner.

KIMINEREZ, *sf.* Tailleuse ; *pl.* ed ; voy. keménérez.

KIMPER, *sm.* Soldat ; Loth cite, contulet réunion, gallois cynnul, réunion.

KINIAD, *sm.* Chantre de paroisse ; *pl.* ed : de kan chant, kana chanter.

KINIDEN, *sf.* Araignée ; *pl.* kinid ; voy. kefniden, kifniden.

KINITER, KINITERV, *sf.* Cousine ; *pl.* ezed ; Loth cite comnidder cousin ; cathol. queniteru, latin connepotius.

KINKAILL, *sm.* Menus débris ; *pl.* ou.

KINKAILLA, *va.* Couper en petits morceaux ; part. kinkaillet.

KINKAILLER, *sm.* Celui qui découpe ; *pl.* ien.

KINKL *sm.* Ajustement, parure ; *pl.* ou ; comparez le français clinquant, le hollandais klinken.

KINKLA, *va.* Orner, ajuster, parer ; part. et.

KINKLÉREZOU, *sm. pl.* Ornements, affiquets.

KINKLET, *adj. et part.* Orné, paré.

KINNIG, *sm.* Offre, proposition ; *pl.* ou ; Loth cite cannat caution, gallois caniatau permettre, vannetais canit proposer, Léonard kinnig.

KINNIGA, *va.* Offrir, proposer ; part. et ; se dit aussi simplement kinnig.

KINNIGOUT, *va.* Le même que le précédent.

KINT, *sm.* Grognement ; *pl.* ou ; Loth cite catalrid, turbulent.

KINTA, *vn.* Crier, pleurer ; part. et ; sanscrit kan, retentir, breton kana chanter, grec χαναςω retentir.

KINTIK, *sm.* Petit grincheux ; *pl.* kintigou.

KINTUZ, *adj.* Grincheux ; de kint grognement.

KINVI, *sm.* Mousse, duvet ; Loth cite ceng jointure ; on dit aussi kifni, kefni ; voyez ces mots.

KINVIA, *vn.* S'enchevêtrer, se couvrir de mousse ; part. kinviet, de kinvi mousse.

KIOC'H, *sf.* Bécassine ; *pl.* ed ; onomotapée ; voyez gioc'h, grec kissa crier comme une pie.

KIOC'HETA, *va.* Chasser la bécassine ; part. et ; kioc'h bécassine.

KIOCHIK, *sf.* Petite bécassine ; *pl.* kiochiged.

KIOC'H-VOR, *sf.* Bécassine de mer ; kioc'h ou gioc'h bécassine, mor mer.

KI-PORZ, *sm.* Chien de basse-cour ; *pl.* chas-porz, ki chien, porz cour.

KIR, *adj.* Cher ; voy. ker.

KI-RED. *sm.* Chien courant ; *pl.* chasred ; ki chien, red course.

Kiriegez, sf. Cause, effet ; pl. ou; latin causa.

Kiriek, adj. et sm. cause, auteur.

Kiriok. Le même que kiriek.

Kirin, sf. Vase, pot de terre ; pl. ou ; Loth cite ceroenhou cuves; pl. de ceroen, venant du latin caroenum, corn keroin, gall cerwyn.

Kirintiez, sf. Parenté ; voy. kerentiach.

Ki-rodellek, sm. Chien frisé; ki chien, rodellek qui frise.

Kirri, pl. irrég. De karr, charrette ; Loth cite cerpit chars.

Kirvi, pl. irrég. De karo, cerf; Karoff est un nom de famille assez usité.

Ki-stag, sm. Chien de garde; ki chien, stag attache.

Kistin, pl. irrég. De kistinen, châtaigne.

Kistina, vn. Cueillir des châtaignes ; part. et.

Kistinek, sf. Châtaigneraie ; pl. kistinegou.

Kistinen, sf. Châtaigne ; pl. kisten, latin castanea.

Kitès, adj. Quitte ; on dit aussi kittès, kuittes ; voy. ce mot.

Kitorr, kik-torr, sm. Courbature ; kik viande, torr brisûre.

Kivich, kivij, sm. Écorce de chêne, poudre de tan ; pl. ou ; Loth cite cise partie rasée; breton kigna, écorcher, gwez arbres ; de Jubainvitle, cite le gallois cyffait, cyfgwaith-com-vectu.

Kivicha, kivija. va. Tanner, écorcer ; part. et.

Kivicher, kiviger, sm. Tanneur ; pl. ien ; nom de famille très commun, Quiviger.

Kivij. Voy. Kivich.

Kivija. Voy. Kivicha.

Kivijer. Voy. Kivicher.

Kivijeri, pl. Tannerie ; pl. ou.

Kivioul, adj. Bourru, taquin, kéf, et ioul, colère, volonté.

Kiviv. Exclamation, qui vive ; kiviv vient du français, qui vive.

Kivn. sm. Mousse ; voy. kinvi.

Kivnia, va. Voy. Kinvia.

Ki-vor, sm. Chien de terre-neuve ; pl. chas-vor.

Kiz, sm. Recul ; pl. ou.

Kiza, va. Reculer ; pl. et.

Kiza, va. Emousser une lame; part. et.

Kizel, sf. Ciseau de menuisier ; latin cisellus.

Kizella, va. Ciseler, se servir du ciseau ; part. et.

Kizeller, sm. Ciseleur ; pl. kizellerien,

Kizel-ien, sf. Ciseau à froid ; kizel ciseau, ien froid.

Kizelik, sf. Petite gouge, pl. kizelligou.

Kizidigez, sf. Sensibilité ; grec Χιναθισω, agiter.

Kizidik, adj. Sensible, agité, difficile.

Kizidik, sm. Point sensible ; comparez le breton kassoni haine, kassaat, haïr.

Kizier, pl. irrég. de kaz, chat.

Klabez. Voy. Stlabez.

Klabeza, va. Salir ; part. et; voy. Stlabeza.

Klabezen, sf. Petite pluie fine, brume ; pl. nou.

Klabous, sm. Action de remuer; voy. stlabez.

Klabousat, va. Remuer, patauger ; part. et; grec Χλυζειν, laver.

Klabousérez, sm. Propos diffus, rêverie, radotage,

Klachad, sm. Couche, classe ; pl. ou.

Klaff, sm. Nœud ; pl. ou; Loth cite clou ; latin clavis.

Klaff, klan, adj. Malade ; grec Κλινη, lit. Zeuss cite clafhorec, dérivé du cambrique claf.

Klak, sm. Coup; pl. ou; comparez le français claque.

Klamestren, sf. Perte; pl. nou ; grec Χλεπτω, dérobe.

Klan, klanv. adj. Malade; voy. klaff.

Klandi, sm. Hôpital ; pl. ou ; klan malade, ti maison.

Klann, glann, sf. Rive ; cambrique glan, celte glana rivière, sanscrit galam eau; grec γαληνν blanc.

Klanv, adj. Malade; voy. klan, klaff.

Klanvaat, sm. Devenir malade ; part. klanvéat.

Klanvidik, adj. Maladif, valétudinaire.

Klanvour, sm. Un malade ; comparez clafhorec cité par Zeuss.

Klanvourez, sf. Une malade ; pl. ed.

Klaô, sm. Outil ; pl. klaocou; Loth cite clou ; latin clavus.

Klaô-klav, sm. Nœud de fil, latin clavis clef.

Klaoen, sf. Ferrement des lacets ; pl. klaô.

Klaoeten, sf. Clavette ; pl. nou.

Klaoia, va. Renfermer, mettre des ferrements ; part. klaviet.

Klaoiet, adj. et part. Renfermé, mis à clef.

Klaoued, klouéd, sf. Claie; irlandais cliath, kymri clwyd ; grec κλειθρον clôture, latin cleta.

Klaouat, va. Faire une excavation ; part. eat.

KLAOUIER, sm. Étui à aiguilles; pl. ien.
KLAOUSTRÉ, sf. Pari; pl. ou; breton klaô nœud, grec κλυτοσ.
KLAOUSTRÉA, vn. Parier; part. klaoustreet, de klaoustré.
KLAOUSTRÉER, sm. Parieur, pl. ien; de klaoustré.
KLAPENNAD, sm. Coup donné, tape; allemand klac coup, breton penn tête.
KLAPEZ, sm. Paysan grossier.
KLAPEZEN, sm. Flaneur ; pl. klapez, paysan abruti; comparez le breton stlabez saleté, stlabéza salir.
KLASK, sm. Recherche, action de chercher ; grec νλαβκω.
KLASKOUT, va. Chercher; part. klasket; grec ηλαβκω.
KLAUSTR, KLOASTR, sm. Cloître; pl. ou; latin claustrum, grec κλειθρον clôture.
KLAUSTRA, va. Renfermer; part. et; de klaustr.
KLAUSTRER, sm. et adj. Claustral; pl. ien.
KLAV. Voy. klaô.
KLAVIA, va. Nouer, klaô nœud ; part. et.
KLAZ, sm Couche, tranchée, classe; voy. klachad.
KLAZA, vn. Enlever uue couche, faire une tranchée; part. et.
KLE, sm. Haie; voy. kleus.
KLÉ, adj. Gauche ; voy. kléiz.
KLÉAN, sf. Épée; voy. klézé.
KLEAN-SPILL, sf. Glace en pendant; kléan épée, spill peur, ispill suspendu.
KLEANOUR, sm. Homme de guerre; klean épée.
KLÉAT, vn. Faire des haies; klé, kloued haie.
KLEFET, va. Entendre; voy. klévet, klévout.
KLÉFIFF, vn. Aller à cloche-pied ; cambrique cilid, irlandais cele, gilyd, breton égilé; comparez le breton klanvaat, tomber malade.
KLEFOUT, va. Entendre; part. et; voy. klevout.
KLEI, adj. Gauche : voy. kle, kléiz.
KLÉIART, sm. Gaucher; voy. kleisiad.
KLEIER, splm. Cloches, singulier kloc'h; voyez ce mot.
KLÉIZ, subst. et adj. Gauche, gaucher.
KLEIZ, sm. Plante mouron, leiz plein.
KLEEZ, KREIZ, sm. Craie; Loth cite clutam j'accumule, clud gued, tas amas, latin creta.
KLEIZIAD, sm. Gaucher ; pl. ed; vieux gallois cled, vieil irland. clé; latin lacvus, grec λαιὸς; Loth cite cledd, gall. moderne cledd, cathol cléiz, grec χλινω. latiu clivus.

KLEIZIADEZ, sf. Femme qui se sert de la main gauche ; pl. ed.
KLEIZA, va. Marquer à la craie; part. et ; kleiz craie.
KLÉIZEN, sf. Cicatrice; pl. nou ; comparez klèze épée, latin gladius.
KLEIZEN sf. Pène de serrure; pl. ou ; de klé arrêt, haie ; grec κλειω ferme à clef.
KLÈIZÈNNA, va. Cicatriser ; part. et; kleizen cicatriee.
KLEIZENNEK. adj. Couvert de cicatrices.
KLEIZENNET. adj. et part. Cicatrisé.
KLEISAD. Voy. kleisiad.
KLÉISIADEZ, Voy. Kléiziadez.
KLEMM, vn. Se plaindre ; part. klemmet, latin clamare.
KLEMM, sm. Plainte; pl. ou ; latin clamor, grec κλαυθμονη plainte. gémissement.
KLÈMMADEN, sf. Plainte, réclame; pl. nou ; de klemm plainte.
KLEMIAC'HAL, vn. Crier comme les enfants, part. et.
KLEMUC'HAT. va. Languir; part. et; klemm plainte, mouza bouder,
KLEMVAN, sm. Gémissement ; pl. ou ; klemm plainte, man semblant.
KLEMVANUZ, adj. Plaintif ; klemm plainte man ; latin munere rester.
KLENVED, sm. Maladie, pl. klènvejou.
KLENVED-VOR, pl. m. Scorbut, klenved maladie, mor mer.
KLENVEL, vn. Tomber malade, de klanv malade.
KLEO, sm. Attirail d'une charrue ; comparez iéo.
KLÉO, sm .Ouïe ; Jubainville cite le gallois clyw-cloves.
KLÉO, Entends ; de klévet, klévout entendre ; grec Κλυειν, entends.
KLEOUT, va. Entendre; part. et ; voy. klévet, klévout.
KLERA, KLERENNA, vn. Glacer légèrement ; Loth cite claur surface.
KLEREN, sf. Claie; pl. nou ; kler.
KLEREN, sf. Glace légère; pl. nou.
KLERENNA. Voy. Kléra.
KLET, adj. A l'abri ; grec Χλειω fermé à clef.
KLÈU, sm. Clôture, voy. kleuz.
KLEUI, va. Carder; part. et; Voy. steui; grec Χλωθω.
KLEUN, sm. Etrier; pl. ou ; voy. skléan.
KLEUN. sm. Fontaine, lavoir ; grec Χλυςειν lave.
KLEUR, sm. Fossé; pl. iou; de kleuz creuse, fossé.
KLEUV, sm. Limon de charretle; kleurgarr, leur-garr, leur aire, karr charrette.
KLEURC'H, sm, Poêle à crêpes; Loth cite lar laur sol, foyer ; breton lenr.

KLEUS, sm. Fossé; voy. kleuz.
KLEUSIA, va. Fossoyer; part. et; de kleuz fossé.
KLEUZ, adj. Creux, bas latin, crosum crotum.
KLEUZ, sm. Clôture; pl. kleusiou; noms de famille très répandu, kleusiou, du kleusiou.
KLEUZA, va. Faire un fossé, creuser; part. et.
KLEUZEN, sf. Arbre creux; pl. ed.
KLEUZEN, sf. Boîte à beurre; pl. ed; voy. klozen.
KLEUZER, sm. Creuseur; pl. ien.
KLEUZER, sm. Lampe; pl. iou; de kleuz creux.
KLEUZIA, va. Faire une clôture, un fossé; part. kleusiet.
KLEUZIER, sm. Fossoyeur; pl. ien; kleuz creux.
KLEVÉD, sm. Ouïe; Voy. kléo.
KLEVET, va. Entendre; part. klévet; latin clamitus; Loth cite clet renommée, gallois clasteu oreilles.
KLEVOUT, va. Entendre; part. klévet.
KLÉZÉ, sm. Epée; pl. ou; latin gladius.
KLEZÉIAD sm. Homme d'épée; pl. ed; klézé épée.
KLÉZEIER, pl. irrég.; de klezé épée.
KLID, sm. Ferme; voy. kellid.
KLIK, sm. Machine, cric; pl. krikou. onomatopée cric; Littré cite égricus.
KLIK, sm. Défaut; pl. ou.
KLIKED, sm. Loquet; grec λιγδην, anglais locket, flamand layeke, irland. luika. Comparez le breton klok fermé en entrer; voyez liked.
KLIKEDA, va. Fermer au loquet; part. et.
KLIKED-ZOON, sm. Croc-en-jambe, kliked, croc, zoon pour soun qui sonne.
KLIMICHAD, vn. Pleurnicher, de klemm plainte, part. klimichet.
KLIMICHER, sm. Pleurnicher; pl. ien.
KLIN, sm. Genou, pli; pl. ou, irlandais glun, latin genu, inclinare.
KLIN-BRÉAC'H, sm. Coude, klin genou, pli, bréac'h bras.
KLIN-GAR, sm. Genou; pl. klinou-gar, klin genou, gar jambe.
KLIPEN, sf. Crête happe; pl. nou, kil arrière, penn tête.
KLIPENNEK, adj. Qui a une crête, de klipen crête.
KLISIA, va. Toucher légèrement; part. et; comparez le français glisser, allemamd glitschen.
KLOAR, sm. Panique; voyez gloar.
KLOAREK, sm. Clerc, homme d'église; latin clericus. Kloarek est un nom de famille très répandu et s'écrit Cloarec le plus souvent.

KLOASOUN, sf. Cloison; pl. iou.
KLOASOUNI, va. Faire une cloison; part. et.
KLOASTR, sm. Cloître; pl. ou; latin claustrum.
KLOASTRA, va. Cloîtrer; part. et; kloastr cloître.
KLOC'H, sm. Cloche; pl. kléier; allemand, latin cloca, irlandais clog.
KLOCHA, va. et n. Agacer, glousser; part. et.
KLOC'HAD, sm. Sonnerie de cloches; pl. ou.
KLOCHAT, vn. Glousser; part. et.
KLOCHED, sm. Etui; pl. ou; de klok renfermé.
KLOCHED, sm. Crochet; pl. ou; de krog croc.
KLOCHEDA, va. Crocheter; part. et.
KLOCHEN, sf. Tranche mince; comparez kroc'hen peau.
KLOC'HER, sm. Bedaud, sonneur de cloches; pl. ien; de kloc'h cloche.
KLOC'HEREZ, sf. La femme du bedaud; pl. ed.
KLOCHÉREZ, sf. Piaulement, action de glousser.
KLOC'HIK, sm. Clochette, petite cloche; pl. kloc'higou.
KLOD, sm. Renommée; Loth cite clot gloire, grec χλυτος, sanscrit crutas, latin cluo inclutus, irland. clu, breton klevout, gallois clusteu, oreilles, irland. cluas, clausta, cloth renommée.
KLODAD, sm. Couvée, se dit aussi klosad; pl. ou; klossen closse, kloz renfermé.
KLOÉR, sm. pl. de kloarek clerc.
KLOÉR-DI, sm. Séminaire; kloér clercs, ti maison.
KLOEREK, sm. Clerc; le même que kloarek.
KLOEST, sm. Cloître, le même que kloastr.
KLOGA, va. Agacer; part. et; voyez klocha.
KLOGOREN, sf. Bulle d'air; pl. ou; klok étendu, gor abcès.
KLOGORENNA, va. Se former en bulles, en ampoules; part. et; voyez klogoren.
KLOK, adj. Etendu, complet, klod renommée.
KLOK, adv. Fermé, en entier.
KLOKA, va. Troquer, échanger; part. et.
KLOKEN, sf. Cuiller; pl. nou; Zeuss cite cloch diberi, eloc'h dibri, cuiller pour manger.
KLOKENNET, adj. Femme cléricale.
KLOKUZ, adj. Sourd, oreille paresseuse.
KLOKUZ, adj. Facile à troquer.

KLOMN, *sm.* Pigeon ; voyez koulm ; latin columba.

KLOMM, *sm.* Nœud du bois ; voyez koulm.

KLOMMA, *va.* Nouer ; voyez koulma, skoulma.

KLOMM-DI, *sm.* Pigeonnier, klomm colombe, ti maison.

KLOMMEK, *adj.* Noueux ; voyez skoulmek.

KLOPENN, *sf.* Crâne ; *pl.* ou ; pour golo couvre, penn tête.

KLOPENNEK, *adj.* Qui a la tête forte.

KLOR, *sm. pl.* De kloren, coque.

KLOREN, *sf.* Coque, bogue ; Loth cite claur surface, couvercle ; gallois clawr, irlandais clar.

KLOSA, *va.* Clore ; voyez kloza.

KLOS, *sm.* Coque, bogue ; *pl.* klosou.

LLOSEN, *pl.* Coque ; *pl.* nou ou klos.

KLOSENNAD, *sf.* Plein une coque, une bogue ; *pl.* ou.

KLOSEN-AMANN, *sf.* Boîte arrondie en bois pour renfermer le beurre; klosen coque, amann beurre.

KLOSEN-BEZ ou KLOSEN-PIZ, *sf.* Bogue de pois; klosen écosse, piz pois.

KLOSEN-GÉAR, *sf.* Mauvaise bourgade, klosen coque, kéar ville.

KLOSEN-GISTIN,*sf.* Bogue de châtaigne; klosen bogue, kistin châtaigne.

KLOSEN-VI, *sf.* Coque d'œuf; klosen coque, vi œuf.

KLOUAR, *adj.* Tiède ; Loth cite claur couvercle ; latin calor, chaleur.

KLOUARAAT, *vn.* Tiédir ; part. éat ; voyez klouar.

KLOUARDED, *sm.* Tiédeur, de klouar.

KLOUARIJEN, *sf.* Tiédeur, temps tiède ; *pl.* nou.

KLGUARIK, *adj.* Plaignant, dolent.

KLOUED, *sm.* Barrière ; *pl.* klouéjou ; voyez klaoued claie, latin cleta.

KLOUÉDA,*va.* Herseur, fermer avec une barrière; part. et.

KLOUEDEN, KLOUÉJEN, *sf.* Treillis ; *pl.* nou ; de kloued.

KLOUEDER, *sm.* Herseur ; *pl.* ien.

KLOUER, *sm.* Crible ; *pl.* iou ; Loth cite cruitr crible, cathol croezr, irland. criathar, grec χρινω, latin cribrum, saxon ancien, hridder, racine, cri et skar ; voyez krouer.

KLOUERAD, KROUERIAD, *sm.* Le plein d'un crible ; *pl.* ou ; de klouer ou krouer.

KLOUERAAT, *vn.* Passer au crible ; part. eat.

KLOUSKOUDÉ, KOULSGOUDÉ, *adj.* Cependant ; kouls autant, goudé après.

KLOZ, *adj.* Clos, renfermé ; latin closus.

KLOZ, *sm.* Enclos, parc ; *pl.* iou.

KLOZA, *va.* Clôre ; part. et.

KLOZADUR, *sm.* Fermeture ; *pl.* iou; kloz enclos.

KLZENNEK, *adj.* Renfermé, qui ne se donne pas, mystérieux ; kloz fermé.

KLUCHA, *vn.* S'accroupir, se percher; part. et ; de klud perchoir.

KLUCHEN, *sf.* Femme paresseuse ; *pl.* ned.

KLUCHÉREZ, *sm.* Accroupissement; de klucha.

KLUD, *sm.* Perchoir, juchoir des poules ; *pl.* ou ; glose bretonne,clutam j'accumule, gallois cludo accumuler, cathol. cludenn, latin cubile, irlandais cloide, exhaussement, grec χλαδος, rameau.

KLUDA, *va.* Percher, se jucher ; part. et.

KLUDAT, *vn* Herser ; part. et.

KLUDEL,*sf.* Corps de charrette ; *pl.* ou ; voyez klouiden, klouéjen.

KLUDOUR, *sm.* Herseur ; *pl.* ien

KLUFA, *vn.* S'accrouper ; part. et ; voyez klucha.

KLUFAN, *sm.* et *adj.* Obséquieux ; glose bretonne clutam.

KLUFANA, *va.* Faire des bassesses ; part. et.

KLUFANEREZ, *sm.* Obséquiosité ; *pl.* ou.

KLUFEN, *sf.* Femme bavarde, femme qui vole ; *pl.* ned.

KLUI,*sm.* Germe de l'œuf ; racine clu et vi œuf.

KLUIAR, *sf.* Perdrix ; *pl.* klujiri ; racine clu et iar poule.

KLUJA, KLUDA, *vn.* Se percher ; part. et; klud perchoir.

KLUJAR, *sf.* Perdrix ; *pl.* klujiri ; voyez kluiar.

KLUJAR-VOR, *sf.* Perdrix de mer ; klujar perdrix, mor mer.

KLUJÉRI, *pl. irrég.* De kluiar.

KLUJERIA,*vn.* Chasser la perdrix; part. et.

KLUJIRI, *pl. irrég.* De klujar.

KLUKA, *vn.* Boire à grandes gorgées ; part. et; grec λαρυγγιαω, prendre à pleine gorgée ; comparez le breton lounka, avaler.

KLUKADEN, *sf.* Forte gorgée ; *pl.* nou.

KLUN, *sf.* Fesse ; *pl.* iou ; latin clunes.

KNAOUEN, *sf.* Noix ; voyez kraonen.

KNAOUN. Voyez kraon.

KNEACH. Voyez kréac'h.

KNECH. Voyez kreac'h.

KNÉO, *sm.* Toison ; *pl.* knéviou ; Loth cite coguelt,apprêt de la laine ; comparez le breton féro, rude ; grec κριανος, κναω, κυας ; voyez kréon.

KOABR, *sm. pl.* Nuages ; *pl.* de koabren.

KOABREK, *adj.* Nuageux, chargé de nuages.

KOA BREN, *sf.* Nue, nuage ; *pl.* nou, ou koabr.jadis huibren ebron, gallois hwyil bren voile de navire ; pour la composition, co préfixe, oabl firmament.

KOAC'HA KOAZA, *vn.* Se fondre, s'évaporer ; part. et ; latin coquere, coctus ; voyez koaza.

KOAD, KOAT, *sm.* bois ; Jubainville cite l'irlandais ciad-ceta, en latin cetum ; Loth cite cot, bois.

KOADA, *va.* Garnir de bois ; part. et ; koad bois.

KOADACH, *sm.* Lambris ; voyez koatach.

KOAGA, *va.* Bosseler, bossuer ; part. et; comparez goak mou tendre, grec κοιλωμα creux.

KOAGAT, *vn.* Croasser ; part. et ; onomotapée, grec κοραξ corbeau.

KOAGEN, *sf.* Vaisselle bosselée ; pl. nou.

KOAGRA. Voyez koagr.

KOAILL, KOUEILL, *sm.* Caille ; *pl.* ed ; espagnol coilla.

KOAILLETA, *vn.* Chasser la caille ; part. et.

KOAJEL, KOAZEL, *sf.* Epaulement ; voyez skoazel ; *pl.* lou ; breton, skoaz épaule, latin scéda.

KOAJEN, *sf.* Perche ; *pl.* nou ; de koad, bois.

KOAN, *sf.* Souper ; *pl.* koaniou ; latin cena.

KOANHOC'HA, *vn.* Demander à manger en grognant ; part. et ; koan souper, hoc'ha grogner comme un porc.

KOANIA, *vn.* Souper ; part. koaniet ; de koan souper.

KOANT, *adj.* Joli ; vieux français cointe.

KOANTA, *superlatif.* Le plus joli.

KOANTAAT, *vn.* Devenir joli, embellir ; part. koantéat.

KOANTÉRI, *sf.* Grâce, beauté ; de koant joli.

KOANTIK, *adj.* Gentil, de koant joli.

KOANTIK, *sm.* Ecureuil ; *pl.* koantiged ; de koant, joli.

KOANTIZ, *sf.* Gentillesse, beauté.

KOANTOCH, *comparatif.* Plus beau.

KOANZEZ. Voy. koazez.

KOAR, *sm.* Cire des abeilles ; pl. iou ; latin cera, grec κηρος.

KOARA, *va.* Cirer ; part. koaret.

KOARC'H, *sm.* Chanvre ; Loth cite coarcholion, de chanvre ; *pl.* de coarchol ; gallois cqwarch, cathol. canab, aujourd'hui kanab, grec κανναβις, latin cannabis.

KOARCHEK, *sf.* Chènevière ; *pl.* koarc'hegou.

KOAREIZ, *sm.* Carême ; voyez koréiz.

KOAREK, *adj.* Qui tient de la cire, koar cire.

KOAREL, *sf.* Semelle collée des souliers ; *pl.* lou.

KOARELLA, *va.* Coller des semelles, carreler ; part. et.

KOAREN, *sf.* Pain de cire ; *pl.* nou.

KOART, KOUART, *adj.* Honteux ; comparez le français couard, le latin cauda ; voyez lostek.

KOARTUALEU, *s. pl. m.* Les quatre temps de l'Eglise ; ce mot. du dialecte de Vannes, devrait être koartual au singulier, en Léon kotuer, kotuerou ; latin coaretare, rendre étroit. Loth cite costadalt gardien d'église, koart kart quart, tual dieu, grec θεος, l'être suprême, θυσια victime.

KOAT, KOAD, *sm.* Bois ; voyez koad ; boutou-koat sabots, boutou-prenn, même signification.

KOATAAT, *vn.* Boiser ; part. koateat, koat bois.

KOATACH, *sm.* Fourniture de bois.

KOATAER, *sm.* Bûcheron ; *pl.* ien, koat bois.

KOATAÉREZ, *sm.* Boiserie, action de boiser.

KOATAÉREZ, *sf.* Femme du bûcheron.

KOAT BOUTOU, *sm.* Bois pour fabriquer des sabots.

KOAT-ESKEN, *sm.* Bois à scier, koat bois, esken scie.

KOAT-KIGN, *sm.* Ecorce de chêne, koat et kignat écorcher.

KOAT-KRÉNÉREZ, *sm.* Tremble, koat boi., krena trembler.

KOAT-MED, *sm.* Bois courants, koat, et médi couper.

KOAT-RED, *sm.* Bois de pousse, koat, et red qui court.

KOAT-TAILL, *sm.* Bois taillis ; koat bois, taill taillis.

KOAT-TUF, *sm.* Bois de douvelle, koat, et tuffen douvelle.

KOAVEN, *sf.* Crème ; *pl.* nou ; Loth cite cosmid, lait caillé ; Zeuss cite le cornique caus, anglais caw vache, latin caseum.

KOAVENNA, *vn.* Se former en crème ; part. et.

KOAZA, *vn.* Se fondre ; part. et ; comparez qwaga devenir mou.

KOAZÉREZ, *sm.* Evaporation ; de koaza.

KOAZEZ, *sm.* Assis, séant ; préfixe ko et azez assis.

KOB, KOP, *sm.* Vase pour boire ; latin eupa ; *pl.* iou ; voyez kop.

KOBAL, *sf.* Gabare ; *pl.* ou ; Loth cite caubal barque, gallois ceubal, latin caupilus.

KOBALOUR, *sm.* Gabarier ; *pl* ien.

KOBAN, *sm.* Tente ; *pl.* ou ; gaél caban, français cabane.

KOBAR, *sf.* Gabare ; voyez kobal.

KOBARIA, va. Se servir d'une gabare ; part. et.
KOBARIER, sm. Gabarier ; pl. ien ; kobar gabare.
KOCH, sm. Roche, entaille ; pl. ou.
KOCH, KOK, adj. Rouge ; grec κομμος rouge, fard.
KOC'H, adj. vieux ; voyez koz.
KOC'H, sm. Excrément ; vovez kaoc'h, kac'h.
KOC'HAN, sf. Chat-huant ; pl. ed ; Loth cite couann chouette, gallois cuan, Léon kaouen, latin cauanus, français chouan ; Zeuss cite le cambrique tylluan, dylluan.
KOCHANEZ, sf. Femelle du chat-huant ; pl. ed.
KOC'HEIN, vn. Vannetais, devenir vieux ; voyez Kosaat.
KOC'HEN, sf. Peau légère ; pl. nou ; de Jubainville cite croccennos, vieil irlandais crocenn, pour kroc'hen peau.
KOC'HENNA, vn. Se couvrir d'une pellicule ; part. et.
KOC'HENNIK, sf. Petite pellicule ; pl. koc'hennigou.
KOC'HI, sm. Halle ; pl. ou ; Loth cite coc boulanger ; latin coquus, grec κόκκαλος graine ; comparez le français cohue, le latin cohua, le grec κόκκος grain.
KOC'HIEN, sf. Crasse, débris ; koc'h, kaoc'h excrément.
KOC'H-KARVAN, sf. Charogne, koc'h vieux, karvan charogne.
KOC'H-KÉZÉKA, va. Ramasser du crottin de cheval, koc'h excrément, kézék chevaux.
KOC'H-LE, KOC-LEUE, sm. Vieux taureau, koc'h pour koz vieux, lé pour leué veau.
KOC'HNI, sf. Grand âge, vieillesse, de koc'h, koz vieux.
KOCHON, sm. Petit des animaux, porc pl. ed, du français cochon.
KOC'HU. Voyez koc'hi.
KOC'HUI. Voyez koc'hi.
KOD, sm. Poche ; voyez god godel ; grec γυτος cavité.
KODIOC'H, sm. Alouette ; pl. ed ; voyez alc'houeder.
KOÉA, vn. Tomber ; part. koeet ; voyez kouéza.
KOCHEIN. Voyez koaza.
KOEC'HÉREZ, sm. Evaporation ; voyez koazérez.
KOÉD. Voyez koat.
KOEF, sm. Coiffe ; pl. ou ; bas latin coféa, allemand kuppha.
KOEF-BIHAN, sm. Beguin ; koef coiffe, bihan petit.
KOEFFA, va. Coiffer ; part. et.
KOEF-NOZ, sm. Coiffe de nuit ; koef coiffe, noz nuit.

KOÉLE, sm. Taureau ; pl. ou ; koz vieux, leué veau ; voy. kolé.
KOELEDEN, sf. Cotillon ; pl. ou ; comparez le vieux français cotèle.
KOEN, sf. Souper ; pl. iou ; latin cena, voyez koan.
KOEN-LEC'H, sf. Cénacle ; koen souper, lec'h lieu.
KOENV, sm. Euflure ; pl. ou.
KOENVEIN, vn. Enfler ; part. koenvet, grec κυειν grossir.
KOENV-GOUZOUK, sm. Mal de gorge ; koenv enflure, kouzouk cou.
KOÉNVI, vn. Enfler ; part. et.
KOER, sm. Cire des abeilles ; voyez koar, latin cera.
KOÉRAT, sm. Cendre de lessive ; grec κορεω nettoyer.
KOERED, sm. Voyez koerat.
KOEREIN, va. Cirer, orner, grec κορειν ; voyez koara.
KOEREK, adj. Voyez koarek, qui tient de la cire.
KOERET, sm. Charrée ; voyez koerat.
KOET, sm. Bois ; voyez koat.
KOETAT, va. Boiser ; voyez koataat.
KOETAOUR, sm. Bûcheron ; voyez koataer.
KOËTIZ, sm. Envie, grec κότος rancune, envie ; Loth cite guodces haïr, kassata, porter envie.
KOET-KOVU, sm. Bois pelé, écorce ; voyez koat-kign.
KOÉVEN, sf. Crème ; pl. mou ; comparez koenv enflure, l'anglais caw vache, le latin caseum.
KOEVENNA, vn. Se former en crème ; part. et.
KOF, sm. Ventre ; pl. ou ; kofiou ; Loth cite coiliou entrailles, grec κοιλια ventre.
KOFA, vn. Avoir du ventre ; part. et.
KOFAD, sm. Vantrée, portée de petits animaux ; pl. kofadou, kovajou, de kof.
KOFATA, vn. Manger outre mesure ; part. éat.
KOF-BIHAN, sm. Bas ventre ; kof ventre, bian petit.
KOF-BRAOUED, sm. Buveur ; kof ventre, braoued boisson.
KOF-BRAZ, sm. Gros ventre ; kof ventre, braz grand.
KOF-DOUN, sm. Grand mangeur ; kof, et doun profond.
KOFÉGEZ, sf. Femme qui a un gros ventre ; pl. ed.
KOFCH, adj. et sm. Ventru, kof ventre.
KOF-GAR, sm. Mollet de la jambe ; à la lettre ventre de la jambe.
KOFIGNON, sm. Chausson ; pl. ou ; comparez le vieux français caneçon, aujourd'hui caleçon, latin calcia.
KOF-HÉOL, sm. Rougeur près du soleil, kok rouge, héol soleil.

12

Kœur, sm. Carte à jouer, cœur ; pl. iou.
Kœur, sm. Chœur d'église ; pl. iou.
Kof-iod, sm. Mangeur de bouillie, kof ventre, iod bouillie.
Kof-teo, sm. Gros ventre, bedaine, kof et teo épais.
Kog, sm. Coq ; pl. keger, kegi ; Zeuss cite cheilioc, anglais kock.
Kogenan, sm. Huppe ; pl. ed ; kog coq, etn oiseau.
Kogennak, sm. Allouette huppée ; pl. kogennegi.
Kogez, sf. Poisson, vieille ; pl. ed, grondin, poisson, grec γογγυσω gronder.
Kogez, adj. Méticuleux ; voyez gogez.
Kogn, sm. Coin ; pl. ou ; latin caneus ; voyez kougn.
Kogna, va. Mettre dans un coin ; part. et.
Kog-raden, sm. Insecte, cigale ; koy coq, raden fougère.
Kogusen, sf. Nuage ; pl. kogus ; voyez koabren.
Kojen, sm. Jeune taureau ; particule ko pour koz, hogoz, éjen bœuf.
Kok, sm. Graine de houx, kok crête huppa.
Kok, sm. Cuisinier ; pl. ou ; Loth cite coc cuisinier du latin coquus.
Kok, sm. Coq ; voyez kog.
Kok, adj. Rouge ; voyez koc'h.
Kokad, sm. Petite embarcation ; français coquet, petite barque, diminutif de coque.
Kokan, sf. Sébile ; pl. nou ; écuelle de mendiant, grec κωκυω gémir, se lamenter.
Kokat. Voyez koked.
Kok-le', sf. Cuiller à pot ; kok cuisinier, loé loa cuiller.
Kok-loa, sf. Cuiller à pot ; le même que kok-lé.
Kok-loa-doull, sf. Ecumoire ; kok cuisinier, loa cuiller, toull percé.
Kok-loé. Voyez kok-loa.
Kokombrezen, sf. Concombre ; pl. kokombrez ; latin cucumis.
Kokuloz, sm. Coquelourde ; latin cloka lurida.
Kol, sm. Collier ; pl. iou ; voy. gwakol.
Kol, kaul, sm. pl. Choux ; voy. kaol.
Kol, sm. Arrêt, machine pour enrayer ; grec χολαζω châtie, arrête ; voy. skol.
Kola, va. Enrayer ; part. et ; voy. skora.
Kolach, sm. Collège ; pl. ou ; voy. skolach.
Koldré, sm. Bourrelet de tête pour les bœufs ; pl. koldréou ; kol collier, adré arrière.

Kolé, sm. Jeune taureau ; pour koz vieux, leué veau.
Kolen, kaulen, sf. Chou ; pl. kaul ; voy. kaolen.
Kolen, sm. Petit de quadrupède ; de Jubainville cite le gallois colwym-culenos, irlandais calian, thème culena, racine grecque χυος fœtus.
Kolenni, vn. Mettre bas ; part. kolennet.
Koléra, sm. Choléra ; maladie.
Kolia, va. Arrêter, enrayer ; part. et ; de kol arrêt.
Kolier, sm. Collier ; pl. ou ; latin collum.
Koliéra, va. Mettre un collier ; part. et.
Koliéra, va. Attaquer quelqu'un à la gorge ; part. et.
Kolin, sm. Voy. kolen.
Kolinein, vn. Mettre bas ; voy. kolenni.
Koll, sm. Perte, dommage ; kollot tribu, kollata impôt, Loth.
Koll, va. Perte ; part. kollet.
Kollad, sm. Avortement ; pl. ou ; de koll perte.
Kolladen, sf. Enfant perdu, gâté ; pl. nou.
Koll-bara, sm. Va-nu-pied, vaurien ; koll perte, bara pain.
Koll-bugalé, sm. Avortement ; koll perte, bugalé plur de bugel enfant.
Kollein, va. Perdre ; voyez koll ; part. kollet.
Kollez, sm. Avorton ; pl. ou.
Koll-goad, sm. Perte de sang ; koll perte, goad sang.
Koll-goet. Voy. koll-goad.
Kollidigez, sf. Perte à jamais ; pl. iou.
Kollidik, sm. Fœtus, avorton.
Kolloko, sm. Colloque ; pl. ou ; latin colloquium, cum avec, loqui partir.
Kolonal, koronal, sm. Colonel ; pl. ed ; latin colona colonne.
Kolonen, sf. Colonne ; pl. nou ; latin columna.
Koloni, sf. Colonie ; pl. koloniou ; latin colonia.
Kolo, sm. Paille ; pl. kolo, koloennou ; de Jubainville cite colamu, genêt calamonos, gallois calaf ; pl. calafon ; Loth cite calamennou chaume, latin calamus.
Koloa, va. Couvrir de paille ; part. et ; de kolo paille ; voy. gélei, goloi.
Koloek, sf. Tas de paille, grenier à paille ; kolo paille ; voy. goloek.
Koloen, sf. Brin de paille ; pl. nou ; ou simplement kolo.
Koloen-verr, sf. Paille courte ; koloen paille, berr court.
Kolomer, sm. Colombier ; koulm pigeon ; voy. kouldri.

KOLDREN, sf. Noix de terre ; irlandais colg pointe, dréan épine.

KOLVAN, sm. Passereau, moineau ; pl. ed ; ou kelven, on dit aussi golven, anciennement goluann ; Loth cite gilbin pointe, bec, golbinoc à bec, irlandais gulpan, cathol. goluan, gallois golfan.

KOMBANT, KOUMBANT, sm. Vallon ; koumm vague, cambrique nant vallée.

KOMBAOT, sm. Séparation de coffre ; pl. koumbaojou ; de koumm vague, baot variante ; de Bolz voûte, bas latin volta.

KOMBOT, KEMBOT, sm. Terrasse ; pl. kombojou ; kembojou, kemm différence, bot, élévation boisée.

KOMÉDI, sf. Comédie ; pl. ou ; grec χωμωδία.

KOMER, va. Prendre ; part. komeret ; pour kemerout ; de Jubainville cite comberatu porter avec, racine bhar porter.

KOMIS, sm. Comice ; pl. ou ; latin comitium.

KOMIS, sm. Commis ; pl. ed.

KOMITÉ, sm. Comité, réunion ; pl. ou ; angl. committee.

KOMMISSION, sm. Commission ; pl. ou ; latin committere.

KOMM, sm. Foulerie pour les draps ; pl. ou ; grec χαψα cassette, gallois kafn, racine cap, latin capere prendre, komm, s'écrit aussi koum.

KOMM, sm. Auge pour piler ; pl. ou.

KOMMA, va. Fouler, broyer dans une auge ; part. et.

KOMMAD, sm. Le plein d'une auge.

KOMMER, sm. Fouleur d'étoffe ; pl. ien.

KOMMER, st. Commère ; pl. ed ; voy. koumer.

KOMMOD adj. Commode, aisé ; latin commodus.

KOMMODEN, sf. Commode, meuble ; pl. nou ; latin commodus, cum avec, modus mode.

KOMMODITÉ, sm. Lieu d'aisance ; pl. ou.

KOMMOUL. Voy. koummoul.
KOMMOULA. Voy. koummoula.
KOMMOULEK. Voy. koummoulek.
KOMMOULER. Voy. koummouler.

KOMMUN, adj. Commun ; latin communis, cum avec, unus un.

KOMMUN, sf. Commune ; pl. iou.

KOMMUNIA, va. Communier ; part. et.

KOMMUNIKA, va. Communiquer ; part. et.

KOMMUNION, sf. Communion ; pl. ou.

KOMPAER, sm. Compère ; pl. ien ; voy. koumper.

KOMPASION, sf. Compassion ; vient du français.

KOMPEZOU, sm. pl. Lieux unis; de kompez uni.

KOMPEZ, adj. Uni ; germain koumm élévation, vague pouez poids.

KOMPEZA, va. Rendre uni, niveler ; part et.

KOMPEZEN, sf. Pays plat ; pl. nou.

KOMPEZENNAD, sf. Etendue de culture unie.

KOMPLEZOU, sm. pl. Complies ; latin completorium.

KOMPOD sm. Calendrier ; voyez kombaot ; pl. ou.

KOMPOEZ, adj. Voy. kompez.

KOMPOEZA, va. Aplanir ; part. et.

KOMPOSI, vn. Composer; part. et ; latin componere, cum avec, ponere poser.

KOMPRENN, vn. Comprendre; latin comprehendo ; part. et.

KOMPS, sm. Parole, mot ; pl. ou ; grec χόμπος discours.

KOMPSA, va. Discourir ; part. kompset ; voy. komps.

KOMS. Voy. komps.

KOMZ. Voy. komps.

KOMZ, vn. Parler ; part. et ; voy. kompsa.

KOMZOU-GRAC'H, sm. pl. Rêveries ; komzou paroles, grac'h vieille femme.

KOMZOU-LOUZ; sm. pl. Vilenies, vilains discours ; komzou discours, louz sale.

KONCHEN, sf. Conte ; pl. nou ; konchou.

KONCHEZA, va. Salir ; part. et.

KONCHOU-BORN, sf. pl. Contes de fée.

KONCHOU-LOUZ, sf. pl. Saletés, vilenies.

KONC'HA, vn. Fureter ; part. et ; grec χωναω tourner.

KONDISION, sm. Condition ; pl. nou ; latin conditionem.

KONDISIONI, va. Conditionner, faire des conditions ; part. et.

KONDU, sf. Conduit, canal ; pl. ou.

KONDU, sf. Conduite, pension, nourriture ; pl. ou.

KONDUI, va. Conduire ; part. et ; latin conducere, cum avec, ducere conduire ; voy. kas.

KONFIANS, sf. Confiance ; tiré du français.

KONFIRMA, va. Confirmer ; part. et.

KONFIRMASION, sm. Confirmation ; pl. ou.

KONFISA, va. Confire ; part. et.

KONFISKA, va. Confisquer ; part. et.

KONFITEOR, sf. Confiteor ; mot latin confiteor.

KONFIZA. Voy. konfisa.

KONFORT, sm. Consolation.

KONIKL, sm. Lapin ; pl. ed ; vieux français conicle, latin cuniculus.

KONIKLÉTA, vn. Chasser le lapin ; part. et ; de konikl.

KONIKLEZ, sf. Femelle du lapin; pl. ed.
KONIKLIK, sm. Lapereau; pl. koniklédigou.
KONGÉ, sm. Congé; pl. ou; il s'écrit aussi konjé.
KONGÉDIA, va. Congédier; part. et; s'écrit aussi konjédia.
KONGREGANIST, sm. Congréganiste; pl. ed.
KONGREGASION, st. Congrégation; pl. ou.
KONJUGAISOUN, sf. Conjugaison; pl. ou.
KONJUGI, vn. Conjuguer; part. et.
KONK, sm. Port, abri, conque; pl. iou; latin concha.
KONK-KERNÉ, sm. Nom d'une ville, Concarneau; konk abri, kerne cornouaille.
KONK-LÉON, sm. Nom d'une ville; le conquet; konk abri, port, refuge, Lèon Léon.
KONKOÈZ, sm. Gourme, maladie; konk conque.
KONKOEZUZ, adj. Qui tient de la gourme.
KONNAISSANS, sf. Connaissance; ce mot vient du français.
KONNAR, sf. Voy. kounnar.
KONNARET, adj. Voy. kounnaret.
KONNARI, vn. Voy. kounnari.
KONOC'HER, sm. Fureteur; pl. ien; préfixe kon, oc'h porc.
KONSAKRI, va. Consacrer; part. et.
KONSKRI, sm. Conscrit; pl. Konskrived.
KONSOLASION, sf. Consolation; pl. nou.
KONSOLI, va. Consoler; part. et.
KONSOLIDA, va. Consolider; part. et.
KONSORT, sm. Consort; pl. ed.
KONSOUC'H, sm. Pièce du soc d'une charrue; souc'h soc.
KONT, KOUNT, sm. Comte; pl. ed; latin comes.
KONTAD, sm. Comté; pl. ou.
KONTAMM, sm. Poison; pl. ou.
KONTAMMI, va. Empoisonner; part. et.
KONTRONEN, sf. Ver rongeur; pl. kontron, cambriq cynron cynronyn, français ciron.
KONTRONI, vn. Piquer de vers; part. et.
KONVERSASION, sf. Conversation; pl. ou.
KONVERSION, sf. Conversion; pl. ou.
KONVERTISSA, vn. Convertir; part. et.
KONVOK, vn. Piquer une meule de moulin.
KONVOKI, vn. Appeler, convoquer; part. et.
KOP, sm. Vase, coupe; latin cupa.
KOPAD, sm. Le plein d'une coupe; pl. ou.
KOPER, sm. Fruit du cormier; koz mauvais, per poires.

KOPIST, sm. Commis; pl. ed.
KORAIZ, sm. Carême; latin corredium.
KORBEL, sm. Pierre d'appui; pl. korbellou.
KORBEL, sm. Enfant mal préparé pour la communion.
KORBELLA, va. Etre éliminé, n'avoir pas reçu l'absolution.
KORBELLET, adj. et part. Exclu; voy. korbella.
KORBEZEN, adj. Cheval qui a l'éparvin fort.
KORBINER, sm. Celui qui écornifle; pl. ien.
KORBONEN, sf. Charbon des blés; pl. nou.
KORDA, va. Corder, être difficile; part. et.
KORDEN, sf. Corde; pl. kerdin, kerdign.
KORDEN, sf. Corde de bois; pl. ou.
KORDENNA, va. Corder; part. et.
KORDENNAD, sf. Liaison faite avec des cordes; pl. ou.
KORDENNAD, sf. Mesure d'une corde de bois; pl. ou.
KORDENNAD, sf. Liasse de papiers, d'étoffe; pl. ou.
KORDENNADI, va. Mesurer une corde de bois; part. et.
KORDENNER, sm. Cordier; pl. ien.
KORDET, adj. et part. Cordé, intraitable.
KOREIZ, sm. Carême; voy. koraéz.
KORF, sm. Corps; pl. karfiou; latin corpus.
KORFA, vn. Prendre de l'embonpoint; part. et.
KORFATA, vn. Faire une ventrée; part. éat.
KORF-BROZ, sm. Corps de jupe; korf corps, broz robe.
KORFÉGEZ, st. Femme qui a de l'embonpoint; pl. ed.
KORFEK, adj. et sm. Celui qui a un gros corps.
KORFENNOU, KORSENNOU, sf. pl. Tuyaux d'un instrument de musique; voy. korsen.
KORF-ILIZ, sm. Nef d'une église; korf corps, iliz église.
KORF-KENN, sm. Corps de jupe; korf corps, kenn peau.
KORF-MARO, sm. Corps mort, cadavre.
KORF-NOAZ, sm. Nudité, à la lettre corps nu.
KORF-SAÉ, sm. Corset; pl. korfiou-saé.
KORGAMM, adj. Tortueux; kamm boiteux.
KORIGAMM, adj. Sinueux, tortueux.
KORIGAMMA, va. Faire des sinuosités; part. et.

Korist, sm. Enfant de chœur; pl. ed; voy. kurust.

Korka, vn. Mendier, part. et ; grec χορθυω entasser.

Korker, sm. Mendiant; pl. ien.

Korkerez, st. Mendiante ; pl. ed.

Korlusk, sm. Mollusque; korf corps, lusk qui balance.

Kormel, sm. Pierre de soutien; pl. lou; latin corvellus.

Korn, sm. Angle, coin; pl. kern ; latin cuneus.

Korn, sm. Corne des animaux; pl. kern, kerniel.

Korn, sm. Pipe de fumeur ; pl. kerniel.

Korn, sm. Cor de chasse ; pl. kornioa.

Korn, sm. Grondin, poisson.

Korn, sm. Jeu de la galoche.

Korn, adv. et adj. Desséché.

Korna, vn. Avoir des cornes ; part. iet.

Kornad, korgnad, sm. Le tabac que peut contenir une pipe ; pl. ou.

Kornaillen, sf. Trachée ; pl. nou.

Kornal, vn. Corner ; part. et.

Korn-al-lagod, sm. Le coin de l'œil.

Kornandis, sm. Traître; pl. ed ; Loth cite l'irlandais orn tuer.

Kornandoun, sm. Esprit, nain; pl. ed.

Kornandounez, sf. Fée, naine ; pl. ed.

Kornaouek, adj. sm. Vent de l'ouest.

Kornaouek-huel. Vent du sud-est.

Kornaouek-izel. Vent du sud-ouest.

Korn-boud, sm. Corne d'appel ; pl. kerniel-boud ; korn corne, boud qui sonne.

Korn-bual, sm. Corne pour appeler les gens de la ferme ; korn corne, bual buffle.

Korn-butun, sm. Pipe de tabac ; pl. kerniel-butan.

Korned, sm. Ecritoire ; pl. ou.

Korned-liou, sm. Ecritoire ; korned cornet, liou encre.

Kornek, adj. Qui a des cornes, nom de famille assez commun.

Korneten, sf. Cornette, coiffure ; pl. nou.

Korn-gwinel, sm. Cor de chasse ; korn cor. gwinaer chasseur.

Korniélen, sf. Pièce de terre ; pl. lou.

Korniel, sf. Relève en cuir ; pl. korniel.

Korniella, va. Former de coins ; part. et.

Korniella, va. Rehausser une chaussure ; part. et.

Kornigel, sf. Toupie; pl. ed.

Kornigel, sf. Vanneau, bécasseau ; pl. led.

Kornigella. vn. Tournoyer ; part. et.

Kornigelladen, sf. Tournoiement, pirouette ; pl. ou.

Korn-karo, sm. Plante, corne de cerf.

Korn-tro. sm. Repaire, recoin ; pl. kerniel-tro.

Korn-zigor, adj. A demi ouvert.

Koroll, sm. Danse ; pl. ou; korf corps, coronach danse celtique des écossais.

Korolla, vn. Danser; part. et.

Koroller, sm. Danseur; pl. ien ; nom de famille très répandu.

Koronal, sm. Colonel ; pl. ed ; latin colona.

Korporal, sm. Caporal ; pl. ed.

Korporalou, sm. pl. Corporal, linge d'église.

Korr, sm. Nain ; pl. ed ; nom de famille très connu.

Korréén, sf. Courroie; pl. nou.

Korreiz, sm. Corroi, façon des cuirs.

Korrez, st. Naine : pl. ed.

Korrektion, sf. Correction pl. ou.

Korrigan, st. Fée, esprit malin ; pl. ed.

Korriged, pl. De korrik, petit nain.

Korrigez, sf. Nain. fée; pl. ed.

Korrija, va. Corriger ; pl. et.

Korrik, sm. Petit nain ; pl. ed ; Korrik est un nom de famille très connu.

Korronka, vn. Se baigner; part. et ; de Jubainville cite gouzronket en vieux breton, irlandais fothrucad-vo truncatus.

Kors, sm. pl. Tuyau, roseau; Loth cite cors. corsenn, roseau, irland. curchas, gallois cors.

Korsaillen, sf. Trachée, gorge ; voy. kornaillen.

Korsen, sf. Tuyau ; pl. nou ; voy. kors.

Korsenna, vn. Se former en tuyau, en tige ; part. et.

Korsennek, adj. En forme de tuyau, de roseau.

Korsennet, adj. et part. Qui a de belles tiges.

Korsou, pl. irrégulier de korsen.

Korvé, sf. Corvée ; pl. korvéou ; korvé est un nom de famille très commun.

Korventen, sf. Tempête; pl. nou ; korf corps, gwent vent; voy. kourventen

Korvigel, sf. Fourberie ; pl. lou ; korf corps.

Korvigella, vn. Se contourner; part. et.

Korzen, st. Trachée; pl. nou ; voy. kornaillen, korsaillen.

Kos, sm. Cosson, insecte ; pl. ed ; latin cossus.

Kos, sm. pl. De kosen, cosse; allemand schote.

Kos, *sm.* Devidoir à rouet.
Kosa, kossa, surperlatif. Le plus vieux.
Kosaat, *vn.* Vieillir ; part. koseat ; de koz vieux ; de Jubainville cite cottos.
Kosad, *sm.* Echeveau; *pl.* ou.
Kosanen. *sf.* Insecte, charançon; *pl.* kosaned.
Kosanet, *adj.* Mangé par les insectes ; Kosanet est un nom de famille très commun.
Koséda, *va.* Mangé par les charançons; part. kosédet, koz vieux, éd blé.
Kcskor, *sm.* Ménage, Famille; on l'écrit le plus souvent, kosgor, koz, vieux, gor gorad couvée.
Kosni, kozni, *sf.* Vieillesse ; de koz vieux.
Kosoc'h. Comparatif de koz, plus vieux.
Kost, *sm.* Lanterne en corne.
Kosté, *sm.* Côté, flanc.
Kosten, *sf.* Côte du corps d'un animal; *pl.* nou.
Kostez, *sm.* Côté, flanc, côte. *pl.* iou.
Kostéza, *va.* Pencher de côté; part. kostézet.
Kostezen, *sf.* Côte ; *pl.* nou.
Kostezennet, *adj.* Mis de côté.
Kostezet, *adj.* Qui est de côté.
Kostezi, kosteza, *vn.* Incliner, pencher ; part. et.
Kostin, *sm.* Croc en jambe de lutteur.
Kostis, *sm.* Maladie occasionnée par le lait, anglais, kaw vache.
Kostisa, *va.* Avoir le mal du lait; part. et.
Kostou, *sm. pl.,* pluriel irrég. de kosten, côte.
Kot, *sm.* Colle; *pl.* ou. Voy. kaot.
Kotatibus, *sm.* Pique-nique, mot tiré du latin.
Kotten, *sf.* Bille, canette; *pl.* ou; français vulgaire, gotte.
Kotuerou, *sm. pl.* Les quatre-temps ; glose bretonne citée par Loth ; costadalt, gardien d'église.
Kouabr, *sm. pl.* de kouabren nuage.
Kouabren, *sf.* Nuage, nuée ; *pl.* kouabr, kouabrennou, anciennement buibren, ébron; comparez le breton oabl, firmament ; Loth cite couarcou, guirlandes.
Kouar, *adv.* Lentement, à loisir; comparez le breton klouar, tiède.
Kouarad, *sm.* Cendre de lessive ; *pl.* ou.
Kouarc'h, *sm.* Chanvre ; Loth cite coarcholion, de chanvre; gallois cywarch.
Koubl, *sm.* Le pli du bras, de la jambe ; *pl.* ou.
Koubl, *sm.* Joug, couple ; *pl.* ou.
Koubla, *va.* Coupler ; part. et.
Koublad, *sm.* Couple, paire ; *pl.* koupladou, kouplajou.

Koublad, *sm.* Couplet d'une chanson; *pl.* ou.
Koublada, *va.* Coupler; part. et.
Koubl-ar-fréil, *sm.* Cuir qui relie le fléau au manche.
Koubler, *sm.* Relieur ; *pl.* ien.
Kouboul, *sm.* Coin en bois pour serrer; *pl.* ou ; latin cupola.
Kouch, *sm.* et *adj.* Pli, en tapinois.
Kouch, *sm.* Couverture de ruche à miel ; *pl.* ou.
Kouch, *sm.* Couche, terme de jardinage ; *pl.* ou.
Koucha, *va.* Coucher en joue ; part. et.
Koucha, *va.* Parier ; part. et.
Kouc'han, *sf.* Chat-huan ; *pl.* ad ; Loth cite couann, chouette, kaouen, hibou, caauannus en latin, français chouan.
Kou'chanez, *sf.* Femelle du chat-huant ; *pl.* ed.
Kouchet, *adj.* et *part.* Plié, courbé.
Kouchet, *part.* Couché en joue.
Kouchi, *va.* Salir, corrompre; part. et.
Kouded, *sm.* Pensée, vision ; Loth cite coel aruspice.
Koué, kouez, *sm.* Lessive ; *pl.* iou ; grec Κοπτω, battre ; Loth cite ceroenhou, cuves.
Kouent, *sf.* Couvent; *pl.* kouentchou; latin conventus.
Kouentcha, *va.* Mettre au couvent; part. et.
Kouér, *sm.* Laboureur, paysan ; *pl.* ien ; grec χωμτωρ, villageois ; comparez le breton ker, jadis, kaér.
Kouer, gouer, *sm.* Ruisseau ; *pl.* iou.
Koueria, goueria, *va.* Faire des rigoles ; *pl.* et.
Koueriad, *sm.* Villageois ; *pl.* ist.
Koueriadez, *sf.* Villageoise ; *pl.* ed.
Kouers, *adv.* Longtemps ; grec γεραιος, vieux.
Kouésia, *vn.* Faire la lessive ; part. et.
Kouésier, *sm.* Lessiveur; *pl.* ien.
Kouésiérez, *sf.* Lessiveuse ; *pl.* ed.
Kouésiérez, *sm.* Action de lessiver.
Koueuvr, koeuvr, *sm.* Cuivre ; latin cuprum, grec κυπρος, Chypre, ce métal étant venu primitivement de cette île.
Koeuvria, *va.* Cuivrer ; part. et.
Kouez, *sm.* Chute ; latin cadere, toucher.
Kouez, *sm.* Lessive, buée.
Kouez, *sm.* Tan en poudre.
Kouéza, *vn.* Tomber; part. et ; latin cadere.
Kouez dour, *sm.* Cascade ; kouez chute, dour eau.
Kouezer. Voy. kouesier.
Kouezerez. Voy. kouesiérez.
Kouf, *sm.* Ventre ; voy. kof.

KOUFFOC'H, sm. Fars au lard ; kouf ventre, moc'h porcs.
KOUFIGNON. Voy. kofignon.
KOUFR, sm. Coffre ; pl. iou ; grec χοφίνος.
KOUFRA, va. Coffrer ; part. et.
KOUFR-HOUARN, sm. Coffre en fer ; koufr coffre, houarn fer.
KOUG, sm. Gorge, cavité ; grec Κυτος cavité.
KOUGA, va. Piquer une meule ; part. et.
KOUGAD, sm. Gorgée ; pl. ou ; breton kouzouk gorge.
KOUGOUL, sm. Capuchon ; pl. iou ; breton kouzouk, cou ; goloi, geléi, couvrir.
KOUGOULIET, adj. Qui a mis le froc ; kougoul capuchon.
KOUIGN, sm. Gâteau ; pl. ou ; latin coctio, coctus.
KOUIGNAOUA, vn. Faire des gâteaux ; part. et ; de kouign ; pl. kouignou ou kouignaou.
KOUILCHA, vn. Cligner de l'œil ; part. et ; racine latine videre, voir ; voy. gwilcha, guilc'ha.
KOUILC'HER, sm. Cligneur ; pl. ien.
KOUILTROUN, sm. Goudron ; Littré tire ce mot de l'arabe kathran, kathara, couler goutte à goutte ; Voy. le breton lataren, petite pluie.
KOUILTROUNA, va. Goudronner ; part. et.
KOUILTROUNEK, adj. Couvert de goudron.
KOUIT. Voy. kuit.
KOUITANS, sf. Quittance ; pl. ou ; de kuit, quitte.
KOUITANSA, va. Donner quittance ; part. et.
KOUJOURN, adj. En bonne santé, dispos ; Loth cite coorn, de co et du gallois orn, crainte.
KOUKOU, sf. Coucou, oiseau, onomatopée ; latin cuculus ; allemand kuckuk.
KOUKOUG, sf. Coucou ; pl. ed.
KOULDI. Voy. kouldri.
KOULDRÉ. Voy. koulstré.
KOULDRI, sf. Colombier ; pl. ou ; koulm, colombe, ti maison.
KOULIN. Voy. kounikl, konikl.
KOULINETA, vn. Chasser le lapin ; Voy. konikleta.
KOULINEZ, sf. Voy. koniklez.
KOULIS, sm. Coulis.
KOULIS, adj. Gâté, pourri ; Loth cite couled, ad oculum ; comparez le français couvi.
KOULM, sf. Pigeon, colombe ; latin columba.
KOULM, sm. Nœud ; colmanis, cornique, colmen ; irlandais colmmene ; pl. koulmiou.

KOULMA, va. Faire un nœud, nouer ; part. et.
KOULMEK, adj. rempli de nœuds ; de koulm, nœud.
KOULOUNDREN, sf. Calebasse ; pl. ou ; grec χολοκυνθα.
KOULOUNDREN-GOUEZ, sf. Coloquinte ; kouloundren calebasse, gouéz sauvage.
KOULS, KOULZ, adv. Autant ; comparez la glose coucant, certes.
KOULS-LAVARET, adv. Autant vaut dire.
KOULS-LAVAROUT, vn. Autant vouloir dire.
KOULSKOUDÉ, adv. Néanmoins ; kouls autant, goudé après.
KOULTR, sm. Coutre ; latin culter ; glose bretonne cultell, couteau, cultir coutre.
KOUMAÉR, sf. Commère ; voy. koumèr.
KOUMANANCHOU, smpl. Gages, fermes.
KOUMANAND, sm. Ferme, fermage ; pl. chou ; français convenant, convenance ; latin convenientia, convenire.
KOUMANANTI, vn. Passer bail, faire des gages ; part. et.
KOUMANDAMANT, sm. Commandement ; pl. ou.
KOUMANDANT, sm. Commandant ; pl. ed.
KOUMANDI, va. Commander, partir.
KOUMANS, vn. Commencer ; part. et.
KOUMANSAMANT, sm. Commencement.
KOUMBAT, vn. Combattre ; pl. koumbajou.
KOUMBATANT, sm. Combattant ; pl. ed.
KOUMBATI, vn. Combattre ; part. et.
KOUMBOT, sm. Terrasse ; voy. kombot.
KOUMER, va. Prendre ; part. et ; Loth cite cimer.
KOUMER, sf. Commère ; pl. ed.
KOUMERZ, sm. Commerce ; pl. ou ; latin commericum.
KOUMERZI, vn. Faire du commerce ; part. et.
KOUMETEN, sf. Comète ; pl. nou ; latin cometa.
KOUMM, sm. Vague ; pl. ou ; grec χυμα.
KOUMMEK, adj. Houleux.
KOUMMOUL, smpl. De koumoulen, nuage, koumm vague, ol, oul houle.
KOUMMOULA, vn. Se couvrir de nuages ; part. et.
KOUMMOULEK, adj. Nuageux.
KOUMMOULEN, sf. Fort nuage ; pl. nou, ou koummoul.
KOUMPARANT, sm. Ouverture de succession.
KOUMPARANT, sm. Voy. comparant.
KOUMPAREZOUN, sf. Comparaison.
KOUMPARI, va. Comparer ; part. et.

KOUMPARISSA, *va.* Comparaître ; part. et.
KOUMPER, *sm.* Compère ; *pl.* ou.
KOUMPREN, *vn.* Comprendre ; part. koumprenet.
KOUMUN, KOMMUN, *sm.* Commune, commun ; voy. kommun.
KOUMUNIA, *vn.* Communier ; part. et.
KOUMUNION, *sf.* Communier ; *pl.* ou.
KOUN, *smpl.* De ki, chien, il est peu employé ; grec Κυων, chien.
KOUN, *sm.* Souvenir ; *pl.* iou ; voy. choung.
KOUNA, *vn.* Songer ; part. et voy. chounga.
KOUNAAT, *vn.* Se rappeler ; part. éat.
KOUNDOUN, *adj.* Terre profonde ; doun profond.
KOUNDOUN, *sm.* Profondeur ; *pl.* iou.
KOUNDOUNIOU, *sm. pl.* Varech du fond de la mer.
KOUNHERZ, *sm.* Chasseur, koun ; *pl.* de ki chien, herz harz, aboiement.
KOUNIKL, *sm.* Lapin ; *pl.* ed ; latin cuniculus.
KOUNIKLEZ, *st.* Femelle du lapin ; *pl.* ed.
KOUNIKLEZA, KOUNIKLETA *va.* Chasser le lapin ; part. et.
KOUNN, *pl.* de ki chien.
KOUNNAR, *sf.* Rage, fureur, koun chiens, dur tristesse.
KOUNNARET, *adj.* et part. Enragé, furieux.
KOUNNARI, *vn.* Devenir furieux ; part. et.
KOUNSERVATOUR, *sm.* Conservateur ; *pl.* ien.
KOUNSIDÉRI, *va.* Considérer ; part. et.
KOUNSISTOUT, *vn.* Consister ; part. et.
KOUNSTITUSION, *sf.* Constitution ; *pl.* ou.
KOUNT, *sm.* Compte ; *pl.* kounchou.
KOUNT, *sm.* Comte ; *pl.* ed, latin comes.
KOUNTEL, *sf.* Couteau ; *pl.* lou, latin cutellus.
KOUNTEL BLEG, *sf.* Couteau à fermoir, kountel, couteau ; pleg pli.
KOUNTEL KÉRÉ, *sf.* Tranchet de cordonnier, kountel couteau, kéré, cordonnier.
KOUNTEL LAZ, *sf.* Couteau de boucher, kountet ; couteau, taz qui tue.
KOUNTELLA, *va.* Donner des coups de couteau ; part. et.
KOUNTELLER, *sm.* Coutelier ; *pl.* ien ; kountet couteau.
KOUNTELLERI, *sf.* Coutellerie ; *pl.* ou.
KOUNTEZ, *sf.* Comtesse ; *pl.* ed.
KOUNTELLI, *sf. pl.* irrég. de couteau, kountel.
KOUNTRAKTANT, *sm.* Celui qui contracte ; *pl.* ed.
KOUNTRAKTI, *vn.* Contracter ; part. et.
KOUNTREDANS, *sf.* Contredanse ; *pl.* ou.
KOUNTRÉDISA, *va.* Contredire ; part. et.
KOUNTRÉPOUEZ, *sm.* Contrepoids.

KOUNTREPOUEZA, *va.* Contrepeser ; part. et.
KOUNTRIBUABL, *adj.* et *sm.* Contribuable.
KOUNTRIBUI, *vn.* Contribuer ; part. et.
KOURACH, Interjection, courage.
KOURACH, *sm.* Courage du français, courage.
KOURACHER, *sm.* Médecin empirique ; *pl.* ien gour homme, aozer qui refait.
KOURACHI, *va.* Prendre courage.
KOURACHUZ, *adj.* Courageux.
KOURAILLOU, *sm. pl.* Entrailles ; Loth citi coiliou.
KOURAOTER, *sm.* Courtier ; *pl.* ien ; gour homme, aozer faiseur.
KOURCHER, *sm.* Coureur ; *pl.* kourcherien.
KOURETER, *sm.* Le même que Kouraoter.
KOURETOUR, *sm.* Courtier ; voyez Kouraoter.
KOURRICHER, *sm.* Coiffe de deuil ; *pl.* ou ; gouriz ceinture.
KOURN, *sm.* Poisson, grondin ; *pl.* ed, latin concho.
KOURN, *sm.* Pipe à fumer ; voyez korn.
KOUROUILL, *sm.* Verrou ; *pl.* ou, latin véruculum.
KOUROUILLA, *va.* Fermer au verrou ; part. et.
KOURRÉEN, *sf.* Courroie ; voy. korréen.
KOURREIZ, *sm.* Corroi, bas latin conredium.
KOURREIZA, *va.* Garnir de corroi ; part. et.
KOURREIZER, *sm.* Corroyeur ; *pl.* ien.
KOURREIZET, *adj.* et part. Corroyé.
KOURS, *sm.* Saison, époque ; latin cursus.
KOURS, *sm.* Course ; *pl.* ou.
KOURS, *sm.* Vulve ; *pl.* au.
KOURSIA, *va.* Epier. part. et.
KOURSTAON, voyez gourstaon.
KOURT, *sm.* Cour, endroit renfermé ; *pl.* kouriou ; grec χορτος, latin hortus.
KOURSER, *sm.* Coursier, coureur ; *pl.* ien.
KOURSEREZ, *sf.* Coureuse ; *pl.* ed.
KOURTACH, KOURATACH, *sm.* Courtage.
KOURTEZ, *adj.* Courtois ; latin curtis. Kourtez est un nom de famille assez répandue.
KOURTENEN, *sf.* Natte en jonc, en paille *pl.* nou.
KOURTIN, *sm.* Rideau de lit ; *pl.* comparez le français courtine.
KOURVENTEN, *sf.* Grosse tempête ; *pl.* ou korf corps, gavent vent.
KOURZI, *vn.* Surveiller ; voyez Koursia.
KOUS, KOUZ, voyez koz.
KOUSI, *sm.* Saleté ; *pl.* ou ; se dit plus souvent gouzi.
KOUSIA GOUSIA, *va.* Enlever les saletés ; part. et.

KOUSK, *sm.* Sommeil ; *pl.* ou, cambrique kusk.
KOUSKADEN, *sf.* Somme ; *pl.* nou ; de kousk, sommeil.
KOUSKADEN-ROUNKLENNEK, *sf.* Léthargie, apoplexie.
KOUSKED, *sm.* Sommeil.
KOUSKÉDIK, *adj.* Endormi, assoupi.
KOUSKEDUZ, *adj.* Qui assoupit.
KOUSKER, *sm.* Dormeur ; *pl.* ien.
KOUSKEREZ *sf.* Dormeuse ; *pl.* ed.
KOUSKEREZ, *sm.* action de dormir.
KOUSKERIK, *sm.* Petit dormeur.
KOUSKET, *vn.* Dormir, sommeiller.
KOUSKETFALL, *sm.* Catalepsie.
KOUSKOUDÉ, *adv.* Voyez Koulskoudé.
KOUST, *sm.* Cout. préjudice ; *pl.* ou.
KOUSTA, *va.* Conter ; part. et ; latin constare.
KOUSTIANS, *sf.* Conscience ; *pl.* ou.
KOUSTLÉ, *sf.* Pari ; *pl.* ou, koust cout, lé serment,
KOUSTOUT, *va.* Coûter ; voyez kousta.
KOUSTUZ, *adj.* Couteux.
KOUTEL, *st.* Couteau ; voy. kountel.
KOUTEL, *sf.* Coquillage ayant la forme d'un couteau.
KOUTUR, *sm.* Coutare, venant du français ; *pl.* kouturiou.
KOUZ, Vieux ; voyez koz.
KOUZIN, *sm.* Cordier ; voyez kakouz.
KOUZOUMEN, *sf.* Confirmation.
KOUZOUMENNA, *va.* Confirmer ; part. et voyez konfirma.
KOV, *sm.* Ventre ; voy. kof.
KOVEIN-KOVUA, *va.* Tanner ; part. et ; kovu tan ; kochi halle.
KOVEL, *sf.* Forge ; *pl.* iou ; de goff forgeron, voyez govel.
KOVÉLIA, *va.* Forger ; part. et, voyez govelia.
KOVEOUR, *sm.* Tanneur. *pl.* ien.
KOVESAAT, *va.* Confesser ; part. ko véséat ; kovez confession.
KOVESION, *sf.* Confession ; *pl.* ou.
KOVESOUR, *sm.* Confesseur ; *pl.* ien.
KOVEZ, *vn.* Confesser ; part. éat ; latin confiteri.
KOVÉZOUR, *sm.* Confesseur ; voyez kovesour.
KOVU, *sm.* Tan grec χως peau.
KOZ, *adj.* Vieux, de Jubainville le tire du thème gaulois cotto, Le coz nom de famille très commun.
KOZAN, *sm.* Insecte ; *pl.* ed ; latin cossus, français cosson, breton koz, vieux.
KOZANA, *vn.* Se rempir de cossons ; part. et.
KOZANED, KOZANET, *adj.* Mangé par les insectes ; voy. Kozanen, kosanet est un nom de famille assez répandu.
KOZANEN, voy. Kosanen.

KOZDILLAD, *sm. pl.* Vieux habits ; koz, vieux, dillad hardes.
KOZÉAL, voy. kauzéal.
KOZEN, *st.* Femme âgée ; *pl.* ed.
KOZGOR, voy. koskor.
KOZ-HERNACH, *sm.* Vieux fers.
KOZ-HOUARN, *sm.* Ferraille.
KOZIAD, *sm.* Homme vieux ; *pl.* ed.
KOZ IAR, *sm.* Peureux ; poule mouillée.
KOZIK, *sm.* Petit vieux.
KOZ-KABOUN, *sm.* Vieux capon, poltron.
KOZ-LÉ, *sm.* Jeune taureau ; koz vieux, leué veau.
KOZ-LABOUR, *sm.* Mauvais ouvrage.
KOZNI, *sf.* Vieillesse ; koz vieux.
KOZ-PAPERIOU, *sm. pl.* Paperasses, koz vieux paperiou ; *pl.* de paper papier.
KOZ-PER, *sf. pl.* Poires sauvages ; koz mauvais, per poires.
KOZ-RANNOU, *sm. pl.* Mauvais vers, rhapsodie.
KOZ-SKRIJOU, *sm. pl.* Mauvais écrits ; koz ; vieux mauvais skrid écrit.
KOZ-TI, *sm.* Vieille maison, masure.
KOZ-TOK *sm.* Vieux chapeau ; koz, vieux, tok chapeau.
KOZ-TRABEL, *sf.* radoteuse ; koz vieux, trabel, traquet.
KOZ-TRAOU, *sf. pl.* Friperies, fatras ; koz vieux, tra chose.
KOZ-VOTEZ, *sf.* Mauvaise chaussure ; koz vieux, botez chaussure.
KOZ-VOUTAOUER, *sm.* Savetier ; koz mauvais, boutaouer bottier.
KRAB, *sm.* Crabe, *pl.* ed ; grec χαραβος, latin carabus.
KRABAN, *sf.* Griffe, serre ; *pl.* ou ; Loth cite la glose crap se rapportant au latin obstinanter, grec κραδή croc ; Zeuss cite carn, latin ungula.
KRABANAD, *sf.* Coup de griffe, soufflet ; *pl.* ou.
KRABANATA, *vn.* Griffer, souffleter ; *pl.* ou.
KRABANEK, *adj.* Qui a de grosses griffes, qui a les mains fortes.
KRABANOU, *sf. pl.*, pl. de Kraban. Marcher à quatre pattes ; mont war, he grabanou.
KRABISA. *va.* Egratigner ; part. et.
KRABISADEN, *sf.* Egratignure ; *pl.* nou, KRABON, *sf.* Griffe ; voy. Kraban.
KRABOS, *sm.* et sorte d'*adv.* A quatre pattes ; *pl.* ou.
KRABOS, *sm.* Corsage ; krap prise, boz poign.
KRAC'H, *adj.* Desséché ; voyez Kraz.
KRAC'H, *sm.* Voyez Kréac'h.
KRAC'HIGELLA, *va.* Dessécher ; kraz sec ; part. et.
KRAC'HIGELLET, *adj.* et *part.* Desséché.
KRAÉ, KRÉA, *sm.* Grève de la mer, gravier, craie ; latin, creta.

KRAF, sm. Reprise, égratignure ; pl. iou.
KRAF, sm. Couture ; pl. iou.
KRAFA, va. Reprendre, égratigner ; part. et.
KRAFADEN, sf. Reprise de couture, indice d'égratignure ; pl. nou.
KRAFAT, va. et n. Gratter ; part. et.
KRAFAT, va. et n. Recoudre ; part. et.
KRAFINA, va. égratigner ; part. et.
KRAFINADEN, sf. Egratignure ; pl. ou.
KRAG, sm. Grès, pierre ; grec, χρόκη.
KRAENCH, sm. Crachat ; pl. ou ; allemand, hraki salive.
KRAÏNCHAT, vn. Cracher ; part. et.
KRAINCHER, sm. Cracheur ; pl. ien.
KRAINCHOUER, sm. Crachoir ; pl. ou.
KRAIOUN, sm. Crayon ; pl. ou.
KRAIOUNA, va. Crayonner ; part. et.
KRAK, adj. Piquant, vif ; glose bretonne crasetuion, piquants, secs ; Breton kras secs, latin crassus.
KRAK, adv. Tout à fait, onomotapée, presque, à demi.
KRAKETAL, vn. Partir comme une pie ; comparez le français caquet, le grec Κραξω, Κραυκαξω, crier.
KRAK-HOUAD, sm. Sarcelle ; pl. krakhouidi.
KRAK-OZAC'H, sm. Hommase.
KRAK-VASTARD, sm. A moitié bâtard.
KRAK-VASTARDEZ, sf. A demi bâtarde.
KRAK-VÉVA, va. Vivre piètrement.
KRAMANAIL, sm. Crémaillère ; grec χρεμαστρα, glose bretonne creman.
KRAMEN, sf. Crème du lait, pl. nou ; graisse, glose bretonne criched ride ; voy. krichen.
KRAMENNA, vn. Epaissir, se former en crème ; part. et.
KRAMENNEK, adj. Graisseux ; de kramen, graisse.
KRAMPINEL, sf. Appat, amorce ; pl. Iou.
KRAMPINEL, sf. Crampon ; pl. Iou ; allemand krampe, vieux français crampi, recourbé, glose bretonne crum.
KRAMPINELLA, va. Cramponner ; part. et. ; voy. krapinella.
KRAMPOAC'HEN, sf. Crêpe ; voy. krampouezen.
KRAMPOEC'H. Voyez krampouez.
KRAMPOEC'HEN, sf. Crêpe ; voy. krampouézen.
KRAMPOÉC'HOUR, sm. Marchand de crêpes ; pl. ien.
KRAMPOEZ. Voy. krampouez.
KRAMPOEZA. Voy. krampoueza.
KRAMPOEZMOUZIK. Voy. krampouezmouzik.
KRAMPOUEZ, sm. pl. Crêpes, pl. de krampouezen.
KRAMPOUEZEN, sf. Crêpe, pl. krampouez ; kramm qui épaissit, poac'h qui cuit.
KRAMPOUEZA, vn. Manger des crêpes, faire des crêpes ; part. et.
KRAMPOUÉZEREZ, sf. Marchande de crêpes ; pl. ed.
KRAMPOUEZ-MOUZIK, sm. plante, ombilic ; krampouez crêpes, mouzik ; Loth cite moid, espèce de trèffle, grec μοββυν vieux mur, Breton mouéz humide.
KRAN, sm. Entaille, cran ; pl. iou ; latin crena.
KRAN, sm. Racine de fougère ; pl. nou ; grec χροκη trame.
KRAN-DOUAR, sm. Rouleau ; kran rouleau, douar terre.
KRAN, sm. Bois, forêt ; pl. ou ; forêt du Finistère, le crannou.
KRANEL, sf. Créneau, meurtrière ; pl. Iou, de kran.
KRANELLA, va. Créneler ; part. et. ; kranel créneau.
KRANHU, sm. Vagabond, mendiant ; pl. ed ; kran bois, hu chasse à courre.
KRANK, sm. Cancre ; pl. ed ; cornique cancher, latin cancer.
KRANKEN, sf. Ecrevisse de mer ; pl. ed.
KRANN. Voyez Kran.
KRAO, sm. Crèche ; voyez Kraou.
KRAON, sm. pl. ; pl. de kraounen noix.
KRAOST, sm. Pituite, glaire ; comparez saotr, latin saltra.
KRAOSTA, vn. Cracher ; part. et.
KRAOSTEK, adj. Pituiteux
KRAOU, sm. Crèche ; pl. kréier ; allemand krippa, grec κρυπτός caché.
KRAOUADEN, sf. Gratin de la bouillie ; pl. nou ; voy. Kraouiden.
KRAOUAT, va. et n. Gratter ; part. et. ; voy. Krafat.
KRAOUEN, sf. Noix ; voy. Kraounen.
KRAOUEN, sf. Chas pour enfiler l'aiguille ; pl. nou ; Loth cite cron rond, gallois crwn.
KRAOUENNEK, adj. Celui qui grasseye ; kraouen noix.
KRAOUEN-GARZ, sm. Noisette ; kraouen noix, garz haie.
KRAOUEN-GELVEZ, sf. Noisette ; kraouen noix, kelvez coudrier.
KRAOUEN-GLAZ, sf. Cerneau, noix verte.
KRAOUEN-VÉVIN. Aloyau de bœuf ; kraouen noix, bévin viande de bœuf.
KRAOUIA, va. Mettre en crèche ; part. et. ; kraou crèche.
KRAOUIAD, sm. Ce que contient une crèche ; pl. ou.
KRAOUIDEN, sf. Gratin ; pl. ou ; comparez kramen.
KRAOUIDENNA, va. Enlever le gratin ; part. et.
KRAOUN, pl. irrég. de kraounen, noix.

KRAOUNEN, *sf.* Noix; *pl.* nou, ou kraon, kraoun ; comparez grouanen gravier.
KRAOZON. Nom d'un bourg, Crozon.
KRAP, *sm.* Crampon, harpon ; *pl.* ou ; Loth cite crap se rapportant au latin obstinanter.
KRAPA, *va.* Harponner, cramponner ; part. et.
KRAPACH, *sm.* Action de cramponner ; en Vannes pluriel de krapachein, crêpe.
KRAPER, *sm.* Accrocheur ; *pl.* ien ; krap crampon.
KRAPIN, *sm.* Grappin ; *pl.* ou.
KRAPINELLA, *va.* Cramponner, accrocher ; part. et.
KRAS, *adj.* Sec ; gallois cras, glose bretonne crasetecion raccornis piquants ; voyez kraz.
KRAS, *sm.* Grâce, respect ; sal ho kras, sauf votre respect.
KRAS, *sm.* Prière ; voyez gras.
KRAV, *sm.* Couture ; *pl.* ou ; voyez kraf, glose crap.
KRAV, *sm.* Prise, capture ; *pl.* ou.
KRAVA. Voyez Krafa.
KRAVATEN, *sf.* Cravate ; *pl.* nou ; du nom du peuple Croate.
KRAVATENNA, *va.* Mettre une cravate ; part. et.
KRAVAZ, *sm.* Civière ; *pl.* ou ; krévez, krévizi, Breton krav prise, baz bâton.
KRAVAZIA, *va.* Mettre en civière ; part. et.
KRAVAZ-RODELLEK, *sm.* Brouette ; kravaz civière, rodellek qui tourne, de rod roue.
KRAVEL, *sf.* Sarcloir ; *pl.* ou ; kraf prise.
KRAZ. Voyez Kras ; nom de famille assez répandu.
KRAZA, *va.* Mettre à sécher ; part. et.
KRAZADEN, *sf.* Grillade de pain, de viande ; *pl.* nou ; voy. kraz.
KRAZADEN, *sf.* Action de se chauffer, de se sécher.
KRAZEN, *sf.* Pain rôti ; *pl.* ou ; voyez Kraz sec.
KRAZUNEL, *sf.* Crasse formée par la fusion des métaux ; kraz sec, ur feu.
KRÉ KREF, *adj.* Fort ; comparatif krévoc'h, superlatif kréva, cambrique kriff crif.
KRÉ, *sm.* Forteresse ; *pl.* ou.
KRÉ, *adv.* Fortement.
KRÉAAT, *va.* Devenir fort ; part. krévéat, kré fort.
KRÉACH, *sm.* Côte, montée ; de Jubainville cite Quenech knech, gallois cnwc, vieil irlandais cnocc dérivés du thème cuna, grec χρημνός lieux hauts, kréach est un nom de famille assez répandu.
KRÉAN, *adj.* Fort ; voyez kré.

KRÉANS, *sm.* Créance ; *pl.* kréansou, ce mot est d'origine française.
KRÉANSOUR, *sm.* Créancier ; *pl.* ien ; voyez kréans.
KRECHEN, *sm.* et *adj.* Chrétien ; voyez Kristen.
KRÉCH, *adj.* Qui frise, qui rebrousse.
KRÉC'H. Voyez Kreach.
KRÉC'HEN, *sf.* Colline ; *pl.* nou ; voyez Kréac'h.
KREC'HIEN, *sf.* Coline ; voyez Kréchen.
KRED, KRET, *sm.* Caution ; kred qui croit.
KRÉDANS, *sf.* Crédence ; *pl.* ou.
KREDEN, *sf.* Croyance ; *pl.* nou ; irlandais cretem.
KREDEN ANN ÉBESTEL, *sf.* Le crédo des apôtres.
KRÉDI, *va.* et *n.* Croire ; part. et ; latin credere.
KREDIT, *sm.* Crédit.
KREDIT, *adj.* Crédule.
KREDITA, *va.* Créditer ; part. et.
KREDO, *sf.* Prière ; le crédo ; du latin.
KREDONI, *st.* Crédulité ; *pl.* ou.
KREDOUR, *sm.* Créancier ; *pl.* ien.
KREDOUREZ, *st.* Créancière, *pl.* ed.
KREDUR, *sm.* Créature ; voy. krouadur.
KRÉDUZ, *adj.* Crédule.
KREFEN, *sf.* Point de couture ; *pl.* nou.
KREG, *sm.* Grès ; voy. krag.
KREG, *st.* Femme ; voy. grek.
KREG, *adj.* Sans plus, exactement ; grec χρηπις base.
KREGI, *va.* Prendre, saisir ; part. kroget ; krog prise.
KREGIGN, *sm. pl.* Coquillage ; de krogen coquille ; voy. ce mot.
KREGIN, *sm. pl.* Le même que kregign.
KREGNA, *va.* Se vautrer ; voy. krenial, kré fort.
KREGNOUZAL, *vn.* S'impatienter ; part. et ; voyez grignouzal grogner.
KRÉI, KLÉI, *sm.* Craie ; Loth cite cloiumm. mas cloiumm.
KREI, KRÉIS, *sm.* Milieu ; voy. kréiz.
KREIER, *pl.* irrég. de krok croc.
KREIER, *pl.* irrég. de kraou crèche.
KREISTÉ, *sm.* Midi ; voy. kresteiz.
KREIZ, *sm.* Milieu ; irlandais cride pour cridian , grec χαρδια cœur.
KRÉIZ, *sm.* Craie ; latin creta.
KREIZA, *va.* Marquer à la craie ; part. et.
KREIZEN, *sf.* Milieu, centre ; *pl.* nou.
KREIZENNA, *va.* Remplir, fortifier le centre ; part. et.
KREIZIK-KREIZ, *sm.* Centre, axe.
KREMEN, *sf.* Crasse ; voy. kramen.
KREMENEGEZ, *st.* Femme sale ; *pl* ed.
KREMENNEK, *adj.* Crasseux, sordide ; voy. kramennek.

KREN, *adj.* Vigoureux, fort ; voy. kré.
KREN, *sm.* Tremblement.
KRÉNA, *vn.* Trembler; part. et ; glose bretonne, crit tremblement, kridien frisson ; gallois cryd fièvre, vocabulaire Loth.
KRÉNADUR, *sm.* Tremblement ; *pl.* iou.
KREN-DOUAR,*sm.* Tremblement de terre; kren tremblement, douar terre.
KRENEDEK, *sf.* Lieu planté de trembles; *pl.* krenedigou.
KRENEREZ, *sm.* Arbre de tremble ; *pl.* ed.
KRÉNIAL, *vn.* Se souiller; part. et.
KRENN, *adj.* Court, trappu; glose bretonne, cron rond ; gallois crwn ; Jubainville cite crundos.
KRENN, *adv.* Entièrement; a grenn franchement.
KRENNA, *va.* Raccourcir; part. éat.
KRENNAAT, *vn.* Rendre court; part. éat.
KRENNARD, *sm.* Homme court ; *pl.* ed.
KRENNARDEZ, *sf.* Petite femme; *pl.* ed.
KRENN BOATR, *sm.* Adolescent; krenn court, paotr garçon.
KRENN-EBEUL, *sm.* Jeune poulain.
KRENN-EJEN, *sm.* Jeune bœuf.
KRENNOUR, *adj.* et *sm.* Grippe-sou; voy. krigner.
KRENV, *adj.* Fort ; voy. kré.
KRENVAAT, *vn.* Fortifier ; voy. krétaort.
KRENN VAZ, *sf.* Espèce de massue ; krenn court, baz bâton.
KRÉON, *sm.* Toison des bêtes à laine ; grec χρυσός du bélier.
KREONA, *vn.* enlever la toison; part. et.
KRÉPEZ, *sm.* Chemisette ; latin crispus.
KREPISSA, *va.* Crépir; part. et; latin crispare.
KREPISSEREZ, *sm.* Crépissage, enduit.
KRESR, *sm.* Croissance ; *pl.* ou.
KRESK-AL-LOAR, *sm.* Croissant de la lune.
KRESKEN, *sf.* Excroissance, pousse ; *pl.* nou.
KRESKI, *vn.* Croître ; part. et. ; latin crescere.
KRESTEIZ, *sm.* Midi ; kreiz milieu, deiz jour.
KRESTENEN, *sf.* Croûte du lait ; *pl.* nou ; Loth cite criched ride. gallois crych rugueux, crychedd aspérité ; voyez kristinen.
KRESTENENNA, *vn.* Se couvrir d'une croûte ; part. et.
KRET, *sm.* Caution ; voyez kred.
KRÉTAAT, *vn.* Se porter caution ; part. et.
KREU, *sm.* Crèche ; voyez kraou.
KREUEN, KREUNEN, *sf.* Croûte ; *pl.*

kreun ; gallois crawen cornique, crevan racine, kru être dur, gallois crin sec, cassant.
KREUENNA, KREUNENNA, *vn.* Croûter ; part. et.
KREUIAD, *sm.* Une crèche pleine ; *pl.* ou; de kreu crèche.
KREUN, *sm. pl.* de kreunen. Croûte ; voyez kreuen.
KREUNEN, *sf.* Croûte de pain, de gâteau; *pl.* kreun.
KREUNENNA, *vn.* Se former en croûte ; part. et.
KREUZEUL, *sf.* Lampe; *pl.* iou ; de kleuz creux ; grec χρυσός pot, urne ; voyez kleuzeul.
KRÉV, *adj.* Fort ; voyez kré.
KREVAAT, *vn.* Fortifier, devenir fort ; part. et. ; de krév fort.
KRÉVANS, *sm.* Effort; emploi de la force, se dit le plus souvent grévans, doit cependant venir de krev fort avec une terminaison française.
KREVIA, *va.* Faire la tonte des moutons; part. et. ; de kréon tonte.
KREVIER, *sm.* Tondeur ; *pl.* ien : nom de famille assez répandu surtout dans la Cornouaille.
KREZ KRES, *sm.* Vêtement flottant, chemise.
KREZ, *sm.* Une mesure de toile de Bretagne ; *pl.* ou ; comparez l'espagnol creta.
KREZ, *adj.* Avare, très économe ; Loth cite la glose crap.
KRI, *sm.* Cri ; *pl.* ou ; kri fort, appel à tue-tête.
KRI, *adj.* Cruel ; grec χρυαλεος glacial.
KRIADEN, *sf.* Exclamation ; *pl.* nou ; voyez kri.
KRIAL, *vn.* Crier ; part. kriet, de kri.
KRIANEN, *sf.* Gratin ; *pl.* nou ; grec χροσσος bord.
KRIB, *sf.* Peigne ; *pl.* ou ; Loth cite crip, gallois crib, cathol. crib, irland. cir, Zeuss cite ha crip, pecten.
KRIBA, *va.* Peigner ; part. kribet.
KRIBADEN. *sf.* Peignée ; *pl.* nou.
KRIBADUR, *sm.* Peignure ; *pl.* iou.
KRIBAT, *va.* Peigner, s'emploie souvent pour kriba.
KRIBEL, *sf.* Cime, sommet ; *pl.* lou ; de krib peigne.
KRIBELLEK, *adj.* Qui a une crête.
KRIBEL-GAR, *sf.* Devant de la jambe ; kribel crête, gar jambe.
KRIBEN, *sf.* Crête, le même que kribel.
KRIBIN, *sf.* Peigne de tisserand ; *pl.* ou.
KRIBINA, *va.* Carder, peigner ; part. et.
KRIBINER, *sm.* Cardeur ; *pl.* ien.
KRIC'H, *adj.* Cru, qui n'est pas cuit ; voyez kriz.
KRICHAN, *adj.* Chrétien ; voyez kristen.

KRICHEN, *sf.* Coagulation du lait ; *pl.* nou ; Loth cite crichedride, gallois crych rugueux crychedd aspérité.

KRICHENECH, *sm.* Chrétienté ; voyez kristenach.

KRIDI, *va.* et *n.* Croire ; voyez kredi.

KRIDIEN, *sf.* Tremblement de la fièvre ; *pl.* nou ; Loth cite crit tremblement, gallois cryd, irlandais crith.

KRIDIENNA, *va.* Trembler la fièvre ; part. et.

KRIDIT, *sm.* Crédit ; *pl.* ou.

KRIEN, KRIENEN, *sm.* Gratin ; *pl.* nou ; voyez krianen.

KRIENNA, *va.* et *n.* Enlever le gratin ; part. et.

KRIER, *sm.* Crieur ; *pl.* ien, de kri cri.

KRIÉREZ, *sm.* Criaillerie.

KRIEREZ, *sf.* Crieuse ; *pl.* ed.

KRIFINA, *va.* Egratigner ; part. et.

KRIFINER, *sm.* Celui qui égratigne ; *pl.* ien.

KRIFINÉREZ. Celle qui égratigne ; *pl.* ed.

KRIFINÉREZ, *sm.* Action d'égratigner.

KRIGN, *sm.* Action de rogner. Loth cite cré ulcère, pluriel creithi, krign se prononce aussi krin, quand il est question d'une plaie.

KRIGNA, *va.* Ronger ; part. et. ; se dit aussi krignat

KRIGNAL, *va.* Grignoter ; part. krignet.

KRIGN-ASKOURN, *sm.* Vagabond ; krign qui ronge, askourn os.

KRIGN-BÉO, *sm.* Se prononce le plus souvent krin-béo, gangrène, cancer ; krign qui ronge, béo vif.

KRIGNUZ, *adj.* Corrosif, caustique.

KRIN, *adj.* Sec ; glose bretonne crin, gallois crin, irlandais crin.

KRINA, *va.* Devenir sec ; part. et. de krin sec.

KRINEN, *sf.* Forière ; *pl.* nou ; krin, sec ; voyez krizen.

KRINEN, *sf.* Arbre sec ; *pl.* nou.

KRINEN, *sf.* Femme maigre ; *pl.* ed.

KRIPAT, *vn.* Grimper ; part. et. ; glose bretonne crap ; voyez grimpat.

KRIPOUN, *sm.* Homme décrépit ; *pl.* ed.

KRISA, *va.* Froncer, faire des rides ; part. et. ; glose bretonne criched ride ; voyez kriza.

KRISDER, *sm.* Dureté, cruauté ; *pl.* iou ; kriz cruel.

KRISK, *sm.* Croissance ; voyez kresk.

KRIST, *sm.* Christ ; grec χριστος oint.

KRISTEN, *sm.* et *adj.* Chrétien ; *pl.* ien ; latin christianus.

KRISTENA, *va.* Devenir chrétien ; part. et. de Krist Christ.

KRISTENEZ, *sf.* Chrétienne ; *pl.* ed.

KRISTENIACH, *sf.* Chrétienté.

KRISTILLA, *vn.* Hennir ; part. et. ; glose bretonne citée par Loth crihot il brandit.

KRISTILLADEN, *sf.* Hennissement ; *pl.* nou ; voyez gristilladen, chouiriziaden.

KRISTINEN, *sf.* Pellicule ; *pl.* nou ; glose criched ride.

KRISTINENNA, *va.* Se couvrir d'une pellicule ; part. et.

KRIZ, *adj.* Cru, cruel ; latin crudis, grec χρυος.

KRIZ, *sm.* Froncis, pli ; *pl.* ou ; criched ride.

KRIZA, *va.* Faire des plis ; part. et.

KRIZEN, *sf.* Forière, terre gazonnée ; de kriz froid, cru ; *pl.* krizennou.

KRIZENNA, *va.* Gazonner ; part. krizennet.

KRIZER, *sm.* Pièce d'une charrue ; *pl.* ien ; de kréiz milieu.

KRIZÉREN, *sm.* Action de froncer, de rider.

KRIZET, *adj.* Ridé ; formant des rides.

KROA, *sm.* Grève, caillou ; voyez groa, grea, cambrique grou, breton grouan.

KROASSANT, *sm.* Croissant ; *pl.* ou ; kroaz croix, hent chemin ; voy. kroazhent.

KROAZ, *sf.* Croix ; *pl.* kroasiou ; latin crux.

KROAZA, *va.* Mettre en croix ; part. et.

KROAZEL, *sf.* Manche ; *pl.* kroazeliou.

KROAZEL, *sf.* Gerbes en croix ; *pl.* ou.

KROAZELLA, *va.* Mettre des gerbes en croix ; part. et.

KROAZEN, *sf.* Partie d'une église qui est formée en croix ; *pl.* ou.

KROAZEN DOUÉ, *sf.* Alphabet, croix de Dieu.

KROAZ-HENT, *sm.* Croissant, carrefour ; kroaz croix, hent chemin.

KROAZIA, *va.* Croiser ; part. et. ; de kroaz croix.

KROAZIK, *sf.* Plante, verveine ; *pl.* kroazigou.

KROAZIK ENN DOUÉ, *sm.* Alphabet ; kroazik petite croix, enn dans, Doué Dieu.

KROAZ-LEC'H, *sf.* Hanche, reins ; *pl.* kroaz-lec'hiou ; kroaz croix, leac'h lieu.

KROAZ-LEZ, *sf.* Hanche, moins employé que kroaz-lec'h ; kroaz croix, lez hanche.

KROAZOUR, *sm.* Qui va en croisade ; *pl.* kroazourien.

KROAZ-RU, *sf.* Carrefour ; kroaz croix, ru rue.

KROC'HEN, *sm.* et *f.* ; *pl.* kréc'hin ; de Jubainville cite croc-ennos, vieil irlandais croc-enn, genitif croc-ainn.

KROC'HEN-AL-LAGAD, ou bien KOC'HEN-AL-LAGAD. Enveloppe de l'œil.

KROC'HEN ANN DAOU GELL, *sm.* Peau des testicules.

KROC'HENEN, KOC'HENEN, *sf.* Peau légère, membrane ; *pl.* ou.

KROC'HENNEK, adj. Qui a la peau épaisse ; Croguennec est un nom de famille assez répandu.
KROC'HEN-GLAZ, sm. Peau garnie de ses poils ; kroc'hen peau, glaz vert.
KROÉR. sm. Crible, tamis ; glose bretonne cruitr, cathol croezr, irlandais criathar, grec χροχπ trame, latin cribrum ; voy. krouer.
KROÉRIAD, sm. Criblée, le plein d'un crible ; pl. ou ; de kroér.
KROEZ, sf. Croix ; voy. kroaz ; latin crux.
KROEZEL, sf. Hanche ; voy. kroazel.
KROG, sm. Prise, capture, croc ; pl. kreier, celtique, krokr.
KROG, sm. Passion ; ce en quoi l'on est fort.
KROG, adj. Qui a prise.
KROGATA, va. Crocheter ; part éat ; de krog.
KROGEK, adj. Crochu, recourbé.
KROGEN, sf. Coquille ; pl. kregin ; vieil irlandais crocenn.
KROGEN-ALC'HOUÉZ, sf. Serrure, pène.
KROGEN-PERLEZ, sf. Coquille à perles.
KROGENNEK, adj. Qui a une coquille ; Crogénnec est un nom de famille assez répandu.
KROGENNOK, adj. Voy. krogennek.
KROGEREZ, sf. Plante, grateron.
KROGET, adj. et part. Pris.
KROG-GOURIN, sm. Croc en jambe, assaut, lutte.
KROGI, va. Prendre ; part. kroget ; voy. krégi.
KROGIK, sm. Petit croc, crochet ; pl. kréierigou.
KROG-IOD, sm. Baton de bouillie.
KROK, KROG, sm. Croc ; pl. kréier.
KROK-BANK, sm. Valet de menuisier ; krok croc, bauk banc.
KROK-KIK, sm. Grande fourchette ; krok croc, kik viande.
KROK-POUÉZ, sm. Balances ; krok croc, pouez poids.
KROMM, adj. Courbé ; Loth cite crum recourbé, cathol crom ; gallois crwm, irlandais cromm, cromb ; latin curvus.
KROMMADUR, sm. Courbure ; de kromm courbe.
KROP, sm. Engourdissement ; Loth cite crap.
KROPA, vn. Engourdir ; part. et.
KROPET, adj. et part. Engourdi, saisi par le froid.
KROS, sm. Tête ; Loth cite cron rond ; kros-spillen, tête d'épingle.
KROS, sm. Bruit, querelle ; pl. ou ; gallois cerydd.
KROSMOL, sm. Murmure, tapage ; pl. ou ; kros bruit, holl tout.

KROSMOLAT, vn. Murmurer ; part. et.
KROT, sm. Jeune enfant ; voy. krouadur.
KROTEN, sf. Rien, néant ; pl. nou.
KROU. sm. Toit, crèche ; allemand krijopa.
KROU-GROU. Eau gelée ; latin crusta.
KROUADUR, sm. Créature ; latin creatura ; cambrique creawdur, croadur ; Loth cite créaticaul ; irlandais cré, matière.
KROUAN, sm. Gueux, vaurien ; Crouan est un nom de famille assez commun.
KROUC'HEN. Voyez kroc'hen.
KROUER. sm. Créature ; pl. ien ; crearios ; voy. kroui.
KROUER, sm. Crible ; pl. iou ; voy. kroér.
KROUÉRAD, sm. Criblée ; pl. ou ; voy. kroueriad.
KROUERAT, va. Passer au crible ; part. et.
KROUER-DOURGEN, sm. Crible à vanner ; krouer crible, dourn main, gen barre, ganu retenir.
KROUERIA, va. Passer au crible ; part. kroueriet.
KROUERIAD, sm. Le plein d'un crible ; pl. ou.
KROUG, sf. Pendaison, potence ; vo. truncatus.
KROUGA, va. Pendre ; part. krouget.
KROUGLAS, sm. Lacet ; pl. ou ; kroug pendaison, las lacet.
KROUGLASA, vn. Être pris au lacet ; part. et.
KROUGOUSAT, vn. Roucouler ; part. et ; onomatopée.
KROUI, va. Créer ; part. et ; de Jubainville compare ce mot à créimin au quinzième siècle croéaff ou kréamas.
KROUIDIGEZ, sf. Création.
KROUILL, sm. Verrou ; voy. kourouill.
KROUK. Voy. Kroug.
KROUMM, adj. Courbé ; Loth cite crum, latin curvus.
KROUMMA, va. et n. Courber ; part. et.
KROÉMMEL, sf. Anse, poignée ; pl. ou ; de Kroumm courbé.
KROUZEL, sf. Sommet ; pl. ou ; croupe des animaux ; voy. kroazel.
KROZ, sm. Tapage, dispute ; Loth cite gro cri de la colombe ; gallois creid crier ; latin crocitare.
KROZ, sm. Houlette ; pl. ou ; bas latin crossa.
KROZAL, va. et n. Faire du tapage, croasser.
KRUBUILL, sf. Jabot des oiseaux ; grec χρυπτω, cache.
KRUBUILLAD, sf. Un plein jabot ; pl. ou.
KRUEL, adj. Horrible, abominable.
KRUEL, adj. Fort beau ; eunn den kruel un bel homme.

KRUÉLDED, *sm.* Cruauté.

KRUFEL, *sf.* Roue de moulin mise horizontalement; de krumm, kroumm; latin curvus, recourbé; *pl.* krufellou, kruvellou.

KRUG, *sf.* Scorpion; *pl.* kruged; Loth cite crin sec.

KRUGA, *va.* Dessécher; part. kruget.

KRUGEL, *sf.* Tas, monceau; *pl.* lou; Loth cite crunnolunou, en forme de roue.

KRUGEL-VÉRIEN, *sf.* Fourmilière; krugel tas, merien fourmis.

KRUGELLA, *va.* Mettre en tas; part. et.

KRUK. Voy. krug.

KRUSIFI, *sm.* Crucifix; *pl.* ou.

KRUSIFIA, *va.* Crucifier; part. et.

KRUSMUZA, Voy. krosmola.

KUCH, *sm.* Toupet, amas de cheveux.

KUC'H, *sm.* Cachette; voy. kuz.

KUCHEN, *sf.* Tas. part, petit lot; *pl.* nou.

KUCHENNIK, *sf.* Petit lot; *pl.* kuchennigou.

KUCHEN-VLÉO. Rassemblement de cheveux; kuchen tas, bléo cheveux.

KUC'H-HIAOL. Voy. kuz-héol.

KUCHIK, *sm.* Touffe de barbe.

KUC'HUN, *sm.* Couvre-feu; voy. kafun.

KUDEN, *sf.* Echeveau; *pl.* nou.

KUDEN, *sf.* Chose embrouillée; *pl.* nou.

KUDENNA, *va.* Embrouiller; part. et.

KUDENNEK. *adj.* Caché, taciturne; cudennec est un nom de famille assez répandu.

KUDON, *sf.* Pigeon-ramier; *pl.* ed; de Jubainville cite ceto-columba; en vieil irlandais ciad-colum, colombe de bois.

KUDOU, *smpl.* Flatteries, moqueries.

KUDURUN, *sf.* Tonnerre; Loth cite cun runt sommet, de cun élévation, run colline; voy. kurun.

KUEZ, *sm.* Regret; voy. keuz.

KUFF, *adj.* Bon; voy. kun, cuff, coué et cueff sont des noms de famille très répandus.

KUFR, *sf.* Bière forte.

KUFUN. Voy. kuc'han, kafun.

KUGUL. Voy. kougoul.

KU-HA-KA. *adj.* Juste à temps; irlandais cu, représentant com, ha et, irlandais ca cach; latin omnis, tout; en breton bon et mauvais.

KUIGN, *sm,* Gâteau; *pl.* ou; voyez kouign.

KUIGNAL, *vn.* Cligner; part. et; voy. kouilcha.

KUILL, *adj.* Bien nourri, potelé.

KUILLA, *vn.* Devenir gras; part. et.

KUILL-GOK, *sm.* Chapon; kuill gras, kok pour killok, coq.

KUIT, *adj.* Quitte, libre; latin quietus.

KUIT, Particule quitte.

KUITAAT, *va.* Quitter; part. kuitéat.

KUITÉS, *adj.* Quitte; on dit aussi kittés.

KUITESA, KITESA. Acquitter; part. et.

KUITOUZ, *sm.* Mauvais drôle.

KUJEN-UZÉN, *sm.* Petit lait; voy. kojen.

KULA, *va.* Reculer; part. et.

KULAD, *sm.* Escapade; *pl.* ou.

KULADUZ, *adj.* Entêté, fantasque.

KULAS, *sf.* Plastron; *pl.* ou.

KULASEN, *sf.* Culasse; *pl.* nou.

KULIER, *sm.* Croupière, reculement; *pl.* ou.

KUN, *sm.* Vallon profond.

KUN, *adj.* Doux, moelleux.

KUNAAT, *vn.* Devenir doux; part. kunéat, de kun doux.

KUNDU, *sm.* Conduite; voy. konder.

KUNDUI, *va.* Conduire; part. kunduet; latin cumdure.

KUNET, *adj.* Dompté, apprivoisé.

KUNF, *adj* Doux, bon; voy. kun, kunr; irlandais coim; thème comi, de Jubainville.

KUNIA, *vn.* Se réjouir, gambader; part. et.

KUNUC'HA, *va.* et *n.* S'injurier; part.et; gallois cwqn, plainte.

KUNUC'HEN, *sf.* Injure, lamentation; *pl.* nou.

KUNVÉLEZ, *sf.* Douceur; de kun doux.

KUR, *sm.* Action de battre.

KURATOR, *sm.* Curateur; *pl.* ien; latin curator.

KURÉ, *sm.* Vicaire; latin curatus; *pl.* kuréed.

KURO, *va.* Battre, frapper.

KURUN, *sf.* Tonnerre; *pl.* nou; voy. kudurun.

KURUNEN, *sf.* Couronne; *pl* nou; latin corona.

KURUNI, *verb. impers.* Tonner; part. et; de kurun tonnerre.

KURUNI, *va.* Couronner; part. et; de kurunen couronne.

KURUNOU, *sf.pl.* de kurun tonnerre.

KURUST, *sm.* Enfant de chœur; *pl.* ed.

KURUZEN, *sf.* Petite auguille; *pl.* kuruz.

KURZA, *vn.* Diminuer, se rétrécir; part. kurzet.

KUZ-KUZ, *sm.* Cachette; *pl.* kuziou; voy. kuz.

KUS, *sm.* Baiser; *pl.* ou.

KUS-HÉOL. Voy. kuzhéol.

KUSIADA, *va.* Cacher, part. et.

KUSIADEN, *sf.* Cachette; *pl.* nou.

KUSTOD, *sm.* Tabernacle, custode; latin custodium.

KUSTUM, *sm.* Coutume; *pl.* ou; bas latin costuma.

KUSTUMI, *vn.* Habituer; part. et.

KUTUILL, KUTUILLA, *va.* Cueillir; part. et; latin colligere.

Kutuilladen, *sf.* Action de cueillir ; *pl.* nou.
Kutuiller, *sm.* Celui qui cueille ; *pl.* ien
Kutuillerez, *sf.* Celle qui cueille ; *pl.* ed.
Kutuillerez, *sf.* Action de cueillir ; voy. kutuilladen.
Kuvat, kunvat, *va.* Polir, adoucir ; part. eat.
Kuz, *sm.* Cachette ; *pl.* iou ; grec Χυτος, cavité.
Kuzaden, *sf.* Voy. kuziaden.
Kuzat, *va.* et *n.* Cacher ; part. kuzet.
Kuzet, *adj.* Caché, dissimulé.
Kuz-héol, *sm.* Occident ; kuz coucher, héol soleil.

Kuziaden, *sf.* Cachette ; *pl.* nou ; de kuz.
Kuzul, *sm.* Conseil ; *pl.* lou ; latin consilium.
Kuzula, *va.* et *n.* Comploter, conseiller ; part. et.
Kuzulia, *va.* Conseiller ; part. et ; kuzul conseil.
Kuzulier, *sm.* Conseiller ; *pl.* ien.
Kuzulierez, *sf.* Femme d'un conseiller ; *pl.* ed.
Kuzulierez, *sm.* Action de donner conseil.
Kuzulik, *interj.* Parlant bas ; kuzul conseil.

L

L. Lettre consonne, se prononce comme en français.

LA, *interj.* Pour calmer.

LAAU, *sm.* Main; ne s'emploie plus guère ; Loth cite-lau main ; gallois llaw; cornique lof; irlandais lam ; grec παλαμη ; latin palma ; Zeuss cite leyff, levff, leff, lof dans le cornique.

LAB, *sm.* Hangar ; *pl.* labou ; ce pluriel est un nom de village composé de cahutes.

LABASKEN, *sm.* Homme qui a du désordre, paresseux ; lab radical de labour, travail, nask arrêt, lien.

LABASKENNA, *vn.* Faire le paresseux ; part. et.

LABASKENNEK, *adj.* Négligent, mal vêtu.

LABASKENNEREZ, *sm.* Paresse sordide.

LABEN, *sf.* Médisance, babil.

LABENNA, *vn.* Babiller ; part. et.

LABENNEK, *adj.* Babillard.

LABENNER, *sm.* Médisant ; *pl.* ien.

LABENNEREZ, *sm.* Médisance, babil.

LABEZA, *va.* Lapider, salir ; part. et.

LABÉZEREZ. *sm.* Action de lapider.

LABISTREN, *sf.* Petit congre; *pl.* labistr ; latin labilis glissant.

LABOUR, *sm.* Travail ; *pl.* ou ; latin labor.

LABOURADEK, *sf.* Laboratoire; *pl.* labouradégou.

LABOURAT, *va.* Labourer ; part. et ; latin laborare.

LABOUR-BELEK, *sm.* Travail de prêtre.

LABOUR-DICHENTIL, *sm.* Travail de gentilhomme.

LABOUR-DOUAR, *sm.* Travail de la terre.

LABOURER, *sm.* Laboureur ; *pl.* labourerien.

LABOURER-DOUAR, *sm.* Agriculteur.

LABOURUZ, *adj.* Qui demande beaucoup de travail.

LABOUS, *sm.* Oiseau ; *pl.* laboused ; labous fait partie des noms de famille ; voy. laben babil.

LABOUSETA, *vn.* Chasser les merles ; part. et.

LABOUSETER, *sm.* Oiseleur, chasseur de menus gibiers.

LABOUSETEREZ *sm.* Boutique de marchands d'oiseaux.

LABOUS-IAR, *sm.* Jeune poulet ; labous oiseau, iar poule.

LABOUSIK, *sm.* petit oiseau ; *pl.* labousédigou.

LABOUSIK SANT MARTIN, *sm.* Martinet.

LACH, *adj.* Lache ; Loth cite laislache ; latin laxus.

LACH, *sm.* Pierre d'abri ; *pl.* ou.

LACHAAT, *vn,* Devenir lâche ; part. lacheat.

LAC'H, *sm.* Meurtre; Loth cite ladam je tue.

LAC'HA, *va.* Tuer, éteindre; part. et ; de Jubainville donne à ce mot la même racine que le latin clades.

LAC'HER, *sm.* Assassin ; *pl.* ien.

LAC'HOUR. Voy. Lac'her.

LAÉ, *sm.* Le haut ; nom de famille très répandu.

LAENNEK, *adj.* Instruit, couvert d'un manteau ; lenn manteau, en vieux breton comme nom de famille, il s'écrit lazennec, laénnec.

LAÉR, *sm.* Voleur ; *pl.* laéroun; Loth cite lois ravisseurs, voleurs; cathol. lazr, latin latro, cambrique lleidr, cornique lader.

LAÉRA, *va.* Voler ; non usité ; voyez Laérez.

LAÉREZ, *va.* Voler, dérober ; part. et ; de laér voleur.

LAÉREZ, *sf.* Voleuse ; *pl.* ed.

LAÉREZ, *sf.* Mal d'aventure.

LAERIK, *sm.* Jeu d'échecs.

LAÉROMI, *sf.* Larcin ; *pl.* ou.

LAERONSI-LOENED, *sf.* Larcin de bestiaux ; laéronsi vol, loened bêtes.

LAÉROUN, *pl. irrég.* de laér voleur.

LAÉR-VOR, *sm.* Corsaire, pirate; *pl.* laéroun-vor, laer voleur, mor mer.

LAÉS, *sm.* Lait ; voyez léaz.

LAÉZ, *sm.* Legs ; latin legatum.

LAÉZ, *sm.* et *adv.* Le haut ; irlandais laithe.

LAEZA, *va.* Donner en legs ; part. et ; de laez legs.

LAFFNEN, *sf.* Lame ; *pl.* nou ; voyez laonen lavnen.

LAG, *adj.* Long ; grec λαυρος, vieux breton laur sol, breton lit, litan, ledan large.

LAGAD, *sm.* OEil ; *pl.* ou ; cambrique Llygad, irlandais Licat.

LAGADAD, *sm.* Coup d'œil, œillade; *pl.* ou ; de Lagad.

LAGADEK, *adj.* Qui a de gros yeux; Lagadec est un nom de famille assez répandu.

LAGADEN, *sf.* Bulle, nœud coulant ; *pl.* nou ; de Lagad œil.

LAGADEN-VREAC'H, sf. Bracelet; lagaden, de lagad, bréac'h bras.

LAGADENNA, va. et n. Se former en bulles, boucler; part. et.

LAGAD-GOR, sm. Fistule à l'œil; lagad œil, gros abcès.

LAGASTR, sm. Ecrevisse de mer; pl. ligistri.

LAGAT-DU, sm. Œil noir; nom de famille assez répandu.

LAGAT-TREUZ, adj. et sm. Louche; Lagad œil, treuz, de travers.

LAGEN, sf. Fondrière; pl. laginier, lagennou; latin lacus.

LAGENNEK, adj. Boueux, fangeux; lagen fondrière.

LAITH, sm. La mort, le fleuve Lethé; irlandais lia.

LAKAAT, va. Placer, mettre; part. Lakeat; latin locus lieu.

LAKEPOD, sm. Mauvais sujet; lakez laquais, paotr garçon; pl. laképoted, ou le vieux breton lais lâche, paotr garçon.

LAKES, sm. Laquais; pl. lakisien; arabe lakiyy, attaché à.

LAKIPOD, sm. Vaurien; voy. lakepod.

LAMBOURZ, sm. Sabord d'un navire; pl. ou; radical lamm, lemmeyn, lemmen, bourz bord.

LAMBR, adj. Glissant; voy. lampr.

LAMBRUSK, sm. Lambris; pl. ou; grec λαμβάνω recevoir, prendre.

LAMBRUSKA, va. Lambrisser; part. et.

LAMBRUSKADUR, sm. Action de lambrisser, pl. ou.

LAMEDIGEZ, sf. Action d'ôter; de lamet enlever.

LAMET, LÉMEL, va. et n. Enlever; part. lamet.

LAMM, sm. Saut; pl. ou; lemmen, irlandais leimm, gallois lanu, Loth cite lamman, je saute.

LAMM-CHOUK-HÉ-BENN, saut périlleux, lamm saut, chouk nuque, hé son, sa, penn tête.

LAM-DOUR, sm. Cataracte, cascade, lamm saut, dour eau.

LAMMÉDEKAAT, vn. Sautiller; part. eat, lamm saut.

LAMMEN-LAVNEN, sf. Lame; pl. nou; Loth cite Lemhaan j'aiguise, où l'on retrouve lemm aigu; voy. lavnen, laonen.

LAMMEN, sf. Épi de blé; pl. nou.

LAMMENEK, adj. Qui a des lames.

LAMMENNI, va. Glaner; part. et; lammen épi.

LAMMER, sm. Sauteur; pl. ien; lamm saut.

LAMMÉREZ, sm. Action de sauter.

LAMMERIK, sm. Oiseau, hoche-queue, de lammer sauteur.

LAMMET, vn. Sauter, bondir; part. et.

LAMM-GAOR, sm. Cabriole; lamm saut, gaor, gavr chèvre.

LAMM-GRESK, sm. Croissance.

LAMM-GROAZ, sm. Croix élevée avec son piédestal; lamm jet, kroaz croix.

LAMMOUT, vn. Sauter; part. et; voy. lemel.

LAMMOUT, vn. Oter, enlever; part. et.

LAMPAD, sm. Lampée; pl. ou; grec λαπτω laper.

LAMPOUN, sm. Poisson; pl. ed; anglais lampoon, brocard.

LAMPOUNAT, va. Poissonner; part. et; lampoun poisson.

LAMPR, adj. Glissant, gras, huileux; lamm saut.

LAMPR, sm. Lampe; pl. ou; grec λαμπάς flambeau.

LAMPRA, va. Glisser; part. et; lamm saut, enkrez effroi.

LAMPRA, va. Eclairer à la lampe; part. et.

LAMPRADUR, sm. Phosphorescence; pl. iou.

LAMPRER, sm. Polisseur, celui qui fait des lampes; pl. ien.

LAMPREREZ, sm. Action de polir, de glisser.

LAMPREZEN, sf. Poisson, lamproie; pl. lamprez; latin lampetra, lambere petram.

LAMPRÉZEN. Ivrogne endurci.

LAMPROUER, sm. Polissoir; pl. iou.

LAMPRUZ, adj. Phosphorescent.

LAN, voy. lann.

LANCHEN, sf. Mauvaise langue.

LANCHENNA, vn. Médire; part. et.

LANCHENNAD, sf. Médisance, coup de langue; pl. ou.

LANCHENNEK, sm. Médisant.

LANCHENNEGEZ, sf. Femme qui a une mauvaise langue.

LANDAR, adj. Fainéant, vieux breton lais lâche, latin laxus.

LANDER, sf. Landier; pl. landeriou; irlandais lann grill.

LANDERNÉ, nom de ville, Landerneau; lann territoire, Ternok nom d'un saint breton.

LANDRÉA, vn. Agir avec paresse; part. et.

LANDREANT, sm. Fainéant; pl. ed.

LANDREANTIZ, sm. Paresse, fainéantise.

LAN-DREGER, sm. Nom de ville, Tréguier; lann église ou région, tréger, tréguer, treguier.

LANDRENNEK, adj. Fainéant; voy. Landréant.

LANFÉAZ, sm. Débris d'étoupe, filasse; breton gloan, glan, laine, grec λαχνος toison, français lanifère.

LANGACH, sm. Langage; pl. ou; d'origine française.

LANGACHER, *sm.* Mauvaise langue, braillard ; *pl.* ien.
LANGACHI, *va.* Tenir de vilains propos ; part. et.
LANGER, *sf.* Couverture ; *pl.* iou ; lenn couverture.
LANGÉTEN, *sf.* Languette ; *pl.* nou.
LANGIS, *adj.* Languissant, nom d'un saint de Bretagne.
LANGISSA, *va.* Languir ; part. et ; voy. langis.
LANGOUINER, *sm.* Géant de la fable ; lann pays, gwiner sonneur de cor de chasse.
LANGOURC'HEN, *sf.* femme sale, paresseuse, femme de mauvaise vie, *pl.* ned.
LANGROEZEN, *sf.* Eglantier; *pl.* Langroéz ; lann lande, vieux breton goerp stigmate.
LANN, *sm.* Région, territoire ; *pl.* ou.
LANN, *sm.* Lande, ajonc; *pl.* ou.
LANN, *sm.* Eglise ; Le Lann est un nom de famille fort répandu en Bretagne.
LANNÉIER, *sm. pl.* Landes.
LANNEK, *sf.* Lande ; *pl.* Lannegou.
LANNOK, *sf.* Voy. lanneg.
LANNOU, *sm. pl.* Grandes landes.
LANNUON, *sm.* Nom d'une ville, Lannion.
LANO, *sm.* Marée qui monte ; de Jubainville cite le gallois llann dérivé de leun, lanos planas plein, au moyen du suffixe vos, lano plavanos, Zeuss cite lavanos, Loth cite lirou, eaux de la mer.
LANS, *sm.* Elan, latin lanséa.
LANSA, *vn.* Lancer, vomir ; part. et.
LANSADUR, *sm.* Action de lancer ; *pl.* iou.
LANSEN, *sf.* Perche, jeune tige d'arbre ; *pl.* nou.
LANSER, *sm.* Un tiroir de meuble ; *pl.* iou ; français lancière.
LANSER. *sm.* Lancier ; *pl.* ien.
LANSI, *va.* Lancer ; part. et.
LANU, *sm.* Flux ; voy. lano.
LANVEN, *sf.* Lame, épi ; *pl.* nou.
LAOEN. *sf.* Pou ; voy. laouen.
LAONIA, *va.* Prendre au piège ; part. et ; voy. loania.
LAOS, *adj.* Lâche ; latin laxus, vieux breton lais.
LAOSKA, *va et n.* Lâcher ; part. et ; de laosk lâche.
LAOSKAAT, *vn.* Se relacher ; part. laoskéat.
LAOSKENTEZ, *sf.* Paresse, indolence, de laosk, lâche.
LAOSKER, *sm.* Lâcheur ; *pl.* ien.
LAOSKER, *va.* Lâcher ; voy. Leusker.
LAOT, *sm.* Lot, portion ; Laot est un nom de famille très répandu.
LAOU, *sm. pl.* Pous ; singulier laouen.

LAOU, nom d'homme, abréviation de Guillaume.
LAOUEGEZ, *sf.* Femme pouilleuse.
LAOUÉK, *adj. et sm.* Pouilleux, enfant sale.
LAOUEN, *sf.* Pou ; *pl.* laou ; grec λούω, souiller, cathol lewen, loven.
LAOUEN, *adj.* Content, joyeux ; de Jubainville cite lavanos, launos gai.
LAOUENAAT, *va et n.* Rendre gai ; part. laouenéat.
LAOUENAN, *sm.* Oiseau, roitelet ; *pl.* laouenanedigou ; Laouenan est un nom de famille très répandu.
LAOUENANIK, *sm.* Abréviation de laouenan ; voy. ce mot.
LAOUEN-DAR, *sf.* Cloporte ; laouen pou, dar égout.
LAOUENÉDIGEZ, *sf.* Réjouissance ; laouen joyeux.
LAOUEN-PAFALEK, *sf.* Insecte, morpion ; laouen pou, pafalek lent.
LAOUER, *sf.* Pétrin, auge ; *pl.* iou ; de Jubainville cite lautron.
LAOUERIAD, *sf.* Le plein d'une auge ; *pl.* ou ; de laouer auge.
LAOUERIK, *sf.* Petite auge ; *pl.* Laouerigou ; de laouer.
LAOUR, *sf.* Cercueil ; de laouer auge.
LAOU-VLEIZ, *sm.* Sournois ; laou pour gwillaou, Guillaume, bleiz, loup.
LAP. LAB, *sm.* Hangar ; *pl.* labou ; qui est très employé pour indiquer un village composé de cahutes.
LAPA, *va.* Laper ; part. et ; anglais to lap. Loth cite lat boisson, gallois leipia.
LAPADEN ; *sf.* Lampée ; *pl.* nou ; de lapa.
LAPAS, *sm.* Vieux linge usé pour nettoyer la vaisselle ; Loth cite rogulipias, il mouilla, lapa laper.
LAPER, *sm.* Celui qui lape ; *pl.* ien.
LAPÉREZ, *sm.* Action de laper.
LAPIK, *sm* Fontaine dont les eaux sont mal captées ; feunteun lapik, de lapa laper.
LAPIN, *sm.* Lapin ; *pl.* ed.
LAPINETTA, *va.* Chasser le lapin.
LAPITILLED. *sm. pl.* Les gens du peuple, les petits.
LAPOUZ, *sf.* Femme déguenillée ; de lap et de louz sale.
LARD, *sm.* Lard, graisse ; latin lardum laridum, grec λαρινός.
LARD, *adj.* Gras ; comparatif lartoc'h, superlatif larta.
LARDA, *va.* Graisser ; part. lardet.
LARDÉREZ, *sm.* Action de graisser.
LARDUZ, *adj.* Assez gras.
LARD-KARR, *sm.* Cambouis, graisse pour les charrettes ; lard lard, karr charrette.

LARD-KOZ, sm. Vieille graisse.
LARD-TEUZ, sm. Saindoux.
LARET. Abréviation de lavaret.
LARG. Voy. lark, latin largus.
LARGAAT, vn. Devenir libéral; part. largéat.
LARGAAT, vn. Elargir; part. eat.
LARGENTEZ, sf. Largesse, libéralité; de larg larg.
LARHU, sm. Mer montante; aruout, eruout, arriver.
LARIK, LAROK, sm. Plante, liseron; Loth cite laur sol.
LARJEZ, sf. Graisse de roti; morlarjez carnaval.
LARJEZA, va. Piquer avec du lard, larder; part. et.
LARJEZEN, sf. Lardon; pl. nou; de lard.
LARJEZEN, sf. Linge graissé pour nettoyer la poêle.
LARJOUER, sm. Instrument pour larder; pl. ou.
LARK, adj. Libéral; latin largus.
LARK, adv. Loin, éloigné; comparatif larkoc'h, superlatif larka.
LARKAAT, vn. Elargir; part. eat; voy. largorat.
LAROUT, abréviation de lavarout.
LART, LARD, adj. et sm. Gras, viandé de porc; comparatif lartoc'h, superlatif larta.
LARTAAT, vn. Devenir gras; part. larteat.
LAS, sm. Lacet; pl. lasou, grec λαχνη.
LASA, va. Lacer; part. et; de las lacet.
LASENEK, adj. Très employé comme nom de famille.
LASENET, adj. Souliers à lacet.
LASOU, sm. pl. Lacets pour prendre du gibier.
LAST, LASTR, sm. Lest de navire; de Jubainville cite listron, allemand last poids.
LASTA, LASTRA, va. Lester; part. et; de last lest.
LASTEZ, sf. Espèce, vermine; voy. lastrez, de lastez, dilastrez, propre.
LASTEZA. Voy. lastreza.
LASTR. sm. Lest; voy. last.
LASTRA. Voy. lasta.
LASTREZA, va. Salir; part. et.
LASTREZ, sm. Boue, saleté.
LATAR, sm. Brouillard; pl. ou; Loth cite latharauc boueux, irlandais lathach marais, gaulois lutetia Paris.
LATARI, vn. Devenir humide; part. et.
LATAREK, adj. Humide.
LATARUZ, adj. Empreint d'humidité.
LATON, sm. Laiton, fil de métal; latin lateum.
LAVAC'HEN, sf. Judelle; pl. lavac'h· grec γλαυκός, couleur d'eau.

LAVAMANT, sm. Lavement; pl. lavamanchou.
LAVAR, sm. Parole; pl. ou; de Jubainville cite labaros, latin labrum, lèvre, island. labra, discours. Loth.
LAVARET, va. Dire; part. et.
LAVAROUT, va. Dire; part. et; lavar, parole.
LAVIG, sm. Mouvement.
LAVIGAT, vn. Se remuer; part. et; comparez le français naviguer.
LAVNEN, sf. Lame; voy. Lanven.
LAVREGA, va. Mettre une culotte; part. et; lavrek culotte.
LAVRÉGOK, sm. Lourdaud.
LAVREK, sm. Culotte; pl. Lavrégou; de Jubainville cite le gallois llafr et refr, rebracos de reor, rébros, latin anus.
LAVREK, sm. Fourche de charrue.
LAZ, sm. Tuerie, action de tuer; pl. Lazou, qui est un nom de famille très répandu.
LAZ, sm. Gaule, perche.
LAZA, va. Tuer; part. et; Loth cite ladam je tue, cathol lazaff, irlandais llaidim je frappe, de Jubainville donne à ce mot, la même racine que le latin clades.
LAZAR. Locution employée pour indiquer une personne qui n'a aucune ressource, paour Lazar, pauvre comme Lazare.
LAZ-ALAR, sm. Gaule de charrue; laz gaule, alar, charrue.
LAZER, sm. Meurtrier, assassin; pl. ien.
LAZÉTA, vn. Pêcher à la ligne; part. éat; de las lacet.
LAZOUT, v. imp. Importer.
LAZR, sm. Voleur; voy. laér.
LAZRONSI. Voy. Laéronsi.
LÉ, sm. Serment; pl. ou; gallois lew, lugion; vieil irlandais, lugia, de Jubainville.
LE, sm. Veau; voy. leué.
LÉAC'H, sm. Lieu, endroit; pl. iou; latin locus.
LÉAC'H, sm. Rachitisme, anémie.
LEACH, sm. Pierre druidique servant de sépulchre; irlandais, lia.
LEAC'HEK, adj. Qui tient du lait.
LÉAC'HEN, sf. Laitance, semence des poissons.
LÉAC'HOUR, sm. Marchand de lait; pl. ien.
LEAD. Voy. léan.
LÉAL, adj. Loyal, sincère; cornique laian qui est le contraire de lader; laér voleur.
LÉALDED, sm. Loyauté, équité.
LÉAN, sm. Religieux; de lé serment.
LEANDI, sm. Couvent, monaster; léan religieux; ti maison.
LEANEK, sm. Lieu, poisson de mer; pl. leanéged; voy. lervek.

LÉANEZ, sf. Religieuse; pl. ed; lé serment.
LEANEZ-ANN-TI, sf. Femme qui apprend le cathéchisme à la maison.
LEANEZ-KARMEZ, st. Religieuse carmélite.
LEANEZ-SANT-BÉNEAD, sf. Bénédictine.
LÉANEZ-SANTEZ-TÉRÉZA. Religieuse de Sainte-Thérèse.
LEANEZ-WEN, sf. Sœur blanche ; leanez religieuse, gwenn blanc.
LEAZ, sm. Lait; anciennement laez, vieil irlandais mlacht, génitif latin lactis ; Loth cite lat boisson; gallois llad.
LEAZEN, sf. Plante, laiteron ; leaz lait.
LEAZ-GAOR. Plante, chèvre-feuille.
LEAZ-GLAZ. Petit lait; leaz lait; glaz vert.
LEAZ KAOULED, sm. lait en cailles, leaz lait, kaouled caillé.
LEAZ LUSEN, sm. Voy. leaz-uzen.
LÉAZ-RIBOD, sm. Le lait qui reste après la composition du beurre ; leaz lait ; ribod baratte.
LEAZ-TRO, sm. Lait tourné; léaz lait, tro tour.
LEAZ-UZEN, sm. Le premier lait de la vache ; leaz lait ; uir descendant ; voy. leaz-lusen ; leaz lait ; leué veau.
LEC'H, sm. Gorge, sternum ; Loth cite leeces femme.
LEC'H, sm. Lieu, endroit ; voy. léac'h.
LEC'H, sm. Pierre de sépulcre ; irlandais lia.
LEC'H, sm. Maladie, anémie.
LEC'H, interj. Prenez garde, place.
LEC'H, lej. sm. Liège.
LEC'HA, va. Garnir de liège; part. iet.
LEC'HED, sm. Largeur.
LEC'HIA, va. Placer, part. et.
LEC'HID, sm. Vase, limon ; de louc'h marais; lichou marais,
LEC'HIDEK, adj. Vaseux, limoneux.
LEC'HUÉ, adv. en haut ; leac'h lieu, huel haut.
LED, sm. Largeur ; gaulois litanos large.
LEDA, va. Etendre, élargir; part. et. ; led largeur.
LEDAN, adj. Large ; gaulois litanos large.
LEDANAAT, va. et n. Rendre large, élargir; part. et. ; lédan large.
LÉDANDER, sm. Largeur; lédan large.
LE-DOUET, LÉ-TOUET, sm. Serment; le serment, touet participe de toui jurer, doué Dieu.
LEEN, adj. Plein ; voy. leun.
LÉEEN-LENN, sf. Couverture ; pl. ou ; gaulois laina, grec χλαινα, latin laéna, de Jubainville.
LEF, sm. Pleur, cri d'angoisse ; voy. leñv.
LEFFNEK, sm. Lieu, poisson de mer; voy. lenvek, levnek.

LÉGAD, sm. Legs ; pl. ou ; voy. laéz.
LEGAD. sm. Légat, légataire.
LEGADI; va. Léguer ; part. et. ; voy. laéza.
LÉGALAMANT, adv. Légalement.
LÉGALISA, va. Légaliser; part. et.
LEGESTR, sm. Homard, cornique legest, cambrique llegest, breton lagad œil.
LEGUMACH, sm. Légume; pl. ou ; latin legumen.
LEGUMACHI, va. Cultiver des légumes.
LEIC'H, adj. Plein ; voy. leiz.
LEIEN, sf. Toile forte ; loth cite liein toile, gallois lliain, grec λινον, latin linum, breton lin.
LÉIN, sm. Repas du milieu du jour, grec λειχοσω goûter; pl. leinou.
LEIN, adj. Plein ; voy. Leun.
LEINA, vn. Dîner; part. leinet, lein dîné.
LEIN, EIN, sm. Sommet, faîte, pl. ou.
LEIN, GULÉ, sm. Ciel de lit; lein faîte, gulé lit; en Léon lein-gwélé.
LEIZ, adv. Plein ; Loth cite leill ; l'un et l'autre.
LEIZ, adj. Humide, humecté, moite ; gallois llaith-lictos de la racine lik qui se trouve dans le latin liquidus, de Jubainville.
LEIZA, va. Humecter, rendre humide ; part. et.
LEIZDER, sm. Humidité ; de leiz humide.
LEJITIM, adj. Légitime.
LEJITIMA, va. Légitimer ; part. et.
LEKTUR, sm. Liqueur, pl. lecturiou.
LEMEL, va. Enlever; part. lamet; voy. lamout.
LEMM, sm. Coupant, tranchant d'un outil.
LEMM, adj. Aiguisé, coupant ; Loth cite lim aigu, bréolim meule à aiguiser.
LEMMA, va. Aiguiser; part. lemmet.
LEN, sf. Couverture de laine; leen.
LEN, sm. Célibataire; Zeuss cite llwyth, latin homines.
LEN. sf. Etang ; voy. leen.
LENAD, sf. Le plein d'un étang ; voy. lennad.
LENÉ, sm. Année; evlené, de Jubainville tire ce mot qui veut dire cette année, du vieil irlandais isin-Bliadin-sin; voy. warléné.
LENED, sm. Jeûne, les quatre-temps ; léné année.
LÉNES, sf. Fille non mariée; pl. ed ; voy. len célibataire.
LENKERNEN, sf. Ver solitaire, len solitaire kern ; pl. de korn corne ; kern sommet.
LENKR, adj. Glissant ; voy. lampr.
LENKRAFF, vn. Glisser ; voy. lampra.
LENN, sf. Retenue d'eau, étang; Loth cite lin étang marais, gallois llynn, irlandais linn.

LENN, va. et n. lire, part. et ; grec λεγειν.
LENN, sf. Couverture de laine ; voy. léen, gaulois laina, grec χλαινα.
LENNA, vn. Se former en étang ; part. et.
LENNAD, sf. Le plein d'un étang ; pl. ou.
LENN-DOUR, sf. Amas d'eau.
LENNEK, adj. Savant, instruit ; nom propre Laénnec.
LENNER, sm.Lecteur ; pl. ien ; lennlire.
LENNOUR, sm. Voy. lenner.
LENN-VOR, sf. Baie, anse ; lenn étang, mor mer.
LÉNO, sm. Pleur ; voy. lenv ; Loth cite lefet, lefrith, lac recens.
LENT, adj. Timide, froid de caractère ; latin lentus.
LENTAAT,vn. S'intimider ; part.lentéat; de lent timide.
LENTEGEZ, sf. Gravité, timidité.
LENTIGOU,sm. pl. Façons, compliments; de lent.
LENTIK, sm.Tache de rousseur ; pl.lentigou ; français lentigo, latin lentigo de lens, lentis, lentille.
LENTO, sm. Linteau ; pl. lentoiou.
LENV, sm. pleur, gémissement ; pl. ou ; voy. linv.
LENVA, vn. Pleurer ; part. levent.
LENVEK, sm. Lieu, poisson de mer ; pl. lenveged, léon lion, bek gueule.
LÉO, sf. Lieue ; pl. léviou ; latin leuca ; irlandais leige, gaélique leig ; gaulois leuga ; sanscrit lavas.
LÉOK, sm. Ver de mer ; pl. leoged ; grec λοξὸς tortue.
LÉON, sm. Lion, animal ; pl. ed ; grec λεων.
LÉON, sm. Partie de la basse Bretagne.
LÉONARD, LÉOUNIARD, sm. habitant du Léon.
LEONARDEZ, LEOUNIARDEZ, sf. Femme du diocèse de Léon.
LEONEK, sm. Lieu, poisson ; voy. lenvek.
LEONEZ, sf. La femelle du lion ; pl ed.
LEONIADA, va. Parcourir des lieues ; part. et.
LEONVEK. Voy. lenvek.
LÉOPARD, sm. Léopard ; latin léopardus.
LEOR LEVR, sm. Livre ; pl. leoriou, levriou ; latin liber.
LÉORIK, sm. Petit livre ; pl. léorigou.
LÉORIK-PAPER, sm. Papier ; leorik petit livre ; paper papier.
LÉOUDD, sm. Asile exempt de charges ; français leude : latin levatus.
LÉOUN, sm. Lion, animal ; pl. ed ; voy. léon.
LÉOUN, sm. Principauté de Léon ; voy. Léon.
LÉO-VARN, sf. Banlieue, lieue de juridiction ; leo lieue ; barn jugement.
LER, sm. Cuir ; de Jubainville cite le vieux breton lezr, vieil irlandais loathar, allemand leder ; thème lithra.
LER, sf. Aire à battre ; voy. leur.
LER, sm. Larron ; voy. laér.
LERC'H, sm. Trace, suite ; Loth cite le gallois llyfr traine, Zeuss cite lud, cambrique llyw.
LEREIER sm. pl. de loér, bas.
LEREK, adj. Dur, coriace ; de ler cuir.
LÉREN, sf. Courroie de cuir ; pl. nou.
LÉRENNA, va. Couvrir de cuir ; part.et.
LEREN-STLEUK,sf.Etrivière; leren,courroie, stleuk étrier.
LERH, sm. Tombeau ancien ; irland.lia.
LERN, sm. pl. irrégulier ; de louarn renard.
LÉRO LEZRO, sm. pl. de loér bas.
LÉROU, sm. pl. de loer bas.
LES, LEZ, sm. Hanche ; pl. iou ; penn al léz, l'extrémité de la hanche.
LÉS, LEZ, sm. Cour, juridiction ; Loth cite lis cour, gall. llys, irland. lis, les ; nom de famille Liscoat ; nom de ville Lesneven.
LES, LEZ, sm. Cour ; ober allez faire la cour.
LES, prep. Près.
LES-HANO,sm.Surnom ; les proche, hano nom.
LES-HENVEL, va. Donner un surnom ; part. les-hanvet.
LES-HENVEL, adj. Semblable ; les presque, heñvel, hével semblable.
LESKI, va. Cuire, brûler; part. losket, latin lœdere.
LESKIDIK, adj. Cuisant, brûlant ; leski cuire.
LESKIFF, va. Brûler ; cité dans le catholicon.
LESNEVEN, sm. Nom d'une ville ; les cour éven, cour d'éven.
LÉSPOCH, adj. Déhanché ; lés hanche ; boz poign.
LESPOZ, adj. Le même que léspoch.
LES-TAD, sm. Second mari de la mère ; lés proche, tad père.
LESTR, sm. Navire ; pl listri ; de Jubainville, cie listron,Zeuss cite le cornique lester ; cambrique llestr ; pl. llestri.
LESTRAD, sm. Le plein d'un vaisseau ; pl. ou.
LES-VAMM, sf. Seconde femme du père ; pl. les-mammou ; lés proche, mamm mère.
LES-VAP, sm. Fils d'un premier mariage; les proche, map fils ; pl. lès mipien.
LES-VARN, sm. Cour de justice ; les cour, barn jugement.
LES-VERC'H sf. Fille d'un premier mariage ; les proche, merch fille.
LETANIOU, sm. pl. Litanies ; latin litaniæ, grec λιτανεια, λιτη prière, on dit aussi litaniou ; voy. ce mot.

LÉTERN, sm. Lanterne ; pl. iou ; latin lanterna.
LETON, sm. Gazon ; voy. létoun.
LETOUN, sm. Gazon ; Loth cite leteinepp surface plane ; léz abandon, stoun ston mousse.
LETOUNEN, sf. Pelouse, gazon ; pl. nou.
LETOUNI, vn. Se couvrir de gazon ; part. et.
LÉTRI, va. Apprendre ; part. létret.
LETRIN, sm. Lutrin ; latin lectrum.
LÉTUZ, sf. pl. Laitues.
LÉTUZEN, sf. Laitue ; latin lactuca.
LEU, sf. Lieue ; voy. leo.
LEUC'HI, vn. Regarder de travers ; voy. lúc'hi.
LEUD, sm. et adj. Exempt de charges ; latin levatus, français alleu ; latin allodium, breton all autre ; lod, part. lot.
LEUE, sm. Animal, veau ; pl. léou ; irlandais loeg, cornique loch, cambrique llo, treguier loue, venant d'après Zeuss de le, lue ; Loth cite lo veau.
LEUÉGEN, LEUGEN, sm. Peau de veau, leue veau, kenn peau.
LEUÉGEN-LEUGEN, sm. Espèce d'idiot, ramolli vermoulu ; Loth cite leuesicc vermoulu.
LEUEK, adj. Pouilleux ; voy. laouek.
LEUEN, adj. Joyeux ; voy. laouen.
LEUEN, sf. Pou ; voy. laouen.
LEUÉ-VOR, sm. Veau marin ; leué veau, mor mer.
LEUN, adj. Plein ; de Jubainville cite le vieil irlandais lan (p)lanas, identique au latin plenus.
LEUNDER, sm. Plénitude ; leun plein.
LEUNIA, va. Remplir ; part. et. ; leun pleia.
LEUR, sf. Aire, sol ; Loth cite laur sol, gallois llawr, irlandais lair ; de Jubainville cite (p)lara. grec αλως aire.
LEUR, sm. Cercueil, bière.
LEURC'HÉ, sf. Franchise d'un village ; voy. leur-géar.
LEUREN, sf. Sous sol ; pl. nou ; leur aire.
LEUR-GARR, sf. Le fond d'une charrette ; leur sol, karr charrette.
LEUR GÉAR, sf. Place publique ; leur sol, kear ville, village.
LEUR-GER. Voy. leur-géar.
LEURI, va. Choisir, députer ; part. et.
LEURI, va. leurrer ; part. et.
LEURIAD, sf. Airée ; pl. ou ; leur aire.
LEUR-ZI, sf. Sol d'une maison ; leur sol, ti maison.
LEUSKEL, va. lâcher ; part. laosket ; ancien infinitif laoska, de laosk lâche ; Loth cite lais lâche.
LEUSKEUL. Voy. leuskel.
LEUVENNEK, sm. Lieu, poisson ; voy. lenvek.

LEV. Voy. Léo.
LÉVÉ, sm. Revenu, rente ; pl. lévéou ; latin lévatus.
LÉVÉA, sn. Arrenter ; part. et ; lévé rente.
LEVENEZ, sf. Joie ; de Jubainville cite la gallois lawen-yod, lavon-idios, lavonios, breton laouen gai.
LÉVÉZOUN, sf. Ascendant, autorité.
LÉVIA, va. Gouverner ; part. leviet ; cambrique llywydd venant de llyw, Zeuss.
LEVIAT, vn. Louvoyer, gouverner ; part. et.
LEVIER, sm. Conducteur de barque, pilote ; pl. ien.
LEVIK, sf. Petite lieue ; pl. léoigou ; de lieue.
LEVNEK, sm. Lieu, poisson ; voy. lenvek.
LEVR, sm. Livre, latin liber ; voy. léor.
LÉVRAN, sm. Levrier ; pl. levrini ; latin leporarius, grec λεπτός mince.
LEVRANEZ, sf. Levrette ; pl. ed.
LEVRANIK, sm. Petit levrier ; pl. lévranigou.
LEVR-DOURN, sm. Livre à la main, manuscrit, levr, leor livre, dourn main.
LEVREK, sm. poisson de mer, ange ; grec λεπρος rude, âpre.
LEVRER, sm. Levrier ; voy. levran.
LÉVRIAD, sm. Chalumeau ; Loth cite le vieux breton linou hoyaux, latin ligo.
LEVRINI, pl. irrég de levran, levrier.
LEVR-SKRID, sm. Manuscrit ; lévr léor livre, skrid écrit.
LEW, sm. Lieue ; voy. léo.
LEZ, sf. Hanche ; pl. iou, irlandais lis les, gallois llys.
LEZ, sm. Cour de justice ; Le Lez est un nom de famille très répandu.
LEZ, sm. Lait ; voy. leaz.
LEZ, prép. Proche, près de.
LEZ, sm. Bord, confins.
LEZA, va. Allaiter ; part. et. ; léaz lait.
LEZAER, sm. Marchand de lait.
LEZAEREZ, sf. Laitière ; lez, leaz lait.
LEZEGEN, sf. Laitue ; latin lactuca.
LEZEGEZ, sf. Laiteron, plante ; leaz, lez lait.
LEZEK, adj. Laiteux.
LEZEL, va. Laisser ; part. et.
LEZEN, sf. Loi ; pl. nou ; latin lex.
LEZEN, sf. Laitance de poisson ; lez lait.
LEZENNER, sm. Homme important, censeur ; pl. ien ; lezen loi.
LEZENNI, va. Placer des bornes ; part. et.
LEZER, va. Laisser ; voy. lézél.
LEZEREK. Paresseux ; lais lâche, lezer laisser ; nom de famille assez répandu.
LEZEUEN, sf. Légume ; pl. nou ; Loth cite luson, le breton louzouen herbe.
LEZ-GAOR, sm. La fleur du chèvre-feuille ; lez lait, gaor chèvre.

Lez-koukou, sm. Fleur de chèvre-feuille; lez lait, koukou coucou.

Lezi, va. Laisser ; voy. lézer.

Lézirégez, sf. Fainéantise ; lezirek paresseux.

Lezirek, adj. Paresseux ; voy. lézerek.

Lezirékaat, va. Faire le paresseux ; part. lezirékéat; lezirek fainéant.

Lezou, adj. Négligent, lais lâche.

Lezourek. Voy. lezerek, lezirek.

Liac'h, sm. Dolmen, monument druidique ; irlandais lia, grec λευ pierre.

Liamer, sm. Limier, chien de poursuite; pl. ien, de liamm lien.

Liamm, sm. Lien ; pl. ou ; latin ligamen.

Liamma, va. Lier, attacher ; part. et. ; liamm lien.

Lian, sm. Toile; voy. lien.

Liana, va. Ensevelir, mettre en linceul; part. et. ; lian toile.

Lianen, sf. Linceul ; pl. lianennou, lian toile.

Liard, sm. Liard ; pl. liardou.

Liardou, sm. pl. de liard, tenna va liardou, retirer mon argent.

Liasen, sf. Blague à tabac ; liac'h tombe, boîte ; comparez le français liasse.

Liasennad, sf. Blague pleine ; pl. ou.

Libell, sf. Libellé d'huissier ; pl. ou ; latin libellus, de liber livre.

Libérasion, st. Libération ; pl. ou.

Libérout, va. Délivrer ; voy. délibérout.

Liberté, sm. Liberté ; pl. ou.

Libertin, adj. Libertin.

Libertinach, sm. Libertinage.

Libis, sm. Noir de fumée.

Libistr, sm. Boue, saleté ; voyez labez stlabez.

Libistren, sf. Boue collante ; pl. nou ; voy. libistr.

Libistrennek, adj. Boueux ; crotté.

Libonik, sm. Rémouleur ; pl. libonigou, Loth cite libiriou traineaux.

Libourc'hen, st. Femme sale, souillon ; pl. ed.

Libouden, sf. Fille de mauvaise vie ; grec λοιγαιος pernicieux. Lote cith le gallois llyfr, qui sert à traîner.

Libou, sm. pl. Liqueur filante.

Libountr, sm. Poisson, dauphin ; pl. ed.

Libour, sm. Merlan ; pl. ed.

Libous, sm. et f. Noir, salope ; voyez libourc'hen.

Libr, adj. Libre, sans entraves.

Librentez, st. Liberté.

Lich, sm. Clinquant ; en français, terme de manufacture lice.

Licha Lecha, va. Garnir de liège ; part. ed ; voyez lech liège.

Licher, sm. Lettre ; voyez lizer, latin littera.

Licher, sm. Ivrogne, lèche-plat, français lécheur.

Lichet, adj. Objets ouvragés; voyez lich.

Lichou, sm. Lessive. Loth cite lichou marais, liusiu lessive, lissiu, liseu ; latin lixivium, lissivium.

Lid lit, sm. Cérémonie, solennité, de Jubainville cite plitus, vieil irlandais lith, comparez lis, les, cour.

Lida, va. Célébrer avec solennité ; part. et ; lid cérémonie.

Lidour, adj. Flatteur, caressant ; de lid.

Lidoura, va. Cajoler, flatter ; part. et.

Liduz, adj. Cérémonieux.

Liena, va. Ensevelir ; part. et ; voyez liana.

Lienach, sm. Objets de toile ; lien toile, et terminaison française.

Lienen, sf. Maillot de toile, morceau de toile ; pl. nou ; lien toile.

Lienen-daol, sf. Nappe ; lienen toile, taot table.

Lienen-gik, sf. Membrane ; lienen toile, kik chair.

Lien-rouez, sm. Canevas ; lien toile, rouez claire.

Lies, liez, adj. Plusieurs ; de Jubainville cite le gal ois liaus, lias d'où le comparatif gaulois lias, génitif liasos pour pla-jass génitif plajasas analogue au grec πλειων, Loth cite leill, l'un, l'autre.

Liesa, adv. Le plus souvent ; voyez liés.

Lies-den, sm. Plusieurs ; lies plusieurs, den homme.

Lies-hini, Plusieurs ; lies plusieurs, hini lui.

Liesoc'h, adv. comparatif. Plus souvent.

Liéten, sf. Lacet ; pl. nou ; lien toile.

Lietenan, sm. Lieutenant ; pl. ed ; du français lieutenant.

Liez, aliez, adv. Plusieurs, souvent ; Zeuss cite alies, alieux ; latin sœpe.

Liez-gwéach, adv. Plusieurs fois ; liés plusieurs, gwéach fois.

Lifr, sm. Entrave ; pl. ou.

Lifra, va. Entraver ; part. et ; voyez luia, grec λυω.

Lifret, adj. Entravé ; en retard.

Ligern, sm. Eclat ; voyez lugern.

Ligernuz, adj. Eclatant, brillant ; voyez lugernuz.

Lignen, sf. Trait, raie, ligne ; voyez linen.

Lignez, st. Race, famille, lignée.

Lijer, adj. Léger, alerte ; latin levis, sanscrit laghu.

Lijo, sm. Voyez lijou.

Lijor, sm. Grandeur, ampleur.

Lijoruz, adj. Grand, vaste ; lik peuple, maur, meur grand.

LIJOU, sm. Lessive ; voyez lichou.
LIJU, sm. Lessive.
LIK, sm. et adj. Laïque, homme du peuple ; pl. likes ; grec λαός peuple.
LIK, adj. Indécent ; voyez likaoui, likaouer.
LIKAOUER, sm. Libertin, enjôleur ; pl. ien.
LIKAOUÉREZ, sm. Libertinage, impudicité.
LIKAOUI, va. Enjôler, séduire ; part. et.
LIKED, sm. Loquet ; pl. ou ; anglais locket.
LIKEDA, va. Fermer au loquet ; part. et.
LIKEDEN, sf. Voyez liked.
LIKÈS, sm. pl. de lik. Laïque.
LIKET, sm. et adj. Clos ; Liket ha liket, dos à dos.
LIKETA, va. Placarder ; part. et.
LIKETEN, st. Affiche ; pl. nou.
LIKIZIEN, sm. pl. Laquais; lakez; voyez ce mot.
LIKOL, sm. Collier, licol ; pl. iou.
LILARDA, va. Ecarter ; part. et ; de liés plusieurs.
LILIEN, sf. Plante de lys ; pl. nou ou lili.
LIM, sm. Lime ; pl. ou ; latin lima, limus.
LIMA, va. Limer ; part. et.
LIMANTELLA, va. Faire le paresseux ; part. et.
LIMANTEN, st. Fille paresseuse ; pl. ed.
LIMASEN, sf. Fille de mauvaise vie ; pl. nou.
LIMBOU, sm. pl. Les limbes.
LIMESTRA, sm. La couleur violette ; comparez le français limestre.
LIMONIK, sm. Gagne petit ; pl. limoniged.
LIMOUN, sm. Limon de charrette ; pl. iou.
LIMOUNJER, sm. Cheval de limon ; pl. ou.
LIMOUZEN, sf. Fille de mauvaise vie ; voyez limasen.
LIMPOD, sm. Lampée ; voyez lampad ; pl. ou.
LIN, sm. Lin ; pl. ou ; latin linum, pl. irr. linéier ; en gallois, llin.
LIN, sm. Pus, suppuration.
LIN, sm. Limon, dépôt, vase ; Loth cite lin étang, gallois llynn, calhol lenn. irland. linn, grec λιμνη.
LINA, vn. Se former en suppuration, suppurer ; part. et ; lin pus.
LINADEK, sf. Endroit où l'on prépare le lin, repas du tirage du lin ; pl. linadegou.
LINADEN, sf. Ortie ; pl. linaod, lin lin, skaot brûle, cathol linhaden, lin et had semence.
LINADEN AR C'HAZ, st. Ortie du chat.
LINADEN-C'HOUEVET, st. Ortie fanée, linaden ortie, gouévet fané.
LINADEN-C'HRISIEZ, Ortie qui brûle ; linaden ortie, grisiez, grisiaz brûlant.

LINADEN-ROYAL ou LINADEN-RÉAL, sf. Ortie royale, herbe aux chats.
LINADEN SKAOT, st. Ortie ; linaden, et skaot qui brûle.
LINAÉR, sm. Marchand de lin.
LINAOD, sm. Ortie ; lin, lin, aod grève, où skaot brûle.
LIN-AR-C'HEUN, sm. Lin sauvage des marais ; lin, lin, geun marais.
LIN-KÉGIN, sm. Lin des bois ; lin, lin, kégin geai.
LIN-BREIN, sm. Pus des plaies ; lin pus, brein pourri.
LINDAG, sm. Lacet pour prendre du gibier ; pl. ou ; le vieux breton linen flexible et taga attaquer, étrangler.
LINDAGA, vm. Prendre au lacet ; part. et.
LINDAGOU, pl. De lindag lacet.
LINDRÉEN, sf. Enduit ; pl. nou, intré, humide, médiocre, entré.
LINEGEZ, sf. La femelle du linot ; pl. ed.
LINEK, sm. Repas du jour du tirage du lin.
LINEK, sm. Champ de lin.
LINEK, adj. Purulent, pourri.
LINEK, sm. Linot, oiseau ; pl. linéged.
LINEN, sf. Ligne pour la pêche ; pl. nou.
LINEN, sf. Ligne, cordeau ; pl. nou ; latin linea.
LINENNA, vn. Faire des lignes, tracer des lignes ; part. et ; linen ligne.
LINENNA, vn. Pêcher à la ligne ; part. et.
LINEN-SOUNT, sf. Ligne de fond ; linen ligne, sount sonde.
LINEZ, sm. Plante, iris ; vieux breton lin marais.
LING, adj. Coulant, filant ; latin longus.
LINGERNUZ, adj. Lumineux ; voyez lugernuz.
LINJÉRI, st. Lingerie ; pl. ou.
LINK, adj. Coulant ; voyez ling.
LINKA, va. Devenir glissant ; part. et.
LINKERNEN, Voyez linkernen.
LINKR, adj. Glissant ; voyez ling.
LINKRA, vn. Devenir glissant ; part. et.
LINOC'H, sm. Mare, eau croupie ; vieux breton lin étang ; pl. linoad.
LINOD, sm. Linot, oiseau ; voyez linek.
LINOD, sm. Ortie, plante ; voy. linaod.
LINS, sm. Place, franchise. loth cite litimaur fréquenté, litan, latium, litlitan large.
LINS, sm. Lynx ; grec λυγξ, λυγη, ténèbres.
LINSELL, sf. Linceul ; voy. linser.
LINSER, sm. Linceul, drap ; pl. linseriou, lin, lin.
LINTR, adj. Poli, luisant ; latin linio frotter.
LINTROUER, sm. Polissoir, lissoir ; pl. ou.
LINVA. Voy. liva.
LINVACH, sm. Limon, vieux breton, lin, étang.

LINVAD, *sm.* Couche ; voy. livad.
LIORCH, *sm.* Courtil ; voy. liorz.
LIORSIK, *sm.* Petit courtil ; *pl.* liorsigou.
LIORZ, *sm.* Courtil ; *pl.* ou ; Loth cite luird jardin cornique luworth, gallois gurdd, irlandais lubgort, luibgort, grec χορτοσ, latin hortus, de Jubainville tire l'irlandais lubgort de lub arbre, gort jardin, breton lia, qui rejoint, lieu monument. porz cour.
LIOU, *sm.* Couleur ; latin livor.
LIOU-DU, *sm.* Encre ; liou couleur, du duff noir.
LIPADEN, *sf.* Bouchée ; *pl.* ou ; grec, λιπα, graisse
LIPAT, *va et n.* Lécher ; *part.* et, grec λαπτω, laper.
LIPER, *sm.* Ivrogne, débauché ; *pl.* ien.
LIP-HÉ-BAÔ, *sm.* Bon repas ; lip lèche, hé sa, paô patte.
LIP-HÉ-WEREN, *sm.* Ivrogne ; lip lèche, hé son, wéren gweren verre.
LIPOUS, LIPOUZ, *sm.* et *adj.* Friand, exquis, λιπα, λιπος, graisse, λιπαρος, graisseux.
LIPOUZA, *vn.* Manger des friandises ; part. et.
LIPOUZÉREZ, *sm.* Friandise, bon morceau.
LIPOUZEZ, *sf.* Femme qui aime les friandises ; *pl.* ed.
LIREUEN, *sf.* Lilas plante ; *pl.* lireu, masculin, grec, λιγδην, porte-fleur.
LIRIN, *adj.* Joyeux, gai ; irlandais lour satisfait.
LIRZIN, *adj.* Doux ; voy. lirin, latin letus, breton laouen.
LIS, *prép.* Près ; voy. lés.
LIS, *sm.* Vase ; Loth cite lichou, marais.
LIS, LIZ, *sf.* cour, juridiction ; voy. léz.
LIS, LIST, *interj.* Place, laissez, gare.
LISA, *vn.* Se corrompre, tourner en vase ; part. et ; de lis vase.
LISBRIKIN, *sm.* Vilebrequin, outil de menuisier.
LISEN, *sf.* Poisson, plie ; *pl.* lisenned, lis vase.
LISEN, *sf.* Brouillard qui forme de la boue.
LISEN, *sf.* Corruption de la viande.
LISEN, *sf.* Fond d'une charrette ; *pl.* ou.
LISER. Voy. linser.
LISER. Voy. lizer.
LIS, HANO. Voy. les-hano.
LISIOU, LICHOU, *sm.* Lessive ; Loth cite le vieux breton lissiu lisiu, gallois lleiswy, voy. lichou lijou, latin lixivium.
LISKI, *va.* Cuire ; voy. leski.
LIST, laissez. Place ; voy. lis.

LISTEN, *sf.* Liste ; *pl.* nou.
LISTRI, *sm. pl.* Ustensiles de ménage ; listr navire, vase ; voy. ce mot.
LISTRIER, *sm.* Armoire de vaisselle ; *pl.* listri.
LIT, *sm.* Cérémonie ; voy. lid.
LITANIOU, *sf. pl.* Litanies.
LIUR, *sm.* Livre ; *pl.* liuriou ; voy. livr.
LIV, *sm.* Couleur ; voy. liou.
LIVA, *va.* Colorer, peindre ; part. et.
LIVA, LINVA, *vn.* Déborder ; part. et ; lin, étang.
LIVACH, LINVACH, *sm.* Débordement, couche épaisse de résidu.
LIVAD, *sm.* Couche de peinture ; liou couleur.
LIVADEN, LINVADEN, *sf.* Débordement, lin étang.
LIVADIK, *sm.* Petite couche ; *pl.* livadigou.
LIVASTRED, *sm. pl.* Gens de rien, de linvach.
LIVAT, *sm.* Débordement, alluvion ; voy. linvach.
LIVÉ, *sm.* Niveau ; *pl.* ou, latin libella, niveau, libra, balance.
LIVÉA, *va.* Niveler ; part. livéet, livé niveau.
LIVEK. *adj.* Qui a de la couleur ; liou couleur.
LIVEN, *sf.* Echine du dos ; liven ar c'hein, gallois llyfn flexible.
LIVEN, *sf.* Faîtage ; *pl.* nou ; latin lignum bois.
LIVENNA, *va.* Mettre une charpente ; part. et.
LIVER, *sm.* Peintre ; *pl.* ien ; de liv, liou couleur.
LIVERJAND, *sm.* métal, mercure, vif argent.
LIVN, *sm.* Lime ; *pl.* ou ; voy. lim.
LIVNA, *va.* Limer ; part. et ; voy. lima.
LIVR, *sm.* Poids, livre, monnaie ; *pl.* iou, latin libra.
LIVRÉZOUN, *sf.* Livraison ; *pl.* ou.
LIVRIA, *va.* Livrer ; part. livriet ; latin liberare.
LIVRIN, *adj.* Dispos, bien portant.
LIVREZ, *adj.* Tout fraîchement tiré ; Loth cite lefet, gallois llefrith.
LIZ, LIS. Voy. lez cour.
LIZ, LIS, *adv.* Proche ; voy. lés.
LIZA, *vn.* Se corrompre ; voy. lisa.
LIZED, *pl.* irrég. de lizen plie.
LIZEN, *sf.* Pour blizen année, bloaz an.
LIZER, *sm.* Lettre ; *pl.* lizeri ; latin littera.
LIZEREN, *sf.* Une seule lettre ; *pl.* nou.
LIZER-FERM, *sm.* Bail ; lizer lettre, ferm ferme.

LIZER-GÉIZ, sm. Racontar, bavardage ; lizer lettre, géiz babil.
LIZER-GLIZ, sm. Billet doux ; lizer lettre, gliz rosée.
LIZER-MARC'HAD, sm. Bail à ferme, lizer lettre, marihad marché.
LIZIDANDED, sm. Paresse ; voy. Lesirégez.
LIZIDANT, adj. Paresseux ; voy. lezirek.
LIZIU, sm. Lessive ; voy. lichou, lisiou.
LIZRIN. Voy. lirzin.
LOA, sf. Cuiller ; pl. iou, latin cochléar.
LOA-BOD. sf. Cuiller à pot ; loa cuiller, pod pot.
LOAEK, adj. Béquillard ; loaek figure dans les noms de famille.
LOAIAD, sf. Cuillerée ; pl. ou ; loa cuiller.
LOAIEK, adj. Qui a la forme d'une cuiller, mange tout.
LOAKR, adj. Louche ; lo lumière, akr aigre.
LOAKREZ, sf. Femme qui louche ; pl. ed.
LOAKRIN, vn. Loucher. bicler, part. et.
LOA-LEAZ, sf. Cuiller pour écremer, loa cuiller, léaz lait.
LOAN, LOEN, sm. Bête, animal, quadrupède ; pl. loaned, loéned ; gallois llwdn, cité par de Jubainville.
LOAN-GWAN, sm. Faible, efflanqué ; loan bête, gwan faible.
LOANGEN, sm. Espèce d'idiot ; voy. leuégen.
LOANIET, adj. Animalisé ; loan bête.
LOANIK, sm. Rognon d'un animal ; pl. loanigou, loan bète.
LOAR, sf. Lune ; pl. iou ; cornique luir, cambrique lloer, lo lumière, Loth cite louber.
LOAR, sm. Pétrin, coffre pour préparer le pain.
LOAR-BRIM, sf. Croissant de la lune ; loar lune, prim en retard.
LOAR-GRESK, sf. Lune qui avance ; loar lune, kresk croissance.
LOAR-GWEN. sf. Lune blanche.
LOAR-GORNIEK, sf. Lune en croissant ; loar lune, korniek cornu.
LOAR-NEVEZ, sf. Nouvelle lune.
LOARIAD, sf. Lunaison ; loar lune.
LOARIADEN, sf. Cheval ; lunatique, loar lune ; pl. nou.
LOARIEK, adj. Lunaire, lunatique.
LOARIET, adj. Frappé par la lune.
LOARN, sm. Rendre ; voy. louarn.
LOA-VANSOUN, sf. Truelle ; loa cuiller, monsouner maçon.
LOA-VIHAN, sf. Espèce de spatule ; loa cuiller, bihan petit.
LOA-ZOUR, sm. Nénuphar, plante ; pl. loaiou-dour ; loa cuiller, dour eau.
LOCHEN, sf. Loge ; pl. loc'hennou.

LOC'H LOUCH, sm. Marais ; de Jubainville cite le thème gaulois luxu, d'où le dérivé luxovium luxeuil, irlandais loc'h, gallois llwch, grec λοξα, rivière de l'Angleterre, latin lacus, slav laka étang, cité par Loth, comparez Lutèce, lutetia, Paris.
LOC'H, LOK, sm. Lieu ; latin locus ; plusieurs communes de la Bretagne, portent le nom de Lok qui est le locus du latin, comme plou, plé est le plebs de la langue latine.
LOC'H, sm. Levier ; pl. ou ; de Léach, latin locus.
LOC'H, va. et n. Déplacer, plus employé que Loc'ha.
LOC'HA, va. et n. Remuer ; part. loc'het.
LOCHÉ, m. Homme nul, animal inutile.
LOC'HEN, sf. Levier ; pl. nou.
LOCHEN, sf. Petit poisson ; pl. lochet.
LOCHEN, sf. Cabane ; pl. nou ; loja, loger.
LOCHETA, vn. Pêcher des loches ; voy. lochen.
LOC'HORE, sm. Nigaud, faible ; Loth cite lobur faible ; irlandais lobar infirme ; grec λοξος oblique.
LOD, sm. pl. Quelques-uns.
LOD, sm. Lot, part. pl. ou ; allemand loos ; anglais lot.
LODEN, sf. Lot, portion ; pl. lodennou.
LODENNA, va. Partager ; part. et.
LODENNEK, sm. et adj. Partageant, participant ; pl. lodenneien, loden part.
LOÉ, sf. Cuiller ; voy. loa.
LOEN, sm. Bête ; pl. loennec ; voy. loan.
LOENIACH, sm. Bestialité, commerce de bêtes.
LOER, sf. Chaussure, bas ; pl. lerou, léreier ; de Jubainville cite le gallois llawdr ; pl. llodrau pantalon ; breton lér cuir ; pl. lérou.
LOER, sf. Lune ; voy. loar.
LOER, sf. Pétrin ; voy. loar, laouer.
LOERAT, sf. Plein une auge ; voy. laoueriad.
LOERAT, sf. Lunaison ; voy. loariae.
LOEREK, sm. Poisson, auge ; pl. loeregou.
LOG, sm. Endroit, lieu ; latin locus ; voy. lok'.
LOGOD, sm. pl. Souris ; sing. logoden.
LOGODEK, adj. Rempli de souris.
LOGODEN, sf. Souris ; pl. logod ; cambrique, lygoden ; pl. llygad.
LOGODENNER, sm. Trappe pour les souris.
LOGODENNOU, sf. pl. Produits de vols, marchandises volées.
LOGODENNOU, sf. pl. Molettes, maladie du cheval.
LOGODEN-VORS, sf. Mu-saraigne, surmulot ; logoden souris, mors lourd.

LOGODEN-ZALL, sf. Chauve-souris ; logoden souris, dall aveugle.
LOGOTA, vn. Prendre, chercher des souris ; part. logoteat ; logod souris.
LOGOTAER, sm. Oiseau, émouchet ; pl. ien.
LOGOTAER sm. Tisserand qui trompe ; pl. ien.
LOGOTOUER, sm. Souricière, piège ; pl. ou.
LOIAD, sf. Cuillerée ; pl. ou, load cuiller.
LOIS, sm. Petit-nom, Louis.
LOJ, sm. Grange ; pl. ou.
LOJAMANT, sm. Logement ; pl. lojamanchou.
LOJA, va. Loger ; part. lojet.
LOJEN, sf. Cabane ; voy. lochen.
LOK, sm. lieu ; latin locus ; le mot lok figure dans les noms de lieux, loc ronan, loc prevalaire, loc tudy, loc eguiner, loc maria, loc krist, etc.
LOK, sm. Cabane ; voy. loj.
LOKMAN, sm. Pilote ; pl. ed ; loog terme de marine en anglais, et man homme dans la même langue.
LOKOURNAN, LOK RONAN. Nom de ville ; lok lieu, ronan, Renan.
LOLO, sm. Terme enfantin ; comparez le français dodo.
LOMBER, sm. Lucarne ; Loth cite louber lumière ; irlandais lo lumière.
LOMM, sm. Goutte ; pl. ou ; Loth cite lat liqueur.
LOMM, sm. Diminutif du nom de Guillaume.
LOMMIK, sm. Autre diminutif de Guillaume.
LOMMIK, sm. Petite goutte ; pl. lammigou.
LON, sm. Bête, animal ; Loth cite lo veau, loen, loan animal.
LONCH, sm. Loche ; pl. ed ; voy. lochen.
LONEC'H, sm. Morceau de veau, rognon ; voy. loanik.
LONK, LOUNK, sm. et adj. Précipice, abîme, qui avale ; voy. lounka.
LONKA, LOUNKA, va. Avaler, engloutir ; part. et ; irlandais slucuim ; allemand schlingen.
LONKAD, LOUNKAD, sm. Bouchée, ce que l'on peut avaler ; pl. lounkadou.
LONKADEN, sf. Gorgée ; pl. ou ; voy. lonka.
LONKER, LOUNKER, sm. Dissipateur, ivrogne ; pl. ien.
LONK-TRÉAZ. Sable mouvant ; lonk qui engloutit, tréaz sable.
LONS, LOUNS, sf. Cuiller à soupe ; voy. lonk ; latin lochea ; français louche.
LONSAD, sf. Plein une cuiller à pot ; pl. ou.

LONTÉGEZ, sf. Gourmandise ; voy. lontrégez.
LONTEK, adj. et sm. Gourmand ; voy. lonk.
LONTRÉGEZ, sf. Gourmandise, gloutonnerie.
LONTREK, adj. et sm. Gourmand.
LOPA, va. Frapper très fort ; part. et ; comparez le vieux breton laumain, cornique lof.
LOPADEK, sm. Coups fortement appliqués ; voy. lopa.
LOPER, sm. Frappeur ; pl. lopérien.
LOR, LOVR, adj. Lépreux. Loth cite lobur ; irlandais lobar ; cathol. loffr ; gallois llwfr.
LOR, sf. Bas, chaussure ; voy. loer.
LORBEREZ, sm. Charme par sortilège ; le vieux breton louber lumière.
LORBOUR, sm. Sorcier ; pl. ien.
LORC'H, sm. Vanité, louange ; pl. ou ; grec λαυρος grand.
LORC'HA, va. Vanter ; part. et.
LORC'HEK, adj. Vantard, vaniteux ; lorc'h vanité.
LORC'HEN, sf. Timon de charrette ; pl. nou.
LORC'HUZ, adj. Facile à épouvanter, vaniteux.
LORD, sm. Milord anglais.
LORDI, sm. Hôpital de lépreux ; lor lovr lépreux, ti maison.
LORÉ, sm. Laurier, plante ; pl. ou ; latin laurus.
LORENTEZ, sf. Lèpre ; voy. lovrentez.
LOREZ, sf. Lépreux ; voy. lovrez.
LOREZ, LOVREZ, sf. Lépreuse ; pl. voy. lor.
LORGANAZ, adj. Traître ; lor lépreux, ganaz traître.
LORGEN, sm. et adj. Monstre, monstrueux, immonde ; lor lépreux, kenn peau.
LORGENNAD, sm. Immensité, énormité, monstruosité.
LORGNA, va. Battre à coups redoublés ; part. et.
LORGNET, adj. et part. Battu ; roué de coups.
LORGNEZ, sf. Puanteur, saleté, pourriture ; lor lépreux.
LORPEZELL, adj. Pourri de lèpre ; lor lépreux, pezell pourri.
LOSK, sm. Brûlé, roussi ; leski brûler ; part. losket.
LOSK, adj. Brûlé ; douar losk terre à brûler.
LOSK, adj. Lâche ; qui ne tient pas, trembleur.
LOSKI. Voy. Leski.
LOSKUZ, adj. Qui peut se brûler.
LŌST, sm. Queue ; pl. lostou ; grec λοισθος.

LOSTA, *va.* Mettre une queue ; part. et.
LOSTADOU, *sm. pl.* de lost ; employé plus souvent que le *pl.* lostou ; voy. lost.
LOSTALLEN, *sm.* Queue de l'étang ; lost queue al le len étang.
LOSTEK, *sm.* Honteux : qui a une queue.
LOSTEN, *sf.* Pipe ; *pl.* lostennou ; lost queue.
LOSTENNACHOU, *sf. pl.* Débris de blé ou d'autres matières.
LOSTEN-VERR, *sf.* Cotillon ; losten jupe, terr court.
LOSTENNOU, *sf. pl.* Mancherons de charrue.
LOST-HED, *sm.* Débris d'un essaim d'abeilles ; lost queue, hed essaim.
LOST-HOUC'H, *sm.* Queue de porc ; lost queue, houc'h porc.
LOSTIK, *sm.* Petite queue ; *pl.* lostigou ; voy. lost.
LOST LOUARN, *sm.* Plante ; lost queue, louarn renard.
LOST-MARC'H, *sm.* Plante, prêle ; lost queue, marc'h cheval.
LOSTOK, *adj.* Qui a la queue basse ; voy. lostek.
LOSTOU, *sm. pl.* Criblures de blé ; voy. lostennachou.
LOTERI, *sf.* Loterie ; *pl.* ou ; lod quelques-uns, part.
LOU, *sm.* Flatuosité ; voy. loufaden ; grec λόιμος, peste.
LOUAC'H, *sf.* Judelle, oiseau aquatique ; *pl.* louic'hi ; comparez louc'h marais.
LOUACH, *sm.* Louage ; eur marc'h louach, un cheval de louage.
LOUACHI, *va.* Faire le métier de loueur ; part. louachet.
LOUAD, *sm.* Benêt, niais ; comparez loué, leué veau.
LOUADEN, *sf.* Odeur fétide ; voy. loufaden.
LOUADEZ, *sf.* Niaise ; *pl.* ed. ; voy. louad.
LOUADI, *vn.* Faire le niais, devenir niais ; part. et.
LOUAN, *sf.* Courroie de cuir pour maintenir le joug des bœufs ; *pl.* louanou.
LOUANEK, *adj.* Haut monté, qui a de grandes jambes.
LOUANEK, *sm.* Lieu, poisson ; voy. lenvek.
LOUANGEN, *adj.* Efflanqué ; voy. leuégen, leugen.
LOUARN, *sm.* Renard ; *pl.* lern ; irland. los ; *pl.* loisi ; Zeuss cite lovarnos, louern.
LOUARNEZ, *sf.* Femelle du renard ; *pl.* ed.
LOUARNIK, *sm.* Finassier, homme rusé.
LOUARNIK, *sm.* Petit renard ; *pl.* lernigou.
LOUBER, *sf.* Lumière ; voy. loumber.

LOUC'H, *sm.* Trace, vestige gluant ; marque.
LOUC'H, *sm.* Blaireau ; voy. louz, broc'h.
LOUC'H, *sm.* Mare, marais ; de Jubainville tire ce mot du thème gaulois luxu d'où luxovium, lutetia.
LOUC'HA, *vn.* Marquer, imprimer ; part. et.
LOUC'HA, *vn.* Loucher ; voy. luc'ha.
LOUD, *sm.* Lot ; voy. lod.
LOUDOUR, voy. sale, louz sale, dour eau.
LOUDOURAAT, *vn.* Devenir sale ; part. eat ; loudour sale
LOUDOUREN, *sf.* Femme malpropre ; *pl.* loudourennou.
LOUÉ, *sm.* Veau ; voy. leué.
LOUED, LOUET, *sm.* Moisissure, le moisi.
LOUED, LOUET, *adj.* Moisi ; Loth cite le vieux breton, loed moisi, irlandais logaim.
LOUEDET, *adj.* Moisi, avarié.
LOUÉDI, *vn.* Moisir ; part. et.
LOUER, *sf.* Auge ; voy. laouer.
LOUER, LOUVER, *sm.* Vesseur ; *pl.* ien.
LOUERIAD, *sf.* Le plein d'une auge ; *pl.* ou ; voy. laoueriad.
LOUET, *adj.* Moisi ; voy. loued.
LOUÉZAÉ, *sm.* Punaise de bois ; *pl.* ou ; loued moisi, saé robe.
LOUF, *sm.* Vesse, flatuosité ; Loth cite lois ravisseurs, grec λοιμικος pestilentiel.
LOUFA, *va.* Vesser ; part. et.
LOUFADEN, *sf.* Vesse ; *pl.* nou.
LOUFAT, *vn.* Vesser ; part. et.
LOUFER, *sm.* Vesseur ; *pl.* ien.
LOUFEREZ, *st.* Femme qui vesse ; *pl.* ed.
LOUFEREZ, *sm.* Action de vesser.
LOUFERIK, *adj.* Petit chien de dame, chien d'aveugle ; Troude tire ce mot de loufer vesseur, il me semble que le mot louber lumière, présente une étymologie plus rationnelle.
LOUG, *sm.* Oiseau, corbeau ; jadis on disait lug, qui pourrait indiquer le latin lugere- pleurer.
LOUI, *vn.* Puer, sentir mauvais.
LOUIC'HI, *pl.* *irrég.* de louac'h judelle.
LOUIDIK, *adj.* Puant, qui infecte.
LOUIEIN, *vn.* Embrouiller ; voy. luia.
LOUING, *sm.* Loche, poisson ; voyez lonch.
LOUIS, LOUIZ, *sm.* Louis d'or ; *pl.* louized aour.
LOUMBER, *sm.* Lumière ; voy. lomber.
LOUMM, *sm.* Goutte ; *pl.* ou ; voy. lomm, proverbe breton, a cn tamm hak al loumm, a laka ann den enn hé bloumm.
LOUNEC'H, *sm.* Rognon ; voy. loanik.
LOUNEZEN, *sf.* Rognon ; *pl.* lounez-

Lounk, *sm.* Précipice ; voy. lonk.
Lounka, *va.* Avaler ; part. et.
Lounkad, *sm.* Bouchée ; *pl* ou.
Lounkaden, *sf.* Gorgée ; voy. loukaden.
Lountrek, *adj.* et *sm.* Goulu, gourmand ; voy. lontrek.
Louod, *adj.* Niais, loué veau.
Loupard, *sm.* Léopard ; *pl.* louparded.
Loupardez, *sf.* Femelle du léopard ; *pl.* ed.
Loupen, *sf.* Loupe ; *pl.* nou ; latin lupa.
Loupen-perlez, *st.* Nacre, loupen loupe, perlez perle.
Loup, *adj.* Galeux ; voy. lor, lovr.
Lour, *sm.* Lepreux ; voy. lovr, lour figure dans les noms de famille.
Lourd, lourt, *adj.* Lourd ; mor lourd mer agitée.
Lournez, *sf.* Voy. lorgnez.
Lourou, *sf. pl.* Des bas ; voy. lérou.
Lourtaat, *vn.* Devenir difficile, épaissir ; part. lourtéat.
Lous, *adj.* Sale ; voy. louz.
Lous, *sm.* Blaireau ; voy. louz.
Lous, *adj.* Malpropre, maussade, avare ; voy. louz.
Lousaat, *vn.* Rendre sale ; part. louséat ; lous sale.
Lousdoni, *sf.* Saleté ; *pl.* lousdoniou.
Lousdoniou, *sf. pl.* Propos impudiques.
Loustéri, *sf.* Saleté ; voy. lousdoni.
Louv, voy. louf.
Louva, *va.* Voy. loufa.
Louvek, *adj.* Fat, important.
Louviada, voy. louviadal.
Louviadal, *vn.* Louvoyer ; voy. lévia.
Louvidigiach, *sm.* Niaiserie, fadaise, louvek fat, avec terminaison française.
Louviget, *sm. pl.* La populace ; voy. lapitilled.
Louvigez, *sf.* Femme prostituée.
Louvigachein, *vn.* Se perdre, se prostituer.
Louz, *adj.* Sale ; Loth cite luson.
Louz, *sm.* Blaireau ; *pl.* louzed ; voy. broc h.
Louzaou, *pl.* de louzaouen ; mauvaise herbe.
Louzaoua, *vn.* Enlever, cueillir des herbes ; part. et.
Louzaouek, *adj.* Chargé de mauvaises herbes.
Louzaouen, *sf.* Herbe, plante ; *pl.* louzou, louzaou, louz sale.
Louzaouen allaou, *sf.* Staphisaigre, herbe aux poux.
Louzaouen alléaz, *sf.* Laiteron, herbe au lait.
Louzaouen ann aer, *sf.* Serpentaire, herbe aux serpents.

Louzaouen ann daou lagad, *sf.* Euphraise ; à la lettre herbe des deux yeux.
Louzaouen ann darvoed, *sf.* Plante, chelidoine ; à la lettre herbe aux dartres.
Louzaouen ann denved, *sf.* Serpolet ; à la lettre herbe aux moutons.
Louzaouen ann dersien, *sf.* Germandrée ; à la lettre herbe à la fièvre.
Louzaouen ann diou zélien. Plante, double feuille ; à la lettre herbe aux deux feuilles.
Louzaouen ann diwad, *sf.* Plante ; à la lettre, herbe qui étanche le sang.
Louzaouen ann dréan, *sf.* Armoise, plante ; à la lettre herbe à l'épine.
Louzaouen ann dreinded, *sf.* Plante, violette ; à la lettre herbe de la Trinité.
Louzaouen ann élaz, Plante hépatique ; à la lettre herbe au foie.
Louzaouen ann teil. Fumeterre, plante ; herbe au fumier.
Louzaouen ann tign, *sf.* Bardane, plante ; à la lettre herbe à la teigne.
Louzaouen ann troue'h, *sf.* Petite consoude ; à la lettre herbe de la coupure.
Louzaouen ar berr halan, *sf.* Tournesol ; herbe de la courte haleine.
Louzaouen av c'halvez, *sf.* Millefeuille, plante ; à la lettre herbe au charpentier.
Louzaouen ar c'hatar, *sf.* A la lettre herbe aux catarrhes.
Louzaouen ar c'haz, *sf.* Germandrée, plante ; à la lettre herbe au chat.
Louzaouen ar c'hi, *sf.* Chiendent ; à la lettre herbe au chien.
Louzaouen ar c'hi klan. Euphorbe, plante ; à la lettre herbe du chien enragé.
Louzaouen ar c'hléiz, *sf.* Mouron, plante ; à la lettre herbe de mouron.
Louzaouen ar c'hoenn, *sf.* Pouliot ; à la lettre herbe aux puces.
Louzaouen ar c'homm, *sf.* A la lettre herbe aux foulons.
Louzaouen ar c'housked, *sf.* Jusquiame ; à la lettre herbe au sommeil.
Louzaouen ar gal, *sf.* Scabieuse ; à la lettre herbe à la gale.
Louzaouen ar galoun, *sf.* Citronelle ; à la lettre herbe du cœur.
Louzaouen ar goukou, *sf.* Jacinthe ; à la lettre herbe au coucou.
Louzaouen ar gouli, *sf.* Pyrole, plante ; mot à mot herbe de la plaie.
Louzaouen ar groaz, *sf.* Verveine ; à la lettre herbe de la croix.
Louzaouen ar gwazi, *sf.* Potentille, plante ; mot à mot herbe des oies.
Louzaouen ar gwennaenou, *sf.* Héliotrope ; mot à mot, herbe aux verrues.

LOUZAOUEN AR GWENNELIED, *sf.* Plante, grande éclaire ; à la lettre herbe des hirondelles.

LOUZAOUEN AR MAMMOU, *sf.* Plante, matricaire ; mot à mot herbe de la matrice.

LOUZAOUEN AR MÉAN. Plante, coqueret, physalide ; à la lettre herbe de la pierre.

LOUZAOUEN AR MOGERIOU, *sf.* Pariétaire ; à la lettre herbe des murailles.

LOUZAOUEN AR PARAOUR, *sf.* Plante, chardonnette ; mot à mot herbe du chardonneret.

LOUZAOUEN AR PAZ, *sf.* Tussilage, plante ; à la lettre herbe de la toux.

LOUZAOUEN AR PEMP BIZ. Plante, œnanthe ou safran ; mot à mot herbe aux cinq doigts.

LOUZAOUEN AR SKEVENT, *sf.* Poutiot, plante ; à la lettre herbe aux poumons.

LOUZAOUEN AR SPARF, *sf.* Asperge ; mot à mot herbe au goupillon.

LOUZAOUEN AR VAMM, *sf.* Matricaire ; mot à mot herbe à la mère, herbe à la matrice.

LOUZAOUEN AR VARLEN, *sf.* Bardane ; à la lettre, herbe au giron.

LOUZAOUEN AR VIBER, *sf.* Scorsonère, plante ; à la lettre herbe à la vipère.

LOUZAOUEN AR VOSSEN, *sf.* Caméléon blanc, plante ; mot à mot herbe à la peste.

LOUZAOUEN AR VREAC'H, *sf.* Scabieuse, plante ; à la lettre herbe au bras, herbe de la variole.

LOUZAOUEN AR WERC'HEZ, *sf.* Sensitive, plante ; à la lettre herbe de la vierge.

LOUZAOUEN DROUK AR ROUE, *sf.* Scrofulaire ; à la lettre herbe du mal du roi.

LOUZAOUEN SANT IAN, *sf.* Orpin ; à la lettre herbe de Saint-Jean.

LOUZAOUEN SANT KADOU, *sf.* Scrofulaire ; à la lettre herbe de Saint-Cadou.

LOUZAOUEN SANT PER, *sf.* Herbe de Saint-Pierre.

LOUZAOUEN SANTEZ APPOLLINA, *sf.* Jusquiame ; mot à mot herbe de Sainte-Appolline.

LOUZAOUEN SANTEZ BARBA, *sf.* Barbarée ; à la lettre herbe de Sainte-Barbe.

LOUZAOUEN SANTEZ MAC'HARIT, *sf.* Marguerite.

LOUZAOUEN STAOT, *sf.* Pissenlit ; à la lettre, herbe à l'urine.

LOUZAOUER, *sm.* Médecin, herboriste ; *pl.* ien ; de Louzaouen plante.

LOUZAOUER KEZEK, *sm.* Médecin vétérinaire ; à la lettre louzaouer médecin, kezek pluriel de Marc'h cheval ; *pl.* louzaouerien kézék.

LOUZAOUEREZ, *sf.* Marchande d'herbes ; *pl.* ed.

LOUZAOUEREZ, *sf.* Botanique, science qui traite des plantes.

LOUZAOUI, *va.* Panser, traiter une maladie ; part. et. ; louzaouis figure dans les noms de famille.

LOUZAOUUZ, *adj.* Médicinal.

LOUZDER, LOUZDONI, *sf.* Saleté, vilenie ; louz sale.

LOUZOU, LOUZACU, *sm. pl.* Herbe, plante médicinale ; Loth cite le vieux breton luson, gallois leuziaou.

LOUZOU-AOT, *sm. pl.* Casse-pierre ; à la lettre, herbe de rivage.

LOUZOU-C'HOUE'K, *sm.* Remède très fort.

LOUZOU-DISLOUNK, *sm.* Vomitif.

LOUZOU-KARZ, *sm. pl.* Purgation.

LOUZOU-KEGIN, *sm. pl.* Herbes potagères ; louzou herbe, kegin cuisine.

LOUZOU-KEST, *sm.* Vermifuge ; à la lettre, herbe aux vers.

LOUZOU-KOUNTAM, *sm.* Contre-poison.

LOUZOU-KOUSKUZ, *sm.* Opium ; herbe pour dormir.

LOUZOU-KROAZ, *sm.* Verveine ; à la lettre herbe de la croix.

LOUZOU-POD, *sm. pl.* Herbes potagères.

LOUZOU-PRENVED, *sm.* Herbe pour tuer les vers.

LOUZOU-SKARZ. Voy. louzou-karz.

LOUZOU-TEUREL, *sm.* Vomitif ; louzou herbe, teurel jeter.

LOUZOU-TU-PÉ-DU, *sm.* Remède violent ; à la lettre remède d'un côté ou de l'autre.

LOUZTONI, *sf.* Saleté ; *pl.* ou ; voy. lousdoni.

LOVR, *sm.* Lépreux ; voy. lor.

LOVRENTEZ, *sf.* Lèpre, maladie ; lovr lépreux.

LOVREZ, *sf.* Léproserie ; hôpital de lépreux.

LOVREZ, *sf.* Femme qui a la lèpre ; *pl.* ed.

LOVRI, *vn.* Devenir lépreux ; part. et.

LOZN, *sm.* Bête ; voy. loan.

LU, *adj.* Ridicule ; Loth cite luson.

LU, *sm.* Armée, flotte ; voy. lestr.

LUA, *va.* Parodier ; part. et ; de lu ridicule.

LUACH. Voy. luc'hach.

LUADEN, *sf.* Action de rendre ridicule, parodie ; *pl.* luadennou.

LUAN, *adj.* Moisi ; Loth cite loed moisi ; voy. loued.

LOUANNADUR, *sm.* Moisissure.

LUANNEIN, *vn.* Moisir ; voy. louédi.

LUBAN, *sm.* et *adj.* Cajoleur ; voy. klufan.

LUBANEREZ, *sf.* Flatterie, cajolerie.

LUBANI, *vn.* Flatter, cajoler ; part. lubanet.

LUBRIK, *adj.* Lascif, lubrique ; latin lubricus.

LUBRISITÉ, *sf.* Lubricité, lascivité.

Luch, *sm.* et *adj.* Louche; du latin luscus.
Lucha, *va.* Loucher ; part. et.
Luc'h, *sm.* lumière ; *pl.* ou ; latin lux.
Luc'ha, *vn.* Briller; part. et.
Luc'ha, *vn.* Cligner; part. et.
Luc'hach, *sm.* Baragouin, jargon ; *pl.* ou.
Luc'hed, *sm. pl.* irrég. de Luc'heden; éclair.
Luc'heden, *sf.* Eclair; *pl.* luched; latin lux.
Luc'hedi, *v. impers.* Briller, faire des éclairs ; part. et.
Luc'héduz, *adj.* Sujet aux éclairs.
Luchet, Voy. luc'hed.
Luc'huz, *adj.* Reluisant, brillant.
Ludu, *sm.* Cendre ; de Jubainville cite le gallois lludw ; le cornique lusow ; l'irlandais luath ; lotavos de la racine lu.
Ludua, *va.* Réduire en cendres ; part. et.
Ludu-du, *sm.* Matière fertilisante ; noir animal ; ludu cendre, du, duff noir.
Luduek, *adj.* Cendreux, qui aime à se chauffer.
Luduen, *sf.* Cendrillon, frileuse.
Luduen, *sf.* Grain de cendre ; *pl.* ludu, luduennou.
Luduer, *sm.* Marchand de cendres; *pl.* ien.
Ludu-eskern. Engrais, cendre d'os ; ludu cendre ; eskern, *pl.* de askourn, os.
Luduet, *adj.* Cendré ; mis dans la cendre.
Lué, *sm.* Voy. leue.
Lué-vor, *sm.* Veau marin ; voy. leué-vor.
Lufr, *sm.* Lustre : vieux gallois louber, lumière.
Lufra, *vn.* Briller, luire ; part. et.
Lufruz, *adj.* Reluisant, brillant.
Lug, *adj.* Etouffant, attristant ; latin lugere.
Lug, *sm.* Corbeau, oiseau ; *pl.*
Lugén, *sf.* Temps sombre, brouillard.
Lugern, *sm.* Lustre, éclat ; *pl.* ou ; irlandais luacharn.
Lugerni, *vn.* Briller, luire par et, latin lucere.
Lugernuz, *adj.* Brillant, luisant.
Lugud, *adj.* Trainard, gallois llyfr traineau.
Lugud, *adv.* d'une manière traînante, nonchalamment.
Lugudachou, *sm. pl.* Bagatelles, naiseries.
Luguder, *sm.* Lourdaud ; *pl.* ien.
Luguderez, *sf.* Femme qui musarde ; *pl.* ed.
Lugudérez, *sf.* Bagatelle ; *pl.* iou.
Lugustren, *sf.* Plante, nénuphar lis aquatique ; *pl.* lugustr.
Lugut. Voyez lugud.
Luhech luc'hech, *sm.* Jargon.
Luia, *vn.* Briller par et, latin lucere.
Luia, *vn.* Brouiller part luiet.
Luiadek, *sm.* Brouille ; *pl.* luiadegou.
Luidd luydd, *sm.* Armée, lutte, cornique luid, combrique lluydd, venant de llu, cité par Zeuss.
Luiet, *adj.* Embrouillé, mêlé.
Llun, *sm.* Lune, cambrique luir, comparez loar.
Lunach, *sm.* Rognon, viscère ; *pl.* iou.
Luned, *sm.* Trou circulaire, outil de menuisier ; *pl.* ou.
Lunéden, *sf.* Longue vue ; *pl.* nou.
Lunédou, *sf. pl.* Lunettes.
Lun, *sm.* Jour de la semaine, lundi.
Lunvez, *sf.* La durée du lundi ; *pl.* iou.
Lupr, *adj.* En chaleur, latin lubricus.
Lur liur, *sm.* Livre, ancienne mesure, latin libra, français livre.
Luré, *sm.* Négligence, paresse, comparez le le français déluré, le latin deluderé, le français leurre.
Luréek, *adj.* Paresseux, de luré voyez ce mot.
Lurel, *sf.* Bandeau de maillot ; *pl.* iou.
Lurellik, *sf.* Petite bande, bandelette ; *pl.* lurelligou.
Luréuz, *adj.* Négligent, paresseux.
Lusen, *sf.* Lucet, airelle, plante et fruit ; *pl.* lus ; irlandais lus.
Lusen, *sf.* Brouillard ; *pl.* lusennou.
Lusen, *sf.* Poisson, truite, cambrique llyswen ; voyez dluzen ; *pl.* lused, dluzed.
Luset, *sm.* Punaise de bois.
Luseta, *vn.* Cueillir de l'airelle, par et.
Lusk, *sm.* action d'ébranler, Loth cite luscou objets mobiles, irlandais luaskan berceau.
Luska luskella, *va.* Mettre en mouvement, ébranler par et ; latin oscillare, allemand lucke, comparez le vieux français locher.
Luskell, *sf.* Voyez lusk.
Luskella. Voyez luska.
Luskelladur, *sm.* Oscillation ; *pl.* iou.
Luskelluz, *adj.* Branlant, oscillant.
Luskeller, *sm.* Celui qui met en branle ; *pl.* ien.
Luskellerez, *sf.* Celle qui agite ; *pl.* ed.
Luskellerez, *sm.* Action d'agiter.
Luskuz, *adj.* Mobile, branlant.
Lustr, *sm.* Lustre ; *pl.* ou.
Lustra, *va.* Lustrer par et.
Lustrugen, *sm.* Terme de mépris, étranger ; *pl.* nud.
Lutrin, *sm.* Lutrin, pupitre ; *pl.* ou.
Luydd, *sm.* Armée ; voyez luidd.
Luzen, *sf.* Jarinthe sauvage; voy. louzou.
Luzen, *sf.* Brouillard ; *pl.* nou.
Lazennuz, *adj.* Chargé de brouillards.
Luzern, *sm.* Luzerne, plante ; *pl.* iou.
Luzi lui, *sm.* Etat d'une chose embrouillée.
Luzia luia, *va.* Embrouiller par luiet.
Luziadur luiadur, *sm.* Action d'embrouiller ; *pl.* iou.

M

M. Lettre consonne, se prononce comme en français.

MA, *pron. posses.* Mon, ma, mes.

MA, *conj.* Que, si.

MA MAR, *conj.* Si.

MA, *adv.* De lieu, où.

MA, *part. dém.* Ci.

MA HINI, *pron. poss.* Le mien, la mienne.

MA RÉ, *pron. poss.* Les miens, les miennes.

MAB MAP, *sm.* Fils ; *pl.* mipien ; de Jubainville cite le gaulois mapos.

MAB ARAR, MAB ALAR, *sm.* Le bois du soc d'une charrue ; mab fils, arar alar charrue.

MAB DEN, *sm.* Fils de l'homme ; mab fils, den homme. Voyez map den

MA BEK, *sm.* Beau-fils.

MABÉREZ, *sm.* Filiation ; mab fils.

MAB GAGN, *sm.* Fils de charogne.

MAB GAST, *sm.* Fils de prostituée.

MAB-IAOUANK, *sm.* Le plus jeune des fils.

MAB-KAER, *sm.* Beau-fils.

MAB-LAGAD, *sm.* Prunelle ; mab fils, lagad œil ; comparez le mot français pupille.

MACHIN, *sf.* Machine ; *pl.* ou.

MAC'H, *sm.* Oppression; Voyez moug.

MAC'HA, *va.* Comprimer, opprimer ; part. et.

MAC'HAGN, *adj.* Invalide, estropié.

MAC'HAGNA, *va.* Estropier ; part. et ; Loth cite mail mutilé.

MAC'HAGNET, *adj. et part.* Estropié, incapable.

MAC'HARIT, *sf.* Nom, Marguerite.

MAC'HARIT ANN AOT, *sf.* Héron ; Mac'harit Marguerite, aot rivage.

MAC'HARIT AR IALC'H, *sf.* Pélican, mot à mot, Marguerite la bourse.

MACHARIT HÉ GOUZOUK HIRR, *sf.* Héron, à la lettre, Marguerite au long cou.

MAC'HARIT-KOANT, *sf.* Belette, à la lettre Marguerite jolie.

MAC'HARITIK MAC'HARIDIK, *sf.* Nom donné à une fille qui s'appelle Marguerite.

MAC'HER, *sm.* Oppresseur ; *pl.* ien.

MAC'HERIK, *sm.* Cauchemar ; de mac'ha opprimer.

MAC'HOM, *adj.* Détenteur, glouton.

MAC'HOMER, *sm.* Accapareur ; *pl.* ien.

MAC'HOMA, *vn.* Usurper, violer ; part. et.

MAC'HOUM. Voyez mac'hom.

MAC'HOUMI, *vn.* Usurper. Voyez mac'homa.

MAC'HOUSI, *sf.* Ecurie ; *pl.* ou ; se dit aussi méchosi, machosi ; marc'hou *pl.* de cheval, ti maison.

MAC'HOUTI, *sf.* Ecurie ; plus régulier que le mot précédent, mais moins employé.

MAD, *sm.* Le bien ; du gaulois matos ; de Jubainville.

MAD, *adv.* Bien.

MAD, *adj.* Bon, excellent.

MAD-AWALC'H, sorte d'*adj.* Assez bon ; mad bon, awalc'h assez.

MADALEN, *sf.* Nom propre ; latin magdalena.

MADEK, *adj.* Bienfaisant, nom de famille très commun.

MADELEC'H, *sf.* Bonté ; voyez madelez.

MADELECHEU, *sf. pl.* Bienfaits ; voyez madélésiou.

MADÉLESIOU, *sf. pl.* Bienfaits ; singulier madélez ; voyez ce mot.

MADÉLÉZUZ, *adj.* Bon, débonnaire.

MADÉLEZ, *sf.* Bonté ; *pl.* madelesiou ; de mad bon.

MADEN, *sf. pl.* Richesse, biens ; voyez madou.

MADIGOU, *sf. pl.* Bonbons, friandises.

MADO, *sf. pl.* Biens ; voyez madou.

MAD-OBER, *sm.* Bonne action.

MAD-OBERER, *sm.* Bienfaiteur ; *pl.* ien ; mad bon, ober faire.

MAD-OBERIANS, *sm.* Bonne action ; le même que mad-ober avec terminaison française.

MAD-OBEROUR, *sm.* Bienfaiteur ; *pl.* ien ; le même que mad-oberer mais plus employé que ce dernier.

MADOUS, *m. pl.* Richesse, biens en terre.

MADRÉ, *sm.* Séneçon, plante ; *pl.* ou

MAÉ, *sm.* Mai, le mois de mai ; miz maé, latin maius.

MAÉL, *sm.* Bénéfice, gain ; comparez le breton maga nourrir, mad bien, racine mac.

MAEN, *sm.* Pierre ; cathol. men ; gallois maen ; breton méan ; *pl.* mein, jadis main.

MAÉNÉ, *sm.* Montagne ; maen pierre ; voyez menez.

MAER, *sm.* Maire ; *pl.* ed ; latin major ; voyez méar.

MAERL, *sm.* Amendement, calcaire ; grec Κυρυω contourne.

MAÉROUNEZ, sf. Marraine ; pl. ed.
MAÉZ, sm. Les champs, la campagne ; voyez méaz.
MAEZUR, sm. Nourriture ; de Jubainville cite mactoron dérivé de maga, racine mac ; voyez mezur.
MAÉZUR, va. Nourrir ; voyez mezur.
MAGA, va. Nourrir, entretenir ; part. et ; Maguet ou Maget est un nom de famille assez répandu.
MAGADEL, sf. Voyez magaden.
MAGADEL, sm. et adj. Pique-assiette, vaurien.
MAGADEN, sf. Nourrisson ; pl. ou ; maga nourrir.
MAGADUREZ, sf. Nourriture des bêtes, parcours, nourriture de l'âme.
MAGAN, va. Nourrir ; part. et ; voyez maga.
MAGASINACH, sm. Magasinage.
MAGAZIN, sm. Magasin ; pl. ou.
MAGAZINA, va. Mettre en magasin ; part. et.
MAGER, sm. Nourricier ; pl. ien ; nom de famille très répandu ; maguer, mager.
MAGÉREZ, sf. Nourrice ; pl. magerezed.
MAGÉREZ, sf. Pépinière, semis de plants ; pl. ed.
MAGEUR, sm. Nourricier ; le mageur est un nom de famille très répandu.
MAGN, adj. Très sot ; latin magnus grand ; vieux breton muoed orgueil.
MAGNOUNER, sm. Chaudronnier ; pl. ien ; grec Ηαγνης aimant, μαςα pièce de métal, μαχομαι frappe vivement ; Loth cite mas cloiumn pour mas clodimm mène.
MAGUZ, adj. Nourrissant.
MAHOM. Voyez mac'hom.
MAILL, sm. et adj. Connaisseur, expert ; grec μελεδιον soigneux.
MAILL, sm. Maille d'un filet ; pl. ou ; grec μαλλός boucle.
MAILL, sm. Marteau de bois ; pl. ou ; grec μωλως trace de coups.
MAILL, sm. Poisson, mulet ; pl. mailled ; latin mulas.
MAILLARD, sm. Canard mâle ; pl. ed ; nom de famille très répandu en France.
MAILL-HOUARN, sm. Marteau de fer.
MAILLOK, sm. Celui qui a le menton fort.
MAILLUR, sm. Maillot ; pl. mailluriou.
MAILLUREN, sf. Maillot d'enfant ; glose citée par Loth, mapbrethinnou langes, de map fils, brethinnou de brat manteau.
MAILLURI, vn. Mettre un maillot ; part. et.
MAILLUROU, sm. pl. Voyez mouillur.
MAJESTÉ, sf. Majesté.
MAJESTUUZ, adj. Majestueux.
MAJI, sf. Magie.

MAJISIAN, sm. Magicien ; pl. ed.
MAJOR, sm. Majeur ; latin major.
MAJORITÉ, sf. Majorité.
MAL, sf. Béquille ; pl. ou ; en Vannes maleu ; comparez la glose citée par Loth, mail mutilé.
MAL, sf. Mouture ; pl. ou ; comparez mala moudre, arreval mouture.
MAL, sf. Malle. caisse ; pl. maliou.
MALA, va. Moudre ; part. et ; de Jubainville cite le gallois mala, racine indo-européenne mal.
MALADEK, sf. Mouture ; pl. maladégou.
MALADEN, sf. Le grain que l'on donne à moudre ; pl. maladennou, mala moudre.
MALADROA. adj. Maladroit ; ce mot vient du français.
MALAFEN, sf. Papillon ; voyez balafen.
MALAN, sm. Gerbe, épi ; pl. malanou.
MALANA, va. Mettre en gerbes ; part. et ; voyez mandosi.
MALARDÉ, sm. Carnaval ; voyez molargez.
MALC'HUEN, sf. Flocon, nuage ; pl. nou ; voyez malken ; grec μαλλος flocon.
MALEIN, va. Moudre ; voyez mala.
MALEN, sf. Egrugeoir ; pl. nou.
MALET, adj. et part. Moulu.
MALETEN, sf. Petite malle, valise ; pl. nou.
MALE-TOUCH, sm. Cancer, souillure.
MALGUDEN, sf. Cil, paupière ; pl. ou ; voyez malven.
MALHEUR, sm. Malheur.
MALHEURUS, adj. Malheureux.
MALISIUZ, adj. Malicieux.
MALKEN, sf. Nuage très fort ; pl. nou.
MALL, sm. Hâte, glose bretonne, molgueredic de mall et gwiridik sensible.
MALL, adj. Mauvais ; comparez le français mal.
MALLAZ, sf. Malédiction ; voyez malloz.
MALLAZ-DOUÉ, sf. Imprécation ; à la lettre, malédiction de Dieu.
MALL-CHÉOT, sm. Plante, jusquiame ; mall et iéot, géot herbe.
MALLIS, sf. Malice ; pl. ou.
MALLOZ, sf. Malédiction ; pl mallosiou ; latin maledictio.
MALO, sm. Plante mauve ; latin malva, kaol-malo chou mauve.
MALO, sm. Nom d'un saint breton.
MALORD, sm. Lépreux ; mall mauvais.
MALORT, sm. Malotru.
MALOUACH, sm. Mouture.
MALOUCHEIN, va. Maudire ; employé dans le dialecte de Vannes.
MALOUER, sm. Egrugeoir ; voyez malen.
MALOUIN, sm. Habitant de Saint-Malo ; pl. et.

MALTOUTIER, sm. Maltotier, douanier; pl. ien.
MALTR, sm. Fouine, martre; voyez martr.
MALTRÉTI, va. Maltraiter; part. et.
MALU, va. Occasionner du mal.
MALUEN, sf. Paupière; voyez malven.
MALV, sm. Mauve; voyez malo.
MALVEN, sf. Un plant de mauve; pl. nou.
MALVEN, sf. Cil, paupière; pl. nou; latin malva.
MALVENBENNER, sm. Lapidaire; pl. ien; tailleur de pierres.
MALVER, MELVER, vn. Mourir; voyez mervel.
MALVRAN, sm. Mâle de corbeau; pl. malvrini.
MALVANUZER, sm. Ebéniste, menuisier; pl. ien.
MALZEN, sf. Flocon de neige, de laine; voyez malc'huen.
MAMM, sf. Mère; pl. ou; latin mamma, grec μαμμα.
MAMM, sf. Matrice; pl. mammou.
MAMM AR MOC'H, sf. Femme malpropre; à la lettre, mère des cochons.
MAMM-DIEGEZ, sf. Sage-femme; Zeuss cite mammaéth nourrice, mamm mère, tiégez ferme; voyez amiégez.
MAMMEK, adj. Qui a rapport à la mère; mamm mère.
MAMMEN, sf. Réserve d'eau, source, cause première; pl. nou.
MAMMEN AL LAGAD, sf. Prunelle de l'œil.
MAMM-FLOUR, sf. Suc, extrait.
MAMM-GAER, sf. Belle-mère.
MAMM-GAMM, sf. Goutte, rhumatisme, sciatique.
MAMM-GAZEK, sf. Poulinière; mamm mère, kazek jument.
MAMM-GOZ, sf. Grand'mère; à la lettre, mère vieille.
MAMM-GUN, sf. Bisaïeule; mamm mère, kun débonnaire.
MAMM-IÉO, sf. Trisaïeule; mamm mère, iéo conduite.
MAMM-ILIZ, sf. Cathédrale, métropole; mamm mère, iliz église.
MAMM-IOU, sf. Trisaïeule; voyez mamm iéo.
MAMM-LABOUS, sf. Femelle d'oiseau qui a des petits; mamm mère, labous oiseau.
MAMM-MAÉROUN, sf. Marraine; voyez maérounez.
MAMM-NOUN, sf. Trisaïeule; mamm mère, noun nourrice.
MAMM-VRO, sf. Patrie; à la lettre, mère pays.
MAMMIK KÉAZ, sf. Nourrice; à la lettre, mère pauvre.

MAMMOU, sf. Matrice, mal de la mère; de mamm mère.
MAN, sf. Apparence, semblant, figure.
MAN, sf. Mouvement; man peut être dans certains cas le radical du latin manere; Zeuss cite man parvus, ban altus.
MAN, sm. Homme; anglais man.
MAN. Particule démonstrative; voyez ma.
MANAC'H, sm. Moine; pl. ménec'h; latin monachus.
MANAC'HEZ, sf. Moinesse; pl. menec'hezed.
MANACHTI, sm. Couvent; manac'h moine, ti maison.
MANAGOU, sm. pl. Patelinade.
MAN'ATI, sm. Voyez manachti.
MANDAMANT, sm. Mandement; pl. mandamanchou, origine française ou latine.
MANDAT, sm. Mandat; pl. mandajou; origine française ou latine.
MANDATI, va. Mandater; part. et.
MANDOK, sm. Poisson, gardon; pl. mandoged; Zeus cite denshoc.
MANDOZ, sm. Ventouse; pl. mandosiou; Loth cite menntaul balance, gallois mantawl, quantité, ment grandeur.
MANDOZEN MANDOSSEN, sf. Gerbe de blé; pl. mandossenou.
MANDOZI, va. Appliquer des ventouses; part. et.
MANDOZI MANDOSSI, va. Relever des gerbes de blé; part. mandosset.
MANDROGEN, sf. Grosse fille joufflue; pl. ned.
MANE, sm. Montagne; voyez ménez.
MANÉCH, sm. Manège.
MANEJI, va. Manéger; part. et.
MANÉEH, adj. Montagneux.
MANEG, sf. Gant; pl. manegou; comparez le latin manus.
MANEGA, va. Mettre des gants, ganter; part. et.
MANEGEN, sf. Plante, gantelée; maneg gant.
MANEGER, sm. Gantier; pl. ien.
MANEGOU, pl. de maneg gant.
MANEGOUR, sm. Gantier; voyez maneger.
MANEK, sm. Gant; voyez maneg.
MANEK-HOUARN, sm. Gantelet; manek gant, houarn fer.
MANER, sm. Manoir; pl. maneriou; latin manere rester, vieux verbe menel demeurer.
MANER, sm. Résidence de passage, pied à terre; pl. iou.
MANGOER, sm. Muraille; pl. iou; gallois magwyr-macéria; voyez moger.
MANGOUNEL, sf. Machine de guerre, baliste; pl. lou; italien manovella, où l'on retrouve le latin manus main. Com-

parez le français manivelle ou mieux mangonneau, latin m'anganum, grec μαγγανον machine.

MANIA, va. Manier ; part. et.
MANIAMANT, sm. Action de manier.
MANIKIN, sm. Mannequin ; pl. ou ; se dit aussi maninkin ; pl. maninkinéir
MANIFIK, adj. Magnifique.
MANIFIK, adv. A l'aise.
MANIKINAD, sm. Le plein d'un mannequin ; pl. manikinadou.
MANIKL, sm. Menottes ; pl. ou, latin manus.
MANINKIN, sm. Mannequin ; pl. ou.
MANK, adj. Manchot.
MANK, sm. Manquement.
MANKAMANT. sm. Oubli, manquement, terminaison française.
MANKART, adj. Manchot.
MANKOUT, vn. Manquer ; part. manket.
MANJOUÉR, sm. Mangeoire ; pl. manjouérou.
MANN, sm. Lieu, séjour, reste, débris.
MANN, sm. Manne, nourriture ; latin manna, grec μαννα.
MANNOEUVRACH, sm. Action de manœuvrer ; origine française.
MANNOU, sm. pl. Détritus servant d'amendement pour les terres ; de mann débris.
MANNOUZ, sm. Traînard, nasillard.
MANNOUZA, va. Nasiller ; part. et.
MANNOUZER, sm. Nasillard ; voyez mannouz.
MANNOUZEZ, sf. Nasillarde ; pl. ed.
MANSARDEN, st. Mansarde ; pl. nou.
MANSION, sm. Mention ; pl. ou.
MANSIPA, va. Emanciper ; part. et.
MANSIPASION, sm. Emancipation.
MANSOUNER, sm. Maçon ; pl. ien.
MANSOUNA, va. Maçonner ; part. mansounet ; de mansoun.
MANSOUNER, sm. Maçon ; pl. mansounérien.
MANSOUNEREZ, sm. Construction de maçonnerie.
MANTEL, sf. Manteau ; pl. mantellou, vieux français mantel, latin mantellum.
MANTELLA, va. Mettre un manteau ; part. et.
MANTIKL, sm. Menottes ; voyez manikl.
MANTR, sm. Douleur, affliction.
MANTRA, va. Affliger, avoir de la douleur ; part. mantret.
MANTRET, adj. et part. Abattu. pétrifié.
MANTRUZ, adj. Affligeant, triste.
MANUFAKTUR, sm. Manufacture; pl. iou.
MAO, adj. Jovial, gai ; ce mot figure dans les mots de famille ; grec μαω, désiré avec ardeur.
MAO, sm. Oiseau de proie, amphibie ; cité par Troude d'après Le pelletier.

MAOAAT, vn. Devenir enjoué ; part. maôéat.
MAOTVÉLEN, sm. Tumeur des bêtes à cornes; maout mouton, belc'h baie.
MAOUEZ, sf. Femme ; pl. merc'hed ; Jubainville, cite le gaulois maguissa, dont le g est tombé.
MAOUGEN, sm. Peau de mouton ; pl. nou ; maout mouton, kenn peau.
MAOUT, sm. Mouton ; pl. méot ; irlandais molt, latin mutilus, grec μίτυλος ; de Jubainville.
MAOUT, sm. Vainqueur dans une lutte ; Maout figure aussi dans les noms de famille.
MAOUT-KENN, sm. Voyez maougen.
MAOUT-TARO, sm. Bélier ; maoût mouton, tarô taureau.
MAOUT TOURC'H, sm. Bélier ; maoût mouton ; tourc'h mâle.
MAOUTA, vn. Se battre comme des béliers ; part. et.
MAOUTA, vn. Demander le bélier.
MAOUTEN, sf. Casquette en peau de mouton ; pl. nou.
MAOUTER, sm. Pâtre, gardeur de moutons ; pl. ien.
MAOUTÉREZ, sf. Femme qui garde les moutons ; pl. ed.
MAOUTIK, sm. Petit mouton ; pl. maoutigou.
MAOUTVELEN. Voyez maotvelen.
MAP-MAB, sm. Voyez mab.
MAP-BIHAN, sm. Petit fils.
MAP-DIVADEZ, sm. Lutin, map-fils, divadez sans baptême.
MAP-KAER, sm. Beau-fils ; pl. mipien kaér.
MAP-KAGN, sm. Fils de prostituée ; map fils, kagn charogne.
MAP-KAGN-DIOT, sm. Fils de la sotte prostituée.
MAP-KAST, sf. Fils de prostituée ; map fils ; gast prostituée.
MAP-KAST-DIOT, sf. Fils de la sotte prostituée.
MAP-LAGAD. sm. Pupille de l'œil.
MAR, conj. Si ; cormique, may.
MAR, sm. Doute, incertitude.
MAR, adj. Plusieurs ; jadis maur ; latin multos.
MAR, sm. Fruit du cormier ; pér-mar ; des poires du cormier.
MARBIGEL, sf. Etrape, petite faucille ; marmarre, instrument d'agriculture ; pigel petite houe.
MARBIGELLA, va. Étraper ; part. et.
MARBLÉO, sm. pl. Duvet d'oiseau.
MARBLEVEN, sf. Duvet d'oiseau.
MARBR, sm. Marbre ; pl. ou.
MARBRA, sm. Marbrer ; part. et.

MARBRAN, sm. Mâle de corbeau ; voyez malvran.

MARCHIKOD, sm. Enfant de chœur ; pl. ed ; grec μειραχίδιον, jeune enfant.

MARCH, sm. Entorse, faux pas ; comparez le français marche.

MARCH, sm. Frontière ; pl. ou, comparez le français marche.

MARC'H, sm. Cheval ; pl. kézek ; gaulois marcos.

MARC'HA, vn. Demander le cheval, en parlant d'une jument ; part. et. ; marc'h cheval.

MARC'HAD, sm. Marché ; pl. marc'hajou ; latin mercatus.

MARCHADEN, st. Faux pas, entorse; pl. nou.

MARC'HADOUR, sm. Marchand ; pl. ien ; marc'had marché.

MARC'HADOUREZ, sf. Marchande ; pl. ed.

MARC'HADOUREZ, sf. Marchandise ; marc'hadour marchand.

MARC'HAGN, adj. Stérile ; comparez le français Brehaigne.

MARC'HAJOU, pl. de marc'had marché.

MARCH'ALAR, sm. Chevalet de charrue; marc'h cheval, alar charrue.

MARC'HALLAC'H, sm. Place du marché ; marc'had marché, léach lieu.

MARC'HALLEC'H. Voyez Marc'hallac'h.

MARC'HAT. Voyez marchad.

MARC'HATA, vn. Marchander ; part. marc'hatéat.

MARCH'BLÉINER, sm. Cheval conducteur ; marc'h cheval ; bléiner conducteur.

MARC'H-DOR, sm. Gond d'une porte ; marc'h cheval, dor porte ; pl. marc'houdor.

MARC'HÉGER, sm. Ecuyer, homme de cheval ; pl. ien ; marc'h cheval.

MARC'HOUARN, sm. Vélocipède ; marc'h cheval, houarn fer.

MARC'HEK, sm. Chevalier ; pl. gou, marc'h, cheval.

MARC'HÉKAAT, vn. Dresser un cheval part. eat ; marchek cavalier.

MARC'HEKADEN, sf. Cavalcade ; marchek cavalier.

MARC'H-ENTIER, sm. Cheval entier ; marc'h cheval, et le français entier.

MARCHEPIÉ, sm. marche-pied.

MARC'H-HAMOUN', sm. Mari jaloux.

MARC'H-HESKED, sm. abcès qui suppure.

MARC'HIK, sm. Petit cheval, bidet ; pl. marc'higou ; Marc'hik figure dans les noms de famille.

MARCH-KALLOCH, sm. Cheval étalon, marc'h, cheval ; kell testicule.

MARC'H-KARR, sm. Cheval de charrette ; pl. kekek-karr.

MARC'H-KLOC'H sm. Cheval à clochette ; marc'h cheval ; cloc'h cheval.

MARC'H-KOAT, sm. Cheval de bois, marc'h cheval, koat bois.

MARC'HODEN, sf. Poupée, voyez merc'hoden.

MARCHOSI, sm. Écurie ; pl. ou ; marc'hou chevaux ; ti maison.

MARC'HOU, pl. De marc'h, peu employé, on dit le plus souvent kézé'k.

MARC'H-PORTE'Z, sm. Cheval porteur, cheval de meunier.

MARC'H-RED, sm. Cheval de course, cheval de luxe, marc'h cheval, red course.

MARC'H-ROUS, sm. et adj. Jaloux, à la lettre, cheval roux.

MARC'H SAILLER, sm. Etalon ; pl. kezek sailler, marc'h cheval, sailla, saillir.

MARC'H-SAMM, sm. Cheval de charge.

MARC'H-VOR, sm. Cheval marin ; marc'h cheval, mor mer.

MARD, sm. Merde ; grec μαραίνω flétrit, latin merda, merde.

MARDOUÉ. Juron, par Dieu ; war par, ou mar si, Doué Dieu.

MARDOZ, sm. Dépôt des immondices.

MARDOZI, va. Salir de merde ; part. et.

MARDOZUZ, adj. Sali de merde.

Maré, sm. Epoque ; pl. ou, maur grand, aujourd'hui meur.

MARÉ, sm. Epoque de la marée.

MA-RÉ, pron. posses. Les miens, les miennes.

MARÉACH, sm. Produit de la marée.

MARÉAD, sm Grand nombre ; pl. ou, maur grand.

MAREGER. Voyez Marc'héger.

MAREK. Voyez Marc'hek.

MARÉKA, vn. Dresser ; part. éat ; marc'h cheval.

MAREKADOUR, em. Dresseur pl. ien.

MARELL, sf. Mérelle, jeu, mareau, palet.

MARELLA, va. Moucheter ; part. et ; grec μαρμαρίζω moucheter.

MARELLET. adj. et part. Moucheté, bigarré.

MARÉ-ROUED, sm. Passée, maré, époque roued filet.

MAREZ, sm. Plaine, étendue considérable, maur grand.

MAREZAD, sm. Plaine fertile ; pl. ou.

MARG, sm. Marne ; pl. ou ; du gaulois marga.

MARGA, va. Marner ; part. et. ; voyez marg.

MARGACH, sm. Marc, débris ; pl. ou.

MARGALOUN, sm. Affliction, war, sur, kaloun, cœur.

MARGEU. Voyez margach.

MARGILIER, sm. Marguillier.

MARGOD, sf. Nom donné à la pie.

MARGOD, sf. Nom donné à la jument.

MARGODIK, sw. Diminutif de margod.

MARI, sf. Prénom Marie ; latin Maria.

MARI-FLAO, sf. Femme sans ordre.

MARICHAL, sm. Maréchal ; pl. ed.

MARI-FORCH, sf. Souillon, mari marie, forc'h fourche.

MARIGOD,*sm.* Poisson, comparez le françois marigot.

MARI-MORGANT, *sf.* Poisson de la fable Sirène, Mari Marie, morgant arrogant.

MARINED, *sm.* Culotte étroite ; *pl.* marinedou ; comparez le français marinette.

MARITEL, *sf.* Peine de cœur, d'esprit ; *pl.* lou ; Loth cite mapbrith langes, grec μαρασμός marasme.

MARITELLA, *va.* Avoir des peines de cœur ; part. et.

MARITELLUZ, *adj.* Qui a du chagrin.

MARJOLEN, *sf.* Femme coquette ; comparez le français marjolet.

MARK, MARCH, *sm.* Frontière ; marche.

MARKIZ, *sm.* Marquis ; *pl.* et ; espagnol marques.

MARKIZEZ, *sf.* Marquise ; *pl.* ed.

MARLANK, *sm.* Merlan ; *pl.* ed. latin merlangus.

MARLOUAN, *sm.* Merlan ; *pl.* ed. mor mer,louan bête.

MARMOUZ, *sm.* Singe ; *pl.* ed. comparez le français marmouset, figure grotesque.

MARMOUZAT, *vn.* Parler du nez.

MARMOUZEZ, *sf.* Femelle de singe, *pl.*ed.

MARO, *sm.* Mort ; de Jubainville cite le gaulois martvos.

MARO, *adj.* Décédé ; le gaulois martvos, le latin mortuus.

MARONAD, *sm.* Chant funèbre, élégie ; *pl.* ou.

MAROUEIN, *vn.* Mourir, dialecte de Vannes ; part. marouet.

MAROUNAD, *sm.* Voyez maronad.

MARPR, *sm.* Marbre, latin marmor, grec μαρμαροσ brillant.

MARPRA, *va.* Marbrer ; part. et.

MARR, *sm.* Marre ; *pl.* ou ; latin marra, grec μαρον.

MARRADEK, *sm-* Action de marrer ; *pl.* marradégou.

MARRAT, *vn.* Marrer ; part. et.

MARRAT, *sm.* Action de marrer.

MARRBIGELL, *sf.* Marre, instrument d'agriculture ; marr marre, pigell houe ; *pl.* marr-bigellou.

MARREIN, *vn.* Marrer ; voyez marrot.

MARROUNS, *sm.* Marron ; *pl.* ed.

MARSÉ, *adv.* Peut-être ; voyez martézé.

MART, *sf.* Mort ; voy. marô.

MARTÉZÉ, *adv.* Peut-être ; de mar doute Béza être ; Troude tire ce mot de mar teu kement sé, si vient cela ; comparez le latin fortassé ; cornique martesen.

MARTI, *sm.* Etre en nourrice ; mar doute ti maison.

MARTINGAL, *sm.* Martingale ; *pl.* iou.

MARTOLOD, *sm.* Matelot ; *pl.* ed ; voyez mortolod.

MARTR, *sm.* Fouine, martre ; *pl.* ed ; allemand marder.

MARU. Voyez maro.

MARV. Voyez maro.

MARV SKAON, *sm.* Trétaux ; marv mort ; skaon banc.

MARVAILL, *sm.* Conte, merveille ; *pl.* ou ; latin mirabilia.

MARVAILLAT, *vn.* Causer, conter des histoires ; pat. et.

MARVAILLER, *sm.* Hâbleur, conteur, causeur ; *pl.* ien.

MARVAILLOU, *sm. pl.* Contes, merveilles ; voy. marvaill.

MARVEL, *adj.* Mortel, qui donne la mort ; marv mort.

MARVI, *vn.* Mourir, non employé ; voy. mervel.

MARVOR, *sm.* Basse marée, mortes eaux ; marv mort, mor eau.

MARZ, *sm.* Limite ; latin marchia.

MARZ, *sm.* Merveille ; voyez marvaill.

MARZE. Voyez martézé.

MASAKR, *adj.* Fort, lourd ; douar masakr, terre forte.

MASAKRI, *va.* Massacrer ; part. masakret origine française.

MASIKOD, *sm.* Enfant de chœur ; *pl.* ed ; voyez marchikod.

MASKL, *sm.* Masque ; *pl.* ou.

MASOUN, *sm.* Maçon ; voyez Mansouner.

MASOUN, *sm.* Maçonnerie.

MASTAR, *sm.* Saleté, ordure ; *pl.* ou.

MASTARA, *va.* Salir ; part. et.

MASTIK, *sm.* Mathématique.

MASTIK. *sm.* Mastic des vitriers.

MASTILLON, *sm.* Méteil.

MASTIN, *sm.* Gros chien, homme brutal ; comparez le français mâtin.

MASTINA, *sm.* Mettre bas en parlant d'une chienne ; part. et.

MASTOKIN, *sm.* Coquin ; *pl.* ed.

MAT, *adj.* Bon ; voyez mad.

MATALASEN, *sf.* Matelas ; *pl.* matalasennou ; latin materacium, arabe al matrasha, dit Littré.

MATEC'H, *sf.* Servante ; voy. matez.

MATÉRIOU, *sm. pl.* Matériaux.

MATEZ, *sf.* Servante ; *pl.* mitisien ; de Jubainville cite magat-acta, vieil irlandais ro-moud-acht (superadulta, substantif gothique magathis, fille).

MATÉZ-VRÉAC'H, *sf.* Echarpe ; matez servante, bréach bras.

MARTINEZOU, *sm. pl.* Matines, prières.

MATOC'H. Meilleur ; comparatif de mad, bon ; il est peu employé, on dit plus souvent gwélloch, voy. ce mot.

MATOURC'H, *sf.* Servante malpropre ; *pl.* ed.

MAU, *adj.* Alerte ; voy. maô.

MAULEN, *sf.* Plant de mauve ; *pl.* mouel ; latin malva, grec μολοχη.

MAUR, *adj.* Grand ; Loth cite maur

grand, cornique maur, gallois mawr, breton actuel meur, Lemeur figure dans les noms de famille.

MAVI-GAMM, *sm.* Goutte ; ancien breton maut pouce, kamm boîteux.

MAXIM, *sm.* Maxim ; *pl.* ou.

MAY, *sm.* Plante, maïs ; haïtien mapis.

ME, *pron. pers.* Moi, je ; Loth cite mi moi, gallois mi my, cornique my mé, irland. me, latin mé.

MÉ, *pron. possessif.* Mon, ma, mes.

MÉ. *sm.* Pétrin ; dialecte de Vannes ; *pl.* meiu ; comparez le français maie.

MEAL, *adj.* Minéral ; Loth cite mass métal.

MEAN MEN, *sm.* Pierre, jadis maen ; *pl.* méien.

MEAN BEN, *sm.* Pierre de taille ; mean pierre, bena tailler.

MEAN-BEZ, *sm.* Pierre de tombe ; *pl.* mein-bez, mean pierre, bei tombeau.

MEAN-BILI, *sm.* Caillou ; *pl.* mein-bili ; méan pierre, bili galet.

MEAN-BOLZ, *sm.* Pierre de voûte ; *pl.* mein-bolz, méan pierre, bolz voûte.

MÉAN-BONN, *sm.* Pierre bornale ; méan pierre, bonn borne.

MEAN-DU, *sm.* Pierre noire, jais.

MÉAN-FALC'H, *sm.* Pierre à aiguiser ; mean pierre, falc'h faux.

MÉAN-FORN, *sm.* Pierre de four ; mean pierre, forn four.

MEAN-FORNIGEL, *sm.* Plaque de cheminée.

MEAN-FOURN, *sm.* Voy. mean forn.

MEAN GAD, *sm.* Pierre d'ouverture d'un four ; *pl.* mein-gad ; méan pierre ; gad dagatte ; gadu laisser en gallois.

MEAN-GLAZ, *sm.* Ardoise ; mean pierre, glaz bleu.

MEAN-GRAVEL, *sm.* Maladie, gravelle.

MÉAN-GROUAN, *sm.* Gravier ; méan pierre, grouan gravier.

MEAN-HARZ, *sm.* Pierre bornale ; mean pierre, harz arrêt.

MEAN-IALP, *sm.* Jaspe, pierre précieuse.

MEAN-KAILLASTR, *sm.* Caillou.

MÉAN-KRAG, *sm.* Pierre de grès.

MEAN-KROG, *sm.* Pierre d'attente.

MÉAN-PAL, *sm.* Galet, palet.

MÉAN-SKLENT, *sm.* Ardoise.

MEAN-TAN, *sm.* Pierre à feu, silex.

MEAN-TARZ, *sm.* Casse-pierre ; mean pierre, tarza briser.

MÉAN-TO, *sm.* Ardoise, pierre à couvrir.

MEAR, *sm.* Maire ; *pl.* ed ; jadis maér ; Loth cite mair préposé à, latin major, maior.

MEAREZ, *sf.* Femme du maire ; *pl.* ed.

MÉAZ, *sm.* La plaine, dehors, la campagne ; jadis maez, maés.

MEAZ-KEAR, *sm.* Faubourg ; méaz dehors, kear ville.

MEC'H, *sf.* Honte ; voy. méz.

MEC'H, *sm.* Morve ; voy. mec'hi.

MÉCHANT, *adj.* Méchant.

MÉC'HEKAT, *va.* Faire honte ; part. mec'hekeat ; mec'h honte.

MÉCHEN, *sf.* Mèche ; *pl.* nou.

MEC'HÉOUEN, *sm.* Juin, mois de l'année.

MEC'HEOUENEK, *sm.* Juillet ; ces deux mots sont du dialecte de Vannes.

MÉCHER, *sm.* Ivrogne ; *pl.* ien ; voy. mezvier.

MECHER, *sf.* Métier ; voy. micher.

MECHEROUR, *sm.* Homme de métier ; *pl.* ien, mecher métier.

MEC'HI, *sm. pl.* Morve, mucilage visqueux ; sanscrit mui, latin mucus, grec μυσσω moucher.

MEC'HIEGEZ, *sf.* Morveuse ; *pl.* ed ; mec'hi morve.

MECHIEK, *sm.* Morveux, jeune enfant ; *pl.* mechieien.

MEC'HIEN, Morve ; *pl.* méc'hi, voy. ce mot.

MEC'HIOK, *sm.* Morveux ; voy. mec'hiek.

MÉCHOSI, *sm.* Ecurie ; voy. marchosi, marc'hou-ti.

MEC'HUR, *va.* Nourrir ; Loth cite muiss plats ; grec μεστω remplir, voy. mezur.

MÉC'HUZ, *adj.* Honteux ; voy. mezuz.

MED, *sm.* Coupe ; arc'henta méd, la première coupe.

MED, *sm.* Pouce ; Loth cite maut pouce ; voy. meud.

MEDAD, *sm.* Longueur d'un pouce ; voy. mendad.

MEDALEN, *sf.* Médaille ; *pl.* ou ; voy. métalen.

MEDDIG, *sm.* Médecin ; voy. medisin, mudusin.

MEDER, *sm.* Moissonneur ; *pl.* ien.

MEDEREZ, *sf.* Moissonneuse ; *pl.* ed.

MEDEREZ, *sm.* Action de moissonner.

MEDI, *va. et n.* Moissonner ; part. et.

MEDIANT, *sm.* Fainéant, homme riche ; *pl.* ed ; voy. moundian.

MEDISIN, *sm.* Médecin ; *pl.* medisened.

MEDOUR, *sm.* Voy. meder.

MEEIN, *va.* Gérer ; part. et.

MEEIN, *va.* Pétrir ; part. méet.

MEGAN, *va.* Salir ; part. et de mec'h, mez honte ; voy. dismégans.

MEGANS, *sf.* Crainte, pudeur.

MEGEL, *sf.* Vermine ; pl. ed ; cornique ghel gel sangsue.

MEGIN, *sf.* Soufflet de forge ; *pl.* ou ; voy. begin.

MÉGINER, *sm.* Souffleur ; *pl.* ien.

MEGINER, *sm.* Mégissier ; *pl.* ien ; latin mesgicerius.

MÉGINOUR, *sm.* Mégissier ; voy. méginer.

MEGNOUNER, *sm.* Chaudronnier; *pl.* ien ; grec μαχομαι, frappe avec force, voy. méiat pétrir.

MEIAT, *va.* Pétrir ; part. méet; comparez le français maie.

MEIJ, *va.* Mélange ; voy. mesk.

MEILL, *sm.* Mulet; *pl.* meilled ; Zeuss cite le cornique mehit.

MEILL, *sm.* Le poing ; *pl.* ou.

MEILL-MEIN, *sm.* Mulet ; meill mulet, méin pierres.

MEILL-RUZ, *sm.* Poisson, rouget ; meill mulet, ruz rouge.

MEIN, *adj.* Mince, voy. moan.

MEIN, *sm. pl.* Les pierres ; singulier méan ; voy. ce mot.

MEINAAT, *va.* Empierrer; part. eat; mein pierres.

MEIN-BOUED, *sm. pl.* Moellons, blocage ; mein pierre, boued nourriture.

MÉINEK, *adj.* Pierreux; de mein pierres.

MEIN-GAD, *sm. pl.* Pierres d'entrée d'un four ; mein pierres, gadu laisser.

MEIRCH, ancien pluriel de marc'h, cheval.

MEIT, *prép.* Excepté ; Loth cite meic gages cautions.

MÉKANIK, *sm.* Mécanique, machine.

MEKANIKA. *va.* Se servir de la mécanique ; part. et.

MEKANIKER, *sm.* Mécanicien ; *pl.* ien.

MÉKANISIEN, *sm.* Mécanicien ; *pl.* ed.

MEL, *sm.* Miel ; latin mel; gallois mel ; irland mil.

MEL, *sm.* Sève des arbres ou plantes.

MELA, *va.* Couvrir de miel ; part. et.

MELAOUEN, *sf.* Plante, melilot ; Loth cite melhionou, violettes ; mel miel ; fionou roses.

MELAR. *adj.* Qui contient du fer ; Mélar figure dans les noms de famille et les prénoms, nom d'un saint de Bretagne.

MELCHEN, *sf. pl.* Trefle.

MELCHENEK, *adj.* Abondant en trèfle.

MELCHENEK, *sf.* Champ de trèfle.

MELCHENEN, *sf.* Plant de trèfle ; *pl.* melchen ; Loth cite moid trèfle, luzerne ; latin medica, cornique ; melhyonen, cambrique ; millyn millynen meilllionen.

MELCHON, *pl. sm.* Trèfle.

MELCHONEN, *sf.* Trèfle ; *pl.* melchon.

MELC'HOD, *sm. pl.* Limaçons.

MELC'HODEN *sf.* Escargot ; *pl.* melc'hod ou melc'hodennou ; cambrique melwiogen venant de malw d'après Zeuss

MELC'HOUEDEN, *sf.* Escargot ; *pl.* melc'houed ; voyez melc'hoden.

MELC'HOUÉDEN-VOR, *sf.* Escargot de mer ; voyez bigourounen.

MELC'HUEN, *sf.* Morve ; voyez mec'hi, mec hien.

MELC'HUENNEK, *adj.* Morveux.

MELEK, *adj.* Mielleux. mel, miel.

MELEN, *adj.* Jaune ; Loth cite mélinon jaunes pour milinion de Jubainville cite mel inos ; Latin mellis ; grec μέλιτος.

MELENA, *va.* Jaunir ; part. éat; melen jaune.

MELENAAT, *vn.* Devenir jaune ; part. eat.

MELENARD. *adj.* Jaunâtre ; melen jaune.

MELENEK, *sm.* Plante : *pl.* meléneged ; voyez menelek, de mélen jaune

MELENEK, *sm.* Verdier, oiseau ; *pl.* meléneged ; melen jaune.

MELENOGIK. *sm.* Jeune verdier.

MELENOK. *sm.* Verdier ; *pl.* melenoged.

MELEN-KOAR, *adj.* Livide ; melen jaune ; koar cire.

MELEN-VI, *sm.* Jaune d'œuf ; melen jaune, vi œuf.

MELER, *sm.* Fabricant de miel.

MELFEDEN, *sf.* Escargot ; *pl.* melfed ; voy. melc'hoden.

MELFETA, *va.* Ramasser des colimaçons.

MELGR. *sm.* Rouille ; voyez merkl ; grec μαραινω flétrit.

MELIN, *sf.* Moulin ; voyez milin ; latin molinum.

MELINER, *sm.* Meunier ; *pl.* ien ; voyez miliner.

MELIODEN, *sf.* Poulie ; *pl.* ou ; de mell, nœud.

MELIODENNER. *sm.* Poulieur ; *pl.* ien.

MELIS, *adj.* Fade ; sans saveur, mel miel.

MELKERN, *sm.* Sorte de goémon ; mel nœud, kern corne.

MELKONI, *sm.* Affliction ; comparez mélancolie ; grec μέλας noir.

MELKONIA, *va.* Affliger; part. melkoniet.

MELKONIUZ, *adj.* Affligeant, mélancolique.

MELL, *sm.* Mulet. poisson ; *pl.* melled ; on dit aussi meill : *pl.* ed.

MELL, *sm.* Nœud, vertèbre ; *pl.* ou.

MELL, *sm.* Balle, ballon ; *pl.* ou.

MELL, *sm.* Millet.

MELL, *sm.* Moelle.

MELL, *sm.* Maillet.

MELLACH, *sm.* Flatterie.

MELLAD. *sm.* Jeu du ballon.

MELL-ASKOURN, *sm.* Moëlle des os.

MELLAT, *vn.* Jouer à la balle.

MELL-CHADEN. *sm.* Nœud d'une chaîne ; mell vertèbre ; chaden chaîne.

MELLEK, *adj.* Plein de nœuds.

MELLER, *sm.* Joueur de balle ; *pl.* ien.

MELL ERPENN.*sm.*Cervelle; mell moelle, er dans, penn tête.

MELL-ESKERN, *sm.* Moelle des os.

MÉLLEZOUR, *sm.* Miroir ; grec μυλλος qui regarde.

MELL-GOUZOUK, *sm.* Nuque, pomme d'Adam ; mell nœud, gouzouk cou.

MELL-KEIN, *sm.* Vertèbre du dos; mell nœud, kein dos.

MELL-LÉACH, *sm.* Cervelet; mell moelle, léac'h lieu.

MELLIK, *sf.* Petite balle; *pl.* melligou.

MELLOU, *sm.pl.* Plante,renouée; ce mot n'a pas de singulier.

MELLOUNS, *sm.* Melon; *pl.* ed.

MELLOUR, *sm.* Celui qui flatte; *pl.* ien.

MELODI, *sm.* Louange; voyez meuleudi.

MÉLODIUZ, *adj.* Mélodieux.

MELON, *sm.* Jaune; voyez mélen.

MELRÉ, *sm.* Affliction; latin mélancholia.

MELRÉA, *va.* Affliger; part. et.

MELTON, *sm.* Crabe, araignée de mer; grec μελας noir.

MELUC'HEN, *sf.* Colimaçon; *pl.* méluc'hed; voyez melc'hoden.

MELR, *sm.* Morve; voyez méc'hi.

MELVEN, *sf.* Papillon; *pl.*nou.

MELVER, *vn.* Mourir; voyez mervel.

MELVES, *sm.* Morve, dialecte de Vannes.

MELZIN, *adj.* Difficile; voy. milzin; latin macilentus.

MEM, *pron. poss.* Mon, ma, mes.

MEMBR, *sm.* Membre; *pl.* memprou.

MÉMÈS, *pron. pers.* Même.

MÉMOR, *sm.* Mémoire; *pl.* iou; voy. envor; latin memoria.

MEN, *sm.* Pierre; *pl.* mein; voyez méan.

MEN, *pron. pos.* Mon, ma, mes.

MEN, *pron. pers.* Je, vous, moi.

MÉNACH, *sm.* Ménage; *pl.* ou.

MENAD, *sm.* Main de papier; *pl.* menadou.

MENAD, *sm.* Tas coupé; *pl.* ou.

MENAOUED, *sm.* Alène de cordonnier; *pl.* ou; voy. minaoued.

MENAOUEDER, *sm.* Fabricant d'alènes; *pl.* ien.

MENAOUEDI, *vn.* Percer avec une alène; part. et.

MÉNASI, *va.* Menacer; part. menaset.

MENAT, *sm.* Ancienne mesure; voyez minod.

MENATA, *va.* Briser des pierres, lapider; part. menatéat.

MEN-BEZ, *sm.* Pierre tombale; voyez mean-bez.

MEND, *sm.* Dimension.

MENDACH, *sm.* Action de vendanger.

MENDEIN, *sf.* Vendange; *pl.* ou; latin vindemia.

MENÉ, *sm.* Montagne; *pl.* ou; voyez menez.

MÉNÉAOUET, *sm.* Alène de cordonnier, de menuisier; voy. minaoued.

MÉNECH, *sm. pl.* Moine; voyez manac'h.

MÉNÉC'HI, *sf.* Monastère; menec'h moines, ti maison.

MENED, *sm.* Montagne; voy. ménez.

MÉNÉHUET. Voy. Ménéaouet.

MENEK, *sm.* Rappel, souvenir; voyez mennoz.

MENEL, *vn.* Demeurer; part. manet; latin manere.

MÉNÉLEK. *sm.* Plante, moutarde blanche; *pl.* meneleged, de melen, jaune.

MENESIAD, *sm.* Montagnard; *pl.* menesidi; ménéz montagne.

MENESIADEZ, *sf.* Femme de la montagne; *pl.* ed.

MENESIEK, *adj.* Montagneux.

MENEZ, *sm.* Montagne; *pl.* ménesiou; vieux gallois minic, en breton monic, même racine que le latin eminere; d'Arbois de Jubainville, Menez est un nom de famille assez répandu.

MENGL, *adj.* Apathique, indifférent; comparez mein mince, breton munud, latin minutus; voy. mingl.

MENGLE, *sm.* Carrière; voyez mengleuz.

MENGLÉOUR, *sm.* Carrier; voyez mengleusier.

MENGLEUZIA, *vn.* Travailler aux carrières; part.et,mean pierre; kleuz creux.

MENGLEUSER, *sm.* Carrier.

MENGLEUSIER, *sm.* Carrier; *pl.* ien.

MENGLEUZI, *va.* Percer une carrière.

MENHIR MEANHIR, *sm.* Pierre druidique, méan pierre, hir long.

MENI, *sm.* Mauvaise engeance; latin minutus; meni-roué vice-roi.

MENK, *sm.* Banc de pierre; méan pierre.

MENN, *sm.* Petit; Lemenn est un nom de famille assez répandu.

MENNAD, *sm.* Redevance, vieux breton; main redevance, latin munus.

MENNAD, *sm.* Demande, projet; *pl.*ou; mennoz pensée.

MENNAT-MENNA, *vn.* Estimer; part. et.

MENNAT, *vn.* Demander; part. et.

MENNEIN, *vn.* Dialecte de Vannes, mettre bas en parlant d'une chèvre.

MENNÉREZ, *sm.* Action de fixer; de menna, mennat estimer.

MENNER. Voyez mennour.

MENN-GAOR, *sm.* Petite chèvre.

MENNOUT, *va.* Présenter, offrir; part. et.

MENNOUT, *vn.* Penser; part. et.

MENNOZ, *sm.* Pensée, travail de l'esprit; latin mens.

MENT, *sf.* Taille, dimension; gallois maént, maint, en composition pégement, kément, sé; latin mensura.

MENT, *sf.* Plante menthe; latin mentha.

MENTA, *va.* Mesurer; part. et; ment dimension.

MENT-KI. *sf.* Menthe sauvage; ment menthe; ki chien.

MENTEK, *adj.* Qui est grand; ment mesure.

MENTER, sm. Celui qui jauge ; pl. ien.
MENTUZ, adj. Mesurable ; ment mesure.
MENUS, sm. Appât pour les sardines.
MÉO, adj. Ivre ; voyez mézo.
MÉOT, sm.pluriel.irrég. de maout mouton.
MÉOUET, sm. Domestique, serviteur ; voy mevel.
MÉOUENTI, sf. Ivrognerie ; voyez mezventi.
MEOUEREZ, sf. Ivrognesse.
MER, adv. Beaucoup ; voyez meur.
MERA, va. Gérer ; part. et.
MERBIT, adv. Beaucoup ; voyez meurbet.
MERC'H, sf. Fille ; ed ; grec μειρασ ; latin virgo.
MERCH, sm. Mardi ; voy. meurz.
MERC'HAD, adv. peut-être ; pour mar vad, littéralement si bon.
MERCHAD, sm. Dizaine de rosaire ; merch fille, vierge.
MERC'HED, sf. pl. pluriel de merc'h et de maouez femme.
MERC'HEK, sf. Belle-fille ; dialecte de Vannes.
MERC'HER. sm. Mercredi ; dimerc'her, en latin dies mercurii.
MERC'HÉTA, vn. Courir les filles ; part. merc'hétaat ; merc'h fille.
MERC'HÉTAER, sm. Coureur de filles ; pl. ien.
MERC'HIK, sf. Petite fille ; pl. merchigou.
MERCH-KAER, sf. Belle fille ; merc'h fille ; kaér beau.
MERC'HODEN, sf Poupée ; pl. nou ; merc'h fille.
MERC'HODENNA, vn. Jouer à la poupée ; part. et.
MERC'HODIK, sf. Petite poupée ; pl. merc'hodigou.
MER'CH-BIC'HAN, sf. Petite fille.
MERDEAD, sm. Homme de mer ; pl. merdeidi.
MERDÉI, vn. Naviguer ; part. et.
MEREN, sf. Collation, goûté ; latin merenda.
MERENNA, vn. Goûter, faire la collation ; part. et.
MERER, sm. Gouverneur, fermier ; voy. méra.
MERERI. Voy. mereuri.
MEREUREZ, sf. Femme du métayer ; pl. ed.
MEREURI, sf. Métairie ; pl. iou ; latin medutarius ; vieux français moitierie, ferme à moitié.
MERGL, sm. Rouille, oxidation ; pl. ou.
MERGL, sm. Maladie des blés, rouille.
MERGLA, va. et n. Rouiller ; part. et.
MERI, sm. Morve ; voy. méc'hi.

MERIEK, adj. Morveux ; voy. mec'hiek.
MERIENEN, sf. Fourmi ; pl. merien, vannetais, merionen, cornique ; menvionen thème ; minu mina ; breton meur beaucoup, vi œuf.
MERK, sm. Marque ; pl. ou ; allemand mark.
MERKA, va. Marquer ; part. et.
MERKL, sm. Rouille ; voyez mergl.
MERKL, sm. Maladie des blés.
MERKL-KOUEVR, sm. Vert de gris.
MERKLA, va. et n. Rouiller ; part. et.
MERKLET, adj. et part. Rouillé, oxydé.
MERKOU, s. pl. m. Menstrues, règles des femmes.
MERROUT vn. Marquer ; part. et.
MERL MAERL, sm. Amendement calcaire maers.
MERLUS, sm. Merluche ; pl. ed ; latin maris luscius.
MERLUSETA, vn. Pêcher des merluches.
MERLUZ, sm. Voyez merlus.
MERN, sm. Voyez meren.
MERNIA, vn. Voy. merenna.
MEROUEL, vn. Mourir ; voy. mervel.
MEROUENT, sm. Mortalité ; voyez mervent.
MEROUR, sm. Métayer ; pl. ien ; voyez mérer.
MERRAD, adv. Peut-être ; pour mé war vad, je sais bien.
MERS, sm. Marchandise.
MERSER, sm. Marchand, mercier ; pl. ien ; merser est un nom de famille très répandu.
MERSEREZ, sf. Mercerie, épicerie.
MERVEL, vn. Mourir ; part. marvet, marvala dérivé de maro ; latin mortuus ; d'arbois de Jubainville.
MERVENT, sm. Mortalité.
MERVENT, sm. Vent du sud-ouest ; latin maro-vintos.
MERVENTI, sf. Mortalité.
MERZER, sm. Martyr ; pl. ien ; latin martyr.
MERZEREZ, sf. Femme suppliciée ; pl. ed.
MERZEREZ, sm. Action de martyriser.
MERZERIA, va. Martyriser ; part. et.
MERZÉRENTI, sf. Supplice d'un martyre.
MIRZOUT, va. Remarquer.
MES, sm. Acienne mesure.
MES, sm. Gland ; pl. ou.
MES, sm. Les champs ; voyez meaz.
MÉS, adv. Mais.
MÉSA, va. Garder les bêtes à la pâture ; part. et.
MÉSA, va. Donner la glandée aux porcs.
MESAER, sm. Berger ; pl. ien.
MESAEREZ, sf. Bergerie.
MESEN, sf. Un seul gland ; pl. més.
MESER, sm. Berger ; més, méas dehors ; grec μεσος qui est au milieu, trouvé.

MESEREZ, sf. Bergère ; pl. ed.
MESIOU, s. pl. m. Grands vagues.
MESK, sm. Mélange; pl. ou ; latin mixtus.
MESK-É-MESK, adv. Pêle-mêle, mélangé.
MESKA, va. Mélanger ; part. et ; voyez meski.
MESKI, va. Mêler ; part. et ; grec μιχνυμι; latin miscere sanscrit micrayami.
MESKL, sm. pl. de mesklen, moule.
MESKLA, vn. Pêcher des moules ; part. et.
MESKLEN, sf. Moule ; pl. meskl, mesklennou cambrique masgl mesglyn ; latin muscla.
MESKOUNT, sm Erreur, faux compte ; pl. ou.
MESLASION, sm. Eloge, louange ; dialecte de Vannes, de meuli louer et terminaison française.
MESLEIN. Voyez meuli.
MESPER, sm. pl. Nèfles.
MESPEREN, sf. Nèfles, arbre de nèfles, nèflier ; pl. mesper ; més gland,'per poire.
MESPOUNT, sm. Fausse honte, feu d'artifice.
MESTAOL, sm. Coup de traître ; pl. mestaoliou ; irland. messa le pire, taol coup, Troude trouve mestr maître, taol coup, mais cette appréciation ne paraît pas juste.
MESTOL, sm. en moyen breton, mauvais coup.
MESTR, sm. Maître, propriétaire ; pl. mistri ; latin magister.
MESTREZ. sf. Maîtresse, femme du propriétaire ; pl. ed.
MESTREZ, sf. Bonne amie ; pl. ed.
MESTR-IAN, sm. Esprit follet ; littéralement maître-jean.
MESTR MICHEROUR, sm. Contre-maître, directeur de travaux ; mestr maître, micherour homme de métier.
MESTROUNIA, va. Diriger, dominer ; part. et ; mestr. maître.
MESTROUNIEZ, sm. Maîtrise.
MESTR-SKOL, sm. Instituteur ; pl. mistri-skol ; mestr maître ; skol école.
MESTREZ-SKOL, sf. Institutrice ; pl. mestresed-skol.
MET MED. sm. Pouce ; voy. meud.
MET, prép. Equivalent de nemet, excepté, cambrique namyn namen.
MET, prép. Mais : voyez més, latin magis.
MÉTAL, sm. Métal ; pl. iou.
MÉTALEN, sf. Médaille ; pl. métalinier.
METOU prép. Parmi, dit-on ; de Jubainville cite in mediavonu, in mediovonu, l'irlandais in medon, le gallois ymean.
METOUR, sm. Metayer ; voyez merour.
MEUBL, sm. Meuble ; pl. ou.
MEUD, sm. Pouce ; pl. ou, Loth cite le vieux breton maut, gallois bawd.

MEUDEK, adj. Qui a le pouce fort ; meud pouce.
MEUDIK, sm. Petit pouce ; pl. meudigou.
MEUDIK, sm. Jeu de la poucette.
MEUDIKA, vn Jouer à la poucette; part. et.
MEULBR, sm. Meuble.
MEULEUDI, sf. Louange, de meuli ; gallois molim, irlandais molaim.
MEULI, va. Louer, donner des louanges ; part. et.
MEULIDIGEZ, sf. Louange ; de meuli louer.
MEUR, adj. et adv. Grand, beaucoup ; vieux breton maur, noms de famille Le Mor, Le Meur.
MEURBED, adv. Beaucoup ; Zeuss cite meurbet magno opere, meur grand, bed monde.
MEURC'H, sm. Mardi ; voyez meurz.
MEURLARJEZ, sm. Les jours gras ; de Jubainville cite, martis-Lardi-acta, mor mer, larjez de lard graisse, mer de graisse, ou meur grand, larjez lard.
MEURS, sm. Mois de mars ; latin mars.
MEURS, sm. Un jour de la semaine, mardi, dimeurs dies martis.
MEURS, sm. Mars, mois de l'année ; voy. meurs.
MEUT, sm. Pouce ; voyez meud.
MEUT, sm. Mouton ; voy. maout.
MEUTAD, sm. Pincée, mesure d'un pouce, meut pouce.
MEUTEIN, vn. Se battre comme les béliers ; voy. maouta.
MEUZ, sm. Aliment ; pl. meujou ; comparez le français mets, l'anglais mess.
MEUZ, conj. De, mais ; voy. més.
MEUZ-BOUED, sm. Plat ; voy. meuz.
MEUZ-FROUEZ, sm. Dessert ; meuz mets, frouez fruits.
MEV, MÉO, adj. Ivre ; voy. mézo.
MEVEL, sm. Domestique mâle ; pl. ien ; ou mevelou, de Jubainville cite maguillos, breton matez servante ; Mevel est un nom de famille assez répandu.
MEVELIA, va. Servir comme domestique ; part. et.
MEVELIK, sm. Petit domestique mâle ; pl. meveligou.
MEZ, sf. Honte.
MEZ, sm. Les champs ; voy. meaz.
MEZ, conj. Moins ; na mui na mez, ni plus ni moins.
MEZ, sm. pl. Les glands.
MEZA, va. Pétrir ; part. et.
MEZA, va. Garder les bestiaux ; part. et.
MEZAN STOURM, sm. Lieu de la bataille ; Mezan Stourm figure dans les noms de famille.
MEZEK, adj. Honteux ; mez honte.
MEZEKAAT, vn. Humilier ; part. mezekeat, mez honte.

MEZEKAER, sm. Médecin.
MEZEL, adj. Lépreux ; mez honte.
MEZEL, sf. Demoiselle, mademoiselle ; dimezel, dimezi marier.
MEZEN, sf. Gland de chêne ; pl. mez.
MEZER, sm. Etoffe, irlandais metair.
MEZER SKANV, sm. Flanelle, mezer étoffe, skanv léger.
MEZEREN, sf. Maillot d'enfant ; pl. nou.
MEZERIA, va. Faire de l'étoffe ; part. et.
MEZEVELI, va. Fasciner ; part. et.
MEZEVELIDIGEZ, sf. Eblouissement, fascination ; pl. iva,
MEZEVEN, sm. Juin pour mizeven mis mois éven juin.
MEZ-KEAR, sm. Faubourg ; méaz dehors, kéar ville.
MEZO, adj. Ivre ; de Jubainville cite med-vos,loth cite med hydromel, sanscrit madhu, grec μεθάω être ivre.
MEZOU, Méjou, grandes vagues ; voyez mesiou, mez dehors, ; Mezou figure dans les noms de famille.
MEZUR, sm. Nourrir ; pl. iou ; meuz aliment.
MEZUR, va. Alimenter, nourrir ; part et.
MEZUR, sm. Mesure, vieux breton mesur ; voy. muzul.
MEZUZ, adj. Honteux ; mez honte.
MEZV. Voyez mèzo.
MEZVENTI. sf. Ivrognerie ; mezô ivre.
MEZVI, va. et n. Enivrer ; part. mezvet.
MEZVIER, sm. Ivrogne ; pl. ien.
MEZVIEREZ, sf. Ivrognesse ; pl. ed.
MEZVIEREZ, sm. Action de s'enivrer.
MEZVUZ, adj. Enivrant.
MI, sm. Note de musique ; mi.
MIANNAL. Voyez miaoual miauler.
MIANNERACH, sf. Miaulement ; voyez miaouerez.
MIANNOUR. Voy. miaouer.
MIAOU, sm. Miaulement, onomatopée.
MIAOUA. Voy. miaoual.
MIAOUAL, vn. Miauler.
MIAOUER, sm. Miauleur ; pl. ien.
MIAOUEREZ, sf. Celle qui miaule ; pl. ed.
MIAOUEREZ, sm. Action de miauler.
MIBIGN, adv. Vite ; mé moi, pign pousse.
MIBILIACH, sm. Enfantillage ; pl. ou ; mab fils.
MIBILIEZ. sm. Puérilité.
MIBILIUZ, adj. Enfantin.
MIBIN, adv. Promptement ; voy. mibign.
MICHANS, EMICHANS, adv. Sans doute, probablement ; pour mé, mé choung, moi je pense.
MICHER, sm. Métier ; pl. iou , latin ministerium.
MICHEROUR, sm. Homme de métier ; pl. ien.
MIC'HIER, sm. Etoffe ; voy. mezer.
MIDI. Voyez medi.

MIGA, vn. Etouffer ; part. miget, de mik étouffement.
MIGN, sm. Caresse ; pl. ou.
MIGNA, sf. Bonne amie.
MIGNA, va. Caresser ; part. et.
MIGNAN, sm. Chaudronnier, vieux breton mined mines, latin mina.
MIGNON, sm. Ami ; pl. ed, de mign caresse.
MIGNONACH, sm. Amitié ; de mignon.
MIGNONEZ, sf. Amie ; pl. ed.
MIGNONIK, sm. Petit ami ; pl. mignonigou.
MIGNOUN. Voy. mignon.
MIGNOUNACH. Voy. mignonach.
MIGNOUNETA, va. Dorloter, faire des caresses ; part. et.
MIGNOUNEZ, sf. Amie ; voy. mignonez.
MIGORN, sm. Cartilage ; pl. ou ; comparez askorn.
MIGORNUZ, adj. Cartialgeux.
MIGOURN, sm. Voy. migorn.
MIGOURNUZ. Voy. migornuz.
MIK, sm. Suffocation ; voy. mica.
MIK, adv. Comp ètement, tout à fait.
MIL, sf. Pour milin moulin ; voy. ce mot.
MIL, sm. Animal ; pl. ed ; cornique guid mil.
MIL, sm. Nom de nombre, mille ; latin mille, sanscrit mil
MILC'HOUID, sm. Mauviette ; pl. ed ; c'houit sifflement.
MILC'HOUT, sm. Voy. milc'houid.
MILED, sm. pl. Bestiaux ; plur. de mil bête.
MILEN. adj. Jaune ; voy. melen.
MILFID, sm. Mauviette ; voy. milc'houid.
MILGI, sm. Limier, lévrier, ; mil bête ki chien.
MILGIEZ, sf. Levrette ; pl. melgiez, milgiozenned.
MILGIN, sf. Manche de vêtement ; pl. ou ; latin manuleata.
MILID, sm. Merite, ou latin meritum ; comparez le breton meuli louer.
MILIER, sm. Millier ; pl. ou.
MILIN, sf. Moulin ; pl. ou ; latin molinum.
MILIN-AVEL, sf. Moulin à vent ; Milin est un nom de famille.
MILIN-BREN. sf. Anus du cheval ; milin moulin, bren son.
MILIN-DOULL, sf. Moulin à roue horizontale ; milin moulin, toull percé.
MILINER, sm. Meunier ; pl. ien ; milin moulin.
MILINEREZ, sf. Meunière ; pl. ou.
MILIN-GOMM, sf. Moulin à foulon ; milin moulin, komm auge.
MILIN-GOUMM, sf. Voy. milin-gomm.
MILIN-KOAJEL, sf. Moulin à roue verticale ; milin moulin, koajen perche.

MILIN-KOUEZ, *sf.* Moulin à tan ; milin moulin, kouez tan.
MILIN-KRUFEL, *sf.* Moulin horizontal ; cornique cruc.
MILL, *sm.* Nom de nombre,mille.
MILL, *sf.* Pour milin.
MILLER, *sm.* Meunier,pour miliner.
MILLEREZ, *sf.* Meunière ; *pl.* ed.
MILLIER, *sm.* Millier ; voy. milier.
MILLIGA, *va.* Maudire ; part. et.
MILLIGADEN, *sf.* Prostituée ; *pl.* ou ; vieux breton milin prostituée.
MILLIOUN, *sm.* Nom de nombre,million; *pl.* ed.
MILLIOUR, *sm.* et *adj.* Amoureux.
MILLIZIEN, *va.* Maudire ; part. milliget ; voy. miliga.
MILL-MALLOZ, *sm.* Mille imprécations.
MILLOC'H, *sm.* Linot ; *pl.* ed. ; latin miluus.
MILLOTEN, *sf.* Mulot ; *pl.* ned. ; latin mus rat.
MILLOUER, *sm.* Miroir ; voy.mellezour.
MILLOUER, *sm.* Meunier ; nom de famille très répandu.
MILVED, *adj.* Millième.
MILVICHER, *adj.* et *sm.* Homme qui a tous les métiers ; mil mille,micher métier.
MILVIK, *sm.* Mie de pain ; latin mica parcelle.
MILZIN, *adj.* Grincheux ; grec μελανιζω noircir.
MIL ZOULL, *sm.* Plante, mille-pertuis ; mil mille, toull trou.
MIN, *sf.* Museau, mine ; comparez le français mine.
MIN, *sm.* Mine ; *pl.* minou.
MIN, *sm.* Cap ; *pl.* ou.
MINA, *va.* Miner ; part. et.
MINAOUED, *sm.* Alène ; *pl.* ou ; vieux breton mi, gallois mynawgd.
MINAOUEDI, *vn.* Percer avec une alène ; part. et.
MINAOUER, *sm.* Fil de fer que l'on passe dans les naseaux du porc ; *pl.* ou.
MINAOUERI, *va.* Empêcher un porc de fouiller le sol, en lui passant un fil de fer dans les naseaux ; part. et.
MINAOUET, *adj.* Pointu comme une alène.
MIN-DRAILL, *sm.* Petite pierre ; min, pour men pierre, draill brisure.
MIN-DREUZ, *sf.* Figure de travers ; min mine, treuz travers.
MINEL, *sf.* Fer de sabots ; *pl.* lou.
MINEL, *sf.* Boucle de fer que l'on passe dans les naseaux d'un porc.
MINELLA, *va.* Boucler un porc ; voyez minaouera.
MINER, *sm.* Ouvrier mineur ; *pl.* ien.
MIN-GAMM, *sf.* Figure contournée ; min museau, kamm tortu.

MINGL, *adj.* Indifférent ; grec μενετός, qui attend.
MINIAOUA, *va.* Miauler ; voy. miaouat.
MINIAOUADEN, *sf.* Cri du chat, miaulement ; *pl.* ou.
MINIC'H, *sm. pl.* de manac'h moine ; voy. menec'h.
MINIC'HI, *sf.* Monastère ; voy.menec'hi.
MINID, *sm.* Montagne ; cornique minid ; voy. menez.
MINISTR, *sm.* Ministre ; *pl.* ministred.
MINOCH. *sm.* Droit sur le blé ; voy. minod.
MINOC'H, *sm.* Mulot ; *pl.* ed. ; min mine, hoc'h, houc'h porc. où du latin minutus petit, houc'h porc.
MINOCHEL, *sf.* Boucle pour museler les porcs ; *pl.* ou.
MINOD, *sm.* Mesure de blé ; *pl.* ou.
MINOR, *sm.* Mineur ; *pl.* minored, qui n'a pas l'âge requis ; latin minor.
MINORACH, *sm.* Les ordres mineurs.
MINOTEN, *sf.* Sentier ; *pl.* nou ; voy. gwenoden ; latin minutus.
MINOU, *sm. pl.* de min cap.
MINOUC'H, *sm.* Musaraigne ; *pl.* ou.
MINOUER, *sm.* Boucle de porc ; *pl.* ou.
MINOUERA, *va.* Boucler un porc ; part. et.
MINT, *sm.* Mite ; *pl.* ed. ; comparez le français mite, le gothique matha, l'anglais mite.
MINTARD, *sm.* Refrodissement ; de min museau ; *pl.* ou.
MINTEL, *sf.* Manteau ; voy. mantel.
MINTER, *sm.* Chaudronnier ; *pl.* ien ; de min mine.
MINTIN, *sm.* Matin ; vieux breton mitin.
MINTIN-GOULOU, *sm.* De bonne heure ; mintin matin, goulou lumière.
MINTIN-MAD, *sm.* De bonne heure; mintin matin, mad bon.
MINTINVEZ, *sf.* Matinée ; mintin matin, et le mot vez indiquant la terminaison.
MINTR, *adj.* Mince ; voyez mistr.
MINTR, *sm.* Mitre des évêques ; grec μίτρα, latin mitra.
MINTRAD, *adv.* Peu ; de mintr, voyez ce mot.
MINUTEN, *sf.* Minute ; *pl.* nou.
MINVIK, *sm.* Mie de pain ; voy. milvik.
MINVOASK, *sm.* Moraille pour les chevaux ; min museau, gwask qui serre.
MINVROUD, *sm.* Anneau pour sevrer les veaux ; min museaux, broud qui pique, aiguillon ; *pl.* minvroudou.
MINWASK. Voyez minvoask.
MIOC'H, *adj.* Grêle, pas cuit ; vieux breton mi mince, comparez le français vulgaire mioche petite fille, le grec μείων moindre.

MIOC'H. Voyez muyoc'h.
MIOD, *adj.* et *sm.* Panade.
MIPIEN, *sm. pl.* plur de map fils ; voyez ce mot.
MIR, *sm.* Insecte, fourmi ; cambrique mywion, morion, voyez merienen.
MIRAKL, *sm.* Miracle ; *pl.* ou ; latin miraculum.
MIRAKULUZ, *adj.* Miraculeux.
MIRC'HOUIK. Voyez milvik, mie de pain.
MIREN, *sf.* Collation ; voyez méren.
MIRENNA,*vn.*Faire la collation ; part.et.
MIREN-FILACH, *sm.* Repas de veillée ; miren repas, filach action de filer.
MIRET, *va.* Garder, observer ; part. miret ; voyez mirout, grec μείρω conserver.
MIROUIK, Voyez milvik.
MIROUT, *va.* Garder, conserver; voyez miret.
MIRRI, *pl. irrég.* de marr houe, marre.
MISER, *sm.* Misère.
MISÉRABL, *adj.* Misérable.
MISERIK, *sm.* Petit misérable.
MISERIKORD, *sm.* Miséricorde.
MISERIKORDIUZ, *adj.* Miséricordieux.
MISIAD, *sm.* L'espace d'un mois ; miz mois.
MISIOU, *sm. pl.* Menstrues des femmes.
MISK, *sm.* Mélange ; voyez mesk.
MISSI, *sm.* Surprise.
MISSIONER, *sm.* Missionnaire ; voyez missiouner.
MISSIOUN, *sm.* Mission ecclésiastique ; *pl.* ou.
MISSIOUNER, *sm.* Apôtre ; *pl.* ien.
, MISTER, *sm.* Mystère ; *pl.* iou ; grec μυστης, latin mysterium.
MISTILLOUN, *sm.* Méteil ; latin mixtolium.
MISTR, *adj.* Etroit, aminci, bien habillé.
MISTRI, *sm. pl.* de mestr maître.
MISTRIK, *adj.* Coquet ; mistr fluet.
MITAOUIK, *sm.* Nom familier donné au chat.
MITARD. Voy. mintard.
MITER, *sm.* Chaudronnier ; *pl.* ien ; latin marmito, français marmiton.
MITIN, *sm.* Matin ; voyez mintin.
MITINIAD, *sm.* Matinée ; voy. mintinvez.
MITION, *sp. sf. plur. irrég.* du vannetais matec'h, Léonard matez servante ; voyez ce mot.
MITISIEN, *sf. pl. irrég.* De matez servante.
MITOIEN, *adj.* Mitoyen.
MITONA, *va.* Dorloter ; comparez le français mitonner.
MITONIK, *sm.* Patelin.
MITOUIK, *sm.* Patelin.
MITOUR, *sm.* Chaudronnier ; voyez miter.

MITRAILL. *sm.* Mitraille ; *pl.* ou.
MITRAILLA, *va.* Mitrailler ; part. et.
MIZ, *sm.* Partie de l'année, mois ; *pl.* misiou, vieil irlandais mi, latin mensis.
MIZ, *sm.* Dépense ; *pl.* ou ; de muy, mui plus, latin major.
MIZAN, *sm.* Misaine, voilure ; italien mezzanna, voile du milieu.
MIZOU, *sm. pl.* Dépense, frais ; voyez miz.
MOAL, *adj.* Chauve ; vieux breton mail, mutilé, gallois moel, gaulois magalos Le moal figure dans les noms de famille.
MOALAAT, *vn.* Devenir chauve ; part. moaleat.
MOALDER, *sm.* Calvitie ; moal chauve.
MOAN, *adj.* Mince ; de Jubainville cite l'irlandais min ; comparez le nom propre gaulois Adminius.
MOANAAT. *vn.* Amincir, devenir mince ; part. moanéat, moan mince.
MOANARD, *sm.* Home svelte ; *pl.* ed.
MOANARDEZ, *sf.* Femme svelte ; *pl.* ed.
MOANDER, *sm.* Action de rendre mince.
MOARVAD, *adj.* Sans doute, composé de me oar vad,moi sais bien.
MOC'H *sm. pl. pl. irrég.* de penn-moc'h porc ; vieil irlandais mucc, cornique hoc'k, cambriq hwck.
MOC'HA *vn.* Faire des petits en parlant de la truie ; part. et ; voyez moc'h.
MOC'HACH, *sm.* Immondices, ordures.
MOC'HAËR, *sm.* Marchand de porcs ; *pl.* ien.
MOC'HÉREZ, *sm.* Immondices.
MOCHIK, *sm.* Petit porc ; *pl.* moc'higou.
MOC'HIK, *sm.* Cloporte, puceron de mer ; *pl.* moc'hédigou.
MOD, *sm.* Mode, façon ; *pl.* ou.
MODA, *va.* Façonner ; part. modet.
MODÈL, *sf.* Modèle ; *pl.* modliou.
MODERI, *va.* Modérer ; part. et.
MODEST, *adj.* Modeste.
MODESTI, *sf.* Modestie.
MOEC'H, *sm.* Voix ; *pl.* iou ; voyez mouez ; de Jubainville tire le breton mouez, du français voix.
MOËL, *adj.* Chauve ; voyez moal.
MOËL, *sm.* Moyeu de roue ; *pl.* ou ; voyez moul.
MOELAT, *vn.* Devenir chauve ; voy. moalaat.
MOEN, *adj.* Mince ; voy. moan.
MOENAT, *vn.* Devenir mince ; voy. moanaat.
MOESTR, *adj.* Humide, moisi.
MOESTRA, *vn.* Devenir humide ; part. et.
MOÉRÉB, *sf.* Jadis mozreb ; vieux gallois modrep, madrepa, comparez mater et le latin materta ; de Jubainville léon moéreb, moérep ; voyez ce mot.

Moez. Voyez mouez.
Mog. Voyez moug, feu.
Mogach, mougach. Levée militaire, mog moug ménage, feu.
Moged, sm. Fumée ; pl. ou ; de mog feu.
Mogeden, sf Vapeur, miasme ; pl. nou ; moged fumée.
Mogeden-douar, sf. Plante fumeterre ; mogéden vapeur ; douar terre.
Mogedenni, vn. Jeter de la vapeur ; part. et.
Mogedennik, sf. Fumet d'un mets ; pl. megedennigou.
Mogedennuz. adj. qui enfume.
Mogedet, adj. et part. Fumé.
Mogédi, va. et n. Jeter de la fumée ; part. et.
Mogéduz, adj. Qui sent la fumée.
Moger, sf. Muraille, latin maccria.
Mogeria, va. Construire une muraille ; part. et.
Mogidel, sf. Vapeur, charbon embrasé ; pl. lou.
Mogn mougn, adj. Manchot ; grec μονος seul ; le Mougn le moign, est un nom de famille assez répandu.
Mognez-mougnez, sf. et adj. Manchote.
Moien sm. Moyen, richesse.
Moien, moyen, sm. Moyen ; pl. nou.
Moign, sm. et adj. Manchot ; voy. mogn.
Moigna, va. Dorloter.
Moj, sm. Vilain mufle, Loth cite mogou crinière.
Mojek, adj. Homme lippu.
Mojen, sf. Histoire, conte ; pl. ou.
Mol, sm. Hâte ; voyez mall.
Molek, sm. Mulet, poisson ; voyez moullek.
Moleten, sf. Molette ; pl. nou.
Moliach, sm. Rumeur, bruit confus ; voy. krozmol.
Moll, sm. Moule des imprimeurs ; voyez moull,
Mollek. Voy. Moullek.
Mollour, sm. Imprimeur ; voy. mouller.
Molosk, sm. Mât d'artimon ; grec μαλισκω ; va-et-vient.
Molu moru, sm. Poisson, morue.
Moméd, sm. Moment, ce mot paraît venir du français moment.
Momeder, sm. Balancier d'horloge ; pl. ien.
Momeder, sm. Pouls, pulsation ; de momed.
Momm, sf. Mère ; voyez mamm mère.
Mommouner, sm. Cajoleur ; pl. ien ; de momm.
Mommounérez, sm. Caresse, action de chérir.
Mommouni, va. Chérir, dorloter ; part. et ; du vieux mot momm mère.

Mon, sm. Excrément d'homme ; Loth cite munnguedou entrailles, composé de munn, mon excrément et de gwed forme.
Mon, sm. Homme ; comparez l'anglais man.
Monac'h, sm. Moine ; voyez manac'h, latin monachus.
Monark, sm. Monarque ; pl. ed.
Mond, vn. Aller ; voyez mont, monet.
Mondian, Homme riche ; pl. ed ; Loth cite le vieux breton guomonet domaine, gallois muner gouverneur, vieux breton muoed orgueil.
Moneiz, sm. Monnaie ; pl. ou ; bas latin moneda, moneta ; voyez mouniz.
Moneiza, vn. Faire de la monnaie ; part. et.
Moneizer, sm. Fabricant de monnaie ; pl. ien.
Monet, vn. Aller ; voyez mond.
Monet kuit, vn. Quitter, s'en aller ; voy. mont kuit.
Monk, sm. et adj. Manchot ; voy. mogn.
Monkluz, sm. et adj. Qui nasille.
Monkluzez, st. Femme qui nasille ; pl. ed.
Mont, adj. et sm. Manchot ; voy. mogn, mougn.
Mont, vn. Aller : part. éat ; latin ire aller, ite allez, breton it.
Montein, va. Dialecte de Vannes, enrayer.
Montroulez. Nom de ville, Morlaix. Les latins disaient mons relaxus, étymologie probable en breton mor mer, traon bas, ellez roseaux.
Moor, sm. Mer.
Mor, sm. Mer ; pl. iou ; latin marc.
Mor, sm. Assoupissement.
Morad, sm. Marée, poisson frais, mor mer.
Moraer, sm. Marinier ; pl. ien ; mor mer.
Moraill, sm. Verrou de porte ; pl. ou ; comparez le français morailles, moraillon, le latin morallo.
Moraill, sm. Muserolle ; pl. ou.
Moraill-douzell, sm. Moraillon ; moraill, verrou, dor porte zell regard.
Morailla, va. Fermer au verrou ; part. et.
Mor-bik, sm. Pie de mer, mor mer, pik pie oiseau.
Mor-bran, sm. Cormoran ; pl. morbrini mor mer, bran corbeau.
Mor-braz, sm. Le grand océan.
Morc'h, sm. Bridon ; pl. ou ; latin morsus.
Morch, sm. Demi sommeil : voy. mored, moren.
Mor-c'hast, sm. Morgate sèche ; mor mer, gad lièvre, Troude préfère mor mer gast prostituée.

Mor-chaz, sm. Chat de mer ; mor mer kaz chat ; voyez mor-gaz.

Morc'hed sm. Inquiétude ; mor assoupissement ged attente.

Morc'hed, sf. Cuisse ; voyez morchet.

Morc'hedal, vn. Attendre avec inquiétude, mor et guedal attendre.

Morc'heden, sf. Genouillère ; pl. nou ; morc'hed, morzed cuisse.

Morc'heden, sf. Tristesse, chagrin, mor assoupissement ged attente.

Morc'hedi, vn. Faire la sieste, part. et.

Morc'hedi, vn. Etre triste ; part. et.

Morc'het, sf. Cuisse ; de Jubainville cite mordeta, gallois mordd-wyd, Zeuss cite mordoit, morzosow, moruyndaut virginitas ; Loth cite morduit, gallois mord-dwyd.

Morc'heten, sf. Genouillère ; voy. morc'heden.

Mor-c'hlao, sm. Brume de mer ; mor mer, glaô pluie.

Mor-c'hoanen, sf. Puceron, puce de mer ; mor mer, c'hoanen puce ; pl. morchoén.

Morc'hol, sm. Marteau ; pl. iou ; latin martellus ; voy. morzol.

Morc'holein, vn. Frapper avec le marteau ; voyez morzolia.

Mor-c'houlou, sm. Lumière qui se dégage de la mer ; mor mer, goulou lumière.

Mor-c'hrek, sf. Sirène, être fabuleux ; mor mer, grek femme.

Mordae, sm. Le littoral, rivage de la mer, pour mor mer, dazré, mouvement de la mer, particule daz, tré, qui monte.

Mordead, sm. Navigateur ; pl. merdeidi mor mer.

Mordéi, vn. Naviguer ; part. mordeét.

Mordeiff, verbe ancien. Le même que mordéi.

Mordo, adj. Irrésolu ; mor mar war exprimant le doute.

Mordoi, vn. Sommeiller.

Mordok, sm. Vaurien ; grec μορυρρω, salir.

Mor-doun, sm. La mer profonde ; mor mer. doun profond.

Mor-dousek, sm. Crapaud de mer ; pl. mor-douséged, mor mer, tousek crapaud.

Mordoz, sm. Croute de suie ; grec μορυββω salir.

Mor-drouz, sm. Bruit de la mer ; mor mer, trouz bruit.

Mored, sm. Sommeil léger ; pl. ou.

Moredi, vn. Sommeiller ; part. et.

Moreduz, adj. Qui assoupit ; voyez morc'hedi.

Morek, adj. Qui dépend de la mer ; mor mer.

Moren, sf. Sommeil léger ; pl. nou.

Moren, sf. Vapeur légère ; pl. nou.

Morenni, vn. Dormir, sommeiller ; part. et.

Morennou, sf. pl. Vapeur des femmes nerveuses.

Mor-esk-mor-hesk, sm. Plante marine; mor mer, hesk laiche, plante marine.

Morf, sm. Morve, maladie des chevaux ; latin morbus.

Morfil, sm. Sommeil léger ; comparez morphée, le dieu du sommeil.

Morfila, vn. Sommeiller ; part. et. ; voyez divorfila réveiller.

Morgad, morgat, sm. pl. de morgaden.

Morgaden, sf. Sèche, morgate ; mor mer, gad lièvre.

Morgant, sm. Orgueil, fierté ; comparez le français morgue.

Morgant, adj. Fier, orgueilleux ; Morgant est un nom de famille assez répandu.

Mor-gast, Voy. mor-c'hast.

Morgat, pl. de morgaden.

Mor-gaz, sm. Chat de mer ; mor mer, kaz chat.

Morgo, sm. Collier de cheval ; grec μοχθος travail.

Morgousk, sm. Assoupissement ; mor mer, kousk sommeil.

Morgouska, vn. Sommeiller ; part. et.

Morgousket, vn. Sommeiller ; part et.

Mor-hoc'h, sm. Marsouin ; pl. mor hoc'hed, mor mer, hoc'h porc.

Mor-houch, sm. Marsouin ; voy. mor hoc'h.

Mori, vn. Sommeiller ; voy. moredi.

Morian, sm. Nègre ; pl. ed ; comparez le français maure.

Morianez, sf. Femme de la mauritanie, femme mauresque.

Morien. Voy. morian.

Morillon. Voy. morian.

Morillon, sm. Etre imperceptible ; pl. ed; comparez le français morille, morillon.

Morkazen, sf. Animal aquatique, polype ; pl. ed.

Mor-kefniden, sf. Araignée de mer ; mor mer, kefniden araignée.

Morkl, sf. pl. de morklen.

Morklen, sf. Morille ; pl. morkl.

Mor-laer, sm. Pirate ; mor mer, laer voleur.

Mor-lard, sm. Huile de poisson ; mor mer, lard graisse.

Mor-larjez, sm. Carnaval ; maur pour meur grand. larjez largesse ; de Jubainville cite martis-lardi-acti mardi gras.

Morléan, sm. Merlan, julienne, poisson ; mor mer léan abbé, religieux ; pl. morléaned.

Morlivet, adj. Pâle, livide ; mor mer, livet coloré.

MORLIVID, *sm.* Pluvier, chevalier ; mor mer, et le vieux breton loit blanc, louëd moisi.

MORLUSEN, *sf.* Truite saumonée, mor mer, lusen truite.

MORLUSEN, *sf.* Brouillard ; mor mer, lusen brume.

MORM, *sm.* Morve ; voy. morf.

MORMAN, *sm.* Marinier, mor mer et l'anglais man homme.

MORMOUZ, *adj.* Morveux, qui a la morve.

MOROC'H. Voy. mor-hoc'h.

MOROUCH. Voy. mor-houc'h.

MOROUZ. Voy. mormouz.

MORS, *adj.* Indolent ; grec μορος hébété.

MORS, *sm.* Mors de bride.

MORSAILL. Voy. moraill.

MORSÉ, *adv.* Jamais ; vieux breton mor ; maur grand actuellement meur, sé, ze cela.

MORSEN, *sf.* Mulot ; *pl.* mors, morsenned, mors hébété.

MORSER, *sm.* Gourmand ; *pl.* ien.

MORSILL, *sm.* Vent ressuyant ; voyez skarnil.

MORSK, *sm.* Mât d'artimon ; voy. molosk.

MORS-PRENN, *sm.* Baillon ; mors mors, prenn bois.

MORT, *adv.* Complètement ; très fort.

MORU, *sm.* Morue ; *pl.* moruz ; voy. molu ; comparez merlue.

MORUETA. *vn.* Faire la pêche de la morue ; part. et.

MORUKL, *sm. pl.* Morilles.

MORUKLEN, *sf.* Morille, espèce de champignon.

MORUZ. Voy. moru.

MORVAN, *adj.* Homme du littoral ; *pl.* ed ; mor mer, gan naissance ; Morvan figure dans les noms propres.

MORVANKEZ, *sm.* Cormoran.

MORVAOT, *sm.* Oiseau de mer.

MORVAOUT, *sm.* Cormoran ; *pl.* ed ; voy. morvran.

MOR-VARC'H, *sm.* Baleine ; *pl.* morgesek, mor mer, marc'h cheval.

MORVITELLA, *vn.* Dormir d'un long somme ; part. et.

MOR-VLEIZ, *sm.* Gros poisson, requin ; mor mer, bleiz loup.

MOR-VRAN, *sf.* Cormoran ; *pl.* morvrini ; mor mer, bran corbeau ; irland. muir-bran.

MOR-VREK, *sf.* Sirène ; voy. mor-grek.

MOR-WAZ, *sf.* Bernache ; *pl.* morgwazi ; mor mer, gwaz oie ; voyez garili.

MORWEN, *sf.* Jeune fille ; *pl.* ed. ; grec μορφή beauté.

MORZ. Voy. mors.

MORZA, *va.* et *n.* Engourdir ; part. et.

MORZAD, *sf.* Coup sur la cuisse ; *pl.* ou.

MORZAVELLEK, *sm.* Grosse grive ; *pl.* morzavelléged, morzavelleien.

MORZED, *sf.* Cuisse ; gallois morddwyd, morduit; mordèla.

MORZEDEN, *sf.* Cuissard ; *pl.* nou.

MORZEDEN, *sf.* Cuissot d'animal ; *pl.* nou ; morzed cuisse.

MORZED-HOUC'H, *sf.* Jambon ; morzed cuisse, houc'h porc.

MORZED MAOUT, *sf.* Gigot de mouton.

MORZEL, *sf.* Babine ; *pl.* ou.

MORZEN, *sf.* Torpille, poisson ; *pl.* ed. ; morz engourdi.

MORZEN, *sf.* Mulot ; voy. morsen.

MORZEN, *sf.* Abcès, plaie ; *pl.* ed.

MORZET, *adj.* Engourdi.

MORZETEN, *sf.* Genouillère ; *pl.* nou.

MORZÉVELLEK, *sm.* Grive ; voy. morzavellek, bourzavellok.

MORZILL, *sm.* Vent brûlant de la mer ; mor mer, suill qui brûle ; voy. morzuill.

MORZOL, *sm.* Marteau ; *pl.* iou ; latin martellus, gallois morthwl, morthwyl, vannetais marhol.

MORZOL-DOR, *sm.* Marteau de porte. morzol marteau, dor porte.

MORZOLIA, *va.* Marteler ; part. et ; morzol marteau.

MORZOLIER, *sm.* Celui qui se sert du marteau ; *pl.* ien.

MORZOLIK. *sm.* Petit marteau ; *pl.* morzoligou ; de morzol marteau.

MORZ-PRENN, *sm.* Baillon de bois.

MORZUILL, *sm.* Vent brûlant de la mer ; voy. morzill.

MOUALC'H, *sm.* Merle ; *pl.* mouilc'hi ; helgha chasse, moelh, merula, mouial'h mwyalc'h cité par Zeuss et Ebel.

MOUALC'H ARC'HANT, *sm.* Oiseau, loriot ; moualc'h merle, arc'hant argent.

MOUALC'HEZ, *sf.* Femelle du merle ; *pl.* ed.

MOUALC'H-VOR, *sm.* Oiseau de mer, alcyon ; moualc'h merle, mor mer.

MOUAMANT, *sm.* Mouvement; *pl.* moua manchon.

MOUAR, *sm. pl.* Mûres ; au singulier mouaren.

MOUARA, *va.* Cueillir des mûres ; part. et.

MOUAR-BRENN, *sm. pl.* Mûres d'arbres ; mouar mûres, prenn bois.

MOUAR-DREZ, *sm. pl.* Mûres de haies ; mouar mûres, drez ronces.

MOUAREN, *sf.* Mûre ; *pl.* mouar ; latin mora, grec μωρον.

MOUAR-GARZ, *sm. pl.* Mûres de haies ; mouar mûres, garz haie.

MOUCH, *sm.* Souffle ; grec μυχμος sifflement.

MOUCHA, *va.* Bander les yeux ; part. mouchet.

15

Mouch avel, sm. Vent léger ; mouch souffle, avel vent.
Mouchal, sm. La bouche d'un four ; moucha clôre.
Mouchad, sm. Villebrequin ; pl. comparez le français mouchette.
Mouchein, vn. Bouder ; part. mouchet; dialecte de Vannes.
Mouchet, sm. Petit épervier ; comparez le français émouchet.
Mouchen, sf. Lumignon ; pl. nou ; comparez le français moche.
Mouchen, sf. Tourte de pain ; pl. nou.
Moucher, sm. Boudeur ; pl. ien.
Mouchérez, sf. Boudeuse; pl. ed.
Mouchet, sm. Mouchoir; voy. Mouchouer.
Mouchetezen, sf. Mouchettes ; pl. nou ; ou simplement mouchétez.
Mouchik-dall, sm. Jeu, colin maillard; moucha, bander les yeux ; dall aveugle.
Mouchouér, sm. Mouchoir ; pl. ou.
Mouchouer, sm. Châle ; pl. ou.
Mouded, pl. irrég. de mouden motte.
Mouden, sf. Motte; pl mouded ou moudedennou.
Mouden-brizi, sf. Motte de tanneurs.
Mouden-glaz, sf. Motte de gazon.
Mouden-verien, sf. Fourmillière; mouden motte, merien fourmis.
Moué, sf. Crinière ; pl. ou ; Loth cite mogou crinière, gallois mwng, anciennement moé, irland. mong, muing.
Mouec'h, sf. Voix ; latin vox ; voyez mouez.
Moueltr, adv. Humide ; voy. moeltr.
Moueltra, va. Rendre humide ; voyez moéftra.
Mouenk, sf. Crinière ; voy. moue.
Moués, adj. Humide ; grec μυδοεις humide.
Moues, sf. Voix, avis ; voy. mouez.
Moués, sf. Femme ; voy. maouez.
Mouesa. vn. Devenir moite; part. et.
Mouest, adj. Moite, humide ; grec μυδοεις humide.
Mouez, adj. Humide ; voyez moués.
Mouez, sf. Voix ; pl. mouesiou ; latin vox.
Mouez, sf. Femme ; pl. merc'hed ; voy. maouez.
Mouez, sm. Odeur infecte.
Moueza, vn. Sentir mauvais ; part. et.
Moug, sm. Etouffement; grec μυω fermer.
Mouga, va. Etouffer : part. et.
Mougaden, sf. Etouffement, obscurcissement ; pl. nou.
Mougein. Voy. Mouga.
Mougéo, sm. Caverne; pl. mougéviou.
Mouger, sm. Celui qui étouffe.

Mougerez, sm. Action d'étouffer.
Mougerik, sm. Eteignoir ; pl. mougérigou.
Mougn, sm. Manchot ; voy. mogn ; Le Mougn est un nom de famille assez répandu.
Mougna, vn. Manger avec les gencives; part. et. ; grec μιγνυμι mêler.
Mougner, sm. Celui qui mange, sans avoir de dents ; pl. ien.
Mougnerez, féminin de mougner.
Mougnez, sf. Femme manchote; pl. ed.
Mougnia. Voy. Mougna.
Moui, sm. Crinière ; voy. moué.
Moui, adv. Plus ; voy. mui, muia.
Mouialc'h, sm. Merle; voy. moualc'h.
Mouiar, sm. pl. Mûres ; voy. mouar.
Mouiaren, sf. Mûre, fruit ; pl. mouiar.
Mouiel, sm. Moyeu ; vieux français mioel.
Mouilc'hi, sm. pl. de moualc'h merle.
Mouist, adj. Humide; voy. mouez.
Mouk, sm. Poisson, pourpre.
Mouk, adj. Couleur pourpre, violacée.
Moul, sm. Sabot, empreinte ; voyez moultroad.
Moul, sm. Imprimerie ; pl. ou ; latin modulus.
Moula, va. Imprimer, mouler ; part. et.
Moulbenna, vn. Froncer les sourcils ; voy. malven, mouren.
Moulbenni, vn. Voyez moulbenna.
Moulc'hi, pl. irrég. de moualc'h merle.
Mouler, sm. Imprimeur ; pl. ien.
Moulinot, sm. Cheville du pied ; de moull articulation.
Mouliot, sm. Le même que moulinot.
Moull, sm. Articulation nodosité ; pl. ou ; voy. mell ; grec μυελος.
Moull, sm. Moyeu des roues ; pl. ou.
Moullek, sm. Pluvier, chevalier ; pl. moulleged.
Moullek, sm. Mulet, poisson ; voyez meill.
Moullok, sm. Pluvier ; voy. moullek.
Moullou, sm. pl. Paire de moyeux ; voyez moull.
Moulou, sm. pl. Caractères d'imprimerie.
Moul-troad, sm. Sabot du cheval ; moul empreinte, troad pied.
Moumancher, sm. Balancier, pouls ; du français moment.
Moumoun, sf. Enfant gâté ; de momm mère.
Moumouner, sm. Dorloteur ; pl. ien.
Moumounerez, sf. Celle qui gâte ; pl. ed.
Moumounérez, sm. Action de gâter.
Moumouni, va. Dorloter, gâter ; part. et.

Moun, *sm.* Excrément d'homme ; voy. mon.

Moun, *sm.* Monnaie ; voy. mouniz, moneiz.

Mouna, *sf.* Femelle du singe.

Mouneiz. Voy. moneiz, mouniz, monnaie.

Mounia, *vn.* Marmotter ; part. et.

Mounika, *sf.* Femelle du singe ; voyez mouna.

Mounision, *sm.* Munition ; *pl.* ou ; du français munition.

Mountagn, *sm.* Montagne ; *pl.* ou.

Mour, *sm.* Mer ; voy. mor.

Mouraill, *sm.* Verrou ; *pl.* ou ; voyez morail.

Mourailla, *va.* Fermer au verrou ; part. et.

Mouren, *sf.* Moustache, sourcil ; *pl.* nou ; anglais mouth bouche.

Mourinot. Voyez moulinot, cheville du pied.

Mourou, *sm. pl.* Babines.

Mourren, le même que mouren moustache.

Mours, *sm.* Excrément ; le même que moun.

Mourzoul, *sm.* Marteau ; *pl.* iou ; Loth cite le vieux breton morthol marteau, gallois myrthwl morthwyl, latin martellus, voy. morzol.

Mourzoulia, *va.* Frapper au marteau ; part. et ; voy. morzolia.

Mous, *adj.* Couleur bleuâtre.

Mous, *sm.* Fiente ; voy. mon, moun.

Mous. Particule qui veut dire demi ; mous-c'hoarzin, sourire.

Mous, *sm.* Adolescent ; *pl.* moussed ; latin mustus.

Mous-c'hoarz, *sm.* Sourire.

Mous-c'hoarzin, *vn.* Sourire ; part. mous-c'hoarzet

Mous-kana, *vn.* Fredonner ; part. mouskanet.

Mousklen, *sf.* Sourcil ; *pl.* nou.

Mousklen, *sf.* Fille de mauvaise humeur ; *pl.* ed.

Mousklenni, *vn.* Froncer le sourcil ; part. et.

Mous-komz, *sm.* Parole à double entente ; mous particule diminutive, komz propos, parole.

Mous penni, *vn.* Froncer le sourcil ; mous demi, penn tête.

Moussédik, *sm.* Petite mousse ; *pl.* moussédigou.

Moustach, *sm.* Moustache ; *pl.* moustachou.

Moustachek, *adj.* Qui a de fortes moustaches.

Mouster, *sm.* Monastère ; *pl.* iou ; cornique manaes.

Moustr, *sm.* Oppression, cauchemar ; voyez moustra.

Moustra, *va.* Opprimer, presser ; part. et ; gothique maurthr.

Moustrach, *sm.* Brouillard, *pl.* ou ; de moeltr humide.

Moustrer, *sm.* Oppresseur ; *pl.* ien.

Moustrerik, *sm.* Oppression, cauchemar.

Moustrouill, *adj.* Femme sale ; *pl.* ed.

Moutik. Terme enfantin de moum mère.

Mouvamant, *sm.* Mouvement ; *pl.* mouvamanchou.

Mouz, *sm.* Flatuosité ; *pl.* ou ; mouza bouder.

Mouz. Particule diminutive ; voy. mous.

Mouza. Bouder ; part. et ; de Jubainville tire ce mot du français bouder.

Mouzat, *vn.* Le même que le précédent.

Mouzer, *sm.* Boudeur, vesseur ; *pl.* ien.

Mouzerez, *sf.* Boudeuse ; *pl.* ed.

Mouzerez, *sm.* Action de bouder.

Mouzet, *adj.* Qui boude ; de mouza bouder.

Mouzik, *sm.* Plante, tulot cotylit, appelée plus ordinairement krampouez-mouzik ; krampouez crêpe, mous, diminutif mouzik, bleuâtre.

Mouzogna, *vn.* Mal faire une chose ; comparez le français, besogner, bougonner.

Mouzogner, *sm.* Mauvais ouvrier ; mous demi, aozer faiseur.

Moyen, *sm.* Moyen ; voy. moien.

Mu, *adj.* Plus ; voy. mui.

Muan, *adv.* Le plus ; voy. muia.

Mud, *adj.* Muet ; latin mutus.

Mud, *adv.* A la sourdine.

Muda, *vn.* Devenir muet ; part. et.

Mudez, *sf* Muette ; *pl.* ed.

Muduren, *sf.* Tourillon, gond ; *pl.* nou ; grec μυω fermer, allemand mund bouche, breton mud muet.

Mudurenna, *va.* Fermer au verrou ; part. et.

Mudurun, *sf.* Gond ; *pl.* nou ; voy. le mot précédent.

Muduruna, *va.* Fermer avec des gonds ; part. et.

Mui, *adv.* Plus, davantage ; de Jubainville le cite comme comparatif de meur grand, moros magros, tenant lieu d'un primitif moios, mogios, mag-yas ; vieil irlandais maa, maias, mag-yas ; Loth cite nammui sans plus, namma pour nan non, maa comp de maur grand.

Muia, *adj.* Le plus ; voy. mui ; superlatif de mui ; Loth cite le vieux breton muoed orgueil.

Muioc'h. Comparatif de mui, beaucoup.
Muk, sm. Action de fouler, de presser ; grec μοχθος travail.
Muka, va. Fouler, pressser ; part. et.
Mukr, adj. Humide ; comparez moéltr.
Mul, sm. Mulet ; pl. muléed ; latin mula.
Muled, sm. Espèce de cheval, mulet ; pl. muléded.
Muled, sm. Mulet, poisson; pl. muleded, muléed.
Mulor, sm. Assassin ; pl. eu ; dial de vannes, grec μολυνω souiller.
Mulorer, sm. Le même que le précédent; pl. ien.
Mulgul, sm. Golfe, rade ; grec μυω fermer ; pl. iou ; Loth cite muncul, muin, cou, col à vase étroit.
Multiplia, va. Multiplier ; part. et.
Multiplikasion, sm. Multiplication ; pl. ou.
Munsun, sm. Gencive ; pl. ou ; mund bouche en allemand, sun qui suce, en breton.
Muntr, sm. Meurtre ; pl. ou ; anglais murder, sanscrit mor tuer.
Muntra, va. Assassiner ; part. et; voy. muntr.
Muntrer, sm. Meurtrier ; pl. ien.
Muntrerez, sf. Femme qui assassine ; pl. ed.
Muntrerez, sm. Meurtre ; voy. muntr.
Munud, adj. Mince, menu ; latin minutus.
Munudi, va. Réduire en petits morceaux ; part. et.
Munudik, sm. Plante, serpolet; de munud.
Munudou, sm. pl. Petits morceaux ; de munud.
Munzun. Voyez munsun.
Muioc'h. Voy. muyoc'h le plus.
Mur, sm Mur ; pl. muriou.
Muria, va. Construire un mur ; part. muriet.
Murmur, sm. Murmure.
Murmuri, va. Murmurer ; part. et.
Mus. Particule diminutive, se dit aussi mous, brous, brus, bruz.

Musa, vn. Passer son temps à ne rien faire ; part. et ; comparez le français muser, musarder.
Mus-c'hoarc'h. sm. Sourire ; mus demi, c'hoarch rire.
Mus-c'hoarc'hin, vn. Sourire ; mus demi, choarc'hin rire.
Mus-c'hoarz, sm. Sourire ; voyez mus c'hoarc'h.
Mus-c'hoarzin. Voy. mus-c'hoar c'hin.
Musella, vn. Mugir, beugler ; grec μυκαομαι beugler.
Muser, sm Pique-assiette, écornifleur; pl. ien.
Muskad, adj. Muscat ; gwinmusk'ad, du vin muscat.
Mus-komz, sm. Parole couverte, à double entente; mus particule diminutive, komz parole.
Must, sm. Mout de vin ; pl. ou ; du latin mustum.
Mut, adj. Muet ; voy. mud.
Mutasion. sm. Changement, mutation ; pl. ou.
Muturnia, va. Mutiler ; part. et ; latin mutilare, grec μιτυλλω couper.
Muz, sm. Mue, cage ; pl. ou.
Muza, va. Mendier, vivre aux dépens des autres ; part. et.
Muzel, sf. Lèvre ; pl. iou ; comparez le vieux français musel actuellement museau.
Muzella, va. Museler ; part. et.
Muzellerez, sf. Femme qui a de grosses lèvres ; pl. ed ; muzel lèvre.
Muzellek, sm. Celui qui a de grosses lèvres ; Muzellek figure dans les noms de famille.
Muz-èva, vn. Boire du bout des lèvres ; muz pour muzel lèvre et éva boire.
Muzik, sf. Musique.
Muzisian, sm. Musicien ; pl. ed.
Muzul, sm. Mesure; pl. iou ; Loth cite le vieux breton mesur, latin mensura, gallois mesur, cathol muzur.
Muzur, sm. Mesure; pl. iou; voyez muzul.
Muzuria, vn. Mesurer ; part. et.
Mynid, sm. Montagne ; voyez ménez.
Mystèr, sm. Mystère ; pl. mystèriou.

N

N. Lettre consonne de l'alphabet, n.

NA. *conj.* Ni ; na s'emploie devant les consonnes, nag devant les voyelles.

NAC, *conj.* Nà ; voyez nag.

NAC'H, *sm.* Dénégation.

NAC'H, NAC'HA, *va.* Nier ; part. et ; de na négation.

NAC'HEN, *sf.* Tresse ; *pl.* nou ; voyez steuen, latin nodus nœud.

NACHENNA, *va.* Tresser ; part. et ; voy. steuenna.

NAC'HER, *sm.* Couleuvre ; *pl.* ed ; voy. aér ; Loth cite natrolion serpent, gallois neidr nadroedd couleuvres. cathol. azr, irlandais naithir, latin natrix, cambrique neidr.

NAC'HER, *sm.* et *adj.* Celui qui nie ; *pl.* ien.

NADOE, *sf.* Aiguille ; voyez nadoz.

NADOSIAD, *sf.* Aiguillée ; *pl.* ou ; de nadoz aiguille.

NADOSIER, *sm.* Marchand d'aiguilles ; *pl.* ien.

NADOZ, *sf.* Aiguille ; de Jubainville lui donne la même racine que le latin nere filer, Loth cite notuid, irlandais snathat, grec υπθω je file, gothique nati, nethla aiguille, dérivé de neud, fil.

NADOZAÉR, *sf.* Demoiselle, insecte ; nadoz aiguille, aer couleuvre.

NADOZ-ÉAR. *sf.* Insecte volant; le même que nadoz aér.

NADOZ-STAMM, *sf.* Aiguille à tricoter ; nadoz aiguille, stamm tricot.

NADOZ-VOR, *sf.* Boussole ; nadoz aiguille, mor mer.

NOEN, *sf.* Grand'mère, grande-tante ; Loth cite nith nièce, en léon nounn, qui indiquerait nounn aïeule, hen vieille.

NAFF. Nom de nombre, neuf ; voyez naô.

NAFFN, *sf.* Faim ; voyez naoun.

NAFFNA, *va.* Avoir faim, affamer; part. et.

NAFFNEK, *adj.* Affamé, mort de faim.

NAG. *nég.* ; voyez na, nac ; gallois nac.

NAGEN, *sf.* Dispute, rebellion ; *pl.* ou ; de nag négation.

NAIK, *adj.* Idiot ; comparez le français naïf, provenant du latin natus.

NAK. *nég.* ; voyez na, nag ; allemand noch, vieux breton nat et qui ne.

NAM, *sm.* Souillure ; *pl.* nammou ; gwerc'hez dinam vierge immaculée, grec νενάτικος qui succombe.

NAMEIT, *prép.* Sans plus ; voyez nemed ; Loth cite nammui composé de na ou nan, ne non et de mui plus, irlandais nomma seul.

NANN, *sf.* Faim ; voyez naff, naoun.

NANN, *part. nég.* Non ; jadis l'on disait nend, vieil irlandais nand, dans le Léon narn.

NANNEGEZ, *sf.* Famine ; voy. naounegez ; nann, naoun faim.

NANNEIN, *va.* Affamer ; part. nannet.

NANNEK, *adj.* Affamé, mort de faim.

NANTEK, *adj.* Numéral ; voyez naontek. dix-neuf.

NAO. Nom de nombre, neuf ; de Jubainville le suppose employé pour naven, latin novem.

NAON, *sf.* Faim ; voy. naoun.

NAONA, *va.* Affamer ; part. et.

NAONED. Nom de ville, Nantes.

NAONEGEZ, *sf.* Famine ; voyez nannegez.

NAONEK, *adj.* Affamé.

NAONTEK, *adj. num.* Dix-neuf; naô neuf, dek dix.

NAONTEK-KANT. Nom de nombre, dix-neuf cent ; naontek dix-neuf, kant cent.

NAONTEK-UGENT. Nom de nombre, trois cent quatre-vingt ; naontek dix-neuf, ugent vingt.

NAONTEKVED. *adj. num.* Dix-neuvième.

NAONTEKVEDER, *adj. num.* Anniversaire du dix-neuvième.

NAOU DINAOU, *sm.* Pente ; Loth cite dino devoilé, irlandais dinochlaim mettre à nu, breton noaz nu.

NAOUAC'H, *adv.* Cependant; cambrique namyn tantum.

NAO-UGENT. Nom de nombre ; naô neuf, ugent vingt.

NAO-UGENTVED. Le neuvième de vingt, cent quatre-vingtième.

NAOUN, *sf.* Faim ; vannetais nann, cambrique newyn.

NAOUNA, *va.* Affamer ; part. et; naoun faim.

NAOUN-DU, *sf.* Faim valle ; naoun faim, du duff noir.

NAOUNEK, *adj.* Qui a faim, qui donne faim.

NAOUNIA, *va.* Avoir faim ; voyez naouna.

NAOUN-RANKLEZ, *sf.* Faim valle ; naoun faim, rankout avoir besoin.

NAOUSPED, *adv.* Je ne sais combien ;

abrév. de né ouzoun ped, à la lettre je ne sais combien.

NAOZ, *sf*. Canal, conduit d'eau ; *pl*. naosiou.

NAOZ, *sf*. Manière ; de Jubainville cite neus-gnattus, vieil irlandais gnûs coutume.

NAPLEZ, *sm*. Maladie vénérienne ; de Naples ville d'Italie.

NAPLEZEK, *adj*. Vénérien ; voy. naplez.

NARAN, *part. nég*. Voy. narn.

NAREN, *part. nég*. Non.

NARN, *part. nég*. Voy. naran, non.

NASION, *sm*. Nation ; *pl*. ou.

NASK, *sm*. Lien, corde ; racine gna ; *pl*. naskou.

NASKA, *va*. Attacher ; part. nasket.

NATUR, *sm*. et *adj*. Naturel, nature ; naturoc'h plus naturel, natura le plus naturel.

NAU. Neuf ; voyez nao.

NAUVED, *adj*. Numéral, neuvième ; voy. naved.

NAV. Le même que naô neuf.

NAVED, *adj*. Numéral, neuvième ; naô neuf.

NAVEIN, *va*. Gratter des navets ; dialecte de vannes.

NAVIGASION, *sm*. Navigation, art de naviguer ; *pl*. ou.

NE, *part. nég*. Ne ; voy. na, nac.

NE, *sf*. Semblant ; pour neuz ; voy. ce mot.

NÉ NEZ, *sf. pl*. OEufs de poux ; grec νέος, νεοσσός.

NÉA, *va*. Filer ; part néet ; voy. néza, Néa figure dans les noms de famille.

NÉAC'H, ÉACH, *sm*. En haut ; voyez aez.

NEAC'H, *sm*. Affliction ; grec νυγμα douleur.

NÉADEK, *sf*. Action de filer, filerie ; néa, neza filer.

NÉAN, *sm*. Firmament, ciel ; voy. nenv, neff.

NEANEIN, *vn*. Nager ; part. et ; grec ναείν gall. nauff.

NÉANEREZ, *sf*. Nageoire ; *pl*. ed.

NEANOUR, *sm*. Nageur ; *pl*. ien.

NEANS, *sm*. Gêne ; voy. nec'hans.

NEANSEIN, *vn*. Gêner, importuner ; part. et.

NEANSUZ, *adj*. Gênant ; voyez nec'hansuz.

NÉANT, *sm*. Néant, rien.

NEAT, *adj*. Propre ; se dit aussi net ; voyez ce mot.

NEB, *pr*. Quiconque ; latin quisque, Loth cite nepun quelqu'un irlandais cach chacun ; voy. nep.

NEB, *adv*. Sans.

NEBAOUN, *interj*. Sans doute ; neb sans, aoun peur.

NEBEUD, *adv*. Peu ; Loth cite nammui sans plus.

NEBEUDIK, abrév. de nebeud, *adv*. Un petit peu.

NEBEUTA, superl. de nebeud. Le moins.

NEBEUTOC'H, comp. de nebeud. Moins.

NÉCÉSSER, *adj*. Nécessaire.

NÉCÉSSITÉ, *sf*. Nécessité ; *pl*. ou.

NECH, *sm*. Etonnement, inquiétude.

NEC'H, *sm. pl*. de nec'hen. Lente, œuf de poux.

NEC'H, *sm*. Nid ; voy. néiz gallois nith, latin nidus.

NECH, *sm*. En haut ; voy. éac'h.

NEC'HAMANT, *sm*. Surprise, affliction ; de nec'h, et term. française.

NÉCHANS, *sm*. Abréviation du mot précédent.

NECHANSEIN, *va*. Dialecte de Vannes, s'inquiéter ; part. nechanset.

NECHANSUZ, *adj*. Gênant, incommode.

NECHEIN, *vn*. Nicher ; de nec'h nid ; voy. neizia.

NEC'HEN, *sf*. Voy. neen.

NEC'HET, *adj*. Triste, inquiet ; de nec'h. et.

NEC'HI, *va*. Attrister, inquiéter ; part. et.

NEC'HIAD, *sm*. Nichée ; *pl*. ou ; voyez nec'h nid.

NEC'HIEIN, *vn*. Nicher ; voy. nec'hein.

NED, *sm*. Fil à coudre ; voy. neud ; nere filer.

NEDEL, *adj*. Nouveau ; voyez nevez ; latin natalis.

NEDELEK, *sm*. Noël ; de nedel nouveau, Nedelek est un nom de famille assez répandu, il figure aussi dans les prénoms.

NEEIN, *va*. Filer ; part. néet ; latin nere.

NEEN, *sf*. Lente ; *pl*. nez ; grec νομιος en troupe, νεοσσός petit.

NÉEN. *sf*. Athmcsphère ; voy. ézen.

NÉER, *sm*. Fileur ; *pl*. ien.

NÉÉREZ, *sm*. Filerie, action de filer.

NEET, *adj*. Net ; voy. neat, net.

NEF, *sf*. Auge ; *pl*. néfiou ; Loth cite nedim hache, gallois neddai neddif doloire, naddu, irlandais snaidim je coupe, latin alveolus : voyez le breton breol.

NEFF, *sm*. Ciel ; *pl*. neffiaou, neffiou ; Loth cite nom temple, gallois eff, irlandais nemed temple ; voy. env.

NEGAT, *sm*. Melisse, plante ; comparez le français nega plante.

NÉGLIJA, *va*. Négliger ; part et.

NÉGLIJANS, *sf*. Négligence.

NÉGLIJANT, *adj*. Négligent.

NÉGOSIANT, *sm*. Homme cossu ; *pl*. ed.

NEGUN, *pr*. Aucun ; Loth cite nepun ; voy. nikun.

NEICH, *sm*. Nid ; *pl*. neichou.

NEICH, *sm.* Vol des oiseaux ; *pl.* ou ; voy. nij.
NEICHAD, *sm.* Nichée ; *pl.* ou ; de neiz nid.
NÉCHEIN, *vn.* Nicher ; voy. neicha.
NECHIAT, *sm.* Voy. neichad, neiziad.
NEIC'HOUR, *adv.* Hier au soir ; né négation, cambrique goruot, latin superare.
NEIJ, *sm.* Vol d'oiseau.
NEIJAL, *vn.* Voler, s'envoler ; part. neijet.
NEIJEIN. Voy. neijal.
NEIMP, *pr.* Quiconque ; nepum quelqu'un.
NEIS, *sm.* Nid ; voy. neiz.
NEISIAD, *sm.* Nichée ; *pl.* neisiadou ; néis nid.
NEIZ, *sm.* Nid de bête ; *pl.* neisiou ; gallois nyth, latin nidus.
NEIZEUR, *adv.* Hier au soir ; voyez neichour.
NENIAD, *adv.* Peu ; cambrique namyn, irlandais namma.
NEMDEUR, locut. ellipt. Je ne veux pas; Zeuss cite le cambrique nymdawr, nymtawr je ne veux pas, latin nolo.
NEMED, *prép.* Excepté ; irlandais namma, latin nisi, cambrique namyn ; voyez nemet.
NEMEET, *prép.* Excepté ; voy. nemed.
NEMERT, *prép.* Excepté ; voy. nemed.
NEMET, *prép.* Hormis, excepté.
NEMEUR, *adv.* Pas beaucoup ; ne part négative, meur grand.
NEMORAND NEMORANT, *sm.* Complément; ne particule négative, maur pour meur grand et termaison française ; de Jubainville le compare au français demeurant.
NENF, *sm.* Ciel ; *pl.* neffou ; voy. neff.
NENV, *sm.* Ciel; le même mot que le précédent ; *pl.* nenvou.
NÉO, *sf.* Auge, pétrin ; *pl.* neflou, neviou ; voy. nef.
NÉO-ILIZ, *sf.* Nef d'église.
NEOUAC'H, *adv.* Néanmoins ; né particule négative, gwéach fois.
NÉOUÉ, *adj.* Nouveau ; novios, latin novus ; voy. névez.
NÉOUC'HEIN, *va.* Renouveler ; part. et.
NEOUEN, *sf.* Terre nouvellement défrichée ; *pl.* nou.
NEOUR, *sm.* Fileur ; voyez nézer.
NEP, NEB, *pr.* Quiconque ; voyez neb.
NEP-DEN, *pr.* Personne; nep quiconque, den homme.
NEP-GWÉACH, *adj.* Jamais; nep et gwéach fois.
NEP-HINI, *pr.* Aucun homme.
NEP-PRED, *pr.* Jamais; nep chaque, pred temps.
NEP-TRO, *pr.* Chaque fois ; nep chaque, tro tour.

NERC'H, *sf.* Force; voy. nerz; Loth cite nerthi, tu fortifieras, de Jubainville cite le gaulois nerto.
NERC'H, *sm. pl.* Nerfs ; voy. nerc'hen.
NERC'HEIN, *va.* Fortifier ; voy. nerza.
NERC'HEN, *sf.* Nerf ; *pl.* nerc'h ; grec νευρον, latin nervus, breton nerz force.
NERC'HUZ, *adj.* Robuste ; nerch force.
NERS, *sf.* Voy. nerz.
NERTH. Vigueur ; du thème gaulois nerto, racine nar.
NERVEN, *sf.* Nerf ; *pl.* nervennad.
NERVENNIK, *sf.* Petit nerf ; *pl.* nervennouigou
NERZ, *sf.* Force ; du gaulois nerto.
NERZA, *va.* Fortifier ; part. nerzet ; Loth cite nertheint ils fortifieront, irlandais nertaigim je fortifie, gallois nerthogi fortifier, nom propre gaulois nerto-marus, nertonius.
NERZUZ, *adj.* Fortifiant ; nerz force.
NES. Proche, voisin ; Racine sanscrite nask être près, comparez le breton nask lien.
NESA, *va.* Filer ; voy. neza.
NESA NESSA. Le prochain, autrui ; de nes proche.
NESAAT, *vn.* S'allier ; part. néséat; nes proche.
NESAND, *sm.* Alliance ; le même que nésanded.
NESANDED, *sm.* Alliance; nes proche.
NESTED, *sm.* Alliance de famille, généalogie.
NET NEET, *adj.* Net, propre,
NETAAT, *vn.* Nettoyer ; part. neteat; net propre.
NETRA, *adv. et sm.* Rien ; ne particule négative ; tra chose ou neb sans, tra chose.
NETRA-KEN, *adv.* Rien de plus ; ne particule négative ; tra chose, ken plus.
NEU NEUN. *sm.* Nage ; de Jubainville cite l'irlandais snamh, gallois nawf.
NEU, *sf.* Manière, semblant ; voyez neuz.
NEUBED, *adv.* Peu ; voy. nebeud.
NEUD, *sm.* Fil ; latin nere filer.
NEUD-ARJAL, *sm.* Fil d'archal ; neud fil, arjal archal, latin aurichaleum.
NEUD-HOUARN, *sm.* Fil de fer ; neud fil, houarn fer.
NEUD-STAMM, *sm.* Trame de laine ; neud fil, stamm tricot, latin stamina.
NEUDEK, *adj.* Textile ; neud fil.
NEUDEN, *sf.* Brin de fil ; *pl.* nou ; neud fil.
NEUDENNA, *va.* Filer, convertir en fil ; part. et.
NEUDENNA, *va.* Baver ; part. et.
NEUDENNER, *sm.* Baveur, gâteux ; *pl* ien.

Neua, *va.* Nager ; voyez neun.
Neue, *adj.* Nouveau ; gaulois novios.
Neuier, Nageur ; *pl.* ien.
Neun, *vn.* Nager; irlandais snamh, gallois nauf.
Neuni, *vn.* Nager ; voy. neun.
Neunial, *vn.* Nager ; voy. neun.
Neunier, *sm.* Nageur ; *pl.* ien.
Neunv. Voyez neun.
Neusé, *adv.* Alors ; voyez neuzé, nezé.
Neutaer, *sm.* Marchand de fil ; *pl.* ien
Neutr, *adj.* Neutre.
Neuz, *sf.* Semblant, feinte, coutume ; de Jubainville cite le vieil irlandais gnasgnatta de la racine sanscrite gna connaître.
Neuzé, *adv.* Alors ; cornique nans, nawns.
Nev. Voy. nef, néo auge.
Neve, *adj.* Nouveau, neuf.
Néventi, *sf.* Nouveauté ; *pl.* ou.
Nevez, *adj.* Nouveau, neuf ; jadis novid, novios, novidios.
Nevez amzer, *sm.* Printemps ; nevez nouveau, amzer temps.
Nevezenti, *sf.* Nouveauté; *pl.* ou ; nevez nouveau.
Nevez-flamm, *adj.* Flambant, neuf.
Nevezi, *va.* Renouveler ; part. et.
Nevezinti, *sf.* Voy. nevezenti.
Neviad, *sf.* Le plein d'une auge ; néo auge.
Nez, *adj.* Proche ; voy. nés.
Nez, *sm. pl.* Œufs de poux ; voyez nezen.
Nez, *prép.* Près.
Nez, *sm.* Nid d'oiseau.
Neza, *va.* et *n.* Filer ; part. et.
Nezadek, *sf.* Filerie; *pl.* nezadegou ; neza filer.
Nezan, *sm.* Autrui, le prochain ; de nez près.
Nezé, *adv.* Alors ; voyez neuzé, neuzé.
Nezé, *sm.* Doloire du tonnelier; *pl.* ou ; néo auge.
Nezen, *sf.* Œuf de pou, lente ; *pl.* nez.
Nezer, *sm.* Fileur ; *pl.* ien.
Nezerez, *sf.* Fileuse ; *pl.* ed.
Nezerez, *sm.* Filature ; *pl.* ed.
Ni, *pr.* Nous ; irlandais ni-nis, latin nos.
Ni, *sm.* Neveu ; voyez niz ; *pl.* nied.
Nibel, *sf.* Ivraie ; *pl.* lou ; comparez le français nivéole.
Nich. Voy. nij.
Nichal. Voy. nijal.
Nies. Voy. nizez.
Niez, *sf.* Nièce ; voy. nizez.
Niful, *sm.* Brouillard ; latin nebula nuage.
Nigounnar, *sm.* Plante, passe rage, colchique; voy. digounnar, di sans kounnar colère.
Nij, *sm.* Vol d'oiseau ; treaz nij sable fin.
Nija. Voyez nijal.
Nijal, *vn.* S'envoler ; part. et ; voyez nij.
Nijilla, *vn.* Voltiger ; part. et.
Nikun, *pr.* Aucun ; ni ne, hun seul.
Ninkun. Voyez nikun.
Ninouer, *sm.* Nombre ; latin numerus; voy. niver.
Ninouerein, *va.* Compter ; part. et.
Ninval, *m.* Se chagriner ; grec νυσσω blessé.
Nitra, *adv.* Rien ; ni ne, tra chose.
Niul, *sm.* Brouillard ; latin nebula.
Niver, *sm.* Nombre ; Loth cite le vieux breton nimer, irlandais numir, latin numerum cathol niuer.
Nivera niveri, *va.* Compter ; part. et.
Niz, *sm.* Neveu ; *pl.* ed ; Loth cite nith nièce, de Jubainville cite nipants, vieil irlandais niae, genitif niath thème niat, sanscrit napat, latin nepos.
Niz, *sm. pl.* de nizen. Œuf de pou.
Niza nizat, *va.* Vanner ; part. nizet ; voy. nij vol.
Nizen nezen, *sf.* Œuf de pou ; voyez niz, nez.
Nizez, *sf.* Nièce ; *pl.* ed ; voyez nij.
Noac'h, *adj.* Nu ; de Jubainville cite l'irlandais nocht, noctas, nagitas.
Noaz, *adj.* Nu ; plus employé que noac'h.
Noaz, *sm.* Dommage ; comparez le français noise.
Noazder, *sm.* Nudité.
Noazout, *vn.* Nuire ; part. noazet.
Noazuz, *adj.* Nuisible.
Nobl, *adj.* Noble.
Noblans, *sf.* Noblesse ; *pl.* ou.
Nod, *sm.* Marque ; *pl.* ou ; grec νοθος marque infamante.
Nodal, *vn.* Se moquer ; part. nodet.
Nodein, *vn.* Mettre bas ; part. nodet.
Nodi, *va* et *n.* Eclore ; voy. dinodi.
Nodi, *va.* Marquer ; nod marque.
Noec'h, *sm.* Dommage, noise ; voyez noaz.
Noed noued, *sm.* Gouttière ; *pl.* noéjou ; grec οχετος conduit, français noue.
Noel nouel, *sm.* Cantique que l'on chante aux portes à l'époque de noël ; *pl.* noéllou, nouellou.
Noellaat, *vn.* Chanter noël.
Noellou, *sm. pl.* Voy. noél.
Noés, *sm.* Préjudice ; voyez noaz.
Noeth, *adj.* Nu ; voy. noac'h.
Noezen, *vn.* Nuire ; voyez noazout.
Non, *part.* nég. Non.
Nonobstant, *adv.* Néanmoins ; latin non abstare s'opposer.

NORD, NORT, sm. Le nord ; anglais north.
NORMANDI, sf. Nom d'un pays, Normandie.
NORMANT. Nom d'un peuple ; pl. ed ; anglais north nord, man homme.
NORT, sm. Vent du nord.
NOSION, sm. Notion ; latin notionem.
NOS NOZ, sf. Nuit ; latin nox.
NOSVÉSIA, vn. Passer la nuit ; part. et ; noz nuit.
NOSVEZ, sf. Nuitée ; pl. nosvesiou.
NOTEN, sf. Note de musique ; pl. nou.
NOTEN, sf. Note d'écriture ; pl. nou.
NOTER, sm. Notaire ; pl. notered ; latin notarius.
NOTIFIA, vn. Notifier ; part. et.
NOTIFIKASION, sm. Notification ; pl. ou.
NOUANS NOUANZ, sm. Race ; comparez noun grand-mère.
NOUED. Voy. noed.
NOUEN, sf. Extrême-onction, sacrement.
NOUET, adj. et part. Qui a reçu l'extrême onction.
NOUI, va. Donner l'extrême-onction ; comparez le latin ungere, le français oindre.
NOUMBR, sm. Nombre ; pl. ou.
NOUMBRI, va. Calculer ; part. et.
NOUSPED, adv. Je ne sais combien ; voy. naousped.
NOUZ, sf. Nuit ; voy. noz.
NOZ, sf. Nuit ; latin nox.
NOZ-DEIZ, sf. Nuit et jour ; noz nuit, deiz jour.
NOZAC'H, sm. Homme marié ; voy. ozac'h.
NOZEC'H, sf. La durée de la nuit ; voy. nozfez nosvez.
NOZELEN, sf. Bouton d'habit ; pl. nou ; latin nodus.
NOZELENNA, va. Boutonner ; part. et.
NOZVEZIA, NOZFEZIA, va. Passer la nuit ; nosvez nuitée.
NOSVEZ, sf. Durée de la nuit ; pl. iou ; noz nuit.
NUAC'H, adj et sm. Nud, nudité.
NUL, adj. Nul.
NULLI, va. Annuler ; part. et ; voyez annuli.
NUMÉRO, sm. Numéro ; pl. iou.

O

O. Lettre voyelle de l'alphabet, o.

O, *part.* En, son, sien.

OA, VOA. Etait ; gallois oed ; Loth cite oid était.

O OCH, *part.* En, son, sien.

OABL. *sm.* Firmament ; *pl.* ou ; Loth cite neuadd grand appartement, Zeuss le rapporte à couad dont kouabren nuage.

OAC'H, *sm.* Voyez ozac'h.

OAD, *sm.* Age ; *pl.* oajou : Loth cite oid était.

OADE, *sf.* Barrière ; *pl.* ou ; voyez odé; grec ονδός seuil.

OAJET, *adj.* Agé ; oad age,

OALED, *sf.* Foyer ; *pl.* oaléjou ; de Jubainville cite le thème agileta dérivé d'agila feu, identique au grec αιγλη éclat, racine sanscrite agnis, latin ignis feu.

OAN, *sm.* Agneau ; *pl.* oaned ; de Jubainville cite aginos, latin agnus, grec οιος brebis.

OAN-BASK, *sm.* Agneau pascal ; oan agneau. pask pâques.

OAN-DOUÉ, *sm.* Agneau pascal.

OANIK-DOUÉ, *sm.* Coléoptère, bête du bon Dieu.

OAN-GENN, *sm.* Peau de brebis ; oan agneau, kenn peau.

OAN-LÉAZ, *sm.* Agnelet ; oan agneau, léaz lait.

OAR, *ind. prés.* du verbe gouzout savoir, mé oar, je sais.

OAR, *prép.* Sur ; voyez war.

OAZ, *sm.* Jalousie; Loth cite oc'h piquant, gallois awch. grec οντοω blesser.

OAZL, *sm.* Age ; grec αιον.

OAZUZ, *adj.* Jaloux.

OAZUEZ, *adj.* Jalouse.

OBER, *sm.* Action ; *pl.* oberiou ; latin operare.

OBER, *va.* Faire ; *part.* great ; latin operare.

OBERIAD, *sm.* Travailleur.

OBERIANS, *sf.* Façon ; ober et terminaison française.

OBERIANT, *adj.* Laborieuse.

OBER-KUIT, *va.* Dispenser ; ober faire, kuit quitte.

OBEROUR, *sm.* Opérateur ; *pl.* ien.

OBER-PENN, *vn.* Résister, ober faire, penn tête.

OBER-VAD, *vn.* Faire du bien, ober faire, mad bien.

OBJED, *sm.* Objet.

OBJET, *sm.* Voy. objed.

OBLIGASION, *sm.* Obligation ; *pl.* ou, latin obligatio.

OBLIJ, *sm.* Force, obligation.

OBLIJOUT, *vn.* Obliger, forcer ; *part.* obliged, latin obligare.

OBOISSA, *va.* Obéir ; *part.* oboisset; latin obedire.

OBOÏSSANS, *sf.* Obéissance.

OBSERVASION, *sm.* Observation ; *pl.* ou.

OBSERVI. *va.* Observer ; *part.* et.

OBTEN, *vn.* Obtenir ; *part.* et.

OCH, particule en, son, sien ; voyez O.

OC'H, *sm.* Porc ; *pl.* oc'hed ; voy. houch, vieux gallois hucc.

OC'H, particule. Contre ; voy. ouch.

OC'HA, superlatif, très brave ; de uc'h, uc'hel, ouxellos, élevé.

OC'HAL, *vn.* Grogner comme un porc, oc'h, houc'h, porc.

OC'HAN, *sm.* Bœuf ; *pl.* oc'hen ; voyez éjen, jadis ouhen.

OC'HANED, *sm. pl.* Les grosses têtes, les notables ; de o'chan bœuf.

OC'HEC'H, *sm.* Chef de famille ; voyez ozac'h.

OC'HEN, *sm. pl.* De oc'han. Bœuf.

OC'H KRÉAC'H, *adv.* En haut, oc h contre, kreac'h haut.

OC'H PENN, *adv. et prép.* En plus, davantage.

OD, *sm.* Rivage ; voy. aod.

ODÉ, *sm.* Barrière ; *pl.* odéou ; voy. oadé.

ODÉ-GARR, *sf.* Brèche, odé barrière, karr charrette.

OÉC'H, *sm.* Voyez oc'hec'h.

OED, *sm.* Gouttière ; voy. oued, noued.

OED, *sm.* Age; voy. oad.

OEDD, *sm.* Froid ; voy. anoued.

OELED, *sf.* Foyer ; voy. aoled.

OEN, *sm.* Agneau ; *pl.* oened ; voy. oan.

OENKLO. Locution indiquant le mal d'enfant, onomatopée oenkl, cri, vagissement, kléo entends.

OERR, *sm.* Froid ; voy. oedd, anoued.

OET OUET, *sm* Gouttière ; voy. oed oued.

OEUVR, *sm.* OEuvre ; *pl.* œuvrou; latin opera.

OFF, *sm.* Ratelier, comparez le breton kof ventre.

OFAD, *sm.* Plein le ratelier ; *pl.* ou ; comparez kofad ventrée.

OFANS, *sf.* Offense ; *pl.* ou.

OFANSET, *part.* Blessé.

OFANSI, *va.* Blesser ; *part.* et.

OFEN, *sf.* Ratelier ; *pl.* nou.

OFEREN, sf. Messe ; pl. nou ; latin offertorium, offerenda.
OFEREN-BRED, sf. Grand'messe, oferen messe, pred moment opportun.
OFERENNA OFERENNI, vn. Dire la messe ; part. et.
OFERN, sf. Messe ; pl. oferennou.
OFERTOUER, sm. Offertoire.
OFF. Voy. of.
OFFR, sm. Offre ; pl. ou.
OFFRI, va. Offrir ; part. et.
OFICIER, sm. Officier ; pl. ofiserien.
OFIS, sm. Office ; pl. ou.
OFISIA, va. Dire les offices divins ; part. et.
OFISOU, sm. pl. Offices religieux.
OG, sm. Herse du cultivateur, Loth cite océrou, aceruission aigus.
OGED, sf. Herse du laboureur ; pl. ogejou oc'h glaive pointe, gallois ogod, cathol. ogued, allemand aicitha, aigida.
OGEDA, va. Herser ; voy. ogeja.
OGEDEIN, va. Herser ; part. ogedet.
OGEDER, sm. Herseur ; pl. ien.
OGEDI, va. Herser ; pl. et.
OGEDOUR, sm. Herseur ; pl. ien.
OGEIN, vn. Mûrir ; voy. éogi, eogen.
OGEN, conjonction. Cependant, Zeuss cite le cambrique hacen cathol hoguen, gallois hagen composé de ha et, et de ken plus, voc Loth.
OGEN, sf. Douet à rouir ; pl. nou.
OGILLON, sm. Echantillon ; voy. stantilloun.
OGLEN, sf. Marais salant ; pl. ou.
OGNOUN, sm. Oignon ; pl. ognounou ; latin unus.
OGNOUNEK, sm. Champ d'oignons.
OGNOUNEK, adj. Qui fournit beaucoup d'ognons.
OGRAOU, sm. pl. Orgues ; latin organum.
OGRAOUER, sm. Organiste ; pl. ien.
OHEN. Voyez oc'hen.
OIGNET, adj. Emoussé ; voyez tougna tougnet.
OK. Monosyllabe, variante ek, terminaison de l'adjectif.
OK, adj. Lin roui.
OKASION, sm. Occasion ; pl. ou.
OKTROI, sm. Octroi.
OKUPASION, sm. Occupation ; pl. ou.
OKUPI, va. Occuper ; part. okupet.
OLÉO, s. pl. f. Huiles saintes.
OLÉO-SAKR, sf. pl. La sainte ampoule, oléo huiles, sakr sacrées.
OLIER. sm. Nom d'homme, Olivier.
OLIFANT, sm. Eléphant ; pl. ed. Cambrique oliphans, grec ἐλέφας.
OLIVEZ, sm. pl. (Olives oliviers) jardin olivez, le jardin des oliviers.
OLIVEZEN, sf. Olive ; pl. olivez.

OLL, adj. Tout ; voy. holl ; grec ὅλος ; latin sol-los sollus soli-dus, thème irlandais holia, de Jubainville, latin omnes, alius, anglais all.
OMP, pron. pers. Nous ; Zeuss cite omma celui hunnoid celui-là.
ON OUN, pronom pers. Moi ; l oth cite honeit sinon moi.
ONK ONKL, sm. Avoine à chapelet, grec οἰνάρις pampre.
ONN, sm. pl. Frêne.
ONNENN, sf. Frêne arbre, cambrique onen ; pl. ou.
ONNER, sf. Génisse ; voy. ounner.
OPINION, sf. Opinion ; pl. ou.
OPORTUNI, va. Opportuner ; part. et.
OPOSI, va. Opposer ; part. et.
OPOSISION, sf. Opposition ; pl. ou.
OPSION, sf. Option.
ORANJEZ, sf. pl. Oranges.
ORANJEZEN, sf. Orange ; grec νεραντι sanscrit nagaranga.
ORBID, sm. Feinte grimace ; pl. ou ; Loth cite orubimnit.
ORBIDER, sm. Grimacier ; voy. orbidour.
ORBIDOUR, sm. Grimacier ; pl. ien.
ORBIDOUREZ, sf. Grimacière ; pl. ed.
ORBIDOUREZ, sm. Façon, grimace.
ORCHAL, sm. Archal, laiton,
ORDINAL, adv. A l'ordinaire.
ORDINAL, sm. Fourrière ; pl. ou.
ORDINALAMANT, adv. A l'ordinaire, le même que ordinal, avec terminaison française.
ORDONANS, sm. Voy. ordrenans.
ORDREN, vn. Ordonner ; part. ordrenet ; latin ordinare.
ORDRÉNANS, sm. Ordonnance, pl. ou, latin ordo.
ORET. Voy. horel.
ORFEBER, sm. Orfèvre ; pl. orféberien ; latin aurifaber, cornique euré.
ORFIT, sm. Tussilage ; latin auri folium.
ORFAN, sm. Orphelin ; pl. ortaned, grec ὀρφανός.
ORGED, sm. Luxure ; pl. ou ; grec ὀργαν, ὀρεξις désir.
ORGEDER, sm. Luxurieux, débauché ; pl. ien.
ORGEDEREZ, sf. Femme débauchée ; pl. ed.
ORGEDI, vn. Se vautrer dans la luxure ; part. et.
OROEDUZ, adj. Débauché ; voy. orged, comparez le français orgie.
ORGENEL, sf. La boîte d'un gouvernail ; Loth cite orion bord, latin ora.
ORGLEZ, sm. Orgues ; voy. orgraou.
ORGOUILL, sm. Orgueil.
ORGOUILLUZ, adj. Orgueilleux.
ORJAD, sm. Libertin ; voy. orged.
ORIADEZ, sf. Femme libertine ; pl. ed.

ORIADI, *vn.* Se livrer à la débauche ; part. et.
ORIANT. Ville de Bretagne, Lorient.
ORIANT, *sm.* Le soleil levant ; latin oriri surgir.
ORIAU, *sm.* Goeland ; *pl.* oriaved, grec ὄρνεον oiseaux.
ORIJINEL, *adj.* Originel.
ORIKEL, *sf.* Voy. dorikel.
ORILLÉR, *sm.* Oreiller ; *pl.* orillérou, du français oreiller.
ORIN, *sm.* ; *pl.* orinou. Race ; latin originem.
ORIN, *sm.* Urine ; *pl.* ou ; latin ora.
ORIO, *sm.* Goéland ; voy. oriau.
ORMEL, *sm. pl. m.* Ormeaux.
ORMELEN, *sf.* Coquillage, ormeau, grec ὀρμός.
ORMID, *sm.* Voy. Orbid.
ORMIDOU, *sm. pl.* Voy. Orbid.
ORNAMANT, *sm.* Ornement ; *pl.* ornamanchou ; latin ornamentum.
ORSEL, *sm.* Burette pour la messe ; *pl.* orseliou ; latin urceolus.
ORSOL, *sm.* Voy. Orsel.
ORTOGRAF, *sm.* Orthographe ; grec ὀρθός droit, γραφω écris.
ORZ, *sm.* Masse, marteau ; *pl.* iou ; Loth cite le vieux breton ord marteau, irlandais ord ; voy. horz.
OSER, *sm.* Cordage ; *pl.* oseriou ; Loth cite ousor, heusawr.
OSK, *sm.* Nœud, coche ; grec ὄζος nœud ; Loth cite och pointe, gallois awch.
OSKAL, *sm. pl.* Chardons ; cornique oskal.
OSKALEN, *sf.* Chardon ; *pl.* nou ; cornique oskalen, askellen ; voyez askolen.
OSKEIN, *va.* Faire une entaille ; part. asket.
OST, *sm.* Armée de l'ennemi ; Troude fait venir ce mot du latin hostis.
OSTALERI, *sf.* Hôtellerie ; *pl.* ou.
OSTONSOUR, *sm.* Ostensoir ; *pl.* ou ; latin ostentatio.
OT, *m.* Rivage ; voy. aot.
OTEN, *sf.* Rasoir ; *pl.* nou ; Loth cite altin, rasoir, irlandais altan ; voy. aoten.
OTER, *sf.* Autel ; *pl.* iou ; voy. aoter.
OTRÉ, *sm* Concession, approbation ; *pl.* otreou ; voy. aotrei.
OTRÉA, *sm.* Concéder ; voy. aotréa.
OTROU, *sm.* Monsieur ; *pl.* otrounez ; voy. aotrou.
OTIS, *adj.* Gênant, importun.
OUAR-OAR, *prép.* Dessus ; voy. war, var.
OUC'H, *prép.* Contre ; voy. oc'h.
OUC'HAL, *vn.* voy. oc'hal.
OACHEN, *sm. pl.* de ijen bœuf.
OUC'H PENN, *adv.* et *prép.* En plus ; voy. oc'h-penn.

OUD OUT, *prép.* Contre ; voy. ouc'h, oc'h.
OUD, *pron. pers.* Toi ; evid-oud pour toi.
OUED, *sm.* Gouttière ; *pl.* ouijou ; voy. noed.
OUELC'H, *adj.* Espropié, paralysé ; grec γυίον membre γυιός estropié.
OUELER, *sm.* Catafalque ; *pl.* ien ; Troude tire ce mot de goueler pleureur, il pourrait venir aussi bien de goel-gouel voile.
OUELED, *sm.* Foyer, atre ; voyez aoled.
OUEN, *sm.* Agneau ; voy. oan.
OUENNEK, *sm.* Pépinière de frêne ; de oun frêne.
OUEST, *sm.* Ouest, soleil couchant.
OUET, *sm.* Age, voy. oad.
OUET, *sm.* Gouttière ; voy. oued, noed, noued.
OUFF, *pron. pers.* Moi.
OUFF, *sm.* Rade, golfe, *pl.* ou ; grec ὄκτος rivage ; voyez aod.
OUGNOUN, *sm.* Oignon ; *pl.* ou ; du latin unionem, unus.
OUGNOUN-KI, *sm.* Plante, hyacinthe sauvage ; ougnoun oignon ; ki chien.
OUHEN, *sm. pl.* Voy. ouc'hen.
OUJEN, *sm.* Entremetteur ; *pl.* nou ; voyez juben.
OUN, *pron. pers.* Moi.
OUNEZER, *sm.* Crasse, saleté du corps ; Loth cite onnou saletés.
OUNGANT, *sm.* Onguent ; *pl.* ounganchou.
OUNGL, *sm.* Ivraie, sarrette des champs ; grec ὄχλος foule.
OUNKL, *sm.* Sarrette des champs ; voy oungl.
OUNN, *sm. pl.* de ounnen, Frêne.
OUNNEK, *sf.* Lieu planté de frênes ; ounn frêne.
OUNEN *sf.* Frêne, arbre ; cambrique ounnen ; cornique ounen.
OUNNER, *sf.* Genisse, jeune vache ; Loth cite ousor, berger ; Breton, ounna, dizounna, sevrer.
OUNN-GWEN, *sm.* Frêne blanc ; ounn frêne, gwen blanc.
OUPIK, *sm.* Petit saut ; *pl.* oupigou ; Loth cite houbat ; latin usque.
OUR. Voy. gour.
OUR, *sf.* Porte ; voy. dor.
OURL, *sm.* Vague, flot de la mer ; grec ὁρῶ pousse.
OURLIK, *sm.* Petite vague ; *pl.* ourligoce.
OURMEL, *sm. pl.* Ormeaux ; voy. ormel.
OURMELEN, *sf.* Ormeau ; voy. ormelen.
OUROULL, *sm.* Gardien ; Loth cite ousor berger.
OUROULLER, *sm.* Clochette ; *pl.* ouroullerien.
OURS, *sm.* Homme taciturne.
OURS, *sm.* Animal, ours ; latin ursus.

OURSIEN, *sm. pl.* d'ours.
OURG, *sm.* Ours ; voy. ours.
OURZIK, *sm.* Jeune ours.
OURZIK, *sm.* En tapinois.
OUSPENN, Voy. oc'hpenn.
OUT, *pron. pers.* Toi.
OUT, *prép.* Contre.
OUTRACH, *sm.* Outrage, vengeance.
OUTRAJI, *va.* Outrager ; part. et
OUVERTUR, *sm.* Ouverture ; *pl.* ouverturiou.
OUVRIER, *sm.* Ouvrier ; *pl.* ien.
OUZ, *prép.* Contre.
OUZPENN. Voy. ouspenn.
OVERN, *sf.* Messe ; voy ofern.

OVERENNA, *va.* Dire la messe ; part. overennet.
OVERNIAN, *vn.* Dire la messe ; part. overniet.
OVIS, *sm.* Office; voyez ofis ; latin officium.
OVISER, *sm.* Officier ; *pl.* offiserien ; voy. ofiser.
OZ, *sm.* Façon ; voy. aoz.
OZA, *va.* Faire ; voy. aoza.
OZAC'H, *sm.* Homme marié ; aoza faire.
OZECH, *sm. pl.* De ozac'h, mari.
OZEIN, *va.* Préparer ; le même que aoza.
OZIL, *sm. pl.* Osiers.
OZILLEN, *sf.* Osier ; *pl.* nou ; latin ozilium.

P

P. Lettre consonne P.

PA, *conj.* Quand ; cornique pan ; latin quando.

PAB, *sm* Pape ; *pl.* pabed ; latin papa.

PABAOUR, *sm.* Bouvreuil, chardonneret ; *pl.* ed. pab pape ; aour or.

PABOR, *sm.* Bouvreuil, le meilleur entre tous.

PACH *sm.* Page, petit valet ; grec παγω fixer.

PAD *sm.* Durée ; latin spatium.

PADAL, *adv.* Néanmoins ; pa quand, dal dalv, de dalvézout, valoir.

PADANÉ, *sf.* Plante, pas d'âne ; voy. pao march.

PADEIN, *vn.* Durer part. padet.

PADÉLEZ, *sf.* Durée ; voyez pad.

PADOUT, *vn.* Durer ; part. padet.

PADUZ, *adj.* Qui dure.

PAÉ, *sm.* Salaire, paye ; italien paga.

PAÉA, *va.* Solder ; part. paét, paéét.

PAÉAMANT, *sm.* Payement ; *pl.* paeamanchou ; de paé avec terminaison française.

PAEAN, *va.* Solder, payer ; part. paéét.

PAEER, *sm.* Payeur ; *pl.* ien.

PAÉLOUN, *sf.* Poëlon, poêle à frire.

PAÉROUN, *sm.* Parrain ; *pl.* ed ; latin patronus.

PAF, *sm.* Patte ; voy. paô.

PAFALA. *va.* Retarder, tâter, tâtonner ; grec παπταινω tâtonner.

PAFALEK, *adj.* Lent, qui a de grosses pattes.

PAGAN, *sm.* Païen ; *pl.* paganist ; latin paganus.

PAGAN, *sm.* Pays païen.

PAHUM, *sm.* Entrave.

PAHUMA, *va.* Entraver ; part. et ; voy. mac'houma.

PAHUMEU, *sm. pl.* Entraves.

PAILLAREN, *sf.* Brin de paille ; *pl.* paillur ; latin palea.

PAISANT, *sm.* Paysan ; *pl.* paisanted.

PAJEN, *sf.* Page d'un livre ; *pl.* pajennou ; latin pagina.

PAK, *sm.* Paquet ; voy. pakad.

PAKA, *va.* Prendre ; part. paket ; allemand packen, anglais ta pack saisir.

PAKACH, *sm.* Emballage.

PAKAD, *sm.* Paquet ; *pl.* pakajou.

PAKADEN, *sf.* Effets, bagages ; *pl.* ou.

PAKAJER, *sf.* Mauvais rapporteur ; *pl.* ien.

PAKETEIN, *va.* Emballer ; part. et.

PAL, *sf.* Pelle, bêche ; *pl.* paliou, pilli ; latin pala.

PAL, *sm.* Palet ; *pl.* iou.

PALA, *va.* Chapeler, en parlant d'un pain ; part. palet.

PALA, PALAF, *adj.* Lourdaud ; voyez palf.

PALAD, *sm.* Pelletée ; *pl.* palajou.

PALADEN, *sf.* Pelletée ; *pl.* nou.

PALAFA. *va.* Papillonner ; part. et ; de palafen papillon.

PALAFANOU, *sm. pl.* A quatre pattes ; voyez paô, palf ; grec παλαμη paume de la main.

PALAFEK. *adj.* Qui a de grandes pattes.

PALAFEN, *sf.* Papillon ; *pl.* nou.

PALAFENOU, *sm pl.* Sans bruit, à la sourdine ; voyez palafanou.

PALA FORSEIN. *va.* Violer ; part. et ; pala lourdaud, porz, forz organe de la femelle.

PALAFRER, *sm.* Cheval à sabots larges ; *pl.* ien.

PALAFRINIER, *sm.* Palefrenier ; *pl.* ou ; comparez palefroi palefrenier.

PALAMOUR, *conj.* Parce que ; voy. abalamour.

PALANCH, *sm.* Caparaçon ; *pl.* ou ; comparez le français palanche.

PALARADEK, *sm.* Approfondissement du sol ; *pl.* palaradégou.

PALARAT, *vn.* Approfondir le sol ; part. et ; pal pelle, arat charruer.

PALARAT, *sm.* Action d'approfondir le sol ; *pl.* palarajou.

PALAREN, *sf.* Poêle à frire ; *pl.* nou ; cornique pawgen, paugen.

PALARENNAD, *sf.* Le plein d'une poêle ; *pl.* ou.

PALASTR, *sm.* Emplâtre ; *pl.* ou ; latin emplastrum, grec εμπλαστρον, en dans πλασσειν placer.

PALASTRA, *va.* Mettre une emplâtre ; part. et.

PALASTRET, *adj. et part.* Emplâtré.

PAL-DAN, *sf.* Pelle à feu ; pal pelle, tan feu

PALÉ, *sm.* Ecluse ; *pl.* ou ; de pal pell, comparez le français pellée.

PALÉFARS, *sm.* Quart ; *pl.* ou ; Loth cite pelechi hache, parz part, sanscrit katasras.

PALEM, *sm.* Poussière de tan ; pel bale kymri ballasq. Lallan, anglais ballast.

PALER, *sm.* Bêcheur ; *pl.* ien ; pal pelle-

PALEVARC'H. Voy. palefars.
PALÉVARS. Voy. palefars.
PALEZ, sm. Palais ; pl. iou ; latin palatum.
PALF, sm. Paume de la main ; pl. ou ; grec παλαμη paume.
PALFAD, sm. Coup de poing ; pl. ou ; palf paume.
PALFAS, adj. Main crochue, coup sur la joue ; pl. ou.
PALFAS, adj. Fourchu ; grec βλαισος tortu.
PALFAZ. Voy. palfas.
PALIA, va. Monter des roues ; part. et.
PALIER, sm. Galerie, palier ; pl. ou.
PALIKED, sf. Petite pelle, pour jouer au volant ; pl. ou.
PALIKED, sf. Petite pelle ; pl. ou ; pal pelle.
PALIKED-SKOBITEL, sf. Raquette ; paliked petite pelle, skobitel volant.
PALISEN, sf. Raquette ; pl. nou.
PALISEN, VALISEN, sf. Valise ; pl. nou.
PALLEN. sf. Couverture ; pl. nou ; latin pallium.
PALLEN-KAON, sf. Drap mortuaire ; pallen couverture, kaon deuil.
PALLEN-VARC'H, sf. Couverture de cheval ; pallen drap, marc'h cheval.
PALLIN, sf. Couverture de laine, de toile ; pl. ou.
PALM, sm. Pin maritime ; pl. ez.
PALMER, sm. Cuve de tanneur ; pl. iou ; latin pilare, enlever le poil.
PALMEZ, sm. pl. Pin maritime ; voyez palm.
PALMEZ, sf. Palme ; latin palma.
PALOUER, sm. Brosse, éventail ; pel bâle, grec πηλος boue.
PAL-ROD, sf. Jantille de moulin ; pal pelle, rod roue.
PALTOK, sm. Paletot ; pl. iou ; hollandais paltrok, palster pelerin, rok habit.
PALTOK, adv. Souvent.
PALTOKENNAD, sm. Chevelure abondante ; pl. ou ; comparez le français catogan, grec καμτω courber.
PALUC'HAT, va. Mettre des échalas ; part. et.
PALUCHAT, va. Préparer le lin ; pal pelle, luc'hat loucher.
PALUCH'EIN, va. Voy. paluc'hat.
PALUC'HEN, sf. Echalas.
PALUCHEN, sf. Pesseau pour les plantes textiles ; pl. nou.
PALUD, sm. pl. Palue, marais ; latin palus ; ce mot figure dans les noms de famille.
PALUDEN, sf. Marais ; pl. palud.
PALUDENNIK, sf. Petit marais ; pl. paludennigou.
PALUMI, va. Piler ; part. palumet.

PALV. Voy. palf.
PALVAD. Voy. palfad.
PAMDIEK, adj. Quotidien ; de pep, paup chaque, déiz jour.
PAN, conj. Quand ; latin quando.
PAN, conj. Lorsque.
PAN, adj. Blé en herbe.
PAN, sm. Fourrure ; grec πενος étoffe, français panne.
PAN, sm. Demeure, juridiction ; voyez bann.
PANACHEN, sf. Panache ; pl. panachennou.
PANDULEN, sm. Pendule ; pl. pandulennou.
PANEFÉ, prép. Si ce n'était ; pa, si né ne, vé sera.
PANEFI, sm. Quelqu'un ; voy. penefi.
PANEL, sf. Panneau ; pl. iou.
PANEN, adj. Sans levain, fade.
PANER, sf. Panier ; pl. panerou ; du latin panarium, panis pain.
PANERAD, sf. Panerée ; pl. ou ; paner panier.
PANEROK, adj. Libertin, débauché.
PANÉS, sm. pl. de panezen. Panais ; grec παναχές πας tout, αχος remède.
PANEVED, prép. Sinon ; voyez panefé.
PANEZ, pl. de panezen. Panais.
PANEZA, vn. Cueillir des panais ; part. et.
PANEZEK, sf. Champ de panais.
PANEZEN, sf. Panais ; pl. panezennou ; panez.
PANEZENNEK, adj. Plein de panais.
PANEZENNEK, adj. Stupide, idiot.
PANN. Voyez pan.
PANSACH, sm. Pansage d'un cheval.
PANSI, va. Panser une plaie ; part. et.
PANSIOUN, sf. Pension ; hanter-bansion demi-pansion.
PANSIOUNER, sm. Pensionnaire ; pl. pansiounerien.
PANTE, sm. Fête, pardon ; pl. panteou ; grec πατειν fouler, παυ tout, θεος dieu.
PANTÉKOST, sm. Fête de la Pentecôte ; grec πενταγος.
PANTES, adj. Essoufflé ; kymri pant pression.
PANVREK, adj. Mûr, en maturité.
PAÔ, sm. Patte ; radical pat, allemand patsche ; pl. paoiou, pattou.
PAOATA, va. Jouer des pattes ; part. paoateat ; paô patte.
PAO-BRAN, sm. Bouton d'or, plante ; paô patte, bran corbeau.
PAOEK, adj. Qui a de grosses pattes.
PAOEZ Voyez paouéz.
PAOEZA. Voyez paoueza.
PAOGAMM, sm. Pied-bot ; pao patte, kamm tortu, paugam ainsi écrit, figure dans les noms de famille.

PAOGAMMEZ, sf. Femme pied-bot ; pl. ed.
PAOL, sf. Barre du gouvernail ; pl. iou.
PAOL, sm. pr. Paul ; latin Paulus.
PAOLEA, vn. Godiller ; part. paoleet ; paol gouvernail.
PAÔLÉON, sm. Patte de lion, plante.
PAOL-GORNEK, sm. Satan, diable.
PAOLLENVA, Voy. boulevia, paolleviat.
PAOLLÉVIAT, vn. Godiller ; part. et ; paol barre, leviat louvoyer.
PAÔ MARC'H, sm. Pas d'âne ; voy. badané, padané.
PAORENTÉ, sf. Pauvreté ; paour pauvre ; voy. paourentez.
PAOT, adj. Nombreux ; dérivé de pul, puill abondant, dibaot clair semé, rare.
PAOT, sm. Poussière, menus débris.
PAOTA. Voyez paoata.
PAOTA. vn. Couvrir de poussière ; part. et.
PAOTR, sm. Garçon ; de Jubainville cite paltros, partros de par variante, de peur pobl peuple, du latin populus.
PAOTR ANN DENVED, sm. Pâtre ; paotr garçon, ann denved les brebis.
PAOTR ARC'HARR, sm. Charretier.
PAOTR AR-GOTER, sm. Garçon de cuisine.
PAOTR AR'ZAOUT, sm. Vacher.
PAOTR C'HOUIT, sm. Voleur, escroc.
PAOTR-KIL-KROG, sm. Lutteur à croc en-jambe.
PAOTREZ, sf. Petite fille ; pl. paotrezed, patrezed.
PAOTREDIGOU, sm. pl. Jeunes garçons.
PAOTRIK, sm. Enfant, jeune garçon ; pl. paotredigou, patredigou.
PAOTR MICHEROUR, sm. Apprenti ; paotr garçon, micherour qui a un métier.
PAOTR-SPI, sm. Jaloux ; paotr garçon, spi guet.
PAOUÉAN, vn. Cesser ; part. paoueet.
PAOUEZ, sm. Repos ; latin pausa, Loth cite poues repos, gallois pwys, cathol. poues, vannetais pwez, gaulois pausinia, pausinius, latin pagus.
PAOUEZ, vn. Cesser ; part. paouezet.
PAOUEZVAN, sm. Mort, décès ; paouez repos, man-radical, du latin manere rester.
PAOUN, sm. Paon, oiseau ; pl. paouned ; cornique paun, cambrique pawan, latin paùo.
PAOUR, sm. et adj. Pauvre ; pl. peorien ; anglais poor, latin pauper.
PAOURAAT, vn. Appauvrir ; part. paouérat ; paouréét, paour pauvre.
PAOURENTEZ, sf. Pauvreté ; paour pauvre.
PAOUREZ, sf. Femme pauvre ; pl. ed.
PAOURIK, sm. Petit pauvre ; pl. paourigou.
PAP, sm. Nom enfantin, gruau, bouillie.
PAP, sm. Le pape ; pl. ed ; latin papa.

PAPAIK, sm. Bouillie ; pl. papaigou.
PAPAIK, sm. Petit père ; pl. papaigou.
PAPER, sm. Papier ; pl. paperiou ; latin papyrus, espagnol papel.
PAPER, sm. Asssignation ; pl. iou.
PAPÉILA, va. Réduire en lames très minces, s'assimiler au papier ; part. et
PAPERA, va. Fouiller dans les papiers ; part. et.
PAPER KAOT, sm. Carton ; paper papier, kaot colle.
PAPER-STOUP, sm. Papier Joseph ; paper papier, stoup étoupe.
PAPILLOUN, sm. Papillon ; pl. ed.
PAR, adj. Pareil ; latin par.
PAR, sm. Egal,
PAR, sm. Mâle ; pl. pariou.
PAR, sm. Guet, affut.
PARA, va et v. Briller ; part. et.
PARA, va. Accoupler ; part. et ; ou paraat.
PARABOLEN, sf Parabole ; pl. parabolennou, grec παραβολη παρα à côté βαλλειν, lancer.
PARADOZ, sm. Paradis ; pl. iou ; latin paradisus, voy. baradoz.
PARAFILA, va. Lancer, parfiler ; part. et ; espagnol parfilar.
PARAILL, sm. Tique, insecte ; pl. ou ; parailled.
PARAILLER, sm. Appareilleur ; pl. ien.
PARAILLER, sm. Porte-cuillères.
PARAILLI, vn. Appareiller ; part. et.
PARAMAILL, sm. Allée, avenue.
PARAMANT, sm. Parement ; pl. paramanchou.
PARAMANCHOU, sm. Voilure, agrès d'un navire.
PARAMANTI, va. Gréer un navire ; part. et.
PARAMANTOUR, sm. Armateur ; pl. ien.
PARAPLU, sm. Parapluie ; pl. parapluiou.
PARAT, vn. Apparier ; part. et.
PARCH, sm. Parchemin ; pl. ou.
PARCHIMIN, sm. Parchemin ; pl. ou ; latin pergamèna, de la ville de Pergame.
PARDAEZ, sm. Soir, crépuscule ; pars partie aéz haut.
PARDAE'Z-NOZ, sm. Crépuscule ; pardaez soir ; noz nuit.
PARDOUN, sm. Pardon ; pl. iou.
PARDOUN, sm. Fête patronale ; pl. iou.
PARDOUNA, va. Aller en pèlerinage ; part. et.
PARDOUNA, va. Pardonner ; part. et.
PARDOUNER, sm. Pèlerin ; pl. ien.
PARDOUNI, va. Accorder le pardon ; part. et.
PARÉ, adj. Guéri, remis.
PARÉ, adj. Prêt, préparé.
PARÉA, va. Guérir ; part. paréet ; latin parare.

PAREDET, *adj*. Cuit; comparez le français pareau, chaudière.
PAREDI, *va*. Cuire à l'eau; part. et.; Zeuss cite parediff cuire, parod cuit, parodi; latin parare.
PARÉDIGEZ, *sf*. Cuisson.
PARÉDIGEZ, *sf*. Guérison.
PAREZ, *sf*. Femelle; *pl*. ed.
PARFET, *adj*. et *adv*. Parfait; latin perfectus.
PARFET, *adv*. Parfaitement.
PARFÉTAMENT, *adv*. Parfaitement.
PARFETAAT, *vn*. Tranquilliser; part. parfétéat.
PARFOUN, *adj*. et *adv*. Abondant, vieux breton; pard. part. foun abondant.
PARI, *sm*. Pari; *pl*. ou.
PARIA, *va*. Parier; part et.
PARIADEK, *sm*. Pari; *pl*. pariadégou.
PARICHOU, *sm. pl*. Papiers.
PARISIL, *sm*. Persil, plante.
PARK, *sm*. Champ, parc; latin parcus, parcere épargner; *pl*. parkou, parkéier; parc ainsi écrit figure dans les noms de famille.
PARKED, *sm*. Parquet; *pl*. ou.
PARLAFANOU, *sm. pl*. A quatre pattes.
PARLAMANT, *sm*. Parlement; *pl*. ou.
PARLAFOUTRÉ, *sm*. et *v*. Renvoi, renvoyer.
PARLOCHOU, *sm. pl*. Voy. parlafanou.
PAROKET, *sm*. Perroquet; *pl*. parokédou.
PARON, *sm*. Poêle à frire; voy. paredi.
PARON. *sm*. Soutien d'un collier; *pl*. paroneier, paronou.
PARONEIER, *sm. pl*. de paron.
PARONOU, *sm. pl*. de paron.
PAROS, *sf*. Voy. Parroz, parrez.
PAROUER, *sm*. Paroir, instrument du maréchal; *pl*. ou.
PAROUNOU *sm. pl*. Voy. Paronou.
PARPAGN, *sm*. Parpaign, pierre longue de maçonnerie; *pl*. parpagnou.
PARPAILLOD, *sm*. Parpaillot, huguenot; *pl*. ed.
PARRESIAN, *sm*. Paroissien; *pl*. ed; parrez paroisse.
PAIIREZ, *sf*. Paroisse; *pl*. parrésiou; italien parrochiale.
PARROZ, *sf*. Paroisse; *pl*. parrojou; voy. parrez.
PARS-PARZ, *sm*. Partie; Loth cite pard part partie; latin part.
PARTACH, *sm*. Partage; *pl*. partajou; partachou; de pars partie.
PARTACHI, *va*. Partager; part. et.
PARTIAL, *va*. S'enfuir, exiler; Loth cite parth région.
PARTIAL, *vn*. Partir; part. partiel.
PARTI, *sm*. Parti, profit.
PARTISIPASION, *sm*. Participation.

PARTISIPOUT, *vn*. Participer; part. et.; *pl*. ou.
PARTIKULIER, *sm*. Individu, particulier; *pl*. ien.
PARTIKULIÈRAMANT, *adv*. Particulièrement.
PARUKEN, *sf*. Perruque; *pl*. nou.
PARVENOUT, *va*. Parvenir; part. et.
PAS, *sm*. Pas; *pl*. pasiou; latin passus.
PAS. Negation, pas.
PAS-PAZ, *sm*. Toux; de Jubainville cite le galéique. casad, le sanscrit kasas, breton kasaûz inquiétant.
PASA, *va*. Compter les pas; part. poset.
PASAAT, *vn*. Tousser; part. paseat.
PASABL, *adj*. Passable.
PASABLAMANT, *adv*. Passablement.
PASABLÉ, *adv*. D'une manière passable.
PASABLÉIK, *adv*. D'une manière passable.
PASAGER, *sm*. Homme de passage; *pl*. pasagerien, pasagéourien; voy. passager.
PASANTEN, *sf*. Passerelle; *pl*. nou.
PASÉ, *sm*. Naufrage; voy. pensé.
PASÉA, *vn*. Faire naufrage; voy. penséa.
PAS-ÉAZ, *sm*. Amble, allure commode; pas pas, éaz facile aisé.
PASION, *sf*. Passion de Jésus-Christ; *pl*. ou.
PASK, *sm*. La fête de Pâques; hébreu pascha.
PASK, *sm*. Communion pascale; *pl*. ou.
PASK, *sm*. Colle des tisserands; voy. pek.
PASKA, *va*. Nourrir; part. pasket.
PASSACH, *sm*. Passage.
PASSAGER, *sm*. Passager; *pl*. ien.
PASSAJOUR, *sm*. Passager; *pl*. passajourien.
PASSÉ *adv*. et *part*. Passé.
PASSION, *sm* Passion; *pl*. ou.
PASTEL, *sf*. Morceau; *pl*. lou.
PASTELIK, *sf*. Petit morceau; *pl*. pasteligou.
PASTEZ, *sm*. Pâté; *pl*. pasteziou.
PASTEZA, *vn*. Faire des pâtés; part. et.
PASTEZER, *sm*. Pâtissier; *pl*. ien.
PASTEZEREZ, *sf*. Pâtisserie.
PASTEZIAT, *sm*. Patissier; *pl*. ien.
PASTOR, *sm*. Gardien, pasteur; *pl*. ed; latin pastor.
PASTOUNADEZ, *sm. pl*. Carottes; vieux français pastenade.
PAT, *sm*. Durée; voy. pàd.
PATATEZ, *sf. pl*. Patates; américain patata.
PATATEZEN, *sf*. patate; *pl*. patatez.
PATATI, *sm*. Cheval fondu; c'hoari patati, jeu du cheval fondu.
PATELED, *sm*. Bavette d'un tablier, piècette; pastel morceau.

Pater, *sf.* Oraison dominicale; latin pater; *pl.* iou.

Patera, *vn.* Dire des prières; part. et.

Patérein, *vn.* Voy. patera.

Pateren, *sf.* Grain de chapelet; *pl.* nou.

Patiant, *adj.* Patient ; latin patiens.

Patianted, *adv.* Comment, est-ce possible.

Patiseri, *sf.* Patisserie; voy. pastézérez.

Patouill, *sm.* Ecouvillon.

Patouilla, *vn* Ecouvillonner ; part. et. comparez le français patouiller.

Patriark, *sm.* Patriarche; *pl.* patriarked ; grec πατριαρχης πατερ père, αρχείν commander.

Patrom, *sm.* Patron; *pl.* ei ; latin patronus.

Patroum, *sm.* Modèle ; *pl.* ed.

Patrounach, *sm.* Patronage.

Patrounez *sf.* Patronne ; *pl.* ed.

Paturach, *sm.* Pâturage..

Pau paô, *sf* Patte ; voy. paô.

Pauek, *adj.* Qui a de grosses pattes.

Paugam, *adj.* Pied-bot ; pau patte, kamm qui boîte; le nom de Paugam figure dans les noms de famille.

Paugen *sf.* Une des branches de la charrue ; *pl.* nou ; cambrique pawgen pawen.

Paun, *sm.* Oiseau, paon; cambrique pawan.

Paut pot, *sm.* Garçon ; voy. paotr.

Pautrez, *sf.* Fille ; *pl.* ed ; voy. paotrez.

Pautrik, *sm.* Petit garçon ; *pl.* paotredigou ; voy. paotrik.

Pav, *sm.* Patte ; voy. pao.

Pavala. Voy. pafala.

Pavalek. Voy. pafalek.

Pavé, *sm.* Pavé ; *pl.* pavéou.

Pavéa, *va.* Paver ; part. pavéet.

Pavéer, *sm.* Paveur ; *pl.* pavéerien.

Paven, *sf.* Paon ; voy. paun.

Pavez, *sm.* Bouclier, en italien paveze.

Pavilloun, *sm.* Pavillon ; *pl.* ou.

Paysan, *sm.* Paysan ; *pl.* paysanted.

Paz, *sm.* Toux ; voy. pos.

Paz braz, *sm.* Coqueluche ; paz toux, braz grand.

Pazen, *sf.* Marche d'escalier ; *pl.* nou.

Paz-iud, *sm.* Coqueluche ; paz toux, iud traitre.

Paz-moug, *sm.* Coqueluche ; paz toux, moug qui étouffe.

Pé, *conj.* Ou bien, où, si ; irland. ci, latin quid.

Pé, *pron.* Quel.

Pe, *adv.* Quand.

Pé, *sm.* Payement.

Peac'h, *sm.* Paix ; voy. péoc'h.

Péadra, locution elliptique ; eunn tam péadra quelques ressources ; pé, quel, a de, tra chose.

Péamant, *sm.* Voy. paéamant.

Pean, *va.* Solder ; voy. paéa ; Péan figure dans les noms de famille.

Peb, *pron.* Chaque ; Loth cite paup chacun ; gallois pop pawb, corn. pup pop pep ; en Cornouaille, irland. cach, latin qualis ; de Jubainville cite papospaspos, irland. cach-cascas, latin quisque.

Peb-eil, *adv.* Alternativement ; peb chaque, eil second.

Pebez, *excl.* Quel ; pé quel, pez pièce.

Peb-hini, *pron.* Chacun ; peb chaque, hini celui.

Peb-unan, *pron.* Chacun ; peb chaque, unan un.

Pebr, *sm.* Poivre : *pl.* ou. grec πεπερί, latin piper.

Pebra, *va.* Poivrer ; part. pébret.

Pebren, *sf.* Femme intrigante ; *pl.* ned.

Pebren-gwen, *sm.* Poivre blanc; plante, pebr poivre.gwen blanc.

Pebrouer, *sm.* Poivrière : *pl.* ien.

Pech, *sm.* Petite houe ; *pl.* ou grec πέκω tond.

Pec'h, *sm.* Pièce ; voy. pez.

Péchat, *vn.* Tondre ; sarcler, part. pechet.

Pec'h-brein, *sm.* Locution injurieuse ; pech pièce, brein pourri.

Pec'hed, *sm.* Péché ; *pl.* pec'hejou, latin peccatum.

Pec'hein, *vn.* Pécher ; part. pec'het.

Pec'hejou, *pl.* de pec'hed péché.

Pec'her, *sm.* Pêcheur ; *pl.* pec'hérien.

Pec'herez, *sf.* Pécheresse ; *pl.* ed.

Pec'het, Voy. pec'hed.

Pechez, *pl.* de pechezen pêche.

Pechezen, *sf* Fruit, arbre ; *pl.* pechez.

Pec'hi, *va.* Pécher ; part. pec'het.

Pec'hour, *sm.* Pêcheur ; voy. pec'her.

Ped, *adv.* Combien ; Loth cite peth ; de Jubainville cite le latin quot.

Ped, *sm.* Pied : *pl.* pedou ; comparez le latin pedes.

Pédaré, *adv.* Quelle sorte ; pé quel, maré temps, Léon pédavaré.

Pedd. Voy. ped.

Pedel, *sf.* Broc, jatte ; *pl.* ou ; le mot pedel figure dans les noms de famille.

Pedeliad, *sf.* Plein un broc ; *pl.* ou.

Peden, *sf.* Prière ; *pl.* nou ; latin petitio.

Peder. Nombre féminin quatre ; voy. ped, pévar.

Peder delienna, *vn.* Former quatre feuilles ; part. et ; peder quatre, delien feuille.

Pederved. Nombre adjectif, quatrième; féminin peder quatre.

Pedi pidi, *va.* Prier ; part. pedet, latin petere.

PEDIR. Variante de peder.

PÉ-DOST, adv. A peu près, approchant ; pé, ou, tost près.

PÉ-DU, adv. De quel côté ; pé quel, tu côté.

PEDVED, adj. Quantième ; ped combien.

PEE, sm. Solde ; voy. paé.

PÉÉG PÉÉK, sm. Poix ; voy. pég.

PEEGEIN, va. Enduire de poix ; part. péeget.

PEEIN, va. Solder ; part. peet ; voy. paéa.

PEEL, adv. et adj. Loin, éloigné ; voy. pell ; comparez le latin appellare ; Peel est un nom de famille en Angleterre.

PEELAAT, vn. Eloigner ; voy. peel, pell, pellaat.

PÉENEFI. Voy. penefi.

PEENEFIA. Voy. penefia.

PEG, sm. Prise ; action de prendre, de saisir.

PEG PEK, sm. Poix ; sanscrit picca.

PÉGA, va. Prendre, saisir ; voy. spéga.

PEGA, va. Enduire de poix ; part. et.

PÉGEIT, adv. A quelle distance, combien de temps ; pé quel, hed longueur, où keit durée.

PEGEMEND. Pegement ; adv. combien ; ce mot est composé de pé quel kemm différence int sont ; Loth cite pamint combien, et compose ce mot de pa pronom et mint quantité ; en vannetais piguemet.

PEGEMENT-BENNAG, adv. Bien que, quoique ; Loth cite paped binnac quoi que ce soit ; composé de pa et de pinnac le gallois puipennac, doit être le même que le breton piou-bennag ; pegement-bennag se traduit en latin par l'expression quotlibet.

PEGEN, adv. Combien.

PEGER, adv. Combien ; pé quel, ker cher.

PEGNONOU, sm. pl. Ustensile de moulin.

PEGNOTEN, sf. Peignée ; pl. nou.

PÉGOULS, pron. Quand ; composé de pé quel, kouls époque.

PEG-GOURN, sm. Croc-en-jambe ; peg prise, gourin lutte.

PEG-LUGERN, sm. Vernis ; peg pois, lugern brille.

PEGOURS. Voy. pégouls.

PEGUZ, adj. Poisseux ; peg poix.

PÉHANI, pron. Lequel ; voy. péhini.

PÉHANO, sm. Un tel, dont on ignore le nom ; pé quel, hano nom.

PÉHANVI, vn. Indiquer, désigner ; pé quel, hanvi henvel nommer.

PÉHINI, pron. Lequel ; pé quel, hini celui.

PEK, sm. Poix ; voy. pég.

PEKKA, va. Enduire de poix ; voy. péga.

PELBIZ, sm. Partie d'un dévidoir ; pell éloigné, biz doigt.

PELÉAC'H, adv. Où, en quel lieu ; pé quel, léac'h lieu.

PELEARC'H, adv. Le même que peléac'h.

PELEÉH, adv. Voy. péléac'h.

PELER, sm. Timon de charrette ; pell loin ; pl. peleriou.

PELESTR, sm. Baquet ; Zeuss cite le cornique pellistgur, latin pellicia, pellistker, latin mastruca.

PELGENT, sm. Messe de minuit ; pl. pelgenchou ; pell ; loin, kent auparavant.

PELIA, va. Peler ; part. et ; Loth cite quapeli selle, composé de guo, irland. fo, latin sub et de peli pl. de pel, du latin palea ; latin pellicula peau, breton pell bâlle.

PELIET, adj. et part. Pelé.

PELKAS, sm. pl. Débris de naufrage ; pell éloigné, kas envoyer.

PELL, sm. pl. Balle, écorce de blé ; latin pellicula, palea.

PELL, adj. et adv. Éloigné ; latin appellare.

PELLA, superl. de pell ; plus loin.

PELLAAT, va. et n. Eloigner ; part. pelléat.

PELL-AMZER, adv. Longtemps ; pell éloigné, amzer temps.

PELLEN, sf. Pelote de fil, de laine, de coton ; pl. ou.

PELLEN, sf. Brin d'écorce d'avoine ; pl. pellenou, où pell ; Pellen est un nom de famille assez répandu.

PELLENIK, sf. Brin de paille, de balle ; pl. pellenigou.

PELLER, sm. Timon ; voy. peler.

PELLETER, sm. Peaussier, pelletier ; pl. ien.

PELL-KAR, sm. Parent éloigné ; pell éloigné, kar parent.

PELLA, superlatif de pell. Le plus éloigné.

PELLKAS. Voy. pelkas.

PELLOCH. Comparatif de pell ; plus éloigné.

PELUZET, adj. Estropié, paralysé, grec πηλαίος.

PEMDEZ, adv. Tous les jours ; pep chaque, deiz jour.

PEMDEZIEK, adj. Journalier, de tous les jours ; voy. pemdez.

PEMOC'H, sm. Porc ; penn tête, moc'h porcs.

PEMP. Nombre cinq ; grec πέντε cinq, latin quinque, irlandais coic.

PEMP-DÉLIEN. sm. Quintefeuille ; pemp cinq, delien feuille.

PEMPAT, va. Engerber par cinq ; part et ; pemp cinq.

PEMPED, adj. num. Cinquième ; pemp. cinq ; Loth cite pimphet cinquième.

PEMPIZ, sm. Plante, œnanthe safranée ; pemp cinq, biz doigt.

PEMPVED. Cinquième ; voy. pemped, irland. coind-quinquetos.

PEMVED. Voy. pempved.

PEMZEK. Nom de nombre, quinze; pemp cinq, dek dix.

PEMZEK-KANT. Nom de nombre, quinze cents ; pemzek quinze, kant cent.

PEMZEK-MIL. Nombre, quinze mille.

PEMZEK-UGENT. Trois cents, pemzek quinze, ugent vingt.

PEMZEKVED, quinzième; pemzek quinze.

PENAOZ, adj. Comment ; pé, quel ; aoz façon.

PENARIEIN, va. Enheuder une vache ; penn tête, ariein, lier; dialecte de Vannes.

PENAUZ, adv. Comment ; voy. penaoz.

PENAVÉ, adv. Sans cela, sinon ; voy. paneved, pénéfé.

PENBAZ, sm. Gourdin ; penn tête, baz bâton.

PENBOUFI, vn. Se vanter ; part. penboufet.

PENDEL, sf. Moyeu ; pl. iou ; latin vitellus ; voy. bendel.

PENDOGI, vn. Faire la culbute ; part. et, penn tête, tok ehapeau, ou stok frappe.

PENDOK, sm. Crapaud de mer ; pl. ed.

PENDOK, sm. Coquin ; pl. ed.

PENDOLEK, sm. Têtard ; pl. pendologed.

PENDOLOK, sm. Voy. pendolek.

PENDU, sm. Homme crépu ; pl. ed, penn tête, du ou du noir.

PENDUEN, sf. Roseau des marais ; pl. nou ; penn tête, du noir.

PENDUIK, sm. Oiseau, mésange.

PENED, sm. Peine d'esprit ; latin pœna.

PENEDOUR, sm. Qui a des peines d'esprit ; pl. ien, pened peine.

PENEFI, adv. Sinon ; pé ou pan, ou évé il sera.

PENEFI, sm. Un tel ; pour pé hano e hi; quel nom est elle.

PENEFIA, vn. Ennuyer ; part. et.

PENET, sm. Voy. pened.

PENEUGUS, sf. Plante, mercuriale ; voy. pennegez.

PENFESTR. Voy. penvestr.

PENFESTRA. Voy. penvestra.

PENFOLL, sm. Tête folle; penn tête, foll folle ; voy. penn foll.

PENGAB, sm. Lien de fléau pour battre le blé ; pl. pengabou, penn tête ; kap extrémité.

PENGAM, sm Tête inclinée ; penn tête, kamm courbe ; pengam figure dans les noms de famille.

PENGAMMEZ, sf. Femme qui a la tête inclinée ; pl. ed.

PENGAMMI, vn. Avoir la tête de côté ; part. et.

PENGAP. Voy. Pengab.

PENGEN, sm. Planche de terre charruée; penn tête, kenta premier ; pl. pengennou.

PENGEN, sf. Têtière de cheval ; pl. nou, penn tête, kenn cuir, peau.

PENGLAOU, sm. Mésange ; pl. ed ; penn tête glaou, charbon.

PENGLAOUIK, sm. Jeune mésange.

PENGLEU, sm. Mésange ; dialecte de Vannes.

PENGOAT, sm. Massue; penn tête ; koat koad bois.

PENGOO, sm. Gros bâton court.

PENGOS, sm. Souche de lande ou de genêt ; penn tête, koz vieux.

PENGOT, sm. Massue ; voy. pengod.

PENHER, sm. Seul héritier ; pl. ien ; penn tête, her héritier.

PENHEREZ, sf. Seule héritière ; pl. ed ; voy. pennérez.

PENIFI. Voy. penefi.

PENIJEN. Voy. pinijen.

PENIJQUR, sm. Pénitent; pl. ien.

PENKANA, vn. Tituber, chanceler ; penn tête, kanna battre.

PENMOCH, sm. Porc ; penn tête moc'h porcs.

PENN, sm. Tête ; pl. pennou ; de Jubainville tire ce mot du thème gaulois penno, irlandais cenn. Le mot Penn figure dans les noms de famille.

PENN-ABEK, sm. Cause première ; penn tête, abek défaut.

PENNAD, sm. Longère ; pl. ou, penn tête.

PENNAD, sm. Boutade ; pl. ou.

PENNAD-BEN, sm. Un instant ; pennad bout, berr court.

PENNAD-BLÉO, sm. Touffe de cheveux ; pennad plein la tête ; bléo pl. de bleven cheveu.

PENNAD-HENT, sm. Bout de chemin ; pennad bout, hent chemin.

PENNAD-LABOUR, sm. Tâche, ouvrage.

PENNAD-MAD, adv. Long temps ; pennad bout, mad bon.

PENNAD-RED, sm. Course ; pennad bout, red course.

PENNADI, vn. Faire des boutades ; part. et ; pennad caprice.

PENNADIK, sm. Petit instant ; pl. pennadigou.

PENNADUZ, adj. Entêté, capricieux.

PENN-ADRÉ, sm. Postérieur ; penn tête, adré derrière.

PENN A GEAR, sm. Capitale ; pour penn ar gear, penn tête, ar la, kéar ville.

PENNAOUER, sm. Glaneur ; pl. ien; penn tête.

PENNAOUEREZ, sf. Femme qui glane ; pl. ed.

PENNAOUI, vn. Glaner ; part. et.

PENN ARAOK, *sm*. Avant-train ; penn tête, araok devant.
PENN AR C'HALC'H, *sm*. Prépuce ; penn tête, kalc'h, membre viril.
PENNARD, *sm*. Homme trapu ; *pl*. ed.
PENNARDEZ, *sm*. Femme courtaude ; *pl*. ed.
PENNARIEN, *va*. Empêtrer ; voy. penarien.
PENNASK, *sm*. Entrave ; *pl*. ou ; penn tête, nask, corde, lien.
PENNASKA, *va*. Empêtrer ; part. et.
PENN-ASKEL, *sm*. Aileron, rémige; penn tête, askel, aile ; *pl*. ou.
PENNAT, Voy. pennad.
PENN-AVELEK, *sm*. Etourdi ; penn tête ; avelek plein de vent.
PENN-BAC'H. Voy. penn baz.
PENN-BAZ, *sm*. Bourdon, bâton à grosse tête ; penn tête, baz bâton.
PENNE-BOYL. *sm*. Eau chaude ; penn tête et le latin bullio, bouillonnement.
PENN DA BENN, *adv*. D'un bout à l'autre; penn tête, da a penn tête.
PENN-DALL, *sm*. Jeu de Colin-Maillard ; penn tête, dall aveugle.
PENN-DRÉ-BENN, *adv*. Entièrement ; penn tête, dré par, penn-tête.
PENN-ED, *sm*. Epi de blé ; *pl*. pennoued ; penn tête, ed blé.
PENNEGEZ, *sf*. Plante, mercuriale ; voy. peneugus.
PENNEGEZ, *sf*. Femme qui a une grosse tête ; penn tête.
PENN-ÉJEN, *sm*. Bœuf ; penn tête, éjen bœuf.
PENNEK, *adj*. Entêté, têtu ; penn tête.
PENNEK, *adj*. Qui a une grosse tête ; pennec figure dans les noms de famille.
PENN-EOK, *sm*. Poisson, saumon ; *pl*. Penn-eoged, penn tête, eok saumon.
PENN-EVIT-PENN, *adv*. D'un bout à l'autre, sens dessus dessous ; penn tête, evit pour, penn tête.
PENN-FOLL, *sm*. Vertigo, maladie des bêtes ; voy. penfol.
PENN-FOLL, *sm*. Aliéné, vertigineux.
PENN-GAMM, *sm*. Qui a le cou de travers.
PENN-GAMM, *sm*. Douleur, torticolis.
PENN GAMMEZ, *sf*. Femme qui a la tête de côté.
PENN-GAMMI, *vn*. Avoir la tête de côté; part. et.
PENN GLAOU. Voy. penglaou.
PENN-GLAOUIK. Voy. penglaouik.
PENN-GLIN, *sm*. Genou ; penn tête, glin genou.
PENN-GRISIEN, *sm*. Cause principale ; penn tête, grisien racine.
PENN-HER, *sm*. Seul héritier ; penn tête, her héritier.

PENN-HEREZ, *sf*. Seule héritière; penn tête, herez héritière.
PENN-IAR, *sm*. Une poule ; *pl*. penn-ier; penn tête, iar poule.
PENN-ILIZ, *sm*. Cathédrale ; penn tête, iliz église ; se dit aussi iliz-penn.
PENN-KEAR, *sf*. Chef-lieu, capitale ; penn tête, kéar ville.
PENN-KEF, *sm*. Chef de famille, de race; penn tête, kef souche.
PENN-KEF, Souche ; *pl*. penn-géfiou.
PENN-KENTA. *sm*. Début, commencement ; penn tête, kenta premier.
PENN-LÉACH, *sm*. Chef-lieu ; penn tête, léac'h lieu.
PENN-MERLUS, *sm*. Merluche ; penn tête, merlus merluche.
PENN-MOCH, *sm*. Porc; voy.pémoc'h.
PENN-OC'H-PENN, *adv*. Tête à tête; penn tête, oc'h contre,penn tête.
PENNOK. Voy. pennek.
PENN-OUGNOUN, *sm*. Tête d'oignon.
PENNOU-KEAR, *sm*. *pl*. Les hommes marquants d'une localité.
PENN-PAOTR, *sm*. Fille qui court après les garçons.
PENN-POUL. Village du Léon, ville des Côtes-du-Nord ; penn tête, poull mare.
PENN-SAOUT, *sm*. Une vache. une bête à cornes ; penn tête, saout vaches.
PENN-SARDIN. *sm*. Une sardine.
PENN-SKANV, *sm*. Etourdi ; penn tête, skanv léger.
PENN-SKOD, *sm*. Baliveau ; *pl*. pennskodou, penn tête, skod chicot.
PENN-SOT, *sm*. Imbécile ; voy. pennzot.
PENN-TAN, *sm*. Tison ; penn tête,tan feu.
PENN-TI, *sm*. Journalier ; penn tête, ti maison.
PENN-TIEGEZ, *sf*. Celui ou celle qui dirige le ménage ; penn tête, tiegez ménage.
PENN-TIERN, *sm*. Chef de peuple ; penn tête, tiern, chef celte.
PENN-WÉLÉ, *sm*. Traversin, oreiller ; penn tête, gwélé lit.
PENNZOT, *sm*. Sot ; penn tête; sot, sot.
PENOZ. Voy. penaoz.
PENS, *sf*. Fesse ; *pl*. pensou; de Jubainville tire ce mot du français.
PENSAC'H, *sm*. Cul-de sac, anse fermée ; penn tête, sac'h sac.
PENSAC'HEN, *sf*. Cervelas ; *pl*. ou.
PENSARD, *sf*. Fessée ; *pl*. ou ; pens fesse.
PENSAOUT. Voy penn-saout.
PENSAOUTA, *vn*. Déblatérer, déraisonner ; part. et.
PENSAUDI, PENSODI, *vn*. Avoir du dépit ; part. et ; penn tête, sodi devenir sot.
PENSÉ, *sm*. Naufrage ; *pl*. penséou; penn tête, anglais sea mer.

Penséa, *vn.* Voler des épaves ; part. penséét, pensé naufrage.
Pensegez, *sf.* Celle qui a de grosses fesses ; *pl.* ed. ; pens fesse.
Pensek, *sm.* Celui qui a de grosses fesses.
Pensel, *sm.* Pièce raccommodée ; *pl.* penseliou ; de Jubainville cite pesel, dérivé du latin petia, grec πενησσα pauvreté, πηνρμα trame.
Pénselia, *va.* Rapiécer ; part. et.
Penseliat. Le même que le précédent.
Penskor, *adj.* Entêté ; penn tête, skor cale, objet pour retenir.
Penskord, *adj.* Triste, mélancolique ; penn tête, skord serré, entêté.
Penskort. Le même que penskord ; voy. ce mot.
Pensod, *sm.* Niais ; penn tête, sot sot.
Pensoden, *sf.* Niaise ; *pl.* pensodennezed.
Pensodi, *vn.* Perdre la tête ; part. pensodet.
Pentekost, *sm.* Pentecôte ; voy. pantekost.
Pentiern. Voy. penn-tiern.
Pentur, *sf.* Peinture ; *pl.* penturiou.
Penturer, *sm.* Peintre ; *pl.* ien.
Penturi, *va.* Peindre ; part. penturet.
Pentuvr, *sm.* Monceau, tas ; penn tête, tuvr pour tour.
Penvers, *sm.* Opiniâtre ; penn tête, vieux breton guichir colère, violent, gallois gwychr ; ou le vieux breton guerg efficace.
Penvestr, *sm.* Licou ; *pl.* penvestrou ; penn tête, et comparez le vieux breton feciaul écharpe.
Penvestra, *va.* Mettre le licou ; part. et.
Penzot. Voyez pensod.
Peoar. Nombre quatre ; Loth cite le vieux breton petguar ; voy. pévar.
Peoarved, *adj. num.* ; Loth cite petguaret.
Péoc'h, *sm.* Paix ; latin pax.
Péoc'h, *interj.* Silence.
Peoc'haat, *vn.* Faire la paix ; part. péo chéet, péoc'h paix.
Péorien, *sm. pl.* de paour, pauvre ;
Peour, *sm.* et *adj.* Pauvre ; *pl.* peourien ; latin pauperes.
Pep peb, *pron. ind.* Chacun, tout ; Loth cite popp paup, gallois pop pawb Cornique pap pop pep, irland. cach, latin qualis.
Pep eil, *adv.* Tour à tour ; pep chaque, eil second, tro tour.
Pep eil tro.
Pep gwéach, *adv.* Chaque fois.
Pep hani. Voy. peb-hini.
Pep hini. Voy. peb hini.
Pep-kouls, *adv.* Toujours, à chaque époque.

Pepred, *adv.* A chaque instant ; pep chaque, pred temps.
Pep-tro, *adv.* Chaque fois ; pep chaque, tro tour.
Pep-unan, *pron. ind.* Chacun ; pep chaque, unan un.
Per, *sm. pl.* de peren, poire.
Per, *sm.* Nom, Pierre.
Perach, *sm.* Pâturage pour peurach ; peur tout.
Perag. Voy. Perak.
Péraj. Voy. Perach.
Perak, *adv. et conj.* Pourquoi ; pé quel, rak car.
Peran, *sm.* Quart.
Peran, *sm.* Nom d'un saint breton ; Peran.
Perch, *sm.* Parchemin ; de la ville de Pergame où l'on fit dans le principe usage du parchemin.
Perc'h, *sm.* Part. ; Loth cite part. pard partie, gupar séparé ; voy. perz, peurz.
Percha, *va.* Percher, mettre des perches ; part. et.
Perchen, *sf.* Perche ; *pl.* perchennou.
Perc'hen, *sm.* Propriétaire ; *pl.* nou ; grec πέρνημι vendre.
Perc'henna, *va.* Se rendre maître ; part. et.
Perc'hennach, *sm.* Droit de propriété.
Perc'hennet, *adj. et part.* Approprié.
Perc'henniach, *sm.* Propriété.
Perc'hent, *sm.* Propriétaire.
Perc'henta, *va.* Devenir propriétaire ; part. et.
Perchindour, *sm.* Pèlerin ; latin peregrinus.
Perc'hirin, *sm.* Pèlerin ; *pl.* ed.
Perder, *sm.* Attention, souci ; cambrique pryder.
Perderin, *vn.* Méditer ; dialecte de Vannes.
Perderi, *sm.* Souci ; voy. perder, préder.
Perderiuz, *adj.* Anxieux, soucieux.
Péré, *pl.* de pé hini. Lesquels.
Perein, *vn.* dial. de Vannes. Paître ; part. et ; voy. peuré.
Peren, *sf.* Poire ; *pl.* per.
Perennek, *sf.* Lieu planté de poiriers.
Peren-gouez, *sf.* Poire sauvage.
Peren kormel, *sf.* Cormier ; *pl.* per kormel.
Peren-mar, *sf.* Corme, fruit ; *pl.* per mar.
Perfoun, *adj.* Abondant ; voyez parfoun.
Pergen, *adj. et adv.* Poli, avec politesse ; comparez le vieux breton arber politesse, usage.
Péril, *sm.* Péril ; *pl.* lou, latin periculus.

PÉRISIL, *sm.* Persil, plante ; grec πετρο-6ελίνον.

PER-KORMEL, *sm. pl.* Voy. peren-koamel.

PERLÉ, *sm.* Pâturage ; dialecte de Vannes.

PERLEZEK, *sm.* Poisson, éperlan ; allemand spierling.

PERLEZ, *sm. pl.* de perlezen. Perle.

PERLEZIN, *sf.* Perle ; anglais pearl.

PER MAR, *sm. pl.* Fruit du cormier ; voy. peren-mar.

PERMEDI, *sm.* Début, premius ; præ avant, mitere mettre.

PERMETI. *va.* Permettre ; part. permetet.

PERN, *sm.* Action d'acheter ; voy. pren.

PERNEIN, *va.* Acheter ; voy. prena.

PERNOUR, *sm.* Acheteur ; voy. prenour.

PERON, *sm.* Soutien d'un collier, poêle à frire ; Peron figure dans les noms de famille.

PEROUEZ, *adj.* Avare ; voy. pervez, latin perversus.

PERPED, *adv.* Toujours ; voy. bepred.

PERMI, *sm.* Permis ; *pl.* ou.

PERMISIOUN, *sm.* Permission ; *pl.* ou.

PERNISIUZ, *adj.* Pernicieux.

PERPÉTUAL, *adj.* Perpétuel.

PERPÉTUITÉ, *sf.* Perpétuité.

PERSEKUTI, *va.* Persécuter ; part. et.

PERSEKUTOR, *sm.* Persécuteur ; *pl.* ien.

PERSEPTOUR, *sm.* Percepteur ; *pl.* perceptourien.

PERSEL, *sm.* Voy. perisil, parisil.

PERSÉVÉRI, *va.* Persévérer ; part. et ; latin perseverare.

PERSON, *sm.* Curé, recteur d'une paroisse ; *pl.* ed ; Person est un nom de famille assez répandu.

PERSONACH, *sm.* Personnage ; *pl.* ou.

PERSOUN, *sm.* Curé ; *pl.* ed : latin persona.

PERSOUNEL, *adj.* Personnel.

PERSOUNÉLAMANT, *adv.* Personnellement.

PERSUADI, *va.* Persuader ; part. et.

PERVEZ, *adj.* Avare ; voy. perouez.

PERVEZ, *adj.* Qui ménage.

PERVUAN, *adv.* La plupart du temps ; voy. peur vuia.

PERZ, *sm.* Ordre ; part. vieux breton part, pard.

PESAVAD, *adv.* Qu'y a-t-il de bon ; pé quel, a de, mad bon.

PESEL, *sm.* Pièce ; *pl.* peselieu, dialecte de Vannes, latin petia.

PESEL, *adj.* Pourri, gâté

PESELEIN, *va.* Raccommoder ; voy. penselia.

PE-SEURT, *pron. interr.* Quelle espèce ?

PESK, *sm.* Poisson ; *pl.* pesked, latin piscis, corniq, pisc.

PESKEDUZ, *adj.* Poissonneux ; pesk poisson.

PESKER, *sm.* Pêcheur ; voy. pesketaér.

PESK-KRÉGIN, *sm.* Coquillage ; pesk poisson, kregin *pl.* de krogin coquille.

PESK-KROGENNEK, *sm.* Coquillage ; *pl.* pesked-krogennek.

PESKETA, *vn.* Pêcher ; part. et, pesked plur de pesk poisson.

PESKETAER, *sm.* Pêcheur ; *pl.* ien, voy. perketa.

PESKETAEREZ, *sf.* Femme de pêcheur.

PESKETER, *sm.* Pêcheur ; voy. pesketaer.

PESKETÉREZ, *sm.* Action de faire la pêche.

PÉS, *sm.* Pièce de monnaie ; *pl.* péchou.

PES, PEZ, *sm.* Pièce ; *pl.* péchou.

PESSÉ, *sm.* Naufrage ; voy. pensé.

PESSIADA, *va.* Mettre en lambeaux ; pes pièce.

PESSIAT, PESSIAD, *sm.* Morceau, pièce ; *pl.* pessiadou.

PET, *adv.* Combien ; voy. ped.

PETARD, *sm.* Pétard ; *pl.* pétardou.

PETER, *adv.* Comment ; Loth cite le vieux breton padiu quoi.

PÉTI, *va.* Reculer, manquer, crever ; part. et.

PETISION, *sm.* Pétition ; *pl.* petisionou.

PETISIONI, *va.* Pétitionner.

PETIZ, *sm.* Ver de mer ; latin petiolus.

PETOAR. Quatre ; voy. pevar.

PETOR. Voy. petoar.

PETORE, *pron. interr.* De quelle manière; pé quel, doaré usage.

PETOUN, *sm.* Palourde, petoncle ; Petoun est très commun parmi les noms de famille.

PETRA, *pron. interr.* Quoi ; pé quelle, tra chose.

PETRA-BENNAG, *conj.* Quoique. Loth cite le vieux breton papedbinnac, quoique.

PETREFÉ, *adv.* Sinon ; voy. penefé.

PETVED, *sm.* Quantième ; ped combien.

PEUC'H, *sm.* Paix ; voy. péoch.

PEUCHA, *vn.* Se blottir ; part. et ; voy. pucha.

PEUC'HAAT, *va.* Pacifier ; part. peuc'heat.

PEUD, *sm.* Toux des brebis ; grec πίεσμος pression.

PEUDEK, *adj.* Qui a la toux des brebis.

PEUDR, *sm.* Poussière ; latin pulverem.

PEUK, *sm.* Coup de pointe ; grec πηκτος fiché.

PEUKA, *va.* Donner un coup de pointe ; part. et.

PEUL, *sm.* Pilier, pieu ; *pl.* peuliou, latin palus.

PEUL-GWINI, *sm.* Echalas ; peul pièce, gwini vignes.

PEULIA, va. Mettre des échalas ; part. et, peul pieu.

PEULVAN, sm. Menhir ; peul pieu, méan pierre.

PEUR, adv. Quand, pour ; pé heur, à quelle heure.

PEUR PEURÉ, sm. Pâturage ; de Jubainville cite le gallois paur même racine que le latin pabullum.

PEUR, sm. et adj. Pauvre ; voy. paour.

PEURAT, vn. Devenir pauvre.

PEUR-BADUZ, adj. Eternel ; peur tout, paduz, qui dure.

PEUR-C'HRÉAT, adj. et part. Achevé ; du verbe ober terminer.

PEUR-ÉCHUI, va. Terminer ; part. peur-échu, peur tout, échui finir.

PEURENTE, sf. Pauvreté ; voy. peur.

PEUREUILL, sm. Palourde, coquillage.

PEURES, sf. Pauvresse ; voy. paourez.

PEUR-GAS, va. Achever ; peur tout, kas conduire.

PEUR-GASET, adj. et part. Achevé.

PEURGEDGED, adv. Principalement ; peur tout, gued en vieux breton, forme, façon.

PEURI, sm. Pâturage ; voy. peur.

PEURI, va. Paître ; part. peuret, peur tout, peuri pâturage.

PEURLIES, adv. Souvent ; peur tout, liez souvent.

PEUR-LIESA, adv. La plupart du temps ; peur tout et liesa superl. de liez souvent.

PEUR-OBER, va. Achever ; peur tout, ober faire, part peur-c'hréat ; voy. ce mot.

PEUR-RANNA, va. Achever un partage ; peur tout, ranna partager.

PEUR-REST, sm. Tout ce qui restait ; peur tout, rest reste.

PEURVAN, sm. Pâturage ; pl. nou ; peur tout, man radical du latin manere rester.

PEURVUIA, PURVUIA, adv. La plupart du temps ; peur tout, muia le plus.

PEURZ, sm. part. Ordre ; vieux breton pard.

PEURZ DU, adj. Violacé ; peurz part, du noir.

PEURZ DUI, va. Devenir violacé ; part. peurz duet.

PEURZ-HOLL, adv. Presque tous ; peurz part, holl tous.

PEUS PEUZ, sm. Toux des animaux.

PEUSET, adj. dial. de Vannes. Poussif ; voy. pourset.

PEUT. Voy. peud.

PEUZ, part. A demi, assez.

PEUZ, PEUS, part. Avant. Loth cite le vieux breton pus puis, devenu pouez poids.

PEUZ. Tu as ; ma peuz c'hoant, si tu as envie.

PEUZ-DIBEUZ, sm. Le dimanche de la Quinquagésime ; peuz avant, dibeuz sans buis.

PEUZ-DU, adj. Noirâtre ; peuz demi, du noir.

PEUZ-FOLL, adj. Presque fou.

PEUZ-HOLL, adv. Presque tous ; voy. peurz holl.

PEUZ-VAD, adj. et adv. Peuz peu ; mad bon.

PUEZ-VARO, adj. Moribond ; peuz presque, maro mort.

PUEZ-VRAO, adj. Assez gentil ; peuz à demi. Braô joli.

PEVAR. Nom de nombre, quatre ; Loth cite petguar ; ancien gallois, peduuar ; féminin pedeyr ; gallois moderne, pedwar, pedaer, corniq. peswar pedyr, cathol. peuar fem peder, actuellement ; le breton pévar, pervar, peder, pydir.

PEVARANN. Voy. pevaren.

PEVAR-CHANT. Nom de nombre, quatre cents.

PEVAR-C'HORNIEK, adj. Quadrangulaire ; pevar quatre, korn coin.

PEVARDED, adj. num. Quatrième ; Loth cite petguaret quatrième.

PEVAR-DROAD, sm. Quatre pieds.

PEVAR-DROADEK, adj. Qui a quatre pieds.

PÉ-VARÉ, pron. int. A quel époque ; pé quel et maré époque.

PEVAREN. sf. Le quart d'un boisseau, la quatrième partie ; comparez pevarann, composé de pévar quatre ; rann part.

PÉVAR-MIL. Nom de nombre, quatre mille.

PEVER-REAL. Quatre réaux ; un franc, pevar quatre ; real, real, monnaie d'Espagne.

PÉVAR-UGENT Nom de nombre, quatre vingt ; pevar quatre, ugent vingt.

PEVAR-UGENTVED. Quatre vingtième.

PÉVARED. Voy. pevarded.

PÉVARYED, adj. num. Quatrième ; voy. pévarded.

PEVARZEK. Quatorze ; pevar quatre, dek dix.

PEVARZEK UGENT. Deux cent quatre-vingt ; pevarzek quatorze, ugent vingt.

PEVARZEKVED. Quatorzième ; voy. pévarzek.

PEZ, sm. Pièce ; pl. pesiou, kymri, peth ; latin pecia.

PEZ, sm. Pièce de monnaie ; pl. pesiou.

PEZ, conj. Que ; ar pez, ce que.

PEZAFF, va. Payer ; voy. paea.

PEZEL, sf. Jatte ; pl. pezeliou ; cornique perseit.

PEZEL, adj. Pourri ; voy. pesel.

PEZELAAT, vn. Devenir trop mûr ; part éat.

PEZELIAD, sf. Plein une jatte ; pl. ou ; voy. pezel.

PEZELL, adj. Pourri ; voy. pezel.

Péz-kaér, *sm.* Belle merveille.

Pez-ker, *sm.* Arêtier ; pez pièce, ker maison.

Pez-labour, *sm.* Besogne ; pez pièce, labour travail.

Pez-ler, *sm.* Nom que l'on donne aux filles perdues ; pez pièce ler cuir, ou laér voleur.

Pez-micher, *sm.* Besogne faite ; pez pièce, micher métier.

Pi piou, *pron.* Lequel ; latin quis.

Pi, *sf.* Pioche ; *pl.* piou, gael pic,kymr. pig ; voy. pik.

Pi bi. Expression exprimant la dualité ; latin bis.

Piano, *sm.* Piano ; *pl.* iou.

Piaoua, *va.* Posséder ; part. et ; de piou lequel.

Piaoua, *va.* Piailler ; part. et. ; de pik pie.

Piar. Non de nombre, quatre ; voy. pévar.

Piben, *sf.* Bubon, bouton sur la peau ; Loth cite pipennou tuyaux, conduits.

Piben, *sf.* Pipe ; *pl.* pibennou.

Pi-bennak, *prov. ind.* Quiconque ; voy. piou-bennak.

Pibi, *va.* Cuire ; part pobet ; Zeuss cite parodi parod cuit.

Pibid, *sf.* Pepie, mollusque.

Pibr, *sm.* Poivre ; voy. pebr.

Pibrein. *va.* Poivrier ; part. et.

Pic'h, *adj.* Avec attention ; voy. piz.

Pich pech, *sm.* Piège ; *pl.* ou ; latin pedica, pes pied.

Pichel, *sm.* Pot à eau ; voy. picher.

Picher, *sm.* Pot à eau ; *pl.* iou ; français pichet ; latin picarium ; grec Βικος pot de terre.

Pic'her, *adv.* Dans quel temps, dialecte de vannes.

Picherad, *sm.* Le plein d'un vase ; *pl.* ou.

Pic'hier, *adv.* Vov. pic'her.

Pichod, *sm.* Barre d'un gouvernail ; *pl.* ou ; grec πιεσμος pression.

Picholou, *sm. pl.* Menus débris de bois ; latin picorea ; français picorée.

Pichon, *sm.* Petit des bêtes, comparez le français pichon petit enfant.

Pichon, *sm.* Pigeon ; *pl.* ed ; Pichon figure dans les noms de famille.

Pichoun, *sm.* Pigeon ; *pl.* pichouned ; espagnol pichon.

Pichounik, *sm.* Jeune pigeon ; *pl.* pichounedigou.

Pichourel, *sm.* Capeline, capuchon ; *pl.* lou ; piz avec soin, gourrenn renfermer.

Pichourela, *va.* Encapuchonner ; part. et.

Piden, *sf.* Membre viril ; Loth cite pipen conduit.

Pider. Nom de nombre féminin, quatre-

Piderved. Quatrième ; voy. peder. ved.

Pidi pedi, *va.* Prier ; part. pedet ; latin petere.

Pifit. Voy. pibit.

Pigaill, *sm.* Empressement, trouble, désordre ; *pl.* ou ; grec πατειν, fouler, presser.

Pigaill, *sm.* Ivraie.

Pigel, *sf.* Binette, petite houe ; *pl.* lou ; latin bicellus.

Pigella pigellat, *va.* Travailler à la houe ; part. et.

Piger, *sm.* Ergot, maladie du blé ; grec πιτυρηνος fait de son.

Pigna, *vn.* Monter ; part. pignet.

Pignadek. *sf.* Montée, côte ; *pl.* pignadegou ; pigna monter.

Pignal, *vn.* Monter ; part. pignet.

Pignard, *sm.* Homme enrichi ; *pl.* ed ; pigna monter.

Pignat, *vn.* Monter ; part. pignet ; comparez le français pignon, pinacle ; le latin pinna.

Pignouer, *sm.* Montoir pour se mettre à cheval ; *pl.* ien ; pigna monter.

Pignoun, *sm.* Pignon ; *pl.* pignounioa ; latin pinna.

Pigos, *sm.* Coup répété.

Pigosa, *va.* Frapper à coups redoublés ; part. pigoset ; latin percellere ; grec παταγεω faire du tapage.

Pigosal. Voy. pigosa.

Pigosat, *va.* et *n.* Picorer ; part. et.

Pigosein, *va.* et *n.* Voy. pigosat.

Pigoset, *adj.* et *part.* Voy. pigosa.

Piguiosein, *va.* Dial. de Vannes, becqueter ; voy. pigosein.

Pik. *sf.* Pie, oiseau ; *pl.* piked ; latin pica.

Pik pika, *sm.* Point ; *pl.* pikou ; arpik war ann *i*, le point sur l'*i*.

Pik, pi *sm.* Pioche ; *pl.* ou ; piquet.

Pika. Voy. pikat.

Pikant, *sm.* Piquet ; *pl.* pikanchou, de pik.

Pikaroum, *sm.* Jeu de piquet ; pik piquet, da à, Roum Rome, ou koumm vague.

Pikat, *va.* Piquer ; part. et.

Piker, *sm.* Piqueur, valet de chien ; *pl.* pikérien.

Pikét, *sm.* Piquet ; *pl.* pikéjou.

Piketez, *sm.* Piquette ; *pl.* piketesou.

Piketez-gwin, *sm.* Piquette de raisin ; piketez piquette, gwin vin.

Pikez, *sm.* Plante à piquants, laiche.

Pikez, *sm.* Pique, une des couleurs des cartes à jouer.

Pikezen, *sf.* Coup fortement appliqué ; *pl.* pikezénnou.

Pikol, *adj*. Grand, monstreux, pi ou bi, redoublement ; kol pour coul cowal entièrement cité par Loth.

Pikol hini, *sm*. Un être énorme ; pikol monstrueux, hini celui.

Pikolou, *adj. pl*. Pinces énormes de pierres, de bois.

Pikotin, *sm*. Picotin, mesure d'avoine ; ou.

Pikous pikouz, *sm*. et *adj*. Chassie, chassieux ; Zeuss cite pikous mans composé de pikouz et de manc ; latin mancus.

Pikousa, *va*. Bicler, regarder de près ; part. et.

Pikouz, *adj*. Chassieux.

Pikoukek. *adj*. Chassieux.

Pikouzen, *sf*. Femme chassieuse ; *pl*. ned.

Pik-du, *sf*. Point noir ; *pl*. pikou du.

Pik-spern, *sf*. Pie grièche ; pik pie, spern ronces.

Pil, *sm*. Revers d'une pièce ; latin pila ; breton kil.

Pil, *sm*. Pile, amoncellement ; *pl*. Pilou.

Pil, *sm*. Bûche ; voy. piltoz.

Pilaouéra, *va*. Biner le sol ; part. et ; latin pilare.

Pilaoued, *sm*. Jeu de la pirouette.

Pilat, *va*. Battre, abattre ; part. pilet.

Pilat, pilad. *sm*. Pilate, le juge de Notre-Seigneur Jésus-Christ.

Piler, *sm*. Pilier ; voyez pilier.

Pilet, *adj*. et *part* ; abattu ; voy. pilat.

Pilet, *sm*. Cierge ; *pl*. piletou. Zeuss cite pil, pillen.

Pilgos, *sm*. Billot ; *pl*. pilgosiou.

Pilgosek, *sm*. Courtaud, de pilgos.

Pilkos. Voyez pilgos.

Pill, *sm*. Guenille ; *pl*. pillou ; gallois pelynou ; latin pallium.

Pilla, *va*. Piller ; part. pillet.

Pillaou, *sm. pl*. Chiffons.

Pillaoua, *vn*. Ramasser des chiffons ; part. et.

Pillaouek, *adj*. Couvert de guenilles.

Pillaouer, *sm*. Chiffonnier ; *pl*. ien ; de pill, guenille.

Pillen, *sf*. Chiffon ; *pl*. pillou.

Pillik. pillig, *sf*. Poélon ; *pl*. pilligou ; cornique, pellistgur, pellistker.

Pilligad, *sf*. La plénitude d'une poêle ; *pl*. ou.

Pilliger, *sm*. Chaudronnier ; *pl*. ien.

Pillik-krampoès, *sf*. Poêle à crêpes.

Pillik-lostek, *sf*. Poêle à frire, pillik poêle, lostek qui a une queue.

Pillik-wele, *sf*. Bassinoire, pillek poêle, gwelé lit.

Pillou. *sm. pl*. Chiffons ; voy. pill.

Piloch. *sm*. Pilotes ; *pl*. ou ; hollandais piloot.

Pilorjet, *sm*. Marchand d'oiseaux.

Pilod, *sm*. Pilote ; *pl*. ed ; quelques uns prononcent pulod.

Pilouer, *sm*. Pilon ; *pl*. ou.

Pilpod, *sm*. Jeu de la galoche, pilad abattu, pod pot.

Pilpouz, *sm*. Bigot ; *pl*. ed ; latin pius.

Pilpouz. *sm*. Charpie.

Pilpouza, *vn*. Faire de la charpie ; part. et.

Pilpouzez. *sf*. Bigote ; *pl*. ed.

Pilpren, *sm*. Râteau garni d'un manche ; *pl*. nou ; pil pile, pren ou prenn bois.

Pilpren, *sm*. Billot ; *pl*. nou.

Piltos, *sm*. Buche ; voy. pilgos.

Piltosek. *adj*. Noueux, qui a la forme d'une bûche.

Piltoz. *sm*. Buche ; voy. piltos, pilgoz.

Piltrotik, *sm*. Petit trot.

Pimp. Nom de nombre, cinq ; voy. pemp.

Pimp, *sm*. pipe ; *pl*. ou.

Pimpad, *sm*. Pipe garnie de tabac ; *pl*. ou.

Pinard, *sm*. Homme riche ; voyez pignard.

Pinfa, *va*. Orner, agrémenter ; part. et.

Pimpérez, *sm*. Action d'orner ; *pl*. pinpérisiou.

Pinfot, *adj*. et *part*. Orné, bien habillé.

Pingalet, *sm*. Carotte sauvage ; penn tête, kaled dur.

Pini pehini. *pron*. lequel ; voy. péhini.

Pinijaff, *vn*. Faire pénitence ; part. pinijet.

Pinijen, *sf*. Pénitence ; *pl*. nou ; latin pænitentia.

Pinijenna, *vn*. Mettre en pénitence ; part. et.

Pinochezen, *sf*. Epinard ; *pl*. pinochez ; latin spinarium.

Pinouik, *adj*. Riche ; voy. pinvidik.

Pinouikat, *vn*. S'enrichir ; voy. pinvidikaat.

Pins, *sm*. Extrémité aiguë d'un levier ; *pl*. pinsou.

Pinsat. *va*. Pincer ; part. pinset ; anglais to pinch.

Pinser, *sm*. Pinceur ; *pl*. ien.

Pinserez, *sf*. Femme qui pince ; *pl*. ed.

Pinserez. *sm*. Action de pincer.

Pinsetézen, *sf*. Pincette ; *pl*. pinsetez, ou pinsétésennou.

Pinsin, *sm*. Bénitier, vase ; *pl*. ou ; latin piscina ; français piscine.

Pint, *sm*. Pinson, ciseau, *pl*. pintes ; kymr. pinc ; grec σπινδιον.

Pint, *sm*. Mesure pour les liquides.

PINTAD. *sm.* La mesure d'une pinte ; *pl.* ou.

PINTAD, *sm.* Le plein d'une pinte ; *pl.* pintajeu.

PINTR. *sm.* Peintre; *pl.* pintred.

PINTRA. *va.* Peindre ; part. et.

PINU'K. *adj.* Riche ; voyez pinvidik.

PINUIKAT, *vn.* S'enrichir ; part. et.

PINVIDIGEZ, *sf.* Richesse, de pinvidik.

PINVIDIK, *adj.* Riche ; de Jubainville l'indique avec metathèse pour penvédik : gallois pendefig, composé de penn et de tevik - tovicos, vit toisech tov - iticcas prince ; comparez penn tête, mad bien.

PINVIDIKAAT, *vn.* S'enrichir ; part. piuvidikéat, pinvidik riche.

PINVIK, *adj.* Riche, abréviation de pinvidik.

PIOCH, *sm.* Pioche ; *pl.* ou ; bas latin piocus.

PIOC'H *sm.* Paix ; voy. péoc'h.

PIOCHA, *va.* Piocher, se servir de la pioche ; part. et.

PIOU, *pron.* Qui ; cornique, piu pyw.

PIOU-BENNAG, *pron.* Quiconque ; Loth cite paped pinnac, quoique ce soit.

PIOU-BENNAK. Voy. piou-bennag.

PIPI, *sm.* Un homme important.

PEPI, *sm.* Abréviation de petit Pierre.

PIPI *sm.* Terme enfantin, action d'uriner.

PIPIA, *vn.* Crier comme les poulets ; part. pipiet.

PIPI-GOUER, *sm.* Cultivateur ; pipi petit Pierre, kouer paysan.

PIPOUL, *sm.* Plante, pourpier.

PIR, *sm. pl.* Poire ; voy. per.

PIR'CHIRIN, *sm.* Pèlerin ; *pl.* ed ; latin peregrinus.

PIRC'HERINDED, *sm.* Pèlerinage.

PIRCIN, *vn.* Pâturer ; voy. peuri.

PIREN, *sf.* Poire ; *pl.* pir.

PIREN-HILI, *sf.* Corme, fruit du cormier.

PIRIL, *sm.* Péril ; *pl.* ou.

PIRISIL, *sm.* Persil ; voy. perisil.

PIRISIL-KI. *sm.* ciguë, à la lettre, persil de chien.

PIRISIL-MOR. *sm.* Perce-pierre, casse-pierre, perisil persil, mor mer.

PIS, *sm. pl.* Pois ; *pl.* de pirin ; voy. ce mot.

PISIL. Voy. pisel.

PISILE.N, *va.* Raccommoder ; voy. peselein.

PISEN, *sf.* Pois, légume ; *pl.* pis ; latin pisum.

PISIN, *sm.* Lavoir, baquet ; voy. pinsin.

PEIK, *sm.* Poisson ; voyez pesk.

PISKETEIN, *vn.* Pêcher ; voy. pesketa.

PISKETOUR, *sm.* Pêcheur ; *pl.* ien ; voy. peskétaer.

PIS LOGOD, *sm.* Ivraie, vesce ; pis pois, Logoden souris.

PISMIG, *sm.* et *adj.* Difficile pour les vivres ; piz avare, miga mouga étouffer, ou du vieux breton peth chose, moug qui étouffe.

PISMIGA. *vn* Faire le difficile ; part et.

PISMIGER, *sm.* Homme qui mange avec répugnance ; *pl.* ien.

PISMIGOU. *sm. pl.* Faire des compliments ; ober pismigou, façons, cérémonies.

PISMIK. Voy. pismig

PISTIK, *sm.* Point de côté ; *pl.* pistigou, grec πενθος douleur vive.

PISTIGA, *vn.* Elancer, causer une douleur très vive ; part et.

PISTIGOU, *sm. pl.* Elancements, points de côté.

PISTOLEN, *sf.* Pistolet ; *pl.* nou ; pistolinier.

PISTOLEN, *sf.* Pièce de monnaie, pistole ; *pl.* pistol.

PISTRI, *sm.* Poison ; grec πιχριδιος amer.

PISTRIA, *va.* Empoisonner ; part. pistriet.

PISTROKLEN, *sf.* Petoncle ; *pl.* ned. latin pettunculus.

PISTRONKEN. Voy. pistroklen.

PITI, *sm.* Jeu des billes ; c'hoari piti.

PITIZ, *sm.* Ver de mer ; voy. petiz.

PITOUILL, *sm.* Charpie, débris de linge.

PITOUILL, *sm.* Friand, difficile ; comparez le français patouiller.

PITOUILLA. *vn.* Manger des friandises ; part. et.

PITOUILLEZ, *sf.* Femme friande ; *pl.* ed.

PITOUILLEZ, *sm.* Charpie ; voy. Pitouill.

PITOUN, *sm.* Piton ; *pl.* pitoniou.

PITOUZ, *adj.* Piteux ; grec πιθης singe.

PITOUZAL, *vn.* Faire le piteux ; part. et.

PITOYABL, *adj.* Pitoyable.

PIUIKAT, *vn.* S'enrichir ; voy. pinvidi kaat.

PIVIT, *sf.* Pépie ; voy. pibit.

PIVDENA, *sm.* Piment, plante ; latin pigmentum.

PIZ, *sm. pl.* Pois, voy. pizen.

PIZ, *adj.* Économe, avare.

PIZEN, *st.* Pois ; *pl.* piz.

PIZ-FA, *sm. pl.* Fèves ; piz pois, fa fève.

PIZ LOGOD, *sm. pl.* Vesce ; voy. pislogod.

PIZONI, *sm.* Avarice ; piz avare.

PIZ ROUM, *sm. pl.* Haricots ; piz pois, roum Rome.

PIZ-RUZ, *sm. pl.* Lentilles ; piz pois, ruz rouge.

PLAC PLAS, *sm* Place ; *pl.* plasou, latin platea, grec πλατεια.

PLACAC'H, *sm.* Placage.

PLAC'H, sf. Fille, servante; pl. plac'hed, gaulois palacca.
PLAC'HETA, vn. Courir les filles; part. et; plac'h fille.
PLAD, sm. Plat ; pl. pladou, grec πλατυς.
PLAD, adj. Plat ; aplati.
PLADA, va. Aplatir ; part. pladet.
PLADAD, sm. Le plein d'un plat ; pl. pladajou.
PLADEN, sf. Plaque, plateau ; pl. pladinnou.
PLADEN-BILLIG, st. Crépière ; pladen plaque, billig poêle.
PLADEN-DOUAR, sm. Terre-plein, terrasse ; pladen plateau, douar terre.
PLADENNEK, sf. Petit plateau ; pl. pladennigou.
PLADOREN, sf. Femme langoureuse ; pl. pladorennezed ; plad plat, aplati.
PLADORENNA, va. Faire le paresseux ; part. et.
PLAD-SOUBEN, sm. Soupière ; plad plat, souben soupe.
PLAFA, vn. S'abattre en parlant des oiseaux ; part. plafet ; vieux breton palf, latin palma.
PLAFOUN, sm. Plafond ; pl. iou.
PLAFOUNI, va. Plafonner ; part. et.
PLAK, sm. Plaque ; pl. plakou.
PLAKA, va. Plaquer ; part. et.
PLANCHED, sf. Planchette ; pl. planchedennou.
PLANEDEN, sf. Horoscope ; pl. nou ; comparez le français planète.
PLANEDEN, sf. Planète ; pl. nou.
PLANKEN, sf. Planche ; pl. nou ; ou plench. latin planea.
PLANSON, sm. pl. Tresses, cordonnets ; grec πλαγίος oblique, πλαβμα, ouvrage façonné.
PLANSONA, va. Tresser ; part. et.
PLANSONEN, sf. Tresse ; pl. planson.
PLANSONI, va. Tresser ; part. plansonet.
PLANT, sm. pl. Enfants ; irland. cland race.
PLANT, sm. pl. Plants, jeunes arbres.
PLANTA, va. Planter ; part. et.
PLANTASION, sf. Action de planter ; pl. ou.
PLANTEIN, va. Voy. planta.
PLANTEK, adj. Qui produit ; Plantek figure dans les noms de famille.
PLANTEN, sf. Belle jeune fille ; pl. nou.
PLANTEN, sf. Plante ; pl. nou.
PLAOUFA, va. Donner des coups de griffe ; part. et ; palf paume de la main.
PLAOUIA. Voy. plaoufa.
PLAOUINIA, vn. Plonger ; part. et ; voy. plounia.
PLARIK, adv. En fillette, doucement, sans bruit.
PLAS, sm. Place ; pl. plasou ; voy. plaç.

PLASEN, sf. Place publique ; pl. nou.
PLASEN-AR FOAR, sf. Champ de foire; plasen place, foar foire.
PLASI, va. Placer, poser ; part. et.
PLASTR, sm. Plâtre ; pl. ou ; bas latin plastrum.
PLASTRA, va. Garnir de plâtre ; part. plastret.
PLASTRER, sm. Plâtrier ; pl. ien.
PLAT. Voy. plad.
PLATINEN, sf. Platine d'un fusil ; pl. platinennou.
PLAVA. Voy. plafa.
PLÉ, adj. Mou, débile ; grec βλακεία mollesse.
PLÉAN, adj. Plat, uni ; latin planus.
PLED, sm. Attention ; grec βλεπτος attentif.
PLEG, sm. Pli, courbure ; grec πλαγίος oblique ; pl. plégou.
PLEGA, va. Plier ; part. pleget.
PLEGEIN, va. Plier ; voy. plega.
PLEGEN, sf. Courbure ; pl. plegennou.
PLEG-FALL, sm. Mauvais pli ; pleg pli, fall mauvais.
PLEG-ROD, sm. Jante de roue ; pleg pli, rod roue.
PLEGUZ, adj. Flexible, pliant.
PLEG-VOR, sm. Anse ; pleg pli, mor mer.
PLEIZEN, st. Plie, poisson ; pl. pleized, latin platessa.
PLEK. Voy. pleg.
PLENN, adj. Uni ; voy. pléan.
PLENN, sm. Plane de charron ; pl. ou.
PLÉNAAT, vn. Aplanir ; part. plennéat.
PLESK, sm. pl. Ecorces; voy. plusk.
PLESKEN, sf. Ecorce ; pl. plesk.
PLET. Voy. pled.
PLEU PLOU. Mots qui entrent dans la composition des noms de lieux ; comparez le latin plebs peuple.
PLEUNJOUR, sm. Plongeur ; pl. ien.
PLEURESI, sf. Pleurésie.
PLEUSTRA, va. Dresser, fréquenter ; part. et ; grec πλόκιξω enlacer, πληκτος frappé.
PLEUSTRAN, va. Dresser, le même que pleustra.
PLEUSTREI, sm. Dresseur ; pl. ien.
PLEUSTRIN. Voy. pleustra.
PLIJADUR, sf. Plaisir ; pl. iou ; plijout plaire.
PLIJADUREZ. Voy. plijadur.
PLIJADURESIOU, sf. pl. Plaisirs.
PLIJADURIOU, sm. pl. De plijadur plaisir.
PLIJOUT, vn. Plaire ; part. plijet.
PLOBOREN, sf. Pustule ; voy. klogoren.
PLOBORD, pl. de ploboren.
PLOG, sm. Petit oiseau ; voyez plu plun plume.
PLOK, adj. Net.

PLOK, sm. Le fil du poil d'une vache ; comparez le français ploc, le latin plicare, grec πολιος, poil blanc et gris.
PLOK, adv. D'aplomb.
PLOKA, va. Frapper d'aplomb ; part. et.
PLOKER BLOKER, sm. Celui qui frappe d'aplomb ; pl. plokerien.
PLOMEIN, sm. Petit vase ; grec πλεος plein.
PLOMM, adj. A pic, raide.
PLOMM, sm. Plomb ; latin plumbum.
PLOMMEIN, va. Plomber ; part. plommet.
PLOMMEN, sf. Paquet ; grumeau ; pl. nou.
PLORSEN, sf. Prune sauvage ; pl. plors masculin, voy. polotesen.
PLOTTEN, sf. Balle pelote ; pl. nou ; voy. polod.
PLOU, sm. Voy. pleu.
PLOUÉ, sm. Campagne.
PLOUEZAD, sm. Campagnard ; pl. plouiziz.
PLOUEZADEZ, sf. Campagnarde ; pl. ed.
PLOUEZIAD. Voy. plouezad.
PLOUEZIADEZ. Voy. plouezadez.
PLOUEZIZ, pl. irrég. de plouezad.
PLOUMEIZ, sm. Vase ; voy. plomeis.
PLOUMEN, sf. Jet d'eau, fontaine ; pl. nou.
PLOUMER, sm. Plongeur ; pl. ien.
PLOUMM, sm. Plomb métal.
PLOUMM, adv. D'aplomb.
PLOUMMA, va. Plomber ; part. et.
PLOUMMA, va. Mettre d'aplomb ; part. et.
PLOUMMER, sm. Plombier ; pl. ien.
PLOUNIA, va. Plonger ; part. plouniet.
PLOUNIER, sm. Plongeur ; pl. ien.
PLOUNIEREZ, sf. Femme qui plonge ; pl. ed.
PLOUNIEREZ, sm. Action de plonger.
PLOUZ, sm. pl. De plouzen, paille.
PLOUZEK, sf. Tas de paille.
PLOUZEN, sf. Brin de paille ; pl. plouz ; latin pilosus velu ; comparez le français pelouse ; Plouzen figure en Bretagne dans les noms de famille.
PLOUZEN-VERR, sf. Courte paille ; plouzen paille, berr court.
PLU, PLUN, sm. pl. irrég. de pluenn plume ; Loth cite plumeau, traversin, coussin, dérivé de pluma, gallois pluf, irland clum, de Jubainville tire plun du latin pluma.
PLUA PLUNA, vn. Se couvrir de plumes ; part. et.
PLUEK PLUNEK, adj. Couvert de plumes.
PLUEK PLUNEK, sm. Traversin, oreiller ; voyez plumauc cité au mot plu, plun.
PLUEN, sf. Plume d'oiseau, plume à écrire ; plur., pluennou, plun.
PLUEN, sf. Flocon de neige, robinet ; pl. pluennou.

PLUIA, va. Plonger ; part. et.
PLUIA SPLUIA, va. Coquer, saillir ; part. et.
PLUIER, sm. Plongeon, pluvier.
PLUN. Voy. plu.
PLUNA. Voy. Plua.
PLUNEIEN, pl. de plunek ; pluek, oreiller de plumes.
PLUNEK. Voy. pluek.
PLUNIA, va. Plonger ; voy. plounia ; part. et,
PLUNJA, vn. Plonger ; part. et.
PLUNJEIN, vn. Plonger ; part plunjet.
PLUNJER, sm. Plongeur ; pl. ien.
PLUNJOUR, sm. Dial. de Vannes plongeur ; pl. plunjeriou.
PLUSK, sm. pl. De plusken, écorce.
PLUSKEN, sf. Ecorce ; pl. plusk ; ou pluskennou.
PLUSKENNEK, adj. Qui a une écorce ; de plusk écorce.
PLUSKENNIK, sf. Pellicule ; pl. pluskennigou.
PLUSTRA. Voy. pleustra.
PLUSTREN, sf. Tache de rousseur ; pl. plustrennou.
PLUSTRENNEK, adj. Qui a des taches de rousseur.
PO PAU, sm. Patte ; voy. pað.
PO. Exclamation, silence ; pour péoc'h paix.
POAC'H, adj. Cuit ; latin coctus.
POAC'HA, va. et n. Cuire ; part. poac'het.
POAC'HER, sm. Celui qui cuit, boulanger ; pl. ien.
POAC'HEIN, va. Cuire ; dialecte de Vannes.
POAN, sf. Peine ; pl. poaniou ; latin pœna.
POAN-BENN, sf. Mal de tête ; poan peiné, penn tête.
POAN-C'HOUZOUK, sf. Mal de gorge ; poan peine, kouzouk, gouzouk, cou.
POAN-GOF, sf. Mal de ventre ; poan mal, kof ventre.
POAN-IZILI, sf. Mal de nerfs ; poan mal, izili nerfs.
POANIA, vn. Travailler, se donner de la peine ; part. et.
POANIAL, vn. Voy. poania.
POANNIUZ, adj. Pénible ; poan peine.
POAN-VUGALE, sf. Mal d'enfants ; poan mal, bugale enfants.
POAZ, adj. Cuit. Voy. poac'h.
POAZA, va. et n. Cuire ; part. poazet.
POB, PAUB, pron. Chaque ; voy. peb.
POBAT, va. Dial. de Vannes, cuire ; part. et.
POBEIN, va. Cuire ; le même que pobat.
POBER, sm. Boulanger ; pl. ion.
POBL, sm. Peuple ; pl. pobhiou ; latin plebs.

POBL-TUD, *sm.* Foule ; pobl peuple, tud monde.
POBRAN, *sm.* Bouton d'or, plante ; paô patte, bran corbeau.
POCH, *adj.* Pareil, semblable.
POC'HAN, *sm.* Plongeon ; *pl.* poc'haned.
POCHEK, *adj.* Qui a la forme d'un pot ; voy. podek.
POD, *sm.* Pot ; *pl.* podou ; bas latin potus.
PODA, *sm.* Potée ; *pl.* podadou, podajou.
POD-AL-LAGAD, *sm.* Orbite de l'œil ; pod pot, lagad œil.
POD-BRONNEK, *sm.* Biberon ; pod pot, bronn sein.
POD-DOUR, *sm.* Cruche ; pod pot ; dour eau.
PODEEN, *sf.* Terrine ; *pl.* ou, podunen.
PODEENNAD, *sm.* Plein la terrine ; *pl.* ou.
PODEK, *adj.* Qui a la forme d'un pot ; pod pot.
PODER, *sm.* Potier ; *pl.* ien ; Poder est un nom de famille très répandu.
PODÉRI, *sm.* Poterie, fabrique de pots ; *pl.* ou.
PODEUR, *sm.* Potier ; voy. poder.
PODEZ, *sf.* Terrine ; *pl.* ou ; pod pot.
PODEZAD, *sf.* La plénitude d'une terrine ; *pl.* ou.
POD-HOUARN, *sm.* Pot de fer ; pod pot, houarn fer.
PODIK, *sm.* Petit pot ; *pl.* podigou.
PODIK-ESPERN, *sm.* Cagnotte, tire-lire ; podik petit pot, espern épargne.
POD-MEZEN. Le godet du gland de chêne prépuce ; pod pot, mezen gland.
POD-PRI, *sm.* Pot de terre ; pod pot, pri terre.
POEC'HEIN, *va.* Dial. de Vannes ; cuire part. poec'het.
POEK PAUEK, *adj.* Qui a de grosses pattes ; voy. paoek.
POÉL, *sm.* Poéle ; *pl.* ou.
POÉLL, *sm.* Arrêt, prudence, raison, retenue ; de Jubainville cite le vieil irlandais ciall thème qella.
POÉLLA, *va.* Raisonner, concevoir ; part. et.
POÉLLAD, *sm.* Travail d'intelligence ; *pl.* ou.
POELLADI, *vn.* Faire des efforts, s'efforcer ; part. et.
POELLAT, *vn.* S'efforcer ; voy. poella.
POELLEK, *adj.* Sage, travailleur.
POEN, *sf.* Peine ; latin pœna, voy. poan ; grec ποίνη peine.
POENCHEN, *sf.* Jupe, cotillon ; *pl.* poenchennou.
POENIEIN, *va.* Persécuter ; part. poeniet.
POENIUZ, *adj.* Pénible ; voy. poaniuz.
POENSON, *sm.* Plafond.

POÉNSON, *sm.* Poinçon ; *pl.* ou.
POENT, *sm.* Temps, moment opportun.
POENTEN, *sf.* Pointe ; *pl.* poentennou.
POENTENNA, *va.* Mettre des pointes part. et.
POES POEZ, *sm.* Repos.
POÉZ POUEZ, *sm.* Poids ; Loth cite pus puis poids de pensum, irland. piss, gallois pwys ; de Jubainville fait venir oe breton du français oi, poez, poids.
POEZA POUEZA, *va.* et *n.* Peser ; part. poezet pouézet.
POEZADEN, *sf.* Pesée ; *pl.* nou.
POEZEIN, *vn.* Se reposer.
POÉZOLEN, *sm.* Poison.
POEZUZ, *adj.* Qui a du poids.
POGAMM. Paugamm, *adj.* Pied-bot ; paô patte kamm, courbe, boiteux.
POGEN. *sf.* Un bras de charrue.
POK. *sm.* Baiser ; *pl.* pokou.
POKA, *vn.* Embrasser ; part. poket.
POKARD, *sm.* Tache d'encre ; *pl.* ou.
POKET, *vn.* et *part.* Donner un baiser.
POKI. Voy. poka.
POL, *sf.* Barre de gouvernail ; voy. paol.
POLÉ, *sm.* Poulie ; *pl.* poleou ; allemand pullian, anglais to pull.
POLÉA, *vn.* Faire des poulies ; part. et.
POLÉEUR, *sm.* Poulieur ; *pl.* ien.
POLÉOUR, *sm.* Poulieur ; *pl.* ien.
POLÉS POLEZ, *sf.* Poulette ; *pl.* polezi ; bas latin pulla.
POLI, *adj.* Poli.
POLINAT, *vn.* Godiller ; part. et.
POLIS, *sm.* Police, règlement.
POLIS, *sf.* Police ; officier de police, ofiser polis.
POLISOUN, *sm.* Polisson ; *pl.* ed.
POLISOUNA, *va.* Polissonner ; part. et.
POLISOUNÉREZ, *sm.* Polisonnerie.
POLISSA, *va.* Polir ; part. et.
POLISSOUN, *sm.* Polisson ; *pl.* polissouned ; voy. polisoun.
POLISSOUNA, *va.* Polissonner ; part. et.
POLITÉS, *sf.* Politesse ; il est évident que ce mot vient du français.
POLITIK, *sm.* et *adj.* Politique.
POLLENVA, *va.* Louvoyer, godiller ; part. et.
POLLEVIA. Voy. Pollenva.
POLOD, *sm. pl.* De pelotte.
POLODEN, *sf.* Pelotte ; *pl.* polod ou polodennou.
POLOTREZ POLOTÉS, *sf. pl.* Prunes sauvages.
POLOTREZEN POLOTESEN, *sf.* Prune sauvage.
POLPEGAN, *sm.* Nain ; poulpiquet ; *pl.* ed.
POMEDER, *sm.* Pouls ; voy. momeder.
POMPA, *va.* Pomper ; part. et.

POMPAD, sm. Fanfaronnade ; pl. ou.
POMPADI, vn. Se vanter ; part. et.
POMPINEN, sf. Femme bien mise ; pl. nou.
PONDALEZ, sm. Corridor, pont ; pount pont, aléz allée.
PONGORS, sf. Oiseau, butor ; la grammaire Zeuss et Ébel cite bidnepein, bidnepein, cambrique bod, buteo ; je penche pour l'étymologie pon pour, pawn paon, kors glaïeul : cet oiseau se plait en effet dans les marais.
Ponner, adj. Lourd ; latin ponderosus ; voy. pounner.
PONNERAAT, vn. Devenir lourd ; part. ponneréat.
PONSIN, sm. Poulet ; pl. ponsined ; latin pullus.
PONT POUNT, sm. Pont ; pl. ponchou ; Pont est un nom de famille assez répandu.
PONTALEZ, sm. Voy. Pondalez.
PONT-GWINT, sm. Pont-levis ; pontpont et gwinta lever.
PONT-GWINTER. Voy. pont-gwint.
PONT-TERGE, sm. Palier ; pont pont, déré, dergé escalier.
PONT-TRÉOU. Nom de ville ; Pontrieux, pont pont-tréou, passages.
POOU, sm. Pays ; gallois pau, peues, région habitée, pouisia, paoys, région du pays de Galles, gaulois pausenna, latin pagus.
PORCHED, sm. Porche ; pl. ou.
PORCHER, sm. Portier ; pl. ien.
PORSELEN, sf. Porcelaine.
PORTEZ, adj. Qui porte.
PORTEZA, va. Porter du grain ou de la farine : part. et.
PORTEZER, sm. Porteur, meunier ; pl. portézerien.
PORTEZEREZ, sm. Action de porter.
PORTRED, sm. Portrait ; pl. ou.
PORZ, sf. Cour ; pl. percher.
PORZIER, sm. Portier ; pl. ien.
POSI, va Poser ; part. poset.
POSISION, sf. Position.
POSSUBL, adj. Possible.
POST, sm. Poste.
POSTILLOUN, sm. Postillon ; pl. ed.
POUC'H, adj. Sale, malpropre.
POUD, adj. Tirant.
POUEZ POEZ, sm. Poids.
POUEZA POEZA, va. et n. Peser ; part et.
POUEZADEN, sf. Pesée ; pl. nou.
POUEZUZ POEZUZ, adj. Pesant, lourd.
POUGNARD, sm. Poignard ; pl. ou.
POUGNARDI, va. Poignarder ; part. et.
POUILL, sm. Affront, injure ; grec πολεμος guerre ; comparez le français pouille.
POUILLEIN, va. Injurier, insulter.
POUIZ POUIS, sm. Poids ; Loth cite pus puis poids, gallois pwgs, vannetais pouiz, Léon pouéz.
POUIZEIN, va. et n. Peser ; en Léon pouéza poeza, que de Jubainville tire du bas latin pesare.
POUK, adj. Humide, moite ; voy. poukr.
POUKR, adj. Moite, humide ; Loth cite buc mou, bocion mous en vannes amzir poug, en Léon amzer bouk, amzer pouk, temps mou.
POULC'HAD, sm. Entamure, lumignon de lampe ou de chandelle ; pl. ou.
POULCHEN, st. Lumignon, entamure ; pl. nou ; voy. boulc'hen.
POUL DRO, sm. Lieu où l'eau tourbillonne ; poull, mare, tro tour.
POUL-DROÉN, sm. Tourbillon ; voy. pouldro.
POULL, sm. Trou, mare ; pl. poullou ; Loth cite poulloraur, qui sert à écrire, dérivé de pugillar, du latin pugillaris, encrier ; le vieux breton poullaur peut s'expliquer par poull trou, léor livre.
POULLAD, sm. Trou plein, mare pleine d'eau ; pl. poulladou.
POULLADA, va. Faire un cloaque ; part. et.
POULLAD GLAOU. Fouée à charbon ; poullad trou, glaou charbon.
POULL ALLAGAD, sm. Orbite, cavité de l'œil ; poull trou, lagad œil.
POULL ANN PRENN, sm. Latrines ; poull trou, ann le, prenn bois.
POULL-BREIN, sm. Mare fétide ; cloaque poull mare, brein pourri.
POULL-CHOALEN, sm. Saline ; poull mare, choalen sel.
POULL DA WALC'HI, sm. Lavoir ; poull trou mare, da pour, gwalc'hi laver.
POULL-DIZOURA, sm. Trou que l'on dessèche ; poull trou, dizoura enlever l'eau.
POULL-DOUN, sm. Trou profond, cachot ; poull trou, doun profond.
POULL-DOUR, sm. Trou d'eau.
POULL-DOURA, sm. Abreuvoir.
POULL-DROEN. Voy. Pouldroen.
POULL-FANK, sm. Bourbier ; poull trou, fank boue.
POULL GLAOU, sm. Fouée de charbonnier ; poull trou. glaou charbon.
POULLIK, sm. Petit trou, petite mare ; pl. poulligou.
POULL-KALOUN, POULL-GALOUN, sm. Estomac ; poull trou, profondeur ; kaloun cœur.
POULL-KANAB, sm. Fosse à rouir le chanvre ; poull trou, kanab chanvre.
POULL-KANNA, sm. Lavoir ; poull mare, kanna blanchir, kan blanc.
POULL-LER, sm. Trou des tanneurs ; poull trou, ler cuir.

Poull-lin, *sm.* Fosse pour rouir le lin ; poull mare, lin lin.

Poull-pri, *sm.* Carrière d'argile ; poull trou, pri boue, Poulpri figure dans les noms de famille.

Poull-ran, *sm.* Grenouillère ; poull mare, ran jeune grenouille.

Poull-rod, *sm.* Excavation pour placer la roue d'un moulin ; poull trou, rod roue.

Poull-skorf, *sm.* Décharge d'un étang ; poull trou, skorf décharge.

Poull-tro, *sm.* Tourbillon ; poull trou, tro tour.

Pouloud, *pl. irrég.* De poulouden.

Poulouden, *sf.* Caillot, grumeau ; *pl.* pouloud ; ou pouloudennou, glose d'indore pilotellus.

Pouloudenna, *vn.* Se former en grumeaux ; part. et.

Pouloudennek, *adj.* Grumeleux, caillé.

Pouloudennet, *adj.* Formé en grumeaux.

Pouloudik, *sm.* Petit grumeau, espèce de bouillie ; *pl.* pouloudigou.

Poulounez, *sm.* Pli, froncis ; *pl.* ou.

Pouloureza, *va.* Froncir, faire des plis ; part. et.

Poulout, *sm. pl.* Boulettes ; voy. pouloudik ; latin bulla.

Poulsa, *va.* Pousser ; part. et. ; latin pulsare.

Poulsad, *sm.* Poussée ; *pl.* ou.

Poulsad, *sm.* Moment, pulsation ; *pl.* ou.

Poulsik, *sm.* Petit instant ; *pl.* poulsigou.

Poultr, *sm.* Poudre ; *pl.* ou ; latin pulvis, pulveren ; vieux français puldre.

Poultra, *va.* Poudrer ; part. et.

Poultrek, *adj.* Couvert de poudre, de poussière.

Poultren, *sf.* Poussière ; *pl.* poultrennou, poultr.

Poultrenna, *va.* Couvrir de poussière ; part. et.

Poultret, *adj.* Poudré.

Poultrik, *sm.* Duvet, atome ; de poultr ; *pl.* poultrigou.

Poumellen, *sf.* Pommeau ; *pl.* nou.

Poump, *sm.* Pompe ; *pl.* poumpchou.

Poumpa, *va.* Pomper ; part. et.

Pouneraat, *vn.* Devenir lourd ; part. pounereat ; pounner lourd.

Pounner, *adj.* Lourd ; latin, ponderosus.

Pounner-gléo, *adj.* Sourd, qui a l'oreille dure ; pounner lourd ; kléo ouïe.

Pounsa, *va.* Poncer ; part. et.

Pount, *sm.* Pont ; *pl.* pounchou ; latin pons ; Pount est un nom de famille assez répandu.

Pountik, *sm.* Petit pont ; *pl.* pountigou, de pount pont.

Poupik, *sm.* Enfant chéri ; voy. moumoun.

Poupinet, *adj.* Mignard ; latin puppis.

Pouponet, *adj.* Voy. poupinel.

Pour, *sm. pl.* Poireaux.

Pourc'h, *sm.* Vêtements, défroque ; grec πορπωμα vêtement.

Pourc'ha, *va.* Habiller, vêtir ; part. et.

Pourchas, *va.* Préparer, équiper ; part. pourchas et.

Pourchassa, *va.* Préparer, apprêter ; part. et. ; vieux français pourchas, occupation.

Pourc'hen, *sm.* Lumignon ; voyez poulc'hen.

Pouren, *sf.* Poireau ; *pl.* pour, pourrennou.

Pouri, *adj.* Pourri ; voy. bréin.

Pourmen, *vn.* Se promener ; part. et ; latin prominare.

Pourmenaden, *sf.* Promenade ; *pl.* nou.

Pourpanson, *sm. pl.* Pourpoint ; grec πορπωμα vêtement.

Pourg, *sm.* Toux ; voy. paz.

Poursal, *vn.* Être poussif ; part. et :

Pourset, *adj. et part.* Poussif.

Poursiou, *vn.* Poursuivre ; part. poursuet.

Poursu, *va.* Poursuivre ; part. et.

Pourvéans, *sf.* Fourniture ; *pl.* ou.

Pourvéi, *va.* Fournir ; part. pourvéet ; latin providere.

Pous, peus, *sm.* Toux ; voy. paz.

Pouset, *adj.* Poussif ; voy. pourset.

Pout, *sm.* Pot ; voy. pod.

Pout-rot, *sm.* Moyeu d'une roue ; pout pot, rot roue.

Prad, prat, *sm.* Pré ; *pl.* prajou ; latin pratum ; variante de pluriel, prajerer.

Praden, *sf.* Pré humide ; voyez prajen.

Prat, *sm.* Marécage. Le mot Prat figure dans les noms de famille.

Pratel, *sf.* Tonnelle ; *pl.* ou ; grec πρακτος fait.

Pratik, *sm.* Client, pratique ; *pl.* pratikou.

Pratika, *va.* Pratiquer ; part. pratiket.

Preanv, *sm.* Ver de terre ; voy. préon ; gallois pryv, pryff ; irland. cruimh ; sanscrit krmis ; latin vermis ; d'Arbois de Jubainville.

Pred, *sm.* Temps, époque ; *pl.* ou ; Zeuss cite pryt, tempus.

Pred, *sm.* Repas ; *pl.* ou ; latin proeda, proie.

Pred, pred-boed, *sm.* Repas.

PRED-BEURÉ, *sm.* Repas du matin ; pred repas, beuré matin.
PRED-BOED, *sm.* Repas ; voy. predboued.
PRED-BOUED, *sm.* Repas ; pred repas, boued nourriture.
PREDEGOUR, *sm.* Prédicateur ; latin prœdicator.
PREDEIN, *vn.* Prendre son repas.
PREDEK, *adj.* Qui prêche ; voy. prézek.
PREDEK, *vn.* Prêcher ; part. predeget.
PREDER, PREDERI, *sm.* Souci, soin ; *pl.* iou ; Loth cite pritiri hésitation, preteram j'hésite.
PREDERIA, *va.* Soigner ; part. et.
PREDERIUZ, *adj.* Soigneux ; cambrique prider-uz.
PREDH, PRYDH, *sm.* Beauté ; grec πρεπτος beau.
PREDIK, *sm.* Un petit instant.
PREDOUR, *sm.* Mangeur. Lepredour figure dans les noms de famille.
PRÉFAS, *sm.* Préface.
PRÉFED, *sm.* Préfet.
PREFEKTUR, *sf.* Préfecture ; *pl.* iou.
PRÉFÉRABL, *adj.* Préférable ; préferaploc'h, préférapla.
PRÉFÉRANS, *sm.* Préférence ; *pl.* préferansou.
PREGEN, *sf.* Sermon ; *pl.* nou.
PREIZ, *sm.* Proie ; *pl.* ou ; latin prœda.
PREIZA, *va.* Prendre, capturer ; part.et.
PREIZ-BOUTIN, *sm.* Prise de moitié, butin ; preiz capture, boutin en commun.
PREIZER, *sm.* Pillard ; *pl.* ien ; preiz proie.
PREJA, *vn.* Dîner, faire son repas ; part. et.
PREJAL. Voy. préja.
PRÉKOSION, *sm.* Précaution ; *pl.* ou.
PRÉKOSIONI, *vn.* Se précautionner ; part. et.
PREMEDI, *sm.* Prémice ; latin, primitix.
PREN, *sm.* Acquisition ; *pl.* ou ; vieil irlandais, cren.
PRENA, *va.* Acheter ; part. et ; grec πριασθαι acheter ; Loth cite prinem acheter, prinit a acheté.
PRENECHER, *sm. pl.* Fenêtres.
PRENER, *sm.* Acheteur ; *pl.* ien.
PRENEST, *sm.* Fenêtre ; *pl.* ou, prenecher.
PRENESTR, *sm.* Fenêtre ; *pl.* prenecher ; latin fenestra.
PRENESTRI, *pl. irreg.* de prenestr.
PRENN, *sm.* Bois, arbre ; de Jubainville cite prenno ; vieil irlandais crannqranna, latin quercus.
PRENN, *sm.* Barricade en bois.
PRENNA, *va.* Barricader, fermer ; part. et ; voy. prenn.

PRENN C'HOUEK, *sm.* Bois de réglisse ; prenn bois, c'houek doux.
PRENV, *sm.* Ver ; *pl.* prenved, preved ; voy. preanv.
PRENVEDET, *adj.* Piqué des vers, vermoulu.
PRÉON, *sm.* Ver ; *pl.* prenved.
PRÉONEDEK, *adj.* Rempli de vers ; préon ver.
PRÉPARI, *va.* Préparer ; part. et ; latin prœparare.
PRÉPOSI, *va.* Mettre à la tête ; part. et.
PRES, *sm.* Armoire ; *pl.* ou ; Loth cite pressuir armoire d'attache.
PRÈSANS, *sf.* Présence ; latin prœsentia.
PRESANT, *adj.* Présent, qui est à sa place ; latin prœsens.
PRESANT, *sm.* Cadeau, présent ; *pl.* présanchou.
PRÉSENTAMANT, *adv.* A présent, présentement.
PRÉSENTI, *va.* Présenter ; part. et.
PRÉSACH, *sm.* Présage, latin prœsagium.
PRESAJI, *va.* Présager ; part. et.
PRESBITAL, *sm.* Presbytère ; *pl.* iou ; latin presbyterium ; grec πρεσβυτεριον, πρεσβυτερος prêtre.
PRÉSEPTOUR, *sm.* Précepteur ; *pl.* ien.
PRESERVI, *va.* Sauver, part. et ; latin prœservare.
PRESIDA, *va.* Presider ; part. et ; latin prœsidere.
PRESIDANS, *sf.* Présidence ; *pl.* ou.
PRESIDANT, *sm.* Président ; *pl.* ed.
PRESIDANTEZ, *sf.* Présidente ; *pl.* ed.
PRÈSIUZ, *adj.* Précieux.
PRESKRIPTION, *sm.* Prescription ; *pl.* ou.
PRESKRIVA, *va.* Prescrire ; part preskrivet.
PRESS, *sf.* Presse, activité.
PRESSI, *va,* Presser part et.
PREST, *sm.* Prêt ; *pl.* ou ; voy. amprest.
PRESTA, *va.* Prêter ; part. prestet ; latin prœstare.
PRESUMI, *va.* Présumer ; part. et ; latin prœsumere.
PRÉTANTI, *va.* Prétendre ; part. et ; latin prœtendere.
PREUF, *sm.* Preuve.
PREUVEN, *sf.* Preuve ; *pl.* preuvennou ; latin proba.
PREV, *sm.* Ver ; voy. prenv.
PREVAN, *sm.* Voy. amprevan.
PREV ANN AOLED, *sm.* Grillon ; prev ver, ann le. aoled foyer.
PREV-DILLAD, *sm.* Mite ; prev ver, dillad hardes.
PREV-DOUAR, *sm.* Ver de terre ; prev ver, douar terre.

17

Prevedek, *adv.* Vermoulu, verreux ; prev ver.
Prevedi, *vn.* Se remplir de vers : part. et.
Prevediou, *sm. pl.* Prémisses.
Preveni. *va.* Prévenir ; part. et ; on dit aussi prevenout.
Prev-goulou, *sm.* Ver luisant ; prev ver, goulou lumière.
Previdi, *sm. pl.* de prév ver.
Previk, *sm.* Vermisseau ; *pl.* prevedigou.
Prev-kaol, *sm.* Chenille ; prev. ver, kaol choux.
Prev-koat, *sm.* Ver du bois.
Prev-lugernuz, *sm.* Ver luisant.
Prev-noz, *sm.* Ver luisant.
Prezeb, *sm.* Râtelier ; *pl.* prezebaou ; comparez le français préceinte, le vieux breton pressuir.
Prezeg, *sm.* Prédication, discours ; *pl.* prézégou.
Prezeg, *vn.* Discourir ; part. prezeget.
Prezegen, *sf.* Harangue ; *pl.* nou ; latin prœdicatio.
Prezeger, *sm.* Prédicateur ; *pl.* ien.
Prezegerez, *sf.* Femme orateur ; *pl.* ed.
Prezegerez, *sm.* Prédication, action de prêcher.
Prezegi, *vn.* Prêcher ; part. et.
Prezek, *sm.* Voy. prezeg, prezegi.
Pri, *sm.* Boue, mortier ; vieil irlandais cré.
Pria, *va.* Garnir de boue ; part. et.
Priadelez, *sf.* Mariage ; voy. priedelez.
Pri-briken, *sm.* Ciment ; pri boue, briken brique.
Pridiri, Voy. prederi.
Pried, *sm.* et *sf.* Epoux ; *pl.* priejou ; latin privatus ; comparez le breton briata embrasser.
Priedelez, *sf.* Mariage ; pried époux
Priek, *adj.* Fangeux, argileux ; pri boue.
Priet, *sm.* et *sf.* Epoux ; voy. pried.
Prietaat, *vn.* Se marier, prendre femme ; part. prieteat.
Prijout, *va.* et *n.* Priser, apprécier ; part. prijet ; voy. prizout, priz prix.
Prim, *sm.* Prime ; *pl.* ou ; latin prœmium.
Prim, *sm.* Croissant de la lune.
Prim, *adv.* A court, vite.
Prim, *adj.* Avare.
Prim, *adj.* Précoce, rare.
Prim, *adj.* Mesquin.
Prima, *va.* Primer ; part. primet.
Prim al loar, *sm.* Premier quartier de la lune.
Prin, *adj.* Avare, chiche.
Prins, *sm.* Prince ; *pl.* ed.

Prinsez, *sf.* Princesse ; *pl.* ed.
Prinsip, *sm.* Principe ; *pl.* ac.
Prinsipal, *sm.* principal, chef.
Prinsipal, *adj.* Principal.
Prinsipalamant, *adv.* Principalement, particulièrement.
Prinvez, *sm. pl.* Latrines ; voy. privezou.
Priod, *sm.* et *sf.* Epoux ; voy. pried.
Priol, *adj.* Prieur ; *pl.* ed.
Prioliez, *sm.* Prieuré.
Pri-raz, *sm.* Mortier de chaux ; pri boue, raz chaux.
Prisius, *adj.* Précieux.
Prissant, *sm.* En sursaut ; de pryt, pred temps.
Privezou, *sm. pl.* Latrines ; latin privatus.
Privoes, *sm.* Latrines ; voy. prinvez, privezou.
Priz, *sm.* Prix ; *pl.* prichou ; grec πριαμαι acheter.
Priza, *va.* Mettre en prix ; part. et.
Priza, *va.* Priser, prendre du tabac ; part. et.
Prizein, *va.* et *n.* Priser ; part. prizet.
Prizer, *sm.* Priseur, celui qui prend du tabac ; *pl.* ien.
Prizer, *sm.* Expert ; *pl.* ien.
Produi, *va.* Produire ; part. produet.
Prof, *sm.* Offrande, oblation ; *pl.* ou ; grec προις présent.
Profa, *vn.* Donner une offrande ; part. et.
Profanatour, *sm.* Profanateur ; *pl.* ien.
Profani, *va.* Profaner ; part. et.
Profed, *sm.* Prophète ; *pl.* proféted.
Professor, *sm.* Maître, professeur ; *pl.* ien.
Profétiza, *va.* Prophétiser ; part. et.
Prinva, *va.* Priver ; part. et.
Prisoun, *sm.* Prison ; *pl.* prisouniou.
Prisounia, *va.* Mettre en prison ; part. et.
Prisounier, *sm.* Prisonnier ; *pl.* prisounerien.
Prisouniet, *adj.* et *part.* Mis en prison.
Priva, *va.* Priver ; voy. prinva.
Privilach, *sm.* Privilège ; *pl.* ou.
Prob, *adj.* Propre.
Probabl, *adj.* Probable.
Probablamant, *adv.* Probablement.
Procédi, *va.* Voy. procési.
Procès, *sm.* Procès ; *pl.* procésou.
Procéser, *sm.* Celui qui aime les procès ; *pl.* ien.
Procesi, *va.* Faire des procès ; part. et.
Procession, *sm.* Procession ; *pl.* ou.
Produi, *va.* Produire ; part. et.

PROFIT, *sm.* Profit ; *pl.* ou.
PROFITA, *va.* Profiter ; part. et.
PROKLAMI, *va.* Publier ; part. et.
PROKURASION, *sm.* Procuration ; *pl.* ou.
PROKURATOR, *sm.* Procureur ; *pl.* ien ; latin procurator.
PROFIT, *sm.* Profit ; *pl.* ou ; latin profectus.
PROFITA, *va.* Profiter ; part. et.
PROFITABL, *adj.* Avantageux, profitable.
PROGRAMM, *sm.* Programme ; *pl.* programmiou.
PROLONGASION, *sm.* Prolongation ; *pl.* ou.
PROLONJI, *va.* Prolonger ; part. et.
PROMESSA, *sf.* Promesse ; *pl.* promessaou.
PROMETI, *va.* Promettre ; part. et.
PROMOSION, *sm.* Promotion ; *pl.* ou.
PRON, *sm.* Prône, instruction ; *pl.* proniou.
PRONONS, *vn.* Prononcer ; part. et.
PRONONSIASION, *sm.* Prononciation ; *pl.* ou.
PROP, *adv.* Certes, complètement.
PROP, *adj.* Propre.
PROPIK, *adv.* Proprement.
PROPIK, *sf.* Belette ; voy. koantik.
PROPORSION, *sm.* Proportion ; *pl.* ou.
PROPORSIONI, *va.* Proportionner ; part. et.
PROPOS, *sm.* Mots, phrases, propos ; *pl.* propochou.
PROPOS (A), *adv.* A propos.
PROPOSI, *va.* Proposer ; part. proposet.
PROPOSICION, *sm.* Proposition ; *pl.* ou.
PROPR, *adj.* Propre.
PROPR, *adv.* Convenablement.
PROPRIÉTÉ, *sf.* Propriété.
PROPRIÉTOUR, *sm.* Propriétaire ; *pl.* ien.
PROROGASION, *sm.* Prorogation ; *pl.* ou.
PROROJI, *va.* Proroger, part. et.
PROSPERI, *va.* Prospérer ; part. et.
PROSPERITÉ, *sf.* Prospérité ; *pl.* ou.
PROSTITUI, *va.* Prostituer ; part. et.
PROTEJI, *va.* Protéger ; part. et.
PROTEKTOR, *sm.* Protecteur ; *pl.* ien ; latin protector.
PROTEKSION, *sm.* Protection ; *pl.* ou.
PROTESTANT, *sm.* Protestant ; *pl.* ed.
PROTESTASION, *sm.* Protestation ; *pl.* ou.
PROTESTI, *va.* Protester ; part. et.
PROV, *sm.* Offrande ; voy. prot.
PROUF, *vn.* Prouver ; part. prouvet.
PROUVI, *va.* Prouver ; part. et.
PROVIDANS, *sf.* Providence ; latin providentia.
PROVINS, *sm.* Province ; *pl.* provinsou.
PROVISER, *sm.* Proviseur ; *pl.* ien.

PROVISION, *sm.* Provision ; *pl.* ou.
PROVISOIR, *adj.* Provisoire.
PROVISOIRAMANT, *adv.* Provisoirement.
PROVOKASION, *sm.* Provocation ; *pl.* ou.
PROVOKI, *va.* Provoquer ; part. et.
PRUDANS, *sf.* Prudence.
PRUN, *sm. pl.* Prunes.
PRUNEK, *m.* Lieu planté de prunes.
PRUNEN, *sf.* Prune ; *pl.* prun, prunennou ; latin prunum.
PRYDH, *sm.* Beauté ; voy. predh.
PSALM, *sm.* Psaume ; *pl.* psalmou ; latin psalmus.
PSALMENNI, *va.* Gronder, réprimander ; part. et.
PUAR. Nom de nombre ; voy. pevar.
PUARVET, *adj.* Numeral ; voy. pevarved.
PUARZEK, *adj.* Numeral ; voy. pevarzek.
PUBLIA, *va.* Publier ; part. et ; latin publicare.
PUBLIK, *adj.* Publi, clatin publicus.
PUBLIKAMANT, *adv.* Publiquement ; de publik et terminaison française.
PUBLIKASION, *sm.* Publication ; *pl.* ou.
PUCH, *sm.* Accroupissement ; Loth cite pus poids, dont pouez.
PUCHA, *vn.* S'accroupir ; part. puchet.
PUCHAT, *vn.* Voy. le précédent.
PUCHER, *sm.* Celui qui s'accroupit ; *pl.* ien.
PUD, *adj.* Acre, aigre.
PUDASK, *sm.* Putois ; *pl.* ed ; bas latin putacius.
PUEMP. Nom de nombre, cinq ; voy. pemp.
PUEMPET, *adj. num*, Cinquième ; voy. pempet.
PUFFÉREZ, *sm.* Action de souffler, de cracher.
PUFFER, *sm.* Souffleur ; *pl.* ien ; grec πτυω crache.
PUFFERIK ANN DOUAR. Champignon, vesse de loup ; puffer, souffleur, ann le, douar terre.
PUG, *adj.* Mou ; voy. puk.
PUGNEZ, *sm.* Abcès, clou, furoncle.
PUGNEZEN, *sf.* Punaise ; *pl.* pugnez ; voyez pug mou.
PUILL, *adj.* Fertile abondant ; latin pulsatus ; grec πυκα dru.
PUILLA, *vn.* Abonder ; part. puilleat.
PUILLAAT, *vn.* Abonder ; part. puilleat.
PUK, *adj.* Mou ; Loth cite buc mou, bocion mous ; comparez pouk humide.
PUKA, *vn.* Serrer, frapper ; part. et, peuk coup.
PULLUC'HA, *va.* Réduire en poussière ; part. et ; puill abondant, luc'ha, voir loucher.
PULLUCHAT. Voy. pulluc'ha.

Puns, *sm.* Puits ; *pl.* punsou, bas latin putius, Loth cite peteu puits et tire le breton puns du français puits.
Punsa, *va.* Puiser ; part. et ; puns puits.
Punsal. Voy. punsa.
Puns-dour glao, *sm.* Citerne ; puns, puits, daour eau, glaô pluie.
Puns-glao, *sm.* Citerne, puns puits, glaô pluie.
Punt, *sm.* Livre, poids ancien ; Loth cite punt livre et le tire du latin pondo.
Pura, *va.* Fourbir ; part. puret ; latin purus, français pur.
Puraat. Voyez pura.

Purgasion, *sm.* Purgation, action de purger ; *pl.* ou.
Purgator, *sm* Purgatoire ; latin purgatorius.
Purifia, *va.* Purifier ; part. et.
Puritan, *sm.* Puritain ; *pl.* puritaned.
Purji, *va.* Purger ; part. et.
Pussun, *sm.* Poison.
Pussumein, *va.* Empoisonner ; part. et.
Put, *adj.* Aigre, âcre ; grec πυθω aigri.
Puten, *sf.* Putain, fille de mauvaise vie ; *pl.* ed.
Puze, *sm.* Chien courant ; *pl.* puzéet, se dit plus souvent d'un oiseau chasseur ; grec πυξ, poing.

La lettre Q est remplacée par le K

R

R. Lettre consonne, R.
RA, *sm.* Chaux ; voy. raz.
RA, particule, que, qu'il.
RABAD, *sm.* Diminution.
RABAD, *sm.* Rabat de prêtre *pl.* ou. Voy. Rabbat.
RABADIEZ, *sf.* Puérilité ; voy. mibiliez,
RABADIEZOU, *sf. pl.* de rabadiez.
RABANK, *sm.* Corde de navire, raban holland raaband raa, verge banc lien.
RABAT, *sm.* Rabais, diminution.
RABATI, *va.* Abaisser, diminuer de prise ; part. et.
RABBAD, *sm.* Feu follet.
RABBAT, *sm.* Rabat d'ecclésiastique ; *pl.* ou.
RABEZ, *sm. pl.* de rabezen, rave.
RABEZEN, *sf.* Rave ; *pl.* rabez ; latin rapa.
RABIN, *sm.* Allée, avenue ; latin, rabina.
RABIN, *adv.* Quelquefois ; par hasard.
RABINA, *va.* Planter ; part. et.
RABINAD, *sm.* Action de planter, d'arranger.
RABINAT, *adv.* A la dérobée.
RABOD, *sm.* Rabot ; *pl.* rabotou.
RABOTA, *va.* Raboter ; part. et.
RAC. Prép. car ; voy. rak.
RAC'H, *sm.* Teigne, maladie de la peau.
RAC'H, *sm.* Rat ; *pl.* rac'het, latin rattus ; voy. raz.
RAC'HEIN, *va.* Faire la barbe, raser ; part. rac'het.
RAC'HOUS, *sm.* Teigneux, grognon ; voy. rac'h.
RAC'HUER, *sm.* Ratière ; *pl.* ou, rach rat.
RADEL, *sf.* Radeau ; *pl.* lou, bas ; latin radellus.
RADEN, *sf.* Fougère, *pl.* radenneier ; latin radix, grec ράδαμνος, rejeton.
RADENA, *vn.* Couper de la fougère ; part. et.
RADENEK, *sf.* Champ de fougères ; *pl.* radenegou.
RADENEN, *sf.* Plant de fougère ; *pl.* nou.
RADEN-SEAC'H, *sm. pl.* De la fougère sèche ; raden fougère, séac'h sec.
RADEN-ZÉRO, *sm. pl.* Polypode, plante ; raden fougère, déro chêne.
RADIA, *va.* Radier ; voy. rédia.
RADIN, *sm. pl.* De la fougère ; voyez raden.
RADINEN. Voy. Radénen.

RAÉ, *sm.* Raie, poisson ; *pl.* raéed ; latin raio.
RAEIN, *va.* Couvrir de chaux ; part. et ; ra chaux ; voy. raz.
RAÉ-LAGADEK, *sf.* Raie bouclée ; raé raie, lagadek qui a de gros yeux.
RAER, *sm.* Conducteur ; raér moc'h conducteur de porcs.
RAG. Voy. rac, rak.
RAGACH, *sm.* Babil de femmes, mauvaise marchandise.
RAGACH, *sm.* Pluie fine.
RAGACHA, *vn.* Vendre au détail ; part. et.
RAGACHER, *sm.* Regrattier, fripier ; *pl.* ien.
RAGACHI, *va.* Injurier ; part. et.
RAGAICHA, *va.* Vendre au détail ; part. et.
RAG-EEUN, *adv.* Tout droit ; rag car, eeun droit.
RAG-ENEP, *adv.* Vis-à-vis ; rag car, enep contraire.
RAG-EOST, *sm.* Arrière-saison, automne ; rag car, eost août.
RAGLIN, *sm.* Ligne pour pêcher ; comparez le français ralingue, anglo-saxon raa vergue lœccan, saisir.
RAGOD, *sm.* Ragout ; *pl.* ragotou.
RAK, *conj.* Car.
RAK, *prép.* Devant.
RAKAD, *sm.* Mer agitée.
RAKAL, *vn.* Crier comme les poules ; voy. grakal.
RAKAS, *sm.* Mer houleuse ; voy. Rakad.
RAKAT, *vn.* Coasser ; part. raket.
RAKER, *sm.* Esplanade ; rak devant, ker maison.
RAKLA, *va.* Râper, râcler ; part. et.
RAKLAT, *vn.* Voy. rakal.
RAKLER, *sm.* Râpeur ; *pl.* ien.
RAKLOUER, *sm.* Ratissoire ; *pl.* ien.
RAK-SE, *adv.* Donc, c'est pourquoi.
RAK-TAL, *prép.* Aussitôt, rak devant, tal front.
RAGADEN, *sf.* Flambée ; *pl.* nou.
RAK TAL, *adv.* De suite.
RAL-DOUR, *sm.* Râle d'eau.
RAL-VALAN, *sm.* Râle de genêts ; voyez killek raden.
RAMAGN, *sm.* Reste, débris.
RAMAGNANT, *sm.* Voy. ramagn.
RAMBOURS, *sm.* Remboursement.
RAMBOURSAMANT, *sm.* Remboursement ; *pl.* ou.
RAMBOURSI, *va.* Rembourser ; part. et.

RAMBRÉ, sm. Rêverie; pl. ou; grec ρεμσω errer.
RAMBREA, vn. Rêver, radoter; part. rambriet.
RAMBRÉER, sm. Rêveur, radoteur; pl. ien.
RAMBRÉEREZ, sm. Radoteuse; pl. e.
RAMBREEREZ, sm. Rêverie; voy. rambré.
RAMONÉ, sm. Ramoneur; pl. ed.
RAMORKI, va. Remorquer; part. et.
RAMPA, vn. Glisser, ramper; part. et.
RAMPADEN, sf. Glissade; pl. nou.
RAMPARD, sm. Rempart; pl. ou.
RAMPLA, va. Ramper; part. et. Voyez rampa.
RAMPET, adj. et part. Cheval campé.
RAMPLASANT, sm. Remplaçant; pl. ed.
RAMPLASI, va. Remplacer; part. et.
RAMPS, sm. Sorcier, géant de la fable.
RAMSKOAZ, sm. Côtelette de porc.
RAN, sf. Jeune grenouille; pl. raned; latin rana.
RANDON, sm. Radotage.
RANDONEN, sm. et f. Qui radote.
RANDONER, sm. Radoteur; pl. ien.
RANDONI, vn. Venir à la randonnée, terme de chasse; part et.
RANDONI, vn. Radoter; part et.
RANDONUZ, adj. Rêveur, arrogant, curieux.
RANDOUNEN, sf. Radoteuse; pl. randounenéred.
RANEK, sf. Grenouillère; ran grenouille jeune.
RANEL, adj. Rêveur, radoteur.
RANELA, va. Rêver, radoter; part. et.
RANELEREZ, sf. Radotage.
RANGOUILL, adj. Qui n'a qu'un testicule.
RANGOUILLI, va. Châtrer à moitié; part. et.
RANJEIN, vn. Longer la terre; part. ranjet.
RANJEN, sf. Rêne, guide; pl. nou.
RANJENNA, va. Serrer les guides; part. et.
RANJEOD, sm. Baquet.
RANKLEZ, adj. Goulu, gourmand.
RANKOUDUZ, adj. Insatiable.
RANKOUNTR, sm. Rencontre; pl. ou.
RANKOUNTRI, va. Rencontrer; part. et.
RANKOUT, vn. Falloir, être obligé à; Loth cite rad, stipulation, irlandais rath garantie.
RANN, sm. Partage; pl. ou; Rannou est un nom de famille très commun dans le Léon.
RANNA, va et n. Séparer, partager, part. et.
RANNEIN, va. et n. Voyez ranna.
RANN-GALOUN, sm. Crève-cœur.

RANSÈIGNAMANT, sm. Renseignement; pl. ou.
RANSOUN, sm. Rançon.
RANSOUNI, va. Rançonner; part. ransounet; latin redimere.
RANVA. Voyez ranvat.
RANVAT, va. Serancer, peigner des plantes textiles; part. et.
RANVEL, sf. Carde, instrument de travail pour le lin; pl. lou.
RANVEL, sf. Porte d'une écluse; pl. lou.
RANVEL-GOLL, sf. Déversoir de moulin, ranvel écluse, koll porte.
RANVERSI, va. Renverser; part. et.
RANVESKEN, sf. Vache taurière; pl. nou, voy. Hanvesken.
RANVET, sm. Chemin rural; voy. ravent.
RAO, sm. Chaîne de timon d'une charrette; grec ρυω, traîne.
RAOK, sm. Avant.
RAOSKL, sm. pl. Roseaux.
RAOSKLEK, adj. Rempli de roseaux.
RAOSKLEN, sf. Roseau; pl. raoskl.
RAOU, sm. Chaîne de timon; voy. rao.
RAOUAN, sf. Empan; pl. nou.
RAOUEN, sf. Empan; pl. nou.
RAOUENNA, vn. Mesurer à l'empan.
RAOUENNAD, sf. La longueur d'un empan; pl. ou.
RAOUIA, va et n. Enrouer; part. et.
RAOULA. Voy. raouia.
RAOULET, adj. Enroué.
RAOULIN, sm. Linteau; pl. ou; voyez gourin.
RAOZ RAOSKL, sm. pl. Roseau.
RAOZEK. Voy. raosklek.
RASAMBLI, va. Rassembler; part. et.
RASPA, va. Grapiller; part. et.
RASPAOTR, sm. Garçonnière.
RASTEL, sf. Rateau; pl. lou; latin rastrum.
RASTELL, sf. Instrument pour couper le chanvre.
RASTELLA, va. Rateler; part. et.
RASTELLAD, sf. Ce que contient un rateau; pl. ou.
RASTELLAT, va. Rateler; part. et; voy. rastella.
RAT RATOZ, sm. Pensée, réflexion; de Jubainville cite rated rateia.
RATIFIA, va. Ratifier; part. et.
RATIFIKASION, sm. Ratification; pl. ou.
RATOUZ, adj. Qui est tondu, qui n'a plus de dents.
RATOUZA, va. Émousser; part. et.
RATOZ, sm. Pensée; voy. rat.
RATRÉ, sf. Condition, état; pl. ou; vieux breton rad stipulation.
RAV. Voy. rao.
RAVAILLOUN, sm. Espiègle, polisson; pl. ed.

Ravajo, *sm.* Hâbleur, bruyant; *pl.* iou.
Raval, *sm.* Baisse, déchet.
Ravanel, *sf.* Drague; *pl.* lou.
Ravanelli, *va.* Draguer; part. et.
Ravent, *sm.* Chemin de servitude; *pl.* ravenchou.
Raverken, *sf.* Vache sans veau; voy. hanvesken.
Ravoder, *sm.* Radoteur; *pl.* ien.
Ravoderez, *sm.* Radotage; *pl.* iou.
Ravoderez, *sf.* Radoteuse; *pl.* ed.
Ravodi, *va.* Rêver; part. et.
Rayoun, *sm.* Rayon; *pl.* ou.
Raz, *adj.* Ras; plein.
Raz, *sm.* Chaux; latin calx.
Raz, *sm.* Rat, animal; *pl.* razed; latin rattus.
Raz, *sm.* Détroit, fort courant; latin ratis radeau.
Raz, *adv.* En entier, complètement.
Raz, *adj.* Ras; latin rasus.
Raza, *va.* Garnir de chaux; part. razet.
Razaill, *sm.* Plante; *pl.* ou.
Razaillat, *vn.* Grogner; part. et.
Raz-arch, *sm.* Automne, pleine huche, raz ras, arc'h huche.
Raz-dour, *sm.* Rat d'eau; *pl.* razed dour, raz rat, dour eau.
Razell. Voy. radel.
Raz-skléar, *sm.* Lait de chaux, raz chaux, skléar clair.
Razunel, *sf.* Ratière; *pl.* razunelou.
Razunen, *sf.* Piège à rats; voy. razunel.
Ré, *adv.* Trop; latin nimis.
Re, *sm.* Paire.
Re, *pron.* Ceux, celles.
Réal, *sm.* Monnaie espagnole; *pl.* ed.
Réal, *adj.* Royal; Loth cite regenaul roenhol.
Reaor, *sm.* Le postérieur; voy. réor.
Reaauein, *vn.* Geler; reo gelée.
Reaz, *sm.* Niveau.
Reaz, *adj.* Plein.
Rebech, *sm.* Reproche; *pl.* ou.
Rebech, *sm.* Rabat de l'ecclésiastique; *pl.* ou.
Rebecha, *va.* Reprocher; part. rebechet.
Rebechi, *va.* Réprimander; part. et.
Rebed, *sm.* Violon; *pl.* rebetou.
Rebeki, *vn.* Se regimber; part. et.
Rebet. Voyez rebed.
Rebeta. Voyez rebetal.
Rebetal, *vn.* Jouer du violon; part. et.
Rebrech, *sm.* Reproche; *pl.* ou; voy. rebech.
Rebus, *adv.* De suite, d'emblée.
Rec'h, *sm.* Affliction, *pl.* ou; grec ρισσω, brise.
Rec'h roc'h, *sm.* Gargouillement, borborygme; *pl.* ou.

Rechi, *va.* Affliger; part. et.
Rec'huz, *adj.* Difficile, hargneux, rec'h dépit.
Red, *sm.* Courant; Loth cite retteticc, qui court; redeg courir, irland rethim, je cours.
Red, *sm.* Force, contrainte.
Redadek, *sm.* Course, redek courir.
Redaden, *sf.* Course; *pl.* nou.
Redaksion, *sm.* Rédaction; *pl.* ou.
Redeg, *vn.* Courir; part. redet.
Redek, *vn.* Courir; voy. redeg.
Reder, *sm.* Coureur; *pl.* redereen.
Rederez, *sf.* Coureuse, femme de mauvaise vie; *pl.* rederezed.
Redet, *vn.* Voy. redek, redeg.
Red-goad, *sm.* Flux de sang; red écoulement, goad sang.
Redevabl, *adj.* Redevable.
Redi, *sm.* Contrainte, force; voy. red.
Redi, *vn.* Voy. redet.
Redia, *va.* Contraindre; part. et.
Rédija, *va.* Rédiger; part. et.
Red-kof, *sm.* Diarrhée; red course, kof ventre.
Réduisa, *va.* Réduire; part. et.
Reed, *sm.* Plante, myrica.
Refia. Pour roenvia; voy. ce mot.
Réflexion, *sm.* Réflexion; *pl.* ou.
Reform, *sm.* Conseil de révision, réforme.
Reformi, *va.* Réformer; part. et.
Refr, *sm.* Voy. réor.
Refreska, *va.* Rafraîchir; *pl.* refresket.
Réfuch, *sm.* Refus.
Refujia, *va.* Réfugier; part. et.
Refusi, *va.* Refuser; part. et.
Reg, *sm.* Conduite, direction; voy. rec'h.
Rega, *va.* Déchirer; part. et; rec sillon.
Rega, *vn.* Faire des sillons; part. et.
Régali, *va.* Régaler; part. regalet.
Reg-ann-drevad. Assolement; reg conduite, ann drevad les biens de la terre.
Regentrad, *adj.* Précoce; ré ceux-ci, kenta premier.
Regez, *sm.* Braise, bois en feu.
Regi reugi, *va.* Déchirer; part. roget; latin lacerare, grec λακις lambeau; de Jubainville.
Registr, *sm.* Registre; *pl.* registrou.
Reglamant, *sm.* Règlement; *pl.* reglamanchou.
Reglen, *sf.* Règle; *pl.* nou.
Regli, *va.* Régler; part. reglet.
Regred, *sm.* Nausée, dégoût.
Regresten, *sm.* Bedeau, sonneur de cloches.
Regrester, *sm.* Bedeau. Voy. regresten.

REGRET, sm. Dégoût ; voy. regred.
REGULATOR, sm. Régulateur d'une charrue ; latin regulator.
REGULIER, adj. Régulier.
RÉGULIERAMANT, adv. Régulièrement.
REHUEIN, vn. Enrouer.
REI, va. Donner ; part. roet.
RÉIA, va. Rayer ; part. et.
REIC'H, sf. Rang, ordre ; voy. reiz.
REIC'HEIN, va. Mettre en ordre.
RÉICR, sm. pl. De roc'h roc.
REIGN REIN, va. Donner.
REIN, va. Voy. reign.
RÉIOUN, sm. Rayon ; pl. réiounou.
REISAAT, vn. S'apaiser ; part. reiseat, reiz doux, irland recht.
REISIA, va. Voy. reiza.
REIZ, sf. Ordre, calme, discipline, irlandais recht.
REIZ, adj. Qui dépend du cloître.
REIZ, adj. Doux, tranquille.
REIZA, va. Tranquilliser, mettre en ordre ; part. et,
RÉJETTI, va. Vomir ; part. et.
REJIN, sm. Raisin.
RÉJOUISSANS, sf. Réjouissance ; pl. ou.
REKED, sm. Requête ; pl. rekejou.
REKETI, vn. Faire une requête ; part. et.
REKIN, adj. Bizarre.
REKISITION, sm. Réquisition ; pl. ou.
RÉKLAMATION, sm. Réclamation ; pl. ou.
RÉKLEM, vn. Réclamer ; part. et.
REKLOM, sm. Coup de vent, rafale ; pl. ou.
RÉKOUMANDASION, sm. Recommandation ; pl. ou.
RÉKOUMANDI, va. Recommander ; part. rekoumandet.
REKOUMPANS, sf. Récompense ; pl. ou.
REKOUMPANSI, va. Récompenser ; part. et.
RÉKOURS, sm. Recours.
REKUL, sm. Recul.
RÉKULI, va. Reculer ; part. et.
RELACH, sm. Fourrière ; pl. ou.
RELACHI, va. Mener à la fourrière, faire paitre les bestiaux ; part. et.
RELEGEN, sf. Squelette ; pl. nou.
RÉLÉGOU, sm. pl. Reliques.
RELIJION, sf. Religion ; pl. ou.
RELIJIUZ, adj. Religieux.
RÉMÈD, sm. Remède ; pl. reméjou.
REMIA, va. Gratter ; part. et.
REMIS, sm. Remise ; pl. ou.
REMISA, va. Remiser ; part. et.
REMM, sm. Rhumatisme.
REMPS, sm. Durée de l'existence.
REMPST, vn. Durer, subsister.
REMSI, vn. Durer ; part. et.
REN, va. et n. Régner ; part. et.

REN, sm. Règne.
RENA, vn. Régner ; part. et.
RENDAEL, sm. Dispute ; gallois datl pour dael, latin forum, de Jubainville.
RENDAÉLA, va. Disputer ; part. et.
RENDAÉLEZ, adj. Contrariant.
RENER, sm. Directeur, gouverneur ; pl. ien.
RENJEN, sf. Rêne, guide ; voy. ranjen.
RENK, sm. Rang ; pl. renkou.
RENKA, va. Ranger ; part. renket.
RENKAD, sm. Rangée ; pl. renkajou.
RENKENNAD, sm. Rayon, rangée ; pl. ou.
RENKOUT. Voy. rankout.
RENN, sm. Mesure pour les grains.
RENNAD, sm. Le complément de la mesure nommée renn ; pl. ou.
RENOUNSAMANT, sm. Renoncement ; pl. ou.
RENOUNSI, va. Renoncer ; part. et.
RENOUNSIASION, sm. Renonciation.
RENOUVELAMANT, sm. Renouvellement.
RENOUVELI, va. Renouveler ; part. et.
RENVER, REVER, adv. Trop.
RENVER, sm. Rameur ; pl. ien ; voy. rouenver.
RENVIA, va. Ramer ; part. et.
RÉO, sm. Gelée ; pl. revennou ; de Jubainville cite proves, mot qui se trouve augmenté du suffixe a, dans le gothique fruisa, du suffixe t dans l'allemand frost, nous trouvons des dérivés de la même racine avec suffixes différents dans le vieil irlandais rend proutas et dans le latin pruina.
REDEIN, va. Enrouer, dialecte de Vannes.
REO-GWENN, sm. Gelée blanche ; réo gelée, gwenn blanc.
REOL REOLEN, sf. Règle, règlement ; pl. ou ; reolennou, latin regula.
REOLEN. Voy. réol.
REOLIA, va. Tracer des lignes ; part. et.
REOR, sm. Cul, postérieur ; de Jubainville cite rebron cathol reffr, gallois rhefr ; comparez le latin retro recalcitare.
REOR-GOUIGOUR, sm. Peteur ; reor cul gouigour, bruit d'objets mal graissés.
REOUEIN, va. et n. Enrouer, s'enrouer ; part. reouet.
RÉPARASION, sf. Réparation ; pl. ou.
REPARI, va. Réparer ; part. et.
REPAS, sm. Frotte, coups donnés ; pl. ou.
REPOS, sm. Repos.
RÉPOSI, va. Reposer ; part. et.
REPOSOUER, sm. Reposoir ; pl. ou.
REPRESANTANT, sm. Représentant ; pl. ed.

REPRESANTI, *va*. Représenter ; part. et.
REPU, *sm*. Hospitalité, asile ; *pl*. repuiou.
REPUBLIK, *sf*. République, gouvernement de tous.
REPUBLIKAN, *sm*. Républicain ; *pl*. republikaned.
REPUBLIKANDED, *sm*. Républicanisme.
REPUET, *adj*. et *part*. Réfugié.
REPUI, *va*. Recevoir comme hôte ; part. repuet.
RESERV, *sm*. Corps militaire de réserve.
RESERVASION, *sm*. Réserve ; *pl*. ou.
RESERVI, *va*. Réserver ; part. et.
RESET, *sf*. Recette.
RESILIA, *va*. Résilier ; part. résiliet.
RESIN, *sm*. Raisin ; voy. rezin.
RÉSIPISÉ, *sf*. Récipissé ; *pl*. ou
RESISTANS, *sf*. Résistance.
RÉSISTOUT, *vn*. Résister ; part. et.
RÉSITOUT, *vn*. Réciter ; part. résitet.
RÉSOLUSION, *sm*. Résolution ; *pl*. ou.
RESOLVI, *va*. Résoudre ; part. et ; latin resolvere.
RESORD, *sm*. Ressort ; *pl*. ou.
RÉSORDI, *va*. Pousser un ressort ; part. et.
RESOUN, *sm*. Raison ; *pl*. resouniou.
RÉSOUNABL, *adj*. Raisonnable.
RÉSOUNI, *va*. Raisonner ; part. et.
RESPET, RESPEKT, *sm*. Respect.
RESPETI, RESPEKTI, *va*. Respecter ; part. respektet.
RESPETUUZ, RESPEKTUUZ, *adj*. Respectueux.
RESPOUNSABILITÉ, *sf*. Responsabilité ; *pl*. ou.
RESPOUND, *vn*. Répondre ; part. respountet ; latin respondere.
RESPOUNSABL, *adj*. Responsable.
RESPOUNT, *sm*. Réponse ; *pl*. respounchou ; latin responsum.
REST, *sm*. Rangée de foin coupé ; *pl*. ou.
REST, *sm*. Reste.
RESTAD, *sm*. Reste ; *pl*. restajou.
RESTAD, *sm*. Postérité.
RESTITUI, *va*. Restituer ; part. et.
RESTITUTION, *sm*. Restitution ; *pl*. ou.
RESUSITA, *va*. Ressusciter ; part. resusitet.
RÉSURECKSION, *sm*. Résurrection ; *pl*. ou.
RET RED, *adj*. Nécessaire, forcé.
RETABLISSA, *va*. Rétablir ; part. et.
RETER, *sm*. Coup de vent de l'est.
RETER GEVUED, *sm*. Vent du sud-est.
RETRACKTI, *va*. Rétracter ; part. et.
RÉTRÉT, *sm*. Retraite.
RETRETET, *adj*. Retraité.
RETRIBUSION, *sm*. Rétribution ; *pl*. ou.

REUD, *sm*. Radeau ; *pl*. ou.
REUD, *adj*. Raide ; ce mot vient du français roide.
REUDI, *vn*. Devenir roide ; part. et.
REUEIN, *va*. et *n*. Enrouer ; part. reuet.
REUET, *adj*. Rauque, enroué.
REUFF, *sm*. Gouvernail ; voy. rouenv.
REUFFIA, *va*. Gouverner ; part. et ; voy. rouenvia.
REUGI, REGI, *va*. Déchirer ; part. roget ; gallois rhwygo, racine rik, d'où le grec ερείκω.
REUN, REUZN, *sm*. Marais ; voy. geun.
REUN, *sm. pl*. Crins ; latin lana, grec λαχνη.
REUN, *sm*. Colline ; de Jubainville cite croinos, gothique hlainas, comparez le latin inclinare.
REUNEK, *adj*. Couvert de crin ; reun crin.
REUNEN, *sf*. Brin de crin ; *pl*. reun.
REUNIK, *sm*. Loup marin.
REUNIK, *sm*. Petit crin ; *pl*. reunigou.
REUS, *sm*. Tumulte ; iou.
REUSTL, *sm*. Désordre, confusion ; variante de rouestl, de roued filet-rete.
REUSTLA, *va*. Mettre en désordre ; part. et.
REUSTLER, *sm*. Brouillon ; *pl*. ien.
REUT REUD. Voy. reud.
REUZ. Voy. reus.
REUZ, *sm*. Malheur ; *pl*. reusiou.
REUZA, *va*. Ruser ; voy. ruza.
REUZEUDIK, *adj*. Malheureux ; reuz malheur.
REUZEULEN, *sf*. Colline ; *pl*. ou.
REUZIAD, *sm*. Effort ; *pl*. ou ; voy. reuz.
REUZN, *sm*. Marais.
REV REO. Voy. réo.
REVAL, *sm*. Baisse de prix ; voy. raval.
REVALEIN, *vn*. Faire baisser.
RÉVÉ, *prép*. Selon, d'après ; de rèd è vè, il faudrait.
REVER, RENVER, *adj*. Trop.
REVERCHI, *sm*. Marée d'équinoxe.
REVERSI, *sm*. Marée d'équinoxe ; gallois rhead courant, irland. ruathav.
REVI, *vn*. Geler ; part. revet, réo gelée.
REVOLT, *sm*. Révolte.
RÉVOLTI, *vv*. Révolter ; part. et.
RÉVOLUSION, *sm*. Révolution ; *pl*. revolusionou.
REVUZ, *adj*. Glacial ; reo gelée.
REZ, *sm*. Niveau.
REZ, *sm*. Comble d'un toit.
REZEL, *sm*. Lampe ; voy. kreuzeul.
REZEN RIZEN, *sf*. Frise ; *pl*. rizennou.
REZIN, *sm. pl*. Raisin.
REZINEN, *sf*. Grain de raisin.
REZOUN. Voy. résoun.

RHEA, *sf.* Madame ; allemand herr monsieur.

RHYD, *sm.* Gué d'une rivière ; Loth cite reatir torrent, rettetice qui court.

RHYN, *sm.* Mystère ; *pl.* rhyniou ; Loth cite ringuedaulion mystères composé, de rin mystere, gued forme.

RHYNIAU. Voy. rhyn.

RIA, *va.* Flamber un porc ; part. et.

RIANEZ RIANES, *sf. pl.* Femmes ; Loth cite ruimmein liens.

RIAT. Voy. ria.

RIBAUT, *sm.* Luxurieux ; comparez le français ribaud.

RIBIN, *sm.* Montée ; *pl.* ou ; rit gué, pign monte.

RIBIN, *sm.* Passage ; *pl.* ou.

RIBINAD, *sm.* Bout de route ; *pl.* ou.

RIBITAILL, *sm.* Marmaille, bande d'enfants ; *pl.* ou.

RIBL, *sm.* Bord, rive ; *pl.* ou ; latin ripula.

RIBLA, *vn.* Vagabonder ; part. et.

RIBLAER, *sm.* Voy. ribler.

RIBLER, *sm.* Filou ; *pl.* ien.

RIBL-VOGER, *sm.* Pierres de taille en saillie ; ribl. bord, moger muraille.

RIBOD, *sm.* Celui qui vit en concubinage ; *pl.* ed ; voy. ribaut.

RIBOD, *sm.* Baratte pour faire le beurre ; *pl.* ribotou.

RIBODA RIBODAL, *vn.* Vivre en concubinage, ribaud, luxurieux.

RIBODEREZ, *sm.* Concubinage.

RIBOT, *sm.* Baratte à beurre ; *pl.* ribotou.

RIBOTADEN, *sf.* Le plein d'une baratte pour faire le beurre ; *pl.* nou.

RIBOTAT, *aa.* S'énivrer ; part. et.

RIBOTER, *sm.* Celui qui fait le beurre avec la baratte ; *pl.* ien.

RIBOTER, *sm.* Ivrogne, débauché ; *pl.* ien.

RIBOTEREZ, *sf.* Ivrognesse, femme débauchée ; *pl.* ed.

RIBOUL, *sm.* Passage d'une bête ; *pl.* ribouliou.

RIBOUL-DIRIBOUL, *adj.* Locution pour ndiquer le mouvement constant.

RIBOULA, *va.* Pomper ; part. et.

REBOULEREZ, *sf.* Fréquentation.

RIBOULET, *adj. et part.* Fréquenté.

RIBOULIOU, *sm. pl.* de riboul, passage, sentier.

RICHAN, *sm.* Gazouillement ; comparez le français ricanement.

RICHANA, RICHANAT, *vn.* Gazouiller ; part. et.

RICHARD, *sm.* Nom donné au geai.

RICHARDIK, *sm.* Diminutif de richard.

RICHART, *sm.* Voy. richard.

RICHODIN, *sf.* Pinson, oiseau ; *pl.* ed.

RICHON, *sm.* Gazouillement.

RICHONA, *vn.* Gazouiller ; part. et.

RID, *sm.* Courant ; Loth cite rit gué, gallois rhyd, irlandais rhyd, course.

RIDA, *va.* Rider ; part. ridet.

RIDEK, *vn.* Courir, couler ; part. et.

RIDEL, *sf.* Crible, tamis ; *pl.* ridellou ; comparez le latin rotellus.

RIDEL, *sf.* Ridelle ; côté d'une charette ; *pl.* lou.

RIDELLA, *va.* Passer au crible ; part. et.

RIDELLAD, *sf.* Ce que contient un crible ; *pl.* ou.

RIDELLAT, *va.* Passer au crible ; part. et.

RIDENNEIN, *va.* Froncer ; *part.* ridennet.

RIDET, *adj.* ridé ; voy. rida.

RIDET, *adj.* Qui a des plis, froncé.

RIDOUR, *sm.* Coureur ; red course.

RIEL, *sm.* Verglas ; *pl.* lou ; réo gelée.

RIELLA, *vn.* Tomber en verglas ; part. et.

RIEU, *sm.* Jour de la semaine, jeudi.

RIFED, *sm.* Maladie sous-cutanée.

RIFF, *sm.* Voy. rioux.

RIGADEL, *sf.* Palourde ; *pl.* ed.

RIGADELLA, *va.* Prendre des palourdes ; part. et.

RIGOL, *sm.* Subterfuge.

RIGOLAT, *vn.* Chercher des subterfuges ; part. et.

RIGOR, *sm.* Rigueur ; *pl.* iou, latin rigor.

RIGOUIGNAT, *va.* Grinier ; *part.* et.

RIGOURIUZ, *adj.* Rigoureux.

RIKEIN, *vn.* Falloir ; voy. rankout.

RIKERAL, *va.* Se moquer, railler.

RIKL, *sm.* et *adj.* Glissant.

RIKLA, *va.* Glisser ; part. riklet.

RIKLER, *sm.* Glisseur ; *pl.* ien.

RIKLEREZ, *sf.* Celle qui glisse ; *pl.* ed.

RIKLEREZ, *sm.* Action de glisser.

RIKLOUER, *sm.* Glissoire ; *pl.* ou.

RIKLUZ, *adj.* Glissant.

RILLEN, *sf.* Rouleau, anneau ; *pl.* nou ; voy. ruillen.

RIM, *sm.* Rime ; *pl.* ou. Loth cite rim, nombre ; *pl.* rimai lou.

RIMADEL, *sf.* Rimaille ; *pl.* rimadellou, rim rime.

RIMADELLA, *vn.* Faire des rimailles ; *part.* et.

RIMAILLOU, *sm. pl.* Rimes ; voy. rim.

RIMIA, *va.* Gratter, ratisser ; part. et.

RIN, *sm.* Mystère ; voy. rhyn, Loth cite ringuedaulion.

RINCHAN, *vn.* Gazouiller.

RINCHAN, *sm.* Beuglement ; Loth cite rigl bavard.

RINCHANNAT, *vn.* Beugler ; part. et.

RINKA, vn. Gratter des légumes ; part. rinket.
RINKAL. Voy. rinka.
RINKIN, sm. Rire moqueur.
RINKINAT, vn. Rire d'une manière moqueuse ; part. et.
RINKL, adj. Coulant.
RINKLA, vn. Glisser ; part. et.
RINKLUZ, adj. Glissant ; voy. rikluz.
RINSA, va. Rincer ; part. rinset.
RINSAL. Voy. rinsa.
RINVA, vn. River ; part. rinvet.
RINVIA, va. Gratter ; part. et ; voy. rimia.
RIOLEN, sf. rigole ; pl. nou.
RIOLEN-GARR, sf. Ornière; riolen, rigole, karr charette.
RIOT, sm. Dispute ; Loth cite riathor réatir torrent.
RIOTAL, vn. Bambocher ; part. et.
RIOTAL, va. Quereller, disputer; part. et.
RIOTER, sm. Querelleur ; pl. ien.
RIOTUZ, adj. Moqueur, ironique.
RIOU, sm. Le froid; latin frigus, breton réo.
RIOU, sm. Monticule ; Riou est un nom de famille assez commun.
RIOUL, sm. Jeu de la fossette ; Loth cite reulaun plein d'élan.
RISIA, va. Flamber un porc ; part. et.
RISKA, va. Risquer; part. et.
RISKADEN, sf. Risque ; pl. nou, ou risklad ennou.
RISKL, sm. Danger, risque ; pl. ou.
RISKLA, vn. Glisser ; part. et.
RISKLA, va. Risquer ; part. risklet.
RISKLADEN, sf. Glissade ; pl. nou.
RISKLADEN, sf. Risque ; pl. ou.
RISKLEIN, vn. Glisser, part. risklet.
RISKLOU, sm. pl. Risques, périls.
RISKLOUER, sm. Glissoire ; pl. ou.
RISKLUZ, adj. Glissant.
RISKLUZ, adj. Qui donne du risque.
RISKUZ, adj. Voy. riskluz.
RIT, sm. Courant ; Loth cite rit Gué, gallois Rhyd, nom gaulois augusto-ritum.
RIT, adj. Passager.
RIT KOF, sm. Flux de ventre ; rit écoulement, kof, ventre.
RITUAL, sm. Rituel, latin ritualis.
RIV. sm. Froid ; voy. riou.
RIVA, vn. Se refroidir ; part. rivet.
RIVA, vn. River ; voy. rinva.
RIVIDIK, adj. Frileux.
RIVIN, sm. Ruine ; pl. ou.
RIVINA, va. Ruiner ; part. rivinet.
RIZ, sm. Riz, plante ; pl. ou, latin oryza.
RIZ, sm. Ris d'une voilure ; pl. ou.
RIZELLA, vn. Différer ; part. et.

RIZEN, sf. Frise, corniche ; pl. nou.
RIZEN, sf. Rayure ; pl. nou.
RIZIA, va. Flamber ; voy. risia.
RO, sm. Don, vœu ; pl. rocou, gallois rhodd.
ROANEZ, sf. Reine ; pl. ed; voy. rouanez, regantissa.
ROAN, sm. Empan ; voy. raouan.
ROANNEIN, va. Mesurer à l'empan.
ROANTELEC'H, sm. Royaume ; voy. rouantelez.
ROAZON. Nom de ville, Rennes.
ROB, sm. Patrimoine, richesses, picard rauber, anglais robber.
ROBEN, sf. Robe ; pl. nou.
ROBINED, sm. Robinet ; pl. robinedou.
ROC'H, sm. Nom d'un saint, roch.
ROC'H, sm. Rocher; pl. ier.
ROC'H, sm. Ronflement : gallois rhwnc, Loth cite runcniou ronflements.
ROC'HAL, vn. Ronfler ; part. roc'het.
ROC'HAN, sm. Empan ; voy. raouen.
ROC'HANNEIN, va. Voy. roannein.
ROC'HAT, vn. Ronfler, braire ; part. roc'het.
ROCHED, sm. Chemise d'homme; pl. ou, comparez le français rochet.
ROCHED-HOUARN, sm. Cotte d'armes ; roched ; chemise, houarn fer.
ROCHED-REUN, sm. Cilice ; roched chemise, reun crin.
ROC'HEK, adj. Rocheux.
ROC'HEL, sf. Roche ; pl. lou, nom de famille.
ROC'HELLA, vn. Ronfler ; part. et.
ROC'HELLEK, adj. Abondant en rochers.
ROC'HER, sm. Ronfleur; pl. ien.
ROC'HEREZ, sm. Action de ronfler.
ROC'H KEN, sf. Râle d'un mourant ; voy. rounklen.
ROC'H KENNEIN, vn. Râler.
ROC'HOU, sm. pl. Rocs ; Rochou ; est un nom de famille assez commun.
ROD, sf. Roue ; pl. rodou, rojou, latin rota.
RODAL, vn. Roder, rod roue.
RODEL, sf. Boucle, rouleau ; pl. lou ; latin rotellus.
RODELLA, va. Boucler, friser ; part. et.
RODELLEK, adj. Frisé, bouclé; Rodellec est un nom de famille assez répandu ; de rod roue.
RODELLET, adj. et part. Frisé, bouclé.
ROD-KENTR, sf. Molette d'éperons, rod roue, kentr éperon.
RODD, sm. Gué de fleuve ; Loth cite rit gué.
RODDED, sm. Gué ; voy. rid.
ROE, ROUÉ, sm. Roi ; pl. Roiet, roueet, rouanez, theme regent, cambrique ruy, latin rex.
ROEED. Voy. roueed.

Roei, va. Donner ; part. roet ; voy. rei, Loth cite arimrot,il s'est acquitté de.
Roenv, sf. Rame, aviron ; pl. roenvou, latin remus.
Roenvia, vn. Ramer ; part. et.
Roenvier, sm. Rameur ; pl. ien.
Roev'. Voy. Roenv.
Roevia. Voy. Roenvia.
Roevier. Voy. Roenvier.
Roez, adj. Limpide, clair ; Loth cite, ruid, libre ; voy. rouez.
Rog, sm. Déchirure ; pl. ou ; de Jubainville donne à ce mot l'étymologie du latin lacerare déchirer, grec λακίς lambeau.
Rog, sm. Appat, rogue, allemand rogen.
Rog, adj. Fier, arrogant.
Rogasionou, sm. pl. Rogations.
Rogein, va. Déchirer ; voy. regi.
Rogentez, sf. Arrogance, orgueil, rogentia.
Rogez, sm. Rogue ; voy. rog.
Rogi, vn. Déchirer ; part. roget ; voy. regi.
Rogoni, sf. Arrogance.
Roi, va. Donner ; part roet ; voy. réi.
Roign, sm. Chancre des plantes ; voy. rougn.
Rok, adv. Fièrement, avec arrogance.
Rokaat, vn. Devenir fier, arrogant ; part. rogeat.
Rokeden, sf. Casaque, habit ; pl. nou ; allemand rock casaque.
Rokonel, ronkel, sf. Râle d'un mourant ; Loth cite roluncas, il avala.
Rolal, vn. Roder ; voy. rodal.
Roled, sm. Rouleau ; pl. roledou, wallon rolett.
Roll, sm. Liste, rôle ; pl. rollou.
Roll, sm. Rouleau d'agriculture ; pl. ou ; voy. roulouer.
Rolla, va. Mettre en rouleau ; part. et.
Rolla, va. Attacher ensemble ; part. et ; voy. Strolla.
Rollad, sm. Rouleau, paquet roulé ; pl. ou.
Rollec'h, sm. Ornière ; pl. rolleiou ; rod roue, leac'h lieu.
Rollec'h karr, sm. Ornière de charrette, rollech, composé de rod roue, leac'h lieu, karr, charette.
Rolled, sm. Rouleau ; voy. roled, rollad.
Rollein, va. Rouler ; part. rollet.
Rolt, sm. Garrot d'un cheval, perche de charette ; Loth cite roiau, hoyaux.
Rom. Nom de ville, Rome.
Rom, sm. Rhum ; voy. roum.
Roman, sm. Romain ; pl. romaned.
Ronchal, vn. Souffler ; part. et ; Loth cite runtniau, runcniau, ronflements gallois, rhwnc groin, rhonc sonore.

Rondachen, sf. Bouclier, rondache ; pl. ou.
Ronfl, sm. Ogre ; pl. ou, grec ροφειν dévorer.
Ronkal, vn. Râler ; voy. ronkella.
Ronkedein, vn. Se baigner ; voy. kouronka.
Ronkel, sf. Râle d'un mourant ; pl. lou.
Ronkella, vn. Râler ; part. et.
Ronken. Voy. Ronkel.
Ronkennek, adj. Glaireux, muqueux.
Ronkennet, adj. Qui râle.
Ronkonel. Voy. ronkel.
Ronkonella. Voy. ronkella.
Ronsé, sm. Cheval ; pl. ronséed, allemand ross' cheval.
Ronsik, sm. Petit cheval, bidet ; pl. ronsedigou.
Ros, sm. Tertre ; pl. iou, grec ροπικος, qui penche ; voy. taroz.
Ros, sm. Rose ; voy. roz.
Roséra, sf. Rosaire.
Roséten, sf. Rosette ; pl. ou.
Rosglen, sf. Coquelicot ; roz rose, glen pour glaouen charbon ardent.
Rosgoun. Nom de ville, Roscoff ; on prétend que l'étymologie de ce mot vient de ros tertre, goff forgeron, néanmoins vu la conformation topographique du lieu, on pourrait aussi bien admettre, ros tertre, goun, pour gouhin, gaine, fourreau, ou gouff golfe.
Rosklen, sf. Tertre ; voy. ros.
Rost, adj. Rôti.
Rosta, va. Rôtir ; part. rostet, kymri roshaw, gaelique roist.
Rot, sf. Roue ; voy. rod.
Rotol, sm. Monceau de feuilles sèches.
Rouan, adj. Péchard, rouan ; espagnol ruano.
Rouan, sf. Aviron ; voy. roenv ; Loth cite rogulipias mouillé.
Rouanein, vn. Ramer ; voy. roenva.
Rouanez, sf. Reine ; pl. ez. regantissa, cité par de Jubainville, cambrique ruyfanes.
Rouanez, sf. Plante, clématite.
Rouanez ar prat, sf. Reine des prés.
Rouanour, sm. Rameur ; voy. roenver.
Rouanlelec'h, sf. Royaume ; voy. rouantelez.
Rouantelez, sf. Royaume ; pl. rouantélésiou.
Rouanv, sf. Aviron ; voy. roenv.
Rouanvein, vn. Voy. roenva.
Rouanvour, sm. Voy. roenvier.
Roud, sm. Trace ; pl. roudou, roujou ; grec ρυτος traîné.
Roud, sm. Route ; pl. ou ; roto magus Rouen.

ROUDEN, *sf.* Ligne ; *pl.* nou ; voy. arouden.
ROUDENNA, *va.* Rayer ; part. roudennet.
ROUD-KARR, *sm.* Ornière, roud trace, karr charrette.
ROUDOU, *sm. pl.* Traces.
ROUE, *sm.* Roi ; *pl.* roueet, rouanez ; cambrique ruy, latin rex.
ROUED, *sm.* Filet ; de Jubainville, le tire du latin rete ; *pl.* rouéjou.
ROUEDA, *va.* Pêcher au filet, roued. Filet.
ROUEDIK, *sm.* Réseau ; *pl.* rouedigou.
ROUEFF, *sf.* Aviron ; voy. roenv.
ROUEJOU, *sm. pl.* Voy. roued.
ROUEL, *sf.* Rougeole ; voy. ruzel.
ROUELEN, *sf.* Rouelle ; *pl.* nou ; rouelle de veau, rouelen leué.
ROUES, *adj.* Clair ; voy. rouez.
ROUESAAT, *vn.* Devenir clair ; part. roueseat ; roues clair.
ROUESDER, *sm.* Limpidité, raréfaction ; rouez rare.
ROUESTL, *sm.* Confusion ; *pl.* ou ; roued filet.
ROUESTLA, *va.* Mettre en confusion ; part. rouestet.
ROUEV, *sm.* Roi ; voy. roué.
Rouez, *adj.* Clair, rare ; Loth cite ruid vide.
ROUFEN, *sf.* Ride ; *pl.* roufennou ; Loth cite roricsenti sillonné.
ROUFENNA, *va et n.* Rider, froncer ; part. et.
ROUFENNEK, *adj.* Ridé, sillonné.
ROUFL, *sm.* Ogre. Voy. ronfl.
ROUFL, *sm.* Orgueil ; cornique ruy roi, en français, une chambre de navire, roufle.
ROUFLEIN, *vn.* Gronder.
ROUFLUZ, *adj.* Orgueilleux.
ROUG, *sm.* Déchirure ; voy. rog.
ROUGEIN, *va.* Déchirer ; voy. regi.
ROUGN, *sm.* Rogne, espagnol roña.
ROUGNEK, *adj.* Qui a la rogne.
ROUIAT, *sm.* Litière ; voy. kraouiad.
ROUIGN. Voy. Rougn.
ROUINEL, *sm.* Entremetteur ; *pl.* lou, Loth cite, ruimmein liens.
ROUINELLAN, *vn.* S'entremettre.
ROULACH, *sm.* Roulage.
ROULADEN, *sf.* Tournée de chevaux à la machine à battre ; *pl.* nou.
ROULAND, *adj.* Roulant ; comp: roulantoc'h ; superl. roulanta.
ROULER, *sm.* Ivrogne ; *pl.* roulerien.
ROULI, *va.* Faire la noce.
ROULOUER, *sm.* Rouleau ; *pl.* roulouérou.
ROULOUÉRA, *va.* Passer le rouleau ; part. et.

ROUMM, *sm.* Rhum, liqueur.
ROUM. Nom de ville, Rome.
ROUNFL, *sm.* Ogre ; *pl.* ed ; voy. ronfl.
ROUNKLEN, *sf.* Rale ; voy. ronkel.
ROUNKLENNA, *va* ; voy. ronkella.
ROUNT, *adj.* Rond, latin rotundus.
ROUNT, *sm.* Rond, cible ; *pl.* rontchou.
ROUS, *adj.* Roux, latin russus : Leroux est un nom de famille très répandu.
ROUSAAT, *vn.* Devenir roux ; part. rouséat.
ROUSIN, *sm.* Résine ; latin résina, grec ρητίνη.
ROUSKEN, *sm.* Voy. rousin.
ROUT, *sm.* Voy. roud.
ROUT, *sm.* Route.
ROUTEU. Le même que roudou.
Rouz, *adj.* Voy. rous.
ROUZA, *va.* Roussir ; part. rouzet.
ROUZEIN, *va.* Roussir ; voy. rouza.
ROYAL, *adj.* Royal.
ROYALIST, *sm.* Royaliste, *pl.* ed.
Roz, *sm. pl.* Roses ; latin rosa.
Roz, *sm.* Tertre ; voy. ros.
Roz, *sm.* Don, présent ; de ro donne.
ROZEL, *sf.* Espèce de rateau ; *pl.* lou, latin rotellus.
ROZEL-GAMM, *sf.* Rateau de four ; rozel rateau, kamm courbe.
ROZEN, *sf.* Rose ; *pl.* roz ; voy. roz.
ROZEN-AÉR, *sf.* Coquelicot ; *pl.* roz-aer ; rozen rose, aér couleuvre.
ROZEN-GOUEZ, *sf.* Eglantine, fleur ; rozen rose, gouez sauvage.
ROZEN-KI, *sf.* Coquelicot, pavot ; rozen rose, ki chien.
ROZEN-MOC'H, *sf.* Pavot ; *pl.* roz moc'h, rozen rose, moc'h porcs.
ROZEN-SINK, *sf.* Souci, fleur, rozen rose, sink souci.
ROZÉRA, *sf.* Rosaire. Voy. roséra.
ROZ-GOUEZ. Voy. rozen gouez.
ROZINIS, *sm.* Souci, plante.
Roz-KI, *sm. pl.* Voy. rozen-ki.
ROZ-MOCH, *sm.* Voy. rozen-moc'h.
ROZ-SINK, *sm. pl.* Voy. rozen-sink.
RU, *sf.* Rue ; *pl.* ruiou ; bas latin rua.
RU, *adj.* Rouge ; voy. ruz.
RUADEN, *sf.* Ruade ; *pl.* ruadennou.
RUAL, *vn.* Ruer ; part. ruit ; latin ruere, sanscrit sru, faire aller.
RUAN. Voy. rouan.
RUARD, *adj.* Rougeâtre, ruz rouge.
RUART, *adj.* Voy. ruard.
RUBAN, *sm.* Ruban ; *pl.* rubanou.
RUBANA, *va.* Mettre des rubans ; part. et.
RUBE-RUBENE, *adv.* Sans détours ; Zeuss cite le cambrique riu, chaque, genre, Loth cite ruid libre.

Rubenn, *sm.* Tête rouge ; ruz., rouge, penn tête.

Rud-rut, *sm.* Rut, époque de la chaleur des femelles.

Ruda, *vn.* Etre en chaleur ; part. et, comparez le français rut, rugir.

Ru-dall, *sf.* Cul-de-sac ; ru rue, dall aveugle.

Rudder ruster, *sm.* Rougeur ; ruz rouge.

Rueff, *sm.* Aviron ; voy. roueff, rouenv.

Ruein, *vu.* Rougir; voy. ruzia.

Ruel, *sf.* Rougeole ; voy. ruzel.

Ruer, *sm.* Rueur ; *pl.* ien.

Rufla, *va.* et *n.* Renifler ; part. ruflet ; Loth cite runcniau ronflements.

Ruia, *va.* Voy. ruzia, rusia.

Ruian, *va.* Rougir ; voy. rusia.

Ruill, *sm.* Roulement ; *pl.* ou.

Ruillik, *sm.* Petit roulement ; *pl.* ruillonigou.

Ruilla, *vn.* Rouler ; part. ruillet ;

Ruillek, *adj.* Roulant de ruill, roulement.

Ruillen, *sf.* Anneau, rouleau ; *pl.* nou.

Rujoden, *sf.* Rouge-gorge ; *pl.* ed ; ru rouge, jod, joue.

Rujot, *sm.* Rouge-gorge; voy. rujoden.

Ru-kréan, *adj.* Rouge foncé ; ru rouge, kréan fort.

Ruler rulouer, *sm.* Rouleau ; *pl.* ou.

Rulia, *va.* Rouler ; part. ruliet.

Ru-ligern, *adj.* et *sm.* Vermillon ; ru, ruz rouge, ligern, lugern qui brille.

Rumm, *sm.* Race, quantité ; *pl.* rummiou, grec ρυθμος, nombre, Loth cite ruimmein liens, gallois rhwymyn.

Rummad, *sm.* Nombre ; *pl.* ou, voy. rumm.

Run, *sm.* Colline ; *pl.* runiou ; de Jubainville cite clorinos, gothique klainas, comparez le latin inclinare.

Rusa, *va.* Ruser ; se dit aussi rusal ; part. et.

Rusel, *sf.* Rougeole, maladie.

Rusia, *va.* et *n.* Rougir ; part. rusiet ; ruz rouge.

Rusk, *sm.* Ecorce ; *pl.* ou ; vieil irlandais rusc, gallois risgl ; on dit aussi en breton ruskl.

Ruskat, *sm.* Ruche ; voy. rusken.

Rusken, *sf.* Ruche ; *pl.* ruskennou, allemand rusca.

Ruskennad, *sf.* Ruche pleine d'abeilles ; *pl.* ruskennadou.

Ruspin, *adj.* Bien portant ; voy. ruzpenn.

Rust, *adj.* Rude, brusque, sévère, latin rudis.

Ruster, *sm.* Rougeur ; *pl.* rusteriou, ruz rouge.

Rusteriou, *sm. pl.* Hémorrhoïdes, règles des femmes ; ruz rouge.

Rustonein, *va.* Voy. rustonia.

Rustoni, *sf.* Rudesse, sévérité ; *pl.* ou, rust rude.

Rustonia, *va.* Brutaliser ; part. et.

Rut, *sm.* Rut, époque de la chaleur chez les femelles.

Ruta, *sf.* Rutabaga, plante.

Ruvoad, *sm.* Sang de dragon, plante ; ru rouge, goad sang.

Ru-vorn, *sf.* Rue retirée, cul-de-sac ; ru rue, born borgne.

Ruz, *adj.* Rouge ; gaulois roudos, grec ερευθος rougeur, sanscrit rudhiros, latin ruber.

Ruza, *vn.* Ramper ; part. ruzet ; gallois rheu remuer ; voy. rusa.

Ruzaden, *sf.* Glissade ; *pl.* ruzadennou ; de ruza, glisser, ramper.

Ruzaik, *sm.* Jeu de la glissade, ruza; glisser, ramper.

Ruzard, *sm.* et *adj.* Rougeâtre, rougeaud ; ruz rouge.

Ruzardez, *sf.* Femme qui a le teint rougeâtre ; *pl.* ed.

Ruzatis, *sm.* Jeu de la poussette, ruza, ramper.

Ruz beo *adj.* Rouge vif ; ruz rouge, béo vif.

Ruzel, *sf.* Rougeole ; de ruz rouge ; voy. ruel.

Ruz-glaou, *adj.* Couleur de charbon enflammé, ruz rouge, glaou charbon.

Ruzia, *vn.* Voy. rusia.

Ruzieruz, *sm.* Insecte, liset *pl.* ed ; ruza ramper.

Ruziga, *vn.* Glisser un peu ; part. et.

Ruz-jot, *sm.* Gorge ; voy. rujoden.

Ruz-lugern, *adj.* Vermillon ; ruz rouge, lugern brille.

Ruz-penn, *adj.* Coloré ; ruz rouge, penn tête.

Ruz-réor, *sm.* Glisse-cul ; ruza glisser, reor cul.

Ruzuz, *adj.* Rampant ; ruza ramper.

S

S, Lettre consonne.
SA, *sm.* Terme de charretier, tout droit.
SA, SAO, *sm.* Debout.
SABAT, *sm.* Sabat ; latin sabattum, hébreu schabat repos.
SABATURET, *adj.* Qui souffre des pieds ; hébreu schabat repos.
SABL, *sm.* Sable de terre ou de rivière.
SABLER, *sm.* Estomac, gésier des oiseaux.
SABR, *sm.* Sable de carrière.
SABRA, *va.* Sabler ; part. sabret.
SABREK, *adj.* Sablonneux.
SABREN, *sf.* Sabre ; *pl.* sabrinier ; allemand sabet.
SABRENNA, *vn.* et *a.* Se servir du sabre, sabrer ; part. et.
SABROUNEK, *sf.* Carrière de sable, sablière.
SABROUNEK, *adj.* Sablonneux.
SAC'H, *sm.* Sac ; *pl.* sier ; latin saccus, grec βακχος.
SAC'H CHAG, *adj.* Croupi ; sac'ha croupir.
SACHA CHACHA, *va.* Tirer à soi ; part. et.
SAC'HA, *va.* Mettre en sac ; part. et.
SAC'HA CHAGA, *vn.* Croupir ; part. et.
SAC'HAD, *sm.* Le plein d'un sac ; *pl.* sac'hadou ; sac'h sac.
SAC'HAT, *sm.* Voy. sac'had.
SAC'H-BLÉO, *sm.* Tiraillement des cheveux ; sac'ha tirer, bleo cheveux.
SAC'H BOUED, *sm.* Jabot des oiseaux ; sac'h sac, boued nourriture.
SAC'H GWIN, *sm.* Sac à vin ; sac'h sac, gwin vin.
SAC'HEK, *sm.* Petit sac, sachet ; *pl.* seierigou.
SAC'H-NOUEN, *sm.* Sac de l'extrême onction ; sac'h sac, nouen onction.
SAC'H-SOUBEN, *sm.* Grand mangeur ; sac'h sac, souben soupe.
SAC'H-TORCHEN, *sm.* Sac de bât ; sac'h sac, torchen coussinet.
SAD, *prép.* Pour sada, voilà, voici.
SADA, *prép.* Voici, voilà ; voy. sétu, chétu.
SADORN, *sm.* Jour de la semaine, samedi ; disadorn dies sabatti.
SADORN, *sm.* Guerrier ; voy. kadour, kad combat.
SADORNVEZ, *sm.* La journée du samedi ; sadorn samedi.
SAÉ, *sf.* Robe de femme ; *pl.* saeiou ; latin sagum.

SAÉAD, *sf.* Habillement complet ; *pl.* ou ; saé robe.
SAET SAÉTH, *sf.* Flèche ; *pl.* ou.
SAEZEN, *sf.* Rayon; *pl.* ou ; saez flèche.
SAEZON, *adj.* Viande salée.
SAEZONI, *va.* Saler la viande ; part. et.
SAFAR, *sm.* Bruit, tapage ; grec θαλαγη bruit.
SAFARAT, *sm.* Faire du tapage ; part. et.
SAFAREIN, *vn.* Voy. Safarat.
SAFARI, *vn.* Voy. safarat.
SAFRON, *sm. pl.* Bourdon.
SAFRONEN, *sf.* Bourdon, frelon ; *pl.* safron ; Loth cite satron.
SAFRONI, *vn.* Bourdonner ; part. et
SAFRONI, *vn.* Nasiller ; part. et.
SAGR, *adj.* Voy. sakr.
SAGRA, *va.* Voy. sakra.
SAGRIST, *sm.* Sacristain ; voy. sakrist.
SAILL, *sf.* Seau, baquet ; *pl.* ou ; latin situla.
SAILL, *sm.* Bond, saut ; *pl.* ou.
SAILLA, *vn.* Sauter, bondir ; part. et ; latin salire.
SAILLA, *vn.* Sauter; part. saillet ; latin salire, sanscrit sar.
SAILLAD, *sf.* Plein un seau ; *pl.* ou ; saill seau.
SAILL-DOUR, *sf.* Seau d'eau.
SAILLEIN, *vn.* Sauter ; voy. sailla.
SAILLER, *sm.* Sauteur ; *pl.* ien.
SAILLISA, *va.* Saillir ; part. et.
SAILLOUR, *sm.* Sauteur ; *pl.* ien = Saillour figure dans les noms de famille.
SAKAAT, *vn.* Se donner des coups de corne.
SAKAD, *sm.* Coup de corne ; *pl.* ou.
SAKR, *sm.* Sacre ; *pl.* ou.
SAKR, *adj.* Sacré.
SAKRA, *va.* Sacrer ; part. sakret.
SAKRADUREZ, *sf.* Consécration.
SAKRAMANT, *sm.* Sacrement ; *pl.* sakramanchoid, sakr saint.
SAKRAMANTI, *vn.* Communier ; part. et.
SAKRÉAL, *vn.* Jurer, blasphémer ; part. sakréet.
SAKRÉER, *sm.* Blasphémateur ; ien.
SAKREIN, *va.* Jurer ; voy. sak ra
SAKRÉOU *sm. pl.* Jurements, blasphèmes.
SAKRI. Voy. sakra.
SAKRIFIA, *va.* Sacrifier; part. sakrifiet ; sakr sacré.
SAKRIFIS, *sm.* Sacrifice; *pl.* sakrifisou.

SAKRILACH, *sm.* Sacrilège ; *pl.* sakrilachou.
SAKRIST, *sm.* Sacristain ; *pl.* sakristed.
SAL, *sm.* Salle, salon ; allemand saal.
SAL, *sm.* Château ; *pl.* saliou.
SAL, *sm.* Taillis en pente ; Zeuss cite sawl ; *pl.* saliou, qui est un nom de famille assez répandu ; saonen vallée.
SALADEN, *sf.* Salade ; *pl.* nou.
SALL, *adj.* Salé.
SALLA, *va.* Saler ; part. sallet ; sall salé.
SALLEIN, *va.* Voy. salla.
SALLINER, *sm.* Voy. sallouer.
SALLOUER, *sm.* Boîte à sel ; *pl.* ou.
SALM, *sm.* Psaume ; *pl.* ou ; voy. psalm.
SALMEN, *sf.* Insulte ; *pl.* ou.
SALMI, *vn.* Psalmodier ; part. et ; voy. psalmi.
SALMOU, *sm. pl.* de salm psaume.
SALO SALV, *adj.* Sauf.
SALO, *adj.* Il est à désirer.
SALO-KRAS, *interj.* Dieu merci, salo il esl à désirer, kras pour gras, grâce.
SALOPEN, *sf.* Salope, femme dévergondée ; *pl.* nou.
SALORI, *sm.* Salorge.
SALPETRA, *sf.* Salpêtre.
SALTER, *sm.* Psautier ; *pl.* ou.
SALUD, *sm.* Salut.
SALUDI, *va.* Saluer ; part. et.
SALUTASION, *sm.* Salutation ; *pl.* ou.
SALV, *adj.* Sauf.
SALV, *adj.* Voy. salo.
SALVEIN, *va.* Sauver.
SALVER, *sm.* Sauveur ; *pl.* ien ; latin salvator.
SALVET, *adj.* et *part.* Sauvé.
SALVI, *va.* Sauver ; part. et.
SAL VOUED, *sm.* Salle à manger.
SAMM, *sm.* Charge, faix ; *pl.* sammou; grec σαττω charger.
SAMM, *sm.* Faix de treize gerbes de blé ; *pl.* semmen.
SAMMA, *va.* Charger ; part. sammet.
SAMMEDEIN, *va.* Soupeser ; part. et ; voy. samma.
SAMMEIN, *va.* Charger ; part. et.
SAN, *sm.* Canal ; *pl.* saniou ; grec σανις.
SANAB, *sm.* Sénevé, plante ; latin sinapis.
SANAILL, *sm.* Grenier ; *pl.* ou ; Loth cite scipaur grenier.
SANAILLA, *va.* Mettre au grenier; part. et ; grec σανιδοω planchéier.
SANAP, *sm.* Voy. sanab.
SANGIN, *adj.* Bien portant, sanguin.
SANIER, *sm.* Salière ; *pl.* ou.
SANKA, *va.* Enfoncer ; part. et.
SANKADEN, *sf.* Enfoncement ; *pl.* nou.
SANKER, *sm.* Celui qui enfonce ; Sanquer est un nom de famille très répandu.

SANKTIFIA, *va.* Sanctifier ; part. et.
SANKTION, *sm.* Sanction ; *pl.* ou.
SANKTUAL, *sm.* Sanctuaire ; *pl.* ou.
SANKTUS, *sm.* Sanctus mot latin.
SANSIBL, *adj.* Sensible; compar. sansiploc'h, superl. sansipla.
SANT, *adj.* et *sm.* Saint ; latin sanctus.
SANTEL, *adj.* Saint.
SANTELAAT, *vn.* Devenir saint ; part. santeleat.
SANTELEACH, *sm.* Sainteté.
SANTELEZ, *sf.* Sainteté ; *pl.* santeleziou.
SANTEZ, *sf.* Sainte ; *pl.* santezed.
SANTEZANNA. Nom de lieu, sainte Anne.
SANTEZ ANNA-WENED. Nom de lieu, Sainte-Anne-d'Auray.
SANTIFIKAT, *sm.* Certificat ; *pl.* santifikajou.
SANTIMANT, *sm.* Sentiment ; *pl.* santimanchou.
SANTIMANTI, *va.* Avoir du sentiment ; part. et.
SANTIN, *adj.* Sensible à la douleur.
SANTOL, *sm.* Vente à la bougie ; breton kantol, kantolor.
SANTOUT, *vn.* Sentir ; part. et.
SANTUAL, *sm.* Voy. sanktual.
SAO, *sm.* Elévation, côte ; *pl.* saiou ; radical de sevel monter ; savi non usité.
SAO, *interj.* Debout ; de savi, sevel lever.
SAOCH, *sm.* Sauge, plante.
SAO-HEOL, *sm.* Lever du soleil, orient ; sao lever, héol soleil.
SAOI SAVI. Voy. sevel monter.
SAON, *sm.* Savon ; breton soa graisse ; latin sebo.
SAONEN, *sf.* Vallée ; *pl.* ou ; sao montée.
SAONENNIK, *sf.* Petit vallon ; *pl.* saonennigou.
SAONI. Voy. soavoni.
SAOS. Voy. saucn.
SAOS. Voy. saoz.
SAOTR, *sm.* Ordure ; de Jubainville cite saltr ; gallois saltra.
SAOTRA, *va.* Salir ; part. saotret.
SAOUD. Voy. saout.
SAOUEIN, *va.* et *n.* Construire, lever ; part. saouet.
SAOUN, *sm.* Savon ; voy. saon.
SAOUR, *sm.* Saveur ; latin saturatio.
SAOURI, *vn.* S'assouplir ; part. saouret.
SAVOUREA, *sm.* Serpolet, plante.
SAOUT, *sm. pl.* Le bétail, les vaches ; *pl. irrég.* de bioc'h ou du mot ejen bœuf. Saout est un nom de famille très répandu.
SAOUZAN, *sf.* Surprise ; Loth cite soudan stupeur.
SAOUZANEN, *sf.* Espèce de mousse ; *pl.* nou.

SAOUZANI, *va.* Surprendre ; part. saouzanet.
SAOZ, *sm.* et *adj.* Anglais ; *pl.* saozon ; de Jubainville cite saxo, saxon.
SAOZAN. Voy. saouzan.
SAOZEZ, *sf.* Femme anglaise ; *pl.* ed.
SAOZIK, *sm.* Jeu des barres.
SAOZ MÉGA, *vn.* Parler anglais ; part. saoz méget.
SAOZ MEK, *sm.* La langue anglaise.
SAOZ NEGA, *vn.* Voy. saoz mega.
SAOZ NEK, *sm.* Voy. saoz mek.
SAOZONEK, *sm.* La langue anglaise.
SAPP, *sm.* Rejeton ; Loth cite saltrocion frêles.
SAPPEIN, *va.* Pousser, croître.
SAPR, *sm. pl.* de sapren sapin.
SAPR, *sm.* Voy. sarp.
SAPREN, *sm.* Sapin, arbre ; latin sapinus ; sapa résine
SARAC'HA, *vn.* Tourmenter, agiter ; comparez le français sabouler.
SARAGEREZ *sf.* Bardane, plante.
SARD, *adj.* Gai, joueur ; grec σαρχος.
SARDIN, *sm.pl.* de sardinen.
SARDINEN, *sf.* Sardine ; *pl.* sardin ; latin sardina.
SARDINENNA, *va.* Pêcher la sardine ; part. et.
SARDINENNER, *sm.* Bateau de pêche pour la sardine.
SARDONEN, *sf.* Frelon, taon, bourdon ; *pl* ed ; Loth cite satron frelons ; cornique sudronen.
SARFIL, *sm* Cerfeuil, plante ; latin cœrefolium ; grec χαιρεφυλλον.
SARP, *sm.* Serpe; *pl.* ou ; sanscrit carpa faucille ; Loth cite serr serpe ; gallois serr ; latin serra.
SARRA, *va.* Voy. serra.
SARSIFI, *sm.* Salsifis, plante ; *pl.* ou.
SART Voy. sard.
SASOUN, *sm.* Salaisons.
SASUN, *sm.* Suc, jus ; comparez le breton suna sucer.
SASUN, *adj.* Bien apprêté.
SASUNI, *va.* Sucer; part. et ; Loth cite saucgnetic.
SATISFIA, *va.* Satisfaire ; part. et.
SATOR, *interj.* Peste soit, que diable.
SATOR-DAMEZ, *interj.* Peste soit.
SAU, *sm.* Savon.
SAUCH, *sm.* Sauge, plante; latin salvia.
SAUF, *adj.* Sauf, sauvé.
SAUGARNER, *sm.* Saunier ; latin salmarius.
SAU HIAUL, *sm.* Voy. saô héol.
SAU HIOL, *sm.* Voy. sao héol.
SAUR, *adj.* Paresseux.
SAURA. Voy. sora.
SAUREA, *sf.* Herbe aux puces.

SAUREN. Voy. soren.
SAUTIER, *sm.* Rosaire pour psautier.
SAUK. Voy. saoz.
SAUVACH, *adj.* Démesuré.
SAUVACH, *adj.* Sauvage.
SAUVACHI, *va.* Grandir démesurément. part. et.
SAUVÉ, *adj.* En sécurité, sauvé.
SAUVÉTEI, *va.* Sauver ; part. sauvetéet; voy. savétei.
SAV. Voy. sao.
SAVANEN, *sf.* Voy. saouzanen.
SAVANT, *adj.* Savant, élevé.
SAVANTEK, *adj.* Dégingandé, élancé ; de savi lever.
SAVAR, *sm.* Voy. safar.
SAVATEIN, *va.* Salir.
SAVATER, *sm.* Savetier ; *pl.* ien.
SAVELLEK, *adj.* Enlevé ; sevel lever.
SAVELLEK, *sm.* Râle de genêts ; *pl.* ed.
SAVELLOK, *sm.* Voy. savellek, râle de genêts.
SAVEN, *sf.* Levée, terrasse ; *pl.* ou ; sevel lever, saô.
SAVEN DOUAR, *sf.* Digue, levée de terre ; saven levée, douar terre.
SAVETEI, *va.* Sauver; part. et, latin salvare.
SAVÉTE-MAR-SAÔ, *adv.* Quitte ou double, n'importe ; savet levé, hi lui, mar si, saô lève.
SAVI, *va.* et *n.* Lever; voy. sevel ; part. savet.
SAVODEL, *sf.* Botte de lin, de chanvre ; savi lever.
SAVOURI, *sm.* Sarriette, plante ; *pl.* ou.
SAYNEL, *sf.* Saindoux ; voy. senel.
SAZIL, *sm.* Rainure ; *pl.* lou.
SBIDEN, *sf.* Petit coin, morceau de bois, coupé en biseau, prise ; voy. spigen, de spega accrocher ; Loth cite pour sbiden, scirenn, éclat de bois.
SCHELEZAN, *sm.* Bardane, plante.
SCHILPIOUN, *sm.* Alouette de mer ; *pl.* ed.
SE ZE, *sm.* Particule démonstr., cela.
SE, *sf.* Robe ; voy. saé.
SÉA, *interj.* Doucement.
SEAC'H, *adj.* Sec ; latin siccus.
SEAC'H, *sm.* Foudre; voy. foultr.
SEAC'HEIN, *vn.* Blasphémer.
SEAC'H-KORN, *adj.* Desséché; seac'h sec, korn corne.
SÉANS, *sm.* Séance.
SEAZ SAEZ, *sf.* Flèche ; *pl.* ou; latin sagitta.
SEBELIA, *va.* Ensevelir ; part. sebeliet; kibel cuve, kibelia mettre en cuve ; Loth cite stebill appartement.
SEBEZA, *va.* Etourdir, éblouir ; latin subitare, stupidare.
SEC'H, *adj.* Sec ; voy. séac'h.

SÉCHA, va. Sécher ; part. sechet, de seac'h sec.
SEC'HDER, sm. Sécheresse ; pl. iou.
SEC'HED, sm. Soif ; de sec'h seac'h sec.
SEC'HEDI, va. et n. Altérer, avoir soif ; part. et.
SEC'HEDIK, adj. Altéré.
SEC'HEDUZ, adj. Qui donne soif.
SEC'HEIN, va. et n. Sécher ; voy. sec'ha.
SEC'HEN, sf. Vieille femme ridée : pl. nou.
SEC'HEN, sf. Arbre mort, desséché ; pl. nou.
SEC'HI, va. Sécher ; part. et.
SEC HIK, sm. Mousse terrestre.
SÉC'HOR, sf. Sécheresse ; pl. sec'horiou, sec'h sec.
SECHOREK, sf. Séchoir ; séchor, sécheresse.
SEC'HOUR, sf. Voy. sec'hor.
SEDE CHEDE, prép. adv. Voici, voilà.
SEDER, adj. Gai, bien portant ; grec σιτευτος, engraissé.
SEDERAAT, vn. Devenir bien portant, se fortifier ; part. séderéat.
SEDERIK, adj. Diminutif de seder.
SEEUN, sm. Moutarde ; grec σειειν agité, tourmenté.
SEGAL, sm. pl. Seigle : latin secale.
SEGALEK, sf. Champ de seigle.
SEGALEN, sf. Grain de seigle ; plant de seigle ; pl. segalennou ; Segalen figure dans les noms de famille.
SEGALEN, sf. Cigare ; pl. nou.
SEGAL-VINIZ, sm. pl. Seigle, froment ; segal seigle, gwiniz froment.
SEIGNEL, sm. Salière, vase pour mettre le sel ; pl. ïou.
SEGRETERI, sf. Sacristie ; pl. ou ; latin sacristia.
SEGRETOUR, sm. Secrétaire ; pl. ien ; latin secretarius.
SEHULO. Voy. seulo.
SEI, sm. Soie ; voy. seiz.
SEEC'H. Nom de nombre, sept ; latin septem ; voy. séiz.
SEIC'HVET, adj. num. Septième.
SEIER, sm. pl. Pluriel de sac'h sac.
SÉIGN, sm. Seine pour la pêche ; latin sagena, grec σαγήνη.
SEIGNA, va. Seiner, se servir de la seine ; part. et.
SEILL, sm. Seau ; voy. saill ; latin situla.
SEILLAD, sm. Le plein d'un seau, pl. ou.
SEIN, sm. Saindoux ; voy. senel.
SEITEK. Nom de nombre, dix-sept ; seiz sept, dek dix.
SEITEK KANT. Nom de nombre, dix sept cent, seitek dix-sept, kant cent.
SEITEK-KANTVED, adj. num. Dix-sept centièmes.

SEITEK UGENT. Nom de nombre, trois cent quarante ; seitek dix-sept, ugent vingt.
SEITEK VED, adj. num. Dix-septième.
SEIZ. Nom de nombre, sept ; latin septem, gaulois secten.
SEIZ, sm. Soie ; pl. ou ; chinois ssé, latin seta.
SEIZ-DELIEN. sf. Tormentille, plante ; seiz sept, delien feuille.
SEIZEK adj. Soyeux ; seiz soie.
SEIZEN, sf. Ruban de soie ; pl. nou.
SEIZET, adj. Impotent, perclus.
SEIZI, sm. Paralysie ; grec σιξω taire, σιγη silence.
SEIZIG, sm. Siège ; pl. ou ; latin sidium.
SEIZ KANT. Nom de nombre, sept cents ; seiz sept, kant cent.
SEIZ KANTVED. adj. num. Dix-sept centièmes.
SEIZ UGENT. Nom de nombre, cent quarante ; seiz sept, ugent vingt.
SEIZ UGENTVED, adj. num. Cent quarantième.
SEKRED, adj. Secret.
SEKRED, sm. Secret ; pl. sekrejou ; latin secretum.
SEKRETERI, sf. Voy. segreteri.
SEKRETOUR, sm. Secrétaire ; pl. ien.
SEL, sm. Talon ; voy. seul.
SELAV, va. Ecouter ; voy. selaou.
SELAOU, va. Ecouter ; part. selaouet ; Loth cite silim, irlandais sellaim, j'observe, gallois selu épier.
SELAOUER, sm. Ecouteur ; pl. selaouerien.
SELAOUEREZ, sf. Celle qui écoute ; pl. ed.
SELAOUEREZ, sf. Action d'écouter.
SÉLÉBRANT, sm. Célébrant, prêtre qui dit la messe ; pl. ed.
SÉLÉBRI, va. Célébrer ; part. et.
SELES SENES, sf. Regayoir pour le lin ; grec σιλαω briller.
SELERAT, vn. Regayer, faire briller ; part. et.
SELL, sm. Regard ; pl. sellou ; Loth cite silim.
SELLAD, sm. OEillade ; pl. ou.
SELLEIN, va. Regarder ; voy. sellet.
SELLER, sm. Celui qui regarde ; pl. ien.
SELLET, va. Regarder ; part. et ; Loth cite silim, vannetais sellein, gallois selu, irlandais sellaim.
SELLIER, sm. Cellier ; pl. ou.
SELLOUT, va. Regarder ; part. et ; voy. sellet.
SEMBL, adj. Faible, débile ; voy. sempl.
SEMBLEIN, vn. Devenir faible.

SEMEIL, sm. Revenant, fantôme; allemand segel voile, breton sebeilla enseveur.
SEMEN, sf. Gerbes mises en tas ; pl. de samm fardeau.
SEMENNA, vn. Engerber; part. et.
SEMPL, adj. Faible ; grec ζημια, perte, dommage.
SEMPLA, vn. Faiblir ; part. et.
SEMPLAAT, vn. Devenir faible ; part. semplet, sempleat,
SEMPLADUREZ, sf. Affaiblissement; pl. iou ; sempl faible.
SEMPLAEN, sf. Défaillance ; pl. nou.
SEN, adj. Vieux ; voy. hen, comparez le latin senex.
SEN SE, adv. Cela.
SENAKL, sm. Cénacle : pl. ou ; latin cœnaculum.
SENCH, va. Changer; part. et.
SENED, sm. Sénat ; pl. ou ; sen vieux.
SENEL, sm. Saindoux, graisse ; pl. ou.
SENES. Voy. senel.
SENI-SON, aa. Sonner ; part. sonet.
SENKLEN, sf. Sangle ; pl. senklennou ; latin cingula.
SENKLENNA, va. Sangler ; part. et.
SENTEIN, vn. Obéir ; part.et ; voy.senti.
SENTEK, adj. Obéissant ; voy. sentuz.
SENTEREAC'H, sm. Obéissance.
SENTI, vn. Obéir ; part. et ; irlandais sen signe.
SENTIDIGEZ, sf. Obéissance ; senti obéir.
SENTIN, vn. Obéir ; part. sentet.
SENTOUT, vn. Sentir ; part. et ; voy. santout.
SENTURI, sm. Sarriette, plante ; voy. savouri.
SENTUZ, adj. Obéissant.
SEO SEV, sm. Sève ; latin sapa.
SEO, sm. Moutarde ; grec ζεω brûler.
SEON, sm. Voy. saon.
SEON SEEUN, sm. Moutarde ; voy. seo sezo.
SEOUEL, va. et n. Lever ; voy. sevel.
SÉPARI, va. Séparer ; voy. dispartia ; part. séparet.
SÉPED, prép. Excepté.
SEPETI, va. Excepter ; part. et ; voy. seped.
SERAN, sm. Serin ; pl. ed.
SERCH, sm. Serge.
SERCH, sm. Cercueil ; pl. ou.
SERC'H, sf. Concubine; pl. serc'ho ; grec σοργη amour, vieil irlandais serc, thème serga, de Jubainville.
SERC'HEREZ, sm. Concubinage.
SERC'HEN, vn. Vivre en concubinage.
SERC'HO, pl. irrég. de serc'h.
SEREGEN, sf. Bardane, seringat ; latin syrinx.

SEREGEN VIHAN, sf. Bardane, plante.
SEREK, sm. Grateron, plante.
SÉRÉMONI, sf. Cérémonie ; pl. ou.
SÉRÉNAD, sm. Rhume de cerveau ; latin serenus serein.
SERIUS, adj. Sérieux.
SERIUSAMANT, adv. Sérieusement.
SERJANT, sm. Sergent ; pl. ed.
SERR, sm. Fermeture.
SERRA, va. Fermer ; part. serret.
SERREIN, va. Fermer ; voy. serra.
SERRET, adj. Fermé.
SERRIN, va. Fermer ; part. et.
SERR-LAGAD, sm. Clin-d'œil ; serra fermer, lagad œil.
SERR-NOZ, sm. Crépuscule ; serra fermer, noz nuit.
SERTAIN, adj. Certain.
SERTAINAMANT, adv. Certainement.
SERTIFIA, va. Certifier ; part. et.
SERTIFIKAD, sm. Certificat ; pl. ou.
SERVICH, sm. Service.
SERVICHA, va. Service ; part. servichet.
SERVICHER, sm. Serviteur ; pl. ien.
SERVIETEN, sf. Serviette ; pl. nou.
SESSIOUN, sm. Session ; pl. ou.
SETOUN, sm. Séton ; pl. setouniou ; les uns prononcent chétoun.
SETU CHETU, adv. et prép. Voici ; pour sellet hu.
SEUL, sm. Talon : gallois sawdl, vieil irlandais sal, breton sevel lever, racine sta, latin stare.
SEUL SUL, part. Tant plus, cambrique sawl, cornique suel, latin quantum.
SEUL, sm. Chaume ; voy. soul.
SEUL-VUI, part. Plus ; de seul, sul tant, mui plus.
SEUL-VUIA, part. D'autant plus.
SEULEIN, vn. Couper le chaume.
SEULEN. Filet de pêche ; pl. nou ; seul fond, talon.
SEULIOU, sm. pl. de seul talon.
SEURT, adv. Rien ; grec σορος.
SEURT, sm. Sorte ; pl. seurchou ; latin sortem.
SEURT-E-BED, adv. Rien du tout ; seurt sorte, é bed dans le monde.
SEUT, sm. pl. Le bétail ; voy. saout.
SEVEL, va. et n. Lever ; part. savet ; de Jubainville cite la racine stam, dérivé de sta, infinitif savann, latin stare.
SEVEN, adj. Poli ; grec σεμνός vénérable ; seveno figure dans les noms de famille.
SEVENI, va. Être poli ; part. et.
SEVENI, va. Accomplir ; part. sevenet.
SEVENIDIGEZ, sf. Politesse ; pl. iou.
SEVN, sm. Moutarde.
SEZEN, sf. Voy. saezen.
SEZI, adj. Femme enceinte.
SEZI sf. Siège d'une forteresse, pl. ou.

Séziein, *va.* Rendre une femme enceinte.
Sezo, *sm.* Senevé. moutarde.
Sgota. Voy. sigota.
Sgub. *sm.* Balai ; voy. skub.
Si, *sm.* Défaut ; *pl.* iou ; grec σινος dommage.
Si. Interj. s'adressant aux porcs.
Siblen, *sf.* Corde ; *pl.* nou.
Siblenna, *va.* Mettre les rênes à un cheval ; part. et; grec ζωστηρ ceinture.
Siboer, *sm.* Ciboire ; *pl.* ou ; latin ciborium, grec χιβωριον.
Sichen, *sf.* Base. souche ; *pl.* nou ; les uns prononcent chichen.
Sidan, *sm.* Linot ; *pl.* ed ; grec υδω chante.
Sidanez, *sf* Femelle du linot ; *pl.* ed.
Sidanik, *sm.* Roitelet ; *pl.* sidanigou.
Siech, *sm.* Siège ; *pl.* siéjou.
Siekl, *sm.* Siècle ; *pl.* ou.
Siel, *sf.* Sceau ; *pl.* siellou : Loth cite soeul sceau, irlandais seul, seula, forme latine segillum, segulum.
Siella, *va.* Sceller, cacheter ; part. et.
Siellein, *va.* Sceller ; part. et ; voy. siella.
Sieller, *sm.* Garde-sceaux ; *pl.* ien.
Siellou, *sm. pl.* Scellés.
Siet, *adj.* Vicieux, défectueux.
Sifarn, *sm.* Voy. sifern.
Sifel, *sm pl.* Ficelles
Sifelen, *sf.* Ficelle ; *pl.* sifillenou.
Sifelenna, *va.* Ficeler ; part. sifelennet.
Sifern, *sm.* Rhume de cerveau ; latin sifilare siffler.
Siferni, *vn.* S'enrhumer du cerveau ; part. et.
Sifoc'hel, *sf.* Sarbacane ; *pl.* lou ; grec 6ιφον tuyau, siphon.
Signac'h, *adj.* Malingre, rabougri ; si défaut.
Signac'haat, *vn.* Devenir malingre ; part. eat.
Sigodiez, *sf.* Plaisanterie, vilain tour ; grec ρικχος railleur.
Sigota, *vn.* Faire des tours d'adresse ; part. et.
Sigotach, *sm.* Escamotage, tour de finesse.
Sigoter, *sm.* Escamoteur ; *pl.* ien.
Sigougn, *sm.* Cigogne ; *pl.* ed ; latin ciconia.
Sigur, *sm.* Excuse.
Sigurein, *vn.* S'excuser, prétexter.
Sik. Locution employée pour chasser les porcs ; voy. si.
Sikadez, *sm.* Hysope, plante.
Sikanaden, *sf.* Chiquenaude ; *pl.* ou.
Siken, *adv.* Tout de même ; voy. zoken.
Sikour, *sm.* Secours ; *pl.* sikouriou.

Sikour, *va.* Secourir ; part. sikouret·
Sil, *sf.* Filtre, tamis ; *pl.* silou ; Loth cite scribl.
Sila, *va.* Passer au tamis, filtrer ; part. et.
Sil drouerez, *sf.* Charrier pour couler la lessive.
Silet, *adj.* Passé, filtré.
Sili. *sm. pl.* Pl. irrég. de silien, anguille.
Siliaoua, *vn.* Pêcher des anguilles ; part. et.
Siliaouer, *sm.* Pêcheur d'anguilles ; *pl.* ien.
Silien, *sf.* Anguille ; *pl.* sili, siliou.
Silienna, *vn.* Se glisser ; part. siliennet.
Silien-garz, *sf.* Anguille de haie ; *pl.* sili-garz.
Silien-vor, *sf.* Congre ; *pl.* sili-mor, siliou-mor ; silien anguille, mor mer.
Silvidigez. *sf.* Sécurité, salut de l'âme.
Silzigen, *sf.* Saucisse ; *pl.* silzik ; Loth cite selsic, gallois selsig.
Silzik, *sm. pl.* de silzigen.
Simaren, *sf.* Manteau de femme ; italien zimarra, français simarre, espagnol zamarra.
Simiad, *sm.* Fardeau de blé ; *pl.* ou ; voy. semmen.
Simiada, *vn.* Porter des faix de blé ; part. et.
Siminal, *sm.* Cheminée ; *pl.* siminaliou ; du français cheminée d'après de Jubainville ; latin camminnata.
Simpl, *adj.* Simple ; latin simplex.
Simud, *sm.* Mutisme ; si défaut, mud muet.
Simuda, *va.* et *n.* Devenir muet ; part. et.
Simudet, *adj.* et *part.* Homme muet.
Simudi. Voy. simuda.
Sin. Cygne, oiseau ; *pl.* sined.
Sin, *sm.* Signe ; *pl* sinou, latin signum.
Sina, *va.* Signer ; part. sinet.
Sinac'h, *adj.* Voy. signac'h, dégoûté.
Sinal, *sm.* Signal ; *pl.* sinalou.
Sin-ar-groaz, *sm.* Signe de croix.
Sinatur, *sm.* Signature ; *pl.* sinaturiou.
Sined, *sm.* Sceau, cachet ; *pl.* ou.
Sinifia, *va.* Signifier ; part. et.
Sinifikasion, *sm.* Signification ; *pl.* ou.
Sinkerc'h, *sm.* Folle avoine ; sin signe, kerc'h avoine, voyez goul-gerc'h.
Sink, sinkl, *sm.* Souci, plante ;
Sinvan, *sm.* Chicane ; *pl.* iou.
Sikanat, *vn.* Chicaner ; part. et.
Sinkaner. *sm.* Chicaneur ; *pl.* ien.
Sinklen, *sf.* Sanglé ; voy. senklen ; *pl.* nou.

SINSKAREIN, *vn.* Blasphémer ; *pl.* sinsakret ; si défaut, sakréal jurer.
SINTR, *sm.* Cintre ; *pl.* ou.
SINTRA, *va.* Cintrer ; part. et.
SINUC'HI, *vn.* Noircir au feu, brûler mal ; part. et ; sin signe, uchul, uzul, uzuil suie.
SIOADEN, *sf.* Gémissement ; *pl.* ou.
SIOAZ. Exclamation, hélas; si défaut, gwaz pis.
SIOC'HAN, *adj.* Débile, faible ; si défaut, oc'h contre, gan naissance.
SIOCHAN, *sm.* Avorton, enfant né avant terme ; voy. sioc'han.
SIOC'HANI, *vn.* S'affaiblir ; part. et.
SIOUAC'H. Exclamation, hélas ; voy. sivaz.
SIOUADEN. Voy. sioaden.
SIOUAZ. Exclamation, hélas; voy. sivaz.
SIOUL, *adj.* Calme, pacifique, taciturne; pour di ioul, sans colère.
SIOUL, *adv.* Avec tranquillité.
SIOULAAT, *vn.* Devenir calme ; part. siouleat.
SIOULIK, *adv.* Sans bruit.
SIOUL-RIBOULEN, *adv.* En tapinois ; sioul tranquille, riboul passage.
SIOUL-SIBOUROUN, *adv.* En silence.
SIPA, *va.* Être attentif ; part. et.
SIPRIZEN, *sf.* Cyprès, plante ; *pl.* suave siprez ; latin cupressus.
SIRCH SIRK, *sm.* Faucon, oiseau ; cambrique crychydd.
SIROC'HEL. Voy. soroc'hel.
SIROP, *sm.* Sirop.
SIRUPEK, *adj.* Sirupeux.
SISM, *sm.* Schisme.
SISMATIK, *adj.* et *sm.* Schismatique.
SISTR, *sm.* Cidre ; *pl.* ou ; latin sicera, grec σίκερα ; voy. ch. ist.
SISTRA, *va.* Faire du cidre ; part. et.
SISTR-HILIBER, *sm.* Cidre de cormes, sistr cidre, hiliber corme.
SISTR-KORMEL. *sm.* Cidre de cormes.
SISTR-MAR, *sm.* Cidre de cormes.
SITA. *va.* Citer ; part. et.
SITASION, *sf.* Citation ; *pl.* ou.
SITRON, *sm.* Citron ; *pl.* ou.
SITUASION, *sm.* Situation ; *pl.* ou.
SITUI, *va.* Situer ; part. situet.
SIUS SIUZ, *adj.* Vicieux, si défaut.
SIV, *sm. pl.* Voy. sivi.
SIVARN. Voy. Sivern.
SIVELEN, *sf.* Sangle, surfaix ; *pl.* nou.
SIVÉLENNA, *va.* Sangler une charge ; part. et.
SIVI, *sm. pl.* De Sivien, fraise.
SIVIEN, *sf.* Fraise ; *pl.* sivi ; latin cœpa.
SIVIEN-RED, *sf.* Plant de fraisier qui court, sivien fraise, red qui court.
SIVI-RED, *pl.* de sivien red.

SIVOAZ, *interj.* Hélas ; voy. siouaz.
SIVOLEZEN, *sf.* Ciboule ; *pl.* sivolez masculin ; latin cœpula.
SIZAILL, *sm.* Ciseau ; *pl.* Sizaillou ; latin cisellus.
SIZAILL-IEN, *sm.* Ciseau à froid.
SIZUN, *sf.* Semaine ; *pl.* sizuniou, seiz sept, hun sommeil.
SIZUN, *sf.* L'île de Sein, enez sizun.
SIZUNAD, *sf.* La durée d'une semaine ; *pl.* ou, sizun semaine.
SIZUNER, *sm.* Celui qui est de semaine ; *pl.* ien.
SIZUN PRIEDELEZ, *sf.* Lune de miel, sizun semaine, priedelez mariage.
SIZUNVEZ, *sf.* La durée d'une semaine ; *pl.* sizunvechou, sizun semaine.
SKABEL, *sf.* Escabeau ; *pl.* skabellou, skebel ; Loth cite scamell escabeau ; latin scabellum.
SKAF, SCAF, *sm.* Bateau léger, esquif ; grec σκαφη.
SKAFF, *adj.* Léger ; voy. skanv.
SKALF, *sm.* Fourchure des arbres, gerçure;*pl.*ou; Loth cite scirenn éclat de bois.
SKALFA, *vn.* Se fendre ; part. et.
SKALFEK, *adj.* Fourchu.
SKALFOU. *pl.* de skalf.
SKALIER, *sm.* Escalier ; *pl.* ou ; latin scalarium ; vieux français échalier.
SKAMPA, *va.* Faire un marche forcée ; part. et ; voy. stampa.
SKAN, *adj.* Léger ; voy. skanv.
SKANBENN, *sm.* Etourdi, skan léger, penn tête.
SKANDAL *sm.* Réprimande ; *pl.* ou ; grec σχανδαλον. Loth cite sgalad correction.
SKANDALA, *va.* Gronder ; part. et.
SKANDALER, *sm.* Grondeur ; *pl.* ien.
SKANF, *adj.* Léger ; Loth cite scamnhegint ils allègent, cornique scaff, gallois ysgafn léger.
SKANNEIN, *va.* Alléger ; voy. skanvaat.
SKANT, *sm. pl.* Ecailles, allemand schale écaille. Loth cite anscantocion sans écailles, irlandais scannan peau.
SKANTEK, *adj.* Qui porte des écailles.
SKANTEK, *sm.* Dard poisson ; *pl.* skanteged.
SKANTEN, *sf.* Ecaille de poisson ; *pl.* skant.
SKANTENNEK, *adj.* Qui porte des écailles.
SKANT-HOUARN, *sm. pl.* Scories de fer, skant écailles, houarn fer.
SKANV, *adj.* Léger ; voy. skanf.
SKANVAAT, *vn.* Devenir léger ; part. skanveat, skanv léger.
SKANVELARD, *sm.* Etourdi, skanv léger.
SKAO, *sm. pl.* Sureaux ; grec σχιαζω ombrager.
SKAO-BIHAN, *sm. pl.* Voy. skavenbihan.

-SKAOD DU, *sm*. Charbon, maladie du blé ; skaot-brûlure, du duff. noir.
SKAO-GRAC'H. *sm*. *pl*. Erable.
SKAON, *sm*. Escabeau ; *pl*. skeven ; latin scamnum ; *pl*. *irrég*. skigner,skaoniou.
SKAOT, *sm*. Cuisson, brûlure ; *pl*. ou ; latin scaldare brûler.
SKAOTA, *va*. Cuire, brûler ; part. skaotet.
SKAOT DU, *sm*. Charbon , voy. skaod-du.
SKAOT-DUI, *vn*. Noircir, avoir la maladie du charbon; skaot brûlure, dua ou dui noircir.
SKAOTEN, SKAODEN, *sf*. Régalade, accord d'un marché ; *pl*. nou, du verbe skéi frapper.
SKAOTEN, *sf*. Echaudée ; *pl*. nou.
SKAOTET, *adj*. et part. Echaudé ; voyez skaota.
SKAOTIL, *sm*. Madrépores, polypiers, sorte d'engrais ; grec σχαλιςω draguer.
SKAOUARC'H,*sm*. Plante, bacile skouarn oreille.
SKAR, *sm*. Enjambée, de gar jambe, irlandais cara, grec σχελος, de Jubainville, Loth cite scarat trancher.
SKARA, *vn*. Faire des enjambées ; part. et.
SKARC'H, *adj*.Nettoyé, curé ; voy. skarz.
SKARC'HEIN, *va*. Curer, vider, voyez skarza.
SKARLEK, *adj*. Ecarlate, gaélique scarlaid.
SKARINEK, *adj*. Qui a les jambes longues, de gar jambe.
SKARN,*adj*.Maigre,grec σχελετός séché.
SKARN, *sm*. Sabot du cheval ; voyez karn.
SKARNIL, *sm*. Vent ressuyant ; Loth cite searat trancher.
SKARNILA, *vn*. Se fendre, dessécher ; part. et.
SKARR, *sm*. Crevasse ; *pl*. ou.
SKARRA *vn*. Se fendre ; part. et, Loth cite scarat trancher.
SKARREIN, *vn*. Voy. Skarra.
SKARS. Voy. Skarz.
SKARSCH, *adj*. Froid sec.
SKARZ, *adj*. Court, serré, avare.
SKARZA, *va*. Nettoyer ; part. et.
SKARZ-DENT, *sm*. Cure-dents ; skarza nettoyer, dent, dents.
SKARZER, *sm*. Celui qui nettoie ; *pl*. ien.
SKARZEREZ, *sm*. Action de vider, de nettoyer.
SKARZ-SKOUARN, *sm* Cure-oreilles ; skarza vider, skouarn oreille.
SKASS, *sm*. entraves.
SKAU, *sm*. *pl*. Sureau ; voy. skaô.
SKAODEIN, *va* et *n*. Voy. skaota.
SKAUEN *sf*. Plant de sureau, voy. skaven.

SKAUT, *sm*. Brûlure ; voy. skaot.
SKAUTEN, *sf*. Echaudée ; voy. skaoten.
SKAUTIT, *sm*. Voy. skaotet.
SKAV. Voy. skaô.
SKAVEN, *sf*. Plant de sureau ; *pl*. skao.
SKAVEN, *sf*. Amas de roches ; *pl*. skavennou.
SKAVEN-GRAC'H, *sf*. Plant d'érable ; *pl*. skaô-grac'h,
SKAVEN-VIHAN, *sf*. Hièble ; *pl*. skao-bihan.
SKEBEIN, *vn*. Cracher ; Loth cite scruitiam, je crache, irlandais sgiurdaim, grec σχορ, σχορπίζω disperser.
SKED, *sm*. Eclat, lustre, irlandais sgeadas.
SKED, *sm*. Ombre ; voy. skeud.
SKÉDA, SKÉJA, *vn*. Briller ; part. et.
SKÉDUZ, *adj*. Brillant, luisant.
SKÉENT, *sm*. Poumon ; *pl*. ou, irlandais scaman, cathol scuevent, corn scevens, Loth cite scamnehingt ils allègent.
SKEI, *va*. Frapper pour skoi ; part. skoet irlandais sgalad correction, glose bretonne citée par Loth scal.
SKEIFF, *va*. Frapper ; voy. skéi.
SKEIN, *va*. Battre ; voy. skei.
SKEJA, *va*. Couper ; part. et. Loth cite scarat trancher.
SKELFA, *va*. Regarder avec terreur ; part. et. skilf, dent longue.
SKELTA, *va*. Voy. skelfa.
SKELTR, *adj*. Ardoisin ; voy. sklent.
SKELTREN, *sf*. Trique ; *pl*. nou, skei frapper.
SKELTRENNA, *vn*. Frapper à coups de bâton ; part. et.
SKENDILIK, *sm*. Hirondelle, oiseau ; *pl*. skeodiliged.
SKENT, *sm*. Poumon ; voy. skéent.
SKERB, *sm*. Echarpe ; *pl*. ou ; allemand scherbe, poche.
SKET. *sm*. Ombre ; voy. skeud.
SKEUD, *sm*. Effigie, ombre ; *pl*. ou ; irland scath cathos squent, goth skadus, grec σχότος, sanscrit khad couvrir.
SKEUDEN, *sf*. Lueur, image ; *pl*. nou.
SKEUL, *sf*. Echelle ; *pl*. skeuliou ; latin scala.
SKEULF, *adj*. Effrayé, effaré.
SKEULIA,*va*.Monter à l'échelle ; part. et.
SKEVEND, SKÉVENT, *sm*. Poumon ; voy. skéent.
SKIANCHOU, *sf*. *pl*. Les sciences ; latin scientia.
SKIANT, *sf*. Science, raison, jugement ; *pl*. skianchou.
SKIANTET, *adj*. Savant : skiant science.
SKIBER, *sm*. Hangar, chambre ; *pl*. iou; Loth cite scipaur grenier ; latin, scopa, gallois ysgubaur, cathol scubaff, actuellement skuba.

SKIDI, vn. Défricher une lande, part et.
SKIENT, sf. Science, raison ; voy. skiant.
SKIGN, sm. Eparpillement ; grec σκεδασμός action de disperser.
SKIGNA, va. Eparpiller, s'étendre ; part. skignet.
SKIJA. Voy. skéja.
SKIL, particu'e. A demi ; pl. skillou ; grec σκιδιόν, français esquille.
SHILL-BAOTR, sf. Garçonnière; skil fragment, paotr garçon.
SKIL-DRENK, adj. Aigrelet ; skil à demi, trenk aigre.
SKILF, sm. Griffe, dent longue ; pl. ou ; grec σκελις.
SKILFA, va. Donner des coups de griffe ; part. et.
SKILFAD. sm. Coup de griffe ; pl. ou.
SKILFADEN, sf. Coup de griffe ; pl. nou.
SKILFEK, adj. Qui a de fortes griffes, de longues dents.
SKILFOU. Voy skilf.
SKILIAVEN, sf. Plante, hièble ; latin ebulum.
SKILIO, sm. pl. de skiliaven.
SKILIONEN, sf. Plant d'hièble.
SKISTR, adj. Clair, argentin ; grec σκιςω fend.
SKILTRUZ adj. Perçant.
SKIN, sm. Rayon d'une roue ; pl. skinou ; Loth cite scirenn éclat de bois
SKINA, va. Mettre des rayons à une roue ; part. et.
SKIREN, sf. Peau morte ; pl. nou.
SKIRIEN, sf. Eclat de pierre ; pl. nou.
SKIRIOK, sm. Bois d'hièble.
SKLAF, sm. Enfourchures de branches d'arbre.
SKLAF SKLAV, sm. Esclave ; pl. ed ; allemand sclave, slavus nom d'un peuple.
SKLANVACH, sm. Mauvaise herbe.
SKLAPA, va. Lancer, jeter ; part. et ; voy. skapa.
SKLAS, sm. Verglas ; comparez le français glace.
SKLASA, v. impers. Glacer ; part. et.
SKLASEIN, v. impers. Glacer.
SKLAR, adj. Clair ; de Jubainville tire ce mot du vieux français esclair ; cathol sclaér.
SKLEAR, adv. Clairement, d'une manière évidente.
SKLENT. adj. Ardoisin, brillant ; Loth cite slaidim je brise.
SKLENT. adj. Eclatant.
SKLENTIN, adj. Eclatant, perçant.
SKLER, sm. Plante, chélidoine.
SKLÉR, adj. et adv. Limpide ; voy. skléar.
SKLÉRAAT, vn. Devenir clair ; part. skléreat.
SCLERDER, sm. Limpidité, clarté.

SKLERDER-NOZ, sm. Feu follet ; sklerder, clarté, noz nuit.
SKLEREN, sf. Glaire, blanc d'œuf.
SKLERIA, va. Eclairer ; part. et.
SKLERIDIGEZ, sf. Eclaircissement ; skler clair.
SCLERIJEN, sf. Clarté, lumière.
SKLERIJENNA, va. Eclairer ; part. sklérijennet.
SKLERIK, sm. Plante. petite chélidoine.
SKLEUN, sm. L'étrier ; pl. iou.
SKLEUNIA, va. Mettre le pied dans l'étrier ; part. et.
SKLEUR, sm. Lueur, légère clarté ; pl. iou.
SKLINKEREZ. Voy. klinkérez.
SKLINKERNUZ. adj. Brillant ; voy. lugernuz.
SKLIPAD, sm. et adj. Long, délié.
SKLIPARD, adj. Long. mince ; Loth cite saltrocion frêle.
SKLIS, adj. Glissant, rafraîchissant.
SKLISA, vn. Avoir le ventre libre.
SKLISA, va. Glisser ; part. et.
SKLISEN, sf. Eclisse ; pl. nou ; allemand kliozan fendre ; grec σκισείν fendre.
SKLISENNA, va. Mettre des éclisses ; part. et.
SKLISEN-ASKOURN, sf. Esquille ; sklisen esquille. askourn os.
SKLIZ, adj. Purgatif, rafraîchissant.
SKLOGA, SKLOKA, vn. Glosser ; part. et ; irlandais sloccim, sluccim, j'avale.
SKLOKÉREZ. sm. Gloussement.
SKLOSEN, sf. Groupe de rochers ; pl. sklosou ; Loth cite hloimol qui réunit. s ogman réunion. slog troupe.
SKLOSOU, sm. pl. Pointes de rochers.
SKLOUP, adj. Glouton ; compar. lounka avaler.
SKLOUSEIN, vn. Glousser ; part. et.
SKO, sm. pl. Voy. skao sureau.
SKOA, sf. Epaule ; voy. skoaz.
SKOANEN, sf. Crème ; Loth cite colcet couverture ; voy. dien.
SKOACHOK, sm. Poisson ; voy. skoasiek.
SKOARN, sf. Oreille ; pl. diskoarn ; voy. skouarn.
SKOARN, sf. Anse d'un vase.
SKOARNEK, adj. Qui a de grandes oreilles ; voy. skouarnek ; Skouarnec figure dans les noms de famille.
SKOAZ, sf. Epaule ; pl. diou skoaz ; composé de diou deux, skoaz épaule ; de Jubainville tire le mot skoaz du gaulois sceda ; grec σκέπαστης qui couvre ; breton skei frapper, skeud ombre.
SKOAZEL, sf. Appui, aide ; pl. lou ; skoaz épaule.
SKOAZELLA, va. Appuyer, aider, secourir ; part. et.
SKOAZEL-BLEG, sf. Point d'appui, arc-boutant ; skoazel appui, pleg pli.

SKOAZELLIN, va. Aider ; part. skoazellet.
SKOASIA, va. Donner de l'aide ; part. et.
SKOASIEK, adj. Qui a de fortes épaules.
SKOAS-EK. sm. Poisson, diable de mer.
SKOB. sm. Pompe de vaisseau ; pl. ou ; grec σκορπιζω disperser.
SKOBITEL, sf. Moulinet, volant ; pl. lou.
SKOD, sm. Ecot ; pl. skodou.
SKOD, sm. Buche, chicot, reste ; pl. ou.
SKOD, sm. Lien pour lier des fagots ; pl. ou.
SKODA, vn. Faire des liens ; part. et.
SKODEK, adj. Qui a des nœuds.
SKODEN, sf. Ecot, régalade ; pl. nou.
SKODENNAD, sm. Assemblée en commun ; skod lien.
SKODENNAT. Voy. skodennad.
SKODENNEK, adj. Voy. skodek.
SKOD, GWINI, sm. Cep de vigne ; skod buche, gwini pl. de gwinien vigne.
SKOD-TAN, sm. Tison enflammé ; skod buche, tan feu.
SKOÉ, sf. Epaule ; voy. skooz.
SKOED, sm. Ecu ; voy. skoued.
SKOEIEK, adj. Qui a une large carrure ; skoe épaule.
SKOEN, sf. Tuyau ; pl. nou ; grec σωλην tuyau.
SKOEV. Voy. skouer.
SKOERJ, adj. Effronté, arrogant; grec σκωπτω railler.
SKOET, adj. et part. Frappé, paralysé.
SKOI, va. Frapper ; part. skoet.
SKOL, sm. Machine pour enrayer ; grec σκολοψ.
SKOL, sm. Ecole ; pl. skoliou ; latin schola ; anglais school.
SKOLA. Voy. skora.
SKOLACH, sm. Collège ; pl. skolachou.
SKOLAE, sm. Dorade, poisson ; pl. skolaéed.
SKOLAER, sm. Ecolier, maître d'école ; pl. ien.
SKOLAÉREZ, sf. Ecolière, maîtresse d'école ; pl. ed.
SKOLIA, va. Enrayer ; part. et ; skol machine pour enrayer.
SKOLIA, va. Faire l'école ; part. et ; skol école; grec σκολαςα fait école.
SKOLIEIN, vn. Faire l'école ; voy. skolia.
SKOLIER, sm. professeur ; pl. ien.
SKOLIÉREZ, sf. Maîtresse d'école ; pl. ed.
SKOLIK. sf. Petite école ; pl. skoligou.
SKOLIK-FICH, sf. Ecole buissonnière, skolik petite école, fich qui apprête.
SKOL-LABOUR, sf. Ferme-école ; skol école, labour travail.
SKOLP, sm. Copeau ; pl. ou.
SKOLPAD, sm. Morceau de copeau ; pl.

ou; Loth cite scirenn éclat de bois, scarat trancher, grec σχισω fend.
SKONT, sm. Peur, frayeur; voy. spount.
SKONTEIN, va. Effrayer ; part. skontet.
SKONTUZ, adj. Effrayant.
SKOP, sm. Crachat, pl. ou ; Loth cite scroitiam je crache, grec σχωρ souillure.
SKOP, sm. Ecope, pelle pour vider l'eau ; pl. ou.
SKOPADEN. Crachat tiré avec effort; pl. nou.
SKOPAT, vn. Cracher avec effort; part. et.
SKOPEIN, vn. Voy. skopat.
SKOPER, sm. Cracheur ; pl. ien.
SKOPIGEL, sf. Action de cracher ; pl. lou.
SKOPIGELLA, vn. Crachoter ; part. et.
SKOPIGELLER, sm. Crachoteur ; pl. ien
SKOPITEL, sf. Crachat ; pl. lou.
SKOPITELLAT, vn. Cracher ; part. et
SKOPOUR, sm Cracheur ; voy. skoper.
SKOR; sm. Machine pour enrayer ; pl. skoriou.
SKOR, sm. Etançon ; pl. iou.
SKORA, va. Etançonner ; part. et.
SKORD, adj. Serré, dur.
SKORF, sm. Décharge de l'eau d'un réservoir; grec σχορπισω disperser.
SKORIA. Voy. skora.
SKORN, sm. Glace ; Zeuss cite le latin ossis.
SKORNEIN. V. imp. Glacer ; voyez skourna.
SKORPUL, sm. Scrupule ; pl. iou.
SKORPULER, sm. Scapulaire ; pl. ou.
SKORPULUZ, adj. Scrupuleux.
SKORS, adj. Court.
SKORSOU, sm. pl. Claies d'une charrette ; se dit aussi skorseier, gorseier.
SKORT. adj. Peureux, craintif.
SKOS. sm. Cosson, insecte ; grec σχωληξ ver ; latin cossus insecte.
SKOS, sm. Tronc d'arbre abandonné ; pl. ou.
SKOS. sm. Dévidoir ; pl. ou.
SKOT, sm. Bûche, chicot.
SKOTA, va. Voy. skaota.
SKOTEN, sf. Voy. skoden.
SKOTILL. Voy. skaotil.
SKOUADRAN, sf. Réunion ; comparez le français escadron.
SKOUADREN, sf. Réunion, escadre : pl. nou.
SKOUARN, sf. Oreille ; pl. skouarniou. Loth cite scobarnocion, dérivé de scobarn oreille. cathol scouarn, gallois eskeriarn, corn scovern ; de Jubainville cite scovarna de la racine sku, d'où l'allemand schauen et le latin cavere ; le breton skoi, skei frapper répond bien à la racine sku.
SKOUARNAD, sf. Soufflet sur l'oreille; pl. ou.

SKOUARNADOU, *sf. pl.* de skouarnad.
SKOUARN AZEN, *sf.* Oreille d'âne, plante, skouarn, oreille ; azen âne.
SKOUARNEGEZ, *sf.* Celle qui a de grandes oreilles.
SKOUARNEK, *sm.* Celui qui a de grandes oreilles. C'est un nom de famille assez répandu.
SKOUARN GAD, *sf.* Oreille de lièvre, plante ; skouarn oreille ; gad lièvre.
SKOUARN IUDAZ, *sf.* Herbe aux charpentiers, oreille de Judas.
SKOUARN-MALCHUS, *sf.* Plante, herbe aux charpentiers, oreille de Malchus.
SKOUARNOU. *sf. pl.* Ouïes des poissons.
SKOUD, *sm.* Terme de marine, écoute ; allemand schode, italien scotta.
SKOUEC'H, *adj.* Fatigué, éreinté ; voyez skuiz.
SKOUÉCHEIN, *va.* Fatiguer ; voy. skuiza.
SKOUED. *sm.* Ecu ; *pl.* skouéjou ; latin scutum, racine sku, breton skoi, skéi frapper.
SKOUER, *sf.* Modèle ; *pl.* iou ; comparez le vieux français esquerre.
SKOUÉRIA, *va.* Mesurer à l'équerre ; part. et.
SKOUÉRIA, *va.* Donner le bon exemple ; part. et.
SKOUÉC'H. Voy. skuiz.
SKOUEC'HEIN. Voy. skuiza.
SKOUIR, *sf.* Modèle ; voy. skouer.
SKOUIZ, *adj.* Fatigué ; latin victus.
SKOUIZA, *va.* Fatiguer ; part. et ; grec σκυλλω, se donner peine.
SKOUL, *sm.* Oiseau de proie, buse, milan ; *pl.* ed ; cathol scoul, vieux français escoufle.
SKOULAD, *sm.* Tempête de neige ; *pl.* ou.
SKOULAT, *va.* Voler, dérober.
SKOULAT, *sm.* Espace de temps.
SKOULM, *sm.* Nœud ; *pl.* ou ; de Jubainville cite colmanis, corniq. colmen ; vieil irland. colm mene ; th colmmania.
SKOULMA, *va.* Nouer ; part. et.
SKOURR. *sm.* Branche ; *pl.* skourrou ; Le Scour est un nom de famille assez répandu.
SKOURRA, *va.* Pendre à une branche ; pendre les bêtes pour les exposer à la vente ou à la consommation ; part. skourret.
SKOURRAD, *sm.* Ondée, tempête ; voy. skoulad.
SKOURRAT. Voy. skourrad.
SKOURREK, *adj.* Qui a des branches.
SKOURR-GLAU, *sm.* Ondée ; skourrad ; tempête, glau, pluie.
SKOUT, *sm.* Ecoute ; voy. skoud ;

SKOUTA, *va.* Mettre l'écoute ; part. et.
SKOUTILL, *sf.* Ecoutille ; *pl.* ou ; vieux français escoutille.
SKRAB, *sm.* Action de gratter ; *pl.* ou.
SKRABA. Voy. Skrabat.
SKRABADEN, *sf.* Egratignure ; *pl.* nou.
SKRABADEN-IAR. *sf.* Griffonnage ; skrabaden égratignure, ïar poule.
SKRABAT, *va.* Gratter ; part. skrabet ; latin scalpere.
SKRAF, *sf.* Oiseau de mer, pigeon de mer ; allemand seragen, irlandais grait, plume.
SKRAMM, *sf.* Ecran ; *pl.* ou.
SKRAMP, *sm.* Action de grimper ; *pl.* ou.
SKRAMPA, *vn.* Grimper ; part. et.
SKRAO. Voy. skraf.
SKRAPA. *va.* Prendre, ravir ; part. et.
SKRAPEIN, *va.* Escroquer ; part. skrapet.
SKRAPER, *sm.* Escroc ; *pl.* ien.
SKRAPPOUR, *sm.* Escroc ; voy. skraper.
SKRAVEDIK. *sm.* Pigeon de mer ; voy. skraf.
SKRID, *sm.* Ecrit ; *pl.* skrijou ; Loth cite scribenn, écriture, vieil irlandais scribend, latin scriptura ; breton skriva écrire.
SKRID-DOURN. *sm.* Manuscrit ; skrid écrit, dourn, main.
SKRID-KAON, *sm.* Epitaphe ; skrid écrit, kaoñ deuil.
SKRIFA. Voy. skriva.
SKRIFAN, *va.* et *n.* Ecrire ; voy. skriva.
SKRIFEL, *sf.* Etrille ; voy. skrivel.
SKRIFELLA, *va.* Etriller ; part. et ; voy. skrivella.
SKRIGN, *sm.* Rage de dents ; grincement de dents.
SKRIGNA. Voy. skrignal.
SKRIGNADEN, *sf.* Action de grincer ; *pl.* nou.
SKRIGNAL, *vn.* Grincer ; part. skrignet.
SKRIGNEIN, *vn.* Voy. skrignal.
SKRIGNEK, *adj.* Qui grince, qui montre les dents.
SKRIJ, *sm.* Tremblement, frémissement.
SKRIJ, *adj.* Affreux, épouvantable.
SKRIJA, *vn.* Frémir ; part. et.
SKRIJADEN, *sf.* Frémissement ; *pl.* nou.
SKRIJAL, *vn.* Frémir ; part. et.
SKRIJOU, *sm. pl.* de skrid, écrit.
SKRIJUZ. *adj.* Epouvantable ; voy skrij.
SKRILL, *sf.* Grillon ; *pl.* skrilled.
SKRIMP, *sm.* Action de grimper ; *pl.* ou.
SKRIMPA, *va.* Grimper ; part. et.
SKRIMPADEN, *sf.* Grimpement, hennissement ; *pl.* nou.
SKRIMPAL, *vn.* Hennir, grimper ; part. et.
SKRIMPEIN, *vn.* Voy. skrimpal.

SKRIMPUZ, *adj*. Grimpant.
SKRIN, *sm*. Ecrin ; *pl*. ou ; latin scrinium.
SKRINA, *vn*. Dessécher; part. et ; voy. krina.
SKRIOUEIN, *va*, et *n*. Ecrire ; voy. skriva.
SKRIOUEL, *sf*. Etrille ; voy. skrivel.
SKRIOUELLEIN, *va*. Etriller ; voy. skrivella.
SKRIT, *sm*. Ecrit ; voy. skrid.
SKRITEL, *sf*. Ecriteau ; *pl*. lou.
SKRITOL, *sm*. Ecritoire ; *pl*. skritoliou.
SKRITUR, *sm*. Ecriture ; *pl*. iou ; latin scriptura.
SKRITUR-SAKR, *sm*. Ecriture sainte ; skritur, écriture, sakr saint.
SKRITURIOU-SAKR, *pl*. du précédent.
SKRIUEIN, *va n*. Ecrire ; voy. skriva.
SKRIUEL, *sf*. Etrille ; voy. skrivel.
SKRIUELLEIN, *va*. Etriller ; voy. skrivella.
SKRIVA, *va*. et *n*. Ecrire; part. skrivet; Loth cite scribenn écriture ; gallois yrgrid corniq scaath ; latin scribere.
SKRIVAGNER, *sm*. Ecrivain ; *pl*. ien.
SKRIVAGNOUR, *sm*. Ecrivain ; voy. skrivagnier.
SKRIVEL, *sf*. Etrille ; *pl*. lou ; latin strigilis. breton krib peigne.
SKRIVELLA, *va*. Etriller ; part. skrivellet.
SKRIVINA, *va*. Egratigner ; part. et.
SKROENJA, *vn*. Grogner comme les porcs ; comparez le français groin.
SKROENJAL, *vn*. Grogner ; voy. le précédent.
SKRUTIN, *sm*. Scrutin ; *pl*. ou.
SKROGAILL, *sm*. Voy. soroc'hel.
SKUB-DÉLIOU, *sm*. Chute des feuilles, automne ; skuba balayer, délien feuille.
SKUBA, *va*. et *n*. Balayer ; part skubet; latin scopa, grec σχυβαλον balai.
SKUBACHOU, *sm*. *pl*. Balayure; skuba balayer.
SKUBANACIOU, *sm*. *pl*. Voy. skubachou.
SKUBEIN, *va*. et *n*. Balayer ; part. skubet ; voy. skuba.
SKUBELEN, *sf*. Balai; *pl*. nou ; skuba balayer.
SKUBELER, *sm*. Voy. skuber.
SKUBER, *sm*. Balayeur; *pl*. ien.
SKUBEREZ, *sf*. Balayeuse; *pl*. ed.
SKUBEREZ, *sm*. Balayure; voy. skubachou.
SKUBIEN, *sm*. Balayure ; latin scopœ.
SKUBIGEL, *sf*. Petit balai ; *pl*. lou.
SKUBIGEL, *sm*. Des balayures.
SKUDEL, *sf*. Ecuelle; *pl*. lou; latin scutella.
SKUDELLAD, *sf*. Une écuelle pleine ; *pl*. skudellajou, skudel écuelle.

SKUDEL-DORZ, *sf*. Ecuelle pour porter la pâte au four ; skudel écuelle, torz tourte.
SKUDEL-ZOUR, *sf*. Plante, nénuphar ; skuкel écuelle, dour eau.
SKUEC'H, *adj*. Fatigué; voy. skuiz.
SKUEC'HEIN, *va*. Fatiguer ; voy. skuiza.
SKUIC'H, *adj*. Fatigué; voy. skuiz.
SKUILLA, *va*. et *n*. Verser, éparpiller ; part. et ; grec σχυλευω, dépouiller, disperser.
SKUILLEIN, *va*. et *n*. Verser; voy. skuilla.
SKUIR, *sf*. Modèle ; voy. squer.
SKUIZ, *adj*. Fatigué; grec σχυλλω se donne peine.
SKUIZA, *va*. et *n*. Fatiguer ; part. skuizet.
SKULTRER, *sm*. Sculpteur ; *pl*. ien.
SKULTRI, *va*. Sculpter ; part. skultret.
SKUPEIN, *va*. Balayer ; voy. skuba.
SKUPOUR, *sm*. Balayeur ; voy. skuber.
SKUREIN, *va*. Fourbir ; part. et.
SKURZEIN, *va*. Enrayer ; part. skurzet.
So. Exclamation, à gauche ; voy. sou.
SOA SOAV, *sm*. Suif ; latin sebo.
SOAEK SOAVEK, *adj*. Enduit de suif.
SOAV. Voy. soa.
SOAVEK. Voy. soaek.
SOAVEN, *sf*. Pain de suif ; *pl*. nou.
SOAVI, *va*. Enduire de suif ; part. et.
SOAVON SAON, *sm*. Savon ; latin sebo.
SOAVONI, *va*. Savonner ; part. et.
SOC'H. *sm*. Soc de charrue ; *pl*. iou; latin soccus ; Loth cite such soc, gallois swch, cathol. souch, irland. socc.
SOD, *adj*. Sot ; voy. sot.
SODA, *va*. Devenir sot ; part. sodet.
SODEIN, *vn*. Devenir sot.
SODEL, *sf*. Ornière ; *pl*. sodellou.
SODEZ, *sf*. Femme sotte ; *pl*. ed.
SOEU, *sm*. Suif ; voy. soa.
SOEUR, *sf*. Sœur, religieuse ; *pl*. sœurézed.
SOEVEN, *sm*. Savon ; voy. soavon, saon, saoun.
SOEZ, *sf*. Etonnement ; voy. souez.
SOEZET, *adj*. et *part*. Etonné ; voy. souezet.
SOKLAD, *sm*. Secousse ; *pl*. soklajou ; voy. stokad.
SOL, *sf*. Solive, plancher ; *pl*. iou ; latin solum.
SOL, *sm*. semelle, fond ; *pl*. iou ; Loth cite soeul sceau, latin segulum.
SOL, *sm*. Qualité d'une surface de terre.
SOL, *sm* Base d'une charrue, prison.
SOL, *sm*. Note de musique, sol.
SOL, *adj*. Saur.
SOLANEL, *adj*. Sclennel ; latin solemnis.
SOLEIN, *va*. Ressemeler ; voy. solia.

SOLEIN, adj. Impassible, sérieux; latin solemnis.
SOLEN, sf. Poisson, sole; pl. ned ; voy. soualen.
SOLEN, sf. Tige, tuyau; pl. ou ; grec σωλην tuyau.
SOLIA, va. Ressemeler; part. et; sol base.
SOLIAT. Voy. solia.
SOLID, adj. Solide ; latin solidus.
SOLIDER, adj. Solidaire; latin solidarius.
SOLIER, sf. Grenier, galetas ; vieux français solier; latin solarium.
SOLIER, sm. Geolier ; sol, prison, geole.
SOLIERA. va. Plafonner; part. et; solier galetas.
SOLIOU, sm. pl. Voy. sol, semelle.
SOLIT, sm. Induction, solidité.
SOLITEIN, va. Induire ; part. solitet.
SOLUD, adj. Solide ; voy. solide.
SOLUTAAT, vn. Consolider ; part. solutéat.
SOLVABL, adj. Solvable.
SOLVABILITÉ, sf. Solvabilité.
SON, SOUN, sm. Son ; pl. soniou ; latin sonus, gaélique sain, sanscrit svana, anglais song.
SON, sm. Chanson, refrain ; pl. iou.
SON, SENI, va. et n. Sonner ; part. et.
SONCH SONJ, sm. Pensée ; pl. sonjou, sonjezonnadou ; latin somnium.
SONER, sm. Sonneur ; pl. ien.
SONI, va. et n. Sonner ; voy. séné, séni.
SONIK, sm. Chanson ; pl. sonigou.
SONJ, sm. Pensée; voy. sonch.
SONJAISON, sm. Pensée. méditation ; pl. ou ; sonj et terminaison française.
SONJAL, vn. Penser, réfléchir ; part. sonjet.
SONJEZON, sf. Pensée; voy. sonjaison.
SONN, adj. Droit, d'aplomb; irland. sonn bâton.
SONNA, vn. Rester droit, se figer; part. sonnet ; voy. sounna, sinsiat, en cornique tenir, synsy, sensy.
SOR, SAUR, adj. Paresseux ; cornique dawr.
SORA SAURA, vn. Faire le paresseux ; part. et.
SORC'HA, vn. Se lever ; part. et.
SORC'HEN, sf. Rêverie ; pl. nou.
SORC'HENNER, sm. Rêveur, radoteur ; pl. ien.
SORC'HENNI, vn. Rêver, radoter; part. et.
SORC'HENNOU, sf. pl. Rêveries, chimères.
SORD, sm. Sourd, bête rampante ; voy. sort.
SOREN, sm. sort, destinée pl. ou.
SOREN, sf. Femme paresseuse ; pl. ned.

SOROC'H, sm. Grognement, bruit sourd; gallois cerydd.
SOROC'HA, vn. Grogner, grommeler ; part. soroc'het.
SOROC'HEL, sf. Vessie ; pl. lou ; Loth cite ceroenhou tonneaux, cuves, soroc'h bruit.
SOROC'HER, sm. Grogneur ; pl. ien.
SORSA, va. Ensorceler ; part. sorset.
SORSER, sm. Sorcier ; pl. sorsérien ; latin sors sort.
SORSEREZ, sf. Sorcière ; pl. ed.
SORSEREZ, sm. Sorcellerie.
SORT, SORD, sm. Sort ; tenna dar sort, tirer au sort.
SORT, sm. Sorte, espèce ; voy. seurt.
SORTIAL, vn. Sortir ; part. sortiet.
SOSIÉTÉ, sf. Société ; pl. ou.
SOT, adj. et sm. Sot, benêt ; latin sottus.
SOTAAT, vn. Devenir sot ; part. sotéat.
SOTEIN, vn. Devenir sot ; voy. sotaat.
SOTIS, sf. Sottise ; pl. ou.
SOTONI, sf. Bêtise, sottise ; pl. ou.
SOTONIOU, sf. pl. Voy. sotoni.
SOU. Exclamation, terme de charretier, à gauche.
SOUA, vn. Tourner à gauche ; part. et.
SOUALEN, sf. Sole, poisson ; pl. souatenned ; latin solea.
SOUBA. va. Tremper ; part. soubet ; de soubl humide.
SOUBASAMAND, sm. Soubassement ; pl. ou.
SOUBEN, sf. Soupe ; pl. soubennou.
SOUBENNA, vn. Manger de la soupe ; part. et.
SOUBENNER, sm. Grand mangeur de soupe ; pl. ien.
SOUBERC'H, sm. Neige fondue ; soubl humide, erc'h neige.
SOUBINEL, sf. Trou que l'on fait dans la bouillie pour y mettre du beurre.
SOUBL, sm. Salut, révérence.
SOUBL, adj. Humide, humecté ; amzer soubl temps humide.
SOUBLA, vn. Se courber ; part. et.
SOUBLAAT. va. Dompter ; part. soubléat.
SOUBLAT, va. Dompter ; voy. soublaat.
SOUBLEIN. Voy. soublaat.
SOUBLIEN, sf. Humidité, temps pluvieux.
SOUBOUILLA, va. Tremper, humecter ; part. et.
SOUBOULD, sm. Sacristie.
SOUG'H, sm. Soc d'une charrue ; pl. ien.
SOUC'H, adj. Emoussé, usé.
SOUC'HA, va. Emousser ; part. et.
SOUC'HEIN. Voy. souc'ha.
SOUC'HELLA, va. Défoncer, donner un second trait de charrue; part. souchellet; souc'h soc.

Souc'heller, *sm.* Charrue bécheuse ; *pl.* ien.
Souchen, *sf.* Souche ; *pl.* souchennou.
Soudard, *sm.* Soldat ; *pl.* soudardet ; vieux français soudard.
Souden. Conjonction, soudain.
Soudéur, *sm.* Soudure; *pl.* soudéuriou.
Soudi, *va* Souder; part. soudet.
Souéc'h, *sf.* Surprise, étonnement; voy. souez.
Souéc'hein, *va.* Surprendre ; part. et.
Souéc'huz, *adj.* Etonnant, surprenant.
Soueti, *va.* Souhaiter ; part. et.
Souez, *sf.* Surprise ; latin subitaneus.
Soueza, *va.* Surprendre, étonner ; part. et.
Souezen, *sf.* Surprise; *pl.* nou.
Souezuz, *adj.* Surprenant, étonnant.
Soufled, *sm.* Soufflet ; *pl.* ou.
Souffr, *vn.* Souffrir ; part. et.
Soufr, *sm.* Soufre ; latin sulfurum ; sanscrit çulvari.
Soufr, *vn.* Souffrir ; part et ; voy. souffr.
Soufra, *va.* Soufrer ; part. et.
Soufrans. *sm.* Souffrance ; *pl.* ou ; terminaison française.
Sougn, *sm.* Soin ; *pl.* sougnou.
Sougni, *va.* Soigner; part. et.
Souill, *sm.* Taie d'oreiller; vieux français souille, taie d'oreiller.
Souillein, *va.* Flamber, brûler; part. et ; voy. suilla.
Souin, *sm.* Jeune porc ; *pl.* ed ; latin sus ; breton gwis truie.
Soul, *sm. pl.* Brin de chaume ; *pl.* iou ; latin stipula.
Soula, *vn.* Enlever le chaume ; part. et.
Soulad, *sm.* Champ dont le blé a été enlevé ; *pl.* ou.
Souladi, *vn.* Enlever les gerbes ; soul chaume.
Soulajamand, *sm.* Soulagement.
Soulaji, *va.* Soulager ; part. et.
Soulat. Voy. soulad.
Soulen, *sf.* Brin de chaume ; *pl.* nou.
Soulétenant, *sm.* Sous-lieutenant ; *pl.* ed.
Soul-gargein, *va.* Surcharger ; part. soul-karget.
Soul-gas, *va.* Surmener ; part. soulgaset.
Soul-griskein, *vn.* Surcroître, amplifier.
Soultr, *sm.* Sourd, reptile ; *pl.* ed.
Soum, *vn.* Rester ; voy. choum.
Souméti, *va.* Soumettre ; part. et.
Soun, *sm.* Son ; voy. son.
Sounch, *sm.* Mémoire, pensée.
Souner, *sm.* Sonneur, musicien ; *pl.* ien.

Sounjezoun, *sm.* Pensée ; *pl.* ou.
Sounn, *adj.* Droit, raide.
Sounna, *vn.* Se raidir ; part. et.
Sount, *sm.* Sonde ; *pl.* iou.
Sounta, *va.* Sonder ; part. et.
Soupl, *adj.* Humide ; voy. soubl.
Soupl, *adj.* Souple, agile.
Soupsoni, *va.* Soupçonner ; *pl.* ou.
Sourin, *sm.* Chevron, poutre ; *pl.* ou ; grec σωρος.
Sourina, *va.* Mettre des poutres:part.et.
Sourpiliz. *sm.* Surplis ; voy. chopiliz.
Sour, *adv.* En douceur, doucement.
Sourral, *vn.* Grogner; part. et.
Soursial, *vn.* S'occuper, se charger ; part. soursiet.
Sous-affermi, *va.* Sous-affermer ; part. et.
Souskripsion, *sf* Souscription ; *pl.* ou.
Souskriva, *va.* Souscrire ; part. et.
Sout, *sm.* Bergerie ; *pl.* ou ; de Jubainville tire ce mot du bas latin sudis.
Soutanen, *sf.* Soutane; *pl.* nou ; italien sottana ; latin subtana.
Soutanenna, *va.* Endosser la soutane ; part. et.
Souten, *vn.* Soutenir ; part. soutenet.
Souveren, *adj.* et *sm.* Souverain.
Souza, *vn.* Se cacher ; voy. choucha.
Sovetaat, *va.* Sauver ; part. éat.
Sovetei, *va.* Sauver ; part. et.
Soz, sauz, saoz, *sm.* Anglais ; voy. saoz ; de Jubainville cite saxo saxon.
Spac'h, *adj.* Châtré ; voy. spaz.
Spac'hein, *va.* Voy. spaza.
Spac'het, *adj.* et *part.* Châtré ; voy. spazet.
Spac'hour, *sm.* Celui qui châtre ; *pl.* ien ; voy. spazer.
Spadoula, *va.* Pesseler les plantes textiles ; latin spathulare ; français spatule ; grec σπαθισω.
Spagn, *sm.* Nom d'un pays, Espagne.
Spagnol, *sm.* Nom d'un peuple, espagnol ; *pl* spagnoled.
Spagnoleten, *sf* Espagnolette de fenêtre ; *pl.* nou.
Spagnolik, *sm.* Chien épagneul ; *pl.* spagnoledigou.
Spalier, *sm.* Espalier ; *pl.* ou ; latin spalla épaule.
Spalieren, *sf.* Espalier ; *pl.* spalierennou.
Spanaat, *vn.* Finir, cesser ; part. spaneat.
Spanaen, *sf.* Relâche, interruption ; *pl.* nou ; de Jubainville cite spana.
Spanel, *sf.* Palette ; *pl.* lou.
Spaniol, *sm.* Espagnol ; voy. spagnol.
Spaouein, *va.* Châtrer ; voy. spac'hein.
Spaouer, *sm.* Celui qui châtre ; voy. spazer.

SPARF, sm. Goupillon; pl. ou ; grec σπειρω éparpille.
SPARF, sm. pl. Irrégulier de sparfen.
SPARFA, va. Arroser, asperger ; part. et.
SPARFEL, sf. Oiseau, épervier; pl. sparfilli, sparfelled ; latin sparvarius ; allemand sparvari.
SPARFEL, sf. Instrument de menuisier ; pl. ou.
SPARFEN, sf. Asperge, plante; pl. ou ; voy. sparf.
SPARL, sm. Arrêt, obstacle; pl. ou ; allemand sparro ; latin sparus dard.
SPARLA, va. Mettre obstacle ; part. et.
SPARL BERR, sm. Corde qui serre une charrette : sparl arrêt, berr court.
SPARLEIN. Voy. Sparta.
SPARL-OC'HEN, sm. Joug de bœufs.
SPARL-TREUZ, sm. Lien de charrette ; sparl arrêt, treuz travers.
SPAROUEL, sf. Epervier ; voy. sparfel.
SPAR, sm. Gaffe ; pl. sparrou ; latin sparus.
SPARRA, va. Accrocher ; part. et.
SPAZ, adj. Châtré, hongre; latin spado ; grec σπαν arracher.
SPAZA, va. Châtrer, couper ; part. spazet.
SPAZARD, sm. Animal châtré ; ed.
SPAZER. sm. Châtreur ; pl. ien.
SPÉGA, va. Prendre, crocheter ; part. speget.
SPE, sm. Prise, amorce ; pl. spegou ; anglais spike.
SPEK. sm. Dorade ; pl. speged.
SPEC'HEN, vn. Se hâter, se dessécher ; grec σπερχω se hâter.
SPEKTAKL, sm. Spectacle, pièce de théâtre ; pl. ou.
SPEO, SPEV, sm. Entrave ; pl. spériou.
SPER, sm. Trait final d'une charrue, semence, sperme ; grec σπερμα semence.
SPERED, sm. Esprit ; pl. sperejou ; latin spiritus.
SPERED-GLAN, sm. Le Saint Esprit; spered esprit, glan saint.
SPERED-SANTEL, sm. Esprit saint.
SPERET, sm. Esprit ; voy. spered.
SPERIA, va. Concevoir, engendrer ; part. et.
SPERIUZ, adj. Fertile, productif.
SPERN, sm. pl. De spernen ronce, épine, même racine que le latin sparus, et que l'allemand speer.
SPERN-DU. Voy. spernen-du.
SPERNEN, sf. Epine, arbrisseau ; pl nou ; spern voy. ce mot.
SPERNEN-DU, sf. Epine noire ; se dit aussi spernen-zu ; spernen épine, du, duff noir.
SPERNEN-VELEN, sf. Epine jaune.

SPERNEN-WEN, sf. Epine blanche.
SPERN-GWEN, sm. pl. Voy. spernenwen.
SPERN-MELEN, sm. pl. Voy. spernen-velen.
SPÉS, sm. Espèce, apparence.
SPESIOU, sm. pl. Espèces, apparences.
SPEUNIA, SPEUNIAL, vn. Glapir ; part. speuniet ; grec σπινθηριςω.
SPEUREL, sf. Etançon ; pl. speurellou.
SPEUREL, sf. Mécanique pour enrayer.
SPEURELLA, va. Enrayer ; part. et.
SPEUREN, sf. Cloison, stalle d'écurie ; pl. nou, ou speurinier.
SPEV, SPEO, sm. Entraves ; pl. spéviou.
SPEZ, sm. Spectre ; pl. spesou.
SPEZ, sm. Espèce ; pl. spesiou ; voy. spés.
SPEZAD, sm. Voy. spezard.
SPEZARD, sm. pl. Groseille.
SPEZARDEN, sf. Groseille ; pl. spezard.
SPI, sm. Attente ; pl. ou ; latin spicere épier.
SPIA, av. Epier, guetter ; part. spiet ; voy. spi.
SPIER, sm. Espion ; pl. ien.
SPILL, sm. Glace en suspens ; latin spinula.
SPILLAOU, sm. pl. De spillen, épingle.
SPILLAOUA, vn. Ramasser des épingles; part. et.
SPILLAOUER, sm. Marchand d'épingles; pl. ien.
SPILLEN, sf. Epingle ; pl. spillou, spillaou ; latin spinula.
SPILLOU, sm. pl. De spillen, épingle.
SPILLOUER, sm. Etui à épingles ; pl. ou.
SPINA, va. Sucer, effleurer ; part. et.
SPINAC'H, sm. Hâle, gerçure ; pl. ou.
SPINAC'HA, vn. Gercer ; part. et.
SPINACHEIN, vn. Voy. spinac'ha.
SPIOUR, sm. Guetteur ; voy. spier.
SPIRITUEL, adj. Spirituel.
SPIS, sm. Epissure ; pl. ou; grec σπειρα, entortillement.
SPIS, adj. Eclatant; bruyant.
SPISA, va. Faire des épissures ; part. et.
SPIZ, adj. Eclatant; grec σπινθηρ, étincelle.
SPLAER, sm. Epervier ; voy. splaouer.
SPLAM, adv. Ouvertement, clairement.
SPLAM, adj. Certain, clair.
SPLAN, adv. Voy. splam.
SPLAN, adj. Voy. splam.
SPLANNAAT, vn. S'éclaircir ; part. splannéat.
SPLAOUER, sm. Epervier ; pl. ed.
SPLED, sm. Avantage, profit ; voy. displed. Foible.
SPLET, sm. Profit ; voy. spled.

SPLETEIN, vn. Profiter ; part. et.
SPLETEN, sf. Languette, détente ; pl. nou.
SPLETUZ, adj. Avantageux.
SPLUIA, vn. S'imbiber; part. et.
SPLUJEN, sf. Trognon de fruit; pl. nou.
SPLUS, sm. pl. Pépin.
SPLUSEK, adj. Qui a des pépins.
SPLUSEN, sf. Pépin de fruits ; pl. splus.
SPOEN, sf. Mousse; pl. spoué; grec σπογγος éponge.
SPONT, sm. Frayeur ; voy. spount.
SPONTA, va. Effrayer; part. et.
SPONTAN. Voy. sponta.
SPONTEIN. Voy. sponta.
SPONTUZ, adj. Effrayant.
SPOUE, sf. Eponge; pl. ou ; grec σπογγος.
SPOUÉEK, adj. Spongieux.
SPOUENK. Voy. spoué.
SPOUM, sm. Ecume, mousse; grec σπογγος.
SPOUMER, vn. Ecumer; part. et.
SPOUNT, sm. Frayeur; latin spontaneus, subitaneus.
SPOUNTA, va. et n. Effrayer; part. et ; latin povescere, expaventare.
SPOUNTAILL, sm. Epouvantail ; pl. ou.
SPOUNTEREZ, sm. Epouvantail ; pl. ed.
SPOUNTIK, adj. Qui s'épouvante.
SPOUNTUZ, adj. Effrayant.
SPOUROUM, sm. Frayeur, épouvante.
SPOUROUNA, va. Epouvanter ; part. et.
SPREC'HEN, sf. Cheval hors d'usage, rosse.
SPRIG, adj. Séparé, distinct.
SPUNS, sm. pl. Voy. spunsen.
SPUNSEN, sf. Pépinière.
SPUNSEN, sf. Pépin, bogue ; pl. spuns.
SPURA, va. Nettoyer ; voy. pura.
SPURCH, sm. Epurge, plante.
SPURJA, va. Purger ; part. spurjet.
STABAT, sm. Prose latine qui se chante dans les églises ; du latin stabat.
STABIT, adj. Ferme, solide ; latin stabilis.
STAD, STAT, sf. Etat, condition ; pl. stajou ; latin status.
STAF, sm. Bouchon: voy. stef.
STAFAD STLAFAD, sf. Soufflet ; pl. ou.
STAFF, STAFN, sm. Palais ; voy. staon.
STAG, adj. Attaché.
STAG, sm. Lien, attache ; pl. stagou.
STAGA, va. Attacher, lier ; part. staget; grec στηριζω, soutien, attache.
STAGEL, sf. Filet, lien ; pl. stagellou.
STAGELLA, va. Lier, attacher; voy. staga.
STAGEREZ, sf. Plante, bardane.
STAGUZ, adj. Attachant.
STAL, sf. Boutique, étalage ; pl. sta-tiou ; latin stallum, allemand stal, anglais stall.
STAL-ADRÉ, sf. Arrière-boutique ; stal boutique, adré derrère.
STALAF, sm. Panneau ; pl. stalafiou ; cambrique stollof, latin stola.
STALARMARDI, va. Installer; part. et ; breton stal boutique.
STALAMARDI. Voy. Stalarmardi.
STAL BENN. Voy. tal benn.
STALEIN, vn. Etaler ; part. et.
STALIA, vn. Monter boutique ; part. et.
STALIK, sf. Petite boutique ; pl. staligou.
STALIKEZ, sf. Petite boutique, petit commerce.
STAMBOUC'H, sm. Pléthore, enflure de l'estomac; stang serré, mouga étouffer.
STAMBOUC'HA, vn. Gonfler ; part. et.
STAMBOUC'HUZ, adj. Qui gonfle, qui enfle.
STAMBRED, sm. Etambrai, pl. ou.
STAMM, sf. Tricot ; pl. ou ; latin stamina.
STAMMEREZ, sf. Tricoteuse ; pl. ed.
STAMMEREZ, sm. Tricot ; voy. stamm.
STAMP, sm. Grande enjambée.
STAMPA, va. Faire une marche forcée; part. et; Loth cite strouis j'étendis, sanscrit strnomi, grec στόρνυμι.
STAN, sm. Région, pays ; irlandais tan.
STAN, sf. Palais de la bouche; voy. stanf, staon.
STANF, sf. Palais ; voy. stan, stanf, staon.
STANG, sf. Etang; pl. stankou ; voy. stank.
STANG, sf. Etang; pl. ou; latin stagnum.
STANK. adj Serré, nombreux.
STANKA, va. Boucher, arrêter ; part. et.
STANKAAT, vn. S'épaissir; devenir plus nombreux ; part. stankéat.
STANKAD, sm. Le plein d'un étang ; pl. ou.
STANKAN, va. Boucher; voy. stanka.
STANKEIN, va. Voy. stanka.
STANKEN, sf. Vallon; pl. nou; voy. stank.
STANKENNIK, sf. Vallon resserré ; pl. stankennigou.
STANN STANV, sf. Palais ; voy. staon.
STAOL, sf. Etable ; pl. stabliou ; de Jubainville tire ce mot du bas latin stablum pour stabulum.
STAOLIAD, sm. Le plein d'une étable, pl. ou.
STAON, sf. Palais de la cavité buccale ; pl. iou ; vieux saxon stamm, latin stabulum ; Loth cite stebill appartement, gallois ystafell chambre.

STAON, sf. Etrave ; pl. iou ; de Jubainville cite le vieux saxon stamn.
STAON-GAD, sf. Laiteron, plante ; staon palais, gad lièvre.
STAOT, sm. Urine, pissat
STAOTA, STAOTAT, vn. Uriner, pisser ; grec σταλαω.
STAOTER, sm. Pisseur ; pl. ien.
STAOTEREZ, sf. Pisseuse ; pl. ed.
STAOTET, vn Uriner ; voy. staota.
STATIGEL, sf. Urinoir ; pl Iou.
STATIGELLA, vn. Pisser souvent ; part. ed.
STAOT-LEC'H, sm. Urinoir ; staot urine, léac'h lieu.
STAOTUZ, adj. Qui fait uriner, diurétique.
STAOUN, sf. Palais ; voy. staon.
STARD, adv. Fermement ; grec στερεος solide.
STARDA, va. Serrer ; part. et ; grec στερεοω rendre solide.
STARDAIK, sm. Embrassade.
STARN. Voy. stern.
STARNA. Voy. sterna.
STARP Voy. sterp.
STASION, sf. Station ; pl. ou.
STAT, sm. Etat : voy. stad.
STATU, sm. Statut ; pl. statuiou.
STATUI, va. Statuer ; part. et.
STAUL, sf. Etable ; pl. iou ; latin stabulum.
STAUT. sm. Urine ; voy. staot.
STAUTEIN, vn. Uriner ; voy. staota.
STAUT-LEC'H, sm. Urinoir ; voy. staotlec'h.
STAVAL. Voy. stlafad, stafad.
STAVN, sm. Voy. staon.
STEAN, sm. Etain, minéral ; vieux français estain.
STEANA, va. Etamer ; part. et.
STEANER. sm. Etameur ; pl. ien.
STEC'HEN, sf. Quenouillée pl. nou ; grec στεγασω couvrir, στυπη étoupe.
STED, sm. Attache d'une mortaise.
STEF. STEV, sm. Bouchon ; pl. stéfiou ; grec στεψις ; Stef est un nom de famille assez répandu.
STEFEIN, va. Boucher ; part. et.
STEFIA, STEVIA, va. Boucher ; voy. stoufa, stouva.
STEGN, sm. Tendu ; voy. stign.
STEGNA, va. Tendre ; part. et ; voy. stigna.
STEK, sm. Connaissance ; pl. ou ; grec στοιχειοω instruire.
STEKI, va. Frapper, heurter ; part. stoket ; kimry, stock ; français estoc.
STEL, sm. Dais ; pl. stellou ; bas latin stallum.
STEL-GWELÉ, sm. Ciel de lit.
STEL-GWESTÉREN, sm. Plafond que l'on met au-dessus de la table de cuisine.
STELLEN, sf. Maladie nerveuse, immobilité.
STELLENNA, va. Affermir, consolider ; part. et ; grec στηριζω consolider.
STÉLLENNA, va. Couvrir d'un réseau ; part. et.
STEN, sm. Etain ; voy. stean.
STENA, Voy. stéana.
STENACH, sm. Vaisselle d'étain.
STENIEN, va. Etamer.
STENN. Voy. sten.
STENN, adj. Raide, tendu ; voy. stegn, stign.
STENN, STEGN. Voy. stign.
STENNEIN. Voy. stenein.
STENOUR, sm. Etameur ; pl. ien.
STER, sf. Rivière ; pl. steriou ; comparez stréat ; latin via strata.
STERD, adj. Serré ; voy. stard.
STERDE.N, va. Serrer ; part. et.
STERED, sm. pl. Etoile ; voy. stereden.
STEREDEN, sf. Etoile ; pl. stered ; cornique steren thème steretinna ; anglais star.
STEREDEN-AR-C'HI, sf. Constellation du Chien.
STEREDENNI, vn. Briller ; part. et.
STEREDEN-LOSTEK, sf. Comète ; stereden étoile, lostek qui a une queue.
STEREDENNOU, sm. pl. Voy. stered.
STEREDEN RED, sf. Planète ; stereden étoile, red qui court.
STEREDENNUZ, adj. Brillant, étincelant ; stereden étoile.
STEREDET, adj. Etoilé.
STERÉEN, sf. Etoile.
STERENN, sf. Etoile.
STERENNEK, adj. Etoilé.
STERENNUZ, adj. Voy. steredennuz.
STERENN-WENER, sf. Planète Vénus ; sterenn étoile, Gwener Vénus.
STERN, sm. Châssis, harnachement ; pl. sterniou ; latin sternum ; voy. starn.
STERN, STARN. Attelage, harnais.
STERNA, va. Atteler ; part. et ; voy. starna.
STERNEIN, va. Encadrer, harnacher, voy. starna.
STERN-GWELÉ, sm. Bois de lit ; stern cadre, châssis, gwélé lit.
STERN-GWIADER, sm. Cadre du tisserand.
STERP, STARP, sm. Serpe ; pl. ou ; sanscrit carpa ; voy. sarp.
STERVEN, sf. Morve ; pl. nou ; grec στραγς corps dégouttant.
STERVENNEK, adj. Morveux.
STEUAILL, sm. Ourdissoir du tisserand ; voy. steuen.
STEUD, sm. Rangée de fils, tenon de mortaise ; grec στειχω ranger.

STEUDEN, sf. Mortaise, rangée de fils ; pl. nou.
STEUEIN, va. Boucher ; part. steuet.
STEUEN, STEUNEN. sf. Chaîne, trame ;
STEUI, STEUNI, va. Faire une trame, ourdir ; part. et.
STEULACH, sm. Ourdissoir.
STEUNEN. Voy. steuen.
STEUNI. Voy. steui.
STEUUVI. Voy. steui.
STEUVEN. Voy. steuden.
STEUZI, va. Éteindre ; part. steuzet.
STEUZIA, vn. Fondre ; part. et ; voy. teuzi.
STEV, STEF. Voy. stef.
STEVIA. Voy. stefla.
STEVON, sm. Bouchon ; voy. stef.
STEZL, sm. Maladie nerveuse ; voy. stellen.
STIF, STIFEL. Source ; voy. stivel.
STIGN, sm. et adj. Serré, pressé, tendu.
STIGNA, va. Presser, tendre ; part. et.
STIN, sm. Etain ; voy. stéan.
STIPULA, va. Stipuler ; part. et.
STIR, sm. pl. Voy. stiren.
STIREEN, sf. Etoile ; pl. stir ; le mot Stir est employé fréquemment comme nom de famille.
STIREEN LOSTEK. Voy. stereden-lostek.
STIREEN-RIT, sf. Planète ; voy. stereden-red.
STIRLINK, sm. Bruit argentin ; anglais sterling.
STIRLINKA, vn. Faire un bruit argentin, tomber avec fracas ; part. stirlinket.
STIR-STIVACH, sm. Compartiment, cloison ; Loth cite stabill appartement.
STIVEIN, va. Emmagasiner ; part. et.
STIVEL, sf. Source ; pl. lou ; latin stilla.
STIVEL, sf. Lavoir ; pl. lou ; cambrique ystafell.
STLAPEZ, sf. Immondices, saletés ; pl. iou ; grec σκυσαλισμα chose vile ; les uns prononcent sklabez.
STLABEZA, va. Salir ; part. et.
STLABEZEN, sf. Femme malpropre ; pl. nou.
STLAFAD, sm. Soufflet, coup ; pl. ou ; irlandais strocaim.
STAFESK, sm. Plaintain ; on dit aussi stlanvesk, stlanvach.
STLAK, sm. Claquement ; pl. ou.
STLAKA, va. et n. Claquer ; part. et.
STLAKADEN, sf. Claquement ; pl. nou.
STLANK, sm. Bruit ; pl. ou.
STLANK, sm. Grenier à fourrage ; pl. ou.
STLANKER, sm. Héraut, celui qui publie ; pl. ien.
STLANVESK. Voy. stlafesk.
STLAON, sf. Anguille de mer ; pl. stlaon ; grec στραγγω tordre.
STLAPA, va. Lancer, jeter ; part. et.

STLECH, sm. Action de brasser des choux.
STLEG, sm. Etrier ; pl. ou.
STLEJ, sm. Action de traîner.
STLEIJA, va. et n. Traîner ; Voy. stleja.
STLEJA, va. et n. Traîner ; part. et.
STLEJADEN, sf. Traînée, femme de mauvaise vie ; pl. nou.
STLEJEIN. Voy. stleja.
STLEOK, sm. Tire-botte ; pl. stléogou.
STLEPEL, va. Lancer, jeter ; part. stlapet.
STLEUG, sm. Etrier ; voy. stleg.
STLEUGIA, vn. Mettre le pied dans l'étrier ; part. et.
STLEUIA, vn. Voy. stleugia.
STLEUK, sm. Etrivière, étrier ; pl. stleugiou.
STLEV. Voy. stleuk.
STLEVIA. Voy. stleugia.
STLIPOU, sm. pl. Tripes ; voy. stripou ; Loth cite strocat traîné.
STLOAK, sm. Cendre de lessive ; latin cloaca.
STLOKER, sm. Trappe, trébuchet ; pl. ien ; voy. stoker.
STLONÉ, sm. Plantain ; voy. stlanvesk.
STOK, sm. Choc ; pl. ou.
STOKAD, sm. Coup, choc, secousse ; pl. stokajou.
STOKER, sm. Trébuchet ; pl. ien.
STOKEREZ, sf. Piège ; pl. ed.
STOK-GWER, sm. Action de trinquer ; stok choc, gwer verre.
STOL, sf. Etole ; pl. stoliou ; grec στολη.
STOLIKEN, sf. Coiffure, lisières pour faire marcher les enfants, oreilles de souliers ; pl. nou.
STOLIKEZ, sf. Fermeture d'une fenêtre.
STOLOK, STORLOK, sm. Bruit, tapage ; Loth cite stloit traîner ; le breton taol coup ; on dit dans quelques localités tolok, toloka.
STOLOKA, STORLOKA, vn. Faire du bruit ; part. et.
STONA. Voy. steunvi.
STONEN. Formation de mousse ; stonn mousse.
STONENNA, vn. Se former en mousse ; part. et.
STONN, sm. Mousse, mauvaises herbes, grec στορειν étendre à terre.
STORÉEN, sf. Courroie, lanière ; pl. storéénou.
STORLIKEN, sf. Voy. stoliken.
STORLOK, sm. Voy. stolok.
STORLOKA, vn. Voy. stoloka.
STORM, sm. et vn. Voyez stourm.
STOS, sm. Voy. staot.
STOTEIN, vn. Pisser, uriner ; voy. staotat.

STOU, sm. Salutation ; pl. iou ; Loth cite stloit traîner ; breton stléja, stleija traîner.
STOUB. Voy. stoup.
STOUBA. Voy. stoupa.
STOUBEIN. Voy. stoupein.
STOUBEN, sf. Duvet ; pl. nou ; de stoup étoupe.
STOUBENNEK, adj. Cotonneux.
STOUF, sm. Bouchon ; pl. ou ; latin stuba étuve.
STOUFA, va. Boucher ; part. et.
STOUFAILL, sm. Etuve ; pl. ou ; latin stuba.
STOUFEL, sf. Bonde ; pl. lou ; de stouf bouchon.
STOU-GLIN, sm. Genuflexion ; stou, solat, glin genou.
STOUI, va. et n. Saluer, se prosterner ; part. et.
STOUIEIN, va. et n. Saluer ; voy. stoui.
STOUIK, sm. Petit salut, révérence ; pl. stouigou.
STOUN. Voy. stonn.
STOUP, sm. Etoupe ; grec στυπη.
STOUPA, va. Garnir d'étoupe ; part. et.
STOUPEIN, va. Voy. stoupa.
STOUPEN, sf. Duvet ; voy. stouben.
STOUPENNEK, adj. Cotonneux ; voy. stoubennek.
STOURM, sm. Bataille ; anglais storm.
STOURM, vn. Batailler, combattre ; part. et.
STOURMAD, sm. Combat ; pl. ou.
STOURMI, vn. Combattre ; part. et.
STOUV. Voy. stouf.
STOUVA. Voy. stoufa.
STOUVI Voy. stoui.
STRABILL. sm. Trouble, émotion ; pl. ou ; voy. trubuill.
STRABILLA. Voy. strafilla.
STRAD, sm. Le fond, la cale ; grec στρ-ριγμα ; Loth cite strutui, fond, de race antique.
STRADA, va. Mettre un fond ; part. et.
STRAFILL, sm. Trouble ; voy. strabill, trubuill.
STRAFILLA, va. Troubler ; part. et.
STRAFILLET, adj. et part. Effrayé ; voy. trubuillet.
STRAFILLUZ, adj. Effrayant ; voy. trubuiluz.
STRAGEL, sf. Machine pour effrayer les oiseaux ; voy. strakel ; de strak craquement.
STRAK, sm. Craquement ; pl. ou.
STRAKA, vn. Eclater ; part. et.
STRAKAL, vn. Eclater ; part. et.
STRAKEIN, vn. Eclater ; voy. strakal.
STRAKER, sm. Conteur, bavard, hâbleur ; pl. ien.

STRAKILLEN, sf. Rhume de cerveau, morve.
STRAKL. Voy. strak.
STRAKLA. Voy. strakal.
STRAKLER. Voy. straker.
STRAKLEREZ, sf. Epouvantail pour les oiseaux.
STRAKLEREZ, sm. Instrument de moulin.
STRAKOUER, sm. Piège à rats ; pl. ou.
STRAKOUILLOUN, sm. Rhume des chevaux.
STRANA, vn. Perdre son temps, flâner ; part. et.
STRANA, vn. Perdre son argent ; part. et.
STRANTAL, adj. Etourdi, distrait.
STRANTEL, sf. Objet peu solide ; pl. lou ; grec στογγος oblique.
STRAOUEIN. Voy. stréaouein.
STRAP, sm. Désordre, bruit ; Loth cite strocat traîné.
STRAP, sm. Piège pour prendre les bêtes ; pl. strappou.
STRAPAD, sm. Amoncellement d'objets ; pl. ou.
STRAPAT, sm. et adj. Eur strapat den, un homme trappu.
STRAPAT, vn. Lancer ; voy. stlapa.
STRAPEN, sf. Crochet pour attacher les bêtes ; pl. ou.
STRAVILL. Voy. strafil.
STRÉAOUEIN, va. Eparpiller ; voy. straouein.
STREAT, sf. Chemin ; pl. strejou ; anglais stréet rue.
STRÉAT-ZALL, sf. Impasse, cul-de-sac ; streat chemin, dall aveugle.
STREBAUT, sm. Mauvaise démarche.
STREBAUTEIN, vn. Trébucher ; part. et.
STRÉBOT, sm. Mémarchure ; voy. strebaut.
STREC'H, adj. Etroit ; voy. striz.
STREC'HEIN, va. Retrécir ; part. strec'het.
STRED. Voy. stret, streat.
STRÉFIA, STREVIA, vn. Eternuer ; part. strefiet, streviet ; de Jubainville cite le gallois y-strew, l'irlandais sread, même racine que le latin sternuere.
STREFIADEN, sf. Eternuement ; pl. nou.
STREI. va. Répandre, disséminer ; part. stret.
STREILL, sm. Pierre d'attente ; pl. streillou.
STRÉOUED, STROUED, sm. Litière ; voy. strouach, stroued ; Loth cite strocat traîné, strouis j'étends.
STREP, sm. Faucille ; pl. ou ; grec στραγγος oblique ; latin noscera faucille.
STREP, sm. Marre, instrument d'agriculture ; pl. ou.
STREPEIN, va. Marrer travailler avec la marre ; part. strepet.

19

STRET, sf. Ruelle, chemin; voy. streat.
STREUEIN, va. Répandre; part. et; Loth cite strouis j'étends.
STREVIA, vn. Eternuer; voy. stréfia.
STREVIADEN, sf. Voy. strefiaden.
STRIBILL, adj. En suspens; grec στρεφω renverse.
STRIBILLA, va. Être suspendu; part. et.
STRIBOUILLA, va. Troubler l'eau, agiter un liquide; part. et. Comparez le français tribouiller, latin tribulare.
STRIBOURZ, sm. Tribord. irlandais styribord. anglo-saxon styri, steor gouvernail, breton stur gouvernail, bourz bord.
STRÉCH, adj. Etroit; voy. striz.
STRICT, adj. Strict.
STRICHEIN, va. Voy. strec'hein.
STRIF, sm. Querelle; pl. strivou, grec τριβω brise.
STRIF, sm. Ponctualité, exactitude.
STRIFA, vn. Voy. striva.
STRILL, sm. Goutte; pl. ou; grec στραγγις goutte.
STRILLA, vn. Couler goutte à goutte; part. et.
STRILLIK, sm. Petite goutte; pl. strilligou; de strill goutte.
STRINK, sm. Jet, lancement.
STRINK, sm. Cristal.
STRINKA, vn. Jeter; part. et; grec θρωσκω, sauter, jeter.
STRINKAD, sm. Lancement, jet de liquide; pl. ou.
STRINKEIN, vn. Jaillir, lancer; part. et.
STRINKEL, sf. Seringue; pl. strinkellou.
STRINKELLA, va. Seringuer; part. et.
STRINKELLEREZ, sf. Instrument pour lancer un liquide; pl. ed.
STRINKER, sm. Celui qui lance; pl. ien.
STRINKEREZ, sf. Celle qui lance; pl. ed.
STRINKEREZ, sf. Sarbacane.
STRINPENN, sm. Tripe; pl. strinpe.
STRINPEU, sm. pl. de strinpenn.
STRIOUADEN, sf. Eternuement; gallois y strew, breton iouaden hurlement.
STRIOUEIN, vn. Eternuer; part. striouet.
STRIPEN, sf. Tripe, boyau; pl. nou, stripou.
STRIPENNA, vn. Trembler la fièvre, gercer par le froid; part. et.
STRIPER, sm. Marchand de tripes, tripier; pl. striperien.
STRIPEREZ, sf. Marchande de tripes; pl. ed.
STRIPEU. Voy. strinpenn.
STRIPOU, sm. pl. de stripen, tripe.
STRIUEIN. vn. Eternuer; pl. striuet.
STRIV, sm. Querelle; voy. strif.
S TRIV, sm. Ponctualité; voy. strif.
STRIVA, vn. Contester; part. et.

STRIVANT, adj. Assidu, actif.
STRIZ, adj. Etroit; latin strictas.
STRIZ, sm. Détroit. impasse; pl. ou.
STRIZA, va. Rétrécir; part. et.
STRIZAAT. STRISAAT, vn. Rendre étroit, rétrécir; part. strizéat, striséat.
STRIZ-DOUAR, sm. Détroit de terre, isthme; striz étroit, douar terre.
STRIZ-VOR. sm. Détroit de mer; striz étroit, mor mer.
STROB, sm. Etrape, corde; anglais strap corde.
STROB, sf. Etrape, faucille.
STROBA, va. Lier ensemble, couper; part. et.
STROBAD, sm. Liaison, enfilade; pl. ou.
STROBELLA, va. Charmer, enjôler; part. et.
STROBINEL, sf. Charme, sortilège; pl. lou.
STROBINELLA, va. Charmer, tromper; part. et.
STROBINELLER, sm. Sorcier; pl. ien.
STRODEN, sf. Boue; pl. strodennou.
STRODEN, sf. Prostituée, souillon; pl. ned.
STRODENNET, adj. Boueux, crotté.
STROEZ. Voy. strouez, strouach.
STROLL. sm. Rassemblement; pl. ou; latin stragula.
STROLLA, va. Rassembler; part. strollet.
STROLLAD. sm. Assemblage; pl. ou.
STRON, adj. Morveux; irlandais sron narine, breton fron, fronell, narine.
STRONK, sm. Polisson, jeune vaurien; pl. ed.
STRONK, sm. Excrément humain.
STRONK, sm. Appât pour la pêche en mer.
STRONS, sm. Secousse. bruit. cahot; pl. ou; irlandais stracaim, je tire, je pousse.
STRONSA, vn. Cahoter, secouer; part. et.
STROP, sm. Corde; voy. strob.
STROPA, va. Couper à la faucille; part. et.
STROPA, va. Prendre, enlever; part. et.
STROPAD, sm. Paquet, fourniture; pl. ou.
STROPET, adj. Estropié; italien stroppiare estropier.
STROUACH, sm. Litière, broussailles.
STROULD, sm. Litière de route; Loth cite strouis, j'étendis.
STROUEZ, sm. Halliers, broussailles.
STROUÉZEK, adj. Couvert de halliers.
STROUILL, sm. Saletés, ordures, crotte; pl. ou.
STROUILLEK, adj. Boueux, crotté.
STROUILLEN, sf. Salope, fille de mauvaise vie; pl. ou.

STROUILLENNUZ, *adj.* Brumeux, humide.

STROUNK, *sm.* Appât pour la pêche; voy. stronk.

STRUBUILLA, *va.* Effrayer; part. et.

STRUFUILLA, *va.* Effrayer; part. et; tru misère, puill abondant.

STRUJ, *sm.* Pousse, fertilité; *pl.* ou.

STRUJ, *adj.* Fertile.

STRUJA, *vn.* Devenir fertile; part. et; gallois ystraffu répandre.

STRUJUZ, *adj.* Plein de fertilité, qui pousse avec activité.

STRUZ, *sm.* Contenance, façon, mine.

STRUZIET, *adj.* Qui a mauvaise contenance.

STU, *sm.* Plume; *pl.* stuc'hiou ; grec σταχυς, épi.

STUC'H, *sm.* Plume d'oiseau; *pl.* stuc'hiou.

STUC'HEN, *sf.* Touffe, gerbe; *pl.* nou.

STUC'HENNA, *va.* Faire des touffes, engerber; part. et.

STUC'HIA, *vn.* Se couvrir de plumes; part. et.

STUDEN, *sf.* Mortaise; voy. steuden.

STUDI, *sf.* Etude ; *pl.* ou.

STUDIA, *va.* Etudier; part. et.

STUDIUZ, *adj.* Studieux.

STUF, *adj.* et *sm.* Sauce, odeur de sauce ; grec στυγος στυγίος.

STUFEIN, *vn.* Rancir; part. stufet.

STUIA, *vn* Labourer une jachère ; part. et ; stu fertile.

STULTINN, *sf.* Sottise, bizarrerie ; latin stultus sot.

STULTENNA, *vn.* Faire des sottises; part. et.

STULTENNUZ, *adj.* Sujet à faire des extravagances.

STUM, *sm.* Tas, monceau.

STUMM, *adj.* Resserré dans un espace restreint.

STUMM, *sm.* Manière, tournure.

STUMMET, *adj.* Bien serré, bien tourné.

STUR, *sm.* Gouvernail; *pl.* sturiou ; latin æstuarium, æstus; flux de la mer.

STURC'H, *sm.* Esturgeon, poisson, haut allemand sturio.

STURIA, *va.* Gouverner; part. sturiet.

STURIER, *sm.* Pilote, patron; *pl.* ien ; stur gouvernail.

STURIOU, *sm. pl.* De stur, gouvernail, maximes, préceptes.

STUZ, *sm.* Manière, façon, production ; stu fertile.

STUFF, *sm.* Source; *pl.* ou ; latin stilla goutte.

SUA, *sm.* Suif; voy. soa.

SUAFF, *sm.* Suif.

SUALEK, *sf.* Saule ; *pl.* sualeged.

SUANN, *sm.* Savon.

SUANNEIN, *va.* Savonner; part. et.

SUAO, *sm.* Suif ; voy. soa.

SUAOUEIN, *va.* Enduire de suif; part. suavet.

SUAVEIN, *va.* Enduire de suif; part. et.

SUBSTANS, *sf.* Substance ; *pl.* ou.

SUBSTANTIF, *sm.* Terme de grammaire.

SUBSTANS, *sm.* Substance.

SUBSTITUI, *va.* Substituer; part. et.

SUCH, *sm.* Trait, corde ; voy. sug.

SUCHOU, *sm. pl.* Traits de voiture.

SUD, *sm.* Vent du sud.

SUDELEN, *sf.* Judelle, oiseau; *pl.* ned.

SUDIAGON, *sm.* Sous-diacre; *pl.* ed; latin sub diaconus.

SUFISAMANT, *adv.* Suffisamment.

SUFFISANT, *adj.* Suffisant.

SUFISOUT, *vn.* Suffire ; part. et.

SUFIT, *adv.* Assez, sans plus.

SUG SUGEL, *sf.* Corde, trait ; *pl.* sugiou, sugellou ; latin funis; voyez fun.

SUGEL, *sf.* Branche repliée, flexible.

SUHUN, *sf.* Semaine; voy. sizun; latin septimana.

SUHUNOUR, *sm.* Celui qui est de semaine ; *pl.* ien.

SUIAT, *sm.* Corde servant à faire pâturer une bête ; sug corde.

SUIEN, *sf.* Dorade, poisson; *pl.* ed ; Loth cite sumpl aiguillon.

SUIEU, *sm. pl.* Traits de voiture.

SUILL, *sm.* L'odeur de brûlé; latin urere brûler.

SUILLA, *va.* Cuire, brûler; part. suillet.

SUILLET, *adj.* Brûlé.

SUIT, *sm.* Suite.

SUJ, *sm.* Joug; latin jugum.

SUJA, *va.* et *n.* Assujettir ; part. et.

SUJED, *sm.* Sujet ; *pl.* sujidi.

SUJED, *adj.* Sujet, enclin à.

SUJÉDIGEZ, *sf.* Assujettissement.

SUKR, *sm.* Sucre; latin saccharum, sanscrit carkara.

SUKRA, *va.* Sucrer; part. et.

SUKR-DU, *sm.* Cassonnade, sucre noir.

SUKRIN, *sm. pl.* Melons.

SUKRINEN, *sf.* Melon, fruit; *pl.* sukrin.

SUKR-KANTIN, *sm.* Sucre-candi.

SUL, *sm.* Soleil.

SUL, DISUL, *sm.* Dimanche ; grec αυλος inviolable, latin dies solis.

SUL, part. de compar. Tant, plus ; voy. seul.

SULBÉDEN, *sf.* Imprécation, blasphème; sul tant, plus, peden prière.

SULBEDER, *sm.* Blasphémateur; *pl.* ien.

SULBÉDI, *vn.* Blasphémer ; part. et.

SULER, *sf.* Grenier ; voy. solier.

SULIEIN, *vn.* Brûler ; voy. suilla.

SULIEK, *adj.* Qui concerne le dimanche.

SULTAN, *sm.* Sultan, empereur des Turcs ; *pl.* ed ; latin sultanus.

Sulvest, *sm.* Vent du sud-ouest.
Sulvez, *sm.* Journée du dimanche; sul dimanche et la terminaison vez; voy. ce mot; *pl.* sulvésiou.
Sun, *sm.* Jus, suc; gallois sugno, latin sugo, succus.
Sun, *sf.* Semaine; voy. sizun.
Sun suhun, *sf.* Semaine; *pl.* iou.
Suna, *va.* Sucer; part. et; sun suc.
Sunein, *va.* Sucer; part. et.
Sun-gad, *sm.* Fleur de chèvre-feuille; sun suc, gad, lièvre.
Superbite, *sf.* Orgueil; *pl.* ou.
Superior, *sm.* Supérieur; *pl.* ed; latin superior.
Superiorez, *sf.* Supérieure d'un couvent; *pl.* ed.
Superstision, *sf.* Superstition; *pl.* ou.
Superstisiuz, *adj.* Superstitieux.
Supléant, *sm.* Celui qui remplace, suppléant; *pl.* supléanted.
Suplémant, *sm.* Supplément; *pl.* ou.
Suport, *sm.* Support; *pl.* ou.
Suport, *vn.* Supporter; part. et.
Suportabl, *adj.* Supportable.
Suporti, *va.* Supporter; part. et.
Suposi, *va.* Supposer; part. et.
Suposition, *sm.* Supposition; *pl.* ou.
Supprima, *va.* Supprimer; part et.
Sur, *adj.* Sur, assuré.
Sur, *adv.* Assurément; voy. zur.

Surancherisa, *va.* Surenchérir; part. et.
Surpren, *vn.* Surprendre; part. surprenet.
Surtout, *adv.* Principalement, surtout.
Surveillant, *sm.* Celui qui surveille; *pl.* ed.
Suspeckt, *adj.* Suspect.
Suspekti, *va.* Soupçonner; part. et.
Suta. Voy. sutal.
Sutaden, *sf.* Action de siffler; *pl.* nou; Loth cite huital; comparez le latin subtularis.
Sutal, *vn.* Siffler; part. et.
Sutel, *sf.* Sifflet; part. et.
Sutella, *vn.* Siffler avec un sifflet; part. et.
Sutelladen, *sf.* Coup de sifflet; *pl.* nou.
Sutelargouzouk, *sf.* Trachée-artère; sutel sifflet, kouzouk cou.
Suteller, *sm.* Siffleur; *pl.* ien.
Sutellerez, *sf.* Sifflet, instrument de muique; *pl.* ed.
Suter, *sm.* Siffleur de la bouche; *pl.* ien.
Suterez, *sf.* Femme qui siffle.
Suzun, *sf.* Semaine; voy. sezun.
Syllaben, *sf.* Syllabe; *pl.* nou.
System, *sm.* Système.

T

T. Lettre consonne T.
TA, *pron. poss.* Ton, ta, tes ; voy. da.
TA, *conjonction.* Donc.
TA HANI, TA HENI, TA HINI, *adj. poss.* Tien, tienne.
TABARLANK, *sm.* Dais d'église ; *pl.* ou.
TABATIEREN, *sf.* Tabatière ; *pl.* nou.
TABERNAKL, *sm.* Tabernacle ; *pl.* ou.
TABLETEN, *sf.* Tablette ; *pl.* nou.
TABLEZ, *sm.* Damier, échiquier ; *pl.* ou.
TABOULIN, *sf.* Tambour ; *pl.* ou ; voy. tamboulin.
TABUT, *sm.* Bruit, querelle.
TABUTAL, *vn.* Gronder ; part. et ; grec τυπτω frapper, τυμπανίσω battre du tam-tour.
TABUTER, *sm.* Querelleur ; *pl.* ien.
TABUTEREZ, *sf.* Querelleuse ; *pl.* ed.
TABUTEREZ, *sf.* Querelle, tapage ; voy. tabul.
TACH, *sm.* Clou ; *pl.* tachou ; français attache ; grec τασσω.
TACHA, *va.* Clouer, attacher ; part. et.
TACHA, *va.* Marquer, tacher ; part. et.
TACHAD, *sm.* Partie d'un tout ; *pl.* ou.
TACHADIK, *sm.* Petite partie ; *pl.* tachadigou.
TACHAOUER, TACHAOUAER, *sm.* Cloutier.
TACHAOUEREZ, *sf.* Cloutière ; *pl.* ed.
TACHAOUEREZ, *sm.* Clouterie ; *pl.* ed.
TACHEIN, *vn.* Clouer ; part. tachet.
TACHEN, *sf.* Place, partie, sillon ; *pl.* tachennou.
TACHEN AR BREZEL, *sf.* Champ de bataille.
TACHEN-GÉAR, *sf.* Place publique.
TACHEN-GLAZ, *sf.* Pâture, pelouse.
TACHEN-VARC'HAD, *sf.* Place d'un marché.
TACHER, *sm.* Cloutier ; *pl.* ien.
TACH-KROG, *sm.* Patte-fiche ; tach clou, krok, krog prise.
TACHOUR, *sm.* Cloutier ; voy. tacher tachaouer.
TAD, *sm.* Père ; *pl.* tadou ; cathol. tat, tchèque tata, grec τεττα, latin tata.
TADEK. *sm.* Beau-père.
TAD-IEU, *sm.* Trisaïeul.
TAD-IOU, *sm.* Trisaïeul.
TAD-KAER, *sm.* Beau-père.
TAD-KOZ, *sm.* Grand-père ; tad père, koz vieux.
TAD-KUN, *sm.* Bisaïeul ; tad père, kun bon.

TAD-PAÉROUN, *sm.* Parrain ; tad père, paeroun parrain.
TAER, *adj.* Vif, brusque ; voy. téar, θερω, τοχυς vite.
TAFF, *sm.* Bouchon ; *pl.* ou ; venant de to couverture ; voy. stouf, latin stuba.
TAG, *sm.* Attaque, étranglement, italien attaco, français attaque.
TAGA, *va.* Attaquer, assaillir ; part. et.
TAGER, *sm.* Etrangleur, celui qui attaque ; *pl.* ien.
TAGUZ, *adv.* Acre, âpre, qui attaque.
TAILL, *sm.* Manière, façon.
TAILL, *sm.* Impôts ; *pl.* taillou, vieux français taille.
TAILL(ENN), *prép.* Apparemment, certainement.
TAILLA. *va.* Tailler ; part. et.
TAILLANT, *sm.* Le tranchant ; *pl.* ou.
TAILLANTI. *va.* Taillader ; part. et.
TAILLEU, *sm. pl.* de taill.
TAILLOU, *sm. pl.* Impôts, contributions.
TAKED, *sm.* Taquet ; *pl.* takejou.
TAKENEIN, *va.* Ramener ; part. et.
TAKEN, *sf.* Rien, peu de chose ; Loth cite taguel silencieux.
TAKON, *adv.* Rien du tout.
TAKON, *sm.* Pièce de raccommodage ; *pl.* ou.
TAKONA, *va.* Rapiécer ; part. et ; français taçonner.
TAKONEIN, *va.* Voy. takona.
TAKONER, *sm.* Raccommodeur, savetier ; *pl.* ien.
TAKONEREZ, *sf.* Fripière, raccommodeuse ; *pl.* ed.
TAKONEREZ, *sm* Action de raccommoder.
TAL. *sm.* Fond de tonneau, de barrique ; *pl.* taliou.
TAL. *sm.* Front, façade ; *pl.* iou ; gallois tal, breton talbenn, chef gaulois mari-talus (grand front).
TALA, *va.* Mettre un fond à un tonneau ; part. et.
TALABAO, *sm.* Tintamarre, tapage ; *pl.* iou ; voyez chalabaï.
TALADUR, *sm.* Herminette, doloire ; *pl.* iou.
TALADURIA, *va.* Se servir de l'herminette.
TALAND, *sm.* Talent ; *pl.* talanchou.
TALAR. *sm.* Tarière ; *pl.* ou.
TALAR, *sm.* Sillon du bout d'un champ ; *pl.* ou.

TALAREG, sm. Lançon, poisson qui vit dans le sable de mer ; pl. ed.
TALAREGETA, vn. Pêcher le lançon.
TALAREGETER, sm. Pêcheur de lançons.
TALAREGETEREZ, sf. Pêcheuse de lançons.
TALAREK, sm. Achée, lançon, talar tarière.
TALAREU, sm. pl. Les premiers jours du carême.
TALAROU, sm. pl. De talar, sillon de front.
TALAROU, sm. pl. Agonie d'un mourant.
TALBENN, sf. Pignon d'une maison, croupe d'un cheval ; pl. ou ; tal front, penn tête.
TALBOD, sm. pl. Angélique, plante.
TALBODEN, sf. Angélique ; tal front, bod buisson.
TALED, sf. Bandeau ; tal front.
TALEDEN, sf. Bandeau de deuil ; pl. nou.
TALEIN, va. Mettre un fond ; voy. tala.
TALEK, adj. Qui a le front large ; Talek est un nom de famille assez commun.
TAL-ERV, sm. Tête de sillon ; tal front, erv éro sillon.
TALFAS, sm. Grosse figure réjouie ; tal front, fas face.
TALFASA, va. Raccommoder, rapiécer ; part. et.
TALFASEK, adj. Figure rubiconde.
TAL-GEN. Voy. Tal benn.
TAL-GEN, sf. Planchette pour empêcher les vaches de voler ; tal front, gen joue.
TALIER, sm. Croupe de cheval ; voy. kulier.
TALIOU, sm. pl. Fonds d'une barrique, d'un tonneau.
TALIOU, sm. pl. Compliments, cérémonies, façons.
TALLASKA, va. Gratter la tête ; part. et.
TALLASKEN, sf. Insecte, tique ; pl. ed ; voy. torlosken.
TALLASKER. Voy. tarlasker.
TALLOUDEGEZ, sf. Valeur ; talvout valoir et terminaison égez.
TALLOUDEK, adv. Qui a de la valeur ; voy. talvoudek.
TALLOUT. Voy. talvout, talvézout.
TALM, sf. Fronde ; pl. talmou ; grec θυλακος petit sac.
TALMAD, sf. Coup de fronde ; pl. ou.
TALMAT, vn. Se servir de la fronde ; part. et.
TALMER, sm. Joueur qui se sert de la fronde ; pl. ien ; voy. batalmer, baltamer.
TALOD, sm. Bandeau frontal ; pl. ou ; tal front.
TALOUN, sm. Talon ; pl. taloniou ; voy. seul.
TALPAD. Voy. tolpad.

TALPENN, sm. Fronton ; voy. talbenn ; tal front, penn tête.
TALRIDA, vn. Se rechigner ; part. et ; tal front, rida rider.
TALTAZEN, sf. Tarte, galette ; latin tarta, breton torz tourte.
TALTEZ, sm. Tarte, pâtisserie.
TALT'OUZ, adj. Camard, émoussé ; tal front, touz ras.
TALTOUZA, va. Emousser, agacer ; part. et ; tal front, touza raser.
TALUD, sm. Talus ; pl. ou ; latin talus talon.
TALUDI, va. Taluter ; part. et.
TALVEZOUT, va. et n. Valoir, coûter ; part. et.
TALVOUDEGEZ, sf. Valeur, utilité ; pl. iou.
TALVOUDEK, adj. Avantageux, utile.
TALVOUDUZ, adj. Utile ; talvoudussoc'h plus utile.
TALVOUT, vn. et a. Coûter, valoir ; part. talvezet.
TAM, sm. Morceau ; voy. tamm.
TAMALL, sm. Blâme, reproche ; pl. ou ; sanscrit tamas ténèbres, vieux français blasme, grec τυμμα coup.
TAMALL, va. Blâmer ; part. et.
TAMALLOUT, va. Blâmer ; part. et.
TAMBOD, sm. Etambot ; pl. ou.
TAMBOULIN, sf. Tambour ; pl. ou ; arabe thanbour.
TAMBOULINA, va. Jouer du tambour ; part. et.
TAMBOULINER, sm. Jouer du tambour ; pl. en.
TAMBOULINIK, sf. Petit tambour, tambourin ; pl. tamboulinigou.
TAMM, sm. Morceau ; pl. ou ; cornique tymmyn, de la racine tag toucher.
TAMMA, va. Mettre en morceaux ; part. et : tamm morceau.
TAMM-BLOC'H, adv. Point du tout.
TAMM-KRAK, adv. Rien du tout.
TAMMIK, sm. Petit morceau, de tamm, morceau ; pl. tammouigou.
TAMM-LABOUR, sm. Travail, besogne ; tamm morceau, labour travail.
TAMM-LIP-HÉ-BAO, sm. Bon dîner, bon morceau ; tamm morceau, lip lèche, hé sa, pao pâtte.
TAMM-LIPOUS, sm. Friandise ; tamm morceau, lipous gras.
TAMMOLODA, va. et n. Se recoquiller ; part. et ; tamm morceau, pouloudenna se mettre en pelotte.
TAMOÉZ, sm. Tamis ; pl. ou ; bas latin tamisium, breton tamma mettre en pièces.
TAMOÉZA, va. Tamiser ; part. et.
TAMOEZEN, sf. Epi de blé ; pl. ou.
TAMOEZENNA, va. Ramasser des miettes ; part. et.

TAMOEZENNER, *sm.* Glaneur ; *pl.* ien.
TAMOEZENNEREZ, *sf.* Glaneuse ; *pl.* ed.
TAMOLODA, *va.* et *n.* Se mettre en pelotte.
TAMOUEZ, *sm.* Tamis ; voy. tamoéz.
TAMPÉRAMANT, *sm.* Tempérament ; *pl.* tamperamouchou.
TAMPI, *adv.* Tant pis ; ce mot vient du français.
TAMPOUN, *sm.* Tampon ; *pl.* iou.
TAMPOUNI, *va.* Tamponner ; part. et.
TAN, *sm.* Feu ; *pl.* iou ; gallois tan, irlandais tened, gaulois tenedon.
TAN, *sm.* Région, pays.
TAN, *adv.* Sous ; voy. didan dindan.
TANA, *va.* Brûler, mettre le feu ; part. et.
TANAO, *adj.* Mince ; voy. tano.
TANAOEAT, *vn.* Rendre mince ; part. tanavéat ; tanao mince.
TANAV. Voy. tanao.
TANAVAAT, *vn.* Amincir ; part. et.
TANÉ, *sm.* et *adj.* Rouge, écarlate ; tan feu : Tané figure dans les noms de famille.
TAN-GWALL, *sm.* Incendie.
TANIJEN, *sf.* Démangeaison, inflammation ; tan feu.
TANIJENNA, *vn.* S'enflammer ; part. et.
TANKERRU, *exclamation.* Feu et flammé ; tan feu, erru qui vient, ou kurun tonnerre.
TAN-LEC'H, *sm.* Phare ; tan feu, léac'h lieu ; voy. tour-tan.
TAN-LOSK, *sm.* Inflammation ; tan feu, loski, leski brûler.
TANN, TANNU, *sm.* Chêne, écorce. Comparez le français tan, tannin ; glose d'Erfurth tanare.
TANNOS, *sm.* Inflammation ; voy. tanijen.
TAN-NOZ, *sm.* Feu follet ; tan feu, noz nuit.
TANO, *adj.* Mince ; gaulois tanavo.
TANOAAT, *vn.* S'amincir ; part. eat ; tano mince.
TANOUARC'H, *sm.* Feu de tourbe ; tan feu, grec ουδας terre, ou bien tan dessous gwalc'h mouille ; Loth cite tuorchennou mottes, gallois tywarc'hen.
TANOUEIN, TANOUAT, *va.* Goûter ; part. et.
TANOUIZ, *sm.* Tamis ; *pl.* ou ; voy. tamoueza.
TANOUZEIN, *va.* Tamiser ; voy. tamoueza.
TAN SANT ANTON, *sm.* Erésipèle.
TAN SANT MARZEL, *sm.* Gangrène.
TANTAD, *sm.* Feu de joie ; tan feu.
TANTAD-TAN, *sm.* Bûcher, feu de joie.
TANTASION, *sf.* Tentation ; voy. temptasion.

TANTI, *va.* Tenter ; part. et.
TANTEN, *sf.* Tente ; *pl.* tantennou.
TANTEZ. Voy. tantad.
TANTEZIAD, *sm.* Flambée ; *pl.* ou ; tantez tantad feu de joie.
TANVA, *sm.* goutér.
TANVA, *va.* Goûter ; part. tanveat ; de tam morceau. latin taminare.
TANVOD, *sm.* Plante ; moulure en demi-cercle ; comparez le français tanevot.
TAO, *interj.* Silence ; on dit aussi tav, radical du verbe tevel taire.
TAOL, *sm.* Coup, pousse ; *pl.* iou.
TAOL, *sf.* Table ; *pl.* taoliou ; latin tabula.
TAOLAD, *sf.* Tablée ; voy. taoliad.
TAOL-C'HOARZ, *sm.* Eclat de rire ; taol coup ; c'hoarz, *sm.* rire.
TAOL-DISTAOL, *adj.* Ballotté ; taol jet, pousse, distaol rejet.
TAOLEN, *sf.* Tableau ; *pl.* nou ; taol table.
TAOLENNER, *sm.* Peintre, fabricant de tableaux ; *pl.* ien.
TAOLER, *va.* Jeter ; part. taolet ; voy. teuler, teuleur.
TAOL-ÉSA, *sm.* Coup d'essai ; taol coup, ésa essayer.
TAL-FEUK, *sm.* Bourrade, botte d'escrime ; taol coup ; Loth cite pour feuk, feciual écharpe.
TAOL-FOBIEZ, *sm.* Coup de trahison ; taol coup, fo pour quo, grec υπω sur, breton iez coutume.
TAOL-GWENAN, *sm.* Essaim d'abeilles ; taol jet gwenan ; *pl.* de gwenanen, abeille.
TAOLI, *vn.* Jeter ; voy. teurel, teleur.
TAOLIAD, *sf.* Tablée ; *pl.* ou ; taot table.
TAOLIADA, *vn.* Se mettre à table ; part. et.
TAOLIK, *sf.* Tablette ; *pl.* taoliouigou.
TAOLIK, *sm.* Petit coup ; *pl.* taoliougou.
TAOLIOU-IUD, *sm.* Coups de traître.
TAOLIOU-IUDAS, *sm.* Coups de Judas.
TAOLIOU-KAÉR, *sm.* *pl.* Exploits ; taoliou, *pl.* de taol coup, et kaér beau.
TAOL KOUNT, *sf.* Table-comptoir.
TAOL KOUNT, *adj.* Aussitôt, de suite.
TAOL-KOUNTOUER, *sf.* Comptoir.
TAOL-LAGAD, *sm.* Coup d'œil ; taol coup, lagad œil.
TAOL LOUNK, *sm.* Gorgée ; taol coup, loanka avaler.
TAOL-MEZER, *sf.* Comptoir de draps.
TAOL-MICHER, *sm.* Coup de métier, essai d'un apprenti ; taol coup, micher métier.
TAOL PENN, *sm.* Coup de tête.
TAOL-PENN, *sm.* Tige de plante.
TAOL-SKARZ, *sm.* Croc-en-jambe des lutteurs ; taol coup, skarza nettoyer.

Taol-voued, sf. Table pour manger; taol table, boued nourriture.

Taouarc'h, sm. pl. Mottes de tourbe; voy. tanouarc'h.

Taouarc'hen, sf. Motte de tourbe; pl. taouarc'h. Loth cite tuorchennou, mottes, glèbes.

Taouein, vn. Se taire; part. taouet; voy. tével.

Taouz, sm. pl. Chênes verts.

Taouzen, sf. Chêne vert, arbre druidique; gallois twng serment, breton toui jurer.

Tapa, va. Prendre; part. tapet.

Tapaden, sf. Embûche; pl. nou.

Tapaden, sf. Pleur, larme; grec θαφή.

Tapein, vn. Donner; voy. tapout.

Tapen, sf. Liquide, larme.

Tapen-dar, sf. Pleur, larme.

Tapis, sm. Tapis; pl. ou.

Tapissa, va. Tapisser; part. et.

Tapout, va. Prendre, saisir; part. et.

Tar, prép. Plus; latin trans.

Tar, sm. Retenue, réserve, dîme, réunion.

Tar, sm. Ventre; Loth cite tar ventre, cathol. torr.

Tarabasi, va. Tracasser; part. et; grec ταρασσω tracasse. Comparez le français tarabuster.

Taragen. Voy. teureugen.

Taran, sm. Tonnerre; pl. ou; grec τειρω, breton terri; anciennement terrif, casser, briser.

Taran, sm. Eclair, lumière, feu follet.

Tarar, sm. Tarière; Loth cite tarater tarière; gallois taradr, latin taratrum.

Tarar-tro, sm. Vilbrequin; tarar tarière, tro tour.

Tarasa, va. Salir; part. et.

Tarbot, sm. Eclat de pot; tarz éclat, pod pot.

Tarc'h, sm. Bruit, éclat; pl. ou; grec τειρω; voy. tarz.

Tarc'hein, vn. Craquer, éclater; voy. tarza.

Tarc'hel, sf. Créneau; pl. ou; voy. tarzel.

Tarc'helein, va. Créneler; part. et.

Tarc'hien, sf. Fièvre; voy. terzien.

Tardol, vn. Germer; tarz brisure, taol coup.

Tarer, sm. Tarière; voyez tarar, talar.

Targac'h, sm. Chat mâle; taro, tarv taureau, kaz chat; voy. targaz.

Targas. Voy. targaz.

Targaz, sm. Chat mâle; matou; pl. targisien; voy. targac'h.

Tariel, sf. Histoire, niaiserie; pl. ou; voy. c'hoariel.

Tariella, vn. Niaiser, faire le badaud; part. et.

Tarieller, sm. Badaud, flâneur; pl. ien.

Tarinada, vn. Bondir, sauter de joie; part. et; tar ventre; irlandais inathar entrailles; grec εντερον.

Tarjan, vn. Bouclier; comparez le mot français targe.

Tarjetten, sf. Targette; pl. nou.

Tarlaska, vn. Se gratter en se secouant.

Tarlasken, sf. Insecte, tique; pl. ed.

Tarlounka, vn. Se gargariser; tarz écume; lounka, avaler.

Tarlounka, vn. Rôtir; part. et.

Tarner, sm. Torchon; pl. ou; voy. torchouer.

Taro, tarv, sm. Taureau; pl. tirvi, du gaulois tarvos.

Tarodi, va. Tarauder, se servir du taraud; part. et.

Tarrak, sm. Insecte, tique; pl. tarraged; grec ταρεω percer; voyez teureugen.

Tarros, sm. Tertre; pl. tarrosiou, tar ventre, roz élévation, tertre.

Tars, sm. Voy. tarz.

Tars-mor, sm. Voy. tarz-mor.

Tartas, sm. Galette; voy. tartez.

Tartez, sm. Tarte, galette, pl. iou; comparez le breton tarz, le bas latin tarta, le français tourte.

Tartezen, sf. Galette, pâtisserie; pl. nou; voy. tartez.

Tartouz, sm. Insecte, cosson; tar ventre; touz ras.

Tartouz, adj. Camard, pour taltouz; tal front, touz ras.

Tartouzet, adj. Sale, malpropre; tal front, louz sale.

Tarv, sm. Taureau; voy. taro.

Tarval, sm. Goujon d'assemblage; tar retenue, gwall plus fort; comparez le français taranche, vis forte.

Tarved, adj. Vache qui a pris le taureau; tarv taureau.

Tarv-hed, sm. Second essaim d'une ruche; tarv taureau, ged qui se prononce heud, neud. cette dernière orthographe paraît devoir être la meilleure, car nous y retrouvons le gallois newyd nouveau; cathol. neuez, actuellement nevez.

Tarv-kenn, sm. Peau de taureau; tarv taureau; kenn peau.

Tarvoal, adj. Chauve; tar pour tal front, moal chauve.

Tarz, sm. Bruit, éclat, coup; gallois terfysg tumulte.

Tarza, vn. Crever, pétiller; part. et; voy. tarz.

Tarza, vn. Changer; tourner en parlant du lait; part. et.

Tarz ann déiz, sm. L'aurore, le point du jour; tarz coup, ann le, déiz jour.

Tarz-avel, sm. Coup de vent ; tarz coup, avel vent.
Tarzbod, sm. Éclat de pot ; tarz éclat, pod pot.
Tarzeden. Voy. dareden.
Tarzel, sm. Embrasure, creneau ; pl. iou ; tarz rupture, zell regard.
Tarzella, vn. Créneler; part. et; tarzel créneau.
Tarzellerez, sf. Mauvaise cuisinière ; pl. ed.
Tarzet, adj. Tourné; de tarza tourner.
Tarzet, adj. Tourné, caillé.
Tarz-kof, sm. Hernie ; tarz rupture, kof ventre.
Tarz-kurun, sm. Coup de tonnerre ; tarz éclat, kurun tonnerre.
Tarz-mor, sm. Coup de mer ; tarz coup, mor mer.
Tarzot, sm. et adj. De tar, prép. plus, zot sot.
Tas, sm. Tasse ; pl. ou ; latin taxa.
Tas. sm. Tasse, coupe; pl. ou.
Tasa, va. Taxer, part. et.
Tasad, sm. Plein une tasse ; pl. ou.
Tasmak, sm. Fantôme.
Tasmant, sm. Esprit follet ; pl. tas manchou ; grec δαμαω afflige ; breton damanti, se plaindre.
Tastourn, sm. A tâtons ; irlandais taith redoublement; breton dourn main, Tastourna, vn. Labourer ; part. et.
Tastournein, vn. Voy. tastourna.
Tastourner, sm. Chercheur, farfouilleur ; pl. ien.
Tastourni, vn. Chercher son chemin, tâtonner ; part. et.
Tat, sm. Père ; voy. tad.
Tata, sm. Père, papa ; tat père.
Tataik, sm. Petit papa ; pl. tataigou ; tad père.
Tatin, sm. et adj. Taquin, querelleur.
Tatinat, vn. Taquiner ; part. et.
Tatiner, sm. Querelleur; pl. ien.
Tatouillat, vn. Bredouiller; part. et.
Taul, sm. Coup ; voy. taol.
Taul. sf. Table ; voy. taol.
Taulen, sf. Tableau ; voy. taolen.
Tauler, toler, va. Jeter ; part. taulet, tolet; voy. teleur.
Taul-gwirin, sm. Essaim d'abeilles ; taul jet, gwirin abeille.
Tauli, va. Jeter; voy. toli teuleur; teuret teleur.
Tav, interj. chut ; voy. tao.
Tavancher, sm. Tablier pl. ou ; de Jubainville tire ce mot du français devant, devanture; nous avons cependant le mot suivant tavantek besoigneux qui indiquerait un substantif tavau ou tavaut; besoigne sans bruit; voy. tevel se taire.

Tavantek, adj. Besoigneux.
Tavarer, sm. Darbareur; pl. ien ; voy. darbarer.
Tavargn, sm. Tavérne ; voy. tavarn.
Tavargnier, sm. Tavernier ; pl. ien ; voy. tavarnour.
Tavargnierez, sf. Voy. tavarnierez.
Tavarn, sm. Laverne; pl. tavarniou.
Tavarnier, sm. Tavernier, aubergiste; pl. ien ; latin tabernarius.
Tavarnierez, sf. Cabaretière ; pl. ed.
Tavarnour, sm. Cabarctier ; pl. ien ou ion.
Tavedek, adj. Taciturne, silencieux ; de tav tevel, chut, taire.
Tavi, vn. Voyez tevel.
Tax, sm. Taxe ; pl. taxou.
Te, pron. pers. Toi, ton, tu, tes ; cornique ty ; latin tu ; gallois ti.
Te, sm. et adj. Spectre, fondu ; voy. teuz.
Te, sf. thé, breuvage.
Téa, vn. Pourrir, se gâter ; part. teet ; voyez té.
Téac'h, tec'h, sm. Fuite; grec ταχυς vite ; latin fuga; breton tiz ; irladd. tec ; grec θοος prompt.
Tead, sm. Langue ; voy. téod.
Teal, sm. Patience, plante ; cathol. tauolen.
Teal. vn. Tutoyer; part. tect ; té toi.
Téaod, sm, Langue ; voy. téod.
Tear, ter, adj. Vif, prompt ; irland. tec.
Téaraat, vn. Être prompt ; part. éat.
Téarded, sm. Vivacité ; téar vif.
Teat, sm. Langue ; cambrique tauot ; voy. téod.
Teatr, sm. Théâtre ; pl. ou ; grec θεατρον.
Tech, sm. Vice, mauvaise habitude ; pl. ou ; comparez le français vulgaire, dèche.
Tec'h, sm. Fuite ; irlandais tec ; voy, téac'h.
Tec'h, téec'h, sm. Tétine ; voy. tez.
Tec'het, adj. Enclin à ; voy, tech.
Tec'het, vn. et a. Fuir ; part. tec'het ; voy. tec'h, téac'h.
Tec'hi, vn, et a. Fuir ; part. et.
Te déum, sm. Action de grâces ; du latin te deum.
Teéc'h, tech, sm. Pis de la vache ; voy. tez.
Teein, va. Fondre ; voy. teuzi.
Teel, sm. Parelle, plante ; voy. teol.
Teff, adj. Epais ; voy. téo.
Teg, tek, sm. Toit ; latin tectum ; voy. toen.
Tegn, sm. Teigne; latin tinea ; voy. tegn.
Tegnous, sm. Teigneux ; de tegn teigne.

TEHUIEN, *vn*. Devenir gros ; voy. teuein tevaat.
TEHUNI, *va*. Tromper ; voy. teuni.
TEI, *va*. Couvrir ; part. toet : voy. toi ; grec θεκν couverture ; français taie.
TEIL, *sm*. Fumier ; *pl*. ou ; grec δεισα; breton tei couvrir.
TEILA, *va*. Fumer : part. teilet.
TÉILAC'H, *sm*. Fumure; teil fumier, avec terminaison française.
TEILEK, *adj*. Qui contient du fumier.
TEILEK, *sf*. Tas de fumier
TEIL-GRISTEN, *sm*. Vidanges humaines ; teil fumier; kristen chrétien.
TEIL-HANVOEZ, *sm*. Purin ; teil fumier; hanvoez purin.
TEILL, *sm*. *pl*. De teillen framboise ; grec τίλλω pique, mord.
TEILLEN, *sf*. Framboise ; *pl* teill.
TEIR, *sf*. Nombre, trois ; sanscrit tis ras-tisaras; teir est le féminin de tri trois ; gallois teir corn tyr ter tayr, irlandais teoir, teora.
TEIR-DÉLIENNA, *vn*. Se couvrir d'une troisième feuille ; part. teir-deliennet; teir trois féminin, delien feuille.
TEIR-DELIENNET, *adj*. et *part*. Couvert de trois feuilles.
TÉIRVED, *adj. num*. Troisième ; teir trois.
TEIRVEDER, *sm*. Anniversaire de la troisième année.
TEK, TEG, *sm*. Toit ; voy. toen ; latin tectum.
TEK, TEG, *sm*. Maison ; Loth cite tegran, teg maison ran, lot, part.
TEL, TAL, *adj*. Haut, élevé ; grec τέλλω se lever.
TELEN, *sf*. Harpe ; *pl*. telennou ; cambrique telyn, telein.
TELENNA, *vn*. Jouer de la harpe ; part. et ; telen harpe.
TELENNER, *sm*. Joueur de harpe ; *pl*. ien.
TELENNEREZ, *sf*. Joueuse de harpe ; *pl*. ed.
TELL, *sm*. Voile latine ; *pl*. ou ; tel, tal haut, grec τηλε loin.
TELL. *sm*. Impôt, taille; voy. taill ; grec τέλως impôt.
TELLEK, *sm*. Tique, insecte ; voy. till ; grec τίλλω pique, mord.
TELLESK, *sm*. Espèce de goémon; *pl*. ou.
TELLOU, *sf. pl*. Impôts.
TELLOU, *sm. pl*. de tell. Voile latine.
TELT, *sm*. Tente de soldat, de cabaretier ; *pl*. ou.
TELT, *sm*. Reposoir ; *p*. teltou.
TELTA, *va*. Bâtir, dresser une tente ; grec τευχιςω bâtir.
TELTEN, *sf*. Mouche, vésicatoire ; *pl*. teltennou.

TELTENNIK, *sf*. Petit vésicatoire ; *pl*. teltennigou.
TÉMALL. *sm*. Blâme ; *pl*. ou ; comparez le vieux français blasme.
TEMALLEIN, *va*. Blâmer ; part. et ; voy. tamallout.
TEMPL, *sm*. Temple ; *pl*. ou.
TEMPOREL, *adj*. Temporel.
TEMPS, *sm*. Complexion, caractère, trempe ; *pl*. ou.
TEMPS, *sm*. Fumier, engrais, trempe ; *pl*. ou.
TEMPSA, *va*. Tremper, fumer, engraisser; part. et.
TEMPSET, *adj*. et *part*. Robuste, trempé, fumé.
TEMPSI, *va*. Voy. tempsa.
TEMPTASION, *sf*. Tentation ; *pl*. ou.
TEMPTI, *va*. Tenter ; part. et.
TEMS, *sm*. Trempe, fumure, caractère ; voy. temps.
TÉNÉGRAF, *sm*. Télégraphe ; *pl*. ou.
TENER, *adj*. Tendre ; latin tenerum.
TENERAAT, *vn*. Devenir tendre ; part. éat, éet.
TENERIDIGEZ, *sf*. Tendressse ; *pl*. teneridigesiou ; tener tendre.
TENN, *adj*. Dur, pénible ; grec θης travail pénible.
TENN, *sm*. Coup de feu ; *pl*. ou.
TENN, *sm*. Tirette, attelage ; *pl*. ou.
TENNA, *va*. Tirer, traîner ; part. et.
TENNADEK, *sf*. Tir à la cible, tirage, arrachage ; *pl*. tennadegou.
TENNAEK, *sm*. Fâcherie.
TENN-ALAN. *sm*. Soupir, repos ; tenna tirer, alan haleine.
TENNEIN, *va*. Tirer ; voy. tenna.
TENNER, *sm*. Tireur ; *pl*. ien ; tenn coup.
TENNER-DENT, *sm*. Arracheur de dents, dentiste ; tenner tireur, dent ; *pl*. de dant, dent.
TENN-GOF, *sm*. Tension du ventre.
TENN-GULE, *sm*. Rideau ; voy. tenn gwelé.
TENN-GWELÉ, *sm*. Rideau ; tenn tirette, gwélé lit.
TENN KROAZ, *sf*. Eglise en croix, croisée ; tenna tirer, kroaz croix.
TENNOUR. *sm*. Tireur à la cible, chasseur qui tire ; voy. tenner.
TENN-STEVON, *sm*. Tire-bouchon ; tenna tirer, stef, stev bouchon.
TENN-STOUF, *sm*. Tire-bouchon ; tenna tirer, stouf bouchon.
TENO, *adj*. Mince ; voy. tano.
TENS, *sm*. Réprimande ; *pl*. ou,
TENSA, *va*. Réprimander ; part. et ; comparez le français tancer.
TENSAOUR, *sm*. Trésor ; voy. tensor.
TENSER, *sm*. Celui qui gronde ; *pl*. ien.

TENSOR, *sm.* Trésor; *pl.* iou ; latin thesaurus, θηθαυρος ; voy. tensaour.
TENSORIA, *va.* Thésauriser ; part. et.
TENSORIER, *sm.* Trésorier ; *pl.* ien.
TENSORIEREZ, *sf.* Trésorière ; *pl.* ed.
TENTASION, *sf.* Tentation ; *pl.* ou.
TENTI, *va.* Tenter ; part. et.
TENV, *sm.* Sève, croissance des végétaux ; grec θαμνος.
TENVAL, *adj.* Obscur, sombre ; de Jubainville cite le vieil irlandais temel obscurité, comparez le sanscrit tamas ténèbres.
TENZ, *sm.* Emportement ; comparez le français tancer.
TEO, *adj.* Gros, épais ; vieil irlandais tiug, thème tigu de Jubainville.
TEOAAT TEVAAT, *vn.* Grossir ; part. téoéat, tévéat, teo gros.
TEOARD, *sm.* Gros lourdaud ; *pl.* ed ; téo gros.
TEOD, *sm.* Langue ; gallois tawad, tafawd, tabat ; cornique tauot tauaut tauawt.
TEODA, *va.* Médire ; part. et ; teod langue.
TEODAD, *sm.* Coup de langue, médisance ; teod langue.
TEOD-AÉR, *sm.* Serpentaire, plante ; teod langue, aér couleuvre.
TEOD-ÉJEN, *sm.* Langue de bœuf, plante, buglose ; teod langue, éjen bœuf.
TEODEK, *sm.* et *adj.* Bavard, conteur ; *pl.* teodéien.
TEODEN, *sf.* Languette ; *pl.* nou ; teod langue.
TÉODET, *adj.* Bien embouché, qui parle bien.
TEOD-EVN, *sm.* Grateron, plante ; teod laugue, evn oiseau
TEOD-KARO, *sm.* Langue de cerf, plante.
TEOD-KAZ, *sm.* Langue de chat, plante, espèce de lys.
TEOD-KI, *sm.* Langue de chien, plante, cynoglosse.
TEOD-MIBIN, *sm.* Qui parle sans réfléchir ; teod langue, mibin vite, rapide.
TEOEL, TEOUEL, TIOUEL, *adj.* Sombre ; voy. tenval, teval.
TEOL, *sm. pl.* de teolen. Tuile.
TEOL, *sm.* Parelle, plante ; grec θαλλος rameau.
TEOL-BLEG, *sm. pl.* de teolen-bleg.
TEOLEN, *sf.* Tuile ; *pl.* teol ; latin tegula.
TEOLEN-BLEG, *sf.* Tuile pour couvrir le faite d'un toit ; téolen tuile, pleg pli.
TEOLER, *sm.* Fabricant de tuiles.
TEOLER, *va.* Jeter ; voy. teurel.
TEOLIA, *va.* Couvrir en tuiles ; part. et.
TEOLIER, *sm.* Fabricant de tuiles ; *pl.* ien ; voy. teoler.
TÉOLOJI, *sf.* Théologie.

TÉOLOJIAN, *sm.* Théologien ; *pl.* ed.
TÉON, *sm.* Sève ; voy. tenv ; grec θαμνος.
TEOUAL, *adj.* Obscur ; voy. tenval.
TÉOUALAAT, *vn.* Obscurcir ; part. eat ; voy. tenvalaat.
TEOUEL, *vn.* Se taire ; voy. tevel ; taguel silencieux.
TEOUET, *adj.* Sombre ; voy. tenval.
TEOUEIN, *vn.* S'obscurcir ; voy. tenvalaat.
TÉOUR, *sm.* Fondeur ; voy. teuzer.
TER. *sm.* Goudron ; comparez le vieux français terec, goudron.
TER, *adj.* Vif ; voy. téar.
TER, *nom de nomb.* Trois ; voy. teir.
TER TIR, *sm.* Terre ; comparez tirien, douar terre est usité aujourd'hui ; latin terra.
TÉRA, *va.* Enduire de goudron ; part. et ; ter goudron.
TERAAT, *vn.* S'emporter ; part. tereat ; ter vif.
TERC'HIAN, *sf.* Fièvre ; voy. terzien.
TERC'HIEN, *sf.* Fièvre ; voy. terzien.
TERDE RANN, *sf.* Tiers ; terde pour trede, ran part.
TER-DU, *sm.* Goudron ; ter terre, du noire.
TEREIN, *vn.* S'emporter ; part. teret ; ter vif.
TEREK, *adj.* Enduit de goudron ; ter goudron.
TEREN, *sf.* Rayon de miel
TERER. Voy. tarar, talar ; latin taratrum, tarière.
TERIEN, *adj.* Pâture ; ter terre.
TERIJEN, *sf.* Vivacité ; ter vif.
TERK, *sm.* Bonne disposition ; grec τερπνος agréable.
TERKA, TERKI, *va.* Apprêter, préparer ; part. et ; grec τηρος gardien, apprêteur.
TERLATEIN. Voy. trelatein.
TERM, *sm.* Effort ; *pl.* termou ; grec τερμα fin.
TERMA, *vn.* Faire des efforts ; part. termet ; *pl.* termeniou.
TERMADEN, *sf.* Effort ; *pl.* termadennou.
TERMAEN, *sm.* Fin terme ; voy. terme.
TERMEN, *sm.* Terme, échéance ; Loth cite termin borne limite, latin terminus, gallois terfyn, ter vif, fyn fin.
TERMENA, *va.* Terminer, donner un délai ; part. et ; termen terme, grec τερμα borne.
TERMENIA, *va.* Voyez termena, terminer.
TERMI. Voy. terma.
TERMINA, *va.* Terminer ; part. et.
TERMINÉSOUN, *sf.* Terminaison ; *pl.* ou.
TERNU, *sm.* Chiendent, plante ; ter terre, noés, dommage.

TÉROUER, sm. Tirroir ; pl. térouerou.
TERRASAMANT, sm. Terrassement.
TERREIN, va. Voy. terein.
TERRESTR, adj. Terrestre ; ter terre, baradoz terrestr paradis terrestre.
TERRI, va. Briser, casser ; part. torret.
TERRIDIK, adj. Cassant, fatigant; terri casser.
TERRIEN, sf. Fièvre ; voy. tersien, terzien.
TERRIER, sm. Terrier ; pl. ou.
TERRIN, va. Casser ; voy. terri.
TERRIZIK. Voy. terridik.
TERRITOR, sm. Territoire ; pl. iou.
TERROUER, sm. Terroir ; voy. terouer.
TERRUBL, adj. Terrible ; latin terribilis.
TERRUBL, adj. Stupéfiant, surprenant.
TERRUPLAAT, vn. Devenir terrible, se fortifier ; part. éat.
TERS, sf. Fesse ; pl. tersou ; grec ταρσος.
TERSAD, sf. Fessée ; pl. tersiadou.
TERSADA, va. Fouetter ; part, et.
TERSEGEZ, sf. Femme qui a de grosses fesses.
TERSEK, adj. Homme qui a de grosses fesses ; Tersek, Terser est un nom de famille très répandu.
TERSIEN, sf. Fièvre ; gallois terfysa trouble.
TERSIENNA, va. Avoir la fièvre ; part. et.
TERSIENNEK, adj. Fiévreux ; tersien fièvre.
TERSIEN-GOUSK, sf. Léthargie ; tersien fièvre, kousk sommeil.
TERSIENNUZ, adj. Fiévreux : tersien fièvre.
TERSKIRIAT, va. Défricher ; part. et ; ter terre, kiriat rechercher.
TERSOUN, sm. Tranche de poisson ; comparez le français tierçon.
TES, sm. Toise, mesure de deux mètres ; bas latin teisia.
TES, sm. Monceau, tas ; comparez le breton téo épais.
TES, sm. Moisissure.
TESA, va. Gâter, moisir ; part. teset.
TELET, adj. et part. Gâté, pourri.
TESEIN, va. Mettre en tas ; part. et ; voy. tés monceau.
TESK, sm. pl. Epis ; grec τειχος.
TESKAD, sm. Une garniture d'épis ; pl. ou.
TESKADEU, sm. pl. Epis.
TESKANN, sm. Glanage ; tes épis.
TESKANNEIN, va. Glaner ; part. et.
TESKANNOUR, sm. Glaneur ; pl. ion, ien.
TESKAOU, sm. pl. Epis.
TESKAOUEN, sf. Epi de blé ; pl. nou, teskad.
TESKAOUER, sm. Glaneur ; pl. ien.

TESKAOUEREZ, sf. Glaneuse ; pl. ed.
TESKAOUIN, vn. Glaner ; part. teskaouet.
TESKAT. Voy. teskad.
TESKATA, va. Glaner ; part. et.
TESKO-TESKAO, sm. pl. Voy. teskaou.
TESKOUA, va. Glaner ; part. et.
TEST, sm. Témoin ; pl. testou ; Loth cite testou témoins ; gallois tyst ; irlandais teist ; du latin testis.
TEST, sm. et adj. Garde, témoin ; gouel test, fête gardée.
TESTA, vn. Témoigner ; part. et ; voy. testenia.
TESTAMANT, sm. Testament ; pl. testamanchou.
TESTAMANTI, vn. Tester, donner par testament ; part. et.
TESTANI, sm. Témoignage ; voy. testesni.
TESTANIEIN, vn. Témoigner ; part. et.
TESTEIN, va. Fêter ; part. et.
TESTENI, sm. Certificat, témoignage ; pl. ou.
TESTENI-MAD, sm. Bon témoignage.
TESTENIA, va. Témoigner ; part. et.
TETA, sm. Voy. tata.
TÉTÉ, sm. Nom enfantin donné au chien.
TETN, sm. Mamelle, bout du sein ; grec θηλη.
TEU, sm. Fonte ; voy. teuz.
TEU, adj. Gros ; voy. téo.
TEUC'H, adj. Raboteux, dur, humecté ; grec τεγκτος.
TEUC'HAAT, vn. Devenir dur par le fait de l'humidité ; part. teuc'heat ; teuc'haat a ra ann hent, la route devient difficile.
TEUEIN, vn. Voy. tevaat.
TEUEL, vn. Se taire ; voy. tevel.
TEUL, sm. Titre ; pl. iou ; Loth cite tal, attal ; breton talvout, talvezoat, valoir ; grec τελος, taille, impôt.
TEULER, va. Jeter ; part. taolet ; taol coup.
TEULEUR, va. Jeter ; voy. teuler.
TEULIOU, sm. pl. Titres ; voy. Teul.
TEUN, sf. Colline ; voy. tun.
TEUN, adj. Faux ; grec τεχνη tromperie.
TEUNI, va. Fausser, tromper, part. et.
TEUR, sm. Gros ventre ; Loth cite tar ventre ; cathol torr, tor ; gallois tor ; irlandais tarr.
TEUR, sm. Paume de la main ; gallois torr, tor.
TEUREK, sm. Ventru ; teur ventre.
TEUREK, sm. Tique, insecte ; voy. tarrak.
TEUREL, va. Jeter ; part. taolet ; voy. teuler.
TEUREN, sf. Ventre ; voy. teur.
TEURENNAD, sf. Ventrée ; pl. ou ; de teur ventre.

TEURENNEK, adj. Ventru ; voy. teurek.
TEUREUGEN, sf. Tique ; pl. teureuk ; voy. teurek, tarrak.
TEURK, sm. Maladie des brebis ; de teurek insecte.
TEURKA, va. Battre, frapper ; part. teurket ; grec τείρω bat.
TEURKET, adj. et part. Battu, frappé.
TEURKI, va. Voy. teurka.
TEURL, va. Voy. teuleur.
TEURVEZOUT, vn. Vouloir bien ; part. teurvezet ; teur, torr, paume de la main ; béza, bézout, être.
TEURVOUT, vn. Vouloir, s'accorder ; part. et ; voy. teurvezout.
TEURKOC'H, adj. Infime, de mauvaise qualité.
TEUZ, sf. Revenant, fantôme ; grec τεχνη.
TEUZ, adj. Fondu.
TEUZ, sm. Fonte.
TEUZ, sm. Ruse, tromperie.
TEUZER, sm. Fondeur ; pl. ien.
TEUZI, va. Fondre, part et.
TEV, adj. Epais ; voy. téo.
TÉVAAT, vn. Epaissir ; part. tevéat.
TEVAL, TENVAL, adj. Sombre ; vieil irlandais temel obscurité, sanscrit tamas, latin timor, timere de Jubainville.
TEVALAAT TENVALAAT, va. et n. Obscurcir ; part. tenvaleat, tévaleat.
TEVALIEN, sf. Obscurité ; téval obscur.
TEVALIJEN, sf. Obscurité ; téval sombre.
TEVARD, sm. Gros, corpulent ; teo, tev gros.
TEVEL, vn. Se taire ; part. tavet ; paraît devoir se conjuguer sur tavi, Loth cite néanmoins taguel se taire, taguel guiliat, observation silencieuse.
TEVEN, TEVENN, sm. Dune ; pl. tevennou ; tevignier, tevinnier pour tun, comparez le latin tumulus, le composé breton dastum, pour teven, tevenn, comparez le breton teo, tev épais, gwen, gwenn blanc.
TEVENNA, vn. Lâcher les bêtes sur la dune ; part. et ; teven dune.
TEVENNEK, adj. Qui tient de la dune.
TEVENNOK. Voy. tevennek.
TEVEZ, sm. Tétine ; voy. tez.
TEVEZI, va. et n. Se former en tétine ; part. et ; de tevez tétine, tev téo gros.
TEVL, sm. pl. Voy. téol.
TEVLEIN, va. Couvrir en tuiles ; voy. teolia.
TEVLEN, sf. Tuile ; voy. teolen.
TEYRN, sm. Chef à l'époque druidique ; voy. tiern.
TEYRNAS, sm. Principauté ; tir terre.
TEZ, sm. Pis de la vache et d'autres mammifères ; pl. tesiou ; grec θηλη, Loth cite tinsot, il versa.

TEZ, sm. Monceau, tas ; voy. tes.
TEZA, vn. Se gâter, pourrir ; part. tezet.
TEZATAT, vn. Glaner ; part. et ; voy. pennaoui.
TEZEIN, va. Mesurer à la toise ; tez, tes toise.
TEZI, vn. Se gâter ; part. et ; voy. teza.
TI, sm. Maison ; pl. tiez ; de Jubainville cite le thème gallois stiges, d'où le nom de lieu Tigernum.
TIAD, sm. Maisonnée ; pl. ou ; de ti maison.
TIADA, va. Emménager ; part. et ; de ti, voy. keriada.
TI ANNEZ, sm. Maison d'habitation ; ti maison, annez meubles.
TI ANVEZ, sm. Voy. ti annez.
TI-BALAN, sm. Maison couverte en genêts ; ti maison, balan genêt.
TICHOUT, va. Atteindre ; voy. tizout.
TI-DOUAR, sm. Maison d'argile ; ti maison, douar terre.
TIED, sm. Abréviation ; do iec'het. à votre santé.
TIEGEACH, sm. Ménage ; voy. tiegez.
TIEGEZ, sm. Ménage, ferme, famille ; pl. tiegesiou ; de Jubainville cite stiges acios ménage ; ti maison.
TIEIEN, sm. pl. Famille, fermiers, tiek chef de famille.
TIEK, sm. Chef de famille ; pl. tieien ; ti maison.
TIEKAAT, vn. Diriger une famille, une ferme ; part tiekéat.
TIERN, sm. Chef à l'époque druidique ; voyez teyrn.
TIEZ, sm. pl. plur irrég. de ti maison.
TI-FOURN, sm. Maison à four.
TI-FOURN-RED, sm. Four banal ; ti maison, fourn foar, red course.
TI-GLAZ, sm. Maison couverte en ardoises ; ti maison, glaz bleu.
TIGN, sm. Teigne, latin tinea.
TIGNOL, sm. Bateau léger ; comparez le français tinette.
TIGNOUZ, sm. Teigneux, tign teign.
TIGNOUZEZ, sf. Femme qui a la teigne.
TIGR, sm. Animal, tigre ; pl. ed.
TIK. sm. Maladie des chevaux.
TIK, adj. Méchant.
TI-KEAR, Hôtel-de-Ville ; ti maison. kear ville.
TIKEMER. Voyez digemer.
TI-KOAT, sm. Kiosque ; ti maison, koat bois.
TI-KOUEZ, sm. Maison à buée ; ti maison, kouez lessive.
TILL, sm. Ecorce de plantes textiles ; comparez le français tiller, teiller.
TILL, sm. Torchis, cloison de boue et de chanvre.

TILL, *sm.* Insecte, tique ; anglais tick.
TILL, *sm. pl.* Tilleul, orme à larges feuilles, latin tilia.
TILLA, *va.* Teiller ; part. et ; de till, écorce de chanvre, de lin.
TILLADEK, *sf.* Teillage, travail des plantes textiles.
TILLEIN, *va.* Teiller ; part. et ; voy. tilla.
TILLEN, *sf.* Orme à larges feuilles, tilleul ; *pl.* till et tillennou.
TILLER, *sm.* Tillac, cloison de torchis ; grec τειχος, muraille.
TIMAD, *adv.* Aussitôt, rapidement ; tiz vitesse, mad bon.
TIMAT, *adv.* Vivement ; voyez timad, pour tizmat, tizmad.
TIMBR, *sm.* Timbre ; *pl.* ou.
TIMBRA, *va.* Timbrer ; part. et.
TIMBRER, *sm.* Timbreur ; *pl.* ien.
TI-MEIN-GLAZ, *sm.* Maison couverte en ardoises ; ti maison, méin *pl.* de méan pierre, glaz bleu.
TI MEIN-SKLENT, *sm.* Voyez ti mein glaz pour la terminaison sklen, sklent ; Loth cite esceilenn couverture.
TIN, *sm.* Thym, plante ; grec θυμα, θυω, θυμιαυ.
TINEL, *sf.* Tente ; *pl.* tinellou ; bas latin tinellus.
TINELLER. *sm.* Aubergiste placé sous une tente ; *pl.* ien.
TINELLA, *vn.* Élever des tentes ; part. et ; tinel tente.
TINER, *adj.* Tendre ; voyez tener.
TIN-LANN, *sm.* Serpolet, plante ; tin thym ; lann, lan, laude.
TINET, *sm.* Jeu d'enfants, bascule ; comparez le français tinet, le breton tint, chantier, bascule.
TINT, *sm.* Chantier, bascule ; *pl.* ou ; grec τιναθθω, ébranle.
TINTA, *va.* Placer sur le chantier ; part. et.
TINTA, *va.* Etançonner ; part. et.
TINTAL, *va.* et *n.* Tinter ; part. tintet ; latin tinnitare.
TINTIN, *sf.* Tante ; *pl.* tintined ; grec τιθαίνω, allaiter.
TINVA, *vn.* Prendre racine, prendre chair ; part. tinvet ; Loth cite tinsot, il répandit,tionsaidim, action de répandre.
TIOUEL, *adj.* Sombre ; voy. téval.
TIOUELEIN, *vn.* S'assombrir ; voy. tevalaat.
TI-PALEM, *sm.* Maison de tan, tannerie ; ti maison. palem poussière.
TIPOGRAF, *sm.* Typographe ; *pl.* ou.
TIR, TER, *sm.* Terre ; Loth cite tir terre, irlandais tir, latin terra ; voyez douar.
TIRANT, *sm.* Tyran ; *pl.* tiranted.
TIRE-BOUCHOUN, *sm.* Tire-bouchon ; *pl.* ou.

TIRBOUR, *sm.* Tire-boarre ; *pl.* iou.
TIRED, *sm.* Accent, terroir, tir terre.
TIREN, *sf.* Bouclier, armure ; *pl.* nou ;
TIRIEN, *sm.* Pâture, terre en repos ; *pl.* nou, tir terre.
TIS, TIZ, *sm.* Appel du conducteur d'une paire de bœufs pour hâter leur marche ; tiz vitesse.
TISIPÈRE, *sf.* Erysipèle.
TI-SKOL, *sm.* Maison d'école ; ti maison, shol école.
TI-TAN, *sm.* Maison habitée ; ti maison, tan feu.
TI-TAN-NOZ, *sm.* Phare ; ti maison, tan feu, noz nuit.
TITR, *sm.* Titre ; *pl.* titr'ou.
TITRA, *va.* Titrer ; part. et.
TIU, *adj.* Gros, épais ; voyez tev teo.
TIUEIN, *vn.* Devenir gros ; voyez tévaat.
TIVL, *sm. pl.* Tuile ; voy, tivlen, teolen.
TIVLEIN, *va.* Couvrir en brique ; voyez teolia.
TIVLEN, *sf.* Tuile, brique ; *pl.* tivl, tivlennou.
TIVLOUR, *sm.* Fabricant de tuiles ; voyez teolier.
TIZ, *sm.* Vitesse, hâte ; grec θοος, vite.
TIZIK, *sm.* Phtisie, maladie ; grec φθιω dessèche.
TIZIK-IEN, *sm.* Phtisie des hêtes ; tizik phtisie, ien froid.
TIZIPÈRE. Erysipèle ; voy. tisipère.
TIZOK, *adj.* Qui a une voix de castrat.
TI-ZOUL, *sm.* Chaumière ; ti maison, soul chaume.
TIZOUT, *va.* Parvenir, attendre, tenter ; part. tizet ; tiz vitesse.
TLAPEZ, *adj.* Idiot, benêt ; Ian tlapez, Jean l'idiot.
TLEAN, *sm.* Ce que peut contenir une quenouille ; leun plein.
TLEUNIA, *va.* Garnir une quenouille ; part. tleuniet.
TNAOU, *sm.* Fond, vallon ; cornique nans, cambrique nant ; voyez dinaou ; comparez le français noue.
TNAOUN. Voyez traon.
TNÉAC'H. Voyez kreac'h.
TNOU, *sm.* Vallée, fond ; voyez tnaou.
TO, *sm.* Couverture ; voyez toen.
TOAL, TOUAL, *sf.* Nappe ; *pl.* iou ; Loth cite toos tunique.
TOAZ, *sm.* Pâte ; comparez le breton touez touezia, mélanger ; lard toaz, très gras ; bara toaz, pain mal cuit.
TOAZA, *va.* Empâter ; part. et ; de toaz pâte.
TOAZEK, *adj.* Empâté, pâteux.
TOAZEN, *sf.* Toise ; *pl.* nou ; voyez tes ; latin teisia.

TOAZENNA, *va.* Toiser ; part. et ; toazen toise.
TOAZENNA, *va.* Empâter ; part. et ; voyez toaza.
TOAZON, *sm.* Ris de veau, triperie.
TOAZONA, *va.* Voy. tozona, agacer.
TOAZON-LEUE, *sm.* Ris de veau.
TOC'H, *adj.* Débile, faible ; voyez toc'hor.
TOC'HADEN, *sf.* Epi ; *pl.* nou, ou toc'had ; voyez torchad.
TOC'HADOU, *sm. pl.* Criblures de blé ; voy. Lostennachou.
TOC'HAT. Voy. toc'hadou.
TOC'HATA, *vn.* Glaner des épis ; part. et.
TOC'HATER, *sm.* Glaneur ; *pl.* ien.
TOC'HATEREZ, *sf.* Glaneuse ; *pl.* ed.
TOC'HATO, *vn.* Glaner ; voyez toc'hata.
TOC'HOR, *adj.* Mourant, faible, onomatapée imitative.
TOC'HORAAT, *vn.* Devenir plus faible ; part. toc'horéat.
TOEA, *vn.* Jurer ; Doué Dieu ; voyez toui.
TOÉCH, TOUECH, *prép.* Milieu, parmi ; voyez touez.
TOEIN, *va.* Couvrir ; part. toet ; voy. téi.
TOEK, *sm.* Toison d'un mouton ; voyez touzaden.
TOEKENNAD, *sm.* Toison fournie, quantité de laine.
TOEL, TOAL, *sf.* Nappe ; voy. toal.
TOELLA, *va.* Tromper ; voyez touella.
TOEN, *sf.* Toit ; *pl.* toennou ; latin tectum, de tegere, couvrir.
TOEN-VOR, *sf.* Grande lame de mer ; toen toit, mor mer.
TOEOUR, *sm.* Couvreur ; voyez toer.
TOER, *sm.* Couvreur ; *pl.* toerien, de to couverture.
TOÉZ, TOÉS, *sm.* Pâte ; voyez toaz.
TOEZAT, TOEZAD, *sm. pl.* Groupe d'épis de blé ; *pl.* ou.
TOEZEIN, *va.* Mélanger, couvrir de farine ; de toez pâte.
TOEZEK, *adj.* Pateux.
TOEZELLA, *va.* Emousser, agacer ; part. et ; de touz ras.
TOEZEN, *sf.* Epi ; *pl.* toezat, toezad, toezennou.
TOEZENNEIN, *vn.* Glaner des épis ; *pl.* toezennet.
TOEZENNEREZ, *sf.* Glaneuse ; *pl.* ed.
TOEZENNOUR, *sm.* Glaneur ; *pl.* ien ; en Vannes ion.
TOI, *va.* Courir ; part. toet ; voyez tei.
TOK, *sm.* Chapeau ; *pl.* tokou ; kymri toc, espagnol tocca, français toque.
TOK, *sm.* Coup, vibration, tintement ; *pl.* ou ; onomatopée.
TOKA, *va.* Mettre un chapeau ; part. et ; tok chapeau.
TOKA, *va.* Tinter une cloche ; part. et.

TOKA, *va.* Frapper avec force ; part. et.
TOKAD, *sm.* La plénitude d'un chapeau ; *pl.* ou ; tok chapeau.
TOKANN, TOUSEK, *sm.* Champignon ; tok chapeau, ann le, du, tousek crapaud.
TOK-ÉJEN, *sm.* Bourrelet d'attelage pour les bœufs ; tok chapeau, éjen bœuf.
TOKEN, *sf.* Maladie de la toque ; dans quelques localités on prononce dogen.
TOKEN, *sf.* Couche d'argile pour préserver les vases de l'action du feu.
TOKENNA, *va.* Mettre une couche d'argile au fond d'un vase ; part. et.
TOKENNAT, *sm.* Voyez toekennat.
TOKER, *sm.* Chapelier ; *pl.* ien ; tok chapeau.
TOKEREZ, *sf.* Chapelière ; *pl.* ed.
TOKEREZ, *sm.* Fabrication de chapeaux.
TOK HOUARN, *sm.* Casque ; tok chapeau, houarn fer.
TOKOUR, *sm.* Chapelier ; voy. toker.
TOK-VILIN, *sm.* Chapiteau de moulin ; tok chapeau, milin moulin.
TOL, TAUL, *sf.* Table ; voyez taol.
TOL, TAUL, *sm.* Coup ; voyez taol.
TOL ARNAN, *sm.* Voy. tol arneu.
TOL ARNEU, *sm.* Tourmente, orage ; tol, taol coup, arneu orage.
TOLBENNA, *va.* Donner des coups de tête ; part. et.
TOLEN, TAULEN, *sf.* Tableau ; voy. taolen.
TOLER, TAULER, *va.* Jeter ; part. et ; voy. teleur, teurel.
TOLÉRI, *va.* Supporter, tolérer ; part. et.
TOLGEN, *sf.* Bogue de marron ; *pl.* neu en Vannes, en Léon nou, tor ventre, ken, kenn. peau.
TOLI, TAULI, *va.* Jeter ; voy. toler, teleur.
TOLLOK. Voy. stolok, storkok.
TOLLOKA. Voy. storloka.
TOLPAD, *sm.* Vapeur, bouffée de mauvaise odeur ; *pl.* ou.
TOLPEZ, *adj.* Gros, trapu.
TOLPEZ, *sm.* Bouse de vache ; taol coup, péz pièce.
TOLSEN. Voy. Tolzen.
TOLZEN, *sf.* Bloc, amas, tas ; *pl.* nou ; teu, teo épais.
TOLZEN, *sf.* Caieu ; voy. tolzen.
TOMDEn, *sm.* Chaleur ; tomm chaud ; *pl.* tomderiou.
TOMMEOLIA, *vn.* Se chauffer au soleil ; part. et ; tomm chaud, heolia mettre au soleil.
TOMM, *adj.* Chaud ; gallois twym, comparez le vieil irlandais timme, theme tipmia chaleur, de Jubainville.
TOMMA, *va.* et *n.* Chauffer ; part. et.

Tommaden, *sf.* Action de se chauffer; *pl.* nou; tomma chauffer.

Tomm-béro, *adj.* Bouillant; tomm chaud, bero bouillant.

Tommder. Voy. tomder; *pl.* iou.

Tommer, *sm.* Celui qui chauffe; *pl.* ien.

Tommerik, *sm.* Chaufferette; tommer chauffeur.

Tommet, *adj.* Echauffé, à moitié ivre.

Tommet-mad, *adj.* Ivre, soûl.

Tomm-skaot, *adj.* Ardent; tomm chaud, skaota échauder.

Ton, *sm.* Espèce de varech; *pl.* iou.

Ton, *sm.* Ton; *pl.* toniou; voyez toun.

Tondr, *sm.* Amadou; comparez le français tondre, amadou; scandinave tundr, anglais tinder, allemand zunder. Littré.

Tonel, *sf.* Tonneau; *pl.* Iou; espagnol tonel.

Tonellad, *sf.* Plein un tonneau; *pl.* ou.

Toneller, *sm.* Tonnelier; *pl.* ien.

Toner, *sm.* Imprécation; *pl.* ou.

Tonka, *vn.* Accorder; part. et; grec τυπτω frapper.

Tonka, *va.* Prédestiner; part. et.

Tonkadur, *sm.* Prédestination; *pl.* iou.

Tonkaff. Voyez Tonka.

Tonkedek, *adj.* Prédestiné, malheureux; Tonkedek est un nom de famille assez répandu.

Tonkein, *vn.* Prédestiner; part. tonket.

Tonket, *adj.* Destiné à; voy. tonkedek.

Tonn, *sm.* Amadou; voy. tondr.

Tonn, *sf.* Vague de la mer; Loth cite tonnou, flots, vagues, gallois tonn, irlandais tonn, tond.

Tonn, *sm.* Espèce de goémon rejeté par la mer, bezin tonn goémon de rive.

Tonn, *sm.* Couenne de lard; voy. tonnen.

Tonnen, *sf.* Couenne, surface dure du sol; *pl.* ou.

Tonnenek, *adj.* Couenneux, dur.

Tonnen-moc'h, *sf.* Couenne de porc.

Tonnet, *adj.* Porté par les flots; tonn vague.

Tont, *sm.* Amadou; voyez tondr, tonn.

Tont, *vn.* Aller, venir; voyez dont.

Tonton, *sm.* Oncle; voyez tountoun.

Topin, *adj.* Chevelu, crépu; comparez le français taupin, le grec θωμιςω, lié, cordé.

Topin, *sm.* Torsade de cheveux; *pl.* ou.

Tor, *sm.* Tort, préjudice; bas latin tortum.

Tor, *sm.* Ventre; *pl.* iou; cornique tor; voyez teur, teuren.

Torad, *sm.* Portée d'animaux; *pl.* torajou.

Torant, *sm.* Torrent; *pl.* toranchou.

Torch, *sm.* Bouchon pour nettoyer; *pl.* ou; comparez le français torche, le latin tordus, tordu, roulé.

Torc'h, *sm.* Tourte; voyez tors.

Torcha, *va.* Essuyer, torcher; part. torchet.

Torchad, *sm.* Paquet, bouchon pour essuyer; *pl.* ou.

Torchéin, *va.* Essuyer; voyez torcha.

Torchen, *sf.* Coussinet; *pl.* torchennou.

Torchennik, *sf.* Petit coussinet; *pl.* torchennouigou.

Torch-kourréiz, *sm.* Pinceau pour rendre les navires imperméables; torch bouchon, kourreiz corroi.

Torch-listri, *sm.* Torchon pour nettoyer la vaisselle; torch torchon, listri vaisselle.

Torc'houenia, *vn.* Se rouler à terre; part. et; tor ventre, c'houén, jadis dos, actuellement kéin.

Torchouer, *sm.* Torchon; *pl.* torchouérou.

Torch-soa, *sm.* Pinceau pour enduire de suif; torch pinceau, soa suif.

Torch-ter, *sm.* Pinceau pour goudronner; torch pinceau, ter goudron.

Toreein, *vn.* Se vautrer; voyez torc'houenia.

Torek, toréék, *adj.* et *sm.* Ventru; tor ventre.

Toren. Voy. teuren.

Torfed, *sm.* Forfait, crime; *pl.* ou.

Torfeder, *sm.* Malfaiteur; *pl.* ien.

Torfedi, *vn.* Se rendre criminel; part. et.

Torfedour, *sm.* Voy. torfeder, torfetour.

Torfet, *sm.* Crime; *pl.* ou.

Torfetour, *sm.* Malfaiteur, criminel; *pl.* ien.

Torgamm, *sm.* Torticolis, courbature.

Torgammet, *adj.* Courbaturé; tor ventre, kamm courbe.

Torgen, *sf.* Colline, élévation; *pl.* nou; tor ventre.

Torgennek, *adj.* Montueux.

Torgos-torrogos, *adj.* Gros, trapu; tor ventre; torgos est un surnom assez commun.

Torimella, *vn.* Se vautrer; part. et; tor ventre; Loth cite aceriminiou, avec des liens.

Torkulet, *adj.* Cagneux, contrefait.

Torlosken, *sf.* Fumaise de bois; *pl.* ed; tor ventre, laosk lâche, ou loued grisâtre.

Tormean, *sm.* Casse-pierre, plante; torr brisure, méan pierre.

TORR-NAOT, *sm.* Rivage ; *pl.* chou , torr brisure, aot rive.
TORNIKEL, *sf.* Pirouette ; *pl.* ou.
TORNIKELLAT, *vn.* Pirouetter ; part. et.
TOROSEN, *sf.* Butte ; *pl.* nou ; tor ventre.
TORPEZ. Voyez tolpez.
TORR, *sm.* Rupture, brisure ; *pl.* ou.
TORRAD, *sm.* Portée, couvée ; torr rupture, ou tor ventre.
TORR-ALAN, *sm.* Coupe-jarret ; torr brisure, alan haleine.
TORRANT, *sm.* Voy. torant.
TORR-C'HLEUZ, *sm.* Turon, torr rupture, kleuz fossé.
TORREIN, *va.* Rompre, briser ; part. et ; voy. terri.
TORREK, *adj.* Ventre ; torr ou tor ventre.
TORR-GOUZOUK, *sm.* Coupe-gorge ; torr rupture, gouzouk cou.
TORRIN, *va.* Casser, briser ; part. et ; voy. terri.
TORR-KLEUZ, *sm.* Turon ; voy. torr c'hleuz.
TORR-KRAON. *sm.* Casse-noix ; torr rupture, kraoun ; pluriel de kraouen noix.
TORR MEAN, *sm.* Plante ; voy. tormean, torvéan.
TORR-MOGER, *sm.* Pariétaire ; torr qui brise, moger muraille.
TORROD. *sm.* Précipice ; *pl.* ou ; torr qui brise, rod roue.
TORROGOS. Voyez torgos.
TORR-ROD, *sm.* Précipice ; voy. torrod.
TORS, TORZ, *sf.* Tourte ; *pl.* torsiou ; irlandais tort, latin torta, torquere, tordre.
TORS-ALC'HOUEZ, *sm.* Serrure ; dor porte, alchouéz clé.
TORSEK, *adj.* Qui a la forme d'une tourte.
TORSEL, TORZEL, *sf.* Serrure ; *pl.* lou ; dor porte, zell regard.
TORT, *adj.* Bossu ; comparez le français tortu, latin tortus.
TORT, *sm.* Gibbosité, bosse ; latin tortus.
TORTA, *va.* Devenir bossu, se recourber ; part. tortet.
TORTEL, *sf.* Faisceau ; *pl.* lou.
TORTELLA, *va.* Mettre en faisceau ; part. et.
TORTEZ, *sf.* Femme bossue ; *pl.* ed.
TORTIK, *sm.* Petit bossu.
TORTIK, *sm.* Torticolis.
TORTIZ, *sm.* Torchis de maçonnerie.
TORTIZ, *sm.* Lien pour serrer.
TORTIZA, *va* Tordre, tresser ; part. et.
TORTIZET, *adj.* Tressé, tordu.
TORVEAN, *sm.* Casse-pierre, plante ; voy. tormean.
TORZ, *sf.* Tourte ; voyez tors.

TORZEL, *sf.* Serrure ; voy. dorzel.
TOSEGED, *pl.* de tosek crapaud.
TOSEK, *sm.* Crapaud ; *pl.* toseged ; voy. tousek.
TOSEN, *sf.* Butte, éminence ; *pl.* nou.
TOST, *adv. et prép.* Près, cornique toth, touth.
TOST, *sm.* Banc de bateau ; *pl.* ou ; Loth cite toos tunique.
TOSTAAT, *va. et n.* Approcher ; part. tosteat, tost près.
TOST-DA-VAD, *adv.* Presque, à peu près ; tost près, da pour, mad bon.
TOSTEN, *sf.* Grillade, rôtie de pain ; *pl.* nou ; latin tostus brûlé, grillé.
TOSTENN, *sm.* Avare ; *pl.* ou ; tost près.
TOSTENNA, *va.* Faire des roties, griller du pain ; part. et ; voy. tosten.
TOSTENNER, *sm.* Courrier, rapporteur ; *pl.* ien ; grec θοος vite.
TOSTIK, *adv.* Assez près.
TOSTIK-TOST, *adv. et prép.* A toucher, très près.
TOTAL, *sm. et adj.* Total ; *pl.* iou.
TOU, *sm. pl.* Le même que to couverture.
TOUADEL, *sf.* Imprécation, juron ; *pl.* lou ; de Doue Dieu.
TOUAIL, *adj.* Toile, serpillière.
TOUAILLEN, *sf.* Femme de mauvaise vie ; *pl.* ed.
TOUAILLOUN, *sm.* Essuie-main ; *pl.* ou.
TOUAL, *sf.* Nappe de service de table ; *pl.* ou.
TOUBAOD, TOUBAOZ, *sm.* Rêveur, radoteur ; stoup étoupe, aoz façon.
TOUBIER, *sf.* Nappe de table ; *pl.* ou ; Loth cite toos tunique.
TOUCH, *vn.* Toucher ; part. et.
TOUCH, *sm.* Fait, vraie manière.
TOUCHAND, *adv.* Bientôt ; grec θοος vite.
TOUCHEN, *sf.* Touche de fouet ; *pl.* nou.
TOUCHER, *sf.* Nappe ; *pl.* ou ; voy toubier.
TOUCHER, *sm.* Gardien, conducteur d'animaux ; *pl.* toucherien.
TOUDOUS, *sm.* Garniture en cuir d'un fléau ; touz ras, dous doux.
TOUEC'H, TOEC'H, *adv.* Au milieu ; ne s'emploie guère ; on dit plus souvent étouec'h, étoec'h, étouez.
TOUEIN, *vn.* Couvrir ; de tou couverture.
TOUELLA, *va.* Tromper, séduire ; part. et ; Loth cite doilux, douolouse tu dévoiles.
TOUELLER, *sm.* Trompeur ; *pl.* ien.
TOUELLEREZ, *sf.* Trompeuse ; *pl.* ed.
TOUELLEREZ, *sm.* Action de tromper.
TOUEN. *sf.* Tout ; voy. tou toen.

20

Touer, *sm.* Blasphémateur ; *pl.* ien.
Touer, *sm.* Couvreur ; voy. tou.
Touer-doue, *sm.* Blasphémateur ; touer celui qui jure, Doué Dieu.
Touesia, *va.* Mélanger ; part. et; touez mélange.
Touesiet, *adj.* et *part.* Mêlé, mélangé.
Touet, *adj.* et *part.* Juré ; de toui jurer.
Touez, *sm.* Mélange, milieu ; latin totus tout, ancien breton to totalité, grand nombre.
Touez(é), *adv.* Parmi, au milieu.
Touezella, *va.* Agacer ; part. et.,
Toufa, *va.* Boucher ; voy. stouva.
Toufet, *adj.* Avarié, moisi, bouché.
Tougn, *adj.* Emoussé, écourté.
Tougna, *va.* Emousser ; part. et.
Toui, *va.* et *n.* Jurer, blasphémer ; part. et; Doué Dieu.
Toui-doué, *vn.* Blasphémer ; toui jurer, Doué Dieu.
Touiein, *vn.* Jurer ; voy. toui.
Touign, *adj.* Emoussé ; voy. tougn.
Touill, *sm.* Chat de mer, poisson ; *pl.* touilled ; comparez le français touille, genre de requin.
Touilla, *va.* Mouiller ; part. et.
Touillen, *sf.* Brouillard ; *pl.* nou ; français commun touille.
Touinel, *sf.* Petite auberge ; *pl.* touinellou.
Toulbaba, *vn.* Tâtonner ; part. et ; grec θυλακος sac, breton toul toull trou, babik petit garçon.
Toul bennik, *sm.* Jeu d'enfant; toul trou, penn tête.
Toulgofa, *va.* Percer le ventre ; part. toulgovet; toul trou, kof ventre.
Toul, Toull, *sm.* Trou ; *pl.* ou ; grec θολοω troubler.
Toulla, *va.* Percer, trouer ; part. toullet.
Toullad, *sm.* Foule, masse ; *pl.* ou.
Toullad, *sm.* Trou plein.
Toulla-goad, *vn.* Saigner ; toulla percer, goad gwad sang.
Toull allost, *sm.* Anus ; toull trou, al, le lost queue.
Toull ar chagnou, *sm.* Dépôt d'immondices ; toull trou. ar le kagn charogne.
Toullar ch'irri, *sm.* Remise ; toul trou, ar c'hirri les charrettes.
Toull ar réor, *sm.* L'anus, trou du cul.
Toull-bac'h, *sm.* Prison ; toull trou, bac'h privé d'air.
Toull bez, *sm.* Fosse funéraire ; toull trou, bez tombe.
Toull-boutoun, *sm.* Boutonnière ; toull trou, boutoun bouton.

Toull-bragez, *sm.* Braguette de culotte ; toull trou, bragez culotte.
Toull-dich'oada, *sm.* Saignée ; toull dic'hoada saigner.
Toull-divoada. Voyez le précédent.
Toull dizour, *sm.* Fosse d'écoulement ; toull trou, dizour sans eau.
Toull-doun, *sm.* Ravin ; toull trou, dour eau.
Toulled. *sm.* Touret d'aviron ; *pl.* ou.
Toullek, *adj.* Perçant ; Toullek est un nom de famille assez usité.
Toullein, *va.* Percer ; voyez toulla.
Toullen, *sf.* Vallon profond ; *pl.* nou.
Touller-bésiou, *sm.* Fossoyeur ; touller creuseur ; besiou pluriel de bez tombe.
Toull-fourn, *sm.* Gueule d'un four ; toull trou, fourn four.
Toull-freuz, *sm.* Brèche d'un mur ; toull trou, freuza défaire.
Toull-fri, *sm.* Narine ; toull trou ; fri nez.
Toull-gaou, *sm.* Mensonge, fausse gorge ; toull trou, gaou mensonge.
Toull-goad, *sm.* Saignée ; toull trou, goad sang.
Toull-gof, *sm.* Descente, hernie ; toull trou, kof ventre.
Toull-gofa, *va.* Percer le ventre ; part. et ; toull trou, kof ventre.
Toull-gofek, *adj.* Celui qui a une hernie.
Toull-huget, *sm.* Fausse gorge ; toull trou. huget luette.
Toullik, *sm.* Petit trou ; *pl.* toullouigou. toull trou.
Toullik, *sm.* Jeu d'enfants ; choari toullik, jouer au trou.
Toullik-dréan, *sm.* Piqûre d'épine : toullik petit trou, dréan épine.
Toull-karr, *sm.* Percée d'un fossé pour faire passer une charrette ; toull trou, karr charrette.
Toull kaz, *sm.* Trou au chat, toull trou, kaz chat.
Toull-koulm. *sm.* Trou de pigeonnier ; toull trou, koulm colombe.
Toull-kuz, *sm.* Cachette ; toull trou, kuza cacher.
Toull-las, *sm.* Passe-lacet ; toull trou, las lacet.
Toull-louarn, *sm.* Terrier de renard ; toull trou, louarn renard ; *pl.* toulloulern.
Toull lounk, *sm.* Précipice ; *pl.* toullou-lounk, toull trou, lounka avaler.
Toull-plouz, *sm.* Ruelle d'un lit ; toull trou, plouz paille.
Toull-roc'h, *sm.* Grotte ; toull trou, roc'h rocher.
Toull-sabr, *sm.* Sablière ; toull trou, sabr sable.

TOULL-STRAP, sm. Trappe, piège ; toull trou, strap trappe.

TOULL-TAN, sm. Canon de fusil ; toull trou, tan feu.

TOUMPISAL, vn. Faire du bruit ; part. et; grec τυμτω, battre, frapper.

TOUN, sm. Ton ; pl. tonniou ; latin tonus.

TOUNK, sm. Malheur ; pl. tounkou.

TOUNKA, vn. Frapper : part. tounket.

TOUNKEDEK, adj. Malheureux ; Tonkedek est un nom de famille assez répandu.

TOUPÉ, sm. Audace ; du français toupet.

TOUPEK, sm. Rasade ; pl. toupegou.

TOUPENNAD, sf. Houppe ; pl. ou.

TOUPINA, vn. Écorniller ; part. et ; comparez le français toupiner.

TOUPINER, sm. Écornifleur ; pl. ien.

TOUR, sm. Tour, clocher ; pl. touriou, latin turris.

TOURC'H, sm. Mâle du porc ; pl. tourc'hed ; irlandais torc.

TOURC'HA, vn. Demander le porc, en parlant des truies ; part. et.

TOURC'HAL, vn. Se heurter la tête ; voyez tourtal, tourc'h mâle.

TOURGEN, sf. Manche d'un ustensile ; voyez dourgen.

TOURIBAILLOU, sm. pl. Fausses manœuvres, détours.

TOURIK. sm. Jeu d'enfants ; voyez toullik.

TOURJOUNA, va. Agacer ; part. et ; τορὁνμαι sauter.

TOURKED, sm. Anneau d'un balai ; pl. ou.

TOURMANT, sm. Tempête ; pl. ou.

TOURMANTI, va. Tourmenter ; part. et.

TOURMANTIN, sm. Térébenthine, plante.

TOURNIKOD, sm. Tourniquet ; pl. ou.

TOURNÉS, adj. Têtu, entêté, grec τυραννος tyran.

TOURTAL, vn. Se heurter la tête ; voy. tourc'hal.

TOUR-TAN, sm. Phare, tour ; tan feu.

TOURTEL, sf. Tourte ; voy. tourteo.

TOURTEN, sf. Tourte ; pl. tourtennou ; latin torta.

TOURZ, sm. Mâle ; voy. tourc'h.

TOUS, adj. Ras, pelé, tondu ; voy. touz.

TOUSA, va. Raser ; part. et ; voy. touza.

TOUSEK, sm. Crapaud ; pl. touseged ; tousigi, tous ras.

TOUSIER, sf. Nappe ; pl. ou ; tous ras.

TOUSKAN, sm. Mousse de terre.

TOUSKEN, sf. Mousse terrestre ; tous ras, kenn peau.

TOUSMAC'H, sm. Tapage, tumulte ; pl. ou ; trouz bruit, mac'ha opprimer.

TOUT, TOUT, adj. et sm. Tout, nom donné au chien ; voy. tété ; comparez le français toutou.

TOUTOUIK, sm. Terme enfantin, dodo.

TOUZ, adj. Tondu, rasé ; voyez ratouz.

TOUZA, va. Tondre, raser ; part. et.

TOUZEIN, va. Tondre ; voy. touza.

TOUZER, sm. Tondeur ; pl. ien.

TOUZOUR, sm. Voy. touzer.

TOZEL, sf. Coutume, habitude ; comparez touez milieu.

TOZELLA, va. Habituer ; part. et.

TOZONA, va. Agacer ; part. et ; voyez tourjouna.

TRA, sf. Chose, affaire ; pl. traou ; comparez le latin trans.

TRA, adv. Négation, rien.

TRABAS, sm. Embarras ; pl. ou.

TRABASAT, vn. Faire des embarras ; part. et.

TRABASER, sm. Tracassier ; pl. ien.

TRABEL, sm. Traquet ; pl. lou.

TRABELLAT, vn. Bavarder ; part. et.

TRABELLOK, sm. Bavard ; pl. trabelleien.

TRABIDEL, sm. et f. Tournoiement ; pl. lou.

TRABIDELLA, vu. Tournoyer, chanceler ; part. et.

TRABIDEN, sf. Langes, guenille ; pl. nou.

TRADUISA, va. Traduire ; part. et.

TRADUKSION, sm. Traduction ; pl. traduksionou.

TRA-É-BED, adv. Rien, non, certes ; tra rien, é bed, dans le monde.

TRAÉNEL, sf. Traineau ; pl. lou.

TRAEZ, sm. Sable ; voy. tréaz.

TRAFIK, sm. Trafic, commerce ; pl. trafikou, tras pour trans, fik pour le latin vices échange.

TRAFIKA, va. Échanger, trafiquer ; part. et.

TRAFIKER, sm. Celui qui trafique ; pl. trafikerien.

TRAGAS, sm. Voyez trégas.

TRAGASER, sm. Voyez trabaser ; pl. ien.

TRAGASI, va. Inquiéter ; part. et ; voy. trabasat.

TRA-HA-TRA, adv. Petit à petit ; littéralement, chose et chose.

TRAHIS, sm. Trahison ; pl. trahisonou.

TRAHISA, va. Trahir ; part, trahisset ; latin tradere, tradir terabir.

TRAIN, sm. Train de chemin de fer ; pl. trainou.

TRAINEH, sm. Outil, tranche ; pl. ou.

TRAINEL, sf. Traineau ; voy. traenel.

TRAITEN, sf. Traite ; pl. traitennou.

TRAITOUR, sm. et adj. Traitre ; pl. ien.

TRAITOURIACH, sm. Trahison.

TRAKET, sm. Claquet, traquet.

TRAMAIL, sm. Filet de pêcheur ; pl. lou, comparez le français tramail, tremail ; latin tramallum.

Tra-man-dra, adv. Telle ou telle chose.
Tranch, sm. Voyez trainch.
Tranched, sm. Faucille ; pl. tranchédou.
Tranél, sf. Traîneau ; voy. trainel.
Trakk, trankl, sm. Décharge, amas ; grec θρομβος amas.
Transporti, va. Transporter ; part. et.
Traon, sm. Partie basse ; Zeuss cite trinantes tres valles trois vallons ; Traon figure parmi les noms de famille.
Traon-breiz, sm. La Basse Bretagne ; traon bas, Bréiz Bretagne.
Traon-gwilier, sm. Dévidoir ; pl. ien ; traon bas, gwilier dévideur.
Traonien, sf. Vallée ; pl. ou ; traon le bas.
Traonienik, sf. Petit vallon ; pl. traonienouigou, traon bas.
Traou, sf. pl. Pluriel de tra ; chose.
Traouachou, sf. pl. Vieilleries, friperies ; tra chose.
Traou dister, sf. pl. Rebut ; traou choses, dister, de peu de valeur.
Traou kaér, sf. pl. Traou choses, kaér beau.
Traoun. Voyez traon.
Traounien, sf. Voy. traonien.
Trap, sm. Trappe, piège ; pl. ou ; du latin trappa.
Trapet, adj. Idiot, imbécile ; voy. tlapez.
Trap-kaouidel, sm. Trébuchet ; trap trappe, kaouidel cage.
Traskl, sm. Grive, oiseau ; pl. triskli ; voyez draskl.
Travank, sm. Poisson, grosse raie ; sanscrit tarami, je transperce.
Travank, adj. Languissant ; tra chose, mank qui manque.
Travel, sm. Travail, voyage, circulation ; anglais to travel voyager.
Travelli, vn. Voyager, travailler ; part. et.
Traversen, sf. Traverser ; pl. nou ; ou mieux traversidi.
Tré, sm. Reflux de la mer; latin trans.
Tré, adv. Dedans ; gallois trwy ; irland. tré, tar.
Tré, sm. Territoire, trève ; pl. tréhou, trévou.
Tré, part. Presque, à travers.
Tré, adv. Totalement, entièrement.
Tréach, sm. Reflux ; voyez tré.
Tréac'h, adj. Gagnant, vainqueur ; vieil irlandais tresa tressa tresvas ; au positif tren-tresnas, Darbois de Jubainville.
Treac'h, sm. Urine de l'homme ; tré à travers.

Tréachein, vu. Uriner ; voy. troaza.
Tréala, vn. Respirer péniblement ; part. et ; tré à travers, halan haleine.
Tréaler, sm. Celui qui respire péniblement ; pl. ien.
Treank, adj. Aigre ; latin truncatus ; voy. trenk.
Treankein, vu. Aigrir ; part. treanket ; voyez trenka.
Tréant, sm. Trident ; pl. ou ; tré, tri, trois, dant dent.
Treantein, va. Harponner ; part. et.
Tréanti, va. Harponner ; part. et.
Tréaz, sm. Sable de mer ; glose bretonne troi ; latin trans ; comparez le terme géologique trias.
Tréaza, va. Sabler ; part. et.
Tréaz-aot, sm. Sable de grève ; tréaz sable ; aot grève.
Tréaz-béo, sm. Sable mouvant ; tréaz sable, béo mouvant.
Tréazek, adj. Sablonneux.
Tréazen, sf. Sable offrant des difficultés pour faire les charrois ; pl. tréazennou.
Tréaz-maro, sm. Sable qui n'est pas couvert par la mer ; tréaz sable ; maro mort.
Tréaz nij, sm. Sable qui s'envole au vent ; tréaz sable, nijal voler.
Trébarzi, va. Traverser ; part. et ; tré tout à fait, ébarz dedans.
Trebez, sm. Trépied ; pl. iou ; latin tripes trabes, très trois, pès pied.
Trebil, sm. Tourment, affliction ; voyez trubuill.
Trebillein, va. Tourmenter, persécuter ; voyez trubuilla.
Trec'h, treac'h, sm. Reflux ; irlandais tressa, tresyas ; au positif tren-tresnas ; de Jubainville.
Trech, treach, adj. Vainqueur ; pl. ien.
Trec'h, sm. Sable de mer ; voy. tréaz.
Trec'h, treic'h, sm. Passage ; voyez tréiz.
Trec'hein, va. Sabler ; voy. tréaza ; de tréaz sable.
Trec'hek, adj. Qui renferme du sable ; trec'h sable.
Trec'her, sm. et adj. Vainqueur.
Trec'hi, va. Vaincre ; part. et ; treac'h vainqueur.
Trec'hod, sm. Carex, plante ; treac'h haut, iéod herbe.
Trec'hon, sm. pl. De trec'honein ; oseille.
Trec'honein, va et n. Couper de l'oseille ; agacer ; part. et.
Trec'honein, sf. Oseille ; voyez trinchen, trinchin.
Tréc'houez, sm. Essoufflement ; voyez tarc'houéz.

TRÉCHOUEZA, vn. Respirer difficilement; part. et ; tré complètement, c'houéza souffler.

TREC'HOUR, sm. Passager, batelier; pl. ien ; trech triec h passage

TRED, sm. Etourneau ; pl. tridi, dridi.

TRED, TREL, adj. Maigre; voyez treud.

TRÉDAR, sm. Bruit, tumulte ; voyez trubuill ; grec θρυλλημα bruit.

TREDE, adj. num. Troisième : vieux gallois tritid-tritios ; cité par de Jubainville.

TREDÉARN, sm. Le tiers : trédé troisième, darn part.

TREDÉEK, sm. Juge en dernier ressort; trede troisième.

TRÉDÉ-MARZ, sm. Merveille ; trédé troisième, marz merveille.

TREDÉOK, sm. Dernier juge; voyez trédéek.

TRÉDERANN, sm. Le troisième lot; trédé troisième, rann part.

TREDERENN, sf Le tiers; voyez tréderann.

TREDERENNA, va. Partager par tiers; part. et.

TREDERENNEREZ, sf. Douairière ; pl. ed ; trederenn tiers.

TREDERN.contr.pour tréderen ; Tredern est usité comme nom de village, et aussi comme nom de famille.

TRÉDIR, excl. Qui représente en français morbleu ; tré complètement, dir acier.

TRÉEU. sf. pl. du singulier tra; chose.

TREF. TREV, sf. Trêve ; suspension d'hostilité ; pl. ou.

TREF, TREV, sf. Trêve ; Église succursale; pl. ou.

TREFAD, TRÉVAD, sm. Récolte : biens de la terre; tré entièrement, mad bien; pl, trévajou.

TRÉFAD, sm. Habitant d'une trève.

TREFADEZ. sf. Paroissienne ; pl. ed.

TREFIAN, TREVIAN, sm. Habitant d'une trève ; tref territoire ; Trévian est un nom de famille très connu dans le Léon.

TRÉFIANEZ, TRÉVIANEZ, sf. Habitant d'une trève ; pl. ed.

TREFLEZ, sm. Carte de trèfle ; latin trifolium.

TRÉFOET, adj. Corrompu ; en parlant du langage; tré entièrement, foet éloignement ; voyez foétaden.

TRÉFU, sm. Épouvante, inquiétude ; gallois y strew.

TREFUI, vn. Épouvanter ; part. et.

TREGARNI. vn. Résonner ; part. et ; voyez trégerni.

TREGAS, sm. Tracas; tré entièrement ; kas envoyer, pousser.

TREGASI, vn. Se démener; part. et.

TREGER, sm. Le pays de Tréguier.

TRÉGERIAD, sm. Habitant de Tréguier ; pl. ed ; et trégeriz.

TRÉGERIADEZ, sf. Femme de Tréguier; pl. ed,

TREGERN, sf. Bruit éclatant; grec τρεω tempête.

TRÉGERNI, vn. Résonner ; part. et.

TREGONT, Nombre trente; latin triginta ; glose bretonne, trimuceint.

TREGONTVED, adj. num. Trentième; tré gont trente.

TKÉHOLLIA. vn. Verser ; part. et ; tré- entièrement, hol vague.

TREI, va. et n. Tourner ; part. troet ;. tro tour.

TREIC'H, sm. Gué, passage ; voyez tréiz.

TREIC'HOUR, sm. Batelier, passager ; voyez treizer.

TREID, sm. pl. Singulier troad pied ; gaulois tragos.

TREIDI, sm. pl. Étourneaux ; sing. treidien.

TREIDIEN, sf. Étourneau ; pl. treidi ; glose bretonne tracl grive.

TREILL, sm. Treillis; pl. ou ; latin trichila.

TREILL, sm. Filet pour prendre du poisson.

TREILLA. vn. Trainer, verser ; voyez tréina.

TREILLA. Faire un treillis ; part. et.

TREILLACH, sm. Treillis ; pl. ou.

TREIN, sm. Train; pl. ou.

TREINA, va. Traîner ; part. treinet.

TREINDED, sm. Trinité ; latin trinitas.

TREINEL, sf. Traîneau ; pl. treinellou.

TREINIA. Voyez tréhollia.

TREIT, sm. pl. De troad ; pied.

TRÉITOUR, sm. Traître ; pl. treitourien.

TRÉITOURIACH, sm. Trahison ; voyez traitouriach.

TREIZ. sm. Traversée, passage ; pl. ou; tré à travers.

TREIZA, va. Traverser; part. et ; treiz traversée.

TREIZER, sm. Batelier d'un passage ; pl. ien.

TREKI, va. Troquer, échanger ; part. troket.

TREKLI. va. Échanger ; part. et.

TREKOU, sm. Voyez tregas.

TRÉKOUEIN, va. et n. S'agiter ; part. et ; voyez trefui.

TRELACH, sm. Impatience ; grec τραυω fracasse, τρυλλος murmure.

TRELACHI, vn. S'impatienter ; part. et.

TRELATEN, vn. Devenir fou; part. et.

TRELATET, adj. Fou ; comparez drell fou, aveuglé.

TRELLA, va. Éblouir ; part. et.
TRELONK, adj. Aigre ; pour tri-lounk, tri trois, lounk avale.
TRELONKA, vn. Avaler ; part. et.
TRELOUNK, adj. Voy. trilonk.
TRÉLOUNKA, vn. Voyez trilonka.
TRÉ-MA, prép. Vers, du côté de, autant que.
TREMAILL, sm. Filet à trois mailles ; pl. ou.
TREMAL, vn. Hésiter ; part. et ; voy. termal.
TREMAN, prép. Voy. trema.
TREMEIN, vn. Hésiter ; voy. tremal.
TREMEN, vn. Passer ; part. tremenet.
TREMEN, vn. Mourir ; part. et.
TREMEN-AMZER, sm. Amusement ; tremen passer, amzer temps.
TREMENEIN, vn. Voy. trémen.
TREMENEL, sf. Echalier ; pl. ou ; tremen passer.
TREMENGAÉ, sm. Echalier ; pl ou ; tremen, passer, kaé haie.
TREMENT-HENT, sm. Passe-port ; tremen passer, hent chemin.
TREMENIAD. sm. Voyageur ; pl. tréménidi ; trémen passer.
TRÉMENIADEZ, sf. Voyageuse ; pl. ed.
TREMEN-LEC'H, sm. Passage ; tremen passer, léac'h lieu.
TRÉMÉNOUR, sm. Voyageur étranger ; pl. ien.
TREMENOUT, vn. Voy. tremen.
TREMENVAN, sf. Agonie ; tremen mourir, man, manere rester.
TREMENVOÉS, sf. Passage ; tremen passer, vo, vezo, de béza être.
TREMP, sm. Trempe d'un métal ; pl. ou.
TREMP, sm. Fumure, trempe ; pl. ou.
TREMPA, va. Fumer les terres ; part. et ; latin temperare.
TREMPA. va. Tremper les métaux, part. et.
TRENCH, sm. Tranche, outil de culture ; pl. ou.
TRENCHA, va. Travailler à la tranche ; part. et.
TRENCHON, sm. pl. de trenchonen oseille ; trenk aigre.
TRENCHONEN, sf. Oseille ; pl. trenchon ; voy. ce mot.
TRENK, adj. Aigre, cassant ; latin truncus coupant.
TRENKAAT, vn. Devenir aigre ; part. eat ; trenk aigre.
TRENKEGEN, sf. Sauvageon, arbre non greffé ; trenk aigre.
TRENOZ. Voy. antrénoz.
TREB. Voy. tref, trev.
TREOUET. Voy. tréfoet.
TREPAL. Voy. tripal.
TREPAS, sm. Galerie, corridor ; pl. iou ; ré tout, pas pas.

TREPEIN, vn. Se trémousser.
TREPIKIAL, vn. Voy. trépein.
TRES, TRÉ. adv. Dedans, entièrement.
TRÉS, sm. Piste, trace ; grec θρεχτος, couru.
TRÉS, sm. Sable ; voy. tréaz.
TRÉSA, va. Commencer, ébaucher ; part. et.
TRESENNEK, adj. Tressé ; grec τρίχα en trois.
TRESKAV, sm. pl. Hiébles ; voy. treskaven.
TRESKAV. Voy. treskad.
TRESKAVEN, sf. Hièble, plante ; treuz à travers, skaven amas de rochers.
TRESKIZ, sm. Rigole pour conduire l'eau ; pl. treskisiou ; tré à travers, giz façon, ou kiz ride, rigole.
TRESGIZIEN, vn. Faire des rigoles ; part. treskizet.
TREST, sm. Terrain vague ; treuz travers.
TREST, sm. Poutre ; pl. ou ; treuz travers.
TRET, adj. Maigre ; voy. treud.
TRET, sm. Onguent.
TRETAL, vn. Devenir maigre ; voy. treutaat.
TRÉTEN, sf. Trait de harnais ; pl. trétennou.
TRÉTEN, sf. Traite ; pl. nou.
TRETI, va. Traiter ; part. et.
TREU, sm. pl. de tra chose.
TREU, sm. Trêve, succursale ; voy. tref.
TREUD, adj. Maigre ; tré à travers.
TREUDI, vn. Maigrir ; part. et.
TREUJA, va Traverser, tordre ; part. et.
TREUJEN, sf. Bûche ; pl. nou ; voyez struj pousse.
TREUSKIN, sm. Outil de tonnelier ; pl. nou ; comparez le français troussequin.
TREUSPLANTI, va. Transplanter ; part. et.
TREUST, sm. Poutre ; pl. treustou ; treuz à travers.
TREUSTEL, sf. Tréteau ; petite poutre ; pl iou.
TREUSTIER, sm. Poutre de navire ; pl. ou.
TREUT, adj. Maigre ; voy. treud.
TREUTAAT, vn. Maigrir ; part. treutéat.
TREUT-ESKERN, adj. Décharné ; treut maigre, eskern pl. de askorn os.
TREUT-GAGN, adj. Maigre, très maigre ; treut maigre, gagn charogne.
TREUT-KI, adj. Décharné, maigre ; treut maigre, ki chien.
TREUZ, adj. de travers ; de tré, à travers.

TREUZ, sm. Projet, désir.
TREUZ, sm. Trajet, traversée.
TREUZA, va. Traverser; part. treuzet.
TREUZC'HEOT, sm. Chiendent; treuz travers, géot, iéot herbe.
TREUZ-DIDREUZ, adv. D'outre en outre, de part en part.
TREUZED, adj. Tortu. torse.
TREUZEL. sf. Passerelle ; pl. Iou ; treuzi traverser.
TREUZELLEN, sf. Traverse, fraude ; pl. nou.
TREUZFILA, va. Tréfiler ; part et.
TREUZ-GOUZOUK, sm. Trachée-artère ; treuz traversée. gouzouk cou.
TREUZI, va. Traverser ; part. treuzet ; voy. treuz.
TREUZ-IEOT, sm. Chiendent; voy. treuz c'héot.
TREUZIGELLA, va. Tourner et retourner ; part. et : voy. trabidella, trobidella.
TREUZ-KOAT, sm. Chiendent; treuz traverse, koat bois.
TREUZ-KOAT, sm. Traverse d'une forêt.
TREUZ-MOR, sm. Traversée de mer ; treuz traversée, mor mer.
TREUZOU TREUJOU, sm. pl. Seuil, traverse.
TREUZ-PLANTI, va. Transplanter ; part. et.
TREUZ-PLUEK, sm. Traversin ; treuz traverse, pluek plumeau.
TREUZ-VARCH. sm. Marche de travers.
TREUZ-VARCHI, va. Faire un faux pas ; part. treuz-varchet ; treuz travers, marchi, venant du français marcher.
TREV. sm. Trève, succursale ; pl. iou ; voy. tref.
TREVAD, sm. Habitant d'une trève.
TREVAD, sm. Récolte, produit du sol ; pl. trévajou ; tré entier, mad bien.
TREVADEZ. sf. Habitante d'une trève ; pl. ed.
TRÉVALIA, vn. Déraisonner ; part. et.
TREVEDIK, adj. et sm. Pièce de terre, fertile.
TREVEIL. sm. Marche ; pl. ou.
TREVEILLI, va. Voyager ; part. et.
TREVEL, sm. Peine de corps ou d'esprit ; pl. ou.
TREVERS, sf. Voy. Tref, trev.
TREVIAN, sm Habitant d'une trève ; Trevian figure dans les noms de famille.
TREVIANEZ, sf. Habitante d'une trève ; pl. ed.
TREVIDIK, sm. Voy. trevedik.
TREZ, sm. Ebauche, trace.
TREZ, sm. Sable de mer.
TREZ, adv. Dedans.
TREZ, sm. Trace, sillage.
TREZ, sm. Le travers ; voy. treuz.
TREZA, va. Ebaucher, dessiner ; part. et.

TREZA, va. Dépenser sans compter ; part. et.
TREZA, va. Sabler ; part. trezet.
TREZÉIER, sm. pl. Terres de sable.
TREZEIN, va. Traverser ; part. trezet.
TREZEK, adv. Vers ; s'emploie le plus souvent par é-trezek.
TREZEL. sf. Passerelle, petit pont ; trez le travers.
TREZEN, sf. Lisière d'un maillot ; pl. nou.
TREZEN, sf. Butte de sable ; pl. nou.
TREZENNA, va. Dépenser follement ; part. et.
TREZENNER, sm. Dissipateur ; pl. ien.
TREZER, sm. Entonnoir ; pl. iou.
TREZER, sm. Dissipateur ; pl. ien.
TREZET, adj. Sablé ; voy. trez sable.
TREZET, adj. Aviné ; voy. trezein traverser.
TREZED, sm. pl. Voy. treuzou, treujou.
TREZOK. sm. Sablonneux ; trez sable.
TRI, nom de nomb. Trois ; grec τρεις trois. gallois tri, vannetais trei.
TRIAKLER, sm. Charlatan ; pl. ien.
TRBUNAL, sm. Tribunal ; pl. iou.
TRI C'HANT, nom de nomb. Trois cents.
TRIC'HANVED, nom de nomb. Trois centième.
TRI-C'HORN, adj. Triangulaire ; tri trois, korn coin.
TRIC'HORNIEK, adj. Triangulaire.
TRIDAL, vn. Sauter, tressaillir ; part. et ; Loth cite la glose tromden s'élance rapidement.
TRIDI. sm. pl. de tred. étourneau.
TRIKED, sm. Tréteau ; pl. trikedou ; triketeu en Vannes.
TRIK-HEUZOU. sm. pl. Guêtres ; housiaux striz étroit, heuzou bottes, vieux français triquehouse.
TRIKLEN, sf. Tringle ; voy. trinklen.
TRIKOLOR, adj. Tricolore, de trois couleurs.
TRIKON, sm. Jeu de cartes ; tri trois korn coin.
TRI-LOUNK. adj. Aigre, amer ; tri trois, lounk de lounka avaler.
TRI-MIZ, sm. Trimestre, l'espace de trois mois ; tri trois, miz mois.
TRINCHA, va. Enjoler ; part. et ; gallois truth adulation, truthiad adulateur.
TRINCHEN, sm. pl. Oseille ; voy. trinchenen, trenk aigre.
TRINCHER, sm. Adulateur, enjoleur ; pl. ien.
TRINCHIN, sm pl. de trinchinen oseille.
TRINCHINA, va. Cueillir de l'oseille ; part. et.
TRINCHINEN, sf. Oseille ; pl. trinchin, trinchinennou.
TRINCHIN-LOGOD, sm. pl. Oseille sau-

vage ; trinchin oseille, logod *pl.* de logoden souris.
TRINDED, *sm.* Trinité ; voy. tréinded.
TRINKA, *vn.* Trinquer ; part. et ; anglais to drink.
TRINKER, *sm.* Trinqueur ; *pl.* ien.
TRINKLEN, *sf.* Tringle ; *pl.* nou.
TRIOUEC'H, *nom de nomb.* Dix-huit ; tri trois, c'houec'h six.
TRIOUEC'H-UGENT. Trois cent soixante ; triouec'h dix-huit, ugent vingt.
TRIOUEC'HVED. *adj. num.* Dix-huitième.
TRIOUMF, *sm.* Triomphe ; *pl.* ou.
TRIOUMFAL, *vn.* Triompher ; part. trioumfet.
TRIOUNF. *sm.* Triomphe, réjouissance ; *pl.* ou.
TRIPA. Voy. tripas.
TRIPAS. *vn.* Piétiner sur place, danser ; voy. trumm.
TRIPER, *sm.* Danseur, piétineur ; *pl.* ien.
TRIPEZ. *sf.* Tringle ; tri trois, pez pièce.
TRIPL, *adj.* Triple.
TRIPLA, *va.* Tripler ; part. et.
TRIST, *adj.* Triste ; latin tristis.
TRISTIDIGEZ, *sf.* Tristesse ; *pl.* iou.
TRI-UGENT. Nom de nombre, soixante ; tri trois, ugent vingt.
TRI-UGENTVED, *adj.* de nombre, soixantième.
TRIVED, *adj. num.,* troisième ; tri trois.
TRIVEDER, *adj.* ternaire, tertiaire ; de trived troisième.
TRIVIA, *vn.* Tressaillir, tressauter ; part. et.
TRIVIADEN, *sf.* Tressaillement ; *pl.* nou.
TRIVLIA. Le même que trivia.
TRIVLIADEN. Voy. triviaden.
TRIZEK. Nom de nombre, treize ; tri trois, dek dix.
TRIZEK-UGENT. Nom de nombre, deux cent soixante ; trizek treize. ugent vingt.
TRIZEK VED, *adj.* de nombre, treizième ; trizek treize.
TRIZROAD, *adj.* A trois pieds ; tri trois, troad pied.
TRIZROADEK. *adj.* A trois pieds.
TRO, *adj.* Tourné ; grec τρεφω tourne.
TRO, *sm.* Tournure.
TRO. *sf.* Tour, circonférence ; *pl.* troiou.
TRO, *adj.* Tordu.
TRO, *sm.* Retour ; Loth cite troi, à travers.
TROAD, *sm.* Pied ; *pl.* treid ; du gaulois tragos ; comparez vertragus, de Jubainville.
TROAD, *sm.* Tournée ; voy. troiad.
TROADA, *va.* Mettre un pied ; part. et ; troad pied.
TROAD-BOUL, *sm.* Pied-bot ; troad pied, boul boule.

TROADEK, *adj.* Qui a de grands pieds ; troad pied ; Troadek est un nom de famille assez répandu.
TROAD-GAD, *sm.* Pied de lièvre, plante ; troad pied, gad lièvre.
TROADIK KAMM. Jeu de cloche-pieds ; troadik, petit pied ; kamm, boiteux
TROAD-LÉOUN, *sm.* Pied de lion, plante ; troad pied ; léoun, lion.
TROAD-LEUÉ, *sm.* Plante, pied de veau ; troad pied, leué veau.
TROAD-MARC'H, *sm.* Tussilage. plante ; troad pied, marc'h cheval.
TROAD-POTIN, TROAD-BOUTIN, *sm.* Pied-bot.
TRO-ALL, *adj.* Jadis, autrefois ; tro tour, all autre.
TROAT. Voy. troad, troiad.
TROATAD, *sm.* Mesure d'un pied ; *pl.* troatajou.
TROAZ, *sm.* Urine ; grec φρεατια, conduit d'eau.
TROAZA, *vn.* Uriner, pisser ; part. troazet,
TTOAZER, *sm.* Celui qui ne retient pas son urine ; *pl.* ien.
TROAZEREZ, *sf.* du précédent ; *pl.* ed.
TROAZEREZ, *sm.* Action d'uriner.
TROAZIGELLAT, *vn.* Pissoter : part. et.
TROAZUR. *sm.* Plante, persicaire.
TROAZUZ, *adj.* Qui fait uriner ; troaz urine.
TRO-BELL, *sm.* Circuit, surcharge ; *pl.* tro-bellou ; tro tour pell loin.
TRO-BER. *sm.* Tourne-broche, marmiton ; tro tour. ber broche ; en français. un nom de famille assez répandu, s'écrit Trobert.
TROBIDEL, *sf.* Voy. trabidel.
TROBIDELLA, *va.* Tournoyer ; part et ; tro tour.
TRO-BLEG, *sf.* Subterfuge ; *pl.* tro-blegou, tro tour, pleg pli.
TROC'H, *sm.* Coupure ; voy. trouc'h.
TROCH'A, *va.* Couper ; voy. trouc'ha.
TROC'HAN, *sf.* Boîte et, oiseau ; tro troukan chant.
TROC'HAN, *va.* Couper ; part. et.
TROC'HER-MOC'H, *sm.* Coupeur de porcs ; trocher coupeur, moc'h porcs.
TROC'H-TRANCH, *adv.* à grandes coupures ; troc'h coupure, tranch tranche.
TROEC'H, *sm.* Urine ; tro tour ; grec φρεατια.
TROEC'HEIN, *vn.* Uriner ; part. troec'het.
TROÉC'HER, *sm.* Urineur, pisseur.
TROED, *sm.* Pied ; *pl.* treid ; voy. troad.
TROEDEIN, *va.* Emmancher ; part. troedet ; voy. troada.
TROEDEK, *adj.* Qui a de grands pieds ; voy. troadek.
TROEI, *va. et n.* Tourner ; voy. trei, tro tour.

TROEL, *sf.* Liseron, plante; tro trou.
TROELL, *sf.* Manivelle ; *pl.* ou.
TROEN, *sf.* Liseron ; voy. troel.
TROET, *sm.* Pied humain; *pl.* treid.
TROETET, *sm.* Mesure d'un pied.
TRO-É-TRO, *adv.* Tour à tour.
TRO-FALL, *sf.* Vilain tour, plaisanterie; tro tour, fall mauvais.
TRO-GOUZOUK. Tour de cou, col de chemise ; tro tour, gouzouk cou.
TRO-HÉOL, *sf.* Tournesol, plante ; tro tour, héol soleil.
TROI, *va.* Tourner ; part. troet; voy. tréi.
TROIDEL, *sf.* Ruse ; *pl.* troidellou, tro tour.
TROIDELLA, *va.* et *n.* Tournoyer; part. et.
TROIDELLER, *sm.* Trompeur ; *pl.* ien.
TROIDELLOU, *sf. pl.* de troidel, intrigues, artifices.
TROIL *sm.* Dévidoir ; tréi tourner.
TROIOU, *pl.* de tro tour; vilains tours, mauvaises menées.
TROK, *sm.* Echange ; troc ; *pl.* tro kou.
TROKA, *va.* Troquer, échanger ; part et; latin trocare.
TROKEIN, *va.* Troquer, échanger ; part. troket.
TROKER, *sm.* Brocanteur ; *pl.* ien ; trok échange.
TROKL. Voy. trok.
TROKLA. Voy. troka.
TRO-LAGAD, *sf.* Roulement des yeux; tro tour, lagad œil.
TROLINENNA, *va.* Calquer ; part. et ; tro tour, linenna, aligner.
TROMP, *sm.* Fer de la bobine d'un rouet; *pl.* ou.
TROMPILL, *sf.* Trompette, instrument de musique ; *pl.* ou.
TROMPILLA, *va.* Sonner de la trompette ; part. et.
TROMPILLER, *sm.* Joueur de trompette ; *pl.* ien.
TROMPLA, *va.* Tromper ; part et ; voy. troumpla.
TROMPLER C'HOARI, *sm.* Trouble fête ; trompler trompeur, c'hoari jeu.
TRON, *sm.* Trône ; *pl.* iou ; grec θρονος; latin thronus.
TRONJEN, *sf.* Tronc, souche; *pl.* nou ; voy. treujen.
TRO'N-HÉOL, *sm.* Tournesol, plante.
TRONKER, *sm.* Saunier.
TRONKOUR. Voy. tronker.
TRO-NOZ, *sf.* Ronde, patrouille ; tro tour, noz nuit.
TRO-NOZ, *adj.* Vers la nuit, la veille.
TRONS, *sm.* Faisceau ; *pl.* ou.
TRONSA, *va.* Trousser, retrousser ; part. et.
TRONSAD, *sm* Assemblage, faisceau ; *pl.* ou.

TRONSEIN, *va.* Retrousser ; part. et; voy. tronsa.
TRONSET, *adj.* et *part.* Troussé, retroussé.
TROT, *sm* Trot, allure du cheval.
TROTAL, *vn.* Aller au trot; part. et.
TROTER, *sm.* Trotteur ; *pl.* troterien.
TROTOUER, *sm.* Trottoir ; *pl.* trotouerou.
TROUBL, *adj.* Sombre, trouble.
TROUBLI, *va.* Troubler: part. et.
TROUBLIEN, *sf.* Querelle ; *pl.* nou.
TROUC'H, *sm.* Coupure ; latin truncatus.
TROUC'HA, *va.* Couper, tailler ; part trouchet.
TROUC'HAD, *sm.* Balafre, entaille; *pl.* ou.
TROUC'HAD, *sm.* Quantité, amas ; *pl.* ou.
TROUC'HEIN, *va.* Couper ; part. et ; voy. tro uc'ha.
TROUC'HER-BUZUG, *sm.* Laboureur; trouc'her coupeur, Buzug *pl.* de Buzugen ver.
TROUC'HER-MOC'H, *sm.* Coupeur de cochons; trouc'her coupeur, moc'h porcs.
TROUET, *sm.* Villebrequin; *pl.* trouedou.
TROUM, *adj.* Lourd ; Loth cite trum lourd ; voy. trumm.
TROUMPILL, *sf.* Trompette ; *pl.* ou.
TROUMPLA, *va.* Tromper ; part. et.
TROUMPLER, *sm.* Trompeur ; *pl.* ien.
TROUMPLEREZ, *sf.* de troumpler, trompeur.
TROUMPLEREZ, *sm.* Tromperie.
TROUP, *sm.* Troupe; *pl.* troupchou.
TROUSKENN, *sf.* Croûte ; *pl.* ou ; de struj fertilité, kenn peau ; voy. truskenn.
TROUSKENNA. *vn.* Se former en croûte; part. et.
TROUSKLEN, *sf.* Croûte ; voy. trouskenn.
TROUSKLENNA, *vn.* Se former en croute; voy. trouskenna.
TROUSIA, *vn.* Faire du bruit; part. et ; trouz bruit.
TROUZ, *sm.* Bruit, tapage ; grec θρυλλος; bruit.
TROUZA, TROUZAL, *vn.* Faire du bruit ; voy. trousia.
TROUZER, *sm.* Tapageur ; *pl.* ien ; de trouz bruit.
TROUZIA. Voy. trousia.
TROUZUZ, *adj.* Bruyant.
TRO-CHASSÉ, *sf.* Tour de chasse; tro tour, chassé chasse.
TRO-VAD, *sf.* Réussite ; tro tour, nurd bon.
TRO-VALE, *sf.* Promenade ; tro tour, balé marche.
TRO-VENN, *sf.* Manque de réussite ; tro tour, gwenn blanc.
TRO-VÉRED, *sf.* Procession autour du cimetière; tro tour, gwered cimetière.
TRO-WAR-DRO, *adv.* A l'entour ; tro tour, war sur, tro tour.

TRO-WEEN. Voy. tro-venn.
TRO-WENT, sf. Moulin à vent ; tro tour, gwènt vent.
TRU. Exclamation hélas.
TRUANT, sm. Vagabond ; truand, gaélique truaghon pauvre, bas latin trutanus.
TRUANTAL, va. et n. Vagabonder ; part. et ; truant vagabond.
TRUANTEIN, va. et n. Voy. Truantal.
TRUANTEZ, sf. Misérable, vagabonde ; pl. ed.
TRUBARD, sm. Traître ; pl ed.
TRUBARDEREZ, sm. Trahison ; trubard traître.
TRUBARDEZ, sf. Femme qui trahit ; pl. ed.
TRUBARDI, va. Trahir ; part. et; gallois truth flatterie, trubard traître.
TRUBARD-IND, sm. Hypocrite, perfide ; à la lettre traître, perfide.
TRUBUILL, sm. Trouble. affliction ; pl. ou ; comparez le vieux français tribouil.
TRUBUILLA, va. Affliger, attrister; part. et ; grec θυυλλος ; murmure.
TRUBUILLAZ, adj. Attristant, affligeant.
TRUCHI, sm. Filouterie ; pl. ou; italien tricharia.
TRUCHA, va. Enjoler, tricher ; part. et.
TRUCHEN, sf. Toureuse ; pl. ned.
TRUCHER, sm. Tricheur ; pl. ien ; truch filouterie ; va. français tricheur.
TRUCHITER, sm. Tricheur ; pl. ien ; voyez trucher.
TRUCHITEREZ, sm. Filouterie.
TRUCHITEREZ, sf. Tricheuse ; pl. ed.
TRUÉ, sf. Pitié ; de tru exclamation hélas ; voy. truez.
TRUEK, adj. Qui fait pitié ; comparez truant, cornique troc.
TRUELLAD, sm. Mesure de grains ; comparez le français truellée ; pl. ou.
TRUEUZ, adj. Digne de pitié ; voy. truézuz.
TRUEZ, sm. Compassion, pitié ; de Jubainville cite trogedos.
TRUEZA, TRUEZI, vn. Avoir pitié ; part. et ; truez pitié.
TRUEZI. Voyez trueza.
TRUEZUZ, adj. Digne de pitié ; truez pitié.
TRUFLER, sm. Filou ; pl. ien ; voyez trucher.
TRUGAR, sf. Pitié, compassion, exclamation ; tru pitié. et karout aimer.
TRUGARÉ, sf. Miséricorde ; irlandais trocaire.
TRUGAREKAAT, va. Remercier ; part. éat.
TRUGAREZ, sf. Miséricorde ; voy. trugaré.
TRUGAREZUZ, adj. Miséricordieux.

TRUHÉ. Voy. trué.
TRUHEZ. Voy. truez.
TRUILL. Guenille ; voy. truillen.
TRUILLAD, sf. Botte, paquet ; pl. ou.
TRUILLAOU, sm pl. Guenilles.
TRUILLAOUA, vn. Ramasser des guenilles ; part. et.
TRUILLAOUEK, adj. Couvert de guenilles.
TRUILLAOUER, sm. Chiffonnier ; pl. ien.
TRUILLEK, adj. Couvert de guenilles.
TRUILLEN, sf. Guenille;pl. nou; truillou.
TRUILLEN, sf. Coureuse ; pl. ned.
TRUILLENNEK, adj. Voy. truillenok.
TRUILLENIK, sf. Petit haillon, petite guenille.
TRUILLENNOK, adj. Couvert de guenilles ; voy. truillek.
TRUILLOK. Voy. truillennok.
TRUILLOU, sm. pl. Guenilles.
TRUK, sm. Passerelle ; pl. ou ; anglais truck.
TRUM, adv. Vite, promptement.
TRUMM, adj. Vif, prompt ; Loth cite trum lourd.
TRUSKEN, sf. Croûte ; pl. nou.
TRUSKENNA, vn. Se former en croûte ; part. et.
TU, sm. Côté ; pl. tuiou ; vieil irlandais toib.
TUA TUI, va. Mettre de côté ; part. et ; tu côté.
TUADEN, sf. Fraude ; pl. nou ; grec θυος ; vieil irlandais tuath.
TUBEN, sf. Croupe d'animal.
TUCHEN, sf. Butte ; pl. nou.
TUCHENTIL, pl. de dichentil gentilhomme; premier terme tud monde ; pluriel de den homme dunios ; chentil pour le français gentil ; voy. dichentil.
TUD, sm. pl. Gens ; gothique thiuda le peuple.
TUDA, vn. Rassembler du monde ; tud gens.
TUDIGEU, sm. pl. La populace.
TUDIGOU, sm. pl. Populace : de tud gens, monde.
TUEEN, sf Douvelle de barrique;pl.tuat.
TUEK, adj. Adroit, rusé ; tu côté.
TUEL, sf. Nappe pour servir à table.
TUELLEN, sf. Robinet de barrique ; pl. ou ; grec δευω, mouille ; Loth cite doiluf, manifestant.
TUEMM, adj. Chaud ; gallois twgm ; cambrique toim ; vieil irlandais timme ; thème tip mia chaleur ; de Jubainville voy. tomm.
TUEMDER, sm. Chaleur ; cornique tunder, tumder ; cambrique twymder ; voy. tomder.
TUEMMEIN, va. et n. Se chauffer, chauffer ; part. et ; voy. tuemm.

TUEMMOUR, *sm.* Chauffeur ; voyez tommer.

TU-ENEP, *sm.* L'envers ; tu côté enep contraire.

TUERGN, TUIRGN. *sm.* Tour, machine pour tourner le bois ; *pl.* ou ; latin tornus ; voy. turgn.

TUERGNER, TUIRGNER, *sm.* Tourneur de bois, de métaux ; *pl.* ien ; voy. turgner.

TU-EVIT TU, *adv.* A la renverse, sans dessus dessous ; à la lettre, côté pour côté.

TUF. *sm.* Crachat ; *pl.* ou.

TUF, *sm.* Pierre tendre ; italien tufo ; latin tophus.

TUF, *adj.* Pourri, gâté.

TUFA, *va.* Cracher ; part. tufet.

TUFADEN, *sf.* Crachat ; *pl.* nou.

TUFELEN, *sf.* Douvelle ; *pl.* nou ; *pl.* tufat.

TUFF, *sm. pl.* de tuffen.

TUFFEN, *sf.* Douvelle ; *pl.* tuff.

TUFFOREK, *adj.* Temps lourd ; touffeur.

TUI. Voy. tua.

TUIN, *va.* Voy. tua.

TUIO, *sm.* Tuyau ; *pl.* tuioiou.

TULAU, *sm.* Cotylet, plante ; voy. tul.

TULBOZEN, *sf.* Turbot, poisson ; *pl.* tulbod masc.

TULÉ, *sm.* Cotylet. ombilic ; cornique tauoien.

TULIPEZEN. *sf.* Tulipe ; *pl.* tulipez ; turc tolipend turban.

TULO, *sm.* Voy. tulé.

TU-MAD, *sm.* Bon côté ; tu côté, mad bon.

TUMPA, *va. et n.* Verser; part. et ; grec τυμβευω ensevelir.

TUMPAL, *vn.* Gambader ; grec τυπτω.

TUMPOREL, *sf.* Tombereau qui se renverse ; *pl.* lou.

TUN, *sm.* Digue, dune, colline ; pour tum ; comparez le breton daztum, le latin tumulus, de Jubainville.

TUN, *sm.* Piège, ruse; *pl.* tuniou.

TUNA, *va.* Gagner par ruse ; part. et.

TUNEN, *sf.* Dune, colline ; voy. tun ; *pl.* nou.

TUNIEN, *sf.* Digue ; voy. tunen.

TUNIKEN, *sf.* Tunique ; *pl.* ou.

TUONI, *sf.* Réserve. cachette ; *pl.* ou.

TUPAKINA, *vn.* Tomber à la renverse ; part. et ; tumpa verser, kein dos.

TU-PÉ-DU. Quitte ou double ; à la lettre, côté, quel côté.

TUR, *sm.* Butte, taupinière ; vieux breton tir terre.

TURBAN, *sm.* Ceinture, turban ; *pl.* turbanou ; arabe dulband.

TURBODEN, *sf.* Turbot, poisson ; *pl.* turbord masc, ou tubordennou.

TURCH, *sm.* Lutte, combat de bêtes.

TURCHAL, *vn.* Se battre à coup de cornes ; part. et ; voy. tourtal, tourc'hal, tourc'h mâle.

TURC'HAT, *va.* Fouiller la terre ; voy. turiot.

TURC'HEIN, *vn* Voy. turc'hat.

TURC'HUNEL, *sf.* Tourterelle; *pl.* led ; cambrique turtur.

TURGN, *sm.* Tour ; voy. tuirgn ; *pl.* ou.

TURGNA, *va.* Tourner ; part. et.

TURGNER. *sm.* Tourneur ; *pl.* ien.

TURIA, *va.* Fouiller ; part. et.

TURIADEN, *sf.* Terre fouillée ; *pl.* nou,

TURIADEN-GOZ, *sf.* Taupinière ; turiaden fouille ; goz taupe.

TURIAT *va.* Fouiller; part. turiet; voy. turia.

TURIELLAT, *va.* Diminutif de turiat.

TURK, *sm.* Turc, peuple ; *pl.* tarket.

TURK, *sm.* Turc, insecte ; *pl.* ed ; voy. teureuk.

TURKANTIN, *sm.* Thym. plante.

TURKEZ, *sf.* Tenaille ; *pl.* ou.

TURLUTA, *va.* Hésiter ; part. et

TURLUTER. *sm.* Homme indécis ; *pl.* ien.

TURN, *sm.* Tour, machine pour tourner; *pl.* iou.

TURUBAILLOU, *sm. pl.* Voy. touribaillou.

TURUBAN. *sm.* Turban, écharpe ; voy. turban.

TURUCHEN, *sf.* Racine, tronc ; *pl.* nou.

TURUL. *va.* Jeter ; part. taulet ; voy. teurel.

TURUMEL, *sf.* Butte, taupinière; *pl.* lou.

TURUMELLEK, *adj.* Sol dur, raboteux.

TURZUNEL, *sf.* Tourterelle ; *pl.* led ; turtur.

TUT TUD, *sm. pl.* Gens ; de Jubainville tire ce pluriel de den, du thème gaulois touto.

TUTA, *vn.* Assembler des gens ; part. et. ; voy. tuda.

TUTAL, *vn.* Trimer, se donner du mal.

TUTUM, *adj.* Gros, épais ; comparez téo gros ; irlandais tiug.

TUZUM, *adj.* Lourd, gros ; voy. tutum.

TUZUMI, *va.* Emousser par la pointe ; part. et.

U

U. Lettre voyelle u.
U, *sm.* Œuf ; voy. vi.
U, *sm.* Chasse à courre ; voy. hu.
UBOT, *sm.* fripon ; *pl.* uboded ; voy. hubod.
UBOTA, *vn.* Friponner : part. et.
UC'H, UC'HEL, *adj.* Haut, élevé ; de Jubainville cite le thème ouxellos ; voy. huel.
UC'HEL. Voy. uc'h
UC'HELAAT, *vn.* Hausser ; part. ucheléét ; voy. huclaat.
UCHEL-C'HOUEZET, *sm.* Haut, enflé d'orgueil, le diable ; uchel part. ; c'houzet enflé.
UC'HELDED, *sm.* Hauteur ; voy. huelded.
UC'HELEN, *sf.* Lieu élevé, *pl* ou ; jupe.
UC'HELEN CHOUÉRO, *sf.* Absinthe, plante ; voy. huelen chouéro.
UC'HEL VOR, *sm.* Haute mer d'équinoxe.
UCHEL-VAR, *sm.* Gui des arbres ; uchel haut, var dessus ou barr branche.
UCHEN, *sm.* Criblure, débris de mou ture ; grec υμην, membrane ; Loth cite unblot ; voy. usien.
UDAL, *vn.* Hurler ; part. et ; voyez iudal.
UDEIN, *vn.* Hurler ; voy. udal.
UDEREAC'H, *sm.* Rugissement.
UDEREC'H, *sm.* Voy. udereac'h.
UFERN, *sm.* Cheville du pied ; *pl.* uferniou, uz au-dessus, kern extrémité.
UGEN. *sf.* Luette ; *pl.* nou ; Loth cite huil voile.
UGENT. Nom de nombre, vingt ; latin viginti.
UGENVED, *adj. num.* Vingtième ; ugent vingt.
UGENTVEDER, *sm.* Commémoration de vingt années.
UGEOLEN, *sf.* Ampoule; Loth cite huital ampoule.
UI, *sm.* Œuf ; voy. vi ; de Jubainville cite avion pour ui identique, sauf l'accent au grec ωον œuf.
UEUEIN, *va.* Enduire d'œufs ; part. uieuet, ui œuf.
UIGENT. Vingt ; voy. ugent ; latin vigenti.
UL, *art,* Un une ; voy. heul ; Loth cite han heul.
ULM, *sm.* Nœud d'arbre ; voy. ulmen.
ULMEN, *sf.* Nœud d'arbre ; *pl.* ulmennou ; latin ulmus orme.

ULMENNEK, *adj.* Qui a des nœuds ; ulm nœud d'arbre.
ULO'CH, *sm. pl.* Pluriel irrégulier d'ulo'chen.
ULOCHEN, *sf.* Orme, plant, arbre ; *pl.* uloc'h ; latin ulmus.
ULVEN, *sf.* Duvet ; *pl.* nou ; voy. eulfen ; grec ελαχυς petit.
UM, part. Se. répondant au léonard, em.
UNAN. Nom de nombre, un ; irlandais oin ; grec οινος.
UNAN-BENAG, pronom. Quelqu'un ; *pl.* eur ré, bennag cambrique unan un, bennag quelque.
UNNAN BENNAK Voy. unan-bennag.
UNANI, *va.* Concilier ; part. unanet, unan un.
UNANIK. Diminutif de unan, un.
UNANVU, *sm. pl.* de unan ; unanoubennag, quelques-uns.
UNIK, *adj.* Unique.
UNION, *sf.* Union ; *pl.* ou.
UNISSA, *va.* Unir ; part. et ; voy. unani, unvani.
UNIVERSEL, *adj.* Universel.
UNN, *art.* Un ; Loth cite hun seul.
UNNEK. Nom de nombre onze ; unn un, dek dix.
UNNEK-UGENT. Nombre deux cent vingt ; unnek onze, ugent vingt.
UNNEKVED, *adj. num.* Onzième ; unnek onze.
UNNION, *sf.* Union, accord ; *pl.* ou.
UNVAN, *adj.* Accord.
UNVANI, *va.* Accorder, concilier ; part. unvanet.
UNVANIEZ, *sf.* Union, accord ; unvan.
UNVEZ, *sf.* Unité ; unn un.
Uo, *sm. pl.* de u œuf ; voy. ui.
UOAN, *va.* Parer les crêpes avec des œufs ; part. et.
UR, *art.* Un, répondant au Léonard eur.
UR, *sm.* Homme actuellement gour.
UR, *sm.* Feu ; latin urere, brûler.
URC'H. *sf.* Ordre ; voy. urz.
URC'H, *sf.* Ordre, sacrement ; latin ordo.
URCHA, *vn.* Hurler ; part. et ; kymry hwchw ; bas-latin buccus.
URCHEIN, *va.* Hurler, hucher ; voyez hurcha.
URCHER, *sm.* Huissier ; voy. urzier.
URIOU-URIAOU, *sm. pl.* Livres saints ou autres ; voy. levr, leor livre.

URISIN, sm. Herisson ; pl. ed ; latin hericius.
URISIN, sm. Devin ; pl. ed ; ur feu.
URISENEREACH, sm. Magie, sortilège ; voy. urisin.
URLAOU, sm. pl. Goutte, rhumatismes ; ur feu.
URLAOUEK, adj. Goutteux ; urlaou goutte.
URLO, sm. Maladie, goutte; voy. urlaou.
URLOU, sm. pl Crampes.
URLOUEK. Voy. urlaouek.
URS-URZ, sf. Ordre ; pl. ursiou ; latin ordo.
URS-URZ. Sacrement de l'ordre.
URSIER, sm. Huissier ; pl. ien ; urs ordre.
URUSIN, sm. Voy. urisin ; pl. ed.
URUZ. adj. Heureux ; voy. euruz.
URVAN. Voy. unvan.
URZ. Voy. urs.
URZA, va. Grogner comme les porcs ; voy. urc'ha.
URZIER, sm. Huissier ; pl. ien ; voy. ursier.
Us, UZ, adj. Haut, élevé.
USA, va. User ; part. uset.
USACH, sm. Usage ; pl. ou.

USACHI, va. Mettre en usage ; part. et.
USIEN, sf. Criblures de blé; voy uchen; part. et.
USMOL, sm. Criblures ; Loth cite molin moulin.
USTAN, sm. Estime ; voy. estim.
UTIL, adj. Utile ; utiloc'h, utila.
UTILITÉ, sf. Utilité, le même que le français.
USTUM, sm. Estime ; voy. estim.
USTUMOUT, vn. Estimer, part. et ; voy. estimout.
UVEL, adj. Humble ; latin humilis.
Uz, US, sm. Usage, action d'user.
UZA, va. User ; part. et. voy. usa.
UZEL, sf. Suie de cheminée ; voy. uzuil,
UZELEN, sf. Absinthe, plante.
UZEO, sm. Juif ; voy. iuzeo.
UZET, adj. Usé.
UZIL. Voy. uzuil.
UZUIL, sm. Suie de cheminée ; uz dessus ; suilla brûler.
UZULER, sm. Usurier ; pl. ien.
UZURER, sm. Usurier ; pl. ien ; latin usurarius.
USUREREZ, sm. Usure.
UZURPI, va. Usurper ; part. et.

V

V. Lettre consonne v.

VA, MA, *pron. posses.* Pour ma, mon, ma, mes ; Loth cite ham, am.

VA, MA, *pron. pers.* Me ; cornique my.

VAD, *sm.* Pour mad bon, bien ; voy. ce mot.

VAG, *adj.* Inoccupé, vague ; latin vacuus.

VAG, *sm.* Bateau ; voy. bag.

VAGABOUND, *sm.* Vagabond ; *pl.* ed.

VAGANNEEIN, *vn.* Défaillir : part. et.

VAGANNEIN. Voy. vaganeein.

VAGANNEREC'H. *sm.* Défaillance.

VA-HINI, pour ma-hini, *pron. pers.* Le mien, la mienne ; *pl.* va-ré les miens, les miennes.

VAILLANT, *adj.* Vaillant.

VAILLANTIS, *sf.* Vaillance.

VAK, *adj.* Inoccuppé ; voy. vag.

VAKANS, *sm.* Vacance ; *pl.* ou.

VAKSIN, *sm.* Vaccin ; *pl.* ou.

VAKSINA, *va.* Mettre le vaccin ; part.et.

VAL-MAL, *adj.* Molaire, pour mal ; mala moudre.

VALABL, *adj.* Valable.

VALGOURIEIN, *vn.* Bredouiller, balbutier.

VALIGANT, *adj.* Inconstant.

VALISEN, *sf.* Valise ; *pl.* nou.

VAN-MAN. Semblant, feinte ; latin manere.

VANEL, *sf.* Ruelle, pour banel ; *pl.* lou ; comparez le français venelle, bas latin venella, venula.

VANITÉ, *sf.* Vanité ; *pl.* ou.

VANN, pour bann. En l'air ; comparez le français bannier, bannière.

VAOT. Voy. baot.

VAOUT, *sm.* Voûte ; *pl.* ou ; latin voltus.

VAOTA. Voy. baota.

VAOUTA, *va.* Voûter ; part. et.

VAOTEK. Voy. baotek.

VAOUTET, *adj. et part.* Voûté.

VAPEUR, *sm.* Navire à vapeur ; *pl.* iou.

VAR, *prép.* Dessus ; voy. war.

VA-RÉ, *adj. posses.* pour ma-ré ; *sing.* va-hini.

VARIANT, *adj.* Variable, inconstant.

VARLED, *sm.* Valet de menuiserie ; *pl.* ou.

VARLEN, *sf.* Giron ; voy. barlen.

VARLENNA, *va.* Voy. barlenna.

VASTROUILL, *adj.* Barbouillé ; voy. bastrouil.

VED. Mot qui termine, représentant la terminaison ième en français.

VED, VET, *adv.* Avec.

VEDA, VETA, *va.* Aller avec, conjuguer ; part. et.

VEILLA, *va.* Veiller ; part. et ; voy. beilla.

VEN, VÉAN, *adj.* Vain, inutile ; latin vanus.

VENDEM Vendange ; voy. mendem.

VENDROGEN *sf.* Fille ventrue, grosse dondon ; *pl.* ned.

VENIAL, *adj.* Venie. ; latin venia pardon.

VENIEL, *adj.* Voy. venial,

VENJA, VENJI, *va.* Venger ; part, et.

VENJANS, *sm.* Vengeance ; latin vindicatio.

VERB, *sm.* Abcès ; *pl.* ou ; voy. gwerbl.

VERBAL, *adj.* Verbal.

VERBALISA, *va.* Verbaliser ; part. et.

VERB DOUÉ, *sm.* Le Verbe Dieu.

VERGADEL, *sf.* Poisson séché.

VÉRITABL, *adj.* Véritable.

VERJEZ, *sf.* Verger ; voy. gwerjez.

VERNI, *sm.* Vernis.

VERNISSA, *va.* Vernir.

VERTUZ, *interj.* Diantre.

VERTUZ, *sf.* Vertu ; *pl.* vertusiou.

VERTUZUZ, *adj.* Vertueux.

VES, BES, *sf.* Vesce, plante.

VESTIAL, *sm.* Sacristie ; latin vestiarium.

VET. Voy. ved.

VÉTA. Voy. veda.

VETEPANS, *adj.* Prémédité.

VETEZ, *adv.* Chaque jour ; pour peb chaque, déiz jour.

VETNOZ, *adv.* Chaque nuit ; pour peb chaque, noz nuit.

VEZ. Terminaison de certains mots.

VI, *sm.* Œuf : *pl.* iou ; grec ωων, voy. ui.

VIAOUA, *va.* Pondre, part. et ; vi œuf.

VIBER, *sf.* Vipère ; *pl.* ed ; latin vipera.

VID, *sm.* Diarrhée ; latin viduus.

VIEL, *sm.* Oisiveté ; Loth cite blin mou.

VIELLA, *vn.* Etre oisif.

VIELLER, *sm.* Oisif ; *pl.* ien.

VIJEL, *sm.* Vigile ; latin vigilia.

VIJIL. Voy. vijel.

VIJILAND, *adj.* Vigilant, actif ; vijilanta, vijilantoc'h.

VIKEL, sm. Vicaire ; pl. ed ; latin vicarius, vicus.
VIKELACH, sm. Vicariat ; pl. ou.
VIKTOR, sm. Victoire, pl. iou.
VIKTORIEUZ, adj. Victorieux.
VIL, adj. Vil, laid ; latin vilis.
VILAAT, vn. Devenir laid ; part. viléat.
VILAJEN, sf. Village : pl. nou.
VILAR, sm. Placitre ; pl. vilariou ; voy. gwilar.
VILAT, vn. Devenir laid ; voy. vilaat.
VILLAREK, sm. Lieu où il y a des placitres ; pl. villaregou ; vilar placitre.
VILER. Voy. vilar.
VILGENN, sf. Crasse, saleté ; vil. laid, kenn peau.
VILTANS, sm. Saleté ; pl. viltansou ; vil et terminaison française.
VILTANSOU, sm. pl. Paroles malhonnêtes.
VINÉKR, sm. Vinaigre ; pl. ou.
VIOLETEZEN, sf. Violette, plante ; pl. violetez.
VIOU, sm pl. Œufs ; pl. de vi.
VIOU-ÉLUMEN, sm. Omelette ; viou œufs, élumen omelette.

VISA, va. Viser ; voy. viza, biza.
VIT, sm. Diarrhée ; voy. vid.
VITRA, va. Placer des vitres ; part. et.
VITRACH, sm. Vitrage.
VIVERJAND, sm. Vif argent, mercure.
VIZ, sm. Vent du nord-est ; voyez biz.
VIZA, va. Viser ; part. viset ; voyez visa.
VO, VEZO. Futur du verbe béza être.
VOER, adj. Fade.
VOERDED, sm. Fadeur.
VOLKAN, sm. Volcan ; pl. volkaniou.
VOLOSK. Voyez molosk.
VOSIADEN, sf. Fosse, vaux ; pl. nou.
VOSIADÉNNA, va. Étendre des ajoncs ; des genêts pour faire des vaux, des fosses à fumier.
VORSK. Voyez morsk.
VOULOUS, sm. Velours ; voyez boulous.
VOULOUSEN, sf. Ruban de velours ; pl. nou.
VUEL, adj. Humble ; latin humilis.
VUELAFF, va. Humilier.
VUELDED, VUELDER, sm. Humidité ; vuel humble.

W

W. Lettre consonne W.

WAR, *prép.* Sur, dessus ; ce mot s'écrit suivant le dialecte breton war, var, oar.

WAR-ARBENN, *prép.* A la rencontre.

WAR-AR-BEMDEZ, *adv.* Journellement.

WAR-BENN, *adv.* Dessus, pour ; war sur, penn tête.

WAR-BOUEZ, *prép.* Au bout de ; war sur, pouez poids.

WAR-BOUEZ-MA, *conj.* A la condition.

WARC'HOAZ, *adv.* Demain ; war dessus, c'hoaz encore.

WAR-CHORRE, *adv.* et *prép.* Par dessus.

WAR-CHOURRE. Voyez war c'horré.

WAR-DENKLO, *adj.* En mal d'enfant.

WAR-DRO, *prép.* et *adv.* A peu près ; war sur, tro trou.

WAR-DU, *prép.* Du côté ; se dit plus souvent war-zu, war sur, tu côté.

WAR-EEUN, *adv.* Tout droit ; war sur, eeun droit.

WAR-GIL, *adv.* A reculons ; war sur, kil arrière.

WAR-GOLL, *adv.* Avec perte ; war sur, koll perte.

WAR-HED, *adv.* Environ ; war sur, hed distance, longueur.

WAR-IUN, *adv.* A jeun ; war sur, iun jeune.

WAR-LAÉZ, *adv.* En haut ; war sur, laéz haut.

WAR-LENE, *adv.* L'an passé ; war sur, léné l'année.

WAR-LERC'H, *adv.* et *prép.* Après ; war sur, lerc'h trace.

WAR-LERC'HI, *vn.* Suivre à la trace ; part. et ; war sur, lerc'hi suivre aux traces.

WAR-NEZ, *prép.* Sur le point de ; war sur, nez proche.

WARN-HED. Voy. war-hed.

WAR-VALÉ, *adj.* Debout, sur pied ; war sur, balé marche.

WAR-VALÉ. *interj.* Debout ; en avant.

WAR-VAR, *adv.* Dans le doute ; war sur, mar doute.

WAR-VARC'H *interj.* A cheval ; war sur, marc'h cheval.

WAR-VORDO. Dans l'irrésolution.

WAR-ZAO. *interj.* Sur pieds, debout ; war sur, sao levée.

WAR-ZARBED. Dans le doute ; war sur, darbet doute.

WAR-ZISKEN. En descendant ; war sur, disken descente.

WAR-ZISTOL. En diminuant ; war sur, distol disteleur, disteurel décompter.

WAR-ZU. Voyez war-du.

WENNIK, *sm.* Jeune saumon ; voyez gwennik.

Y

Y Lettre consonne Y.

YAC'H, *adj.* Sain, bien portant.

YAKT, *sm.* Yacht ; *pl.* ou ; anglais yacht.

YAU, *sm.* Côte, montée.

YAO. Terme de charretier pour faire marcher les bêtes.

YEO, *sf.* Joug ; voyez ieo.

YON, *sm.* Yvon, Yves.

YPRO, *sm.* Ypréau, arbre.

Z

Z. Lettre consonne Z.

ZADA, *adv.* Voilà, voici, alors.

ZE *part.* Là.

ZELLOURI, *sm.* Sourire ; zelloud regarder.

ZINK, *sm.* Zinc, métal.

ZERO, *sm.* Zéro, nombre ; *pl.* zeroiou.

ZI, SI, *sm.* Vice, défaut ; *pl.* siou.

ZIKEN, *adv.* De même.

ZOKEN, *adv.* Même, de même.

ZUN, *sf.* Semaine ; voyez sizuh.

Laval. — Imprimerie et stéréotypie E. JAMIN, 8, rue Ricordaine.

ERNEST LEROUX, ÉDITEUR, RUE BONAPARTE, 28, PARIS.

COLLECTION DE CONTES ET DE CHANSONS POPULAIRES

I. — **Contes populaires Grecs**, recueillis et traduits par Émile Legrand. Un joli volume in-18 . . . . 5 fr.

II. — **Romanceiro Portugais**. Chants populaires du Portugal, traduits et annotés par le comte de Puymaigre. In-18. 5 fr.

III. — **Contes populaires Albanais**, recueillis et traduits par Aug. Dozon. In-18 . . . . 5 fr.

IV. — **Contes populaires de la Kabylie du Djurdjura**, recueillis et traduits par J. Rivière. In-18 . . . . 5 fr.

V. — **Contes populaires Slaves**, recueillis et traduits par L. Leger. In-18. 5 fr.

VI. — **Contes Indiens**. Les trente-deux récits du trône, traduits du bengali par L. Feer. In-18 . . . . 5 fr.

VII. — **Contes Arabes**. Histoire des dix vizirs (*Bakhtiar namek*), traduite par René Basset. In-18 . . . . 5 fr.

VIII. — **Contes populaires Français**, recueillis par E.-Henry Carnoy. In-18. 5 fr.

IX. — **Contes de la Sénégambie**, recueillis par le Dr Bérenger-Féraud. In-18. 5 fr.

X. — **Les Voceri de l'île de Corse**, recueillis et traduits par Frédéric Ortoli. In-18, avec musique . . . . 5 fr.

XI. — **Contes des Provençaux de l'antiquité et du moyen-âge**, recueillis par Bérenger-Féraud. In-18 . . . . 5 fr.

XII. — **Contes populaires Berbères**, recueillis, traduits et annotés par René Basset. In-18. . . . . 5 fr.

XIII. XIV. — **Contes de l'Egypte chrétiennes**, traduits par E. Amélineau. 2 vol. In-18 . . . . 5 fr.

XV. — **Les chants et les traditions populaires des Annamites**, recueillis et traduits par G. Dumoutier. In-18 . . . . 5 fr.

XVI. — **Les contes populaires du Poitou**, par Léon Pineau. In-18 . . . 5 fr.

XVII. — **Contes Ligures**. Traditions de la Rivière, recueillis par J.-B. Andrews. In-18 . . . . 5 fr.

XVIII. — **Le Folk-Lore du Poitou**, par Léon Pineau. In-18 . . . . 5 fr.

XIX. — **Contes populaires Malgaches**, recueillis, traduits et annotés par M. G. Ferrand, résident de France à Madagascar. Introduction par M. R. Basset. In-18 . . . . 5 fr.

XX. — **Contes populaires des Ba-Souto** (Afrique du Sud), recueillis et traduits par E. Jacottet, de la Société des Missions évangéliques de Paris. In-18 (sous presse) . . . . 5 fr.

XXI. — **Baïtal Patchisi**, ou les vingt-cinq histoires d'un vampire. Recueil de contes traduits de l'hindi, par Ed. Lancereau. In-18 (sous presse) . . . . 5 fr.

Laval. — Imprimerie et Stéréotypie E. JAMIN, 8, rue Ricordaine.